世界传世藏书

【图文珍藏版】

中外未解之谜

王书利⊙主编

第五册

线装书局

第八节 名人未解之谜

拉索是一个保守的作曲家吗

提及意大利作曲家拉索,一般的音乐爱好者非常熟悉他的无伴奏合唱曲《回声》,可是拉索在音乐史上的地位并非是以此曲奠定的。拉索是文艺复兴时期最伟大的音乐家之一,佛莱芒乐派的传统在这位高大人物身上达到了顶峰,意大利人称他为世界性的人物,他的艺术成就是一个半世纪佛莱芒复调音乐的顶点,它们集中体现了文艺复兴时期音乐成就的神韵和光辉。在他的墓碑铭文上写的是:"这里安卧着拉索,他使困乏的世界清醒,世界的不谐和在他的和声中运动着。"

奥兰多·迪·拉索(1532～1594年)出生在比利时的蒙斯(当时是法属尼德兰地区),他的名字以多种形式出现,其音乐生涯从孩提时代便开始了。作为当地尼古拉教堂合唱团的男孩,他的嗓音非常优美。正是由于他的音乐天赋,以致后来被一个到处搜寻年轻音乐家的意大利贵族拐走了。他被弄到西西里总督府,服务于贡扎加的费迪南公爵。

在最初的音乐经历中,他漫游意大利艺术胜地,从曼杜瓦到米兰,从那不勒斯到帕勒莫。21岁时便成了享有"罗马和世上所有教堂之母"之称的圣约翰·拉特兰教堂的合唱团领班(伟大的帕勒斯特里纳后来也曾担任此职位)。

1554年,他从意大利来到安特卫普,在那里出版了他的第一本重要著作《安特卫普圣歌篇》。这是一本著名的17首无伴奏圣歌集。不久拉索又有了一生中最重要的一位保护人,即巴伐利亚的阿尔伯特公爵。此后拉索就来到了慕尼黑的宫廷。这位公爵大人使他的声名鹊起,拉索的声誉从此传遍欧洲——这如同300年后勃拉姆斯的名声为舒曼夫妇促成一样,拉索的黄金时代自此开始了。

他从一个乡下人成为一个有地位的上等人乃至贵族。他在巴伐利亚宫廷娶了一位贵族小姐,他们的4个儿子后来都成了音乐家。他死后,儿子们出版了他的歌集《音乐大全》。因而,在音乐史上,拉索较之后来的李斯特,在事业和生活上要春风得意得多。

关于拉索的创作原则和创作风格,音乐界有着不同的观点。权威的《新格罗夫音乐及音乐家辞典》认为拉索同帕勒斯特里纳一样,是一位保守的音乐家。研究文艺复兴音乐史的专家霍尔德·布朗的观点正相反。还有些人认为他两种风格兼而有之,或者说他完全超越了纯宗教音乐的创作原则。

持第一种观点的学者认为,如果把拉索同帕勒斯特里纳做一个比较的话,两人有许多共同之处:他们都是虔诚的天主教徒,在音乐创作上都有着无穷的天赋和天衣无缝的技巧,并且都醉心于使用这种技巧和创作原则。也许是他们的地位决定了其创作上的保守,他们的许多风格相同,如频繁地使用三度跳和以一度来解决的装饰音等。另外,二人的作品主要是圣乐,帕勒斯特里纳的作品是清一色的圣乐,拉索尽管周游列国,但一生留下的作品如 52 首弥撒曲、100 首圣母颂以及 1200 首经文歌等等,大都也是圣乐作品。仅从这方面而言,他是保守的作曲家就能令一般的音乐爱好者信服。然而专门研究文艺复兴音乐史的人则更多地从其创作风格方面理解这一观点。

许多持相反观点的人,认为拉索不是一个保守的音乐家。在许多方面,拉索与帕勒斯特里纳是不同的,二人同样可做一个比较:在当时法属比利时出生、在意大利受音乐教育而在德意志创作的拉索简直是一个世界性的人物,而帕勒斯特里纳"足不出户",一生几乎未曾离开过罗马甚至罗马的教堂。后者的音乐集中体现了天主教音乐的风格,他本人是反宗教改革派音乐家的典范,然而拉索的艺术包罗了文艺复兴时期音乐的各种风格特点,如法国的香颂歌曲的优雅和技巧、意大利牧歌的美感及德国音乐的深刻和细腻。

在对生活的感受方面,拉索甚至超过同代的佛莱芒大画家皮埃特·勃鲁盖尔,其音乐色彩辉煌、充满激情,某些动人的世俗歌曲中的歌词即便"对今日音乐厅而言,色情味也太重"。这反映了文艺复兴时期的人文主义倾向和浪漫主义的潮流。在创作法则上,帕勒斯特里纳严格遵循传统的天主教会倡导的法则,拉索则更多地采取"新艺术"创作原则,如导音的使用等。从许多方面看,拉索并非是保守的作曲家,他的创作反映了一个新时代,充溢着浪漫主义的气息,《不列颠百科全书》亦持这一观点。

还有人认为,从时代而言,纵观整个音乐史,拉索是一个超越时代的作曲家。他不反对传统的音乐却创作了违背传统的世俗音乐;他并不醉心于"新艺术"理论、不与新音乐流派合流却制作了超越时代的作品。有关资料证实:拉索是一个虔诚的天主教徒,但他并没有反宗教改革的热情。仅凭这点,就反映了他对于圣乐创作立场的不坚定性。

生活在反宗教改革时代的拉索正处于他才华横溢、事业蒸蒸日上的时期,他不仅没有反宗教改革的热情,相反还受到宗教改革和人文主义新思想的影响,如他的作品有的表达了对德意志宗教改革的赞赏。在新教中心罗切尔(胡格诺教中心)、伦敦和海德堡,出版的拉索的音乐作品很合新教派的口味,它们在英格兰备受欢迎。他的香颂歌曲为莎士比亚的《亨利四世》引用(在第二幕)。

由于阿尔伯特公爵过分宠爱他,所以这些有违天主教圣乐原则的作品才得以出版流行。当老公爵死后,新的保护人尽管也很欣赏拉索的才华,却反对他超越的立场,所以拉索渐渐失宠,这一点甚至对他的健康产生了影响。拉索是一位天主教作曲家,创作的圣乐是其作品中数量最多的,但他的音乐风格特别是俗乐受到新时代的影响,反过来,它们也影响着整个时代。他进入宫廷和教堂后创作了不少不朽杰作,这些作品冲出了封闭的教堂。可以说这位"音乐王子"是那个时代作曲家的典范,但他又超越了那个时代。

关于作曲家拉索,这位事业和才华都引人注目的作曲家,有一点令人难以理解。当时,艺术家地位十分低下,甚至一个世纪之后,年轻的巴赫仍旧穿着男仆的服装服务于贵族。莫扎特在科洛雷亲王府上只能同仆人一起在厨房里用餐,而拉索却后来春风得意,屡获殊荣,如从神圣罗马帝国皇帝马克西米连那里获得贵族地位,教皇授予他金马刺勋章,法兰西国王授予他马耳他十字架,还得到了骑士头衔等等,这些殊荣在整个音乐史上也唯他莫属了。然而,这个一生幸福得堪与李斯特、舒曼和门德尔松相比的拉索,却在晚年突患精神癫狂症。他变疯了,连自己的妻子也认不出,像几百年后的舒曼一样"猝然失去了一切快乐和满足,变得落落寡欢,满脸忧郁",最后终于像疯子一样地死去,留下了又一令人迷惑的精神错乱之谜。这个谜连同拉索是否是一个保守作曲家之谜一道,成为后人争论不休的话题。

塞万提斯葬于何处

米盖尔·台·塞万提斯·萨阿维特拉(1547～1616 年)是西班牙伟大的小说家、剧作家和诗人,也是西班牙作家中国际声望最高、影响最大的人物。他的成名作《堂吉诃德》于 1605 年 1 月在马德里正式出版,全名为《奇情异想的绅士堂吉诃德·德·拉·曼却》。作品问世后立即获得极大的成功,成为当时最流行的小说,当年就再版六次。时至今日,此朽已被译为 100 多种外国语言,是译本种类仅次于《圣经》的作品。

有位《堂吉诃德》版本收集者声称,截止 1959 年 4 月,他已收集到不同语种的《堂吉诃德》版本 2047 种,其中西班牙语版本 840 种,法语版本 397 种,英语版本 319 种,德语版本 130 种,意大利语版本 84 种。

英国 19 世纪作家托马斯·卡莱尔说《堂吉诃德》是一本"最逗笑的书"。英国浪漫诗人拜伦则说《堂吉诃德》是"一切故事里最伤心的故事"。俄国著名批评家别林斯基说,"每一个民族、每一个世纪的人民都一定或将要读一读《堂吉诃德》"。这些评论道出了《堂吉诃德》超越时代和民族的界限所永远具有的艺术魅力。

300 多年来,《堂吉诃德》一直是世界各国评论家分析研究的对象,其作者塞万提斯也自然成为人们十分关注的"世界级"文化伟人。但令人遗憾的是,塞万提斯留下的传记材料极少。

直到 19 世纪，经过学者们多方努力，查阅了许多国家档案，甚至到塞万提斯工作过的机关去寻找他当征粮员和收税员时的收支账目，以及他当俘虏时的记载和史料，从中才搜集到一些有价值的资料，使我们对这位伟大作家的生平有了更多的了解。即便如此，塞万提斯一生中一些最基本的问题和他主要生活阶段的主要事件仍充满了许多悬而未决的疑问和争论。

例如，塞万提斯的确切出生日现在都不得而知，后人推测可能是在 9 月 29 日（圣米盖尔日）。从阿耳卡拉的圣玛利大教堂的受洗登记册上，我们可以确切知道塞万提斯是 10 月 9 日受洗的。按当时习惯，出生和受洗不会相隔这么久，因此出生的推测并没有多大根据。塞万提斯究竟在什么地方度过他的童年和少年，究竟在哪里上学，现在同样是个未知数。1569 年 12 月，塞万提斯到了文艺复兴的发源地——意大利，出国的原因现在亦无从查考。塞万提斯究竟是在塞维利亚的监狱里开始构思他的《堂吉诃德》，还是在阿加马西亚小镇的一间黑暗地窖里开始构思的？目前同样是个难解的谜。

塞万提斯一生经历坎坷，其生平历来争论颇多。关于他的出生地点也曾有过争论，后来直到发现确凿材料，才得以确定他出生于马德里附近的阿尔卡拉·德·厄纳勒斯城。他当过征粮员和收税员，被俘过，还到过文艺复兴的发源地意大利，在意大利时期曾当过红衣主教胡利奥·阿括维瓦的扈从。

1592 年到 1605 年，塞万提斯曾数次入狱。1592 年，由于"擅自征粮"，他在卡斯特罗·台尔·里奥入狱；1597 年 9 月 12 日又因"亏欠公款"而在塞维尔入狱；1602 年则因"账目不清"之罪名而在塞维尔被监禁；1605 年又一度入狱候讯，原因是有个放荡的贵族青年在塞万提斯当时所在的瓦雅多利德的住所附近被人杀害，塞万提斯全家为此遭嫌疑而入狱候讯。前述几次入狱的原因、时间和地点只是后人的推测而已，真实情况不得而知。

1613 年，塞万提斯正埋头写作《堂吉诃德》第二部，且完成了将近一半的章节，就在这时，一个自称是托尔台西利亚斯地方的人使用阿隆李·德·弗尔南德斯·德·阿维利亚维达的化名，发表了一篇冒名顶替的《堂吉诃德》续篇，极力歪曲堂吉诃德和桑丘的形象，并对塞万提斯进行恶意的人身攻击。塞万提斯对此十分气愤，加紧写作，于 1615 年底出版了《堂吉诃德》第二部。这个阿维利亚维达究竟是谁？至今无人得知。

尽管《堂吉诃德》使塞万提斯获得了巨大成功，但是坎坷的经历与数度入狱，以及狱内生活却使塞万提斯的身体受到极大摧残。1615 年 4 月 23 日，塞万提斯因水肿病在其马德里的寓所中逝世，终年 69 岁。塞万提斯死后被埋葬在什么地方，至今仍是个谜。对此，有下述一些不同的说法：

有人说，这位大作家于 1616 年 4 月 23 日死于马德里，第二天就被人埋葬在"三德派"的一个教堂的坟园,此坟园在甘太伦那司街。又有一说为,1633 年塞万提斯被改葬于米拉特罗街,但这一改葬之说有人斥之为毫无根据。

另有人认为,塞万提斯死后被人们草草安葬,教会对塞万提斯恨之入骨,连一块墓碑也不许为他树立,因此人们至今找不到他的墓冢。西班牙人民为了纪念这位伟大的作家,于 1835 年在马德里为塞万提斯树立了一块纪念碑。

还有人认为,塞万提斯一直生活于贫困之中,在他逝世前不久才得到其保护人托雷多大主教赠送的一笔款项。他死后被葬在一个修道院的墓地里,除了他妻子外无一人参加他的葬礼,其墓地里无一块碑石。1635 年,修道院迁移到另一条街道上,原来墓地里的尸骨都被掘出进行火葬,所有的骨灰便掩埋在一起,但掩埋于何处则不得而知。

塞万提斯这位大作家生前只不过是一个贫困的军士和潦倒的文人而已,他死后究竟被葬于何处,至今仍是一个未解开的谜。

作曲家帕勒斯特里纳为何"削发为僧"

欧洲文艺复兴时期后期,意大利艺术领域里出现了一位人物——乔万尼·帕勒斯特里纳(约 1525~1594 年),他被称为 16 世纪最伟大的作曲家。他的两个学生那尼尼和西莱格里都继承其师,尤其是后者的弥撒曲被当时认为是"伟大的宝物",它们被西斯廷教堂监管起来,不准其流传到外部,直到后来莫扎特默写出谱子才得以流传,可见帕勒斯特里纳在音乐史上所具有的重要地位。20 世纪以来研究他的学者更把他列入最伟大的作曲家之列。他的名字——帕勒斯特里纳本是他出生的城镇名,年轻时他曾用过各种名字,后随着他声誉日隆,人们便以其出生地作为他的名字了。当今不少音乐爱好者到罗马旅游时,都要亲眼目睹罗马近郊这个风景特异的山镇。

这位音乐家一生的黄金时期正处于宗教改革与反宗教改革斗争这一特殊时代。当时以及后来的许多音乐大师都曾周游列国,他却不同,一生几乎未曾离开罗马,甚至未曾离开教堂。这种环境决定了他必然为教会倡导的圣乐服务,教会也千方百计利用他使之成为反宗教改革的典范,他本人在晚年曾为自己创作过亵渎神灵的爱情歌曲而感到羞愧和不安,而这一点也许成了他"削发为僧"的一个原因。

尽管他所处的时代已接近于文艺复兴时期之末,人文主义思想和观念的新气息已渗入教堂,但他作为音乐艺术的天才和"宗教音乐的救主",其创作风格却属于严格的宗教圣乐范畴。他把复音圣乐发展到一个顶峰,其贡献和成就是文艺复兴时期无人可以相比的。这正是一个世纪之前英国大作曲家邓斯塔布尔所认识到却未能做到的。帕勒斯特里纳一生作品包括 103 首弥撒曲、几百首经文歌及大量的奉献曲、赞美诗等等,全部都是宗教音乐作品,这也反映了他的创作信念和原则;而且其圣乐都是天主教音乐,所以称他为反宗教改革派音乐家的代表并不过分。

帕氏生活时代历经七位罗马教皇。他曾向六位教皇、两位公爵、一位公爵夫人和一位亲王奉献过作品,"但这些恩主们远不够意思,一点儿也不慷慨",他的生活有时穷困不堪,因为他很早就结了婚,为了养活老婆孩子,他一生都在为生活和荣誉而拼命工作,不过最终还是取得了荣耀。在最后 10 年,他的荣誉和地位都达到了顶点。帕氏最幸福的时刻也许是在 1500 名家乡亲人唱着他的圣歌大步走进罗马城的时候,当时他在队伍最前面指挥着。当他年老时,意大利文化中心地——北方所有最优秀的音乐家都前来看望他,称他为所有音乐家的父亲。他死后被安葬在颇具气派的罗马圣彼得教堂内,墓碑上刻着"音乐王子"四个大字,其著名的墓志铭上写道:"1594 年 2 月 2 日晨间,最伟大的音乐家乔万尼·帕勒斯特里纳,我们的挚友与圣·彼得教堂的乐师长辞人间,他的葬仪不仅全罗马的音乐家都到场,市民亦不可计数,同唱着他的《Libera Domine(宽宏的上帝)之歌》。"

关于帕勒斯特里纳晚年曾"削发为僧",加入修士行列,其原因说法不一。多数人认为他妻子之死,即家庭不幸是主要原因。1580 年,他所钟爱的结发妻子被瘟疫夺去了生命。在此之前,他的兄弟和两个儿子也死于这种传染病。妻子去世当年的 12 月,"经慎重考虑",他"削发为僧,一个月后便获得教士职位"。所以人们一直认为爱妻的死是导火线。人们公认他和妻子有着和谐美满的家庭生活。传记家们认为他们的婚姻非常幸福。妻子"露克蕾茜亚是一位正直少女,身高与丈夫相若","她享受了他被遴选为最初梵蒂冈专任作曲家的快乐。他和妻子一起忍受了最贫苦的日子,也超越最激烈的精神上的苦恼,并且共尝过悲苦的、坚硬的果实……在他所获得的荣耀以及因此投射下来的光环中,他们一起享受了和平的快乐"。这一对忠贞的情侣,一起度过了约 30 年的时光。所以露克蕾茜亚的去世给了作曲家重要一击,最终导致了他遁隐于世。

但另一种观点认为,他加入修士行列应与其天主教信仰,这种宗教情感和宗教精神联系起来,这也可从其创作生涯和创作原则中反映出来。帕氏 1580 年之前不是一个教士,但却是虔诚的天主教徒,他坚定地创作天主教圣乐。他的音乐圣洁而庄严,动人心弦,许多有宗教信仰的音乐爱好者及其他了解这类音乐的人聆听他的音乐时,常常被感动得不知所措。其旋律的优美和神圣是任何别的音乐家望尘莫及的。如罗马西斯廷教堂是以米开朗琪罗和拉斐尔的壁画闻名于世的,但在演唱帕氏音乐的这天,教士们都穿上哔叽法衣,没有香料,不要烛光,整个教堂都是阴沉的、苦痛的,信徒们两个一排地走进去,在十字架前低首,悲哀而庄严的圣乐就在这教堂圆穹上盘旋。因此,从他创作的内容和鲜明的风格来看,这种创作一方面反映了他自己的灵魂早已融入了耶稣之爱中,另外说明了世俗的生活满足不了他艺术上强烈的宗教情感。

前面已说过,他晚年曾为年轻时创作的爱情歌曲而忏悔,这时的他"一直被疲劳与贫穷所迫,只能加入仰赖保护者喜恶而度过可怜日子的音乐家之列",然而这种苦恼多属精神上的,因为他一生的经历反映了他创作艺术上浓郁的宗教精神,因而也很容易理解他为何奉献给教皇格雷高利八世《歌之歌》。在这里他为曾把世俗诗歌融入音乐中这一行为而忏悔。这种真诚坦白不应简单理解为是爱因斯坦所言的"清白的伪善",后来的李斯特和白兰度都是在晚年时逃避世俗生活的,其精神和信念上的原因不是偶然的。

还有的认为帕氏"削发为僧"的原因在经济方面。因为在他服务于西斯廷教堂期间,当宠护他的两位教皇离职后,继任的保罗四世却严格履行教规:服务于教会合唱团的成员必须符合两个条件:一是修士,二是要单身汉。帕氏这两个条件都不符合,因而被革职。尽管他后来再次得宠,但当时的物质生活并不富裕,有人认为他晚年很穷,挣钱是生活的本能,这一原因迫使他加入了修士队伍。

关于帕勒斯特里纳加入修士行列的原因,也许还有别的方面。但有一点不能令人理解,那就是在他妻子刚刚死亡6个月之后,这位声名显赫的作曲家又与一位意大利皮货商遗孀结婚,那时他已56岁。这在当时简直令人难以置信。这样做既违背了教士之规,又令其前妻亡魂不安,难道这位沉湎于宗教圣乐的作曲家竟是如此贪恋于世俗的诱惑吗?这又如何来解释他为什么要"削发为僧"呢?

索尔·胡安娜为何进修道院

索尔·胡安娜·伊内斯·德拉克鲁斯(1651—1695年),是殖民地时期墨西哥的著名女诗人。她文才出众、天生丽质、热爱生活、反对天主教的禁欲主义,但是这位"第十个缪斯"在16岁时就离弃了洒满阳光和鲜花的生活道路,而进入阴暗和孤寂的修道院。她为什么选择当修女的生活道路?长期以来,这是一个缠绕人们心头的疑问。

索尔·胡安娜3岁时就开始读书识字,8岁就能写诗,表现出非凡的天才。9岁时,她到墨西哥城,住在外祖父家里。在家中私人图书馆,她博览群书,逐步掌握了神学、哲学、天文、星象、绘画、音乐、文学、语言等方面的知识,成为当时闻名的有学识的、美丽的贵族小姐。

由于她崇高的声誉和出众的才华,1665年14岁时便被西班牙总督曼塞拉侯爵召进宫廷,做总督夫人的侍从女官,并被封为侯爵夫人。有一次,总督为了考查她的渊博知识,邀请40多名学者来对她进行考问。结果她对答如流,战绩斐然,被传颂为奇女。但是,两年后她毅然放弃了优裕的宫廷生活,而去修道院过清苦的修女生活。是什么原因促使她进修道院呢? 据说,她看不惯宫廷的奢侈、虚伪的浮华,认为这一切与她这样一位文采熠熠的少女格格不入。但是,这个原因足以使她去当修女吗?

实际上,索尔·胡安娜是位杰出的人文主义作家,她极力冲破天主教会蒙昧主义的束缚,热情地追求知识,不知疲倦地进行创作。1691 年,她撰写了题为《答菲洛特亚·德扣克鲁斯修女》的半自传式文章,回击了教会对她从事文学创作的艰难,表达了她争取妇女解放,要求男女平等的进步思想。从这篇文章中,我们可以看到,索尔·胡安娜所经历的艰辛和不平坦的道路,以及她所具有的坚毅性格和顽强刻苦的学习精神。然而,这一切是同教会专制主义不相容的。

在 16 和 17 世纪西班牙"黄金时代"精神的影响下,索尔·胡安娜以文学作品为武器,反对教会的禁欲主义,宣传自由恋爱和个性解放。她的喜剧作品便是这种进步思想的表达,在剧中她采用很多幽会、误会等喜剧情节,讽刺中世纪教会的禁欲主义。她的文学作品表达了人文主义思想,以此对抗以神为宇宙中心的教会世界观。但是,令人想不到的是,她的这些作品都是在幽暗的修道院里创作出来的。

在殖民地时期的墨西哥,中世纪的封建思想主宰着意识形态领域。在这种氛围下,妇女的社会地位低下,受到歧视,一般被束缚在家庭内。但是,索尔·胡安娜冲破重重社会阻力,热情地追求知识,她观察、思考、研究生活中的各种问题。例如为什么鸡蛋在热水中结成块,而在糖浆中碎散? 她自豪地指出,人们认为"我们妇女除了烹饪哲学还能知道什么? 但是,如果亚里士多德懂得烹饪,他会写出更多的东西"。实际上,她的这种叛逆精神足同教会所捍卫的封建思想相对立的,她的先进思想正是在修道院里修炼出来的。

她一生没有导师的指点,不能参加自由的交谈和讨论,只因她是女子。在漫长的学习和创作生涯中"只有无声的书和麻木的墨水瓶"与她做伴。她作为有成就的神学家和修女,却不能像其他神父那样宣讲教义,主持礼拜仪式,只因她是女子。其杰出的科学和文学成就却使她遭到忌恨和抨击,因此,她悲愤地指出:"学习钻研就是把剑交给激怒的对手。"她作为修女,并没有向传统习惯势力屈服,而是在逆境中顽强地抗争。

据传说,索尔·胡安娜是一个贵族的私生女,因此备受社会的歧视。她曾爱上一个贵族子弟,但是最终未能和她所爱的人结婚。爱情上的挫折可能促使她厌恶尘世,最终进入修道院。

索尔·胡安娜在修道院生活了 28 年,其间她除了完成分内的宗教职责之外,将绝大部分时间投入到文学创作和科学研究中。她设法搜集了 4000 多册书籍,并购置了许多科学仪器,她所在的圣耶罗米修道院成为当时墨西哥的文化中心。

从索尔·胡安娜一生的活动看,其人文主义思想和叛逆精神是同天主教会的保守和封建思想相对立的,这不可能引导她进入修道院。然而,她正是在16岁花季的时候进入教会的堡垒,看来这既不符合其生活逻辑,也不能反映其宗教上的虔诚。

那么,应如何解释这个事实呢?也许,对宫廷生活的厌弃、爱情上的挫折和世态的炎凉促使她采取违背常规的生活态度。

莫里哀的妻子究竟是谁

在西方文史学界和戏剧界,人们对于嫁给莫里哀的女人到底是什么人这样一个问题一直争论不休。

大家都知道,17世纪60年代莫里哀约40岁时娶弗朗索瓦兹·贝雅尔为妻,可大家不清楚弗朗索瓦兹是谁生的。由于莫里哀年轻时同贝雅尔家族的玛德莱娜·贝雅尔相爱过,法国上层社会一些恼恨莫里哀的人便说他娶的是自己亲生女儿,以此诋毁他。但此说法也遭到另一些人的反对,从此展开了一场争论,历时250多年而不休。由于找不到莫里哀的书信和有关他的私生活的材料,这就为莫里哀的妻子究竟是谁的争论增加了不少难度,使争论的双方意见长期得不到统一。

莫里哀

有一种意见认为,莫里哀所娶的女人是阿尔芒德,她是玛德莱娜·贝雅尔的妹妹,而不是像某些人说的是玛德莱娜·贝雅尔的女儿。其证据是:

一、1662年2月20日,莫里哀和心爱的女人举行婚礼时,在圣日耳曼——奥塞尔堂区发的结婚证书和户口簿上,莫里哀妻子填写的名字不是弗朗索瓦兹,而是阿尔芒德。

二、阿尔芒德在有关的两个证件上填的身份都是玛德莱娜·贝雅尔的妹妹。又据相关的资料证实,当时人们似乎对这一点都未提出过什么异议。而一些恼恨莫里哀的人,则拼命说剧作家娶的是自己亲生女儿。因为莫里哀年轻时曾和玛德莱娜·贝雅尔相爱过,并生下了女儿弗朗索瓦兹。以后,由于种种原因莫里哀和玛德莱娜·贝雅尔最终没能结为夫妻。

1652年,14岁的弗朗索瓦兹成了莫里哀领导的"光耀剧团"的一员,这是莫里哀第一次见到她。从1660年起,小弗朗索瓦兹在剧团里表现得出类拔萃,她在《讨厌鬼》一剧中崭露头角后,从此就像瑰丽的珠宝一般使观众为之痴迷起来。那时,戏剧大师莫里哀对弗朗索瓦兹这个美丽的姑娘产生了一种心理学家称之为使"成年男子神魂颠倒的爱情"。当然,莫里哀并不知道弗朗索瓦兹就是自己的亲生女儿。

1661年,当莫里哀表示要娶弗朗索瓦兹为妻时,她却不怎么情愿,但莫里哀仍紧追不舍,而弗朗索瓦兹也出于某种考虑,终于在1662年和戏剧家完婚。

但不少人认为上面的说法不可信,莫里哀娶的并不是自己的女儿,而是玛德莱娜·贝雅尔的女儿。法国当代著名的历史学家、法兰西学院院士G.勒诺特尔就是代表人物之一。他曾在《时代》杂志发表专文,谈了自己的看法。

历史学家首先论述道:法国亲王莫德纳伯爵为了谋取财产,娶了一位比他大15岁的女人,随后迫不及待地等着妻子死去,自己却喜欢过放荡不羁的快乐生活。不久,他在巴黎结识了一位迷人的不守贞节的女郎玛德莱娜·贝雅尔,并且在1638年玛德莱娜20岁时,他们有了一个女儿,这个女孩子在圣一厄塔什教堂受洗后起名叫弗朗索瓦兹。

大约在1644年,活泼的玛德莱娜·贝雅尔在外省演戏时,她的女儿弗朗索瓦兹生活在卡尔庞德腊附近勒米特夫人玛丽·库尔丹家里,勒米特一家尽其所能抚育着同她们的女儿玛德莱娜·勒米特做伴的弗朗索瓦兹。这种状况一直维持到1652年她们一起参加"光耀剧团"为止。

勒诺特尔认为:弄清事情真相的关键是要搞清楚当年莫里哀的妻子为什么要在有关证件填上"阿尔芒德"这个名字,以及身份是玛德莱娜·贝雅尔的妹妹。历史学家推测道:莫里哀的妻子之所以填"阿尔芒德"这个名字,是因为她可能觉得这比"弗朗索瓦兹"更"高雅",写在海报上更醒目的缘故。至于她为什么要说自己是玛德莱娜·贝雅尔的妹妹,真正的原因是玛德莱娜·贝雅尔尽管年近45岁,依然雄心勃勃、芳心未泯,她害怕告诉大家这个女同事是她的亲生女儿,就暴露了自己的真实年龄,所以可能从一开始她就把全剧团都不知底细的这个姑娘说成是她的小妹妹。现在用这种名义把女儿嫁出去,就会把骗局继续维持下去。反正弗朗索瓦兹没有领过出生证件,再说仍健在的外祖母也没有意见。看来这样做是行得通的办法,因为在剧团演出的通俗喜剧中就有过类似的做法。而那种莫名其妙地更改名字的做法在各个时代的剧团里更是经常使用的。

勒诺特尔还进一步推测说:玛德莱娜·贝雅尔于1672年2月19日死去。她很富有,她除了给兄弟姐妹们一小笔款项外,其余财产全部留给了阿尔芒德,由此使人进一步断定阿尔芒德是玛德莱娜·贝雅尔的女儿。

而玛德莱娜临终前可能恳求莫里哀和阿尔芒德重新一起生活，因为她死后，他俩和解了，并且就在那一年的 10 月他们有了一个儿子。言归于好的夫妇俩用各自的名字合在一起作为孩子的名字，叫让·巴蒂斯特·阿尔芒德（莫里哀原姓名为让·巴蒂斯特·波克兰）。

尽管勒诺特尔的看法赞同者不少，但在法国文史学界尚未取得一致意见。从客观上来说，当时莫里哀领导的"光耀剧团"里有不少迷人的女人，比如年纪虽已四十仍然活泼可爱的玛德莱娜·贝雅尔，在《太太学堂》里扮演阿涅丝的布莉小姐以及在《可爱的女才子》中扮演一个女才子的杜巴克小姐。而莫里哀和这些女人的关系又都非常好，这就难免会使事情更加复杂化，对人们弄清事实的真相带来了更大的难度。

莫里哀死因之谜

莫里哀（1622～1673 年），原名让·巴蒂斯特·波克兰。1622 年 1 月 15 日诞生于巴黎富商让·波克兰家。1644 年 6 月 28 日首次使用艺名莫里哀。他是 17 世纪法国最伟大的剧作家，是继莎士比亚之后欧洲戏剧史上成就最大、影响最深的戏剧家。18 世纪之后，莫里哀的名字超越法国国界，在欧洲各国享有广泛的声誉，其作品成为世界戏剧艺术宝库中的珍品。

到目前为止，确知莫里哀所写的作品有 30 出戏和不多的几首诗，其中有一出戏是在他照顾年老贫困的高乃依时，与高乃依合写的。莫里哀既是编剧、导演和演员，又是剧团负责人。

一个编剧，死无葬身之地，但其作品却是法兰西喜剧院创办 300 年来上演次数最多的剧目。据载，从 1680 年法兰西喜剧院创立到 1978 年底，该院共上演莫里哀的剧作 29664 场，而名列第二与第三的拉辛与高乃依的剧作仅被演出过 8669 场和 7019 场。

一个作家，身后无手稿流传，却仍被称为"法语创作中最全面而最完满的诗歌天才"。

一个演员，不肯离开舞台，宁愿放弃法兰西学院"40 名不朽者之一"的荣誉。然而，法兰西学院却主动为他塑了一尊半身像，并将此像立于学院的地界内，石像上刻着：他的光荣什么也不少，我们的光荣却少了他。

这些颇有兴味的事情都发生在莫里哀一个人身上，他被伏尔泰尊称为："描绘法兰西的画家。"

莫里哀 20 岁时开始从事戏剧事业，直到他 51 岁死，他一直勤奋刻苦，不断努力，使自己的艺术水平达到了炉火纯青的地步。但是，他几十年来的生活并不平坦，复杂艰苦的斗争和数不清的磨难锻炼了他的意志，也影响了他的身体健康，使他过早地离开了人世。

1673年2月17日，在路易十四时代法国巴黎的王宫剧院里，灯火辉煌，人声嘈杂，池座里和包厢里到处挤满了观众。舞台上，大灯光照耀得通明雪亮，这里正在上演莫里哀的著名喜剧《无病呻吟》，这已是该剧的第四次公演，莫里哀本人亲自扮演剧中主角阿尔冈。此时的莫里哀已经51岁了，而且是抱病演出。在那天的演出中，莫里哀以惊人的毅力，忍着病体的疼痛，在舞台上坚持到最后。他那高超精湛的演技，时时博得台下观众一阵阵热烈的赞扬声和欢呼声。然而，莫里哀在台上，一边表演，一边忍不住咳嗽，难受得直皱眉头。观众还以为这是他主演"心病者"的绝妙表演，急忙投以热烈的掌声。但当演到最后一场时，莫里哀已有些支撑不住，他忍不住打了一个痉挛，细心的观众已经发现他的病态，很是吃惊，莫里哀也注意到了台下观众的反应，他鼓起全身力气，大笑一声才遮掩了过去。戏演完后，莫里哀并未休息，而是步入后台，询问观众对演出的反映，最后才回到家里。回家后他就咯血不止，两个修女把他扶上了坐椅，莫里哀在她们俩人的胳臂里咽下了最后一口气。此时是当夜10点钟，离他卸装下台还不到3个小时。

后人对莫里哀这位喜剧大师的死因十分关注，进行了许多探讨。但是，莫里哀到底死于何因，长期以来一直是一个悬而未解的谜。

不少人认为，莫里哀的死亡原因是他得了一种"想像"不到的病，但这种想像不到的病究竟是什么病则无答案。

还有一种意见认为，莫里哀晚年遭受了种种不幸。1671年冬季，他因积劳成疾染上了肺病，后因病情加重又病倒了好几个月。1672年2月，他的健康状况刚有好转，他又遇上了种种打击：他在戏剧事业上长期合作的老朋友玛德隆·贝扎尔去世；他的爱子也不幸死去。噩耗传来，使莫里哀悲痛不已，又加重了他自己的病情。在这种情况下，莫里哀仍坚持写戏、坚持演出，最后病死于肺病。

另有一种观点是，莫里哀的死因是多方面的，绝非仅肺病一种。他长期的创作、紧张的排演和疲劳的巡回演出；艰辛的生活、痛苦的流浪、家庭生活的不幸、晚年丧友丧子；激烈的竞争、错综复杂的政治角逐，特别是1672年冬他与其老朋友、音乐家吕理发生争执，被国王路易十四免去了文艺总管的职务，国王对他的宠信日减，这一切不幸使晚年的莫里哀更是雪上加霜，大大加重了他的病情，最后使他丧生。

《不列颠百科全书》对莫里哀的死有过一段记述："1673年2月17日，莫里哀演出第九场《无病呻吟》时，在舞台上昏倒，被人抬到家中即与世长辞。"在这里，对莫里哀的死因未加说明，可能是有意回避了。

时至今日，莫里哀到底死于何因仍无一个明确答案，这个问题尚待进一步研究。

英国作曲家亨德尔为何独身

德国人说,亨德尔和巴赫都是德国最伟大的作曲家;而英国人说,亨德尔是英国最伟大的作曲家。亨德尔,这位出生在德国后来加入英国国籍的大师终生未婚,不仅仅如此,他甚至一辈子都未曾与女性发生什么"纠葛",这一点引起了后世人的惊疑,也令许多人感到奇怪和不以为然。

当时一位与亨德尔有交往的牧师史威夫特记述说:"我之所以特别尊敬亨德尔,乃是由于他纵使跟女性有过什么细微的纠葛,都从不开口。"传记家们曾提到他用双臂抱过一个女人,这是由于这位花腔女高音即库佐尼拒绝按照亨德尔的曲调唱,于是作曲家勃然大怒,举起有力的双臂抱起她(有的说他用双手抓住她的腰部),然后拖到窗口,扔出窗外,并且骂道:"从前我就知道她是一个妖怪。这次正好给她一个教训。我就是毕塞巴布,是魔鬼!"

这种盛气凌人的男子,在任何女性眼中,怎能成为终生伴侣呢?他是一个冷血动物。厌恶女性的亨德尔在有关他的许多传记中,几乎不曾被暗示过他与什么女人有纠葛,他对女性魅力毫不关心,所以有关他的风流艳事的记载是找不到的,此类艺术家在世界上实在为数不多。

乔治·弗里德里希·亨德尔(1685～1759 年),生于德国中部的哈雷。这位同巴赫同年出生的同时代大音乐家,却与巴赫的一生截然不同。他们两人未曾会晤过,而且亨德尔不像巴赫生于音乐家族,亨德尔是其家族中惟一的大音乐家,其父是萨克森公爵的理发师和外科医生。他自幼迷恋于音乐,而且天赋超常,但他父亲严禁他从事这种低层次的职业。他不得不每天半夜里从床上爬起,借着月光弹奏古钢琴——此与巴赫躲在月光下偷抄乐谱类似,这一点与他们晚年双目失明不无关系。

亨德尔最终选择了投身于音乐。最初他到了德国民族歌剧的摇篮——汉堡,在那里结识了年轻博学的音乐家约·马特森,尽管他们之间有过决斗的插曲,而且亨德尔差点为此送命,但他们马上又言归于好。亨德尔还学了不少东西,他也不像巴赫,一生只待在一个地方,亨德尔的足迹遍及欧洲,先是征服了意大利,继而便成了英国人的崇拜者。他30 年间曾写出了40 多部歌剧,但他最伟大的作品是他借用圣经题材创作的清唱剧如《弥赛亚》《以色列人在埃及》《参孙》《那弗他》《扫罗》《约书亚》《所罗门》等等。在1712 年不太走运时,他仍被英国人视为普赛尔第二。英国人早就让他加入了英国国籍(1726 年),认为他是"英国民族的天才",至今仍抱此看法。他死后葬礼盛大,遗体安葬于威斯敏斯特教堂。

这位终生未婚的大作曲家为何不与女性发生纠葛，一派认为他禀性如此，个人的性格决定了他不适于与女性交往，甚至可以说是心理变态的表现。他是那种讨厌异性，或至少是在天性上不愿与异性接触的一类。就亨德尔而言，他对女性从未有过什么兴趣，有关他的传记都说明了这点。

但另一派观点认为他太专心于事业。为说明这点可以与巴赫作比：巴赫索居寡出，不好交际，谦恭质朴，易于满足而无奢望，他一生娶了两个妻子，共生了 20 个孩子，所以事业和家庭生活充实和满足。而亨德尔则不同，他的一生像传奇故事那样充满了冒险，而且以好竞争与决斗出名。他曾发财、破财继而又失而复得，他脾气暴躁，易于发怒，感情强烈，但他这种强烈的情感从不用于异性，也许他了解自己的性格，因而倒颇有自知之明，"一直不曾想到过要娶老婆"。

他太专心于事业，表现在两个方面。首先，他有着拼命往上爬的欲望。他父亲之所以不让他从事音乐，是因为音乐家在当时地位很低，"如果要做一名绅士，就绝不可以学拉小提琴"，而亨德尔却愿为音乐献身，决心成名，所以他一生中为求功名而历经了各种冒险生活。亨德尔在受尽各种屈辱后最终成名，其间的坎坷非同一般。其次他专心于作曲，决心以实际行动证明作曲事业会令他地位稳固并不断上升。他是如此迷恋作曲，将其整个身心融于创作，这使得他毫不关心女人和婚姻。他会在灵感迸发时一连伏案几天，最快时他在三周内就完成一部歌剧。如在创作《弥赛亚》时，当他为"他被人蔑视，被人们抛弃"这种悲伤的词句谱曲时，一位仆人发现他感动地伏在作品上哭泣；当他写到合唱《哈里路亚》壮观的情景时，他说："我想我的确看见整个天国和伟大的上帝本人在我面前。"在他如此炽热的宗教情感和创作热情中，女人在他心目中的位置则难以想像了。

关于这方面，传记家们概括为，他是位杰出的冒险家，以名声和命运做赌注，为把自己的意愿强加给社会而进行了狂热的斗争。在他死后，他的影响控制了英国的音乐生活长达一个世纪之久，他对音乐的态度可以用他斥责贵族的话反映出来："大人，如果我仅仅提供他们娱乐，那么我将感到遗憾。"因而，尽管他感情强烈，易于冲动，如果这些不用于女人，他就会在远离女性的道路上越走越远。

尽管他无心追求女人，但他却免不了被女性追求。当他的歌剧风行意大利时，一个叫维多利亚·泰姬的姑娘从佛罗伦萨追到威尼斯，但他最终拒绝了她。在英国他给一位贵族小姐上课期间，这位贵族女弟子爱上了他，但是这位小姐的母亲不同意。当这位母亲死后，她的父亲告诉亨德尔说，阻挠的人已不在人世，可是亨德尔却再也不见这位小姐，而那位姑娘则像"小说中失恋的女主角那样"，不久之后便如枯萎的花朵，"香消玉殒"了。还曾有位有钱的女人，表示说若亨德尔放弃音乐家工作，她就愿嫁给他，自然亨德尔毫不理会。这样，相貌堂堂、体魄健伟、目光炯炯的亨德尔虽然得到了金钱和地位，却一辈子独身。

当伟大的清唱剧《弥赛亚》在伦敦歌剧院演出时，大合唱《哈里路亚》宏伟壮观，令观众激奋不已，国王乔治一世情不自禁地站了起来。场内观众见国王站了起来，也都站了起来。自此以后，每当那段著名合唱开始时，观众都会站起，这已成为音乐会上一条不成文的惯例。但令人奇怪的是，亨德尔的音乐并没有在英国继续影响下去，却对德国和法国产生了强烈的影响。

海顿在一个纪念会上含泪说：“他是我们一切人的老师。”贝多芬称誉他为“真理之所在”，“是我们所有人中最伟大的一个”。然而，亨德尔为什么终身不娶，至今却未得到一个确切的答案。

"歌曲之王"舒伯特为何终生未婚

古典音乐大师莫扎特曾言，单身汉的一生只是人生的一半。马丁·路德认为，没有妻子的生活比起没有饮食还要难受。但是著名作曲家、歌曲之王舒伯特却终身未婚，他从未接触过女性便迅速走完了他 31 个春秋的人生历程。

喜爱音乐的人们，已经十分熟悉音乐会上经常演唱的歌曲如《魔王》《菩提树》《鳟鱼》《死神与少女》《流浪者》；而舒伯特的九部交响曲中的《C 大调交响曲》(《"伟大的"交响曲》)、《未完成交响曲》更是创造了 19 世纪著名抒情交响曲的新典范，仅仅这两部交响曲便足以奠定他为一流作曲家的地位了。

舒伯特

弗朗兹·舒伯特（1797 ~ 1828 年）生于维也纳近郊，他是 19 世纪著名大作曲家中惟一一位地道的维也纳人。其祖父是工匠，到了他父亲时，便有了小学校长的职位。舒伯特是十几个兄弟姐妹中侥幸活下来的四人之一，由于音乐天赋极高，4 岁时跟父亲和哥哥分别学习小提琴和钢琴，水平很快超过其父兄。由于他过分热衷于音乐，而从事这一职业的人又是没有地位和金钱的，所以后来其父一度终止了父子关系。

这位羞怯而又富于幻想的男孩音乐天赋令同代人叹为观止，有人说他似乎是“直接从上帝那里学习的”。比如他在 1815 年 8 月份一个月的时间里便完成 27 首歌曲，同年共写了137首艺术歌曲,两部交响曲,一首四重奏,四首奏鸣曲,两首弥撒曲和五部歌剧。

而在他短短的31年里,创作了约有1500首的作品,遍及所有的音乐题材和形式,其中包括634首艺术歌曲,其艺术价值无后人可比,因而他被后世誉为"歌曲之王"。其作品《魔王》的名气大大超过了歌德的同名叙事诗。有人认为,假设舒伯特一生只写此一曲,其他都没有,也足以使他载入音乐史册。一位诗人在双目失明、生命将尽之时,提出的惟一要求便是听一遍《魔王》。本来对舒伯特歌曲不感兴趣的歌德首次听到此曲后,便要求演唱者重唱一遍。后来,李斯特和柏辽兹先后把此曲改编成钢琴曲和管弦乐曲。

本来,舒伯特具有诗人的性格,想像力也相当丰富,他的作品充满了浪漫主义的气息,因而他对爱情也应该更为敏感才是,然而在他短暂的一生中,真正燃烧过爱情火焰的也只有一次。他曾把《少年时期的梦》献给泰蕾莎·格罗普,可是她却轻易地甩掉了舒伯特,嫁给了一位面包师,以确保她的生活。另外一个歌手也与舒伯特有过交往,她也嫁给了一位身份较高的人。这样的一位大作曲家为何如此难赢姑娘的芳心呢?

有人把原因归结于舒伯特的相貌。确实作曲家对自己的容貌亦有自知之明。他身材矮小,大腹便便,厚厚的嘴唇,皮肤黝黑,脑门很大,维也纳人叫他"蘑菇"。这样的长相加上他羞怯内向的气质,自然难为女性恭维。传记家们描述他"个子较常人矮,手臂满足肌肉,手指粗而短,脸部圆得像月亮,前额狭小,唇厚,眉毛如杂草,鼻子塌陷,而且上翘,眼睛虽好看,但总是藏在眼镜深处,即使躺在床上,也戴着眼镜",这样的男人怎么赢得女人的芳心呢?

有人把舒伯特不恋爱结婚的原因归因于他的经济状况及他的性格。他一生穷困潦倒,从未过上几天富裕日子。他的一生比莫扎特悲惨得多。在他生活的那个时代,专门作曲的人很难糊口。他不是一位演奏家,无法获得正式而长久的工作,只靠朋友们接济度日,这种朝不保夕的生活一直维持到最后。虽然他出售了成千上万份作品,但他得到的每每只是一顿饭钱,如那首最著名的《摇篮曲》只换了一盘烤土豆,而在他死后这首曲谱在巴黎竟以4万法郎成交。他死后的财产仅是一些衣物、被褥和"一堆价值十个弗罗林(一弗罗林相当于两先令)的旧乐谱"。也许他明白自己可怜的经济地位,所以从未认真考虑过要结婚。

另外,正如从他画像表情上显示出的那样,他不是一个容易博得女人欢心的人。舒伯特性格内向、羞怯而优柔寡断;他虽然也爱欢乐,但只是终日与一帮"舒伯特派"的朋友们相聚。至于爱情,他表现出克制与谨慎,实际上是压抑自己。如他曾恋上匈牙利一贵族之女、他的学生卡罗琳·埃斯特哈赛,但由于他的性格和处境,所以从未做出什么轻率的举动。这位并不忠诚的贵族小姐在还未嫁给陆军少尉去过那"幸福的结婚生活"之前,舒伯特就早已去世了。这场毫无结果的"爱情"只会加深他那"当我想歌唱爱情的时候，它就转向悲伤"的孤独的忧郁。他在日记中写道："发现密友的人，是幸福的，但是在妻子身上发现密友的人，更为幸福。今天的自由人，只要想到结婚，就会恐惧。""不论给予我的是爱情还是友情，全是一种痛苦。"可见他自己并未奢侈得到爱情及爱情的结果。

另外，使舒伯特独身的因素可能是受贝多芬的影响。一生未婚的贝多芬是舒伯特心中的偶像，他甚至把贝多芬当作神一样崇拜，他说："有时候我也做过梦，但是在贝多芬之后，谁还能做什么事情呢？"

当他第一次带着诚惶诚恐的心情去谒见贝多芬时，却未遇见；直至在贝多芬死前一星期才见过一面。在贝多芬的葬礼上，舒伯特是举着火炬送葬的少数人之一。他死后惟一的要求便是想与贝多芬葬在一起，这个愿望最终在 1888 年得以实现。

贝多芬终生未婚，他在舒伯特那崇高的心灵中，有着一种神秘主义色彩。舒伯特像莫扎特一样预感到自己生命的衰竭（他在 25 岁时便染上了性病），他心目中也许只想到他的同代偶像，而对自己于女性毫无兴趣的生活视为自然而满足，至少他不愿想到结婚。因为在他的短暂的一生中，贝多芬的影响确确实实占据了重要的一席。

一生命运坎坷，并未真正恋爱过、从未接触过女性的作曲家，却在 1822 年末染上了性病（可能是梅毒），这的确是莫名其妙的事，也给他为何终生未婚更蒙上了一层神秘色彩，以致现在还成为人们脑海中的一个问号。

为什么杰克·伦敦要自杀

杰克·伦敦（1876~1916 年）是 20 世纪初美国著名的作家。他一生写了许多获得好评的长篇小说、短篇小说、剧本和散文等作品，其中《荒野的呼唤》《铁蹄》和《马丁·伊甸》等长篇小说还译成中文，受到广大中国读者的喜爱，杰克·伦敦本人也成为美国在海内外享有盛名的作家。

但是，杰克·伦敦一生坎坷，在他年仅 50 岁，正当创作高峰时期却自杀身亡了。他为什么要自杀？对此，美国和其他国家的历史学家和文学家虽然进行了长期的研究并提出了一些值得重视的见解，但似乎依然不能令人满意。

美国文学家艾尔·雷勃大胆地提出了本人的见解，认为杰克·伦敦健康状况恶化影响了他继续生活下去的意志。杰克·伦敦在 1914 年确实患了严重的肾炎。在此后的两年期间，尽管他在公众面前竭力保持自己精力充沛的形象，但尿毒症的迹象已逐渐明显。他又拒绝听从医生的劝告，如严格注意饮食、充分休息等。1915 年和 1916 年间，他先后在夏威夷住了几个月，希望在温和的气候条件下恢复已损坏的身体，但他的身体状况继续恶化。

1916 年的春天,他在夏威夷发现了瑞士心理学家卡尔·容翻译的科学著作并立即对卡尔说:"我告诉你,我正站在如此之新、如此之可怕和如此之奇妙的新世界的边缘上,以致使我害怕瞥它一眼。"卡尔的书促使杰克·伦敦将多年对波利尼西亚人的研究作为创作的源泉之一,写了一系列短篇小说如《红的》等。

从此,卡尔·容的译著不仅促进了他的创作,而且拓宽了 20 世纪文学的领域;杰克·伦敦本人也成为美国利用卡尔·容的理论进行文学创作的第一个短篇小说家,尽管他的情绪依然不高。

杰克·伦敦自认为是个唯物主义者,但是在他生存的最后几个月,其思想显然经历了新的变化,认为其信仰的唯物主义中肯定有不合理的因素,并严厉地拒绝其早年坚持的朴素的唯物主义观点。1916 年 11 月,他终于以服毒自杀的方式结束了自己的生命。他的医生称他自杀的原因是"肠胃生尿毒症"。著名美国记者查尔米亚在其报道中声称,杰克·伦敦在《圣经》下列一段文字的下面画了杠杠:"你不应当从世俗或艺术角度进行思考,而应当从象征角度,从精神方面,从事思索。"查尔米亚显然企图告诉人们,晚年的杰克·伦敦已不是唯物主义者,而是唯心主义者了。

美国著名文学评论家富兰克林·沃克虽然也持有类似的观点,他分析得更为详细、合情合理。他在对杰克·伦敦的代表作《马丁·伊甸》的评论中,比较深入地阐述了杰克·伦敦的思想发展趋势。他认为,杰克·伦敦之所以采取自杀行动,可能与他的社会主义理想最后破灭有关。

众所周知,杰克·伦敦在年青时代是个远近闻名的杰出社会主义者,也是个公然自诩的马克思主义的信徒。他经常用一颗刻有"革命至上的杰克·伦敦谨启"的橡皮图章签署信函。另外,他也是大专院校社会主义团体的首任主席,曾到全国各地进行过演讲活动,批判资本主义社会的腐朽和没落,并以社会主义党人的身份竞选奥克兰市长的职位,甚至还考虑过角逐加利福尼亚州州长的职位。

在 1908 年出版的长篇小说《铁蹄》中,杰克·伦敦用明确的词句,叙述了资本主义的崩溃。不过,在《铁蹄》的结尾部分,他并未说明无产阶级的乌托邦式的理想的实现,社会仍然受制于残忍的独裁者。

然而,在他《铁蹄》之后发表的长篇小说《马丁·伊甸》中,人们发现,被公认为杰克·伦敦化身的主人公马丁之所以未信奉或把希望寄托于社会主义理想上,可能与杰克·伦敦本人对社会主义革命的信心日渐动摇有关。他逐渐对社会主义活动不大积极,并终于脱离了社会主义组织。他怀有的"天生自然,任万物竞争淘汰的哲学思想",与长篇小说《海狼》中的那个专事掠夺而又专横的船长伍尔夫·拉尔圣近似,而与《铁蹄》中的那位满怀热忱的社会主义领袖欧涅斯特·伊夫哈特的思想相去甚远。他的女儿琼安·伦敦在自己的传记中认为,她父亲在《马丁·伊甸》中写下了自己的讣闻。这或许道出了真情。杰克·伦敦不仅对社会主义活动失去了积极参加的兴趣,并对作家的成功逐渐觉得虚幻缥缈。

杰克·伦敦的思想和情绪的发展又是相当复杂的,富兰克林也充分注意到了这种情况。他认为,杰克·伦敦最后走上自我毁灭的道路,是他复杂思想发展的必然结果。富兰克林在评论杰克·伦敦的《马丁·伊甸》时,对此做了较为详细的考察:《马丁·伊甸》的创作过程在某种程度上反映了伦敦思想发展的迂回曲折。杰克·伦敦在这部小说即将杀青之际,还没有决定如何结尾,可是后来他的小说却出现了一个出其不意的结局:主人公马丁·伊甸自杀了。富兰克林认为,杰克·伦敦一再坚持让其书中的主人公马丁·伊甸自杀是作者思想发展的必然结局。而作者之所以这样做,或许有其本身的苦衷。

从这些见解来看,杰克·伦敦一生的坎坷经历,再加上身染重病,似乎是导致他最终自我毁灭的原因。然而从他毕生的创作成果来看,又与其悲剧结局十分矛盾。

富兰克林说:"他死后留下来的书共有50本。都是他炽烈的精神与惊人的毅力的结晶。"这些书中最好的一部,仍然是《马丁·伊甸》。尽管这本书也不例外地有其缺点,如结构不甚匀称,若干地方用词拙劣,而且有时语调极其伤感,但它仍然具有巨大的力量。在这本书中不管是主要人物,还是次要人物,他们的性格都刻画得很生动。作者对无产阶级和资产阶级之间价值观念的冲突也提出了新颖的见解。当然,这本书也确实详细地描述了一个过于神经质的人的经历。就这点而言,杰克·伦敦的作品,在批判病态的社会方面,又给人一种相当现代化的感觉。

除此而外,在他的《马丁·伊甸》等书中,也不乏生趣盎然、淋漓尽致的描绘。这一切不是与著名小说家杰克·伦敦的最后悲剧发生十分矛盾吗?因此,杰克·伦敦的自杀确实使人不得其解。

是谁杀害了著名导演泰勒

威廉·泰勒是美国著名的无声电影导演,他有个"女性式的男人"的绰号。在1922年他被神秘地杀害。杀人犯一直未被找到。由于此案的发生,有两个获得好评的女演员的职业遭到牵连,好莱坞的电影业也受到玷污。泰勒死后,电影之城好莱坞的放荡气氛成为人们要求净化的目标。

泰勒是在1922年1月2日的夜间,在加利福尼亚州洛杉矶的公寓里被人用点三八口径的手枪打死的,有两颗子弹穿过他的心脏。他当时只有45岁。翌日早晨,他雇佣的黑人仆人亨利·庞维发现主人的尸体躺在起居室的地板上,立即冲出房间,歇斯底里地反复叫喊:"泰勒主人死了,泰勒主人死了,他们杀死了泰勒!"

不幸的是,在警察到达之前,许多可资应用的证据全被动过了。泰勒的邻居、女演员艾德娜·普尔菲思听到黑人亨利的喊声后,迅速给她的熟人——28岁的玛贝尔·诺曼德打了电话。诺曼德是当时十分走运的电影界的女喜剧演员。她接到艾德娜的电话后,也急急忙忙地赶到泰勒的住所,并同艾德娜一起搜索死者的私人文件,并在警察到来之前,使其恢复原状,显然文件中有泰勒写给玛贝尔的爱情信件。

另一位漂亮可爱、很有名气、年仅17岁的女演员玛丽·敏特也接到了艾德娜的电话。她同其深受压抑的母亲,查罗蒂·余贝也立即赶到出事地点,但她们受到了警察的阻拦,未来得及采取与艾德娜和玛贝尔类似的行径。

另外,泰勒所在的"至上"电影制片厂的经理在警察到达之前,也获得了关于导演死亡的消息并迅速赶到他的住所。他们处理了泰勒的威士忌酒并在壁炉里焚烧了一些文件。

当警察到达时,他们像抢劫一样消除了处理证据的各种痕迹,受害者仍然带着象征"幸运"的大型钻石指环,还有1000美元散落在楼梯跟前。警察到后搜查了所有文件,并发现了许多情书和泰勒导演与女明星拍摄的秘密照片。此外,警察还找到了许多女人内衣、内裤以及睡衣等,而且每件衣服上都标有某人姓名的第一个字母和日期。同时,警察也调查了有嫌疑的杀人犯。美国一些小型报刊也在当日的新闻版中作了报道。

但是,谁是杀害泰勒的凶手呢?当局公布了有关泰勒的令人惊讶的经历。泰勒实际上名叫威廉·迪因坦尼,曾一度做过纽约的艺术品和古董交易商,但在1908年的某一天,他放弃了自己的事业和已结婚7年的妻子。

令人惊奇的是,他离开妻子和女儿时,把其全部财产都留给了女儿。泰勒的兄弟登尼斯也离开了他的一家。泰勒在其兄弟离家4年之后到失踪之前,曾与登尼斯一起生活过一段时间。泰勒辗转来到好莱坞并起用现名。他先是从事一般演出活动,然后执导电影,并在执导《来自天空的钻石》《纽约屋脊》和其他影片中获得巨大成功,赚取了大量美元。他既是个英俊的好色之徒,又是个不尚读书的藏书家,而且还担任电影导演协会主席职务。这样一个世界闻名的导演与众多红极一时的女士有着数不清的风流韵事。

然而,杀害这一导演的凶手一直未能找到。有人认为,泰勒生前的私人秘书艾德华·山德斯是由其兄弟装扮的。就在泰勒被害之后,这位秘书也悄然失踪了。自然这位秘书成了警察的主要怀疑对象,但警察从未找到过他。1921年他被正式宣布失踪。警方在追查他的过程中,仅发现他以泰勒名义伪造的一些支票、盗走的衣服、珠宝和属于泰勒的一辆汽车。

警察还握有泰勒曾过着放荡生活的事实。泰勒去过洛杉矶同性恋者的据点和吸毒者的窟穴,他曾试图终止过当地的一个毒品销售网,因为这一组织对玛贝尔·诺曼德进行过敲诈。这位酷爱并演过许多重要喜剧的女演员承认她爱上了泰勒。然而,当公众获悉她一个月就得为其需要的可卡因支付 2000 美元时,人们拒绝看她最后主演的电影《苏珊娜》,并迫使她永远息影(她于 1930 年因肺结核病而去世)。

泰勒之案还给女青年演员玛丽·敏特带来终生的遗憾。她长得漂亮动人,头发金黄,穿着时髦,她甜蜜的微笑不知征服了多少影迷的心。她的母亲查罗蒂·余贝据说也与泰勒有着浪漫关系。泰勒对查罗蒂一直瞒着其与玛丽和玛贝尔之间的秘闻。在警察从死者寝室搜查到的女人的衣物中,有一件粉红色的睡衣,上面绣有"MMM"字母,而且有张便条说:"最亲爱的,我爱你,我爱你,我爱你!永远属于你!玛丽。"可见玛丽对他的迷恋之情到了何种程度!她迷上了一个年龄是她三倍的男人。葬礼上当泰勒遗体在棺材里显露时,玛丽不顾一切地紧紧地亲吻死者的嘴唇。这对公众来说,她太淫荡了,公众因此改变了对玛丽的态度。最终她也走上了退隐之路。

余贝夫人也是泰勒一案中被怀疑的对象。她本人拥有点三八口径的左轮手枪,而且在泰勒被谋杀前还打过靶。她被一些人认为是个装扮奇异的人。泰勒的一个邻居在泰勒被杀害的夜间,曾看见过一个装扮奇异的人仓皇离开泰勒的公寓。她被怀疑,因为她被认为拥有妒忌其女儿与泰勒有着强烈情欲的心态。但是,事后,余贝夫人很快离开美国,3 年来一直住在海外,而且,奇怪的是警察从未予以追究。

当时,警察认为世界闻名的导演泰勒是被雇佣杀手干掉的。在此后 20 年间,公众对泰勒导演的被害及其丑闻的激情依然未减,但当局并没有进一步追究。因此,时至今天,导演泰勒究竟是被谁杀害的,依然不被世人所知。

马雅可夫斯基开枪自杀之谜

马雅可夫斯基自杀了,死得那么突然,令人百思不得其解。悲剧发生在 1930 年 4 月 14 日上午 10 时 15 分。坐落在莫斯科市中心的卢比扬卡大楼内各个办公室里一派忙碌景象。突然,诗人马雅可夫斯基住的那间屋子里响起了一声尖厉的枪声。枪声震惊了整个大楼。惊慌失措的人们从四面八方赶来,推门一看,诗人已卧倒在血泊之中,旁边丢着一支手枪。致命的子弹穿透了心脏,一切抢救均告无效,才华横溢的诗人早已停止了呼吸。经多方检查分析,得出的结论是:诗人是自杀的。

一位极富才气的苏联当代诗人，曾被斯大林赞许为"过去是，现在仍然是我们苏维埃时代最优秀、最有才华的诗人"自杀了，而且是生气勃勃、曾经为生活热情歌唱过的马雅可夫斯基！这一悲剧震动了苏联文坛和社会各界，也震动了国际社会。

人们在震惊之余，感到纳闷的是：像马雅可夫斯基那样平生追求进步，参加过地下斗争，坐过牢，经受过革命考验，并且在诗歌创作上取得了卓越成就的革命诗人，居然会走上自杀的绝路！为什么这颗当代诗歌的太阳正在中午当顶的时候却自己突然沉落下去了呢？马雅可夫斯基自杀的原因和动机，引起了人们尤其是中外学者、文学史家的极大关注，并从各自的渠道、不同的角度谈了自己的观点和看法，概况如下：

一、马雅可夫斯基的自杀原因错综复杂，但爱情上的逆境、数次爱情波折是主要原因。他在其遗书《致大家》的信中，也说明他是由于个人原因而自杀的。诗人在遗书中曾提到"爱情之舟"，还多次提到莉丽亚·波朗斯卡娅。莉丽亚是勃里克之妻，勃里克同诗人关系密切，而莉丽亚同诗人的关系更是非同一般。她在诗人死后曾公布过诗人从 1917 年 9 月到 1930 年 3 月给她的 125 封信和电报，以及一些生活照片。她说："我和马雅可夫斯基生活了 15 年——从 1915 年到他逝世。勃里克是我的第一个丈夫，我们是 1912 年结婚的。当我告诉他说，马雅可夫斯基和我相爱时，我们大家都决定永不分离。就这样，我和马雅可夫斯基在一起——既是精神方面在一起，更多的也是居住方面在一起——过着我们的生活。"

"爱情之舟"指的是 1925 年在法国的俄罗斯姑娘雅可芙列娃。1928 年诗人在巴黎和她结识并相恋。他曾动员她回苏联结婚，但却遭到拒绝。诗人回莫斯科后，仍不断给她写信。据公布的材料统计，从 1928 年 12 月 27 日至 1929 年 10 月 5 日之间，诗人给雅可芙列娃写了 7 封信和拍了 25 封电报。而雅可芙列娃还是拒绝了诗人的求婚，她也给诗人写了不少信，可诗人竟没有收到。原因是勃里克夫妇与苏联国家保安机关有联系，他们奉命监视诗人，并帮助保安机关窃走了雅可芙列娃的来信。1929 年，诗人决心再去巴黎向姑娘求婚，可是受到勃里克和保安部门的阻挠，未能成行。结果雅可芙列娃嫁给了一个法国人，这对诗人是个很沉重的打击。至于波朗斯卡娅，她是莫斯科艺术剧院的年轻演员，诗人死之前与她相识，并爱上了她。但她并不理解诗人的处境和心情，使诗人感到十分痛苦。在遭受了一连串的爱情波折后，终使诗人走上了绝路。

二、有的学者认为，马雅可夫斯基是死于"口号之争"。人们在清理诗人的遗物时，发现了诗人留下的一份遗书，日期是 1930 年 4 月 12 日，即诗人自杀前两天写的。像任何一个自杀者一样，这份遗书成了探索诗人自杀原因的珍贵资料。在遗书的最后一段，诗人写道："请你们告诉叶尔米洛夫，把那口号去掉了——实在遗憾，本来应该是对骂到底的。"这表明,对这件事诗人到死仍觉得"遗憾"。关于"口号"的争论,是由诗人为演出自己的讽刺诗剧《澡堂》而写的一组口号引起的,其中有一条指名批评了遗书中曾提到过的叶尔米洛夫。叶是苏联文学批评家和研究家,当时曾任"拉普"(俄罗斯无产阶级作家协会)的书记。诗人那条口号是这样写的:"一下子无法把有的官僚主义者都洗清。因为澡堂和肥皂都不够用。另外还有叶尔米洛夫这类批评家的笔给官僚主义者们帮闲出主意。"这条诗人自己觉得很满意的口号,后来被"拉普"一些领导删掉了。为表示抗议,诗人便自杀而死。

三、不少苏联和中国学者、专家认为:马雅可夫斯基之死,主要原因与 20 年代苏联文坛的斗争相关。马雅可夫斯基是位革命诗人,列宁对他十分器重;可是,在 20 年代复杂的苏联文坛上,却遭到诽谤和攻讦。托派反对他,唯美派反对他,官僚主义者不喜欢他。

对诗人攻击得最凶、对他的心灵创伤最重的是"拉普"和"瓦普"(全俄无产阶级作家同盟)中的宗派集团、托派分子。他们一方面百般挑剔和贬低诗人的作品,不断对诗人进行公开的人身攻击,称诗人为托派分子的同路人,不是无产阶级诗人,并利用他们控制的文艺阵地,辱骂诗人是"小资产阶级的浪漫诗人,是小资产阶级个人主义者"。另一方面他们又在诗人加入"拉普"问题上百般故意刁难和打击,不让这位富有才华的著名诗人进入"拉普"领导班子,甚至连 1930 年 2 月 8 日召开的"拉普"代表大会,也没有让诗人进入理事会。

1930 年前后,是马雅可夫斯基一生中最艰难、最痛苦的时刻。此时,诗人已心力交瘁,情绪低落,心境已完全失去平衡。在这关键时刻,诗人偏又连续遭到意外且又是致命的打击,成了造成诗人开枪自杀的直接导火线。但以何事为准,主要有两种看法:

第一种是诗人的"文学工作二十年展览会"遭到文学界、新闻界的冷落和抵制。当时,诗人为了证明他"争取自己作为革命家和革命诗人,而不是背叛革命存在的权利",下决心要搞一个自己工作 20 周年的展览,并试图用这个展览击破来自对立面的围攻和孤立他的企图。

1930 年 2 月 1 日,展览会正式开幕,它受到一些青年的热烈欢迎。然而,却遭到文艺界、新闻界的普遍冷落和抵制。开幕式上没有一个文学组织的代表。他过去和现在的朋友、同事,都没有一个人出席展览会。

4 月初,《出版与革命》杂志第 2 期原定准备刊登一幅诗人的肖像,另配一篇对诗人工作 20 周年的祝辞。可正式发表时,肖像、祝辞都根据有关"指示"从印好的刊物上去掉了。不久,报上甚至出版了点名攻击诗人的讽刺诗:"马雅可夫斯基同志,您用抑扬格调写诗吧,每一行诗再给您加上 20 戈比。"这种抵制和攻击,简直达到了令人不能容忍的程度,受不了的诗人即以自杀抗争。

第二种认为促成诗人自杀的直接导火线是朗诵会的失败。1930年4月9日,诗人逝世前的一个星期,他参加了普列汉诺夫国民经济学院举行的一个大型演讲晚会,并不顾咽喉病痛,参加了演讲。晚会上,诗人情绪很坏,加之嗓子不好,朗诵得很不成功。对此,台下观众反应冷漠。而那些敌视他的小集团,则趁机对其起哄、辱骂。个别人甚至挑动群众对诗人进行围攻、质问,会场秩序顿时大乱。一向以才气自负于世而且对朗诵演讲十分喜爱与看重的诗人,平生从未受过如此难堪的失败和羞辱。一时,他竟无言以对,感到再也抬不起头来。他曾说道:"由于我的好斗性格,我受到了百般的非难,招来了许多罪名(有的我该承认,有的则是莫须有),以致我觉得不如销声匿迹,幽居个三两年,免得再听辱骂。"4月11日,诗人没有再出席他原来预定要参加的一个晚会,独自在房里几乎待了一整天。4月12日,诗人含泪写下了绝命书,随即自杀而死。

四、有的学者指出:马雅可夫斯基的悲剧在于他在一个非抒情时代写抒情诗。整个20年代,苏联国内政治、经济和意识形态的形势相当复杂。当时,苏联对能不能在资本主义国家的包围下一国建成社会主义、应当如何建设社会主义等问题,正经历着一场大辩论。经济状况的困难,使马克思主义在指导经济建设中的威力还没有显示出来。到了1929年,苏联国内的政治形势发生了急剧变化,成为"大转变"的一年,随着"反左斗争"的全面开展,在意识形态领域也开始了全面的批判运动,大力进行思想整顿和组织整顿。同时,大大小小的文学流派组织和团体,发表各自众多的宣言和纲领,彼此之间多年展开论战和指责,有时言辞甚为激烈,不免有失偏颇。20年代至30年代初,势力最大的文学团体是"拉普",它的领导人颇有点"唯我独革"的味道,而诗人在一系列问题上与"拉普"有矛盾,因而受到"拉普"的攻击。"拉普"领导人之一的列别金斯基后来承认:"我们担心我们的破船会因为这头大象上来而遭殃。"《澡堂》发表后,批评诗人的文章接踵而来,围攻的程度相当激烈,受不了的诗人只能举枪自尽。

五、有人还从医学角度出发,认为"由于复杂的斗争和他个人生活的痛苦,再加之咽喉痛的折磨,造成他精神错乱和精神失常,便开枪自杀了"。苏联著名科学家若·麦德维杰夫在《谁是疯子》一书中也说:马雅可夫斯基等人是在处于心理抑郁状态期间自杀的,可以算是心理偏离常态,这在许多人身上在不同时期都会出现。

从客观上讲,促成诗人自杀的原因是多方面的,有爱情、政治因素,也有艺术、健康等原因。但是,这里显然贯穿着一个世界观方面的主要因素。事实上,在诗人一生中,生与死的问题时常在他脑际徘徊。最后,诗人选择了死亡,这正是他的悲剧所在。

法捷耶夫自杀之谜

亚历山大·亚历山德罗维奇·法捷耶夫是苏联著名作家,他的长篇小说《毁灭》和《青年近卫军》是蜚声世界文坛的杰作。法捷耶夫还是著名的社会活动家,曾长期担任全苏作家协会的领导工作。

可是,这位深受广大读者欢迎和文艺界人士爱戴的才华横溢的大作家,突然于1956年5月13日在他的寓所、莫斯科郊外的佩列杰尔基诺开枪自杀,年仅55岁,正值文学创作的盛年。人们在无比震惊和惋惜之余,不禁对法捷耶夫自杀的真实原因进行种种推测和探求。

首先不妨让我们看一看法捷耶夫本人是如何解释自己为什么自杀吧。法捷耶夫自杀之前给苏联共产党中央委员会留下了一封遗信,这封充满绝望的绝命书读来令人柔肠寸断。对于法捷耶夫这样一个诚实的作家来说,人们没有理由怀疑他临死前写下的每一句话。绝命书开头就写道:"我看不到继续活下去的可能,因为我一生为之献身的艺术已经被自信而无知的党领导扼杀了,现在已经不可挽救了。"

接着,他在痛心地提到许多优秀的文学家在30年代大清洗中死于非命以后,着重申斥了斯大林去世后苏共新领导人对文艺界的粗暴和无知。因此,法捷耶夫决定:"作为作家,我的生命已经失去了任何意义,因此我非常高兴地离开这样的生活,就像从丑恶的生存中得到解脱一样,在这样的生活里落到我头上的是卑鄙行为、谎言和诬蔑。"

看了这封绝命书,似乎对法捷耶夫自杀的原因已经一目了然,其实并没这么简单。一个思想十分丰富而又极为矛盾的大作家之所以做出自己结束自己生命这样可怕的选择,其动机无论如何不是一篇仅有千余言的书信所能全部说完的,何

法捷耶夫

况信中谈到许多东西也不一定说清楚了。因此,对于法捷耶夫为什么要自杀的问题,还有不少疑团。

像《简明不列颠百科全书》这类西方权威著作一般认为法捷耶夫自杀纯系对苏共第二十次代表大会批判斯大林个人迷信的抗议。这些著作称法捷耶夫对30年代迫害文艺

界人士应负何种责任尚不清楚，但是肯定他参加了第二次世界大战后苏共中央书记日丹诺夫组织的文学批判运动。

斯大林去世时，法捷耶夫曾撰文称斯大林是"有史以来最伟大的人道主义者"，所以当斯大林受到批判后，他想不通自杀了。可以肯定，法捷耶夫在1956年5月13日自杀与3个月前苏共二十大公开批判斯大林、大幅度改变苏联原先的政策路线一事有关。不过到底是什么关系，恐怕不像西方某些人说的那么简单。

首先，谁也没有发现法捷耶夫参与30年代迫害作家的事件的证据。相反，法捷耶夫对此十分反感，认为这是叶若夫、贝利亚之流犯下的罪行。据苏联作家帕夫连科说，法捷耶夫曾当面向斯大林揭发过贝利亚。战后日丹诺夫组织的文学批判运动明显是错误的，法捷耶夫身为苏共党中央委员和作家协会总书记不仅参与其事，而且亲自批判过一些作家。对此法捷耶夫有多大责任呢？多数人认为不能苛求于他，他不得不服从上面的命令。

此外，苏联作家伊万·茹科夫在1987年第三十和三十一期《星火》杂志发表的连载文章认为："法捷耶夫在对待米·左琴科和安·阿赫马托娃（这是日丹诺夫批判的两个主要作家——引者）的问题上，表现出最大限度的人道主义和最大限度的正直。"文章还提到，正是由于法捷耶夫的呼吁，阿赫马托娃受牵连的儿子才得以获释。而且有许多人证明，早在苏共二十大召开之前，法捷耶夫就开始为三四十年代蒙受不白之冤的某些作家恢复名誉而奔走。可见，法捷耶夫本人是正直的，但又不能与错误的批判运动脱离干系。为此他内心到底如何痛苦与内疚，在促使他自杀一事中到底起了什么作用，旁人不得而知。

其次，法捷耶夫对赫鲁晓夫等苏共新领导人流露出明显不满和失望，但是这究竟是因为赫鲁晓夫批判了斯大林呢？还是因为他对文学事业乱加干涉呢？对此也有争论。

西方的观点多倾向于前者。法捷耶夫一直十分敬仰斯大林，认为30年代镇压无辜是叶若夫和贝利亚背着斯大林干的，因此他对赫鲁晓夫在苏共二十大批判斯大林极为震惊与不安。

苏联许多作家认为法捷耶夫主要是对赫鲁晓夫粗暴对待苏联文学感到恼怒。他曾在1953年到1956年间要求安排一次国家领导人与文艺界代表人物的会见座谈，但一直未能如愿以偿，因此他也就坚决拒绝了赫鲁晓夫要他重新担任全苏作协主要负责人的建议。

在绝命书中，法捷耶夫激动地写道："斯大林还多少有点知识，而这些人则是不学无术的。"矛头直指赫鲁晓夫，在一次座谈会上，他更是公开地讲出了这一点。以上两种意见都有道理,到底是哪一种考虑迫使法捷耶夫走上绝路的?抑或两种考虑都起了作用,人们还说不清楚。

最后,法捷耶夫对于自己繁多的行政事务缠身也不胜其烦,他多次抱怨无休止的开会、评奖、汇报、出国访问耗费了他宝贵的时光,使他的写作计划一再搁浅。就像他在绝命书中所说的,他变成了拉货车的马,干了那么多琐碎的事情,得到的回报却是"吆喝、训斥、说教和各种意识形态罪行"。这是不是他自杀的一个动机呢?

以上几点,说明法捷耶夫当时内心是十分痛苦的,但是不是已经到了痛不欲生、非自杀不可的地步呢?这也有不同的看法,有人注意到,就在临死前几天,法捷耶夫在给保加利亚作家柳德米尔·斯托亚诺夫的信中还充满着乐观主义和对未来的信心。因此很可能在这几天之内发生了什么意外的事,使他一下子陷于绝望。这也是说得过去的。

女歌唱家黎贝的悲剧是如何发生的

在本世纪20和30年代,美国女歌唱家黎贝·霍尔曼是音乐舞台上闪亮的明星之一。她的声音深沉、沙哑,尤其以演唱爱情歌曲著称。此外,她也因有数不清的风流韵事、语言污秽和经常动武而声名狼藉。然而,她的一生是充满悲剧性的。她的第一个丈夫可能由于自己玩火,在与她结婚6个月之后因枪伤过重而去世。她的第二个丈夫也是神秘死去的。她所喜爱的儿子在爬山时遇难,其他的密友和家庭成员也都毁于暴力,而黎贝本人也在67岁时怀着深深的压抑结束了自己的生命。

黎贝在20岁时,离开故乡辛辛那提到了纽约,并在纽约百老汇当上了演员。她因在歌剧《格林尼治村的荒唐》中的演唱而获得首次成功,受到观众热烈欢迎。在那几年间,她开始酗酒,并常常在聚会中从头天晚上闹到第二天的黎明。她有时还带着临时约会的朋友到哈莱姆和曼哈顿的夜间俱乐部通宵达旦地游逛。

1929年春季,她参加小型"轻歌舞"的演出,并领唱有打击乐器伴奏的《莫茵的呻吟》等歌曲。黎贝的演出获得成功,并成为百老汇的知名人物。夏季,她与一个年轻的作家首次确立了正当的爱情关系。但此次的恋爱是短命的,他们很快分开。秋季,她与杜邦家族的一个富有成员罗萨·卡彭特邂逅,两人双双坠入爱河。1930年,她在主演歌剧《三人行》中又一次大显身手,其中她演唱的《灵与肉》等歌曲至今还为人们所熟知。随着这次演出的成功,黎贝的名声大振并达到其职业的高峰。

此时,一个叫史密斯·雷诺德的男演员迷上了黎贝并向她求婚。虽然她有好长一段时间不能接受,但最终还是屈从了,并在1931年11月与他秘密结婚。在香港度过蜜月之后,夫妻俩就迁到位于北卡罗来那州温斯顿——塞伦附近的住所。但由于史密斯的占有欲和神经质日益增强,黎贝越来越讨厌他。

在1932年的美国独立庆典期间,史密斯在一天晚上举办了一次聚会。当晚,月光洒满庭院,美酒汩汩流淌,人们无不兴高采烈。每个人,包括黎贝在内,无不开怀畅饮。在客人们离去之后,不久,从史密斯和黎贝的卧室里传来一声枪声。事件究竟是如何发生的,大概永远也不会为人所知。这时,史密斯的最好朋友和私人秘书阿布·沃克冲进去,发现史密斯的太阳穴流出了血,史密斯的毛瑟自动手枪横在地板上,黎贝在歇斯底里地哭泣。史密斯被送进附近的医院,但再也未恢复知觉。

黎贝和阿布作为嫌疑犯被拘留。陪审员根据验尸官报告最后做出结论说:他们"不知道史密斯是如何死的"。记者纷纷云集到温斯顿——塞伦,史密斯神秘的死亡成为当时轰动一时的事件。当公众获悉黎贝已有两个月的身孕时,情绪更为激奋。11月,正常的审讯开始了。权势很大的史密斯家族虽然进行了干预,但此案还是被撤消了。史密斯的遗腹子于1933年1月早产,并随之发生了历时两年的有关继承权的斗争。最后,孩子继承了625万美元的财产,黎贝得到75万美元的安家费。

黎贝于1934年返回纽约的百老汇,并开始在"咖啡"界过派头十足的生活。她还与英俊潇洒的男演员菲利普·霍姆斯发生了浪漫关系,并再度怀孕。但她并不想与菲利普结婚,而决定堕胎。随后她又勾搭上了菲利普的弟弟拉菲·霍姆斯。尽管拉菲比她小11岁,她还是在1939年与他结了婚。第二次世界大战爆发后,霍姆斯兄弟都参加了加拿大皇家空军。菲利普在两架军用飞机相撞事件中殒命,而拉菲被派往英国。

随后,黎贝的生活更加糜烂。在她住在康涅狄克州特里托普的豪华住所期间,经常把一些男人召到家里寻欢作乐。她还长期与一个女记者和她雇的一个年轻的女秘书搞同性恋。人们还传说,她和黑人歌唱家和吉他手约施·惠特是一对情人。

黎贝的丈夫拉菲·霍姆斯于1945年8月被解除军职之后,开始无止无休地酗酒。黎贝要求他滚出她的家。一个月以后,拉菲的尸体在纽约市东部的一幢公寓里发现。经法医检查,他的死是由于服用过量镇静剂中毒而引起的,但无人知道他的死是偶然事件还是有意识的行动。

对黎贝来说,另一出较大的悲剧发生于5年之后。史密斯的遗腹子托普·霍姆斯在1950年秋进入达尔茅斯学院之前,与一个朋友驾车开始横穿美国到加利福尼亚去。中途,他们弃车攀登加利福尼亚的惠特尼山,但从此没有回来。几天之后,他们被冻僵的尸体在山顶被找到。当时正同情人在欧洲旅行的黎贝立即乘飞机返回美国。儿子的暴卒令她的精神完全崩溃了。

1952年,黎贝·霍尔曼实施她所说的"宏大欲望"计划,与漂亮的男演员蒙哥马利·

克里夫开始历时7年的私通。但是，由于蒙哥马利酒后驾车，几乎差点丧命，从那以后两人的暧昧关系逐渐疏远了。她立即又与一个颇有吸引力的油画家路易斯·斯查克坠入爱河。她看到他的大量艺术作品，并且对他十分崇拜。他们两人于1960年12月结婚。然而，路易斯是个爱妒忌的家伙，平庸卑鄙，经常喝得酩酊大醉。

黎贝的无数朋友开始退避三舍，黎贝本人也变得失望和消沉了。在1961年6月的一个炎热的日子，黎贝只穿着一件短身泳装钻进她的豪华罗尔·罗斯牌汽车里，并打着引擎。仅在很短的时间里，她就因一氧化碳中毒而死去。

这位著名歌唱家就这样简单地结束了自己的一生。至此，人们不禁要问，黎贝究竟为什么最后走上绝路，是其一生的婚姻不遂心，惟一儿子的暴死，还是由于其他原因？

谁害死了女演员杰茵

1979年9月8日，美国40岁的女电影演员杰茵·瑟贝格的尸体在法国巴黎的一条街上的汽车里被发现；尸体被裹在一条毛毯里。在她尸体旁边有一瓶镇静剂、一个空矿泉水瓶和一张写给她儿子迪戈的便笺。这张便笺道出了这位明星的心态："忘掉我吧，我再也没有勇气生活下去了！"

在两天以后的新闻发布会上，曾是1963年至1972年杰茵丈夫的法国作家和外交官罗马因·加利以颤抖的声音宣布说："杰茵是被美国联邦调查局毁灭的。"他整理的文件表明，自1970年起调查局就开始秘密对她进行侮辱性的迫害。

有人怀疑，在1970年以前，美国具有战斗性的组织黑豹党的一个黑人领导人占有了她，并使她怀孕。罗马因解释说："她从未摆脱掉诽谤，而且这就是她孩子一出世就夭折的原因。她把她的孩子葬于玻璃棺材里，以便证明孩子是白人的。"

罗马因补充说，从那时开始，杰茵就不断到精神病诊所去看病，并经常产生自杀的念头。她曾七次想自杀，而且通常发生在其孩子生日的那天。杰茵死后6天，即1979年9月14日，美国联邦调查局承认，其特工人员曾秘密地编造过有关杰茵第二个孩子之父是谁的耸人听闻的消息。

美国有关新闻组织也广泛散布谣言，宣称调查局希望杰茵"保持中立"，因为她是黑豹党人的重要经济资助者。调查局得出结论说："调查局利用诽谤消息与维护特殊目标的人的斗争时期已经过去，应当永远摆脱那种形式了。"

杰茵·瑟贝格成长于美国艾奥瓦州马歇尔顿，9岁时就渴望当一名演员。她于1956年高中毕业后，在一个剧团当演员，随后她被好莱坞的电影导演奥托·普里明鄂发现，并在他执导的电影《圣杰茵》担任主角。这部电影在1957年放映后，在世界上产生了重大影响,但却受到美国评论界的严厉批评。她主演的第二部电影《早晨的悲哀》(1958 年)也遭到美国评论界的吹毛求疵的批评,但法国人似乎更愿意接受这部影片。

杰茵 19 岁时与巴黎的一个律师弗兰克斯·莫留尔结婚,但他们的婚姻一开始就不牢固。1959 年,她主演的电影《屏息》在法国"新潮运动"中受到热烈欢迎。她成为法国的女杰。她的丈夫把她介绍给罗马因·加利。在她与罗马因拍摄通俗艺术影片时,两人有了轰动一时的浪漫关系。

她从艺职业的最高成就是其主演的电影《丽丽》。在这部影片中她扮演了一位住在精神病院的患有精神分裂症的妇女。《丽丽》在美国首次上演时,电影院十分冷落,她的演技依然受到许多评论家的批评。她在拍这部电影时,秘密生了一个男孩儿,并正式取名为亚历山大·迪戈·加利。有些人认为,这个孩子是她在 1962 年年中生的。孩子出生之后,杰茵和罗马因分别与原来的配偶离了婚,于 1963 年 10 月正式结婚。10 天之后,夫妇记录了迪戈出生之事。

杰茵激进和正义的政治观点在 1968 年是广为人知的。当时她公开反对美国发动侵越战争和实行种族隔离政策,呼吁支持黑人和民权运动。在加利福尼亚州洛杉矶,她拥护黑人斗争的目标,先是支持黑人穆斯林组织,尔后又支持黑豹党。根据《国际信使论坛》杂志一位记者的报道,她曾对这位记者说过,她在 1969 ~ 1970 年间曾与两个黑人民族主义者有过暧昧关系,但她没有指出他们的名字。

根据作家大卫·理查德的书《演出之外:杰茵的故事》(1981 年)的记载,联邦调查局把她视为黑豹党的同情者和放纵的通敌者,并当作打击的目标。在 1969 年 6 月,调查局建议:"应对杰茵进行积极而又慎重的调查,因为她向黑人头头,包括黑豹党的领导人,提供了资金和支持。"

1970 年她的再度怀孕成为公众关注的焦点,她未出生孩子的父亲被认为是被"玷辱"的人,《洛杉矶时报》和其他出版物都对其说长论短。《新闻周刊》说,她希望有个以她在加利福尼亚邂逅的黑人积极分子为父亲的婴儿。尽管罗马因后来说她怀的孩子是他的,但杰茵在其最后一年承认,孩子的父亲是墨西哥"革命者",当她在墨西哥的杜兰戈拍电影时与这个人有过一段情。

1970 年 8 月 23 日在瑞士的日内瓦,杰茵剖腹生了一个女孩儿,取名妮娜,但她生下两天后就死了。杰茵随后到美国马歇尔顿旅行时,还曾把这个死婴放在小棺材里让别人看。一些人认为这个小女孩具有明显的高加索人的肤色,而另一些人则不那么看。在舆论的重压之下,杰茵不得不对美国的《新闻周刊》提出诽谤起诉。

1971 年,经过长达 6 个月的审讯,法院最后宣布杰茵和罗马因秘密同居是违法的,而

《新闻周刊》，也未曾"杀害"妮娜。但这份杂志被命令支付1.1万美元的起诉赔偿费，另加罚款若干美元。杰茵心理上的压力越来越大，并开始沉溺于药丸和烈酒之中。她的电影生涯开始衰落，经常发生精神分裂症，不断地出入巴黎的各种诊所。

在1972年与罗马因离婚之后，她又与电影制片人登尼斯·贝利结婚，但四年以后他又与她分道扬镳了。由于精神负担过重，她日益憔悴。她越来越偏执，经常与酒吧的舞伴睡在一起，并在财政上陷入可怕的深渊。她在1979年与其情人，年轻的阿尔及利亚人阿赫默德·哈斯尼结婚。阿赫默德在8月30日报警说她失踪了。警察发现她的尸体以后，立即请了验尸官。一位验尸官最后说，她因服镇静剂过量而死，但公众对此依然怀有疑问。

杰茵的悲惨结局一直萦绕着罗马因·加利的心，因此他在1980年12月2日在巴黎的寝室里向自己的头颅开了致命的一枪。这位终年66岁的小说家和外交官留下的自杀便条说，他的死"与杰茵·瑟贝格无关"，而与他在最后一部小说中所写的最后的话有联系："我已说完我应说的一切。"那么究竟是谁，是什么力量把杰茵逼上了绝路呢？

"神奇的卡拉扬"是纳粹战犯吗

20世纪最杰出的指挥家卡拉扬也许本想活到1991年（最伟大的古典音乐大师莫扎特逝世200周年）以参加纪念他的这位同乡的活动。然而他度过了自己的80寿辰后不久，便身不由己地离开了人世。他的死引起了全世界隆重的纪念，震动了世界乐坛乃至整个文化生活领域，几乎无人可与之相比。

尽管如此，有许多人对他在第二次世界大战时期为纳粹服务的事实，仍没有忽视，而坚持认为，与其他众多受审判的纳粹战犯相比，若不是他在音乐上的成就，他亦终究逃不过审判。赫伯特·冯·卡拉扬（1908~1989年）出生在奥地利的萨尔茨堡。他幼时天赋极高，5岁时便公开演奏，俨然是一位钢琴家。他的父亲、医生兼业余音乐家，如同莫扎特父亲一样，渴望儿子早日成名，极力鼓励儿子从事音乐。这位传奇式的卡拉扬一生历经两次世界大战，如果再多活10年，他人生历程便经过整个20世纪了。

卡拉扬的指挥生涯正式开始于拿破仑曾涉足过的小城——乌尔姆，那年他才20岁。5年后，当他被解职时，他漫步这个小城街头，突然"发现自己眼前没有任何演出合同，也没有地方过夜，饿着肚子，剩下的只有在乌尔姆市演出时的美好回忆"。但回忆不能填饱肚子，他走遍全国谋生，但连试用的机会也没有了。

到1988年4月5日，当他在全世界文艺界的祝寿中度过80岁的生日时，他已被全世界舆论界赞誉为"20世纪的奇迹"、"艺术界的巨头"，以及"指挥界的帝王"。

这位驰骋乐坛60年的著名指挥家，他的富于传奇色彩的二战时期的生活一直是一个有争议的话题。人们没有忘记，第二次世界大战结束后，著名的萨尔茨堡音乐节的组织官员们呼吁最伟大的指挥家之一托斯卡尼尼参加这一重大节日，但托斯卡尼尼的回答是："我不去，我决不与为希特勒服务过的孚尔特温格勒、卡拉扬之流混在一起！"可见那时把卡拉扬定为纳粹战犯的观点是有一定市场的。

认为卡拉扬是纳粹战犯的证据似乎比较充分。卡氏自1933年到1942年期间一直是一名纳粹党徒、他的音乐生涯中，声誉的日益隆盛同德意志民族社会主义势力的兴盛紧密相连。当一些犹太籍指挥家如孚尔特温格勒、瓦尔特、克赖伯、布许、缅恩等被迫辞职或离开德国时，卡拉扬却加入了纳粹组织，这是他26岁时想取得亚琛的艺术指导职位而走的第一步。他曾在1967年的《纽约时报》上刊文承认这点，并表示乐愿为取得这一重要职位而"担当任何罪责"，同时卡氏为了往上爬，为超越孚尔特温格勒这位当时象征德意志文化传统的人物的声望，他利用一切纳粹政权给予他的机会。1939年11月他接受了柏林歌剧院艺术指导的位子。1941年他放弃亚琛的工作，全力经营他在柏林的事业。卡氏的事业在第三帝国期间得到顺利的发展，这无疑说明他是纳粹政权下的一个不光彩的人物——这是从政治上而言的，因为文化生活受政治牢牢控制的现实在任何时代都存在着。基于卡拉扬为希特勒政府服务的事实，他完全是一个纳粹战犯，因而战后由于他有加入纳粹党的污点而成了首批被带到临时法庭而准备接受审判的犯人。

但也有许多人持相反的观点，他们认为卡拉扬不能算是战犯。因为他所处的环境是客观的，当时一切文化生活处于纳粹强权统治之下，一切活动都带有被迫的性质。当时在纳粹强权及狂热的沙文主义气氛下，如果对抗这一强权便如同以卵击石，卡氏在那里服务也是自然的选择。即便他有为取得各种职位的私心和机会主义式的所作所为，在当时特殊环境下也是可以理解的。所以战后有一个专门为他成立的委员会为他请愿，要求赦免其"罪责"。不久卡氏便得以解脱了政治上的干系。这些人认为，作为一名艺术家，一位忠心耿耿献身于音乐艺术的指挥家，卡拉扬根本就与战争和政治毫无联系，那么何谈他所犯下的"战争之罪"呢？

无论如何，卡拉扬是20世纪最杰出的指挥家之一。战前在柏林，他为自己塑造了著名指挥家的形象；战后几十年，他又为自己奠定了最完美的指挥形象的基础。他集中了托斯卡尼尼的精确和孚尔特温格勒的浪漫的双重优点，因此，我们不能只看这位习惯于"闭眼指挥"的大师是否是纳粹分子的问题，还应该看到卡氏（再加上孚尔特温格勒）在纳粹统治期间的音乐活动，使德国人民受到的教益。要知道，在那个独裁时代，人们只有从音乐声中才能在自己可怜的生存空间里感受到一点精神安慰，"音乐代表着他们惟一保留着的被撕成碎片的尊严"。

歌坛巨星列农被刺身死之谜

历史停在了 1980 年 12 月 8 日的深夜。闻名于世的"甲壳虫"乐队创始人、欧美歌坛巨星约翰·列农在纽约达科他寓所门口被人枪杀。列农死后,全世界都为之震惊,成千上万的人在哀悼他,人们悲痛、惊叹、沮

丧、愤怒,其深度和广度不亚于对谋害诸如肯尼迪兄弟等有胆量和深孚众望的政治家,或者像精神领袖马丁·路德·金这样的世界性人物的反应,因为列农是一代人的象征。由于这一切发生得太突然,致使人们对事件的发生充满疑惑:凶手为什么要杀死列农? 这是不是一次蓄意谋杀?

列农

1982 年,美国一家影片公司以极快的速度抢先拍摄了影片《约翰·列农之死》。此片描述蜚声歌坛的巨星列农的艺术生涯,一组组镜头再现了列农与众不同的风姿,同时也再现了那个摄人心魄的凄惨夜晚。影片上映后,再次激起了人们对列农的怀念,并促使人们去进一步探索列农被枪杀的真相。关于列农被杀的原因,目前尚未取得一致意见,主要观点有:

一是,认为列农因拒绝为别人签名而遭枪杀。列农是闻名于世的"甲壳虫"乐队的创始人,成立于 50 年代末期的英国,60 年代主宰了摇滚乐,自 1963 年至 1970 年,该乐队发行了 18 套唱片。

他们的音乐、爱德华七世(指 20 世纪头 10 年)时代的服饰和像拖把似的长发吸引了大批青年人,受到他们的狂热崇拜,也受到各种音乐爱好者的重视。这支独特的以敲打乐组成的乐队成了英国利物浦的代表,风靡欧美各国。他们在世界各地巡回演出及唱片专集的大量发行,替英国赚了许多外汇。1965 年,英国政府特意为乐队颁发了大英帝国勋章。

乐队在顶峰时,开始向好莱坞影坛进军。在短短几年中,他们拍摄了《"披头士"来表演》《啊! 啊! 啊!》等数部音乐片。而列农更是乐队的核心成员,他不但演唱出色,而且创作了不少迷人动听的歌曲。许多代表作品被灌制了大量唱片,在国内外发行流传。列农的名声越来越大,拥有了越来越多的歌迷和崇拜者,许多人以能得到列农的签名为荣。

因此，当列农拒绝为可能是歌迷或崇拜者的凶手签名时，便遭到了恼羞成怒的凶手的枪杀，这是很自然的事。如我国出版的《电影世界》1981年第6期中《"披头士"歌星约翰·列农》一文说："他在纽约的大门口，因拒绝为人签名，被一个莫名奇妙的凶手开枪打死。"

二是，有人引用约翰·列农的遗孀大野洋子的看法，认为"凶手可能是糊涂人"。这类人常想用制造轰动的事件来使自己出名。于是，凶手选择了名震世界的约翰·列农。但是，赞同或附和这种观点的人不多。

三是，认为列农的被刺是一次谋杀，并不像第一种观点那样是一次突发事件，凶手为枪杀列农做了周密的布置。美国学者杰伊·科克斯1981年在《时代》周刊撰文认为："有官方的记录，列农之死将被称为谋杀。这是一次暗杀，是他们无法理解的有意的凶杀。"科克斯还列举以下事实证明谋杀是成立的：

事后查明，谋杀列农的是一个在佐治亚州出生、住在夏威夷的保安人员，名叫马克·查普曼，年方25岁。他于谋害列农前两天赶到纽约，住在离列农家有九个街区的基督教男青年会里，和许多崇拜者一起在列农的住所门前等待。星期六晚上，查普曼叫了一辆出租汽车，叫司机把车开到格林尼治村。星期一下午，查普曼找到列农，请他签名。列农急速地把名字草草签上，就钻进一辆汽车里赶去录音场录音了。事发前一天晚上，查普曼突然离开了青年会，搬到谢拉顿中心的一家饭店，他大吃了一顿，仿佛是为了取得某种值得自豪的成就预先慰劳自己。

12月8日夜晚，查普曼在列农的公寓门口再一次等到了列农。"列农先生"，查普曼在黑暗中叫了一声。列农刚要转过身去，只见穿着黑雨衣的查普曼突然从阴影里冲了出来，举枪朝列农射击。第一发子弹飞快地穿进了列农的胸膛，接着至少又是3发子弹。警察抓住他的时候，发现他身上还带着列农签过名的纪念册。照科克斯的说法，列农并非因为拒绝签名而遭凶手枪杀的，凶手另有企图。但查普曼为什么要杀死列农，科克斯没有说明。有人推测查普曼可能是个偏执狂或是歇斯底里症的一类患者，这些人在情绪激动时便无法控制自己的行为。

四是，有的艺术界人士认为列农被枪杀的主要原因在于他的艺术实践和艺术主张。列农和其合作者很清楚，他们所从事的摇摆舞音乐是一种巨大冒险和感情丰富的应用艺术，他们所创作的歌曲比任何事情都会使更多的人起来反对摇摆舞音乐的欢乐和奔放，尤其是那些艺术主张与"甲壳虫"乐队相左的人们。

"甲壳虫"之所以在全世界轰动，是和他们的理想主义有关的。他们的理想主义走在时代的前面，激励时代前进。列农们认为，速度缓慢的歌曲能使心脏停止跳动，而速度快的歌曲则能刺激庸俗的爱情和冒险。这些歌曲合在一起,便成为一代人的最大的希望和最美梦想的集合体。这种艺术及主张,无疑具有鲜明的挑战意义,自然会遭到反对派的攻击和忌恨。

另外,列农和"甲壳虫"乐队其他成员比,更加倾向政治,其中后期的作品折射出对社会的评论。列农还是一个参加和平运动的积极分子,从不为传统所束缚。所有这一切都说明,列农常会处在易受攻击的地位,甚至有被杀的可能。

事实上,不管是在录音室里,还是在音乐会上,列农曾多次遭到别人攻击,生命受过多次威胁。早在1964年,在法国举行第一次"甲壳虫"音乐会时,列农在后台收到一张条子:"我要在今天晚上九点钟把你打死。"据此,不少人推断查普曼很可能是一个言行和列农大相径庭的人,故而枪杀了列农,也或者他是受雇于人的凶手。

列农在被害的那天下午接见旧金山电台记者访问时说过:"我希望前程万里。"但时至今日刺杀列农的真相仍未揭开!

好莱坞明星赫德森之死真相怎样

罗克·赫德森是美国好莱坞有"万人迷"之称的著名电影明星。1985年10月2日,赫德森在贝弗利山的寓所中突然死去,终年59岁,辉煌的明星生涯就此结束。

消息传来,好莱坞圈内人士无不感到哀伤与不安。里根总统与夫人南希对赫德森的不幸逝世也表示了诚挚的哀悼。这个在银幕上充满浓郁的传奇色彩、成为众多影迷崇拜的偶像的赫德森,究竟是怎么死的呢? 这长期以来一直是个不解之谜。

赫德森原名洛伊·弗兹杰罗。21岁那年,他因身体魁梧,仪表堂堂,被当时的经纪人威尔逊看中,进入影坛,并为他取艺名罗克·赫德森,这个名字兼含巨石与大河之意,极投合50年代美国民众凡事讲究"大"的风潮,同时也与赫德森那与众不同的外貌特征相吻合,可赫德森对这个艺名一直不满,认为它未免太哗众取宠了。但几十年来赫德森三个字已深植影迷心中,不容更改了。

从艺名这件事上,充分反映了赫德森那种为了迁就现实环境而不惜掩盖个人喜爱的个性与心态。可是,令广大观众和影迷不曾想到的是,这位好莱坞影星竟是一位同性恋者。据赫德森的一位密友透露:"赫德森一直就是同性恋者,我想早在他20岁成年时就是了。"变态的同性恋,是导致赫德森死亡的一个重要原因。

赫德森从踏入影坛开始,就一直扮演着双重性格的角色。他一方面接受安排,成为少女心目中的白马王子,另一方面却又沉湎于同性恋。到了赫德森该结婚的年龄时,环球影业公司考虑到如果不叫赫德森成婚,反而会引起人们的怀疑;加上专门以报道丑闻起家的《权威》杂志似乎已有所风闻，频频威胁要公布赫德森私生活的真相，吓得环球影业公司立刻与其进行私下交易。

为了保住赫德森的形象，继续为公司赚钱，他们便将那篇报道移花接木到另外有同性恋的一个小明星身上，同时紧急安排了一场婚礼，让赫德森娶了他的经纪人的秘书菲丝小姐。为不惊动新闻记者，两人直到法院下班前3分钟才赶去办妥结婚登记手续，随即住进一家旅馆，以极简单的仪式举行了婚礼。完婚之后，立即对外发布了闪电式的结婚新闻。

结婚后，新娘在那3年不到的短暂婚姻关系中，一直为赫德森的"清心寡欲"而困扰。为此，她曾多次去请教心理医生，并遵医嘱换穿各种花哨的内衣，结果仍然不能使赫德森动心。虽然婚姻生活如同梦幻，但电影公司却时常把一些这对夫妻伉俪情深、相敬如宾的假照片公诸于世，欺骗观众，使得赫德森的形象更加完好。

其实，赫德森本人对这场电影公司一手策划的假婚姻深感不满，极为苦恼。但他也很清楚，当初由于得到了电影公司的赏识，自己才从一个卡车司机变成了一名风度翩翩的白马王子，从此平步青云，扶摇直上。赫德森自然深谙其中的奥秘，只有维护自己的银幕形象，才能长享名利之道。所以，对公司的一切安排，不管是否情愿，他只能唯命是从，这种折磨当然是很痛苦的。

赫德森的母亲在生下他不久，父亲便弃家而去，后来母亲再嫁，继父对他非常严厉，他的童年和少年时代是在缺乏父爱中度过的。毫无生气的家庭，使他心理上备受压抑，养成了他那种怪僻的性格。赫德森在这种长期的压抑、苦恼和变态性行为的折磨下，终于郁郁而死。

谁都不会料到，1985年，在赫德森身上又发生了一条爆炸性新闻：赫德森同时又是个艾滋病患者。很多人不相信这则消息，但自1985年以来，赫德森的健康状况直线恶化，体重从100公斤下降到70公斤，两颊深陷、双目失神。7月，他应邀前去参加银幕老搭档桃乐丝主持的电视节目。他那副憔悴落魄的容貌，使所有在场的人都感到震惊，也使人确信赫德森真正患上了艾滋病。人们曾在几种刊物杂志上看到过赫德森患艾滋病后的照片，其形象如同一具骷髅，甚为骇人，和患病前那些风流潇洒的照片相比，简直判若两人。据专治赫德森艾滋病的商帝基金会的一位人士透露，赫德森经常打电话去询问如何治疗和控制艾滋病的病情。所以，赫德森真正的死因应该是患了艾滋病。这又引起了人们进一步的怀疑：他是在什么时候、什么地方患上这种世纪绝症的呢？不少人想揭开这个谜底，但却始终未能如愿。

据一位不愿透露姓名的赫德森密友称：他虽然患了艾滋病绝症，但不足以立即会死，他是被自己推进坟墓的。他的这位密友解释说："确知罹患艾滋病之后,赫德森并没有收敛他的行为,反而变本加厉,不但酗酒,香烟也一根接一根地抽,更频频出入同性恋酒吧。他仿佛已知来日不多,所以加倍疯狂地挥霍自己的生命,一死或可解千愁吧!"

其实,赫德森经全球抗艾滋病最权威的医疗机构巴斯特医学中心用最新的抗艾滋病剂 HPAq3 治疗,他的病情已得到了控制。若赫德森能与医生配合,再活上几年并非不可能。

也许,寻找赫德森的死因,已显得不那么重要了,还是他的姑母从电视新闻上看到侄儿那副只剩下包皮骨的模样后发表的感想能对人有所启迪:"是这个社会毁了他,花花世界的诱惑太多了。你无法知道一个健康活泼的孩子一旦走进这个花花世界后,会变成什么样子。"

孔子是私生子吗?

孔子是我国历史上伟大的思想家、政治家、教育家,儒家创始人,孔子本人也被称为"圣人",是历代统治者所尊崇的对象。他的卓越思想,是我国乃至世界思想界宝贵的财富,让人们推崇备至。然而由于史籍记载的模糊和理解史籍的不同,致使孔子的出身问题,千百年来纠缠不清,以至于后世有这样一个看法,就是认为孔子是"私生子",这是以史书中对孔子"野合而生"的记载为依据的,

大史学家司马迁在《史记·孔子世家》里记载:孔丘生而其父叔梁纥死,葬于防山。防山在鲁东。孔子问他父亲的坟墓在什么地方,但是母亲颜征在不愿告诉他,为什么颜征在不愿告诉孔子? 这是因为"叔梁纥与颜征在野合而生孔子"。换句话说,孔子是"私生子",汉朝时候的郑玄为《礼记·檀弓》作注时也认为,孔丘的父亲和颜氏野合而生下孔子,颜氏感到可耻而没有告诉孔子,孔子后来也对自己的出生情况讳莫如深。"孔丘疑其父墓处,母讳之也,"

圣人孔子竟然是"野合"而生? 这不是有些不可思议吗? 有人持反对的态度。他们认为,产生这个看法的原因即是读这句"不知其父墓殡于五父之衢"的时候在"墓"字的后面断句了。古文断句是不打标点的,那么同样一段文字就会产生不同的看法,清朝雍正年间的一个举人在《檀弓》中,把"不知其父墓殡于五父之衢"连起来念,"墓"字后面不断句,这样就产生了第二种看法,即孔丘在三岁的时候父亲就死掉了,后来孔母也去世了。孔子想将父母合葬,但是不清楚埋在鲁城外东南部的父亲墓是"丘"葬,还是安葬深埋的,所谓"丘"葬就是浅埋的,它是一种过渡性的坟墓,可以改葬,而深埋的坟墓则是正规的坟墓,不能改葬了。对于这样一个大事,孔子自然十分慎重,他为此特地拜访了一位

老人，打听到父亲的坟墓是"浅埋的"，孔子这才把父亲的骨殖迁过来，和自己的母亲合葬在防地。因此，在整个事件中，根本就不存在"母讳之"的问题。孔子是正式婚姻的结晶，不是私生子。这个举人认为，自从司马迁以来，读者都把"不知其父墓"断为一句，因此才造成了后世这样大的疑案。

也有说法认为，孔子父母正式结过婚，但是年龄差距太大了，所以被时人称为野合。《孔子世家》记述，叔梁纥原来的妻子是鲁国的施氏，生的九个孩子都是女孩，所以他又娶妻，生下男孩孟皮。但是孟皮的脚有毛病，于是他就求婚于颜氏。颜氏在姊妹中最小，她遵从父亲的命令，与叔梁纥完婚。既然颜氏与叔梁纥成婚是明媒正娶，为什么还会有野合的现象呢？唐朝司马贞写的《史记索隐》说："今此云'野合'者，盖谓叔梁纥老而征在

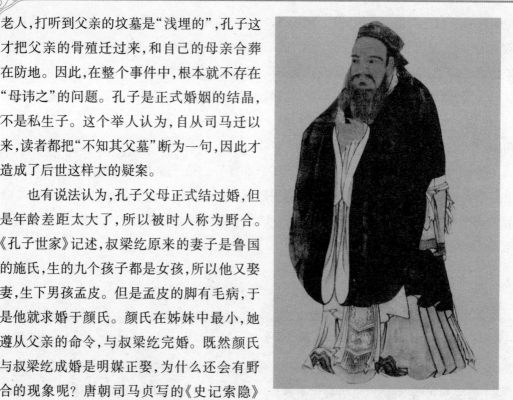

孔子

（颜氏）少，非当壮初笄之礼，故云野合，谓不合礼仪。"也就是说，当时男人三十岁称"壮"，女子十五岁及笄，头发上首次戴簪，才准许结婚。叔梁纥老了，颜征在还年少，并不是壮年初笄，所以叫"野合"。

有人认为，古代婚嫁时的礼品很多，一样礼也没有，就被别人说成是私奔野合。梁玉绳在《史记志疑》一书中则认为这种说法是有破绽的，《孔子世家》已经说得很明白，颜征在是听从父亲意见后而出嫁的，既然是从父命的正式婚姻，怎么会产生六礼不备的情况呢？（当然，孔子父亲当时是否因为经济原因而缺礼，世俗是否因为其礼未备遂起流言，"孔丘是野合而生"，我们无从得知。）梁玉绳进一步认为，所谓野合是因为这对夫妇曾经"祷于尼丘而得孔子"，因而被演绎成"野合"。

颜征在向尼山祷告，祈求神灵降福给她儿子，当时叫"野合"，这种现象在后代也有，例如安禄山的母亲向轧荦山祷告生安禄山。"春秋公羊学家，所谓圣人皆感天而生，此即野合而生也。"根据现在存在的尼山以及孔子"生而首上圩顶"、如尼山之形的说法乃至庙内至今还供奉着的叔梁纥、颜征在、孔子、孔子之子孔鲤、孔子之孙孔伋的牌位，崔适在《史记探源》中写道：此文疑作"纥与颜氏女祷于尼丘，野合而生孔子"。也就是说颜征在

在尼丘山扫地为祭天之坛而祷之,遂感而生孔子,因此被称为野合。

关于"野合",现代学者从婚姻制度方面进行考察得出下面的看法。他们认为,孔子所处的时代虽然早已经是男权的社会,但是原始社会所遗留下的偶婚制对当时社会还有一定的影响。野合之风不仅在春秋时代没有消失,实际上在战国时代也时有发生。这反映了时代的婚姻痕迹。或许,孔子对这种野合风俗很不提倡,感觉这是很不文明的,所以他才千方百计地将自己死去的父亲母亲合葬在一起,作为一夫一妻的标志。这种行为与孔子提倡"礼教"以及其他的倡导文明的思想是相一致的。

性学家们则从另一个角度来看待"野合"的现象。他们认为,原始的性风俗是允许"野合"的,它本来就是远古人类的一种婚配形式。远古的人类(甚至包括现代社会的一些地区的人们)认为,野合实际上更合乎天道,是吉祥、美好的象征,并不是淫秽的、丑陋的。所以,孔子的父母"野合而生孔子",有什么值得奇怪的呢?

孔子的身世到底怎样?大多数人都将孔子乃"野合而生"看作是可信的,但是更具体的,迄今仍众说纷纭,还有待于史学家的进一步研究。

陶渊明血统之谜

"采菊东篱下,悠然见南山",这是生活在刘宋的诗人陶渊明的诗句。他以平淡自然却韵味深藏的作品和自身蔑视权贵、不愿与统治阶层同流合污的气节确立了自己在文学史中的位置。至今,他的作品依旧被人们欣赏和赞叹着。

一直以来,人们自然地认为陶渊明是汉族人,因为历代史籍中没有关于其民族出身的明确记载,更没有史籍表明他是少数民族作家。直到近代,陈寅恪将陶渊明的民族出身作为一个问题提出来,并指出陶渊明不是汉族人,而是奚人。

果真如此吗?

考证陶渊明的民族,自然要先弄清楚他所属的世系。一般认为晋代大司马陶侃是陶渊明的曾祖。《宋书·隐逸·陶潜传》、《陶渊明传》、《南史·隐逸·陶潜传》、《晋书·隐逸·陶潜传》等史籍都说陶渊明是"晋大司马陶阃之曾孙"。众口一词,因而陶侃是陶渊明的曾祖也就成了定论。

这就需要探究陶侃是何族人。陈寅恪在《<魏书·司马传>江东民族条释证及推论》一书中提出了陶侃、陶渊明这一世系皆为奚族的观点。自然,这一论述也是从史籍对陶侃民族状况的记载入手的。陈寅恪提出了以下几个理由。

首先,陶侃的居处。陈寅恪认为陶侃本不是"浔阳柴桑人",而是鄱阳人,他是在西晋平定东吴之后才迁家到浔阳的。鄱阳原是奚族居住之地。至于鄱阳境内的奚族会在西晋平吴后迁至浔阳的原因,那是因为"鄱阳境内奚族以勇悍善战之故,晋平吴后,遂徙之于庐江郡内当日交通较为便利的浔阳,易于控制"。

其次,有史料记载温峤曾骂陶侃为"奚狗"。

《世说新语·容止》篇记载了一个故事。当时朝中大臣庾亮害怕见陶侃,温峤则劝庾不必害怕,但见无妨,并说:"奚狗我所悉,卿但见之,必无忧也。"可见陶侃应是奚族人。

第三,陶侃后人的情况。

陈寅恪详细列举分析了史籍对陶侃后人的记载,得出结论说,在晋宋时期,"其诸子凶暴虓武,颇似善战之奚,似更为可疑。"

又有人补充陈寅恪的观点,认为陈寅恪的第三条理由"持论甚微",仅从其后人"凶暴虓武"来断定其民族,不仅论据不足,且"更为可疑"一句也只是以怀疑语气出现,不能作为考据其血统的依据。论者提出另外一条来自《晋书》的记载。《晋书·陶侃传》说陶侃"望非世族,俗异诸华",就是说陶侃出身不是名门大族,生活习惯也有别于华夏地区,这实际上就暗示陶侃出身低微,且不是汉族,也正是因为这一点,所以尽管陶侃在当时官居高位,却依然受到同僚歧视。进而分析说,也许陶渊明一生不得志,亦与此有关联。

"陶侃、陶渊明出身奚族"的说法提出后,陶渊明的身世开始引起人们的关注。但是大部分人都对陈寅恪等人的观点持反对意见。针对陈寅恪的论断,有学者撰文指出,其一,"奚狗"并不一定指奚人,这就好像古时北方人骂南方人为蛮子,并不是指南方人就是少数民族,只不过是一种侮辱人的方式而已。其二,说陶侃后人凶暴,因而断定其为奚族人,不仅论据不足,而且也不合乎史实,因为陶侃后人中也有不凶暴的。所以陶侃并不是奚人,从而陶渊明也不是奚人。

关于陶侃,陶渊明血统问题的论断,由于"奚人说"证据尚不充分,而"汉人说"也只是对"奚人说"进行批驳后对传统说法的坚持,也缺少明确的史实依据,因此,陶渊明的血统之谜还是值得进一步探究的。

李白是胡人还是汉人

李白是我国历史上一位颇具传奇色彩的大诗人。历史上说他的长相特异,对月氏语十分精通,并且据说他的先世曾经流落到西域。那么他的家世如何? 这是后人非常感兴趣的研究话题。一直有人在问:李白究竟是胡人还是汉人?

根据李白自述及其好友的述说,李白是唐玄宗的族祖,出身显赫。在李白自己的作品中,他曾经自述说:"家本陇西人,先为汉边将。攻略盖天地,名飞青云上。"以及"白本陇西布衣,流落楚汉"、"白本家金陵,世为右姓,遭沮梁蒙逊难,奔流咸秦,因官寓家,少长江汉"等。李白的叔父李阳冰在《草堂集序》中说，"李白，字太白，陇西成纪人，凉武昭王李暠九世孙。蝉联圭组，世为显著。中叶非罪，谪居条支，易姓与名……神龙之始，逃归于蜀"。

李白

据此，有人推断，李白应该是太宗李世民的曾侄孙。进而再推断，李白的曾祖父有可能是李世民的哥哥或弟弟中的某一个。

但是根据史料记载，唐玄宗在天宝年间曾经下过诏书，准许李暠的子孙"隶入宗正寺，编入属籍"，也就是说登记上皇族的户口。为什么李白一家没有去登记呢？李白后来进入了翰林院，有很多与皇帝接近的机会，为什么也从没有提起过？晚年的李白，处境很是艰难，求人推荐的心情也很是迫切，但是他仍然没有提起过自己的皇族身份。身为皇族后代是十分荣耀的事情，足以使他光耀门户，青年时代的李白纵然豪放飘逸认为这不值得一提，可是晚年困境中的他为什么仍旧死守？这难道不是有点奇怪吗？有人推测，这大概是因为既然李白的祖上是李世民兄弟中的一个，便可能牵涉到玄武门事变这样一场宫廷恩怨。此外，前文还提到，李白可能是李陵的后裔，因为李陵曾因罪在历史上留下了不是很好的名声，故而李白生前只承认远祖李广，却否认李陵。因此，李白生前不愿意将自己的家世公诸于众。

后世对李白父子的了解则更显得模糊。前文提到，"中叶非罪，谪居条支，易姓与名……神龙之始，逃归于蜀"，李白的一个好朋友也曾经写过："隋末多难，一房被窜于碎叶，流离散落，隐易姓名，故自国朝以来，漏于属籍。神龙初，（其父）潜还广汉，因侨为郡人。父客，以逋其邑，遂以客为名，高卧之林，不求禄仕。"通过这两段已有的关于李白之父经历和处境的材料，人们会提出疑问：李客为什么要"逃归于蜀"？为什么要"潜还广汉"？是国破家亡、流落异域，还是因为触犯刑律、流放边疆？无论是哪一种理由，在时隔百余年后，都构不成"逃归于蜀"和"潜还广汉"的可以讲得通的原因。那么，促使李客"逃归"、"潜还"的真正原因究竟是什么？还会有什么更为严峻的理由使李客跑到偏僻的山中？李白父亲的"逃归"之谜，使人们对李白身世的了解更为迷离。

清朝人王琦分析认为，李客的逃很可能与任侠、避仇有关，他推测说李客或许是一位行侠仗义的侠客，由于其行为触犯了当权者，所以只能是避到穷乡僻壤，隐姓埋名，终其一生。

如果上述推断得以成立，那么李白家世中的一些疑难问题就可以略见端倪了。李白父亲特殊的经历和处境，使李白能在诗文中对身边所有的亲戚朋友都饱含深情，却唯独对自己的家世闪烁其词。他的亲友在提及李白的家世籍贯时也出自"为尊者讳"、"为亲者讳"的目的，不得不使用一些托词和曲笔。这样分析，李白这个皇族的后裔，他不敢将自己的家世形诸文字，更不能登记上皇族的户口，等等疑问，似乎也就有了答案。

又有人根据李白的长相及其对外语和外族礼节的精通提出了一种新的看法，认为李白的出身并非如他自己所言，而是西域的胡人，持这种说法的人考证说，其一，碎叶、条支等地，在隋朝末年并不在中央政权的势力范围内，怎么可能成为窜谪罪人之地？这样推断，李白不是汉人而是胡人。其二，从李白之父的名字看，他们认为，其名字是在潜还蜀中后改的，其名为客，是因为西域人的名字与中原不一样，西域人往往被称为"胡客"，因此以"客"为名。其三，隋末，蜀中地区正是与西域胡人贸易往来的区域，李客也许以经商致富，入蜀后因富有渐成贵族。其四，从李白的相貌看，李白"眸子炯然哆如饿虎"，相貌具有胡人的特征，又精通月氏语，对少数民族的礼节也十分精通。总之，所有证据都指向这一结论：李白根本就是一个胡人。

同时也有许多人对此予以驳斥。他们指出，"窜谪"一词的含义不应如此被限制。古时凡是由汉族居住区域移往外域，即是"窜谪"。何况，李白的先世移居西域并非因罪窜谪。并且谁说这一事件发生在隋末呢？再有，不仅仅西域人入中原被称为"客"，外地汉人入蜀不也可以被称为"客"吗？说李白精通月氏语和懂得夷礼，这也不足以说明李白就是胡人。在唐朝这样一个地域博大、民族融合广泛的帝国里，一个汉族人，如果他的家世与西域有关联，是完全可能精通夷礼夷语的。至于说李白貌似胡人，汉族人中不是也有具有胡人特征的人吗？进而指出，倘若没有确凿的证据说李客不姓李，是胡人，那么也就不能肯定李白的先人是胡人。这些人的驳斥使用了一系列诘问，可以说给认为李白是胡人的人以足够的挑战。

还有人认为，李白并不是李广的后代。他的先世应该是久居西域的汉人，"潜归蜀中"，后来为了抬高自己的门第，所以才更改了姓名，假冒是李暠的后代。

另外有一种看法较为折中，认为李白先世既非胡人也非汉人，而是汉胡两族的混血儿。他们查证古籍后，认为李白是西汉名将李广的嫡孙李陵的后代。当年汉武帝时，李陵兵败投降，汉武帝盛怒之下将李陵在中原的妻儿老小全部杀死。李陵后来娶胡女为妻，他的后代也就随胡人俗。隋朝末年，其后裔又蒙难被流放到西域。李白的先世就属于这一支。这样，李白带有胡人的血统，那就不足为奇了。这种分析，可以说折中了所有的观点，似乎也言之有理。

然而无论哪一种说法,都因为关于李白家世的文字记载之隐约其词而有漏洞,李白自己的记述也使自己的身世扑朔迷离。这位号为"诗仙"的传奇大诗人李白,其身世之谜何时能够解开?

白居易是胡人吗

　　提到唐代大诗人白居易,可以说是无人不知、无人不晓,那家喻户晓的"离离原上草,一岁一枯荣。野火烧不尽,春风吹又生"的诗句给人们留下了深刻的印象,其他的长篇作品如《长恨歌》、《琵琶行》等,千百年来也一直广泛地流传着。对白居易的出身有人提出了这样的疑问:他究竟是胡人,还是汉人?

　　很多人认为,白居易是西域胡人,而不是人们比较愿意接受的汉族人。持这样看法的人的理由主要是这样的:

白居易

　　宋朝人孙光宪的《北梦琐言》记载说,白居易的从弟白敏中曾经与曹确、罗劢权等共同执掌宰相大权,崔慎猷叹息说:"可以回家了!现在中书(省)到处都是番人。"所谓的"番人"自然是指胡人这样的少数民族,既然崔慎猷说白敏中是胡人,那么可以断定白居易也是胡人。白居易曾经给从侄僧人白寂然撰写过《沃洲山禅院记》,文中说:"厥初有罗汉僧西天竺人白道猷居焉。……大和二年春,有头陀僧白寂然来游兹山。……六年夏,寂然遣门徒僧常赞自剡抵洛,持书与图,诣从叔乐天乞为禅院记云:昔道猷肇开兹山,后寂然嗣兴兹山,今日乐天又垂文兹山。异乎哉!沃洲山与白氏其世有缘乎?"由这段话可以了解到,白道猷是"罗汉僧西天竺人",白居易自己说"沃洲山与白氏其世有缘",即是自认白寂然是他的本家,据此可以推断白居易本身也是胡人。

　　有人否定了白居易是胡人这种看法,他们认为白居易是汉族人。在白居易的《故巩县令白府君事状》一文中,白提及自己的族系时曾经说:"白氏是华姓,是楚国的公族。当年楚熊居太子建出奔到郑国,建的儿子胜居住在吴楚一带,号白公,并以此为姓氏。楚国杀死了白公,他的儿子出奔到秦国,代为名将。其后裔孙名为起,对秦国有大功,因此被封为武安君,后来又因为坐罪而被赐死杜邮。……到秦始皇的时候,始皇怀念武安君的大功,所以把武安君的儿子仲封在了太原,其子孙后代便世代以此为家,故现在为太原人。从武安君以下凡二十七代,至府君高祖,北齐王兵尚书,赠司空。曾祖名讳士通,为皇朝利州都督。祖名讳志善,朝散大夫,尚衣奉御。父名讳温,朝请大夫,检小都官郎中。公名讳锽,字上钟,都官郎中第六子。……公有子五人:长子名讳季庚,襄州别驾。……次名讳季般,为徐州沛县令。次名讳季轸,为许州许昌县令,次名讳季宁,为河南府参军。次名讳季平,为乡贡进士。"白居易的父亲就是襄州别驾白季庚,而白季庚的族系所属是清楚的,因而白居易自称汉人,应当可以相信。

如果白居易是汉族人,后世居住洛阳的白氏出自哪一支呢?我们知道,白居易没有儿子,晚年退职后居住在洛阳履道里,修香山寺,以醉酒吟诗为消遣,死后葬于香山如满师塔之侧。根据现存的洛阳白书斋处的《白氏谱系序》稿本记载:"幼文(白居易兄)有三个儿子:景回,景受,景衍,将景受过继给白居易,因此洛阳白氏,都是景受之后裔。白居易为始祖,传至今已经有五十余代了,"这样看来,白居易兄长的儿子景受过继给他,洛阳白氏都是白景受的后裔,而奉白居易为始祖,因此洛阳白氏也应当出自汉族。

尽管有白居易自撰的《故巩县令白府君事状》详细介绍了自己的族属问题,并可以由此确证白居易是汉族人,但是现世仍然有许多人坚持认为白居易为胡人。20世纪80年代的《文学评论丛刊》曾发表过顾学颉的《白居易世系家族考》,在这篇文章中,顾学颉认为,白居易的"祖先并不是汉族,而是西域龟兹国的王族;曾经役属西突厥,为西突厥统治下的十部落之一的鼠尼族部,因龟兹国境内有白山,故汉朝赠其王姓白,一直到唐代未变"。顾学颉提出这种看法的主要依据是《后汉书·班超传》。在《后汉书·班超传》记载道:"今宜拜龟兹侍子白霸为其国王。……明年(永元三年)……以超为都护……拜白霸为龟兹王,遣司马姚光送之。"为什么白居易说自己是汉族人?实际上,白居易是知道自己的胡姓血统的,他之所以要假冒汉族人,只是为了提高自己的身价,不被人轻视为寒族。但是还有人提出疑问:白居易时已经是中唐时代,唐朝对于寒族的轻视已经不像从前那样严重,尤其是经过武则天时期的武周革命后,门户观念也已经在唐人心中变得淡薄;同时,唐朝政治的大一统宏阔局面,少数民族在当时是受到尊重的,因此,白居易没有必要刻意地掩饰自己的胡人身份。

争论仍然在继续着,白居易到底是胡人还是汉人,这个问题看来是需要费一番考证的。如果白居易真是胡人,那么中国文学史上又将多了一位大名鼎鼎的少数民族作家。

蒲松龄血统之谜

清朝著名的文言小说作家蒲松龄,以其蕴涵深刻思想意义的作品《聊斋志异》闻名于中国文学史,在海外也享有盛誉。随着人们对《聊斋志异》及其作者蒲松龄研究的深入,学术界开始对蒲松龄的血统问题产生了争议。有人说他是汉族,有人说他是蒙古族,有人说他是色目人,有人说他是回族人,还有人说他是女真人,一时间难辨各说真伪。而参考各种典籍文献,至今也难以确定蒲松龄的血统到底为何。

蒲松龄

有说法认为蒲松龄是蒙古族人。《蒙古族简史》就肯定地说:"蒙古族文学家蒲松龄,把采自民间的事编写成《聊斋志异》,借以反映社会现实,内容生动有趣。"持此看法的人又将蒲松龄自己做的《族谱序》作为此说的重要证据。在这篇序中,蒲松龄说:"按照明初移民之说,不载于史,而乡中则迁自枣、冀者,盖十室有八九焉。独吾族为般阳土著。祖墓在邑西招村之北,内有谕葬二:一讳鲁浑,一讳居仁,并为元总管。盖元代受职不引桑梓嫌也。然历年久远,不可稽也。相传倾覆之余,止遗藐孤。吾族之兴也,自洪武始也。"从"般阳土著"、"鲁浑"、"元总管"等字眼中可以看出,蒲松龄的远祖鲁浑应是元代般阳路独总管,不像汉人。在路大荒的《蒲柳泉先生年谱》中也说,相传元朝即将灭亡的时候,蒲氏曾经将遗孤改换名姓寄养在杨氏处,后来到了明朝洪武年间才改回自己的蒲姓。还说,他曾访问过许多姓蒲的人都有他们是蒙古族的传说。"

一说蒲松龄是回族人或回族人的后裔。

有人考证历史,发现宋代时前来中国的阿拉伯人和波斯人的名字前面大多冠有"蒲"字。他们都信仰伊斯兰教,其中的一些人即以"蒲"为姓。而"蒲"是阿拉伯语的汉译,是"尊者"、"父亲"的意思。到了元代,回族人中一些人仍然使用阿拉伯名,但是逐渐改用了汉名汉姓。他们根据这个来推断,认为蒲松龄的远祖蒲鲁浑、蒲居仁都是取其父名中的第一个字"蒲"为姓,而"蒲居仁"则为汉人的名姓,"居仁"正取自于《孟子》的"居仁由义"。《八闽通志》一书中还记载说,蒲居仁曾经任主盐酒铁醋专卖及管理市舶司的都转运盐使,当时担任此职务的人大多都是回族人。这无疑也为蒲松龄是回族人这一说法提供了旁证。此外,根据《蒲氏族谱》的记载,有"世秉亲真教,天下蒲皆一脉"的说法,所以，蒲姓者无疑是回族的后裔。

对蒲松龄是回族人的说法，后人提出了质疑。人们分析了《聊斋志异》，发现在这部作品中，蒲松龄毫无顾忌地提及了佛教、道教及俗话中传说中的城隍、判官、阎王等，由此就可以判断蒲松龄绝不是回族人。回族与伊斯兰教是同一种教，其教徒只信仰真主，对于多神教的诸神是绝口不提的。另外，在《聊斋志异》中，蒲松龄说自己出生时，他的父亲曾经梦到一个佛教僧人托梦，并自称他的一生经历与僧人相似。可见，蒲松龄全家尊信的是佛教而不是回教，因此蒲松龄也就不可能是回族人。还有人亲自前往山东淄博采访了蒲松龄的同族人，从没有人说过蒲松龄是回族人。

还有说法认为蒲松龄是色目人。日本学者前夜直彬在《〈聊斋志异〉研究在日本》一文中，根据有关资料推断说，"蒲松龄的远祖为元朝的般阳路总管，明初改姓隐身"，因而他断定，蒲松龄大概是色目人。此外根据元代的官制，担任路的总管的人大部分都是色目人，也有回族人和女真族人，从这一点也可以推测蒲鲁浑不是蒙古族人，而可能是色目人。

而有人在仔细研究了《金史》后发现，有的女真人的名字就是"蒲鲁浑"，而并不是姓"蒲"名"鲁浑"，也不是姓"蒲鲁浑"。也就是说，"蒲鲁浑"是金女真族习用的名字。根据这一点他们认为，蒲松龄可能是金女真族人。

蒲松龄纪念馆的工作人员则认为蒲松龄是汉族。

这些工作人员仔细分析了《蒲氏世蒲》第一篇《族谱序》，认为应该明确认定的是，蒲的祖先是"般阳土著"。般阳，是指汉朝时的般阳县，明洪武元年改州曰淄川，今天则是山东淄博市。既然史料说蒲鲁浑、蒲居仁也是当地人，且是当地的"土著"，那么他们就不会是蒙古族人，也不是什么色目人、回族人、金女真族人。蒲松龄写此《族谱序》时是康熙二十七年，修族谱也在这年，当时蒲松龄是 49 岁。因而可以判断这部族谱是，可信的。而福建的那部福建的《蒲氏族谱》则并不可信，其所宣称的"世秉清真教，天下蒲皆一脉"，也没有理论根据，有些牵强附会，因此不足为信。

目前，越来越多的人倾向于蒲松龄是汉族这一说法，但是由于相关的资料太少，所以还不足以证明他确实是汉族血统。人们期待着更多的史料的发现以早日解开这个谜。

李商隐与牛李党争之谜

晚唐大诗人李商隐，其人一生沉于下僚，过着郁郁不得志的生活。有人说"锦瑟无端四十弦，一弦一柱思华年"、"相见时难别亦难，东风无力百花残"等无题诗都是他对自己仕途多蹇的伤感。考察他当时所处的时代，整个政治正陷于党争纷繁之中，他的一生基本上都与长达四十年之久的牛李党争相始终。

所谓牛李党争，是指中晚唐时期两个官僚集团之间的斗争，一方以牛僧孺、李宗闵为代表，另一方以李德裕为代表。史载李商隐之所以政治不得志就是由于他卷入了党争之中。果真如此吗？一介文人的他如何卷入此等纷争中？这在历史上向来有不同的说法。

李商隐

一般认为李商隐的政治悲剧从他被令狐楚赏识开始。根据《旧唐书·李商隐传》的记载，李商隐因为年少时就颇富文采，受到当时镇守河阳的令狐楚的赏识，"以所业文干之"。李商隐年及弱冠后，令狐楚更以其才俊，而对他非常礼遇，还让他与自己的诸子在一起交游。按此形势，李商隐本来应该能够在政治上大有作为的，但是事情却发生了变化：当时"镇河阳，辟为掌书记，得侍御史"的王茂元也对李商隐欣赏有加，并把自己的女儿嫁给了李商隐。而王茂元其人是李党领袖李德裕所信赖的人，恰与当初欣赏、提携李商隐的牛党方面的令狐楚则是对头冤家。现在李商隐做了王茂元的女婿，因此李宗闵、令狐楚所代表的势力对他极其鄙夷，认为他是忘恩负义之徒。当时令狐楚已经死了，"其子绹为员外郎以商隐背恩，尤恶其无行。……令狐绹作相，商隐屡启陈情，不之省"，这就是说，李商隐早年为牛党的重要成员令狐楚重视，后来又得到李党成员王茂元的赏识，并娶其女儿为妻。这在牛党看来无疑是一种背恩的行为，因此遭到了令狐楚之子令狐绹等人的厌恶和诋毁。李商隐虽然屡次向其"陈情"，希望令狐绹能够引荐自己，但是自己的处境却始终都没有得到改善，一生受尽冷落。

对李商隐的遭遇，著名史学家陈寅恪在《唐代政治史论稿》中指出，"李商隐之出自新兴阶级，本应该始终属于牛党，方合当时社会阶级之道德。乃忽结婚李党之王氏，以图仕进。不仅牛党目以放利背恩，恐李党亦鄙其轻薄无操。斯义山所以虽秉负绝代之才，复经出入李牛之党，而终于锦瑟年华惘然梦觉者欤！"也就是说，陈寅恪也认为李商隐是先党牛后党李，是一种放利背恩的行为。

对此看法，有人提出异议。

清代学者徐湛园认为李商隐一直都属于牛党。他说："唐之朋党，二李为大，牛僧孺为李宗闵之党魁，故又曰牛李。杨嗣复、李宗闵、令狐楚与李德裕大相仇怨。义山为楚门下士，是始乎党牛之党也……徐州归后，复以文章于绹，乃补太学博士，是始乎党牛之党矣"。意即李商隐从始至终都是在牛党手下做事,先是为令狐楚门人,楚死后,又在其子绹手下做事,所以从来都属牛党。

而朱鹤龄则认为李商隐属李党。他在《笺注李义山诗集序》中,认为李党"理直",所以李商隐就王茂元等任"未必非择木之智"。张采田在其《玉谿生年谱会笺》中也进一步指出,与其说李商隐属牛党,不如说他属李党,并说"朱氏(鹤龄)所谓李党者,据其迹也;余之所谓李党者,原其心也"。

这两种看法都认为李商隐是从于一党的,而当代一些学者则提出了另外的新看法,认为《旧唐书·李商隐传》的记载并不可信,李商隐和牛李党争其实并没有关系,他既不属于牛党,也不属于李党。

首先,李商隐与令狐氏的矛盾并不是党派纷争引起的。李商隐因少有文采而受到令狐楚的赏识和提拔,这表明他和令狐楚是师生的关系,而不是一种结党行为。后来,由于李商隐与令狐绹在政见土产生了分歧,加之两人地位、性格的不同,因此隔阂越来越大。李商隐最初还对令狐绹抱有希望,然而令狐绹却始终"不省",两人终至绝交。

观李商隐一生,他见识超迈,并非结党营私之人。他与人交游,从来不问对方的党属,更没有过什么狼狈的结纳现象,他的作品既有酬赠牛党人士的,也有酬赠李党人士的。可见他并没有把自己看成是牛党或者李党之属。他后来之所以会赴王茂元泾原幕,及后来与李德裕有所交往,其原因并不是党属之变,原始动机或许只是为了仕进,只是希望能借助他们实现自己的政治理想,并没有考虑过自己会冒犯到牛党,也就谈不上去牛就李。

古今看法各不同,或认为李商隐处于牛李党争的夹缝中,或认为本属一党,或认为根本不是任何一个党派。孰是孰非? 李商隐空怀大志,却终生沉于下僚,其原因究竟何在? 这仍是一个谜。

陆游与唐琬爱恨离愁之谜

陆游是南宋的爱国诗人,在文学创作上的成就一直受到后人的高度赞誉,那首《示儿》中"王师北定中原日,家祭无忘告乃翁"的爱国情怀和悲愤至今还让人唏嘘不已。因为陆游一生坚持抗金主张,因此也屡次遭到统治者集团投降派的打击,政治上郁郁不得志;同时,陆游的感情经历也很曲折,他早年的那首《钗头凤》词背后的凄婉的爱情故事一直被后人传诵着。

"红酥手,黄縢酒,满城春色宫墙柳。东风恶,欢情薄,一怀愁绪,几年离索。错! 错! 错! 春如旧,人空瘦,泪痕红浥鲛绡透。桃花落,闲池阁,山盟虽在,锦书难托。莫!

莫！莫！"

《钗头凤》是陆游写给表妹唐琬的。绍兴十四年（公元1144年），不满二十岁的陆游与舅舅的女儿唐琬结为夫妻，婚后两人的生活甚是美满。然而让人疑惑不解的是，陆游的母亲竟然对自己的内侄女非常不满，先是百般挑剔和刁难，最后甚至蛮不讲理地逼陆游和唐琬离婚，硬将一对恋人拆散。接着，陆母又让陆游另外娶了自己所中意的王氏女，唐琬也迫于家长之命改嫁给同郡的赵士程。

时隔十年，这个春天陆游到故乡禹迹寺南的沈家花园游玩，恰好唐琬和后夫赵士程也到此游玩。陆游看到了唐琬，想起了别后十年来消息的隔绝和人事的变迁，难以消散的伤痛又在心中涌起，于是提笔在墙上题了那首悲痛绝伦的《钗头凤·红酥手》。

陆游

"错！错！错！"和"莫！莫！莫！"的悲叹中包含着多少心酸！唐琬看到这首词后，心中的愁苦也是不言而喻的，回到家以后，也和了一首词，不久就郁郁而终。

这一幕婚姻悲剧，成为诗人心底不可平复的创痛即使后来时过境迁、一切已是旧迹，但陆游总是无法忘掉它。即使是在晚年时，每当年底，陆游总还要登上禹迹寺的楼上眺望，并写了很多诗抒发自己心头的隐痛。比较著名的是陆游75岁时候写的诗："池上斜阳画角哀，沈园非复旧池台。伤心桥下春波绿，曾是惊鸿照影来。梦断香销四十年，沈园柳老不吹棉。此身行作稽山土，犹吊遗踪一泫然！"此时已经距离唐琬逝世四十余年，陆游却依旧如此伤感！读来犹让人潸然泪下。

面对这样一个悲剧，人们不禁猜疑：既然陆游与唐琬志趣相投、婚姻美满，陆游母亲为何反而会逼着儿子离婚？最早的一则记载陆游、唐琬悲剧史料《耆旧续闻》中只是简单地记载二人的婚姻悲剧，并没有明确说明陆母不喜欢唐婉的原因。在这之后，刘克庄在《后村诗话》中说，陆游的父母担心陆游因沉溺儿女情而荒废学业，所以才逼迫儿子离婚。但是这种说法仅仅是一种推论，没有实际的证据加以证明。

陆游第一次应考失败，当时是18岁，还没有和唐琬结婚。如果陆母果真有那么崇高的精神境界，为什么要让儿子年纪轻轻、且刚刚落第时就急急忙忙地娶妻？陆游第二次应试本来是名列第一的，但是当时权贵秦桧弄权，陆游因为触怒了秦桧而被贬黜落榜。这时陆游是29岁，唐琬早已经被离弃，甚至陆游与续娶王氏所生的长子已经有5岁了。

可见,陆游科场不利,与唐琬的婚姻没有任何的关系,唐琬在这方面是不应该受到任何指责的。由此说陆游的父母是为了国家、民族的利益、为了陆游的前途和事业而逼自己的儿子离婚,是不足以服人的。

陆游曾经有一首诗名为《夏夜周中闻水鸟声甚哀,若曰"姑恶",感而作诗》。有人根据此诗推测说,唐琬婚后一直都没有生孩子,而老夫人弄孙心切,又听信了别人的谗言,于是便逼迫儿媳离婚。但是单纯地从陆游的诗词中的某个字句来推断陆游夫妻二人被逼分散的原由还缺乏充分证据。

另外有一种说法是说,唐琬嫁到陆家后,由于不通人情世故,礼节不周,因而使老夫人对她很不满意。后来陆游考试落榜,陆游的父亲也因为主张抗战而触怒了秦桧被革职,悒郁而死,这都给了陆游母亲以很大的刺激。而唐琬是一个心胸豁达的人,对公公的死没有行诸于颜色,陆母当然很不高兴。而一个偶然的机会让陆母老夫人遇见了王氏女,王氏女的端庄孝顺让陆母非常满意,归来后她便强迫儿子与唐琬离婚,以"不孝翁姑"为理由休弃了唐琬而娶王氏。当然这种说法也是有很多疑点的。比如说陆游和王氏结婚的时候在二十三四岁,而陆游父亲去世是在这之后,这时候唐琬早已离开了陆家,怎么可能有前文所说的"遇见公公死不行诸于颜色而得罪婆母"之事?

不管怎么说,在这个婚姻悲剧中,陆母的责任是不能推卸的。在那样一个讲究"孝道"的社会中,陆母可以行使自己封建家长的威严命令儿子,那么所谓"欲加之罪,何患无辞",她的目的是达到了。至于她究竟为何硬要拆散儿子和唐琬,陆唐二人的悲剧之因究竟为何,还有待于后人根据史料进行进一步的研究。从这样一个谜案,人们也看到了封建社会婚姻制度的残酷,陆唐二人悲悲切切的爱情,有情人终不能成眷属,犹令今人感叹。

骆宾王下落之谜

以一句"试看今日之域中,竟是谁家之天下"而让武则天赫然变色的骆宾王,是初唐诗坛的活跃人物,为"初唐四杰"之一。这位四杰中年辈最长、阅历最多之人,其遗闻也最富有传奇色彩,其中他的下落至今仍旧是一个谜。

骆宾王一生壮志飘零,沉沦下僚。唐高宗仪凤四年时,他被升任为侍御史,又因屡次向武则天上书言事而被诬下狱,在狱中,他写下"露重飞难进,风高响易沉"的千古名句抒发自己的悲愤。武则天称帝后,大肆斥逐李唐王室旧臣,并大量起用武氏家族成员。光宅元年(公元684年),对武则天政权极为不满且自身仕途失意、郁郁不得志的骆宾王参加徐敬业发动的扬州兵变,被辟为艺文令。这其间,他起草著名的《讨武曌檄》。该檄文历数武则天的秽行劣迹和阴谋祸心,备述起兵的目的,申明大义。结尾处"试看今日之域中,竟是谁家之天下",气势非凡,极富号召力。据说武则天看了檄文后,赫然变色,连忙询问檄文为谁所写。被左右告知是骆宾王后,十分惋惜,并说:"这个人有这么大的才能,却流落到这个地步,这是宰相的过错啊,"惜才之心溢于言表。但是由于徐敬业武略不够,所以扬州兵变才三个月就遭到失败。唐人郗云卿在《骆宾王文集序》中记载道:"文明(唐睿宗年号,684)中,与嗣业于广陵共谋起义,兵事既不捷,因致逃遁。"后来《新唐书·骆宾王传》沿用这个说法,也用"宾王亡命,不知所之"来描述骆宾王的下落。骆宾王的下落之谜由此而始。

在众说纷纭的说法中,流传较广的大体有以下几种说法:

第一种说法是说兵败后骆宾王被杀,《旧唐书·骆宾王传》、《资治通鉴》、《新唐书·李勣传》等书都如此记载。此说法认为,徐敬业兵变失败后,骆宾王等人准备入海逃往高丽,抵达海陵时,遇到风浪受阻于遗山江中,骆宾王被徐敬业的部将王那相所杀,传首东都,并牵连家族。具体记载如《资治通鉴》说:"乙丑,敬业至海陵界,阻风,其将王那相斩敬业、敬猷及骆宾王首来降。"另外,骆宾王的世交宋之间曾写过一篇《祭杜审言学士文》,在这篇文章中,宋之间也说骆宾王"不能保族而全躯",看来骆宾王不仅自身未保,而且家人乃至族人都遭到牵连而被杀。

第二种说法认为骆宾王在兵败后逃脱隐居,也有人说他是削发为僧。郗云卿在《骆宾王文集序》中所谓"兵事既不捷,因致逃遁"就是骆宾王并未被杀的证明。根据这种说法,兵变失败后,官军没有捕获徐敬业和骆宾王,他们害怕武则天会治他们的罪,因此以假乱真,杀了两个面貌酷似徐、骆的人,将其首级报送京师。事实上骆宾王和徐敬业二人均逃脱并在后来落发为僧。最早说骆宾王出家为僧的人是唐朝人孟棨,根据他的《本事诗》记载,宋之问有一次在杭州灵隐寺玩月赋诗,吟出两句:"鹫岭郁岧峣,龙宫锁寂寥。"然而苦于没有佳句可续。正在这时,走来一位老僧,听罢宋之问的诗后,立刻说道:"何不云:楼观沧海日,门对浙江潮?"并接着连吟十句诗完篇,句句精妙非凡,令宋之问惊叹不已。老僧吟罢一去不复见,宋之问再去拜访也没有找到他的影踪,后来宋向人打听这位老僧,得知此人竟是骆宾王。

还有人说骆宾王是逃匿于今天的江苏南通一带。根据明代人朱国祯《涌幢小品》所记载,明朝正德年间在南通城东发现了骆宾王的墓,墓主衣冠如新。这座墓后来被迁到了狼山,至今遗迹犹存。清人陈熙晋的《骆临海集笺注·附录》中还记载说,雍正年间有自称是李勣十七世孙的李于涛,他说他们家的家谱中记载说,扬州兵变失败后,骆宾王与徐敬业的儿子一起藏匿于邗之白水荡,后来骆宾王客死崇川,据说骆宾王的陵墓就是徐敬业的儿子修的。

第三种说法是说骆宾王投江水而死。唐人张鷟在《朝野佥载》说："骆宾王《帝京篇》曰：'倏忽抟风生羽翼，须臾失浪委泥沙。'后与徐敬业兴兵扬州，大败，投江水而死，此其谶也。"就是说，骆宾王最终死于江水中。不过这种说法加入谶语之说，且没有资料加以旁证，所以并不广为流传。

现世对骆宾王下落的争论主要集中在前两种看法上，即兵败后骆宾王究竟是被杀死还是逃脱得生。主张骆宾王被杀的人认为，除了《新唐书·骆宾王传》说骆宾王"不知所之"外，其他所有的正史记载都说他是兵败被杀。而宋之问说骆宾王"不能保族而全躯"的那句话，则更是有力的证据，因为凭宋之问和骆宾王的亲密关系，宋的话是足可信的。至于孟棨《本事诗》所言宋之问与骆宾王在灵隐寺月夜联句一事，被指斥为荒诞不经。因为宋之问和骆宾王本是熟识的密友、世交，相逢时怎么可能会不相识？

与之针锋相对的，主骆生者认为，《本事诗》固然存有缺漏，但是这并不排除官军为邀功请赏而用假首级报送朝廷的可能性。同朝人郗云卿是奉诏搜缉骆宾王的遗文，他说骆宾王"因致逃遁"，必定是有所根据的，不可能信口雌黄。至于宋之问的"不能保族而全躯"，并不能作为骆宾王被杀的证据。因为宋之问是骆宾王的好朋友，他自然是熟悉骆宾王的，那么他可能是在辨认出报送京师的乃是假骆宾王的首级后才说的那句话。他可能说出真话吗？一来他要帮好友活命，肯定不能说真话；二来恐怕他也不愿意得罪送交首级的官军。所以，用宋之问的一句话作为骆宾王兵败被杀的证据，是难以站住脚的。

由于这些关于骆宾王下落的史籍记载的相互矛盾，这桩公案一直争论不休。何时能有定论？恐怕要等新的、确凿的材料出现后才可能知道。

王羲之终老何处

东晋大书法家王羲之以其飘逸的《兰亭集序》流传后世，被历代书法家尊为"书圣"，《兰亭集序》亦成为我国书法艺术中的瑰宝。根据《晋书·王羲之传》的记载，东晋永和十一年，也就是兰亭聚会后的两年，王羲之因为不受朝廷的重用，即"称病去郡"，从此开始了山水之游。然而，王羲之"去郡"以后终老何处？只因史籍语焉不详，至今史家仍无定论。

第一种说法是认为王羲之终老诸暨苎萝。这种说法是根据宋朝《嘉泰会稽志》。该志记载说，王羲之"墓在(苎萝)山足，有碑。孙兴公为文，王子敬所书也"。《晋书孙楚传附绰》也记载说："温、王、郗、庾诸公之薨，必须绰为碑文，然后刊石焉。"孙绰与王羲之是好友，有孙绰所作的碑文，又和正史的记载相符合。同时，主持编撰《嘉泰会稽志》的乃南宋的著名大诗人陆游,历史上向来都对此志的史学价值有较高的评价。所以以上的记载都当是可信的。

但又有人提出疑问:《晋书》中所说"王"姓者能妄断就是王羲之吗?难道不可能是王羲之的父辈王旷、王廙,昆弟彪之、兴之,或者是侄辈徽之、越之等人?甚至也可能是与王羲之"不洽"的王述等。也就是说,凡是当时与孙绰友善的王姓贵族和文人都有可能是那个"王"姓者。另外一些认为王羲之的生卒年为321~379年的学者认为,孙绰比王氏早9年去世,王羲之怎么可能在孙绰生前就请他为自己写好碑文?可见说王羲之终老诸暨苎萝说是不足信的。

第二种说法认为王羲之终老于山阴。

山阴即今天的浙江绍兴。当年王羲之徙至山阴时,绍兴鉴湖水利工程使绍兴的土地得到了较好的垦殖。发达的农业,山青水秀的自然风光,王羲之被这一切深深地吸引了。曾经咏出"山阴道上行,如在镜中游"的千古名句。之后的几年里,他又在这里任会稽内史,美丽的山水风情已经让他"不能自拔",那么王羲之决心终老山阴就是情理中的事了。

还有一条史料可以证明王羲之终老于山阴,即智永移居云门寺。《绍兴县志》记载说,王羲之七世孙,隋初高僧智永,为了便于拜扫在绍兴云门山的先祖墓,便从永欣寺移居云门寺。智永作为王氏的后人,他书艺在当时也是堪称大家的。《宣和书谱》卷十七记录了后人对他的书法的评价说:"以羲之为师法,笔力纵横,真草兼备,绰有祖风。"作为书法家的智永所祭祀的先祖无疑是被人称为"书圣"的王羲之。

对此,有人提出了反对。持异议者提出,说王羲之因为喜好稽山鉴水而决心终老山阴,这根本就是一种臆测,王羲之所赏叹的地域岂仅限于山阴?这位喜好山水的人,所赞叹的地方还包括今天的嵊县、新昌等地。若据此就判断王羲之"终老山阴",不是很武断吗?至于智永,虽然他所谓的"先祖"可能包括王羲之在内的智永父辈以上的祖父、曾祖等人,但是因为智永并没有明确说明"先祖"究竟为谁,因而也就不能据此断定智永所说的墓就是为王羲之的墓。

第二种说法认为王羲之终老嵊县金庭。近年来很多学者都倾向于此种说法,颇有为大众认同之趋势。

学者们找到了很多可据的史料。如白居易在《沃洲禅记》中说,越之金庭,"高士名人许玄度、孙绰、王羲之等十八人或游焉,或止焉"。唐人裴通的《金庭观晋右军书楼墨池记》中说:"(王羲晚年)家于此山,书楼墨池,旧制犹在。"《浙江通志名胜》说王羲之的好友许询(玄度)听说王氏隐居在金庭,便特意从萧山迁到嵊县与王羲之为邻,死后葬在邻金庭的孝嘉乡济庆寺。李白还写诗说:"此中就忆立,入剡(嵊县古称)寻王许。"此诗中所说的"王许"当指王羲之与许询。此外，宋人高似孙撰《剡录》中记载有："金庭洞天，晋右军王羲之居焉。"并说："王右军墓，在县东孝嘉乡五十里。"在王氏第 47 世孙王鉴皓主修的《金庭王氏族谱》也记载说，公元 361 年，王羲之病逝，他的后人知道他喜爱金庭胜景，就将他葬于他的居宅旁边。《族谱》中明确指出了王羲之是"自琅琊迁会稽、自会稽迁金庭之祖"。在今天的金庭，还有很多当年的遗迹。现在的新合乡有十几个自然村都以王姓为主，村民多自称是王羲之的后裔。

王羲之为什么会想到去金庭度过晚年？人们分析说，王羲之所生活的年代正是佛道鼎盛之时，整个社会都盛行着尊佛隐逸之风，王羲之本人更是如此。他与当时的高僧竺道潜、支遁、道猷等人都有着密切的交往。竺道潜出身于琅琊华族王氏，和王羲之的父辈有交，他所居住的地方是当时佛道修行者的中心地；支遁在原属剡县的沃洲建寺院教导僧众，人数多达百人；当时的金庭被称为是道家第七十二洞天。崇尚隐逸的王羲之，为了方便与高僧交往，便在辞官后选中了金庭作为自己归隐终老之所。

虽然这个说法所依据的史料甚多，但是还是有人它提出异议，比如对王氏《族谱》的怀疑，对王羲之墓中出土的砖乃梁大同年间一事的怀疑等等。

看来王羲之这位飘逸如其书法的逸士，其人终老何处，还会让后人继续争议下去。

杜甫死后葬何地

"朱门酒肉臭，路有冻死骨。"这是唐朝著名的现实主义大诗人杜甫的名句。杜甫生前忧国忧民，在他的诗歌中处处可见对国计民生的担忧和对君主的殷殷期待。然而，杜甫的一生更是穷困潦倒的一生。诗人的晚年生活更见窘迫，"亲朋无一字，老病有孤舟"，可谓悲凉！后世通常认为杜甫最终死在湘江水上的一条小船里。他死后，儿子宗武无力葬父，只好将父亲的棺材权厝着，直到 40 多年后，孙子杜嗣业才借助于乞讨，将祖父安葬。那么杜甫究竟被葬在何处？诗人生时经历催人泪下，身后也留下了依旧凄凉的谜。

关于杜甫最后的葬地，历史上通常有四种说法。分别是湖南的耒阳县、岳阳县、平江县以及河南的偃师县。

杜甫

《耒阳县志》记载说，杜甫开始时为避战乱到蜀，"往依严武。武卒，蜀乱，复移夔州。大历三年下峡，至荆南，游衡山，将适郴州，依舅氏聂十二郎，侨居耒阳。"当时正好赶上天降大雨，江水暴涨，杜甫很久都没有食物。聂氏县令乘船出迎，并赠牛肉和白酒给杜甫。有一天晚上杜甫大醉，住宿在江上的酒家，结果被水淹死，只遗落一只靴子在江上，聂氏县令只好将靴子做坟。其他史书如新、旧《唐书》也都这样记载，由此可以看出，杜甫死后连尸体都没有找到，那么耒阳的杜甫墓其实只是一个埋其靴子的衣冠冢。据说，这个墓在耒阳县城北郊二里，建于南宋理宗景定年间（1260～1264），明朝嘉靖年间曾为当时的知县马宣重修过。

而唐朝郑处晦《明皇杂录》等书也认为杜甫死于衡州耒阳，葬于县城北耒江左畔。但是这个墓杜甫的权厝冢，并不如前文所说的"尸体不存"。《偃师县志·陵墓志》记载，唐宪宗元和八年时，即杜甫死后的第四十三个年头，杜甫的孙子杜嗣业"启子美之枢，襄袝事于偃师"，实现了祖父归葬祖茔的遗愿。那么究竟在偃师的什么地方？有史料说是在偃师县西土楼村，也有说是在首阳山，各种看法让人感到疑惑。

唐朝诗人元稹曾经应杜甫孙杜嗣业的请求撰写过《唐故检校工部员外郎杜君墓志铭》，这篇墓志铭对于确定杜甫的葬处有着重要的意义。铭中说"适遇子美之孙嗣业，启子美之枢之襄，袝事于偃师。途次于荆，雅知余爱其大父之为文，拜余为志。辞不能绝，今因系其官阀日铭其卒葬云……甫字子美，……舟下荆楚间，竟以寓卒，旅殡岳阳，享年五十有九。……嗣子曰宗武，病不克葬，殁，命其子嗣业。嗣业贫无以给丧，收拾乞丐，焦劳昼夜，去子美殁后四十余年，然后卒先人之志，与足为难矣。"这一段记载可以说是确定杜甫墓究竟是在偃师还是在湖南岳阳，或是在平江此三种说法的重要依据。

后人参照元稹的墓志铭以及《湖南通志》、《巴陵县志》、《平江县志》等文献，认为杜甫在耒阳死后，其子杜宗武并没有继续南下，而是举家移居岳州（即今湖南岳阳），并将葬于耒阳的父亲的灵柩暂时厝于此，所谓元稹所说的"旅殡岳阳"。《巴陵县志》即记载说，"杜甫墓在岳州，今不知其处。按元微之（元稹）墓志，扁舟下湘江，竟以寓卒，旅殡岳阳，是杜墓在岳阳也。元和中，孙嗣业迁墓偃师，后人遂失其殡处。"后人寻找今天的岳阳，没有找到杜甫的墓地，也没有找到杜甫的后裔。但是后来在《平江县志》中找到了一点线索：今天汨罗江畔的湖南平江县小田村有杜甫墓，还有杜甫的后裔。进而考察出，平江在唐代称为昌江，隶属于岳州，因此"旅殡岳阳"就是权葬岳州昌江。后来，杜嗣业将祖父杜甫的灵柩迁回了河南偃师县西土楼村的祖茔。据《艺文志》记载，清朝乾隆年间，偃师的杜公墓被村民侵成麦地，后邑令朱续志找出了杜甫墓的遗址，并造茔树碑表示纪念。

也有人认为杜甫原本就病逝于平江，而不是耒阳，所以他的墓所就在平江小田村。杜甫死后，杜宗武贫困无力迁葬，也在平江病逝。再加上当时的战乱，所以杜宗武、杜嗣业这一支就一直在平江留了下来，一方面也方便祭守墓地，清朝同治年间，张岳龄在实地考察偃师后，写了一篇《杜工部墓辨》，指出偃师既无杜甫墓，也没有杜氏后代。李元度的

《杜工部墓考》也这样说，认为"岳属别无杜墓，遗迹在小田无疑"。

关于杜甫究竟葬于何处的争论仍在继续，一直没有得到一致的看法。战乱中的杜甫受尽了苦难，死后他的去处依旧是一个未解的谜。这是诗人的悲哀，也是时代的悲哀。

屈原为何投汨罗

"长太息以掩涕兮，哀民生之多艰"，"路漫漫其修远兮，吾将士下而求索"——这些都是伟大的政治家、文学家屈原留下的光辉诗句，屈原是中国历史上第一位杰出的浪漫主义诗人。他忠君爱国，忧国忧民，一生都在与邪恶势力做不屈不挠的斗争。然而，当时楚王信任奸佞小人，屈原一次又一次地受到迫害。最后，楚都被攻破，屈原自沉汨罗，谱写了中国历史上爱国主义的可歌可泣的诗篇。历史上一向认为屈原是殉国，然而关于其死因，后世除了这一看法外，还有许多其他的看法，所以屈原自沉汨罗的原因也就成了一个让世人争论不休的谜。

屈原

清代的王夫之认为屈原自沉是为殉国。屈原哀叹自己的国都被攻破，国家被灭亡，人民颠沛流离，无家可归。昏庸腐朽的顷襄王又不能抵御强秦。眼看着自己的国家即将被灭掉，屈原无比的痛苦，于是便自己投进了汨罗江以殉国难。现代人郭沫若也坚持并发展了这种说法。他说，"屈原活到了六十多岁，他的流窜生活已经过了好久，然而他终究是自杀了。自杀的动机，单纯用失意来说明，是无法说通的。屈原是一位理性很强的人，而又热爱祖国，从这些推断来说明，他的自杀应该有更严肃的动机。顷襄王二十一年的国难，情形是很严重的。那时，不仅郢都被破灭了，还失掉了洞庭、王渚、江南。顷襄王君臣朝东北避难，在陈城勉强地维持了下来。故在当年，楚国几乎遭到了灭亡。朝南方逃的屈原，接连受到迫害。一定是看到了国家的破碎已无可挽救，故才终于自杀了。"

而姜亮夫等人则认为屈原之所以自杀是为了自己光明磊落的道德理想。诗人在自己的绝命词《怀沙》中庄严地说："世界混沌没有人了解我，人心不能说啊。知道死亡是不能躲避的，因此希望不要吝惜它。明白地告诉君子，我将成为他们这一类人。"正是在这种"举世皆浊我独清，举世皆醉我独醒"的黑暗世界中，屈原才愤而投江，捍卫自己的高洁。不仅仅如此，坚持屈原自杀为"洁身"的人还强调，尽管屈原不是因为白起攻破楚郢都而"殉国难",但他是激愤于昏君佞臣的不识忠良、祸国殃民才愤而投江的。这样的死,不是怯懦,也不是想要逃脱责任,而是以死来表明自己对邪恶势力的抗议。虽然他的死同样是出于对楚国前途和命运的担忧,但从最实质的意义上讲,他是为了自己的道德理想而死。

第三种说法是认为屈原在奸佞横行的楚国受到严重的迫害,不断被流放,但是他的忠君爱国之心,从来不曾泯灭。他没有办法使楚王觉悟,只好投水而死,希望以自己的死来唤起楚王的觉悟。这就是有些人的"尸谏"的看法。

当时楚怀王已死掉,顷襄王继位后更加变本加厉。屈原一直主张联合齐国抵抗秦国。但是这个时候的顷襄王早已忘记国土沦丧、父亲被骗客死异国的国耻家仇,反而与齐国断交,认秦国为好友;内部则骄奢淫逸,任凭奸佞弄权。就这样,全国上下内无良臣守备,百姓离心,外有虎狼之秦国,楚国已经面临着亡国的大祸。满怀救国济民之志的诗人受谗言而遭受罢黜和放逐,欲报国而无门。顷襄王最后一次放逐屈原时,屈原感到自己的报国之梦已经完全绝灭。诗人身心交瘁,他怒斥了楚王的昏聩,并写下了"不毕辞以赴渊兮,惜壅君之不识"的诗句,决心以死谏来震醒无能的庸君。

为了证明这一点,还有人在"尸谏说"的基础上,增加了屈原效法彭咸一说。屈原《离骚》中有"愿依彭咸之遗则"一句。据说彭咸是殷朝的贤良大夫,他劝谏君王而不被采纳,于是便投水而死。屈原既"愿依彭咸之遗则","将从彭咸之所居",则暗示了自己最后在衰志不堪时,将选择投江道路,以死作最后的一谏。

除了以上三种分析,后世乃至当今文学界历史界还有人从屈原的心理倾向、政治人格等方面来讨论屈原死因。前者认为屈原充满了悲剧性的双重人格,这种人格精神必然使他发狂,从而必然走向悲剧。后者认为屈原崇圣和忠君的政治人格酿成了他自杀的悲剧,因而他的死实际上是一种"殉道"行为,也就是对理想的坚持。这些说法更多地吸收了西方精神分析的方法,与其说是分析屈原投江的原因,更多的不如说是现代人的一种文学上的分析,所以不足为世广泛流传。

伟大的诗人投江自尽了,留给后世的是无尽的叹息。今人以各种形式纪念这位具有伟大情操的人物,因此无论从哪个角度分析屈原自沉汨罗的原因,无论屈原自沉之谜何时能够解开,这位高尚诗人永远都是不朽的,亦将鼓舞更多的人。

曹植《感甄赋》为谁而作

人称"才高八斗"的曹植,是魏文帝曹丕的弟弟。其人风流倜傥,文思敏捷,是建安文坛上一位叱咤风云的人物。然而他的任性纵酒,使其父曹操对他颇为失望,他的才华又遭到了其兄长曹丕的妒忌,终被一贬再贬,终身备受迫害。

曹植一生留下了很多千古名篇。公元223年所作的《洛神赋》尤其情采风流,被后人广泛传诵。该赋用浪漫主义的笔调抒写了自己的对洛水之神的爱慕之情。写作这篇赋时,曹植正处于政治苦闷之中。传统看法认为,此赋是借人神恋爱的悲剧,来抒发作者自己对君王的一腔衷情和怀才不遇的感慨,是"托辞宓妃以寄心文帝"。所谓"虽潜处于太阴,长寄心于君王",也正是借洛神之口说出了曹植自己的心声。

然而,唐代人李善在为《文选》作注时却说,这篇赋是曹植为了感念他的嫂子甄后而写的。该赋的原名是《洛神赋》,后来曹丕的儿子魏明帝读后,才为之改名为《感甄赋》。这种说法犹如激起了千层浪,舆论哗然。曹植爱上了他的嫂子了吗? 这篇《洛神赋》真的是为了甄后而作吗? 这无疑是不忠不义的违逆之举啊。千百年来,人们一直对此争论不一。

李善认为《感甄赋》乃是曹植为甄后所作,这种说法只有李善为《洛神赋》作注解时叙述的"赉枕"一事可以作为旁证。他说:"(曹植)黄初中入朝,帝示植甄后玉缕金带枕,植见之不觉泣。时甄后已经被郭后谗死,帝已寻悟,因令太子留宴,仍以枕赉植。"曹丕乃为皇帝,为什么要将自己妻子用过的枕头送给弟弟? 其居心是耐人寻味的。看来,曹丕应该知道他的弟弟曹植倾心于甄后,至少是暗恋甄后,所以才故意刺激曹植,让他"一辈子抱着枕头空悲切"。李善在注解中还说,曹植离开京城返回封国,途经洛水,想起了甄后,并与之相见,得到甄后以珠玉相赠,悲喜不能自胜,于是作了《感甄赋》。

但是翻开所有史籍,人们并不能找到曹植与甄后有私情的记载。因此对于《洛神赋》的寓意问题,历来有两种对立的看法。

第一种看法是为曹植的"不忠不义"辩护,否认《洛神赋》为感甄之作。唐宋明清的一些文人学者认为,甄后本是曹丕的妃子,小叔爱慕嫂子,臣子暗恋国母,这是不成体统大逆不道的事情,必须辨伪正本,口诛笔伐。他们提出了《洛神赋》非感甄之作的诸多理由。其一,李善本无此注,是宋人刊刻时误引的。其二,图谋自己的嫂子,这是"禽兽之恶行",讲究操行的曹植断然不会那么做。其三,即使曹植真的爱上他的嫂嫂,在这样的社会条件下,他也绝对没有那么大的胆量写《感甄赋》以表达自己的情感。其四,"赉枕"的说法是不合情理的,纯属无稽之谈。曹丕乃君主,怎么可能做出如此荒诞的事情来? 毕竟自己的弟弟对自己的妻子有所图谋不是什么好事,于己于人都是不应声张的。其五,曹植时年十四岁,甄妃已经二十四岁,在年龄上是不合情理的。

进而他们提出了自己的看法。他们认为,《感甄赋》的甄,并不是是"甄后"的"甄",而是"鄄城"的"鄄","鄄"与"甄"通,遂讹为"感甄"。《洛神赋》实乃"托辞宓妃以寄心文帝"，是"长寄心于君王"，是向曹丕表达自己的忠君之情，以求任用。

尽管这些理由和推论很充分，但是仍然有人认定《洛神赋》是感甄之作。尤其是一些文人，如李商隐、蒲松龄等人，往往是抱着宁可信其有，不可信其无的态度。李商隐在诗文中曾经多次提到曹植"感甄"的情节，甚至还认为"君王不得为天子，半为当时赋洛神"。一些小说传奇对这一情节更是渲染有加。现代学者郭沫若在《论曹植》这篇文章中，也直言不讳地说"子建(曹植)对这位比自己大十岁的嫂子曾经发生过爱慕的情绪，大约是无可否认的事实吧。"他认为魏晋时期的男女关系比较浪漫，那么曹植对自己美丽嫂子产生爱慕之情并不奇怪。当然，碍于礼教名分，曹植不会做出非分之举动，不过是通过诗词歌赋顽强地表现而已。甄氏与曹植都比较高雅、清高，两人从气质上是相和的，所以，甄氏的心中也不一定就不明白曹植的感情。至于之后两人命运的相似、情感的相通，更让两人有惺惺相惜之感。曹植以甄氏为自己文学作品的写作模特，"应当是情理当中的事"。曹植写《洛神赋》，很可能就是为了寄托作者身不由己、好梦难圆的惆怅和愤怒。

还有人分析说曹植的"感甄"是甄后被杀、曹氏兄弟关系紧张等事件发生的重要原因之一。也有人说所谓的"长寄心于君王"中之君王是指曹植，这是宓妃对其表达心迹之语，并不是向君主寄托忠臣之心。

上述两种观点，或言是，或言非，都提出了很多理由。但是无论是哪种理由都不过是推论而已，并且也没有直接的证据去推翻对方的观点。不知道这场笔墨官司要几时见出结果。

唐伯虎点秋香之谜

明代吴中才子唐寅，字伯虎，号六如居士，他恃才孤傲，放浪不羁，每每遇到开心之处，则纵情开怀，放浪形骸。民间就流传有"唐伯虎点秋香"的故事。

唐伯虎的确曾为一个女子隐名为佣。这在《中国野史大观》中有记载，但只不过这位女子并非叫秋香，而叫桂华，是当时锡山华虹山学士府中的一名女婢，深得华夫人喜爱。唐伯虎对她一见钟情，因而以一才子屈身为佣，最终赢得了美人归。所以说，"唐伯虎点秋香"可能就是唐伯虎赚妻桂华这一故事的演变，唐伯虎没有点秋香，但是点了桂华。

一天，唐伯虎出去游玩，碰见了在华府为奴的桂华，对她一见钟情。从此唐伯虎怎么也摆脱不了那个漂亮女婢的身影，最终想到一个办法，就是到华府隐名为佣，改名华安伺机而动。

他到华府先为伴读。结果一手好文章让华学士对他刮目相看，将他留为亲随，掌管文房。一应往来的书信，均令华安处理，没有不合华学士心意的。因此，华学士对华安更加器重,恩宠有加。

不久,掌管华府典铺的主管不幸病逝,华学士便让华安暂时先代管其事,掌管典铺。华安不负所望,典铺的出纳账目有条有理。华安的工作也特别小心谨慎,秋毫无私。

华学士非常满意华安的工作,意欲将其升任为典铺的主管。但唯有一点使华学士不很放心,华安眼下尚是孤身一人,没有妻室,万一哪一天他一走了之的话,委任其主管这样的事务,岂不是有点儿用人不当?

华学士觉得眼下这样还很难对华安委以重任,必须等到华安有了妻室,心真正安定下来才好,于是找媒婆,商议起为华安择偶婚配的事情来。

最终,华安和桂华终于在华学士及其夫人的鼎力帮助下,拜过花堂,适时完婚,婚后二人情投意合,恩爱日深。

其实,早在 20 世纪 80 年代就有人指出唐伯虎并没有点过秋香,如苏州市文联段炳在《光明日报》上写过:唐寅并未自称过"江南第一风流才子",未点过秋香。唐在 29 岁时的科场冤案过后,本想以"功名命世"的他变成了一个"春光弃我竟如遇"的感伤者,变成了一个"猖狂披髦卧茅衡,万里江山笔下生"的失意者。在这种潦倒落魄的窘境里,曾经自谓"布衣之士"的唐伯虎决不会说出"江南第一风流才子"之类自大之语的,更无心去干什么三笑点秋香之事。

因此到底真相如何,也就不得而知了。

西游圣僧唐三藏:太宗原意不西行

看过电视剧《西游记》的人们大多都认为,唐僧是受唐太宗之托并且在隆重的告别仪式之后才踏上取经的路途的。然而,小说与历史是有很大出入的。事实上,唐僧西天取经的计划最初并没有得到唐太宗的支持。

唐僧原型为唐代僧人玄奘。由于佛经的原文都是梵语,因此在翻译佛经的过程中就出现很多的争论。中国佛教的各家各派也就随着各种各样的争论林立起来。通过多年来在各处讲筵所闻,玄奘深感异说纷纭而无从获解。在这样的情况下,玄奘决心远赴印度,将正确无误的佛经传入中国。

然而,如此重大意义的西行,却没有得到唐太宗的许可。原因是玄奘准备到天竺取经之时,唐太宗李世民刚刚继位。由于朝廷换届,国家尚不稳定,唐朝的政治环境还处于动荡之中。唐太宗当时对外并不主张开放,以免对政局的稳固与加强产生负面的影响。所以,在这个国家环境并不安宁的时候,玄奘向唐太宗要求到印度寻取真经的愿望就遭到唐太宗的拒绝。玄奘几经说服都没能取得唐太宗的支持。

然而，玄奘并没有因此罢休，唐贞观三年八月，26岁的玄奘前往佛教的发源地印度取经。唐太宗曾经多次下令通缉捉拿玄奘，都没有成功。

历经千难万险，跋山涉水，唐玄奘终于到了天竺。他在此地取经学经，一待就是十几年。玄奘回到大唐后，唐太宗为他的事迹所感动，在玄奘请罪的时候赦免了他，还为玄奘加官加冕，然而都被玄奘婉言拒绝了。玄奘从此便在中国大地上传授真经，教诲众人，普度众生。

唐代诗仙李太白：死因扑朔难定论

唐代大诗人李白，字太白，号青莲居士。关于李白的死因，学界并没有一个明确的答案。搜集各种说法，可以概括为以下三种。

第一种说法是年老体衰，饮酒过度所致。李白一生唯有酒与其常伴，是酒让他孤寂的心灵得以抚慰。从李白的诗句"古来圣贤皆寂寞，唯有饮者留其名"中，足见酒对于李白是何等的重要。《旧唐书·李白传》中记载："永王谋乱，兵败，白坐长流夜郎。后遇赦得还，竟以饮酒过度，醉死于宣城。"

第二种说法因病去世。晚唐著名文学家皮日休诗云"竟遭腐胁疾，醉魄归八极"，郭沫若在其《李白与杜甫》中称："李白从夜郎释放回来，曾游览金陵，肯定往来于宣城和历阳之间。"

当时李光弼镇压叛军，李白欲从军报国，可惜行至金陵便旧病复发只能返回，第二年死于李阳冰处，逝前作《临终歌》。

第三种说法"捞月而死"。五代王定保《唐摭言》言："李白着宫锦袍，游采石江中，傲然自得，旁若无人，因醉入水中捉月而死。"这种说法很可能只源自传说，不足为信。

以上三种说法都没有直接而彻底的证据，但是李白的死与其参与李璘谋反有着千丝万缕的联系，李白因此而被流放夜郎，后遇赦，不久便结束了他短暂的一生。

正史《旧唐书》中关于李白死因的记载符合当时的情况。李白政治上的失意，人生的不得志，让他唯有饮酒以解忧。从《临终歌》里，我们也可以看到李白对生命的感叹和对自己不得志的感慨。另外，李白从军讨伐安史叛军在正史中并没有提到，所以不足为信。

王安石与苏东坡：假宿怨和两相亲

王安石和苏东坡是年轻有为的朝臣栋梁。北宋年间，二人身不由己地陷入变法革新的党派之争中不能自拔。政见上的背道而驰，使王安石和苏东坡在官场中针锋相对。许多反对变法的保守派因此大做文章，把二人说成不共戴天的仇敌。

当时,王安石是坚定不移的变法派领袖,而犹豫不定的苏东坡眼见新法在实施过程中常被贪污腐败之人利用,成为盘剥百姓的工具,对王安石激进的改革作风不能苟同,于是走上了积极反对变法的道路。

熙宁二年(1069年),王安石准备变更科举制度,请求兴办学校,在科举考试中罢除诗赋等科目,专以经义、论、策来考试。苏东坡随即上《议学校贡举状》,论述贡举之法行之百年不可轻改,得到宋神宗的召见。王安石对此极为不满。

苏东坡

之后,宋神宗想让苏东坡编修中书条例,王安石强烈反对:"轼与臣所学及议论皆异,别试以事可也。"当王安石得知神宗打算任用苏东坡当谏官时,更是极力阻止,并派苏东坡去做府推杂事的小官。

苏东坡在任开封府推官期间,又呈上《上神宗皇帝书》《再上神宗皇帝书》,直言反对新法。而最令王安石忍无可忍的,是苏东坡的《拟进士对御试策》,其中提到"晋武平吴,独断而克;符坚伐晋,独断而亡;齐桓专任管仲而霸,燕哙专任子之而败;事同功异"。苏东坡借此含沙射影地批判王安石在变法过程中不顾阻挠的"独断专行"。

王安石怒不可遏,向神宗谏言:"轼才亦高,但所学不正……请黜之。"几天后,他又对神宗说:"如轼者,不困之使自悔而缩其不逊之心,安肯为陛下用!"恰巧朝中有人告发苏东坡兄弟运父灵回乡的过程中偷运私盐,王安石立即下令彻查,并拘捕了相关人员审问。虽然之后查明此事实属诬陷,但经历了这一次又一次的交锋,苏东坡自知已无法再在朝中待下去,于是请求外放,出任杭州太守。

此时朝中反对变法之声仍旧不减。王安石在遭逢诬陷之冤与丧子之痛后,罢相辞官,回到江宁老家。

元丰初年,王安石的"朋党"李定、舒亶、何正臣等人向神宗皇帝上奏,说苏东坡"谤讪朝廷"。神宗震怒,传旨将苏东坡逮捕入狱。不久,苏东坡被定罪候斩。除其弟苏辙外,满朝文武无人敢为他求情。

此时王安石身在江宁,待他得知苏东坡罪名已定,性命危在旦夕。想到国家正值多事之秋,而苏东坡的确是个难得的人才,王安石立即派人快马加鞭赶至京城,将自己的亲笔书信呈给神宗皇帝。信中说道,目前国家正值用人之际,切不能因为苏东坡写了一些不中听的小诗就错杀良才。神宗皇帝对王安石敬重有加,看过信后觉得颇有道理,便下旨释放苏东坡,将他贬到黄州。

元丰三年,苏东坡奉命从黄州移居汝州。途径江宁,想起隐居于此的王安石,深为过去王安石不计前嫌冒死相救而感动不已,于是趁此机会专程拜访,以消除多年的隔阂。王安石听说苏东坡来到江宁,马上披蓑衣戴斗笠,骑着瘦驴风尘仆仆地赶到渡口与苏东坡相会。两人在江边煮酒和诗,通宵达旦。此后两人同游数日,畅谈甚欢。

事实上,王安石和苏东坡从未成为真正的敌人。政见上不可调和的矛盾,仅仅在于各自看问题的角度不同,绝不存在对错之分、忠奸之别。王安石与苏东坡,于文学中的相互钦佩,于政治上的彼此宽容,使多年的官场恩怨最终烟消云散,成为中国历史上"文人相亲"的典范。

第八章　科技未解之谜

第一节　生物医学工程探奇

生物学是研究生命现象和生物活动规律的科学,它是科学当中一个庞大而重要的分支。世界上的一切都来源于生命,是生命让这个地球五彩缤纷,生机勃勃,生命也同样缔造了文明,创造了伟大的奇迹。生物学和人类生活的很多现象密切相关,它无时无刻不在影响着人类。生物学的每一项进步和每一个发现,似乎都会带来人们生活的巨大变化,令人们用更新的视角去看待这个世界。人类从对生命的懵懂无知到建立起日益精细而齐备的生物学知识体系,从单细胞生命体的研究到干细胞技术的问世,从生命的基因结构到生命体的特异现象,从植物的光合作用研究到转基因生物工程……每解决一个问题都会有更多的谜题出现。生命是复杂的,生物学的研究是没有尽头的……

生命形成之谜

生命是地球最精华的所在,到目前为止,地球上已经存在上百万种生物。但是生命是如何形成的,最早的生命来源于哪里,却是一个至今困扰人们的谜题,人们对它进行过很多的假设和猜想,科学家们也曾经用各种人类已掌握的知识和手段探寻过它,可是至今没有一个确切的答案。地球的年龄已经有大约 46 亿年了,在大部分时间里,地球都是各种形态生命的栖居所。多数科学家认为,生命是在地球环境趋于稳定之后才出现的。可是关于生命最初的起源,仍然众说纷纭、争论不一。

关于地球出现生命的最早证据是发现于澳大利亚的一团蓝藻的化石,这种被固化为叠层石的古老遗迹可能是存在于距今 34 亿年前的原始生命。尽管这些微生物已经非常古老,但像今天的蓝藻一样,这些古代蓝藻在生物结构上已经相当复杂——它们已经形成了具有保护作用的细胞膜,使得内部制造蛋白质的 DNA 不受外界环境的破坏。因此科学家们估计地球上的生命应该形成于更早的时期,他们估计是距今大约 38 亿年以前。

但是即使科学家们能够准确地界定生命在地球上出现的最早时间,我们仍然不能回答地球上的生命是怎样出现的。美国新墨西哥州大学的洞穴生物学家戴安娜·诺萨普说："到目前为止关于生物起源的理论都是推测出来的，因为缺乏能够证明或是推翻这些理论的证据。世界上仍然没有一种被广泛认可的生物起源理论。"回答这个问题的意义不仅仅在于能够弥补人类科学与自然世界之间最大的空白，对于人类是否有可能在地球以外找到生命也具有重大意义。

今天，关于地球生命起源的理论处于百家争鸣的状态，其中的几种理论甚至怀疑生命是否是在地球上诞生的，它们认为生命的种子可能是从遥远的太空而来，或者是夹杂在坠落到地球的陨石或者彗星的内核里，而后在地球上繁衍开花。有的理论甚至认为地球上的生命先后出现和毁灭过多次，经历了反复的起伏轮回。

美国桑塔克鲁兹的加州大学的生化学家大卫·迪莫说："地球上的生命可能有多种起源，我们通常认为生物起源是多样的，那样生命就不会因为一次大的外界影响（例如小行星撞击）而毁灭殆尽。"

其中有几种理论颇为引人注意：

"RNA 世界"假设理论

到目前为止，大多数科学家都支持在原始生命形成的初期，RNA 在生命当中扮演了极其重要的角色。根据这种"RNA 世界"的假设理论，RNA 曾经是原始生命中的关键性大分子，其地位后来被 DNA 和蛋白质所取代——DNA 和蛋白质可以比 RNA 更高效地工作。

迪莫博士说："很多最有天赋的科学家们都相信，'RNA 世界'的假设理论不仅是有可能成立的，而且具有非常高的存在合理性。"RNA 的性质与 DNA 非常相似，现在在我们身体里的每一个细胞都需要 RNA 完成一些重要的细胞功能，包括在 DNA 和蛋白质系统中完成传递功能，帮助某些基因完成"开关功能"。

但是"RNA 世界"的假设理论并不能解释 RNA 自己最先是怎样产生的，像 DNA 一样，RNA 是由数以千计的小分子——核苷酸组成的，这些重复的小单元连接成链条，其组织形式特殊而有序。部分科学家认为 RNA 是地球上自发产生的，而另一些科学家则认为核苷酸是从天外来到地球的。

纽约大学的化学家罗伯特·夏皮罗说："这些大分子所展现出来的功能令人难以置信，也许是宇宙中绝无仅有的，因此如果从这个角度来看，我们能够进化到今天真是太幸运了！"

地球生命来源于天外？

"地球生命来源于天外"的理论和人类具有重要关系。生物学家理查德·多金斯在他的新书《上帝的骗局》中提到了地球生命起源的另一种可能性,他的灵感来源于多年从事天文学和物理学研究的经历。

多金斯博士假设宇宙中存在一百亿亿颗行星(他说这只是保守估计数字),其中只有一颗行星上会诞生生命的几率也不能说很大。但是如果以后的物理学家们说其实存在多个宇宙,每个宇宙又各含有一百亿亿颗行星,那么所有宇宙中的行星产生生命的几率加起来应该是比较可观和确定的。而夏皮罗博士则认为不必引入多个宇宙的概念,或是流星把宇宙生命的种子带到原始地球的理论。

他认为组成原始生命的分子可能一开始要比 RNA 小得多也简单得多,只能完成有限的功能,但随着进化,这些小分子逐渐变成了大分子,功能也日趋复杂。夏皮罗博士认为对地球生命起源的研究应当回归简单,而不是在外星生命起源理论上纠缠不休。

想要准确地知道几十亿年以前发生的事情可不是一个简单的工作,但许多科学家都认为就像生命诞生的奇迹本身一样,"一切皆有可能"。美国新泽西州普林斯顿大学的物理学教授弗雷曼·蒂森说:"人类揭开这个未解之谜的时间无法预测,可能就是下个礼拜,也可能要花上一千万年。"

1953 年,美国科学家米勒仿造出 40 亿年前地球上的条件,结果在此条件下产生出氨基酸——生命的组成部分。但是如何演变成生命仍然是个谜,现在计算机科学家编制出人工生物的程序,在计算机世界中观察其"生命",出现了一群活动的小三角(鸟群),它们在一根柱子前分开,然后又联合起来,像真的鸟群。他们认为,这是理解生命结构的第一步,未来的目标要模拟出生命的形成。

生命演化理论

这个理论是所有关于地球生命理论中认可程度最高的一个理论,但是这一理论也缺乏很多重要的依据,只是科学家们的猜想。根据科学的推算,地球从诞生到现在,大约有 46 亿年的历史。早期的地球是一个很炽热的球体,地球上的一切元素都呈气体状态。那时地球上是绝对不会有生命存在的。地球上最初的原始生命是在原始地球条件下,由非生命物质,在极其漫长的时间里,经过四个阶段的化学进化过程,一步一步演变而成的。

1. 从无机小分子物质生成有机小分子物质

科学家们认为生命的最初状态是空气中的各种气体经过各种气候现象(如闪电、雷鸣和暴雨等现象)产生化学变化而产生的,即:在原始地球条件下,原始大气成分在一定能量的作用下,从无机物向简单有机物转化。

2.从有机小分子物质形成有机高分子物质

始海洋中的氨基酸、核苷酸、单糖、嘌呤、嘧啶等有机小分子物质经过极其漫长的积累和相互作用,在适当条件下形成相应的高分子物质:一些氨基酸通过缩合作用形成原始的蛋白质分子,核苷酸则通过聚合作用形成原始的核酸分子。生命活动的主要体现者——原始的蛋白质和核酸的出现意味着生命从此有了重要的物质基础。

3.从有机高分子物质组成多分子体系

以原始蛋白质和核酸为主要成分的高分子有机物,在原始海洋中经过漫长的积累、浓缩、凝集而形成"小滴",这种"小滴"不溶于水,被称为团聚体或微粒体。它们漂浮在原始海洋中,与海水之间自然形成了一层最原始的界膜,与周围的原始海洋环境分隔开,从而构成具有一定形状的、独立的体系。这种独立的多分子体系能够从周围海洋中吸收物质来扩充和建造自己,同时又能把水滴里面的"废物"排出去,这样就具有了原始的物质交换作用而成为原始生命的萌芽,这是生命起源化学进化过程中的一个很重要的阶段。但这时还不具备生命,因为它还没有真正的新陈代谢和繁殖等生命的基本特征。

4.从多分子体系演变为原始生命

具有多分子体系特点的小滴漂浮在原始海洋中,经历了更加漫长的时间,不断演变,特别是由于蛋白质和核酸这两大主要成分的相互作用,其中一些多分子体系的结构和功能不断地发展,终于形成了能把同化作用和异化作用统一于一体的、具有原始的新陈代谢作用并能进行繁殖的原始生命。

以上理论分庭抗礼,构成了目前生命源头之谜理论的"百家争鸣"局面,对于这一命题,人类在未掌握足够的科学依据之前,没有人知道它的正确答案。

生物进化的驱动力

从蝴蝶身上绚丽多彩的斑纹到彩虹一般色彩丰富的蜥蜴;从能够利用四肢间皮膜滑翔的松鼠到可以从一棵树"飞"到另一棵树的蛇,大自然的各个物种为了适应环境而进化出来的千奇百怪的特性令人咋舌。

自然选择一直以来被科学家们认为是驱动进化方向的主要因素,也是创造了生物多样性的主要原因之一,但是我们能够把自然选择当成是创造这个丰富多彩的大自然的唯一原因吗?纽约斯托尼布鲁克大学生态与进化学院的科学家马西莫·皮格留奇说:"我们认为目前生物学中最伟大的未解之谜之一就是对自然选择的定位问题,自然选择到底是不是推进进化方向和创造物种多样性的唯一原因?也许还有我们未知的因素一直在发挥作用。我希望这种假设最终会成为现实，以丰富对我们生活的这个世界的深层了解。"

一些科学家列出了其他一些可能驱动生物进化的因素。皮格留奇博士说："在过去的二十年间，科学家们开始推测复杂的生物系统(如活体生物本身)的某些属性对进化有驱动作用，它们和自然选择的作用合在一起，使得原始生

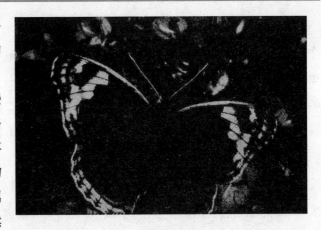

斑斓的蝴蝶

物进化出了眼睛、细菌鞭毛、翅膀或者是龟壳一类奇怪的特征，以适应环境的需要。"

这里我们引入一个叫做"显型可塑性"的概念，这种现象是指生物在适应环境的过程中，可以通过进化灵活地改变身体某一部分的特性，发育出新的器官和组织。但是这种差异不是在基因层面的，举个例子来说，蜜蜂的种群里工蜂和兵蜂的基因是完全一致的，但在发育的过程中基因完成了不同的性状表达，于是出现了这两种蜜蜂在行为和体征上的巨大差异，外界的环境因素，例如温度或是其在胚胎期的食物，都是促成工蜂和兵蜂表达不同基因的原因。

这种"显型可塑性"的意义在于，在进化过程中有益的形状可以遗传给下一代，当显性特征不断遗传积累的时候，外界的自然环境就会帮助一个物种淘汰掉不适应环境需要的性状，而保持那些有竞争优势的后代。

有些研究学者认为，生物和非生物系统往往都具有一种自发的自我形成秩序的特性，这种自我组织的能力也是推进物种进化的动力之一，而且这种能力对生物来说还可以遗传给下一代。

生物的有序性的典型的例子是蛋白质的结构，我们知道蛋白质是一长串氨基酸在空间中扭转缠绕形成的，其空间结构决定蛋白质的特性。蛋白质的特性千变万化是因为其空间结构可以有无数种，即使蛋白质仅仅是由 100 个氨基酸组成的，它形成的形状也足以达到天文数字。蛋白质形状的转换是在几秒钟或是几分钟的时间里有序进行的，但这种转换顺序即使我们使用今天世界上最强大的超级计算机也无法计算出来，因为这种转换次序实在是太复杂了。

环境因素同样可以改变动物的外在特征和生活习性，这一现象吸引了很多科学家开展深入地研究。例如美国威斯康星麦迪逊大学的细胞生物学家西恩·卡罗尔就发现，东

非的某些蝴蝶根据其破茧而出时的环境而呈现不同的颜色,在雨季羽化的蝴蝶一般都带有鲜艳的眼睛形状的花纹,而在旱季羽化的蝴蝶则呈现灰黯的保护色。

到目前为止,生物学家对生物从受精卵到成熟个体的发育过程都十分了解,但是在其发育过程中环境和基因因素如何发挥作用则一直不得而知。科学家研究了一种叫做红腹滨鹬的海鸟,发现部分鸟类也会根据迁徙路线的不同改变某些生物性状。

当红腹滨鹬被关进笼子里放养到气候比较寒冷的地区的时候,这种鸟的飞行肌肉和部分器官就会萎缩,以减少热量的损失,而这种改变的特性可以遗传给下一代红腹滨鹬。

随着生物学、生态学、遗传学和计算机科学的综合发展,促进生物进化的各种因素和其在进化过程中所起的作用都会越来越清楚,而达尔文提出的自然选择驱动的进化论会在发展中更加丰富正确。

物种多样性如何形成

环境和生物的相互作用,生物之间的关系等这些因素和其他的力量到底如何共同作用形成了物种多样性? 这至今是个谜。陆地和海洋中存在着无数的植物、动物和微生物。它们使这个世界变得完美:将阳光转化为能量,供给其他生物,并使碳和氮在无机和有机两种形式之间转化,改变着地球的景观。

在一些地方和一些群落中,存在着成百上千的物种,然而在其他地方和群落中,只有很少的物种存在。例如,比起高纬度地区,热带地区是一个物种的天堂。生物学家试图阐明这其中的原因。

1. 什么是生物的多样性

首先我们来看看什么是生物的多样性。生物多样性指的是地球上生物圈中所有的生物,即动物、植物、微生物,以及它们所拥有的基因和生存环境。它包含三个层次:遗传多样性,物种多样性,生态系统多样性。

简单地说,生物多样性表现的是千千万万的生物种类。在地球上的热带雨林中生活着全世界半数以上的物种(约 500 万种),因此,那里的生物多样性最为丰富。我国的生物多样性主要分布在广东、广西、福建、四川、云南等地。

生物多样性具有很高的价值,它不仅可以为工业提供原料,如胶、油脂、芳香油、纤维等,还可以为人类提供各种特殊的基因,如耐寒抗病基因,使培植动植物新品种成为可能。许多野生动植物还是珍贵的药材,为治疗疑难病症提供了可能。

随着环境的污染与破坏,比如森林砍伐、植被破坏、滥捕乱猎、滥采乱伐等,目前世界上的生物物种正在以每天几十种的速度消失。这是地球资源的巨大损失,因为物种一旦消失，就永不再生。消失的物种不仅会使人类失去一种自然资源，还会通过食物链引起其他物种的消失。如今，人类都在呼吁保护生物多样性并为之付诸行动。

你也是生物多样性的一部分。生物多样性使生命在这个行星上变得可能。没有生物多样性，你也不能在这个行星上生存。就算你可以生存下来，你也不可能喜欢这个灰暗的、无生气的、光秃秃的、无聊的世界。没有生物多样性，你不会感受到树林带给你的绿意、海洋带给你的蓝色，也不会有你呼吸的空气、吃的食物、喝的水。

随着人口数量的增加和农业技术的提高，我们需要清除更多的森林，并且保护自己的庄园以防各种人们虚构的或是真实存在的危险的发生。

在这过程中我们已经开始令一些物种灭绝了，一些是因为被用来做衣服、做食物；另外一些由于人类害怕，从而将其杀戮；还有就是为了体育运动的需要。专家估计，我们现在物种灭绝的速度是动物自然灭绝速度的 50～100 倍。有一些物种灭绝得更快，大约是自然灭绝速度的 1000～10000 倍。

科学家们认为，如果我们不解决这个问题，34000 种动物和 5200 种植物物种将会在未来的几年中灭绝。仅在欧洲，11000 种高等植物的 2400 种已经处于危险之中，而不仅仅是熊猫、熊与象。你大概知道一些鸟类物种，包括渡渡鸟已经灭绝了，但是你知道八分之一的鸟类都已经濒临灭绝了吗？

现在是继 650 万年前恐龙灭绝后最大的一场生物多样性危机。是我们污染和损害物种的自然栖息地——生态系统，导致了这样的结果。地球上 45% 的森林已经被砍伐掉了，而其中大多数发生在过去的 100 年。高达 10% 的珊瑚礁已经被破坏，三分之一可能在未来的十至二十年内倒塌。海洋渔场正在被无情破坏。

2. 生物多样性丧失的几个原因

对食物、能源和其他自然资源的不断增加的需求；

人类对待生物多样性问题的无知与冷漠；

短视行为，不考虑长期影响；

空气、水、土壤污染；

缺乏对生物多样性的经济利益的鉴别；

在防止过度利用资源上及适当管理上的失败；

人类移民、旅行、国际贸易的增加；

过度捕杀及过度捕捞；

收集珍稀蝴蝶、鸟类物种做标本。

对于人类的所作所为，地球只会承受，并忍耐着。问题是，人类作为一个物种并不是刀枪不入的。我们或许认为人类是地球的主人，但是最终地球不管有没有我们人类都会存在下去。

这不是夸张，这不是好莱坞的电影，也不是一个疯狂的环境主义者的天花乱坠的宣传。生物多样性丧失是这个星球的梦魇，我们正在这个噩梦的中间，一个可能走向明亮的未来或是再也无法回头的地点。

3. 到底什么使得多样性形成？

这是一个挑战，因为我们缺少最基本的数据。例如，我们至今不知道地球上到底存在多少植物和动物。研究者甚至还不能开始预测微生物的种类和数目。研究进化的科学家也缺少一个标准的时间尺度，因为进化的发生会从几天持续到几百万年。而且，同一个物种内的变化会跟两个相近物种之间的变化几乎相同。我们也不清楚什么样的基因变化会导致一个新物种的产生，基因对物种形成的真正影响到底是什么。

揭示多样性形成的原因需要全面的跨学科的合作，包括古生物学的提示，实地的考察，实验室的工作，基因组的比较和有效的数据分析。一些大的项目，比如联合国千年计划和世界范围内海洋微生物基因的鉴定，将增加基础的数据，但这些是远远不够的。

古生物学家已经在跟踪许多物种过去一千年内分布和聚集方面取得了一些成果。他们发现，地理分布在物种形成中起了重要作用。进一步的研究将继续揭示大范围的物种分布模式，这或许将对阐明大灭绝的原因和研究这些灾难对新物种的进化的作用带来希望。

通过对植物和动物的实地考察，研究者已经知道环境能够以加速或减慢物种形成的方式影响性状和行为——尤其是性选择。进化生物学家也发现物种形成过程会中断，例如，当分离的种群重新结合时，基因组会被均质化（否则就会分化）。分子水平的力量，例如低的突变速率或者减数分裂的驱动——这些情况下特定的等位基因更可能从亲代传到子代——影响了物种形成的速率。

在一些情况下，一个生态系统内的多样性会发生变化：生态系统的边缘的物种多样性有时比中部更低。

对不同的生物群体，这些因素如何以不同的方式相互作用？进化生物学家的研究才刚刚开始，任务是严峻的。阐明多样性形成的原因对理解地球上正在发生的物种灭绝的本质和找到缓解的手段有非常重要的作用，而这些，我们的科学家们仍然努力探索之中。

生物体的再生

在自然界中，动物具有一种自动修复受损肢体和器官的机能，我们称之为"再生功能"。研究发现许多动物都有自我再生能力，特别是两栖动物和某些鱼，都能重新长出不同的部分身体。如蝾螈能长出断了的尾巴、脚、上下颚、眼球、视网膜、肠；斑马鱼能再长出它的鳍、鳞、脊髓和部分心脏；蜥蜴在受到攻击时，可以弃掉部分或是整条尾巴，在三到四个月的时间内新的尾巴就可以再生出来；蝌蚪可以在几小时内再生出新的尾巴而不留下任何伤疤，不过，当蝌蚪长成青蛙时，这种功能就莫名其妙地消失了；切下海参的一点点肉就能长出一整个新海参；海星能长胳膊和大部分身体；蜘蛛能长出断了的腿；多肠目动物蛆被分割成许多部分后，每一部分都可以再生成为一个新的机体，而且一次可以再生出 300 个新的机体；真涡虫是一种扁形虫，被切成 1/279 后仍能让每一个切片再生，成为完整的新真涡虫。

哺乳动物也能重新修复其身体的破损部位，比如肝脏。有报告称，一个人的肝脏手术切除 75% 之后，两到三个星期就能长到原来差不多的大小。鹿能再长出鹿角，有一些鹿角的生长速度达到了一天 2 厘米，是动物器官再生速度最快的。还有人体指尖如果只砍掉了前端一点点，就有可能再生出来。更为神奇的是，母体内不超过六个月大的婴儿也有这种奇迹般的康复能力。科学家们发现，如果给母体内不超过 6 个月大的婴儿做手术，婴儿出生后，身上根本找不到手术留下的痕迹。但是，随着婴儿渐渐长大，这种完美无缺的康复功能也随之丧失。

这些动物的再生功能比任何精密的医学手术都神奇，令科学家们赞叹不已。但是为什么会出现这种神奇的再生，也令科学家们百思不得其解。多年来，人们一直在研究着生物界的这一神奇现象，但是至今也没有完全确切的结果。

通过多年的研究和分析，科学家终于发现，在再生的许多情况下，当成熟细胞在受伤处开始回归到不成熟状态时，再生就开始了。大量的不成熟细胞，如我们所知道的胚基，会再生出缺失的肢体，其过程就像动物开始孕育时胚胎的形成过程。

两栖类动物自我修复的"秘诀"是由于它们"未来器官"的细胞在初步成长时，并未完全发育，导致它们最终可以发育成肢体或者器官。也就是说，一种两栖动物的骨细胞、皮肤细胞和血液细胞的任何部位只要发生损坏，相应部

鹿角也可以快速再生

位的细胞将转变为一些没有特征和区别的细胞,这些未完全发育的细胞将采取积极态度,自动快速转变成相应部位的完整细胞,最后,这些细胞将长成一只新的爪子或其他器官。

"尽管胚基的开始和胚胎的形成是两个明显独立的过程,但这两个过程会在某一点上交合。"伦敦大学的再生研究带头人杰里米·布鲁克斯表示。

如果胚基被移植到受伤部位,它就能从受伤部位的细胞中获得此部位是如何形成的指令,从而快速地治愈受伤部位,形成新的组织器官。如果胚基是由蝾螈的断爪子产生的,并被移植到了身体的其他地方,则会在别处长出一个新爪子来。当然,人不能像蝾螈那样再长一个新的手脚,因为人没有形成胚基,因此,人体再生医学还很遥远。但再生研究人员相信,人类最终能够在未来的某一天具备再生能力。因为人类的细胞先天便已经具备了发育新肢体部位的能力。在胎儿发育过程中,人体内的细胞发展便证实了这一点。另外,细胞内的 DNA 也具备着新器官成长的"指示密码"。目前,人类的工作便是找到这些密码,像打开开关一样,将细胞的潜在功能挖掘出来。

科研人员发现,动物的再生机理基于动物的基因装备,只是这些基因因各种原因而在许多物种中废退了。他们觉得人体内一定潜藏着可以自愈创伤甚至再生组织的基因。眼下的首要任务就是确定令胎儿具有自愈功能的基因是什么,胎儿长大后,为什么会丧失这种宝贵的自愈功能。

印地安纳波利斯大学科学院的院长大卫·斯多康博士是一位生物学教授,他致力于研究能帮助蝌蚪再生肢体的 MSXL 基因,发现这种基因在再生过程中显得非常重要,它能帮助细胞保存在胚胎里,使之不会过早成熟。令人欣喜的是,研究人员在人体指尖内找到了这种基因。

还有剑桥生物医学诺华研究院的研究斑马鱼再生的专家马克·凯厅确定了斑马鱼鳍再生所必备的两种基因 FGF20 和 HSP60。他发现后者在人体内也存在。这表明人体确实存在有再生基因,但这些基因不再发挥作用了。

研究人员认为,或许可以开发一些药物,注入人体后就能激活它们的行动。一旦人体受伤处的胚基被触发,再生肢体或器官就不需要更多的干预了。到那时,医生只需给肢体残疾人打一针,他(她)们失去的身体部位就能慢慢地再生出来。

或许这一天还要等上几十年,因为有关这一方面的研究还相对较少,对再生动物的基因认识还不充分,科学家对此关注度还不够……

人体基因结构

美国科学家沃森和英国科学家克里克,1955 年辨认出人的基因存储在一个螺旋形的大分子中,为此获得了诺贝尔奖。

现代遗传学家认为,基因是DNA(脱氧核糖核酸)分子上具有遗传效应的特定核苷酸序列的总称,是具有遗传效应的DNA分子片段。基因位于染色体上,并在染色体上呈线性排列。基因不仅可以通过复制把遗传信息传递给下一代,还可以使遗传信息得到表达。不同人种之间头发、肤色、眼睛、鼻子等不同,是基因差异所致。

人体基因的排列顺序称为基因组,这个基因组就像一幅神秘的地图,揭开了这个基因的秘密就相当于揭开了人类生命的奥秘,也揭开了物种起源的秘密。

人类只有一个基因组,大约有5～10万个基因。人类基因组计划是美国科学家于1985年率先提出的,旨在阐明人类基因组30亿个碱基对的序列,发现所有人类基因并搞清其在染色体上的位置,破译人类全部遗传信息,使人类第一次在分子水平上全面地认识自我。计划于1990年正式启动,这一价值30亿美元的计划的目标是,为30亿个碱基对构成的人类基因组精确测序,从而最终弄清楚每种基因制造的蛋白质及其作用。打个比方,这一过程就好像以步行的方式画出从北京到上海的路线图,并标明沿途的每一座山峰与山谷。虽然很慢,但非常精确。基因是具有独特的双螺旋结构的长链,这条长链是由4种脱氧核苷酸分子连接而成的控制生物遗传性状的最基本单位,生物所有的遗传信息和遗传性状都隐藏在其中。

现代遗传学认为,基因是遗传的基础,它决定了人体的各种性状。例如亚洲人有黑眼珠,而欧洲人则为蓝眼珠,此外人的身高、相貌等大都由基因决定。

不仅如此,人类所患的疾病有许多是基因病,基因与疾病有密不可分的联系。

基因病又叫做遗传病,也可说是由于遗传物质的变化而产生的疾病。然而根据人们以往的理解,遗传病是与生俱有的,也就是说这种疾病是从父母那里遗传而来的。随着现代分子生物学的发展,人类对遗传病有了更加深入地了解。目前认为遗传病既有从父母那里遗传而来的可能性,也有不从父母那里遗传而来的可能性。例如尿黑酸症等病,它们既属于基因病也属于遗传病,可从父母那里遗传而来的;然而人人都怕的癌症就是基因病,它不是从父母那里遗传而来的,而是在出生后的成长过程中由于病毒感染或其他原因引起基因改变而产生的。

在人类基因组计划完成的基础上,随着人类对自身基因了解的不断深入,科学家可以根据每个人独特的基因图谱判断人的健康情况,并且预测他患某种潜在疾病的可能性。通过这种判断和预测,人们可以进行有效地预防;或是采用基因技术,向人体导入功能基因,修补、改变相应的缺陷基因,达到治疗的目的;或是根据由基因图谱提供的遗传信息,最终解决长期以来一直困扰着人类的一些遗传性疾病,如糖尿病、肥胖症、精神病等。也许在不远的将来，活到一百五十岁将不仅仅是人们的梦想。除此之外，根据癌症、心脏病等疾病的病因，科学家可以在人类基因组计划的帮助下，有针对性地研制和开发价廉物美的基因工程药物。

万能细胞

从任何人的皮肤刮下一点点细胞，撒在培养皿里，过上三个星期回来，发现一群干细胞长出来，再"定向培养"，它可以长成血细胞、脑细胞甚至精子、骨骼和内脏……

不，这不是最新档的外星人科幻大片。它在理论上已成为可能。

美国和日本的两个研究小组2007年11月20日分别发表论文，宣布成功把普通的人体皮肤细胞转化为了具备胚胎干细胞功能的新型"万能细胞"。这一被学界称为生物科学"里程碑"的重大突破，有望帮助科学家绕过克隆技术的伦理、道德纷争，为医学应用打开大门。

来自美国威斯康星大学詹姆斯·汤姆森实验室和日本京都大学再生医学研究所的两个独立研究小组20日分别在美国《科学》杂志和《细胞》杂志上发表了关于同一研究成果的报告，并将分别获得专利。两个研究小组都是从人体中提取了一种名为"纤维原细胞"的皮肤细胞，然后向其中植入四种新基因，从而制造出一种名为 IPS 的细胞，它具有类似胚胎干细胞的功能，能够最终培育成人体组织或器官。

所不同的是，詹姆斯·汤姆森实验室的"纤维原细胞"来自一名新生儿的阴茎包皮，而由京都大学教授山中伸弥领导的研究小组则是从一名36岁女性的脸部提取的细胞。

不过，美日两个研究小组都表示，目前人工培育出的"万能细胞"还不能用于人类，因为他们在植入"重组基因"的过程中使用了逆转录酶病毒，这种病毒可能导致基因变异，有引发肿瘤等副作用。据悉，美国汤姆森实验室有多位中国科学家，记者连线了领导"万能细胞"研究的中国女科学家俞君英博士。

俞君英说，这次的突破其实是一个新的开始，打开了人类更广范围利用细胞进行研究的新局面。

俞君英出生在浙江诸暨，毕业于北京大学，1997年赴美国宾夕法尼亚大学留学，2003年加入汤姆森研究室，开始皮肤细胞"改造"成胚胎干细胞的研究工作。

她说，做这项研究主要出于三个方面的考虑。首先，干细胞研究一直存在争议。因为用之前的技术手段提取干细胞就要破坏胚胎，而人体胚胎克隆技术也引发伦理争议。而如果能让人体皮肤细胞退回到原始的干细胞，就能避免这种争论。其次，从病人身体上提取的细胞如果能改造为干细胞，其功能类似通过胚胎克隆技术取得的胚胎干细胞，能够最终培育成人体组织或器官，这就可以成为为病人进行器官移植手术的供体。第三，这种干细胞可以成为药物检测的最佳试验品。每个病人的遗传背景不一样，从病人自身提取的细胞经过改造，成为干细胞后，就能准确测出药物对病人的影响。有了最初的设想，还要有适当的技术手段。俞君英说，用改造皮肤细胞的方法制造干细胞是她在做之前的项目时想到的，"我想，干细胞研究方面如果要有突破，那就要从改造其他细胞的角度入手。"

一直以来，如果想要获得人类胚胎干细胞，就必须损坏人类胚胎，这一点颇受非议。这次人体皮肤细胞"直接改造"技术跨越伦理障碍。

科学家认为，将人体皮肤细胞改造成几乎与胚胎干细胞具有同样功能的干细胞，意味着有关技术进一步成熟。

相比之下，胚胎干细胞研究不仅难度极大，而且面临着太多伦理、法律等方面的争议。美国总统布什已经两度否决了放宽联邦政府资助胚胎干细胞研究的法案，认为美国纳税人的钱不能用于"故意摧毁人类胚胎"。

学界对这一研究则给予高度评价。因为这种被称为"直接改造"的技术不仅能避免人体胚胎克隆技术引发的伦理争议，其高效、便利也为进一步医学应用打开了大门。

但是这项成果的具体机理是什么，能否真正应用于现实，还有待于科学家进一步研究。

人体潜力有多大

人体的潜力是指人体内暂时处于潜在状态还没有发挥出来的力量。科学家发现，人体的潜力相当惊人，有待于人们研究、挖掘。

人在危急关头，往往能充分发挥体内的潜在能力。一位飞行员因飞机故障迫降了，正当他在地面察看飞机起落架时，突然有头白熊抓住了他的肩头。飞行员在情急之中，竟然一下子跳上了离地2米高的机翼。令人不可思议的是，他是穿着笨拙的皮鞋、沉重的大衣和肥大的裤子跳上去的。一位五十多岁的妇女在烈火蔓延之际，抱起一个超过她体重的、装有贵重物品的柜子，一口气从十楼搬到了楼外的地上。等到大火被扑灭后，她却怎么使劲也搬不动那个柜子了。

医学家早已发现，人体有着惊人的潜力。美国波士顿有一位八十岁的老翁，一次在马路上不幸被卡车撞死。医生在做尸检时发觉老人体内的许多脏器早已发生严重病变：血管明显硬化；心脏扩大，几乎超过正常人的一倍；肺部有结核病变；两侧慢性肾炎；肝脏血管阻塞，已产生侧支循环。其中，每一种病变几乎都可以置他于死地。然而，死者生前一直生活得很好，并走亲访友，四处活动。这一奇迹是怎么出现的呢？医学家认为，人体许多器官都有很大的潜力，万一器官的一部分损坏了，另外的部分就会取而代之，继续维持正常的功能。

正常人在安静情况下，心脏每分钟输出的血量为5000毫升左右。某些疾病可使之减少到每分钟输出1500毫升，却仍能维持生命。剧烈运动时，心跳快而有力，每分钟可输出血液20000毫升以上。一个训练有素的运动员，心脏每分钟的输血量可高达35000毫升，是平静状态下正常人的七倍。由此可见，心脏的潜力是多么大！

1926年，苏联成立了专门研究列宁大脑的研究所。此后，基洛夫、加里宁、马雅可夫斯基、巴甫洛夫、爱因斯坦和斯大林等杰出人物的大脑，都先后送到这个大脑研究所进行过研究。

脑科学告诉我们，人的脑大约有1000亿个神经细胞，其中组成大脑皮质的细胞就有140亿个。据研究，一秒钟内，大脑会发生10万种不同的化学反应。在这些星罗棋布的神经细胞中，每一个都与其他一万多个细胞保持着联系。难怪大脑仅占人体重量的2%，却要消耗人体1/4的氧气和1/5的营养物质，成为人体的"大食客"了。

在智力方面，人的大脑大约共有140亿个神经细胞。而经常活动和运用的不过10多亿个，还有80%~90%的神经细胞在"睡大觉"，尚未很好地发挥作用。有些脑科学家认为，人的大脑细胞被开发的只占10%，即便人高度紧张和兴奋时，也有大约50%的脑细胞处于休眠状态。前苏联学者叶夫莫雷夫指出："人的潜力之大，令人震惊万分。如果人们迫使大脑开足一半马力，那么我们就能毫不费力地学会四十种语言，把《苏联大百科全书》从头到尾背下来，完成几十个大学的课程。"如此看来，发掘大脑潜能研究的前景将是何等迷人！

肾脏是制造尿液的器官。它的制尿部位是由许多肾单位组成的。一个肾脏大约有100多万个肾单位。通常，每个人都有两个肾脏，左右各一。据统计，每550人中就有一个单肾人，他们大多能正常生活。有些医学家认为，只要有30%~40%的肾单位在正常工作，人就可以高枕无忧了。前苏联有个叫巴巴扬的男子，在卫国战争时腰部中弹负过伤，不久伤口就痊愈了。几十年来，他除了有时觉得腰部有点疼痛外，一直很健康。一次，他突然腰痛发作，被送进了医院。医生在他的右侧肾脏里发现了那颗子弹。子弹取出后，巴巴扬又像正常人那样生活着。这位男子带着肾脏里的子弹生活了四十年，实在让人吃惊。

消化道的潜力也很惊人。在消化道中，以小肠最长。它卷缠盘绕，长5~8米。小肠内壁有皱折，还有如天鹅绒似的绒毛，这能使肠表面积增加600倍，使消化和吸收能力大为提高。据报道，一位奥地利海员因病切除了肠道的15/17，剩下的肠道，仍能挑起消化和吸收的重担。

人的毛细血管，占全身血管总长度的90%，它的血容量比动脉里的血要高600至800倍。但是，在一般状态下，只有1/5到1/4的毛细血管开放，其余全部闭合，处于没有发挥作用的状态。人体肺脏中的肺泡，经常使用的也只是其中一小部分。不论是血液循环系统，还是呼吸系统，潜力都是很大的。通过锻炼身体可以发挥潜力，提高肺活量和增大血管容积。

人在遇到紧急情况时会发挥平时所没有的力量，如为了救人，一个弱女子猛地举起了重物；一个老婆婆在夜间碰上恶狼，结果将狼打死。这都是人体潜力在紧急关头发挥出来的结果。原来，人体的肌肉和肝脏里在平时贮存着大量的"三磷酸腺苷"，简称ATPB。这种ATPB就是能量的来源。在正常情况下，人体只需要一部分ATPB提供能量就可以了。一旦遇到紧急情况，大脑就会发出命令，让全身所有的ATPB立即释放出来。命令下达后，身体能量剧增，就能做出平时想象不到的事情来。

科学家估计，目前世界上大约有5%以上的疾病不需要治疗就能自愈，这也被认为是人体潜力的作用。这种潜力包括人体免疫系统的防御作用和自身稳定作用等。能不能让更多的疾病不经治疗而自愈呢？这是现代医学探讨解决的问题。比如癌症，现在被认为是"不治之症"，可是也有靠人体潜力使癌细胞消退的例子。人体使癌细胞消退的潜力在哪里？这还是一个谜。人体的潜力对适应环境、战胜困难、恢复健康来说，是极为重要的。身心的锻炼，是增强人体潜力的重要方法。比如，经常参加体育锻炼的人，心肺的潜力要比长期静止不动的人大得多。经常用脑的人，记忆力和判断力会大为提高。

信心和意志是开发潜力的有力武器。有些病入膏肓的人没有被疾病吓倒，而是用乐观精神面对现实，表现出顽强的求生意志。这时，他体内的各种抗病潜力被动员起来，结果创造了医学史上的奇迹。

德国有个叫纽曼的男子，在做胸部X线检查时，医生预测他将不久于人世，但纽曼并不介意，依然乐呵呵地到世界各地去观光旅游。二十年以后，他仍然活着，还成了国外一家报社的特约通讯员。

人们虽然认识了潜力并且感受到了它的巨大威力，但是潜力从何处而来，它又是如何发挥作用的，到目前仍然是一个未解之谜。如果有一天人类的潜力之谜解开，相信人的能力会更强。

第二节　疑窦丛生的数学王国

数学是研究数量、结构、变化以及空间模型等概念的一门学科。通过抽象化和逻辑推理的使用，由计数、计算、量度和对物体形状及运动的观察中产生。数学也是基础性科学之一，很多学科都是在数学的基础上诞生的。人类文明发展从古至今，数学已经取得了很大的成就，从最初的自然数诞生到现在微积分、高等数学的诞生，都是人类智慧的印证和结晶。同时，数学就像一个包含了各种谜题的王国，到处充满了玄妙而有趣的问题和现象：从古代的"五家共井"到现代的歌德巴赫猜想、梅森素数……数学当中的难题总是吸引着无数的人来研究和解答。

歌德巴赫猜想

要懂得哥德巴赫猜想是怎么一回事？只需把早先在小学三年级里就学到的数学再来温习一下。那些12345，个十百千万的数字，叫做正整数。其中那些可以被2整除的数，叫做偶数。剩下的那些数，叫做奇数。还有一种，如2，3，5，7，11，13等等，只能被1和它本身而不能被别的整数整除的，叫做素数。除了1和它本身以外，还能被别的整数整除的，如4，6，8，9，10，12这种数等等就叫做合数。一个整数，如能被一个素数所整除，这个素数就叫做这个整数的素因子。如6，就有2和3两个素因子。如30，就有2，3和5三个素因子。

哥德巴赫是德国数学家；出生于格奥尼格斯别尔格（现名加里宁城）；曾在英国牛津大学学习；原学法学，由于在欧洲各国访问期间结识了贝努利家族，所以对数学研究产生了兴趣；曾担任中学教师。1725年，到了俄国，同年被选为彼得堡科学院院士；1725年～1740年担任彼得堡科学院会议秘书；1742年，移居莫斯科，并在俄国外交部任职。1729年～1764年，哥德巴赫与欧拉保持了长达三十五年的书信往来。

1742年，哥德巴赫写信给欧拉时，提出了：每个不小于6的偶数都是两个素数之和。例如，6 = 3 + 3。又如，24 = 11 + 13等等。有人对一个一个的偶数都进行了这样的验算，一直验算到了三亿三千万之数，都表明这是对的。但是更大的数目，更大更大的数目呢？猜想起来也该是对的。猜想应当证明。要证明它却很难很难。

整个18世纪没有人能证明它。

整个19世纪也没有人能证明它。

到了20世纪的20年代，问题才开始有了点儿进展。

很早以前，人们就想证明，每一个大偶数是两个"素因子不太多的"数之和。他们想这样子来设置包围圈，想由此来逐步、逐步证明哥德巴赫这个命题——一个素数加一个素数($1+1$)是正确的。

就像许多著名的数学未解问题，对哥德巴赫猜想有不少宣称的证明，但都未为数学界所接受。

因为哥德巴赫猜想容易为行外人理解，所以一直是伪数学家一个很普遍的目标。他们试图证明它，或有时试图反证它，使用的仅是高中数学。它与四色定理和费马定理遭遇相同，后两问题都易于叙述，但其证明则非一般的繁复。

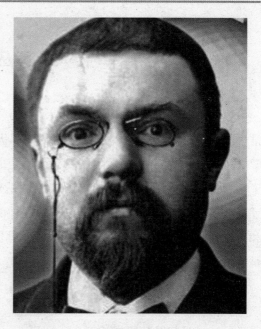

数学家歌德巴赫

像哥德巴赫猜想这类问题，不能排除以简单方法解决的可能，但以专业数学家对这类问题所花费的大量精力，第一个证明并不可能容易得出。

从 $6=3+3$、$8=3+5$、$10=5+5$、……、$100=3+97=11+89=17+83$、……这些具体的例子中，可以看出哥德巴赫猜想都是成立的。有人甚至逐一验证了 3300 万以内的所有偶数，竟然没有一个不符合哥德巴赫猜想的。20 世纪，随着计算机技术的发展，数学家们发现哥德巴赫猜想对于更大的数依然成立。可是自然数是无限的，谁知道会不会在某一个足够大的偶数上，突然出现哥德巴赫猜想的反例呢？于是人们逐步改变了探究问题的方式。

1900 年，20 世纪最伟大的数学家希尔伯特，在国际数学家大会上把"哥德巴赫猜想"列为二十三个数学难题之一。此后，20 世纪的数学家们在世界范围内"联手"进攻"哥德巴赫猜想"堡垒，终于取得了辉煌的成果。

20 世纪的数学家们研究哥德巴赫猜想所采用的主要方法，是筛法、圆法、密率法和三角和法等等高深的数学方法。解决这个猜想的思路，就像"缩小包围圈"一样，逐步逼近最后的结果。

1920 年，挪威数学家布朗证明了定理"$9+9$"，由此划定了进攻"哥德巴赫猜想"的"大包围圈"。这个"$9+9$"是怎么回事呢？所谓"$9+9$"，翻译成数学语言就是："任何一个足够大的偶数，都可以表示成其他两个数之和，而这两个数中的每个数，都是 9 个奇质数之乘积。"从这个"9＋9"开始，全世界的数学家集中力量"缩小包围圈"，当然最后的目标就是"1＋1"了。

1924年，德国数学家雷德马赫证明了定理"7＋7"。很快，"6＋6"、"5＋5"、"4＋4"和"3＋3"逐一被攻陷。1957年，中国数学家王元证明了"2＋3"。1962年，中国数学家潘承洞证明了"1＋5"，同年又和王元合作证明了"1＋4"。1965年，前苏联数学家证明了"1＋3"。

1966年，中国数学家陈景润攻克了"1＋2"，也就是："任何一个足够大的偶数，都可以表示成两个数之和，而这两个数中的一个就是奇质数，另一个则是两个奇质数的乘积。"这个定理被世界数学界称为"陈氏定理"。

由于陈景润的贡献，人类距离哥德巴赫猜想的最后结果"1＋1"仅有一步之遥了。但为了实现这最后的一步，也许还要历经一个漫长的探索过程。有许多数学家认为，要想证明"1＋1"，必须通过创造新的数学方法，以往的路很可能都是走不通的。

如今，歌德巴赫猜想仍然是众多科学家正在寻找方法证明的"谜题"。

"四色地图"猜想

四色问题又称四色猜想，是世界近代三大数学难题之一。

四色问题的内容是："任何一张地图只用四种颜色就能使具有共同边界的国家着上不同的颜色。"用数学语言表示，即"将平面任意地细分为不相重迭的区域，每一个区域总可以用1，2，3，4这四个数字之一来标记，而不会使相邻的两个区域得到相同的数字。"这里所指的相邻区域，是指有一整段边界是公共的。如果两个区域只相遇于一点或有限多点，就不叫相邻的。因为用相同的颜色给它们着色不会引起混淆。

四色猜想的提出来自英国。1852年，毕业于伦敦大学的弗南西斯·格思里来到一家科研单位搞地图着色工作时，发现了一种有趣的现象："看来，每幅地图都可以用四种颜色着色，使得有共同边界的国家都被着上不同的颜色。"这个现象能不能从数学上加以严格证明呢？他和在大学读书的弟弟格里斯决心试一试。兄弟二人为证明这一问题而使用的稿纸已经堆了一大叠，可是研究工作没有进展。

1852年10月23日，他的弟弟就这个问题的证明请教了他的老师、著名数学家德·摩尔根，摩尔根也没有能找到解决这个问题的途径，于是写信向自己的好友、著名数学家汉密尔顿爵士请教。汉密尔顿接到摩尔根的信后，对四色问题进行论证。但直到1865年汉密尔顿逝世为止，问题也没有能够解决。

1872年，英国当时最著名的数学家凯利正式向伦敦数学学会提出了这个问题，于是四色猜想成了世界数学界关注的问题。世界上许多一流的数学家都纷纷参加了四色猜想的大会战。1878～1880 年两年间，著名的律师兼数学家肯普和泰勒两人分别提交了证明四色猜想的论文，宣布证明了四色定理，大家都认为四色猜想从此也就解决了。

四色问题

肯普的证明是这样的：首先指出如果没有一个国家包围其他国家，或没有三个以上的国家相遇于一点，这种地图就说是"正规的"。否则为非正规地图（见图3）。一张地图往往是由正规地图和非正规地图联系在一起，但非正规地图所需颜色种数一般不超过正规地图所需的颜色，如果有一张需要五种颜色的地图，那就是指它的正规地图是五色的，要证明四色猜想成立，只要证明不存在一张正规五色地图就足够了。

肯普是用归谬法来证明的，大意是如果有一张正规的五色地图，就会存在一张国数最少的"极小正规五色地图"，如果极小正规五色地图中有一个国家的邻国数少于六个，就会存在一张国数较少的正规地图仍为五色的，这样一来就不会有极小五色地图的国数，也就不存在正规五色地图了。这样肯普就认为他已经证明了"四色问题"，但是后来人们发现他错了。

不过肯普的证明阐明了两个重要的概念，对以后问题的解决提供了途径。第一个概念是"构形"。他证明了在每一张正规地图中至少有一国具有两个、三个、四个或五个邻国，不存在每个国家都有六个或更多个邻国的正规地图，也就是说，由两个邻国、三个邻国、四个或五个邻国组成的一组"构形"是不可避免的，每张地图至少含有这四种构形中的一个。

肯普提出的另一个概念是"可约"性。"可约"这个词的使用是来自肯普的论证。他证明了只要五色地图中有一国具有四个邻国，就会有国数减少的五色地图。自从引入"构形"，"可约"概念后，逐步发展了检查构形以决定是否可约的一些标准方法，能够寻求可约构形的不可避免组，是证明"四色问题"的重要依据。但要证明大的构形可约，需要检查大量的细节，这是相当复杂的。

十一年后，即1890年，在牛津大学就读的年仅二十九岁的赫伍德以自己的精确计算指出了肯普在证明上的漏洞。他指出肯普说没有极小五色地图能有一国具有五个邻国的理由有破绽。不久，泰勒的证明也被人们否定了。人们发现他们实际上证明了一个较弱的命题——五色定理。就是说对地图着色,用五种颜色就够了。后来,越来越多的数学家虽然对此绞尽脑汁,但一无所获。于是,人们开始认识到,这个貌似容易的题目,其实是一个可与费马猜想相媲美的难题。

进入20世纪以来,科学家们对四色猜想的证明基本上是按照肯普的想法在进行。1913年,美国著名数学家、哈佛大学的伯克霍夫利用肯普的想法,结合自己新的设想,证明了某些大的构形可约。后来美国数学家富兰克林于1939年证明了22国以下的地图都可以用四色着色。1950年,有人从22国推进到35国。1960年,有人又证明了39国以下的地图可以只用四种颜色着色,随后又推进到了50国。看来这种推进仍然十分缓慢。

高速数字计算机的发明,促使更多数学家对"四色问题"的研究。从1936年就开始研究四色猜想的海克,公开宣称四色猜想可用寻找可约图形的不可避免组来证明。他的学生丢雷写了一个计算程序,海克不仅能用这程序产生的数据来证明构形可约,而且描绘可约构形的方法是从改造地图成为数学上称为"对偶"形着手。

他把每个国家的首都标出来,然后把相邻国家的首都用一条越过边界的铁路连接起来,除首都(称为顶点)及铁路(称为弧或边)外,擦掉其他所有的线,剩下的称为原图的对偶图。到了60年代后期,海克引进一个类似于在电网络中移动电荷的方法来求构形的不可避免组。在海克的研究中第一次以颇不成熟的形式出现的"放电法",这对以后关于不可避免组的研究是个关键,也是证明四色定理的中心要素。

电子计算机问世以后,由于演算速度迅速提高,加之人机对话的出现,大大加快了对四色猜想证明的进程。美国伊利诺大学哈肯在1970年着手改进"放电过程",后与阿佩尔合作编制一个很好的程序。就在1976年6月,他们在美国伊利诺斯大学的两台不同的电子计算机上,用了1200个小时,作了100亿判断,终于完成了四色定理的证明,轰动了世界。

这是一百多年来吸引许多数学家与数学爱好者的大事,当两位数学家将他们的研究成果发表的时候,当地的邮局在当天发出的所有邮件上都加盖了"四色足够"的特制邮戳,以庆祝这一难题获得解决。

"四色问题"的被证明仅解决了一个历时一百多年的难题,而且成为数学史上一系列新思维的起点。在"四色问题"的研究过程中,不少新的数学理论随之产生,也发展了很多数学计算技巧。如将地图的着色问题化为图论问题,丰富了图论的内容。不仅如此,"四色问题"在有效地设计航空班机日程表,设计计算机的编码程序上都起到了推动作用。

不过不少数学家并不满足于计算机取得的成就,他们认为应该有一种简捷明快的书面证明方法。直到现在,仍有不少数学家和数学爱好者在寻找更简洁的证明方法。

魅力无穷的梅森素数

所谓的梅森素数,就是指形如 2^n-1 的正整数,其中 n 是素数,常记为 Mn。若 Mn 是素数,则称为梅森素数。n=2,3,5,7 时,Mn 都是素数,但 $M_{11}=2047$ 不是素数。已发现的最大梅森素数是 n=43,112,609 的情形,此时 Mn 是一个 12,978,189 位数。是否有无穷多个梅森素数是数论中未解决的难题之一。

也许会有人感到奇怪:素数不就是在大于1的整数中只能被1和其自身整除的数吗? 在数学和计算机科学高度发达的今天,为什么发现一个已知的最大素数竟如此困难? 找到一个已知的最大梅森素数竟成了科学上的大事? 是的,魅力无穷的梅森素数具有许多特异的性质和现象,千百年来一直吸引着众多的数学家和数学爱好者对它进行研究;虽然已经揭示了一些规律,但围绕着它仍然有许多未解之谜,等待着人们去探索。

很早人们就发现,$2^2-1=3$ 是个素数,$2^3-1=7$ 也是个素数,$2^5-1=31$,$2^7-1=127$ 也都是素数。大家很自然地推测,对所有的素数 n,2^n-1 就是素数,这可以作为计算素数的公式。但是这对不对呢? 只要再多试一个,就发现 $2^{11}-1=2047$ 已经不是素数了。这是雷吉乌斯在 1536 年发现的。

对于素数 n,判断 2^n-1 是不是素数并不是很容易的,可以看看以下历史上的事情。1603 年,皮特罗·卡塔尔迪正确地证明了 $2^{17}-1$ 和 $2^{19}-1$ 都是素数。他还给出了对于 n=23,29,31,37 时 2^n-1 是素数的证明,但是都是不对的。到了 1640 年,Fermat 证明,卡塔尔迪关于 n=23,37 的证明是错的,这已经是近 40 年后的事情了;再过约一个世纪,1738 年,Euler 指出了卡塔尔迪关于 n=29 的证明的错误,而在稍后一点,欧拉证明了 n=31 时卡塔尔迪的结论是正确的。

在这个问题上,数学家梅森做出了很多工作。1644 年,他给出一个猜测:不超过 257 的,能使得 2^p-1 是素数的全部正整数 p 只有 9 个,它们是 p=2,3,5,7,13,19,31,127,257。正是由于他的贡献,这类素数以他命名,当然 p 可以超过 257。

定义对于正整数 n,称 2^n-1 形状的数为梅森数,记作 Mn。如果 2^n-1 是素数,称这个素数为梅森素数(Mersenne Prime)。

但是,梅森没有给出证明。直到 1750 年,才由欧拉证明了 $2^{31}-1=7$ 是素数。又过一个世纪,1876 年,鲁卡斯证明了 $2^{127}-1$ 是素数。七年以后,波佛辛利证明了 $2^{61}-1$ 是素数,而且这是梅森遗漏的一个。20 世纪初,帕斯瓦给出了梅森遗漏的另外两个素数 $2^{89}-1$ 和 $2^{107}-1$。这样,到 1947 年,n 不超过 258 的全部梅森素数终于确定,是 n=2,3,5,

7,13,17,31,61,89,107,127,257

梅森素数的发现者马林·梅森是17世纪法国著名的数学家,也是当时欧洲科学界一位独特的中心人物。他与大科学家伽利略、笛卡尔、费马、帕斯卡、罗伯瓦、迈多治等是密友。虽然梅森致力于宗教,但他却是科学的热心拥护者,在教会中为了保卫科学事业做了很多工作。他捍卫笛卡儿的哲学思想,反对来自教会的批评;也翻译过伽利略的一些著作,并捍卫了他的理论;他曾建议用单摆来作为时计以测量物体沿斜面滚下所需时间,从而启发惠更斯发明了钟摆式时钟。

梅森对科学所作的主要贡献是他起了一个极不平常的思想通道作用。17世纪时,科学刊物和国际会议等还远远没有出现,甚至连科学研究机构都没有创立,交往广泛、热情诚挚和德高望重的梅森就成了欧洲科学家之间联系的桥梁。许多科学家都乐于将成果寄给他,然后再由他转告给更多的人。因此,他被人们誉为"有定期学术刊物之前的科学信息交换站"。梅森和巴黎数学家笛卡儿、费马、罗伯瓦、迈多治等曾每周一次在梅森住所聚会,轮流讨论数学、物理等问题,这种民间学术组织被誉为"梅森学院",它就是法兰西科学院的前身。

1640年6月,费马在给梅森的一封信中写道:"在艰深的数论研究中,我发现了三个非常重要的性质。我相信它们将成为今后解决素数问题的基础"。这封信讨论了形如 2^p-1 的数(其中 p 为素数)。早在公元前300多年,古希腊数学家欧几里得就开创了研究 2^{p-1} 的先河,他在名著《几何原本》第九章中论述完美数时指出:如果 2^p-1 是素数,则 $2^{p-1}(2^p-1)$ 是完美数。

梅森在欧几里得、费马等人的有关研究的基础上对 2^n-1 做了大量的计算、验证工作,并于1644年在他的《物理数学随感》一书中断言:对于 n=2,3,5,7,13,17,19,31,67,127,257 时,2^n-1 是素数;而对于其他所有小于257的数时,2^n-1 是合数。前面的7个数(即2,3,5,7,13,17和19)属于被证实的部分,是他整理前人的工作得到的;而后面的4个数(即31,67,127和257)属于被猜测的部分。不过,人们对其断言仍深信不疑,连大数学家莱布尼兹和哥德巴赫都认为它是对的。

虽然梅森的断言中包含着若干错误,但他的工作极大地激发了人们研究 2^p-1 型素数的热情,使其摆脱作为"完美数"的附庸的地位。可以说,梅森的工作是素数研究的一个转折点和里程碑。由于梅森学识渊博,才华横溢,为人热情以及最早系统而深入地研究 2^p-1 型的数,为了纪念他,数学界就把这种数称为"梅森数"。

梅森素数貌似简单,而研究难度却很大。它不仅需要高深的理论和纯熟的技巧,而且需要进行艰巨的计算。即使属于"猜测"部分中最小的 $M_{31}=2^{31}-1=2147483647$,也是 10 位数。可以想象，它的证明是十分艰巨的。正如梅森推测："一个人，使用一般的验证方法，要检验一个 15 位或 20 位的数字是否为素数，即使终生的时间也是不够的。"是啊，枯燥、冗长、单调、刻板的运算会耗尽一个人的毕生精力，谁愿让生命的风帆永远在黑暗中颠簸！人们多么想知道梅森猜测的根据和方法啊，然而年迈力衰的他来不及留下记载，四年之后就去世了；人们的希望与梅森的生命一起泯灭在流逝的时光之中。看来，伟人的"猜测"只有等待后来的伟人来解决了。

梅森素数就像数学海洋中的一颗璀璨明珠，吸引着一代又一代的研究者去探寻。自梅森提出其断言后，人们发现的已知最大素数几乎都是梅森素数；因此，寻找新的梅森素数的历程也就几乎等同于寻找新的最大素数的历程。而梅森断言为素数而未被证实的几个 Mp 当然首先成为人们研究的对象。

1772 年，瑞士数学家欧拉在双目失明的情况下，靠心算证明了 M_{31} 是一个素数，它共有 10 位数，堪称当时世界上已知的最大素数。欧拉的毅力与技巧都令人赞叹不已，他因此获得了"数学英雄"的美誉。这是寻找已知最大素数的先声。欧拉还证明了欧几里得关于完美数的定理的逆定理，即：每个偶完美数都具有形式 $2^{P-1}(2^P-1)$，其中 2^P-1 是素数。这就使得偶完美数完全成了梅森素数的"副产品"了。欧拉的艰辛给人们提示：在伟人难以突破的困惑面前要想确定更大的梅森素数，只有另辟蹊径了。

一百年后，法国数学家鲁卡斯提出了一个用来判别 M_p 是否是素数的重要定理——鲁卡斯定理。鲁卡斯的工作为梅森素数的研究提供了有力的工具。1883 年，数学家波佛辛利用鲁卡斯定理证明了 M_{61} 也是素数——这是梅森漏掉的。梅森还漏掉另外两个素数：M_{89} 和 M_{107}，它们分别在 1911 年与 1914 年被数学家鲍尔斯发现。

1903 年，在美国数学学会的大会上，数学家柯尔作了一个一言不发的报告，他在黑板上先算出 $2^{67}-1$，接着又算出 $193707721 \times 761838257287$，两个结果相同。这时全场观众站了起来为他热烈鼓掌，这在美国数学学会的历史上是绝无仅有的一次。他第一个否定了"M_{67} 为素数"这一自梅森断言以来一直被人们相信的结论。这短短几分钟的报告却花了柯尔三年的全部星期天。1922 年，数学家克莱契克进一步验证了 M_{257} 并不是素数，而是合数（但他没有给出这一合数的因子，直到 20 世纪 80 年代人们才知道它有三个素因子）。

1930 年，美国数学家雷默改进了鲁卡斯的工作，给出了一个针对 Mp 的新的素性测试方法，即鲁卡斯—雷默方法：$M_p > 3$ 是素数的充分必要条件是 $L_p-2\ \mathrm{Mod}\ M_p = 0$，其中 $L^K = L^{2K-1}-2, K > 0$。这一方法直到今天的"计算机时代"仍发挥重要作用。

手算笔录时代，人们历尽艰辛，仅找到十二个梅森素数。而计算机的产生使寻找梅森素数的研究者如虎添翼。1952 年,数学家鲁滨孙等人将鲁卡斯—雷默方法编译成计算机程序,使用 SWAC 型计算机在短短 1957 小时之内,就找到了五个梅森素数:M_{521}、M_{607}、M_{1279}、M_{2203} 和 M_{2281}。其后,M_{3217} 被黎塞尔证明是素数;M_{4253} 和 M_{4423} 在 1961 年被赫维兹证明是素数。1963 年,美国数学家吉里斯证明 M_{9689} 和 M_{9941} 是素数。1963 年 9 月 6 日晚上 8 点,当第二十三个梅森素数 M_{11213} 通过大型计算机被找到时,美国广播公司(ABC)中断了正常的节目播放,以第一时间发布了这一重要消息;发现这一素数的美国伊利诺伊大学数学系全体师生感到无比骄傲,以致把所有从系里发出的信件都敲上了"$2^{11213}-1$ 是个素数"的邮戳。

1971 年 3 月 4 日晚,美国哥伦比亚广播公司(CBS)中断了正常节目播放,发布了塔可曼使用 IBM^{360}—91 型计算机找到新的梅森素数 M^{19937} 的消息。而到 1978 年 10 月,世界几乎所有的大新闻机构(包括我国的新华社)都报道了以下消息:两名年仅十八岁的美国高中生诺尔和尼科尔使用 CYBERl74 型计算机找到了第二十五个梅森素数:M^{21701}。

随着素数 P 值的增大,每一个梅森素数 M_p 的产生都艰辛无比;而各国科学家及业余研究者们仍乐此不疲,激烈竞争。1979 年 2 月 23 日,当美国克雷研究公司的计算机专家史洛温斯基和纳尔逊宣布他们找到第二十六个梅森素数 M_{23209} 时,人们告诉他们:在两个星期前诺尔已得到这一结果。为此,史洛温斯基潜心发奋,花了一个半月的时间,使用 CPAY－1 型计算机找到了新的梅森素数 M_{44497}。这个记录成了当时不少美国报纸的头版新闻。之后,这位计算机专家乘胜前进,使用经过改进的 CRAY—XMP 型计算机在 1983 年至 1985 年间找到了三个梅森素数:M_{86243}、M_{132049} 和 M_{216091}。但他未能确定 M_{86243} 和 M_{216091} 之间是否有异于 M_{132049} 的梅森素数。而到了 1988 年,科尔魁特和韦尔什使用 NEC－FX2 型超高速并行计算机果然捕捉到了一条"漏网之鱼"——M_{110503}。沉寂四年之后,1992 年 3 月 25 日,英国原子能技术权威机构——哈威尔实验室的一个研究小组宣布他们找到了新的梅森素数 M_{756839}。

1994 年 1 月 14 日,史洛温斯基和盖奇为其公司再次夺回发现"已知最大素数"的桂冠——这一素数是 M_{859433}。而下一个梅森素数 $M_{1257787}$ 仍是他们的成果。这一素数是使用 CRAY － 794 超级计算机在 1996 年取得的。史洛温斯基由于发现七个梅森素数,而被人们誉为"素数大王"。

使用超级计算机寻找梅森素数的游戏实在太昂贵了。1996 年美国数学家及程序设计师乔治·沃特曼编制了一个梅森素数寻找程序,并把它放在网页上供数学家和数学爱好者免费使用:这就是著名的"因特网梅森素数大搜索"(GIMPS)项目。1997 年美国数学家及程序设计师斯科特·库尔沃斯基和其他人建立了"素数网"(PrimeNet),使分配搜索区间和向 GIMPS 发送报告自动化。现在只要人们去 GIMPS 的主页下载那个免费程序，就可以立即参加 GIMPS 项目来搜寻梅森素数。目前，全球有近七万名志愿者参加该项目，并动用二十多万台计算机联网来进行大规模地分布式计算，以寻找新的梅森素数。看来，因特网联通的个人计算机要与高功能的超级计算机在计算技术上一较高低了。从 1996 年到 2004 年 5 月 15 日，GIMPS 项目发现了七个梅森素数：$M_{1398269}$、$M_{2976221}$、$M_{3021377}$、$M_{6972593}$、$M_{13466917}$、$M_{20996011}$ 和 $M_{24036583}$，它们都是使用奔腾型计算机得到的结果。

时至今日止，人们已经发现了四十一个梅森素数，并且确定 $M_{6972593}$ 位于梅森素数序列中的第三十八位。

梅森素数的分布极不规则。我们甚至可以看到，连找到梅森素数的时间分布都极不规则，有时许多年未能找到一个，而有时则一下找到好几个。探索梅森素数的分布规律似乎比寻找新的梅森素数更为困难。数学家们在长期的摸索中，提出了一些猜想。英国数学家香克斯、美国数学家吉里斯、法国数学家托洛塔和德国数学家伯利哈特就曾分别给出过关于梅森素数分布的猜测，但他们的猜测有一个共同点，就是都以近似表达式给出，而它们与实际情况的接近程度均未尽如人意。

中国数学家及语言学家周海中经过多年的研究，于 1992 年首先给出了梅森素数分布的精确表达式，为人们寻找这一素数提供了方便；后来这一科研成果被国际数学界命名为"周氏猜测"。著名的《科学》杂志上有一篇评论文章指出，这是梅森素数研究中的一项重大突破。

2004 年 5 月 15 日，美国国家海洋和大气局顾问、数学爱好者乔希·芬德利用一台装有 2.4GHZ 奔腾处理器的个人计算机，找到了目前世界上已知最大的梅森素数。该素数为 2 的 24 036 583 次方减 1（即 $2^{24036583}-1$），它有 7 235733 位数，如果用普通字号将这个数字连续写下来，它的长度可达三万米！它是两千多年来人类发现的第四十一个梅森素数，也是目前已知的最大素数。世界上许多著名的新闻媒体和科学刊物都对这一消息进行了报道和评价，认为这是数学研究和计算技术中最重要的突破之一。

不久前，国际电子新领域基金会（IEFF）宣布了由一位匿名者资助的为通过 GIMPS 项目来寻找新的更大的梅森素数而设立的奖金。它规定向第一个找到超过一千万位数的个人或机构颁发 10 万美元。后面的奖金依次为：超过 1 亿位数，15 万美元，超过 10 亿位数，25 万美元。但据悉，绝大多数研究者参与该项目不是为了金钱而是出于乐趣、荣誉感和探索精神。

探究梅森素数在当代具有十分丰富的理论意义和实用价值。它是发现已知最大素数的最有效途径；它推动了有"数学皇后"之称的数论研究，也促进了计算数学、程序设计技术、网格计算技术以及密码技术的发展；另外探究梅森素数的方法还可用来测试计算机硬件运算是否正确。因此，科学家们认为，对于梅森素数的探究能力如何，已在某种意义上标志着一个国家的科技水平。可以相信，梅森素数这颗数学海洋中的明珠正以其独特魅力，吸引着更多的有志者去探寻和研究。

孪生素数猜想

1849 年，波林那克提出孪生素数猜想（the conjecture of twinprimes），即猜测存在无穷多对孪生素数。

早在 20 世纪初，德国数学家兰道就推测孪生素数有无穷多。许多迹象也越来越支持这个猜想。最先想到的方法是使用欧拉在证明素数有无穷多个所采取的方法。设所有的素数的到数和为：

$S = 1/2 + 1/3 + 1/5 + 1/7 + 1/11 + \cdots$

如果素数是有限个，那么这个倒数和自然是有限数。但是欧拉证明了这个和是发散的，即是无穷大。由此说明素数有无穷多个。1919 年，挪威数学家布隆仿照欧拉的方法，求所有孪生素数的倒数和：

$B = (1/3 + 1/5) + (1/5 + 1/7) + (1/11 + 1/13) + \cdots$

如果也能证明这个和比任何数都大，就证明了孪生素数有无穷多个了。这个想法很好，可是事实却违背了布隆的意愿。他证明了这个倒数和是一个

瑞士数学家欧拉

有限数，现在这个常数就被称为布隆常数：$B = 1.90216054\cdots\cdots$布隆还发现，对于任何一个给定的整数 m，都可以找到 m 个相邻素数，其中没有一个孪生素数。

1966 年，中国数学家陈景润在这方面得到最好的结果：存在无穷多个素数 p，使 p + 2 不超过两个素数之积。

若用 $p(x)$ 表示小于 x 的孪生素数对的个数，下表是 1011 以下的孪生素数分布情况：

$p(X)$ 与 X 之间的关系是什么样的呢？1922 年，英国数学家哈代和利托伍德提出一个孪生素数分布的猜想：

$p(X) \approx 2cx/(1nx)2$

其中常数 $c = (1 - 1/22)(1 - 1/42)(1 - 1/62)(1 - 1/102)\cdots\cdots$

即，对于每一个素数 p，计算 $(1 - 1/(p - 1)2)$，再相乘。经过计算得知 $c \approx 0.66016$

称为孪生素数常数。这个猜想如上所述有可能是正确的，但是至今也未获证明。

"孪生素数猜想"与著名的"哥德巴赫猜想"是姐妹问题，它也是现代素数理论中的中心问题之一。谁能解决它(不论是证明或否定)，必将成为名扬千古的历史人物。

黎曼猜想

黎曼猜想首先由德国数学家波恩哈德·黎曼在 1859 年提出，是数学中一个最著名和最重要而又未解决的问题。一个世纪以来它仍未被解答，吸引着很多出色数学家为它苦恼。对比其他猜想，它对专业数学家更具吸引力。

黎曼猜想(RH)是关于黎曼 ζ 函数 $\zeta(S)$ 的根分布的猜想。黎曼 ζ 函数在任何复数 $s \neq 1$ 上有定义。它在负偶数上也有零是(如 $s = -2, s = -4, s = -6, \cdots\cdots$)，这些也是"平凡零点"。黎曼猜想关心的，是非平凡零点。

所有非平凡零点都应该位于直线 $s = 1/2 + it$ 上，t 为一实数而 i 为虚数基本单位。沿临界线的黎曼 ζ 函数有时通过 z - 函数进行研究，它的实零点对应于 ζ 函数在临界线上的零点。

素数在自然数中的分布问题在纯粹数学和应用数学上都是很重要的问题。素数在自然数中的分布并没有简单的规则。黎曼(1826—1866)发现素数出现的频率与所谓黎曼 ζ 函数紧密相关。

1901 年科赫指出，黎曼猜想与叙述 $\pi\pi(x) = Li x + 0(\sqrt{x 1 nx})$ 等价。现在已经验证了最初的 1500000 000 个解，猜想都是正确的。但是否对所有解都是正确的，却没有证明，随着费马最后定理的获证，黎曼猜想作为最困难的数学问题的地位更加突出。

黎曼猜想是当代数学中一个最重要而又未解决的问题，很多深入和重要的结果必须在它成立的大前提下被证明。大部分数学家也相信黎曼猜想是正确的(约翰·恩瑟·李特尔伍德与塞尔伯格曾提出怀疑。塞尔伯格在晚年时降低了他的怀疑，他在 1989 年的一篇论文中猜测黎曼猜想对更广的一类函数也应当成立。)克雷数学研究所曾设立了 1000 000 美元的奖金给予第一个正确的证明。

黎曼 1859 年在他的论文《在给定大小之下的素数个数》中提及了这个著名的猜想，但它并非该论文的中心目的，他也没有试图给出证明。黎曼知道函数的不平凡零点对称地分布在直线 $s = 1/2 + it$ 上，以及他知道它所有的不平凡零点一定位于区域 $0 \leqslant \text{Re}(s) \leqslant 1$ 中。

1896 年，雅克·阿达马和法勒布赛分别独立地证明了在直线 $\text{Re}(s) = 1$ 上没有零点。连同了黎曼对于不非凡零点已经证明了的其他特性，这显示了所有不平凡零点一定处于区域 0 < Re(s) < 1 上。这是素数定理第一个完整证明中很关键的一步。

1900 年，大卫·希尔伯特将黎曼猜想包括在他著名的 23 条问题中，黎曼猜想与哥德巴赫猜想一起组成了希尔伯特名单上第 8 号问题。当被问及若他一觉醒来已是五百年后他将做什么时，希尔伯特有名地说过他的第一个问题将是黎曼猜想有否被证明。黎曼猜想是希尔伯特问题中唯一一个被收入克雷数学研究所的千禧年大奖数学难题的。

1914 年，高德菲·哈罗德·哈代证明了有无限个零点在直线 Re(s) = 1/2 上。然而仍然有可能有无限个不平凡零点位于其他地方（而且有可能是最主要的零点）。后来哈代与约翰·恩瑟·李特尔伍德在 1921 年及塞尔伯格在 1942 年的工作（临界线定理）也就是计算零点在临界线 Re(s) = 1/2 上的平均密度。

近来的工作集中于清楚地计算大量零点的位置（希望借此能找到一个反例）以及对处于临界线以外零点数目的比例置一上界（希望能把上界降至零）。

美国数学家用计算机算了 ζ(s) 函数前 300 万个零点确实符合猜想。

希尔伯特认为黎曼猜想的解决能够使我们严格地去解决歌德巴赫猜想（任一偶数可以分解为两素数之和）和孪生素数猜想（存在无穷多相差为 2 的素数）。

世界上最神奇的数字 142857

世界上究竟有多少数字，看似是无穷尽的。但是在众多的数字当中，总有一些数字看似平凡，实际上却蕴含着无穷的奥秘，等待着人们去发现，其实数学也和其他的自然科学一样，有很多神奇的未知领域等待人们去破解，比如说我们今天要研究的这个数字 142857，从表面上看，它只是一个六位整数，如果用读数法将它读出来的话，就是十四万两千八百五十七，但是这个数字蕴含的寓意却不像表面那么简单。为什么说它最神奇呢？我们先把它从 1 乘到 6 看看：

142 857 × 1 = 142 857

142 857 × 2 = 285 714

142 857 × 3 = 428 571

142 857 × 4 = 571 428

142 857 × 5 = 714 285

142 857 × 6 = 857 142

同样的数字，只是调换了位置，反复地出现。

那么把它乘与 7 是多少呢？

我们会惊人地发现是 999999。

$$142 + 857 = 999$$

$$14 + 28 + 57 = 99$$

神奇的数字最后,我们用142857乘以142857,答案是:20408122449。前五位加上后六位的得数是多少呢?

$20408 + 122449 = 142857$,它总是围绕原来的几个数字循环着,令人非常震惊。

"142857"发现于埃及金字塔内,它是一组神奇数字,它证明一星期有七天,它自我累加一次,就由它的六个数字,依顺序轮值一次,到了第七天,它们就放假,由999999去代班,数字越加越人,每超过一星期轮回,每个数字需要分身一次,你不需要计算机,只要知道它的分身方法,就可以知道继续累加的答案,它还有更神奇的地方等待你去发掘! 也许,它就是宇宙的密码,如果您发现了它的真正神奇秘密……请与大家分享!

$1\ 428\ 571 = 142\ 857$(原数字)

$1\ 428\ 572 = 285\ 714$(轮值)

$1\ 428\ 573 = 428\ 571$(轮值)

$1\ 428\ 574 = 571\ 428$(轮值)

$1\ 428\ 575 = 714\ 285$(轮值)

$1\ 428\ 576 = 857\ 142$(轮值)

$1\ 428\ 577 = 999\ 999$(放假由9代班)

$1\ 428\ 578 = 1\ 142\ 856$(7分身,即分为头一个数字1与尾数6,数列内少了7)

$1\ 428\ 579 = 1\ 285\ 713$(4分身)

$1\ 4\ 285\ 710 = 1\ 428\ 570$(1分身)

$1\ 4\ 285\ 711 = 1\ 571\ 427$(8分身)

$1\ 4\ 285\ 712 = 1\ 714\ 284$(5分身)

$1\ 4\ 285\ 713 = 1\ 857\ 141$(2分身)

$1\ 4\ 285\ 714 = 1\ 999\ 998$(9也需要分身变大)

继续算下去……以上各数的单数和都是"9"。有可能藏着一个大秘密。

以上面的金字塔神秘数字举例:$1 + 4 + 2 + 8 + 5 + 7 = 27 = 2 + 7 = 9$;

无数巧合中必有概率,无数吻合中必有规律。何谓规律? 大自然规定的纪律! 科学就是总结事实,从中找出规律。

关于"5"的猜想

虽然,没法具体说清数字"5"到底有什么奥秘,但是人们发现自然界的确有很多"5"

存在,它被认为是一种和协、美好的象征。比如"五角星"。

"5"这个数在日常生活中到处可见,钞票面值有5元、5角、5分;秤杆上,表示5的地方刻有一颗星;在算盘上,一粒上珠代表5;正常情况下,人的每只手有5个手指,每只脚有5个足趾;不少的花,如梅花、桃花都有5个花瓣;海洋中的一种色彩斑斓的无脊椎动物海星,它的肢体有5个分叉,呈五角星状。

五角星图案

"5"这个数无所不在。当然数学本身不能没有它。

在数学上,有而且只有五种正多面体——正四面体、正六面体(立方体)、正八面体、正十二面体与正二十面体。平面上的五个点唯一地确定一条圆锥曲线;5阶以下的有限群一定是可交换群;一般的二次、三次和四次代数方程都可以用根式求解,但一般的五次方程就无法用根式来求解。5还是一个素数,5和它前面的一个素数3相差2,这种差2的素数在数论中有个专门名词叫孪生素数。人们猜测孪生素数可能有无穷多,而3和5则是最小的一对孪生素数。

美国有一位"矩阵博士"是专门研究和"5"有关的现象与猜想的。

这位博士常带着女儿漂洋过海,闯荡江湖,在世界各地都有他们的足迹。

博士对数论、抽象代数有许多精辟之见。虽然他说的话乍一听似乎荒诞不经,可拿事实去验证他所说的离奇现象与规律时,却又发现博士的"预言"都是正确的。

有一次,博士来到印度的加尔各答。他说古道今,大谈"无所不在的5"。

博士指出,在印度的寺庙里,供奉着许多金刚,信仰这些金刚的教派之中心教义一共有五条,其中一条是所谓宇宙的永动轮回说,即认为宇宙经过五百亿年的不断膨胀后,又要经过五百亿年的不断收缩,直到变成一个黑洞,然后又开始下一轮的膨胀与收缩。如此周而复始,循环不已。降魔金刚手中,还拿着宇宙膨胀初期的"原始火球"。在这里,博士曾几次提到5这个数字。

英国的向克斯曾把 π 的小数值算到707位,以前这被认为是一项了不起的工作。自从近代电子计算机发明以后,他的工作简直不算一回事了。现在求 π 值的记录一再被打破,最新的记录是100万位,这是由法国人计算出来的。有意思的是,矩阵博士在这项计算以前,就作了大胆的预言,他说第100万位数必定是个5,结果真是如此!这究竟是用什么办法知道的呢?博士却秘而不宣。

循环往复的周期现象,在科技史上曾起过重大作用,门捷列夫发现元素周期表,就是突出的一例。下面请读者来看一下与 5 有关的有趣现象。

请任选两个非 0 的实数,如 π 与 76,并准备一个袖珍电子计算器。假定计算器数字长八位,那么,π 的八位数值是 3.1415926。现在请把第一个数 76 加上 1 作为被除数,把第一个数作为除数做一下除法,即:

$(76 + 1) \div 3.415926 = 24.509861$ 我们把显示在计算器上的 24.509861 称为第三数,然后再重复上述过程,把第三数加上 1,把第二数作为除数,这就得到了第四位数:0.335656,依次类推,可得到第五数、第六数……

也许读者会认为,这些数字都没有规律可循,照这样下去,真是"味同嚼蜡"。然而,当算到第六数时,你将会大吃一惊,原来第六数是 3.1415931,略去这一数字后面二位因计算时四舍五入造成差异的小数,它竟和第一数的 π 相等,π 又回来了!如果你还不太相信,不妨再挑选一些整数,结果保证令人满意。我们可以得出结论,5 是一个循环周期,第六数与第一数完全一样,第七数与第二数完全一样……

这神奇的、无所不在的 5 引起了人们的极大兴趣,促使人们去探索和研究。

生活中为何有巧合

概率这个术语我们并不陌生,它是指一件事情发生的稳定的几率,我们生活中遇到的各类事件其实都是概率发生作用的结果,当事件达到了一定的重复时,概率就发生了,下面我们就研究一些概率发生的例子。

美国康涅狄格州的商人乔奇·D·伯力森在南方旅行,经过肯塔基州路易斯维尔城时,他改变原定计划,行程中途下车参观一下这个以前从未来到的陌生的城市。他在布隆饭店 307 房间住了不久,店员送来一封信,信封上写着:"307 房间,乔奇·D·伯力森先生收"。这当然是不可能寄给这位商人的。原来在此前,这个房间住着一个来自加拿大蒙特利尔的同姓同名的乔奇·D·伯力森。

1949 年,宾夕法尼亚州契斯特城一男子被指控"流浪罪"遭逮捕。在法庭审理时,被告竭力申辩,说他并非流浪,他的住址是麦克尔弗因街 714 号。法官当即指出:"这个地方,九天前我刚从那儿搬出。"

人们往往对这些巧遇惊叹不已,而又不知其所以然。哲学家告诉我们:偶然中蕴藏着必然,偶然事件中有着必然的规律在支配。对于数学家来说,巧合并不神秘,有些事情是可以用统计概率的方法来进行预测的。

数学家认为,在地球上 50 亿居民中每天发生着无可计量的交往、联系、影响与作用,即使根本没有巧合存在,大多数惊人的事也会发生。比如,你与22个陌生人一起参加宴会,其中可能有一人与你生日一样。因为在一个随意挑选的23人组成的小组中,至少有2人同一天生日的可能性超越50%。

《生活》杂志曾报道过这样一件事:有15人预定1950年3月1日7点15分去内布拉斯加州皮塔里斯教堂进行唱诗班排练。结果,每个人都由于种种原因而迟到;车子坏了,因为听无线电节目而不忍离开,衣服来不及烫好,正好有客人来访,等等。所以没有一个人在预定时间到达。然而,教堂却在7点25分因意外事故而炸毁。这些唱诗班的人都为之庆幸,心想这也许是神的安排吧!《好运气》一书的作者根据概率参数推测,这种巧合发生的可能性是1%。

这些巧合是那样地变幻莫测,令人难以捉摸。例如:林肯总统与肯尼迪总统遭暗杀时的相同情况能用概率方法推测吗?这两位总统有许多相似的巧合:两人当选总统时间在同一周,只不过相差一百年而已;两人都深深卷入了黑人公民权的纷争之中;两人都是在夫人陪同下又均是在星期五遭暗杀;在任职居住白宫期间,两人都在白宫死去了一个儿子;林肯在福特剧院遭枪杀,肯尼迪在福特汽车公司制造的林肯牌总统专用敞篷车上遭枪杀;两人死后都由各自的副总统继承他们的总统职务,而这两位副总统的名字又都叫约翰逊;他们的年龄又正好相差一百岁;恰好又与两位总统的当选时日差数相同。

这类有许多特异的变量决定的巧合,给一些不相信概率理论能解释一切巧合的科学家们提供了推出新理论的根据。这个领域的先驱是瑞士的精神病学家克尔·琼,他收集了他一生中遇到过的许多稀罕的巧合事件。他在1952年的一篇论文中宣称:实际生活中的巧合事件,在比概率理论能预测的更大范围与数量上频繁而广泛地发生着。因此,这儿似乎存在着一种还不为人知的充当着一种普遍规律的力量在起着作用。他为此杜撰了一个新名词——共时性,来描写那类在不期而遇的联系中发生的那些本来并无关系事件的巧合现象。

琼特别醉心于研究那类丢失或被盗走的东西是从哪一种途径中回到失主的手中的。比如,他曾引证过这么一个例子:1914年,德国有位母亲为她的小儿照了一张相,送法国斯特拉斯堡市一家照相店洗印。不久第一次世界大战爆发,她流落外地。两年后,她在距斯特拉斯堡160千米的德国法兰克福市买了一张底片,为她刚生下的女婴拍照,当这张底片洗印时出现了两个影像,一个是她的女儿,而另一个是她的儿子。经过不可思议的命运的曲折的变化,她两年前照的那张底片由于没有做上"已拍"的标记,结果又作为未拍过的底片卖到了她的手中。

在研究对巧合的新的解释原理的过程中,物理学家们提供了胜过概率理论的新思索。早在 1935 年就已证明,两只逊原子(粒子)只要相互作用一次,就可以使这每个粒子随后运动数十年,并分离数光年之遥,对这些奇怪的现象,爱因斯坦和他的合作者把它称为 EPR。

在对上述这个现象研究了数十年之后,物理学家大维·鲍姆认为:人也许像粒子一样地相互作用着,他们的头脑在同一时间不谋而合地有可能产生同样的想法、见解、感受。

当然,从理论探索到证明巧合事件不是偶然发生的,这里有一段很长的路要走。就如纵横填字字谜、魔方、魔棍等使人能知其然而难知其所以然一样,关于巧合的规律性的争论在科学家中还要进行下去,而事实上,巧合的事件不管你怎么解释,还在继续不断地发生着。

意义非凡的"0"

"0"并不是从来就有的,它是人们在生产生活中逐渐产生的,在数字中虽然代表"无","没有",可是这并不影响对人类社会生活起到巨大作用。

在公元前约 2000 年至公元前 1500 年左右,最古老的印度文献中已有"0"这个符号的应用,"0"在印度表示空的位置。后来这个数字从印度传入阿拉伯,意思仍然表示空位。

我国古代没有"0"这个符号,最初都用不写或空位来作解决的方法。《旧唐书》和《宋史》在讲论到历法时,都用"空"字来表示天文数据的空位。南宋时《律吕新书》把 118098 记作:"十一万八千口九十八";可见当时是用"口"表示"0",后来为了贪图书写时方便将"口"顺笔改成为"0"形,与印度原先的"0"意义相通。

0 不能做除数,我们可以从下面两种情况来谈点道理:

一种情况,如果被除数不是零,除数是零时,例如 9÷0 = ? 根据乘、除法的关系,就是说要找一个数,使它与 0 相乘等于被除数 9,但是任何数与 0 相乘都等于 0,而绝不会等于9。

另一种情况是被除数和除数都是零,例如 0÷0 = ? 就是说要找一个数,使它与 0 相乘等于 0,因为零与任何数相乘都得零,所以要找的数不止一个,可以是任何数,那么 0÷0 的商不能得到一个确定的数,这是违反了四则运算结果的唯一性,因此零除以零是没有意义的。根据上述两种情况都可以看出零是不能做除数的。

当然,我们还可以从等分除法的意义上看,除数是 0 这个情况是不能存在的。如有 12 本书,分给 0 个学生,平均每个学生分得几本,既然没有学生分这些书,就不可能求出每个学生分得几本书,所以 0 是不能做除数的。

"0"虽然表示"无,没有",但是它在数学中却意义重大。任意一个数字加一个"0",可能就意味着增加了成千上百;减少一个"0"同样也意味着降低和减少了很多。"0"本身虽然没有实在意义,但是任何一个数字和它组合,都会产生无比神奇的效果。"0"象征着原始,初期,人们认为它是迄今为止人类发明的最有意义的数字。

最大数和最小数

最大数和最小数一直是数字上的谜题,随着数字的变换,其求解也是千变万化,而且没有规律可循,它的神秘性激励着许多数学家对最大数和最小数作出求解。下面就举几个求最大数和最小数的例子。

(1)三个 1,不另加任何数学运算符号,能写成的最大的数是什么?能写成的最小的数是什么?

(2)四个 1,不另加任何数学运算符号,能写成的最大的数和最小的数是什么?

(3)三个 2,不另加任何数学运算符号,能写成的最大的数和最小的数是什么?

(4)三个 4,不另加任何数学运算符号,能写成的最大的数和最小的数是什么?

你在回答这些问题时会发现,它们都是需要仔细想一想才能正确回答的问题。

(1)很明显,111 是最大数的,$1^{11}=1$ 是最小数。

(2)如果你从(1)的经验出发,以为 1111 是最大数,就错了。这里最大的数是 11^{11}。事实上,$11^3=1331>1111$,而 11^{11} 比 1111 更要大得多。最小的数当然还是 $1^{111}=1$。

(3)不要以为 222 是最大数;相反,它却是最小的数。这里,最大的数是 $22^2=4194304$。它比 222 要大得多。

现在,你能不另加任何运算符号,写出三个 3,三个 5,三个 6……的最大数和最小数了吗?

黄金分割点

"黄金分割法"由来之久,最早可以追溯到两千多年前,古希腊的柏拉图派学者欧多克斯,首先使用规尺分已知线段为"黄金分割",他的做法如下:

1.过 B 点,作 BC 上 AB,而且使 $BC=\dfrac{1}{2}AB$;

2.连 AC;

3.以 C 为圆心,CB 为半径作圆弧,交 AC 于 D;

4.以 A 为圆心,AD 为半径作圆弧交线段 AB 于 P,则 P 点分 AB 成黄金分割。

这个作图方法,叫做"黄金分割法",P点为黄金分割点。

在近代数学中,有一个几何美学完美结合的例子,那便是"黄金分割",之所以这么叫,是因为这个比例分割的线段或者图形,都是符合人的审美要求,而这一比例也被用在了艺术领域。那么究竟什么是"黄金分割"呢,让我们好好来探索和研究一下。分割在几何学中的定义。

在已知线段 AB 上有一点 P。如果 P 将 AB 分为大小两段,使小段与大段之比恰好等于大段与全长之比,即 BP:AP = AP:AB,那么就叫 P 点分线段 AB 成"中外比"。著名画家达·芬奇把人体许多部位之比画成中外比,显得特别和谐美观,他称中外比为"黄金分割"。

在现代数学中,黄金分割点又可以用数值的说法说成 0.168 比值,它的计算方法是这样的:

设线段全长 AB = a,大段 AP = x,则小段 BP = a − x,

于是,$\dfrac{a-X}{X} = \dfrac{a}{X}$

即 $X^2 + ax - a^2 = 0$,

$X = X = \dfrac{-a \pm \sqrt{5}a}{2}$

舍去负根,得 $X = \dfrac{\sqrt{5}-1}{2}a$

因比,$\dfrac{a}{X} = \dfrac{\sqrt{5}-1}{2}a$

这就是说,中外比的比值为 $\dfrac{\sqrt{5}-1}{2}$。

中外比的比值,叫做"黄金数",用记号 g 表示。请记住:

$g = \dfrac{\sqrt{5}-1}{2}a$

由于 $\sqrt{5} = 2.236\cdots\cdots$ 所以 g = 0.618。

在数学上还有一种辗转分割法:

设点 P_1 将线段 AB 分成黄金分割,即

取 AB 中点 o,作点 P_1 关于点 o 的对称点 P_2,则点 P_2 有下述重要性质:

1. 点 P_2 也将线段 AB 分成黄金分割。

所以点 P_2 也分 AB 成黄金分割。

由此可知,每条线段有两个黄金分割点。

2. 点 P_2 还分线段 AP_1 成黄金分割。

证明如下:由于 $BP_1 : AP_1 = g$,而 $AP_2 = BP_1$,

所以 $AP_2 : AP_1 = g$,这就说明 P_2 分 AP_1 成黄金分割。

3. 作 P_2 关于线段 AP_1 中点的对称点 P_3,则 AP_3 将 AP_3 黄金分割。如此继续利用对称,辗转相割,可以得到一系列的黄金分割点。

在国外,有位画家举办过一次画展,所有的画面都是不同比例的矩形,有的狭长,有的正方。据统计数字表明,观众最喜爱的是宽与长之比为 g 的短形画面。人们称这种矩形为"黄金矩形"。

黄金矩形有个奇特的性质,如果矩形 ABCD 是黄金矩形,即 $DA : AB = g$,在它的内部截去一个矩形。这个过程继续下去,还可以得到一系列的黄金矩形。

黄金分割就是如此奇妙,但是至今人们也还没有彻底解开其中的奥秘。为什么是 0.618,而不是 $\frac{1}{2}$ 或者 $\frac{1}{3}$,才是最佳分割点呢?这恐怕要留给后人去解释了。

符合"优选法"的斐波那契数列

很多的数学问题都是首先从自然界发现的,著名的斐那契数列就是其中之一,它是由于兔子繁殖问题引出的一个极为奇妙而重要的数列。

有位养兔专业户想知道兔子繁殖的规律,于是他围了一个栅栏把一对刚出生的小兔子关在里面。已知一对小兔子出生后两个月就开始生兔子,以后则每月可再生一对。假如不发生伤亡现象,满一年时,栅栏内有几对兔子呢?

现在,我们来帮他算一算。为了寻找规律,我们用"成"字表示已成熟的一对小兔子:"小"表示未成熟的一对小兔子,因为一对兔子生下两个月就又开始生小兔子,所以我们可以画出以下图表。

可见,头六个月的兔子的对数是 1,1,2,3,5,8。

这个数列有什么规律呢?稍加观察就可发现它有如下特点:从第三项起,每一项都等于其前两项之和。根据这个特点,我们就可以把这个数列继续写下去,从而得到一年内兔子总对数 1,1,2,3,5,8,13,21,34、55,89,144。

可见,满一年时,一对刚出生的兔子可变成 144 对。

由兔子繁殖问题引出的一个数学问题,称为"斐波那契数列"。

斐波那契是意大利人,12 世纪、13 世纪欧洲数学界的中心人物。他曾到埃及、叙利亚、希腊、西西里、法国南部等地游历,回国后便将所搜集的算术和代数材料加以研究,编

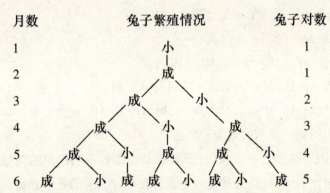

月数	兔子繁殖情况	兔子对数
1		1
2		1
3		2
4		3
5		4
6		5

写成《算盘书》。该书对欧洲大陆产生了很大影响，它用大量的题目说明理论内容。兔子繁殖问题就是其中的一题。所谓斐波那契数列就是指由兔子繁殖问题引出的数列：

$$1,1,2,3,5,8,13,21,34,55\cdots\cdots \text{其中 } a_n = a_{n-1} + a_{n-2}$$

斐波那契数列也可叫兔子数列，该数列中的每一项都称为斐波那契数。

它的通项公式为

$$a_n = \frac{1}{\sqrt{5}} \left\{ \frac{1+\sqrt{5}}{2} \right\} - \left\{ \frac{1-\sqrt{5}}{2}^2 \right\}$$

并且 $\lim\limits_{n\to\infty} \dfrac{a^n}{a_n+1} + 1 = \dfrac{\sqrt{5}}{2}$。斐波那契数列有着广泛的应用。它和现代的优选法有密切关系。所谓优选法就是，尽可能少做试验，尽快地找到最优生产方案的数学方法。20世纪70年代经著名数学家华罗庚的倡导，优选法在我国得到广泛的推广和应用，取得了很多成果。优选法中有个"0.618法"，所谓"0.618法"就是 $\dfrac{\sqrt{5}-1}{2}$ 的近似值。因此，人们就可用相邻两个斐波那契数之比来近似代替0.618。在这基础上，人们还创造了一种"斐波那契法"，来寻找最优方案。

最使人们感到惊奇的是，自然界很多现象都与斐波那契数列有关。科学家们发现蜜蜂的繁殖速度也符合斐波那契数列。除了动物的繁殖外，植物的生长也与斐波那契数有关。如果一棵树每年都在生长，那么，一般说来，第一年只有主干，第二年有2枝，第三年有3枝，最后是5枝、8枝、13枝等，每年的分枝数正好为斐波那契数。还有一些学者发现自然界中花朵的花瓣数目也与斐波那契数有关。生物学中的"鲁德维格定律"，就是斐波那契数列在植物学中的应用。

对于以上现象怎样解释呢？是偶然的巧合吗？大多数科学家认为，绝不是巧合。是这些动植物也懂得优选法吗？不是！其实道理很简单，自然界的生物在进化过程中都不自觉地服从着一条原则——"适者生存"，只有按照最优方案发展，才能很好地生存下去，否则就会慢慢被淘汰。这个说法正确吗？至今还被人们研究和印证着。

不可思议的"倍增效益"

倍增的规则引发的后果可能令人目瞪口呆，开始微不足道的数字会变成巨大的不可想象的数字。因此，如果有人用倍增法和你打赌，你一定不能应战。另外，刚开始听起来很占便宜的事情，最终往往会吃亏。下面这个故事就是一个关于倍增应用的有趣的故事。

从前国外有个贪财的大富翁，虽然已非常有钱，可是每天还在盘算着如何得到更多的钱。

一天，富翁在路上遇到一个衣着俭朴的年轻人，他连眼皮也没眨一下，就走了过去。年轻人自言自语地说："1 分钱换 10 万元总会有人干的……"富翁一听，急忙回头叫住年轻人："喂，你说的换钱是怎么回事？"

年轻人很有礼貌地一鞠躬说："先生，是这样的，我可以在一个月内，每天给你送来 10 万元钱，虽然不是白给，但是代价是微不足道的，第一天只要你付我 1 分钱。"

"1 分钱？"富翁简直不敢相信自己的耳朵。

"对，是 1 分钱。"年轻人说，"第二天再给你 10 万元时，你要付两分钱。"

富翁急切地问："以后呢？"

"第三天，付 4 分钱；第四天，付 8 分钱……以后每天付给我的钱数都要比前一天多一倍。"

"还有什么附加条件呢？"

"就这些，但我们俩都必须遵守协定，谁也不准反悔！"于是，俩人签订了协定。

10 万元换几分钱！真是难得的好事！富翁满口答应："好！就这样。"

第二天一清早，年轻人准时到，他说："先生，我把 10 万元送来了。"随即从大口袋里掏出整整 10 万元，并对富翁说："下面该你付钱了。"

富翁掏出一分钱放在桌子上，陌生人看了看，满意地放入衣袋说："明天见。"说完走出门去。

10 万元钱从天而降！天下最大的便宜事叫富翁遇上了，他赶忙把钱藏了起来。

第二天早晨，年轻人又来了，他拿出 10 万元，收下两分钱，临

走时说："明天请准备好 4 分钱。"

第二个 10 万元又到手了！富翁乐得手舞足蹈。心想这个年轻人又蠢又怪！世上这样的人要是多几个多好，我们这些聪明人就会发了还要发，变成举世无双的大富豪了。

第三天，年轻人用 10 万元换走了 4 分钱。第四天换走 8 分钱，以后又是 1 角 6 分、3

角 2 分、6 角 4 分，七天过去了，富翁白白收入 70 万元，而付出的仅仅是 1 元 2 角 7 分，富翁真想把期限再延长些，哪怕多半个月也好呀！

年轻人照常每天送 10 万元来，第八天付给他 1 元 2 角 8 分，第九天付 2 元 5 角 6 分，第十天付 5 元 1 角 2 分，第十一天付 10 元 2 角 4 分，第十二天付 20 元 4 角 8 分，第十三天付 40 元 9 角 6 分，第十四天付 81 元 9 角 2 分。

十四天过去了，富翁已经收入整整 140 万元，而付出的才 150 元多一点。

又过了一段时间，富翁慢慢感到年轻人并不那么简单了，换钱也不像最初想象地那样合算了，十五天过后，每收入 10 万元，付出的已是几百元了，不过，总的来说还是收入的多，支出的少。

可是，随着天数的增加，支出在飞速地增大，纯收入在逐日减少，第二十五天，富翁支出 167 772 元 1 角 6 分，第一次超过了收入；第二十六天支出 335 544 元 3 角 2 分，大大超过了收入；到了第三十天支出竟达 5 368 709 元 1 角 2 分。

年轻人最后一次离开时，富翁连续算了一昼夜，终于发现：为了收入 330 万元，他付出了 10 737 418 元 2 角 3 分，亏了近 800 万元，富翁失算了！

计算一下富翁付出的总钱数，以分为单位的话，就有以下三十个数相加：

$1 + 2 + 4 + 8 + 16 + 32 + 64 + \cdots\cdots + 538\,870\,912$。为了算出这个和，可以写成算式：

$1 + 2 + 4 = 2 \times 2 \times 2 - 1$

$1 + 2 + 4 + 8 = 2 \times 2 \times 2 \times 2 - 1$，

$1 + 2 + 4 + 8 + \cdots\cdots + 536870912 = \dfrac{\overbrace{2 \times 2 \times \cdots \times 2}^{30 \text{个}}}{} - 1$

$= 1024 \times 1024 \times 1024 - 1 = 1\,073\,741\,823$（分）

从一分钱到一千万，短短的三十天时间，就发生了如此不可思议的改变！这是一个以智慧取胜的故事。其实倍增就是一种智慧，可以被运用到生活各个方面。它带来的效果总是神奇的。

"韩信点兵"之谜

"韩信点兵"据说是我国汉朝名将韩信计算士兵数目的独特方法，先于外国约五百年。他不让士兵报数，也不是五个、十个地去数，而是让士兵列队行进，先是每排三人，然后每排五人，最后每排七人，只将所余的士兵数站着便知士兵的总数，写成题目就是：

"今有物不知其数，三三数之剩二，五五数之剩三，七七数之剩二，问此物最小几何？"

答曰："二十三。"

术曰："三三数之剩二置一百四十，五五数之剩三置六十三，七七数之剩二置三十，并之得二百三十三,以二百十减之即得。"

分析:所求的数 N 应该是 5 和 7 的倍数,同时被 3 除后余 2;是 3 和 7 的倍数,同时被 5 除后余 3;是 3 和 5 的倍数,同时被 7 除后余 2,同时满足上述三个条件的数中最小的数。

是 5 和 7 的倍数,同时被 3 除后余 1 的数是 7 0,则余 2 的数就是 70×2＝140;是 3 和 7 的倍数,同时被 5 除余 1 的是 21,则余 3 的数就是 21×3＝63;是 3 和 5 的倍数,同时被 7 除后余的数是 15,则余 2 的数就是 15×2＝30。

所以,N＝70×2＋21×3＋15×2—105×2＝233—310＝23

上述解决法也可叙述成诗:

三人同行七个稀,五树梅花甘一枝

七子团圆正半月,除百零五便得知

用集合法求解也行。所要求的数应该是同时满足上述三个条件的正整数集合中最小的一个。现用 N1、N2、N3 分别表示满足被 3 除余 2、被 5 除余 3、被 7 除余 2,三个条件的正整数集合。

N1＝{12,5,8,11,14,17,20,23,26…,128,…}

N2＝{3,8,18,13,23,…,128,…}

∴ N＝{ 123,128,233,…}

其中最小的数是 23。

这种求和的巧妙方法至今还在运用,快速而又方便。

关于"7"的有趣现象

"7"跟汉字"奇"的读音相似,生活中很多东西都和"7"有着密切的联系。每周有七天、北斗有七星、算盘有七粒珠子、瓢虫背上有七点、世界七大洲、世界七大奇迹,甚至童话故事里有七个小矮人……

文学中,七绝是古诗中最令人欣赏的一枝奇葩。朗朗上口的韵律,诗情画意的表达,更有深刻的内涵藏于其中;音乐中,"7"种音符组成了一个奇妙的音乐世界,有起有落,有快有慢,有悲伤也有欢乐,它带走了痛苦者的忧伤,也给予了有志者需要的勇气;美术中,赤、黄、蓝派生出来的橙、绿、青、紫,共七种不同的颜色,可以描绘出无数的动人画面,每一种色调都给人以不同的心理感受,它们组成了世界上所有的绚丽景色;物理中,"7"也是阳光分离出来的七种颜色,七色光,七色彩虹,大自然的博大与精深,随便一舞都给人以神奇的向往;化学中,"7"既不显酸性,也不显碱性,它是物质在一定时期的饱和,是酸碱度的中界线,又是人们追求的标准值,只有获得 pH 值的标准,食物才会可口香甜,回味无穷；心理学中，"7"是一个被学者称为是"不可思议"的数字，多数人的短时记忆容量最多只有 7 个，超过了 7，就会发生遗忘，因此多数人都把记忆内容归在七个单位之内。

每年的七月七日，更是有情人挂念的日子，人们都在祝贺牛郎织女的同时，也希望自己和另一半能够恩爱永久。

使"7"变得让人惊叹不已的是它的循环小数，$1/7 = 0.142857，2/7 = 0.285714，3/7 = 0.428571，4/7 = 0.5771428，5/7 = 0.714285，6/7 = 0.857142$。

我们小时候都有"折彩粽"游戏的经历，往往一个彩粽下挂三个小粽，每个小粽下面有三个，如此循环下去，谁也不知道最后能挂多少个……这

数字"7"的秘密

个无限延展的问题其实就是数学上的一道名题，至今没有人能得出最后的答案。最早提出这个问题是四千多年前的古埃及。

《兰特纸草书》是古埃及人在四千年前的一本数学书，上面用象形文字记载了许多有趣的数学题，比如：

在 $7，7 \times 7，7 \times 7 \times 7，7 \times 7 \times 7 \times 7，7 \times 7 \times 7 \times 7 \times 7$，……这些数字上面有几个象形符号：房子、猫、老鼠、大麦、斗，翻译出来就是："有 7 座房子，每座房子里有 7 只猫，每只猫吃了 7 只老鼠，每只老鼠吃了 7 穗大麦，每穗大麦种子可以长出 7 斗大麦，请算出房子、猫、老鼠、大麦和斗的总数。"

奇怪的是古代俄罗斯民间也流传着类似的算术题：

"路上走着七个老头，

每个老头拿着七根手杖，

每根手杖上有七个树杈，

每个树杈上挂着七个竹篮，

每个竹篮里有七个竹笼，

每个竹笼里有七个麻雀，

总共有多少麻雀？"

古俄罗斯的题目比较简单，老头数是 7，手杖数是 $7 \times 7 = 49$，树杈数是 $7 \times 7 \times 7 = 49 \times 7 = 343$、竹篮数是 $7 \times 7 \times 7 \times 7 = 343 \times 7 = 2401$，竹笼数是 $7 \times 7 \times 7 \times 7 \times 7 = 2401 \times 7$

= 16807，麻雀数是 $7 \times 7 \times 7 \times 7 \times 7 \times 7 = 16807 \times 7 = 117649$。总共有十一万七千六百四十九只麻雀。七个老头能提着十一万多只麻雀溜弯儿，可真不简单啊！若每只麻雀按 20 克算，这些麻雀有 2 吨多重。

《兰特纸草书》上在猫吃老鼠、老鼠吃大麦的问题后面有解答，说是用 2801 乘以 7。

求房子、猫、老鼠、大麦和斗的总数，就是求和 $7 + 7 \times 7 + 7 \times 7 \times 7 + 7 \times 7 \times 7 \times 7 + 7 \times 7 \times 7 \times 7 \times 7 = 7 + 49 + 343 + 2401 + 16807 = 19607$。这同上面 $2801 \times 7 = 19607$ 的答数一样，古代埃及人在四千多年前就掌握了这种特殊的求和方法。

类似的问题在一首古老的英国童谣中也出现过：

"我赴圣地爱弗西，

途遇妇子数有七，

一人七袋手中提，

一猫七子紧相依，

妇与布袋猫与子，

几何同时赴圣地？"

意大利数学家斐波那契在 1202 年出版的《算盘书》中也有类似问题：

"有 7 个老妇人在去罗马的路上，每个人有 7 匹骡子；每匹骡子驮 7 只口袋；每只口袋装 7 个大面包；每个面包带 7 把小刀；每把小刀有七层鞘。在去罗马的路上，妇人、骡子、面包、小刀和刀鞘，一共有多少？"

同一类问题，在不同的时代、不同的国家以不同的形式出现，但是，时间最早的还要数古埃及《兰特纸草书》。

古埃及还流传着"某人盗宝"的题目："某人从宝库中宝 1/3。另一人又从剩余的宝中取走 1/17，宝库中还剩宝 150 件，宝库中原有宝多少件？"

这个问题的提法与现行教科书上的题目很相像，可以这样来解：

设宝库中原有宝为 1，则第一人取走 $\frac{1}{3}$，第二人取走 $\left(1 - \frac{1}{3}\right) \times \frac{1}{17} = \frac{2}{51}$

宝库最后剩下 $1 - \frac{1}{3} - \left(1 - \frac{1}{3}\right) \times 1/17 = 1 - \frac{1}{3} - \frac{2}{51} = \frac{32}{51}$

因此，宝库原有宝 $150 \div \frac{32}{51} = 150 \times \frac{51}{32} = 239\frac{1}{16}$

列出综合算式为

$150 \div \left[1 - \frac{1}{3} - \left(1 - \frac{1}{3}\right) \times \frac{1}{17}\right] = 239\frac{1}{6}$

《兰特纸草书》还有这样一道题：

"有物品若干件,具三分之二,其一半,其七分之一及其全部,共 33 件,求物品的件数。"

用算术法来解,可设全部为1,则物品的件数为

$$33 \div \left(\frac{2}{3} + \frac{1}{2} + \frac{1}{7} + 1 \right)$$

$$= 33 \div = 33 \times \frac{97}{42} = 14\frac{28}{97}$$

答案是惟一的,但是纸草书上的答案却是 $14, \frac{1}{14}, \frac{1}{56}, \frac{1}{97}, \frac{1}{194}, \frac{1}{388}, \frac{1}{679}, \frac{1}{776}$。这是怎么回事? 难道这道题有八个答案吗?

原来纸草书上是用古埃及及分数的形式给出的答案,意思 $14 + \frac{1}{14} + \frac{1}{56} + \frac{1}{97} + \frac{1}{194} + \frac{1}{388} + \frac{1}{679} + \frac{1}{776}$ 是不妨算出来看看:

$$14 + \frac{1}{14} + \frac{1}{56} + \frac{1}{97} + \frac{1}{194} + \frac{1}{388} + \frac{1}{679} + \frac{1}{776}$$

$$= 14 + \frac{1}{14} + \frac{1}{56} + \frac{1}{97 \times 2} + \frac{1}{97 \times 4} + \frac{1}{97 \times 7} + \frac{1}{97 \times 8}$$

$$= 14 + \frac{15}{56} + \frac{15}{97 \times 8} + \frac{1}{97 \times 7}$$

$$= 14 + \frac{15}{56} + \frac{113}{97 \times 56}$$

$$= 14 + \frac{1568}{97 \times 56} = 14\frac{28}{97}$$

这和我们算得的答案相同。

其实以上各题只是引发了人们的一种思维,就是无限延展的思维。以上问题都只是一部分,是有解的,但是如果按照这个规律再无限延伸下去,一定没有人知道答案了。"7"的现象只是古人给我们的一个启示,更大的数学智慧的宝库还等待后人去开启。

遗嘱中的数学难题

遗产分配问题一直是个大问题,处理不好,很容易发生纠纷和矛盾,因此很多立遗嘱的人巧于心思,引入数学的智慧和方法立遗嘱分配财产,让人们在寻找如何分配财产的过程中去理解立遗嘱的良苦用心,下面就是一个很典型的例子。

俄国著名数学家斯特兰诺留勃夫斯基曾提出这样一道分配遗产问题:

"父亲在遗属里要求把遗产的 $\frac{1}{3}$ 分给儿子,$\frac{2}{5}$ 分给女儿;剩余的钱中,2500 卢布偿还

债务,3 000 卢布留给母亲,遗产共有多少? 子女各分多少?"

设总遗产为 x 卢布。

则有 $\frac{1}{3}x + \frac{2}{5}x + 2\,500 + 3\,000 = x$,

解得:$x = 20\,625$。

儿子分 $20\,625 \times \frac{1}{3} = 6\,875$(卢布),

女儿分 $20\,625 \times \frac{2}{5} = 8\,250$(卢布)。

结果是女儿得的最多,得 8 250 卢布,儿子次之,得 6 875 卢布,母亲分得最少,得 3 000 卢布,看来父亲最喜爱自己的女儿。

以上问题只是一个一元一次方程,也许在当时是个难题,但是在现代人看来并不难。以上不过是可分的钱财的分割。下面这个问题却要相对复杂得多,着实让其受益者们伤了一回脑筋。

下面的故事最初在阿拉伯民间流传,后来传到了世界各国,故事说:一位老人养了 17 只羊,老人去世后在遗嘱中要求将 17 只羊按比例分给三个儿子,大儿子分 $\frac{1}{2}$,二儿子分 $\frac{1}{3}$,三儿子分 $\frac{1}{9}$,在分羊时不允许宰杀羊。

看完父亲的遗嘱,三个儿子犯了愁,17 是个质数,它既不能被 2 整除,也不能被 3 和 9 整除,又不许杀羊来分,这可怎么办?

聪明的邻居得到这个消息后,牵着一只羊跑来帮忙,邻居说:"我借给你们一只羊,这样 18 只羊就好分了。"

老大分 $18 \times \frac{1}{2} = 9$(只),

老二分 $18 \times \frac{1}{3} = 6$(只),

老三分 $18 \times \frac{1}{9} = 2$(只)。

合一起是 $9 + 6 + 2 = 17$,正好这 17 只羊,还剩下一只羊,邻居把它牵回去了。

羊被邻居分完了,再深入想一想这个问题,我们会发现遗嘱中不合理的地方,如果把老人留的羊做为整体 1 的话,由于

$$\frac{1}{2} + \frac{1}{3} + \frac{1}{9} = \frac{17}{18}$$

所以或者是三个儿子不能把全部羊分完,还留下$\frac{1}{18}$,哪个儿子也没给;或者要比他所留下的羊再多出一只时,才可以分,聪明的邻居就是根据$\frac{17}{18}$这个分数,又领来一只羊,凑成$\frac{18}{18}$,分去$\frac{17}{18}$,还剩下$\frac{1}{18}$只羊,就是他自己的那只羊。

有些时候,立遗嘱的人没有充分考虑好日后可能发生的变化,但是事情又偏出了意外,也造成了受益人的困扰,下面这个例子就是典型一例。

某人临死时,他的妻子已经怀孕。他对妻子说:"你生下的孩子如果是男的,把财产的$\frac{2}{3}$给他;如果是女的,把财产的$\frac{2}{5}$给她,剩下的给你。"说完就死了。

说也凑巧,他妻子生下的却是一男一女双胞胎,这一下财产将怎样分?

可以按比例来解:

儿子和妻子的分配比例是$\frac{2}{3}:\frac{1}{3}=2:1$

女儿和妻子的分配比便是$\frac{2}{5}:\frac{3}{5}=2:3$。

由此可知女儿、妻子、儿子的分配比例是2:3:6,按这个比例分配就合理了。

以上遗嘱问题只是告诉人们,数学的思维是力求突破和创新的,并不能按照日常的思维去解决问题。有时候换一个角度看问题,问题就迎刃而解了。这也是人们处理日常问题的好方法。

数学当中的哲学思维

枯燥无味的数字,用哲学来阐释,就变得鲜活而富有生命力。第一个这样做的人是毕达哥拉斯。

毕达哥拉斯是古希腊最博学、最富于世界文化色彩的人物之一。他一生在哲学、科学和宗教方面作出了许多重要的贡献,也留下一些不解之谜,这些难解之谜既与他深奥的思想有关,也与他传奇般的经历有关。

毕达哥拉斯最独特的思想与他对数字作的哲学解释有关,其中最有趣的是他的数的分类表。毕达哥拉斯认为,从"1"到"10"是神圣的数,"1"代表理性,是创造者,由"1"产生原始的运动或"2",接着就产生第一个数"3","3"就是宇宙。而在 10 个数中,"4"比其他任何数都具有更多象征的价值,它是宇宙的创造主的象征,又是创造主创造宇宙时的数的模型,因为物理对象是由点、线、面、体这种"4"的流动过程产生出来的。"5"处于"10"的中间,是中间数,包含了一个雄性的奇数"3"和雌性的偶数"2"。"6"是第一个完美的数"5"和"1"相加的结果,它代表生命本性的 6 个等级,从精子开始,一直到神的生命,达到最高点。"7"这个数有独特之点,在 10 个数中,"7"唯一不是任何数的因子,又不是任何数的乘积的数。"8"为第一个立方数,即 $2^3 = 8$。"9"是"3"的平方,是在"10"以前的最后一个数,所以占有重要的地位。"10"是最完美的数,因为 1、2、3、4 之和就是"10"。这使一些学者联想到中国易学中的"河图","河图"数也由从 1 到 10 的自然数而构成。

这些独到而新颖的阐述就像一把钥匙,打开了一道数学和哲学之间的大门,引导人们将不同的科学内容结合起来,向更深的领域开拓。而同时,这一阐述也打开了一座迷宫,吸引人们从数学世界中揭开更多的哲学奥秘,或者从哲学思想中找到数学的发展方向。

为数字"配偶"

人人之间会产生感情,尤其是异性之间,往往由这种感情结合在一起组成家庭,形成配偶。但是数学和数字之间也有这样的关系,你是不是觉得不可思议的。但这是千真万确的,而且数学家们为了给数字们寻找配偶,在过去的两千多年时间里,煞费苦心,辛苦求亲,终于发现了一千多对数字"配偶",他们还在继续努力,为更多的数字配偶!

公元前 6 世纪,古希腊有个毕达哥拉斯学派,学派的创始人是数学家毕达哥拉斯。这个学派特别喜欢数、推崇数,他们把人性也赋予了数。比如,他们把大于 1 的奇数象征为男性,起名叫"男人数";把偶数看作女性,叫"女人数"(也有史书记载,把奇数象征女性,偶数象征男性)。数 5 是第一个男人数与第一个女人数之和,它象征着结婚或联合。

人之间讲友谊,数之间也有"相亲相爱"可言。毕达哥拉斯学派的人常说:"谁是我的好朋友,我们就会像 220 和 284 一样。"为什么 220 和 284 象征着好朋友呢? 原来 220 除去本身以外还有 11 个因数,它们是 1、2、4、5、10、11、20、22、44、55、110。这 11 个因数之和恰好等于 284。同样,284 的因数除去它本身还有 1、2、4、71、142,它们的和也恰好等于 220。即

$$1 + 2 + 4 + 5 + 10 + 11 + 20 + 22 + 44 + 55 + 110 = 284;$$

$$1 + 2 + 4 + 71 + 142 = 220。$$

这两个数是你中有我,我中有你,相亲相爱,形影不离。古希腊的数学家给具有这样性质的两个数,起名叫"相亲数"或"亲和数"。

220 和 284 是人类发现的第一对"相亲数",也是最小的一对"相亲数"。17 世纪法国数学家费马找到了第二对"相亲数"17296 和 18416;几乎在同一时期,另一位法国数学家找到了第三对"相亲数"9363544 和 9437056。最令人震惊的是,瑞士著名数学家欧拉于 1750 年一次就公布了六十对"相亲数"。数学家惊呼:"欧拉把一切'相亲数'都找完了!"

谁料想，又过了一个世纪，意大利一位年仅十六岁的青年巴格尼于 1866 年公布了一对"相亲数"，它们只比 220 和 284 稍大一点，是 1184 和 1210。前面提到的几位大数学家竟无一人找到它们，让这对不大的"相亲数"从鼻子底下轻易地溜走了。

最近，美国数学家在耶鲁大学的电子计算机上，对所有 110 万以下的数逐一进行了检验，总共找到了四十二对"相亲数"。下面列出 10 万以内的十三对"相亲数"：

$$220 = 2 \times 2 \times 5 \times 11,$$
$$284 = 2 \times 2 \times 71;$$
$$1184 = 2 \times 2 \times 2 \times 2 \times 2 \times 37,$$
$$1210 = 2 \times 5 \times 11 \times 11;$$
$$2\,620 = 2 \times 2 \times 5 \times 131,$$
$$2\,924 = 2 \times 2 \times 17 \times 43;$$
$$5\,020 = 2 \times 2 \times 5 \times 251,$$
$$5\,564 = 2 \times 2 \times 13 \times 107;$$
$$6\,232 = 2 \times 2 \times 2 \times 19 \times 41,$$
$$6\,368 = 2 \times 2 \times 2 \times 2 \times 2 \times 199;$$
$$10\,744 = 2 \times 2 \times 2 \times 17 \times 79,$$
$$10\,856 = 2 \times 2 \times 2 \times 23 \times 59;$$
$$12\,285 = 3 \times 3 \times 3 \times 5 \times 7 \times 13,$$
$$14\,595 = 3 \times 5 \times 7 \times 139;$$
$$17\,296 = 2 \times 2 \times 2 \times 2 \times 23 \times 47,$$
$$18\,416 = 2 \times 2 \times 2 \times 2 \times 1151;$$
$$63\,020 = 2 \times 2 \times 5 \times 23 \times 137,$$
$$76\,084 = 2 \times 2 \times 23 \times 827;$$
$$66\,928 = 2 \times 2 \times 2 \times 2 \times 47 \times 89,$$
$$66\,992 = 2 \times 2 \times 2 \times 2 \times 53 \times 79;$$
$$67\,095 = 3 \times 3 \times 3 \times 5 \times 7 \times 71,$$
$$71\,145 = 3 \times 3 \times 3 \times 5 \times 17 \times 31;$$
$$69\,615 = 3 \times 3 \times 5 \times 7 \times 13 \times 17,$$
$$87\,633 = 3 \times 3 \times 7 \times 13 \times 107;$$
$$79\,750 = 2 \times 5 \times 5 \times 5 \times 11 \times 29,$$
$$88\,730 = 2 \times 5 \times 19 \times 467.$$

这里把自然数都分解成质因数的连乘积，有了质因数就可以找出这个数的所有真因数，进而就可以判断两个数是不是相亲数。比如，$220 = 2 \times 2 \times 5 \times 11, 284 = 2 \times 2 \times 71$，其中 220 所含的质因数是 2、2、5、11，这时就可以知道 220 的因数是 1、2、2×2、5、2×5、11、2×2×5、2×11、2×2×11、5×11、2×5×11，一共是 11 个，这 11 个数相加恰好等于 284；而 284 的质因数是 2、2、71，由它们和 1 组成的因数是 1、2、2×2、71、2×71，共 5 个，这 5 个真因数之和恰好是 220，这样一来就证明了 220 和 284 是一对"相亲数"。由上面做法不难看出，把一个数分解为质因数的连乘积是寻找或证明"相亲数"的关键。

目前，找到的"相亲数"已经超过一千对。但是，"相亲数"是不是有无穷多对？它们的分布有什么规律性？这些问题到目前为止数学家也没有得到确定的答案。这还是一个有待探索的课题。

目前，寻找相亲数还有许多有待探求的问题，如：目前找到的每一对相亲数所含的两个数，总是同时为偶数或同时为奇数，是否存在一个是偶数，而另一个是奇数的相亲数？目前找到的奇相亲数均是 3 的倍数，这是偶然性，还是必然规律？等等。

五千年的人类文明给我们留下了浩瀚无边的知识大海。在汪洋大海中最古老也最深沉的是数。数的理论研究成为科学基础的基础。德国大数学家高斯曾把数的理论置于科学之巅，这一点也不过分。然而，时至今日，这个数的世界仍然是一个充满神秘的威严的"胡夫金字塔"，这里涉及的"亲和数"也是其中一个最富有传奇色彩的世界难题，有许多谜待揭开，谁揭开谜谁就是英雄好汉。

上面回顾两千多年数学家的不懈努力，发现了一千对以上的相亲数，"看似平凡最崎岖，成如容易却艰辛"，未来的工作正等待着不畏困苦的数学家与计算机专家，"路漫漫其修远兮，吾将上下而求索"。

扑朔迷离的"回文数猜想"

前面提到过哲学和数学相通的问题，但是数学和文学同样也有相通的现象，这听起来似乎令人觉得不可思议。但是的确存在，"回文"就是其中一例。

传说，古代有一个秀才游桂林的斗鸡山，觉得山名有趣，信口说出一句话：

"斗鸡山上山鸡斗。"

他想把这句话作为上联来对一副对联，可是下联自己也对不上来。回家后便请教自己的老师，老师想了一下说："我不久前游览了龙隐洞，就以此给你对个下联。"老师念道：

"龙隐洞中洞隐龙。"

对得很巧。这是一副回文对联。

古代诗人王融曾写过一首著名的回文诗："风朝拂锦幔，月晓照莲池。"反过来读："池莲照晓月，幔锦拂朝风。"不管怎样读，都是一首诗。

有趣的是,数学家族里的主要成员数中也有回文的,你看数 101,正着读倒着读都是 101;再看 32123,正着读倒着读都是 32123。这种正反读都一样的数很多,数学家给它们起了一个特殊的名字——回文式数,简称回文数。

围绕着对回文数的研究,数学家们发现,有的回文数不老实,不是明明白白地站在数字的队伍里,而是隐藏在其他数里,经过特殊变换以后才显露真容。比如 83,它不是回文数,将它与处理一下,83＋38＝121,就变成了回文数 121。经过多次验算,数学家提出了一个猜想:任取一个自然数,把它倒过来与原数相加,直重复这个运算,最后总能得到一个回文数。数学家把这个猜想叫做"回数猜想"。

请看:

83:83＋38＝121,经过 1 步运算就能得到回文数 121;

68:68＋86＝154,154＋451＝605,605＋506＝1111,1111 是回文数,只需 3 步运算就能得到;

195＝195＋591＝786,786＋687＝1473,1473＋3741＝5214,5214＋4125＝9339,要运算 4 步,得到的回文数是 9339。

是不是所有数经过上述运算都能产生回文数? 也就是说,回数猜想是对的还是错的? 这个问题至今没有解决。

最初,人们是一个数一个数地去验算。当有人对 196 进行上述运算时,算了 5 万步,所处理的数已达到 21000 位,仍没有获得回文数。人们就猜测,也许 196 永远也变不成回文数。如果真的是这样,那么"回数猜想"就是错误的。然而,不管你算了多少步,这种运算总没到头,没到头就不能否定,要否定必须给出足够的理由。

后来,人们又发现,在 10 万个自然数中,有 5996 个数,不管运算多久,似乎也产生不出回文数,196 就是其中最小的一个。但是,不管怎样运算,就是没有人能找出它们产生不了回文数的确凿证据来。所以只能用含糊的词"似乎"来表述。

此路不通。一些数学家就采取另外的方法来研究。他们对既是质数又是回文数的数进行了特别的研究,一方面想看看这些数有什么特性或规律,另一方面也想从中找出证明回数猜想的蛛丝马迹。

通过研究,数学家发现了一些有特殊性质的回文质数。比如 19391,把它的 5 个数字写在一个圆周上,你从其中任一个数开始,不管是顺时针写还是逆时针写,写出来的 5 位数都是质数。这种回文质数很少。

数学家还发现回文质数除 11 外必须有奇数个数字。因为每个有偶数个数字的回文数,必然是 11 的倍数,所以它肯定不是质数。比如 125521 是一个有 6 位数字的回文数。判断能被 11 整除的方法是:一个数所有偶数位数字之和与所有奇数位数字之和的差是

11 的倍数,那么这个数就能被 11 整除。125521 的奇数位数字是 1、5、2,而偶数位数字是 2、5、1,它们和的差是:

$(2+5+1)-(1+5+2)=0$ 是 11 的倍数,所以 125 521 可以被 11 整除,它不是质数。

有些回文数相乘之后,所得乘积还是回文数。例如 $212 \times 141 = 29\ 892$。这样的例子还不少:

$11 \times 11 = 121, 22 \times 22 = 484, 111 \times 111 = 12\ 321, 111 \times 121 = 13\ 431$。$111 \times 131 = 14\ 541, 121 \times 212 = 25\ 652$。

在回文数中平方数是非常多的,比如 $121 = 11^2, 12\ 321 = 111^2, 1\ 234321 = 1111^2 \cdots \cdots$ 一直到 $12\ 345\ 678987\ 654\ 321 = 111\ 111\ 111^2$。你随意找一些回文数就会发现,平方数所占的比例比较大。

立方数也有类似情况。比如 $1311 = 11^3, 1\ 367\ 631 = 111^3$ 等等。

对回文质数的研究虽然取得了一些成绩,发现了一些特性,但是用它们也不能证明"回数猜想"。

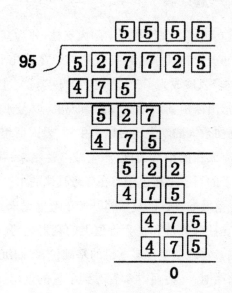

神奇的回文数

"回数猜想"证明不出来,却没有挡住数学家想象的驰骋。他们又大胆地猜想:回文质数有无穷多个;回文质数对(中间的数字是连续的,而其他数字都相等,如 30103 和 30203)也有无穷多对。但是也没有人能证明这些猜想是对的。扑朔迷离的回文质数又给数学家们出了一个难题。

回文无论在文学还是数学中都是一个有趣而奇特的现象。虽然关于它的奥秘,还没有完全解开，但是它们的存在向人们证实了，自然界永远有神秘的现象等待人们去揭示。

第三节　引人入胜的物理世界

在现代，物理学已经成为自然科学中最基础的学科之一。经过大量严格的实验验证的物理学规律被称为物理学定律。"物理"二字即考察事物的形态和变化，总结研究它们的规律的意思。物理学之所以被人们公认为一门重要的科学，不仅仅在于它对客观世界的规律作出了深刻的揭示，还因为它在发展、成长的过程中，形成了一整套独特而卓有成效的思想方法体系。正因为如此，物理学当之无愧地成了人类智能的结晶，文明的瑰宝。在物理学发展中，也积累了许多难解的谜题：如核聚变效应能否实现人控？物理学定律能否实现统一？物质的结构是否会有新的发现？……这当中每一个谜题的揭开，都将代表着物理学的一大进步和飞跃。

物理学定律能被统一起来吗

相对论和量子论的建立构成了现代物理学两大支柱，并为其他科学分支打开了广阔的天地。但是，作为基础的理论物理学曾经拥有的辉煌在近几十年中黯淡下来，物理学早已经从"搜集材料的科学"发展成了"整理材料的科学"。过去几十年的实验仅仅验证了已有的理论，并未揭示出需由新规律解释的新现象，以至于越来越多的科学家不得不承认未来岁月不再有任何重大的新发现足以与牛顿、爱因斯坦赐给我们的那些发现相媲美；科学的任务只是补充大量的细节而已，产生枝节性结果；我们有了基本框架，只要填填漏洞就行了；越来越多的科学书籍也停留在夸夸其谈的水平。

有人曾预言科学的没落及非理性的复活将开始于上世纪末，我们所做的一切都不足以抑制物理学在总体上、在社会支持和社会价值上的衰退趋势，我们无奈地看到物理学对人才的吸引力不断减弱。物理学是许多学科的基础，当我们沉浸在对科技发展带来社会经济巨大利益的乐观情绪时，一些西方学者看到了它的没落，他们悲哀地预感物理学基本定律不断被发现、激动人心、惊世骇俗的年代真的一去不复返了，求真、纯粹和经验的科学已经结束。

不过仍有许多科学家反对那种认为纯科学已走到尽头的观点，他们普遍认为某些惊人的理论和发现已迫在眉睫，理论物理学更深入地发展即将莅临。人们期待的这种理论就是所谓的"大统一"理论，幻想某一天发现宇宙规则，从而一劳永逸地解决一切有待研究的基本理论问题。许多科学主义者也不得不用对"大统一"的期待来支撑自己的信念。

这些现象表明科学对形而上学产生了从未有过的焦虑。科学家相信自然界复杂现象中必然有某种暗含的简单规律在起作用，这些规律已经体现在量子论、相对论、自然选择等理论之中。支配世界的行为法则肯定比现在的物理学定律更为玄妙，它有已知理论没有的特征，具有某种不容置疑的自然主义色彩。我们不敢肯定解析时空理论就是"大统一"理论，但我们至少认为它向这个目标迈出了重要的一步，它的简明性给了人们一种新的方法论启迪。如果对未知的追求走到了尽头，还有什么能够赋予我们存在的意义呢？终极理论会让我们陷入解释的无限循环之中，因此我们坚信科学上不存在什么终极理论，除非人类沦落到由他们制造的机器智慧所支配的地步。

谈到大统一理论，我们应当注意到，物理学家无论在他们自己的领域，还是在他们借以描述问题的数学精确性方面都作出了真正显著的成果。一个新的宇宙图景正在出现，这是一个高度统一的图景。在这一图景中，宇宙的粒子和力都起源于单一的"超大统一力"，尽管它们分离成了不同的动力学事件，但它们仍然相互作用。时空是粒子和力在其中成为整合要素的动力学连续统一，每一个粒子，每一个力都影响其他的粒子和力，在自然界中没有孤立的力和事物，只存在具有不同特征的相互作用的事件群。

人们已经证明，把注意力聚焦在实体的基础或最低层次是由经典理论留下来的一个不必要的思想包袱，因为经典理论试图根据宇宙的最终构建块（原子）的各种不同特性的结合来解释所有事物。今天，一组相互协调一致的、抽象的、大多数是不可见的实体已代替了在外力的影响下运动的钢球状的原子概念。物理世界的过程不再涉及支配单个粒子行为的规律，物理学现在并不根据基本实体群来进行解释，即使这些实体不是原子而是夸克、交换粒子、超弦或其他将被发现的更抽象的单位。这是很重要的，因为在典型的生命层次上的复杂性现象不大可能通过唯一地以宇宙的最小构建块（无论它们的运动计算得多么精确）为基点的方程来描述。

相互作用和自我组织宇宙的图景似乎仍具有活力，尽管描述它的理论还不完善。要想看到物理学是如何返回到由动力学的力支配的宇宙，返回到在外部平衡中由互不联系事件的拼凑件组成的宇宙，是很困难的。

从反面来看，应当认识到，尽管在技术理由方面大统一理论取得了显著成绩，但它们的范围和意义还并不十分清楚。科学家一直太专注于构建统一其观察到的现象的数学了，以致不能大胆地更深入地研究它们的公式的含义；而哲学家作为他们时代知识的传统阐释者已经基本上被抛开了——很少有例外，他们都没有能赶上最新的发展。

思维缺乏深刻性的现象正在显示出来。在最初的一阵成功后，一些科学家声称他们的大统一理论几乎能够解释任何事物，但就物理学的大统一和超大统一理论而言，贴上"所有事物的理论"的标签明显是夸大其词。

正如我们看到的,大统一理论不能满意地解释空间和时间中物质的连续演进的结构化。当然,能够描述支配宇宙中连续构建结构和复杂性的规律的理论是可能的,至少在原则上是可能的,但问题是这种理论是否能通过把物理学规律扩展来进行精确描述,或是否需要以某种方式超越物理学规律。很明显,更为复杂的自然领域不再是物理性质的领域,作为传统意义上的物理学理论不包括它们。不过当前的物理学理论也许可以被普遍化(或者如有必要,利用附加因素去完善它)以便能跨物理学领域,这同时也意味着,目前的大统一理论并非是包罗万象和十全十美的。

那么,"大一统"理论能不能被人类找到并引起物理学激动人心、惊世骇俗的新发现呢?我们只能等待科学家和后继者们给我们寻找到答案。

受控核聚变能成功

核聚变就是指由质量小的原子(主要是氘或氚),在一定条件下(如超高温和高压),发生原子核互相聚合作用,生成新的质量更重的原子核,并伴随着巨大的能量释放的一种核反应形式。目前人类已实现了不受控制的核聚变(如氢弹的爆炸),它只是运用于战争,且造成的能量爆发是人类无法掌控和估计的,带来的损失后果也可想而知。物理学家们试图利用这种核聚变的巨大能量,作为未来人类的新能源,于是提出了所谓的"受控核聚变"。

受控核聚变是在一定的条件下,控制核聚变的速度和核规模,实现安全、持续、平稳的能量输出。受控核聚变技术难度极高,核聚变的条件相当苛刻,要求具有足够高的点火温度(几千万摄氏度甚至几亿摄氏度的高温)、非常低的气体密度(相当于常温常压下气体密度的几万分之一),并保持温度和密度足够长的时间等。目前发现的主要受控核聚变方式有:超声波核聚变、激光约束(惯性约束)核聚变、磁约束核聚变(托卡马克)。由于受控核聚变具有原料充足、经济性能优异、安全可靠、无环境污染等优势,因而核能有望成为人类取之不尽、用之不竭的理想能源。

1991年11月9日,从英国传来了一个振奋人心的喜讯:科学家们首次成功地实现了受控核聚变反应。这一喜讯,在世界科学界、经济界引起了巨大的轰动,认为这是人类利用核能历史上的一个里程碑。

受控核聚变为什么如此吸引人呢?大家知道,最早被人所发现的原子能是重元素的原子核裂变时产生的能量,人们利用这一原理造出了原子弹。后来,科学家们从太阳上的热核反应得到启发,制造成功了氢弹,实现了核聚变。把核裂变反应控制起来,就可以建造原子能发电站,这已经成了事实;同样,如果能把核聚变反应也控制起来,那将是一件更了不起的大事。我们知道,地球上的煤、石油、铀等资源有限,最多只能用上千年,而核聚变反应的燃料氘和氚却是取之不尽、用之不竭的。它们来自浩瀚的海洋，每 1 千克海水中，就可以提取 0.03 克的氘，而 1 千克海水中所含的氘在聚变中所产生的能量，可抵得上 300 千克汽油燃烧的能量。有人计算过，单是大洋里的水就有 13.7 亿立方千米，在这么多海水中，大约储藏着两万亿吨氘，即使人类需要的能源比现在增加一千倍，也够用上亿年。受控核聚变如此诱人的利用前景和如此广阔的运用空间令它的研究备显经济和社会价值，因此受到当今各个科技大国的普遍重视。

原子弹爆炸形成的蘑菇云

到目前为止，受控核聚变的产生经历了以下阶段：

1. 前核能时期(1920～1938)

对聚变能量的研究最早可以追溯到 20 世纪 20 年代。在那时，物理学家阿斯顿就已经测量了氢元素的"质量损失"现象，这一现象揭示了在从较轻的元素形成一个氢核时获取大量能量的可能性。在此发现之后，英国天文学家爱丁顿提出星体的能量来源是"亚原子"，并梦想"人类将会有一天学会释放它(这能量)并按自己的意愿利用它"。1938 年美国就开始进行将等离子气体限定在磁场中的试验。

2. 先行者的时代(1946～1958)

二战刚刚结束，一波热核研究的国际性浪潮就爆发了。1946 年，有一个著名的事件：伦敦大学的汤姆林和布莱克曼注册了一个聚变反应堆的专利。尽管他们发明的设施总体上说过于乐观，但已经提出了一个环型的真空室和由射频波产生的电流，而这正是今天的托卡马克装置的两个重要基石。

20 世纪 50 年代，冷战期间，聚变被视为最高机密。美国、苏联和英国加强了他们在这方面的研究，法国、德国和日本在 1955 年稍晚的时候也加入了进来。

3. 首次国际合作(1958～1968)

1958 年是受控核聚变历史上的一个重要转折点，这一年在日内瓦召开了"和平利用原子能"会议，会议上揭开了秘密研究的面纱，各个国家揭示了他们所工作的磁场配置：环型脉冲，星形装置，镜像机器。磁性约束装置的基础已经打下，如同前苏联物理学家阿兹莫维奇在会议闭幕时的致词："我们在这里，目睹着解决聚变反应堆所需的技术基础的曙光出现。"物理学家们同时也意识到由于等离子的不稳定,磁场的丢失等等,掌握核聚变技术成为一件很困难的事情。物理学家泰勒说:"我想(受控核聚变)也许能做到,但我不认为在这个世纪它会有实际的重要性。"为迎接核聚变技术所面对的科学和技术上的挑战,人们发起了世界范围的合作。在欧洲,欧洲原子能机构 EURATOM 和它的成员国的研究组织联合起来,协调前进。1959 年,成立了 EURATOM – CEA,就是这一合作的第一个产物。这一机构早于目前的国际研究组织(EFDA, ITER 项目)。目前 EFDA 更加重要,它提供了研究所需的巨大资源。

4. 托卡马克时期(1968 至今)

1968 年,库尔恰托夫研究所的科学家发布了轰动一时的结果:他们获得了远超他人的性能,通过一个特殊的磁性装置:托卡马克。1969 年一个英国小组前往莫斯科,测量了托卡马克装置的温度,确定了他们的成果,这时冷战正酣。这一里程碑式的事件同时也开启了其他国家的托卡马克时代。他们纷纷更换了受控核聚变研究中的磁性装置。今天,只有星形装置还被认为是托卡马克的可能的替代品,尽管它的性能远低于后者。

1973 年到 1976 年法国的托卡马克装置领先世界,取得了 2KeV 的温度(2000 万℃)。限定和加热等离子的关键结果就是在这个装置中获得的。

20 世纪 70 年代中期之后,建造大型托卡马克装置(JET, JT60, TFTR)的项目纷纷上马。这一热潮受益于科学研究所取得的激动人心的进展和对聚变研究资金投入的明显增加。法国曾经以 TFR 机器帮助欧洲进入托卡马克时代,20 世纪 80 年代也开始建造大型超导环型线圈托卡马克 – TORESUPRA,以为持续的核聚变反应提供技术和设施。这一装置在 1988 年投入使用。

5. 现状:三十年来取得的进步

在过去三十年里,受控核聚变方向上取得的明显进步:等离子的能量平衡,标志以密度、温度和能量的约束时间的三重积,增长了一千倍! 这一飞跃可以与微处理器的发展速度相比。20 世纪 90 年代末期,在 JET 和 JT60 – U 托卡马克装置上,获取了氘的等离子,系统的能量输入和输出接近平衡,也就是说输入装置用以加热混合的氘和氚的能量大致和它们聚变产生的能量相当。在性能取得巨大进步的同时,大型托卡马克装置中的聚变脉冲时间也延长到 2 分钟,开启了持续核聚变反应堆之门。另一个重要进步是 1997 年在 JET 上取得的。从氘氚混合体中聚变得了 17MW 的能量。

聚变三重积,通过聚变反应使产生的能量比为了产生和维持等离子体所需的能量更高,必须满足劳逊判据。也就是说,离子密度和能量约束时间的数学乘积必须大于一定值,该值取决于聚变反应的大小。在氘—氚聚变中,这一值约为 21020m – 3s。

实施受控核聚变需要超过当前托卡马克装置所取得的条件:三重积需要取得大约到10的因子。聚变脉冲时间必须足够长,以保证装置的持续运行。因此,在相当长(超过1000秒)中维持聚变脉冲,用聚变反应的粒子加热等离子,就是下一个阶段的关键目标。这一新挑战将落到国际合作的ITER项目上,而它也将是建立聚变反应堆的工业原型的前哨。

核聚变是最振奋人心的研究项目之一,一旦技术成熟,能源问题将不再困扰人类。但是实现伟大的目标的过程总是艰辛的,到本世纪中,恐怕都不会有真正成功的应用。实现受控聚变的途径目前有两个:一是磁约束,另一个是惯性约束。而自然界中的聚变通常发生在恒星内部,是引力约束。人类实现的第一次人工受控聚变就是氢弹。然而除了用于战争杀人之外,氢弹所释放的巨大能量还不能被人类和平地利用。和平利用聚变能,为人类造福,在氢弹爆炸成功之后,就成了物理学家们的心愿。

在磁约束聚变方面,前苏联人功不可没:现在前景最看好的聚变装置托克马克(Tokamak)就是前苏联人发明的。随着前苏联的解体,俄国在聚变方面的影响力大大降低。目前世界上正在运行的几个主要装置都不在俄国,而是在美国、日本和欧洲。与这些发达国家相比,中国在磁约束聚变方面的研究要落后不少。但由于政府日渐重视国家的远景能源,现在对聚变研究的投资力度正在加大。

惯性约束聚变是利用高功率的激光束或粒子束辐照聚变燃料,聚变燃料被压缩至高温(5千万度以上)高密度($600g/cm^3$)发生聚变。由于这个过程与氢弹有相似之处,惯性约束聚变研究从一开始就是处于保密状态。也由于惯性约束聚变与氢弹有关,几个核大国在20世纪60年代就开始了各自的研究。1994年,美国劳伦斯利弗摩国家实验室解密了他们在20世纪90年代以前的实验结果。

实现受控聚变是一个比登月还要困难得多的科学工程。这个科学工程从20世纪50年代启动,到现在人们还没有建立起一个可用于发电的聚变反应堆。大家拭目以待,迎接这个物理学难题被人类攻克的一天。

宇宙射线从何而来

所谓宇宙射线,指的是来自于宇宙中的一种具有相当大能量的带电粒子流。1912年,德国科学家韦克多·汉斯带着电离室在乘气球升空测定空气电离度的实验中,发现电离室内的电流随海拔升高而变大,从而认定电流是来自地球以外的一种穿透性极强的射线所产生的,于是有人为之取名为"宇宙射线"。宇宙射线和地球的许多现象都有关系。但是直到今天,人们也无法确切说出它是什么地方产生的。

初生的地球,固体物质聚集成内核,外周则是大量的氢、氦等气体,称为第一代大气。

那时,由于地球质量还不够大,还缺乏足够的引力将大气吸住,又有强烈的太阳风(是太阳因高温膨胀而不断向外抛出的粒子流,在太阳附近的速度约为每秒350~450千米),所以以氢、氦为主的第一代大气很快就被吹到宇宙空间。地球在继续旋转和聚集的过程中,由于本身的凝聚收缩和内部放射性物质(如铀、钍等)的衰变生热,原始地球不断增温,其内部甚至达到炽热的程度。于是重物质就沉向内部,形成地核和地幔,较轻的物质则分布在表面,形成地壳。

初形成的地壳比较薄弱,而地球内部温度又很高,因此火山活动频繁,从火山喷出的许多气体,构成了第二代大气即原始大气。

原始大气是无游离氧的还原性大气,大多以化合物的形式存在,分子量大一些,运动也慢一些,而此时地球的质量和引力已足以吸住大气,所以原始大气的各种成分不易逃逸。以后,地球外表温度逐渐降低,水蒸汽凝结成雨,降落到地球表面低凹的地方,便成了河、湖和原始海洋。当时由于大气中无游离氧(O_2),因而高空中也没有臭氧(O_3)层来阻挡和吸收太阳辐射的紫外线,所以紫外线能直射到地球表面,成为合成有机物的能源。此外,天空放电、火山爆发所放出的热量,宇宙间的宇宙射线以及陨星穿过大气层时所引起的冲击波(会产生摄氏几千度到几万度的高温)等,也都有助于有机物的合成。但其中天空放电可能是最重要的,因为这种能源所提供的能量较多,又在靠近海洋表面的地方释放,在那里作用于还原性大气所合成的有机物,很容易被冲淋到原始海洋之中。

虽然当宇宙射线到达地球的时候,会有大气层来阻挡住部分的辐射,但射线流的强度依然很大,很可能对空中交通产生一定程度的影响。比方说,现代飞机上所使用的控制系统和导航系统均由相当敏感的微电路组成。一旦在高空遭到带电粒子的攻击,就有可能失效,给飞机的飞行带来相当大的麻烦和威胁。

还有科学家认为,长期以来普遍受到国际社会关注的全球变暖问题很有可能也与宇宙射线有直接关系。这种观点认为,温室效应可能并非全球变暖的唯一罪魁祸首,宇宙射线有可能通过改变低层大气中形成云层的方式来促使地球变暖。这些科学家的研究认为,宇宙射线水平的变化可能是解释这一疑难问题的关键所在。他们指出,由于来自外层空间的高能粒子将原子中的电子轰击出来,形成的带电离子可以引起水滴的凝结,从而可增加云层的生长。也就是说,当宇宙射线较少时,意味着产生的云层就少,这样,太阳就可以直接加热地球表面。

对过去二十年太阳活动和它的放射性强度的观测数据支持这种新的观点,即太阳活动变得更剧烈时,低空云层的覆盖面就减少。这是因为从太阳射出的低能量带电粒子(即太阳风)可使宇宙射线偏转,随着太阳活动加剧,太阳风也增强,从而使到达地球的宇宙射线较少,因此形成的云层就少。此外,在高层空间,如果宇宙射线产生的带电粒子浓度很高,这些带电离子就有可能相互碰撞,从而重新结合成中性粒子。但在低空的带电离子,保持的时间相对较长,因此足以引起新的云层形成。

宇宙射线

此外,几位美国科学家还认为,宇宙射线很有可能与生物物种的灭绝与出现有关。他们认为,某一阶段突然增强的宇宙射线很有可能破坏地球的臭氧层,并且增加地球环境的放射性,导致物种的变异乃至于灭绝。另一方面,这些射线又有可能促使新的物种产生突变,从而产生出全新的一代。这种理论同时指出,某些生活在岩洞、海底或者地表以下的生物正是由于可以逃过大部分的辐射才因此没有灭绝。从这种观点来看,宇宙射线倒还真是名副其实的"宇宙飞弹"。

今天,人类仍然不能准确说出宇宙射线是由什么地方产生的,但普遍认为它们可能来自超新星爆发、来自遥远的活动星系;它们无偿地为地球带来了日地空间环境的宝贵信息。科学家希望接收这些射线来观测和研究它们的起源和宇宙环境中的微观变幻。

不管最终的定论将会如何,科学家们总是把极大的热情投入到宇宙射线的研究中去。关于为什么要研究宇宙射线,罗杰·柯莱在其著作《宇宙飞弹》作出了精辟的阐释:

"宇宙射线的研究已变成天体物理学的重要领域。尽管宇宙射线的起源至今未能确定,人们已普遍认为对宇宙射线的研究能获得宇宙绝大部分奇特环境中有关过程的大量信息:射电星系、类星体以及围绕中子星和黑洞由流入物质形成的沸腾转动的吸积盘的知识。我们对这些天体物理学客体的理解还很粗浅,当今宇宙射线研究的主要推动力是渴望了解大自然为什么在这些天体上能产生如此超常能量的粒子。"

万有引力的产生

在宇宙的最最深处,万有引力拖曳着物质组成星系、恒星和黑洞等天体。尽管万有引力几乎无处不在,但事实上万有引力的确是宇宙中所有力中最微弱的作用力之一。这种作用力的微弱特性同样造就了万有引力的神秘感,科学家们难以在实验室环境下准确地测量万有引力的数值和作用过程,而对天体来说这种作用力的表现则十分显著。

在实验室条件下,两个同极质子之间产生的互斥作用力比它们之间的万有引力要大得太多了——大约有 10 的 36 次方倍,这个数字写出来就是在 1 后面加上 36 个 0,相比之下万有引力实在是太微不足道了。

爱因斯坦的相对论只在宏观尺度上解释了万有引力，但是在微观尺度上就不行了，现代物理学家希望把万有引力引入"皇冠钻石"理论体系——该体系旨在解释自然界三种基本作用力，但是直到目前为止一项都没有解释成功。

美国伊利诺伊州佛米实验室的理论物理学家马克·杰克逊说："在经典物理的体系中，地心引力完全不同于其他的力，当你对很小质量的物体进行万有引力计算时会发现，原来的数学公式完全不管用，经典物理体系无法解释地心引力。"

看不见的"引力子"

虽然计算结果完全不对，科学家们还是发现了形成地心引力的玄机，这个看不见的引力小家伙叫做引力子，异常微小并且没有质量，但是它们可以形成微小的引力场。

每个微小的引力子都对宇宙中的物质产生一个微小的作用，其作用过程和光速一样快。但是引力子在宇宙中分布如此广泛，为什么物理学家们一直不能发现它们呢？

美国芝加哥大学的天文学家迈克尔·特纳说："因为目前的技术还难以对没有质量的微小粒子进行测量，引力子的作用力十分微小，这使得科学家们更加难以发现其存在。"

但是特纳博士对人类无法测量引力子的事实并不感到悲观沮丧，他认为引力子可能存在于其他一些微小粒子之内，那么人类有可能通过这些介质粒子间接地获得引力子。而这一切的实现都需要依靠技术进步。

目前科学家希望首先找到玻色子，这是引力子的一个远房亲戚，也在宇宙中广泛存在，找到玻色子对人类发现引力子可能具有极其重要的意义。

利用回旋加速器找微小粒子

发现某些微观粒子的过程有一点像时间旅行，科学家们使用回旋加速器等大型设备驱动微粒子以光速对撞，从而产生新的微粒子。而这一过程几乎模拟了宇宙诞生时所发生的一切。

在宇宙诞生初期，由于各种粒子都处于一种高能状态，质子和中子也都是在那个时期形成的。佛米实验室的一万亿伏电子加速器的直径大约 6.3 千米，而新的大型电子对撞加速器的直径达到了 27 千米，该设备建造在法国和瑞士交界处，在几年之内就可以完工。

科学家们认为这一设备有望帮助人类发现西格斯介子等微观粒子，而这些粒子正是帮助我们揭开地心引力作用原理的关键所在。

威斯康星大学的理论引力学家夏威尔·西门子说："目前来说这项研究仍停留在幻想阶段，这有点像科幻小说里的故事。但是如果我们发现了引力子，一切问题就迎刃而解了，只是我们目前最大的问题是——我们还不知道用什么方法才能发现它们。"

神秘莫测的中微子

中微子是组成自然界的最基本的粒子之一，常用符号ν表示。中微子不带电，自旋为1/2，质量非常轻（小于电子的百万分之一），以接近光速运动。中微子个头小，可自由穿过地球，几乎不与任何物质发生作用，号称宇宙间的"隐身人"。科学家观测它颇费周折，从预言它的存在到发现它，用了十多年的时间。

虽然中微子非常小，但是其研究价值却非常巨大。

要说中微子，就不得不提它的"老大哥"——原子基本组成之一的中子。中子在衰变成质子和电子（β衰变）时，能量会出现亏损。物理学上著名的哥本哈根学派鼻祖尼尔斯·玻尔据此认为，β衰变过程中能量守恒定律失效。

1931年春，国际核物理会议在罗马召开，当时世界最顶尖的核物理学家汇聚一堂，其中有海森堡、泡利、居里夫人等。泡利在会上提出，β衰变过程中能量守恒定律仍然是正确的，能量亏损的原因是因为中子作为一种大质量的中性粒子在衰变过程中变成了质子、电子和一种质量小的中性粒子，正是这种小质量粒子将能量带走了。泡利预言的这个窃走能量的"小偷"就是中微子。粒子物理的研究结果表明，构成物质世界的最基本的粒子有十二种，包括六种夸克（上、下、奇异、粲、底、顶），三种带电轻子（电子、缪子和陶子）和三种中微子（电子中微子，缪中微子和陶中微子）。中微子是1930年德国物理学家泡利为了解释β衰变中能量似乎不守恒而提出的，20世纪50年代才被实验观测到。

中微子只参与非常微弱的弱相互作用，具有最强的穿透力。穿越地球直径那么厚的物质，在100亿个中微子中只有一个会与物质发生反应，因此中微子的检测非常困难。正因为如此，在所有的基本粒子中，人们对中微子了解最晚，也最少。实际上，大多数粒子物理和核物理过程都伴随着中微子的产生，例如核反应堆发电（核裂变）、太阳发光（核聚变）、β衰变、超新星爆发、宇宙射线等等。宇宙中充斥着大量的中微子，大部分为宇宙大爆炸的残留，大约为每立方厘米100个。

1998年，日本超级神冈实验以确凿的证据发现了中微子振荡现象，即一种中微子能够转换为另一种中微子。这间接证明了中微子具有微小的质量。此后，这一结果得到了许多实验的证实。中微子振荡尚未完全研究清楚，它不仅在微观世界最基本的规律中起着重要作用，而且与宇宙的起源与演化有关，例如宇宙中物质与反物质的不对称很有可能是由中微子造成。

由于探测技术的提高，人们可以观测到来自天体的中微子，导致了一种新的天文观测手段的产生。美国正在南极洲冰层中建造一个大的中微子天文望远镜——冰立方。法国、意大利、俄罗斯也分别在地中海和贝加尔湖中建造中微子天文望远镜。KamLAND

（神冈液态闪烁器反中微子侦测器）观测到了来自地心的中微子,可以用来研究地球构造。

中微子在物理学当中充当着神秘的角色。中微子是当前粒子物理、天体物理、宇宙学、地球物理的交叉前沿学科,本身性质也有大量谜团尚未解开。首先它的质量尚未直接测到,大小未知;其次,它的反粒子是它自己还是另外一种粒子;第三,中微子振荡还有两个参数未测到,而这两个参数很可能与宇宙中反物质缺失之谜有关;第四,它有没有磁矩;等等。因此,中微子成了粒子物理、天体物理、宇宙学、地球物理的交叉与热点学科。

在中微子研究这一领域,大部分成绩均为日本和美国取得。1942 年,我国科学家王淦昌提出利用轨道电子俘获检测中微子的可行方案,美国人艾伦成功地用这种方法证明了中微子的存在。20 世纪 80 年代,中国原子能科学研究院进行了中微子静止质量的测量,证明电子反中微子的静止质量在 30 电子伏特以下。

中微子振荡研究的下一步发展,首先必须利用核反应堆精确测量中微子混合角 theta13。位于中国深圳的大亚湾核电站具有得天独厚的地理条件,是世界上进行这一测量的最佳地点。由中国科学院高能物理研究所领导的大亚湾反应堆中微子实验于 2006 年正式启动,联合了国内十多家研究所和大学,美国十多家国家实验室和大学,以及香港、中国台湾、俄罗斯、捷克的研究机构。实验总投资约 3 亿元人民币。它的建成运行将使中国在中微子研究中占据重要的国际地位。

中微子具有质量,这是很早就提出过的物理概念。但是人类对于中微子的性质的研究还是非常有限的。我们至今不能非常确定地知道:几种中微子是同一种实物粒子的不同表现,还是不同性质的几种物质粒子,或者是同一种粒子组成的差别相当微小的具有不同质量的粒子。

我们相信,随着人类认识的深化,科学技术的发展,中微子之谜终究是会被攻破的。

伽玛射线强烈的穿透力

伽玛 γ 射线,又称 γ 粒子流。它是波长短于 0.2 埃的电磁波。首先由法国科学家 P.V. 维拉德发现,是继 α、β 射线后发现的第三种原子核射线。

γ(伽玛)射线是因核能级间的跃迁而产生,原子核衰变和核反应均可产生的 γ 射线。γ 射线具有比 x 射线还要强的穿透能力。当 γ 射线通过物质并与原子相互作用时会产生光电效应、康普顿效应和正负电子对三种效应。原子核释放出的 γ 光子与核外电子相碰时,会把全部能量交给电子,使电子电离成为光电子,此即光电效应。由于核外电子壳层出现空位,将产生内层电子的跃迁并发射 x 射线标识谱。高能 γ 光子(> 2 兆电子伏特)的光电效应较弱。γ 光子的能量较高时,除上述光电效应外,还可能与核外电子发生弹性碰撞，γ 光子的能量和运动方向均有改变，从而产生康普顿效应。

当 γ 光子的能量大于电子静质量的两倍时，由于受原子核的作用而转变成正负电子对，此效应随 γ 光子能量的增高而增强。γ 光子不带电，故不能用磁偏转法测出其能量，通常利用 γ 光子造成的上述次级效应间接求出，例如通过测量光电子或正负电子对的能量推算出来。此外还可用 γ 谱仪（利用晶体对 γ 射线的衍射）直接测量 γ 光子的能量。由荧光晶体、光电倍增管和电子仪器组成的闪烁计数器是探测 γ 射线强度的常用仪器。

通过对 γ 射线谱的研究可了解核的能级结构。γ 射线有很强的穿透力，工业中可用来探伤或流水线的自动控制。γ 射线对细胞有杀伤力，医疗上用来治疗肿瘤。

γ 射线是一种强电磁波，它的波长比 X 射线还要短，一般波长 <0.001 纳米。在原子核反应中，当原子核发生 α、β 衰变后，往往衰变到某个激发态，处于激发态的原子核仍是不稳定的，并且会通过释放一系列能量使其跃迁到稳定的状态，而这些能量的释放是通过射线辐射来实现的，这种射线就是 γ 射线。

γ 射线具有极强的穿透本领。人体受到 γ 射线照射时，γ 射线可以进入到人体的内部，并与体内细胞发生电离作用，电离产生的离子能侵蚀复杂的有机分子，如蛋白质、核酸和酶，它们都是构成活细胞组织的主要成分，一旦它们遭到破坏，就会导致人体内的正常化学过程受到干扰，严重的可以使细胞死亡。

一般来说，核爆炸（比如原子弹、氢弹的爆炸）的杀伤力量由四个因素构成：冲击波、光辐射、放射性污染和贯穿辐射。其中贯穿辐射则主要由强 γ 射线和中子流组成。由此可见，核爆炸本身就是一个 γ 射线光源。通过结构的巧妙设计，可以缩小核爆炸的其他硬杀伤因素，使爆炸的能量主要以 γ 射线的形式释放，并尽可能地延长 γ 射线的作用时间（可以为普通核爆炸的三倍），这种核弹就是 γ 射线弹。

与其他核武器相比，γ 射线的威力主要表现在以下两个方面：一是 γ 射线的能量大。由于 γ 射线的波长非常短，频率高，因此具有非常大的能量。高能量的 γ 射线对人体的破坏作用相当大，当人体受到 γ 射线的辐射剂量达到 2 ~ 6 希时，人体造血器官如骨髓将遭到损坏，白血球严重地减少，内出血、头发脱落，在两个月内死亡的概率为 0% ~ 80%；当辐射剂量为 6 ~ 10 希时，在两个月内死亡的概率为 80% ~ 100%；当辐射剂量为 10 ~ 15 希时，人体肠胃系统将遭破坏，发生腹泻、发烧、内分泌失调，在两周内死亡概率几乎为 100%；当辐射剂量为 50 希以上时，可导致中枢神经系统受到破坏，发生痉挛、震颤、失调、嗜眠，在两天内死亡的概率为 100%。二是 γ 射线的穿透本领极强。γ 射线是一种杀人武器，它比中子弹的威力大得多。中子弹是以中子流作为攻击的手段，但是中子的产额较少，只占核爆炸放出能量的很小一部分，所以杀伤范围只有 500 ~ 700 米，一般作为战术武器来使用。γ 射线的杀伤范围，据说为方圆 100 万平方千米，这相当于以阿尔卑斯山为中心的整个南欧。因此，它是一种极具威慑力的战略武器。

γ射线弹除杀伤力大外，还有两个突出的特点：一是γ射线弹无需炸药引爆。一般的核弹都装有高爆炸药和雷管，所以贮存时易发生事故。而γ射线弹则没有引爆炸药，所以平时贮存安全得多。二是γ射线弹没有爆炸效应。进行这种核试验不易被测量到，即使在敌方上空爆炸也不易被觉察。因此γ射线弹是很难防御的，正如美国国防部长科恩在接受德国《世界报》的采访时说，"这种武器是无声的、具有瞬时效应。"可见，一旦这个"悄无声息"的杀手闯入战场，将成为影响战场格局的重要因素。

地磁场如何影响人体

地球就是一个天然的磁场，地磁场是地球所具有的一种特殊现象。地磁场和生命的产生发展密切相关。所有的动物、植物甚至人类无一不受着地磁场的控制和影响。地磁场对地球形成了一个"保护盾"，减少了来自太空的宇宙射线的侵袭，地球上生物才得以生存滋长。如果没有了这个保护盾，外来的宇宙射线，会将最初出现在地球上的生命幼苗全部杀死，根本无法在地球上滋生。对于人类和所有生物来说，地磁变换是灾难性的。地磁消失后，宇宙中的各种射线都会直达地表，地球上生活的生物将失去"保护伞"，受到强烈辐射的伤害。还有科学家认为，地磁场改变导致染色体畸变，会使动植物发生变异生长。

信鸽辨别方向的能力特别强，即使把上海的信鸽带到内蒙古放飞，它仍然会飞回上海。路途中就是遭遇到狂风暴雨，它也不会迷失方向。如此高强的辨别方向的本领让科学家们啧啧称奇。于是他们对信鸽进行研究，做了这样一个有趣的实验。他们在一个阴天的下午，把磁棒和铜棒分别绑在一些鸽子身上，然后运到很远的地方放飞。结果很有趣，绑着铜棒的鸽子，飞行方向正确，都安全返回主人家。而那些绑着磁棒的鸽子却满天飞失去了方向。这个实验说明鸽子辨别方向的能力受到磁场的影响。绑了磁棒的鸽子，识别地磁场的本领受到磁棒的干扰，自然也就迷失方向。

科学家们又对类似的候鸟迁徙现象进行了研究，结果发现候鸟体内也有"雷达"，它们和鸽子一样，能够根据自己的电磁场同地磁场的相互作用来辨别方向。为了进一步证实这一点，科学家们在秋天把候鸟关进笼子里，用布罩起来，不让它们看到外面的世界。这些鸟却倔强地聚集在笼子的南部，准备向南飞。后来，科学家又把笼子放在一种磁场装置里，这些鸟儿就失去了方向，开始散布在笼子各处。可见地磁场是它们辨别方向至关重要的依据。不光鸟类，就是一些昆虫，甚至细菌也会对地磁场有感受能力。有一种细菌，总是一头朝南，一头朝北。从不在东西方向上"躺"着。这就充分说明它也有感知地磁场的本领。有的鱼儿，把它放进陌生的静水池里，它也是朝着南北方向游动。有种白蚁能在南北方向上建巢,因此称这种白蚁为"罗盘白蚁"。

地球存在磁场的原因还不为人所知,普遍认为是由地核内液态铁的流动引起的。最具代表性的假说是"发电机理论"。1945 年,物理学家埃尔萨塞根据磁流体发电机的原理,认为当液态的外地核在最初的微弱磁场中运动,像磁流体发电机一样产生电流,电流的磁场又使原来的弱磁场增强,这样外地核物质与磁场相互作用,使原来的弱磁场不断加强。由于摩擦生热的消耗,磁场增加到一定程度就稳定下来,形成了现在的地磁场。

还有一种假说认为:铁磁质在 770℃(居里温度)的高温中磁性会完全消失。在地层深处的高温状态下,铁会达到并超过自身的熔点呈现液态,绝不会形成地球磁场。而应用"磁现象的电本质"来做解释,认为按照物理学研究的结果,高温、高压中的物质,其原子的核外电子会被加速而向外逃逸。所以,地核在 6000K 的高温和 360 万个大气压的环境中会有大量的电子逃逸出来,地幔间会形成负电层。按照麦克斯韦的电磁理论:电动生磁,磁动生电。所以,要形成地球南北极式的磁场,必然需要形成旋转的电场,而地球自转必然会造成地幔负电层旋转,即旋转的负电场,磁场由此而生。

医学家发现,人类的某些疾病与地球的磁纬度也有一定的关系。例如猩红热的发病率就与地磁的变化有关。在一些地磁异常的地方,人们患高血压、风湿性关节炎和精神病的人数,要比地磁场正常的地区高差不多 1.5 倍。这充分说明,地磁场能使人体患上某些疾病。

有科学家据此认为,地球上生命的存在,和地磁场形成的保护层有密切关系。因此宇宙中各种宇宙射线即使有穿透岩层的能量,却被拒之于磁场之外。没有这个保护层,生物就无法衍生繁殖,人类也不会安然无恙。而其他一些星球,虽然空气、温度、水分适宜,但就因为几乎没有磁场的保护,所以至今尚无生命。正是因为在磁环境下孕育着生命,所以生物与人类有着奇特的感应和适应能力。信鸽、候鸟、海豚等都是这种奇特的感应和适应能力的具体体现。这些动物的器官和组织中,都有着磁铁细粒,因此,它们都有着磁性细胞。正是这些磁性细胞,使它们自身具备生物罗盘而永不迷向。

作为高级生命的人类来说,虽然生物罗盘的作用已退化了,但仍有少数有特异功能的人还保留着这种特点。可见,人与磁也有着密切的关系。我们知道,电与磁是难以分开的,电流能产生磁场,磁场能感应电流。在人体内,由于生命活动必然产生生物电流,如心电流、脑电流等。这些生物电流必然产生生物磁场,由心磁图和脑磁图都观测到磁场的存在,尽管生物磁场比起地磁场来小得多,但是研究生物磁场对于了解脑的思维、生命的活动却有着重要的意义。

据说,人的心理状态、喜怒哀乐的精神因素,会直接影响心磁场的强度,而脑的思维情况也由脑子的不同部位的磁信号反映出来。因此可以用人工电磁信号去取代紊乱的电磁信号,从而达到治病的目的。

提到治病,磁的应用可以说是全方位的。像上面所说,电磁信号可以诊断和治疗疾病。另外,还可用药物或针疗等办法,比如中医常用磁石作为一种镇静药。还有现在流行的磁化杯和磁化水,也成为保健物品。更为神奇的是,磁还具有使人类恢复再生功能的巨大魔力! 我们知道,原始动物如蜥蜴断了腿或尾巴以后能重新长上,螃蟹掉了螯钳以后还能长出更粗的螯钳。但是高等动物就不行。但通过医学实践证明,在适当的电磁场下可以使断骨的愈合加速,在脉冲电磁场的刺激下,可以使家鼠的断肢再生。因此磁疗的研究,在将来甚至有可能使人类的器官再生。这样,人的生命对于我们来说并不是只一次了,每个人都可以有多次生命。这无疑是天大的福音。

那么,地磁场是如何影响人体健康的呢? 科学家们给出的解释有多种,但都不理想。一种认为人体的各部分都有水,水在地磁场中会发生物理化学变化。这样,当地磁场变化后,自然影响到水,也就使人体功能也发生变化,引起某些疾病。有的学者认为,人的各种器官也是有磁场的,即使地磁场发生微弱变化,也引起头脑、血液等周围的磁场发生变化,导致机体功能受影响,功能失常,疾病出现;也有人认为,人是处在不同生态环境之中,因此人的每个器官都带有当地地磁生态的烙印。当地磁变化后,人就会出现生理反常,产生反应,引起疾病。

当然,还有人提出生物膜理论以及其他不同的解释,但都不能使人满意。地磁场到底如何影响人体,特别是对大脑活动以及生理活动的影响,尚没有得到科学的解释。同样,在零磁环境下人类会受什么影响,在宇宙航行或在其他星球居住时,新的磁环境会对寿命有什么影响,也都是未来的课题。

人造核元素的秘密

我们都知道物质由分子构成,分子又由原子构成。

原子很小,直径只有一百亿分之一米。在1根头发丝的端面上,能排一万亿个原子。原子虽小,其内却并非毫无结构,而是一个丰富多彩的"世界":一个直径为一千万亿分之一米的核(即核的直径为原子的十万分之一)和众多(至少一个)绕核运动的电子。若将原子放大 10^{21}(即10万亿亿)倍,它就像我们的太阳系了,太阳是核,众多绕太阳运动的行星是电子。即便是核,其内也是一个色彩斑斓的世界:由众多状态各异的质子和中子组成。这些质子和中子以三百多种不同的组合方式,构成一个天然庞大的原子核家族,家族"人员"达三百多种。自1934年以来,人工还制造了两千四百多种核素,这更壮大了原子核家庭的气势。但这些人造核素"命运"多舛,寿命短,不稳定,叫做奇异原子核。

氢原子核只有一个质子,大多数氧是有八个质子和中子,记作 $^{16}_{8}O^{8}$,铀核有两种,$^{238}_{92}$

$U_{92}^{146235}U^{143}$，都是第 92 号原子的核心，但核内中子数不同，$_{92}^{238}U^{146}$ 含 146 个中子，$_{92}^{235}U^{143}$ 则只含 143 个中子。$_{92}^{235}U^{143}$ 占自然界所有铀的千分之七，是核能利用的主要原料。上述各原子核均是自然界存在的稳定原子核，其内的质子数 Z 和中子数 N 满足一定的关系。不满足这种关系的原子核就不稳定，将发生放射性衰变。或者说稳定原子核的 N/Z 的值是一定的（有一个允许范围），偏离了这一范围，原子核就不稳定。若偏离得太长，原子核就根本无法存在，"拼"不起来。人造核素的 Z/N 值越来越偏离稳定值，于是显示出了一系列奇异的性质（故称之为奇异原子核）。天然存在三百多种核素大部分是稳定的，约有十分之一是不稳定的，通过释放 α 或 β 或 γ（α 即氦核 $_2^4He^2$，B 即电子或变正电子，γ 是高能光子）而衰变。按照核理论，若无放射性衰变，自然界应存在约八千种核素。因此，人类应还能制造出几千种新核素或奇异原子核。

按照《辞海》解释，放射性是"不稳定原子核自发放出 α、β、γ 射线的现象。"现在，这个定义必须大大地加以扩充。1982 年，科学家发现某些奇异原子核具有的质子放射性，处于基态的人造核素 $^{151}L_u$（Lu 表示镥）和 $^{147}T_m$（Tm 表示铥）能自发地释放出一个质子（天然镥（第 71 号元素）的大多数（97.4%）是 $^{175}L_u$，比人造的 $^{151}L_u$ 多 24 个中子；天然铥（第 69 号元素）全部是 $^{167}T_m$，比人造的 $^{147}T_m$ 多 22 个中子。$^{151}L_u$ 和 $^{147}T_m$ 的"z/N"值均远远离稳定的"z/N"值中子极为贫乏而质子则大大过剩）。此外，还有 β 缓发粒子，包括 β 缓发 α 粒子（一个原子 β 衰变后，变成另一处于激发态的原子核，随后新生原子核又发射出 α 粒子）、β 缓发中子、β 缓发质子、β 缓发双中子、β 缓发三中子、β 缓发双质子、β 缓发氕，迄今已发现 100 余种核素存在 β 缓发粒子，理论上预告至少有 100 个核素存在 β 缓发粒子。1984 年发现某些重核可自发放射 $_6^{14}C^8$，1985 年发现自发发射 $_{10}^{24}Ne^{14}$，理论预言，处于基态的原子核应能自发发射双质子、中子和双中子。

中子数或质子数为 2,8,20,28,40,50,82 等的原子核特别稳定，叫作"幻数"核（1949 年迈耶与简森创立了核的壳层模型，解释了"幻数"，迈耶与简森因此荣获 1963 年度诺贝尔物理学奖）。幻数核和邻近幻数的核呈球形（闭壳层是球对称的），与幻数核偏离远的原子核则有形变，有的如（扁盘式的）大饼形，有的如橄榄球形，甚至有的如雪茄烟状（1953 年，奥·玻尔与莫特逊创建了核的集体模型，解释核的形变，荣获 1975 年度的诺贝尔物理学奖）。上述结论来自稳定或近稳定的原子核。人造核素远离稳定区，在形体上也有独特之处。有些奇异原子核在基态时呈球形，但到了激发态却不是，有形变。例如人造 $_{80}^{184}Hg$，其质子数 Z = 80，与质子幻数（82）接近，在基态时是球形，与天然稳定 $_{80}^{184}Hg$ 类似，但处于激发态时就有形变，与 $_{20}^{202}Hg$ 在激发态也呈球形不同。在奇异原子核中还存在"变形幻数"。当中子数或质子数等于这种数时，相应的原子核形变很大。38 就是一个典型的形变幻数。

幻数与核能量有着巧妙的联系。球形核只有集体振动，"形变"核才有转动。相应于振动的能量比较高，一般在 1 兆电子伏特（1 电子伏特 = 1.6×10^{-19} 焦耳）左右。例如，$^{102}_{68}Ni_{34}$（Z = 28，为幻数）是典型球核，第一激发态能量 E1 为 1.17 兆电子伏特。相对于转动的能量比较低，例如，$^{154}_{64}Gd_{90}$ 是典型形变核；$^{100}_{38}Sr_{62}$ 和 $^{74}_{36}Kr_{38}$，其 E1 分别为 0.03 兆电子伏特和 o.028 兆电子伏特，它们均具有形变幻数 38（一个是质子数为 38，另一个是中子数为 38）。当原子核既具有形变幻数（Z = 38），又具有球形幻数（N = 40）时，核仍有形变，形变幻数（比球形幻数）"幻"得更厉害。现在，科学家正在寻找 Z 和 N 都等于 38 的原子核，期望创造形变新记录。

奇异原子核的奇特性质正在不断地被揭露出来。这极大地丰富了核世界或核家族里的核现象。也许，随着奇异核一个个被制出来，Z/N 值逐渐远离稳定区。将会发现更加奇异的核现象，甚至导致现在核理论的重大修改和突破。

"玩火者"的背后

火在人们眼中是一个危险的事物，因为人们知道火能烧毁人的皮肤，火的高温是一般人所无法忍受的。但是，我们又不难看到，在现实生活中总有一些不怕火的人，尤其是一些"表演者"，他们或者将火含在口中，或者能从火堆中从容走过……

成语"火中取栗"源出于这样一个故事：狡猾的狐狸，骗猴子为它取出火中的栗子。结果猴子不但没有取出栗子，反而把脚上的毛烧掉了。这则故事说明人们认为：直接用手从火中取出东西是一件不可能的事。

然而，发生在人们生活中的某些现象，却要比"火中取栗"惊险很多。有消息报导，早些时候，在国外狂欢节的余兴节目中，有些大胆的表演者当场将一个潮湿的手指伸进熔化了的铜液中，尽管他以极快的速度将手从熔铜中缩回，但是也使得周围的观众心惊肉跳，目瞪口呆。一本《吉尼斯世界记录》中，描述了一些更大胆的表演者，竟然赤着脚在 650℃ 的燃烧着的一长堆木炭上步行了约 7.5 米。你可能认为表演者的脚底事先已经抹了一种高级的绝热防护剂吧！

实际上这是一种物理现象，可以这样解释：当一个潮湿的手指迅速插入高温熔液中时，手指头上的水突然受热汽化，在手指周围形成一个很薄的蒸汽层。气体是热的不良导体，在一段短暂的时间内，它可以起到绝热防护作用。不过，潮湿的手指头伸进熔化的铜液后，得赶快缩回来。因为时间一长，蒸汽层消失，防护作用失败，后果就不堪设想了。读者可不要去做这种冒险的尝试。

关于"蹈火"的表演，最关键的是表演者脚底上要有足够的汗水。当脚底上的某些部位与炭火接触时,由于汗水的迅速汽化,脚底和木炭之间形成的蒸汽膜起到了瞬时保护作用。步与步之间流出的汗水补偿了部分水分。如果脚底上沾满了厚厚的煤炭或者长着硬茧,也许还能多走上几步。如果跑步,会使双脚反向踩上炭火而使保护层失败。

原来,看似勇敢的"玩火者"背后却隐藏着这样的玄机。看来很多事物的奥秘都存在于很小的细节当中,等待着人们去发现。

人造卫星为什么不会被大气层烧毁

为什么流星穿过大气层被烧掉,而人造卫星发射时也穿过大气层,却没有被烧掉呢?

流星穿过大气层前,本身就具有一定的速度。在地球强大的吸引力作用下,流星越靠近地球,地球对它的引力就越大,因此它的速度迅速地增大,最后能达到每秒 20～70 千米。流星以这么高的速度在大气层中运动,受到了巨大的摩擦力,使流星达到几千度的高温,足以烧掉流星。

人造卫星发射前,相对于地球的速度为零,在发射过程中还要不断克服地球的引力,开始的速度很慢,以后逐渐增加。在目前技术条件下,第一级火箭发动结束后才增加到每秒二至三千米。这时卫星已经离地面 50～100 千米高,那里的大气密度还没有地面的千分之一。当卫星进入轨道时,速度达到每秒 7.9 千米以上。可是此时高度更高,大气更加稀薄了。所以,在人造卫星发射过程中,虽然由于空气摩擦而产生的温度相当高,但比流星穿过大气层时的温度要低得多,所以不会被烧掉。但尽管这样,还是要用耐高温的合金来做火箭的外壳。为了减少人造卫星与大气层的摩擦,还采取了下面的措施:

(1)卫星和火箭的联结总体的外壳,要造得尽量光滑,以减少大气的阻力。(2)与前进方向垂直的火箭横截面越大,受到的阻力就越大,因此火箭要做成细长的。(3)发射卫星时,为了尽快脱离最浓密的低层大气,一般采用垂直于地面,或基本垂直于地面向上发射的方法。

人造卫星发射穿过大气层时不使其燃烧用的是这些办法,那么宇宙飞船返回地球穿过大气层时用什么方法不让它

人造卫星

烧掉呢? 一般都用这些方法:当飞船返回地球,将要进入大气层时,飞船向前进的方向喷气,就像喷气飞机那样;不过是向前喷,不是向后喷,使飞船的速度减慢。这时飞船开始下降,当它进入大气层时,不是像一块石头那样笔直地从几百千米高空直冲下来;而是逐

渐转成一个弧形很大的下降轨道,斜着飞下来,一般要绕着地球飞行半圈以后,再打开强大的降落伞,这时飞船就可以缓慢而安全地落到地面了。

奇妙的"真空世界"

"马德堡半球"实验是世界上的一个有关于"真空的实验"。

1654年,科学家葛利克用铜做了两个大半球,并将它们对接密封起来,用他自己发明的抽气机将球内空气抽出,之后用十六匹马分别对拉两半球,马最终竭尽全力才拉开。球内经抽气后的空间叫做真空。这个实验证明真空的存在。

真空其实不空。直至今天,科学家都不能完全排除甚至某一小范围内的空气。电视机显象管需要高真空才能保证图像清晰,其内真空度达到几十亿分之一个大气压,即其内一立方厘米大小的空间有好几百亿个空气分子。在高能加速器上,为防止加速的基本粒子与管道中的空气分子碰撞而损失能量,需要管道保持几亿亿分之一个大气压的超高真空,即使在这样的空间,一立方厘米内还有近千个空气分子。太空实验室是高度真空的,每立方厘米的空间也有几个空气分子。

上述以抽出空气方式得到的真空叫做技术真空,它并不空。科学家称技术真空的极限,即完全没有任何实物粒子存在的真空,为"物理真空"。它非但不空,而且极为复杂。按照狄拉克的观点,它是一个填满了负能电子的海洋。上世纪20年代,英国物理学家狄拉克结合狭义相对论和量子力学,建立了一个描述电子运动的方程。它一方面十分正确地描述了电子运动,另一方面又预言了科学家当时尚未认识的负能量电子。

自然界一切物体的能量总是正的。高山流水有(正)能量,能冲刷堤岸,推动机器。高速运动电子有(正)能量,能使电视荧光屏发光。电子具有负能量,就意味着加速它时,它反而减速;向左推它时,它向右运动。而且电子总处于放能过程中,如同高山流水总往低处流一样。电子的能量将越来越负,高山流水最终还只能流到大海,电子能量则将负至无穷,这意味着一切宏观的物体均将解体。这显然是荒谬绝伦的。

按照量子力学,两个电子不能处在完全相同的状态上,就如一个座位通常只能坐一人不能坐两个人一样,狄拉克认为,所有负能状态通常是"满员"的,被无穷多的负能电子占据。因此,正能电子其实是不能永无止境地发射能量的,其能量甚至不能降至零。这意味着,即使一个没有任何实物粒子的空间,也是一个充满无穷多个负能电子的大海。一个负能电子可通过吸收足够多的能量而转变为具有正能量的普通电子,尔后在负电子海洋中留下一个空穴,即少了一份负能量和一个负电子,这相当于给了海洋一个带正电荷和正能量的反电子(或正电子)。

1932年,美国物理学家安德孙果然找到了它,狄拉克的理论也终为大家所接受。质子和中子也有负能反粒子,物理真空还可分别由它们(负能质子或负能中子)填充。在物理真空中,正反粒子对可不断地产生,消失或消失后又产生,它们生存时间短,瞬息万变,迄今还未观测到,被称为虚粒子。它们在一定条件下可产生一些物理效应。例如,一个重原子核周围的虚核子(反质子和反中子)在强电场作用下,会排列起来,出现正负极性,称为真空极化,这将影响核外电子的分布,导致原子核结构改变。

粒子(如电子)与反粒子(如正电子)碰到一起,变成一束光;反之,一束强光也可从物理真空中打出粒子与反粒子,质子与中子等并非终极基本粒子,而是由更基本的"夸克"组成。夸克有六种"味",即上夸克、下夸克、粲夸克、奇异夸克、顶夸克和底夸克。它们在质子中子等粒子内部几乎作自由运动,但不能脱离这些粒子而单独存在。它们似乎被一种强大的力囚禁了起来。按照"口袋模型"(1974),粒子就如物理真空中运动的口袋,口袋里装有夸克,夸克间存在很微弱的相互作用,由一种叫做胶子的粒子传递。粒子衰变或破碎为两种或两种以上的其他粒子时,可看作一个口袋变成两个或两个以上的口袋。同样,两个或两个以上的粒子聚合成一个大粒子,就相当于多个口袋合成一个大口袋。于是,在破碎和聚合过程中,永远找不到单个夸克,口袋的分解或聚合就如液体(如肥皂水)中气泡的分解和合成。

气泡内气体分子是自由运动的,大气泡可以分解成小气泡,小气泡也可合并成大气泡。若基本粒子如小气泡,则物理真空就如液体。这种液体性质独特,它只能一对对地产生气泡,或一对对地消失。按照口袋模型,口袋里面(或气泡里面)叫做简单真空,外面是物理真空,这形成真空的两种"相"。

物理真空在一定条件下可变成简单真空。固体受热变液体,液体受热变气体,这些只需几百度或成千上万度就可发生。温度高达几十万、几百万或几千万度时,气体原子就要解体,变成叫做离子的带电粒子。同样,温度足够高时,口袋也将解体,质子、中子等基本粒子不再是基本的物质形式,它们将成一锅由夸克和胶子组成的高温粥,称为夸克一胶子等离子体,物理真空也就成了简单真空。

计算机模拟实验表明,物理真空熔化为简单真空需两万亿度以上的高温,这个熔化的物理真空也叫"熔融真空"。重原子核可以包含上百个质子和中子,其内空间正常状态下是个很好的物理真空。科学家希望通过碰撞来加热它,使其熔化,获得简单真空。目前在高能实验室中,质子和原子核间的碰撞能量已达几百兆电子伏特,这已相当于将原子核(局部)加热到了几万亿度,但由于质子(与原子核比较)太小,只将原子核穿了一个洞,并未将整个原子核熔化。科学家正在设法利用重原子核间的碰撞来实现熔融真空。熔融真空实验之所以重要,不仅在于它能直接检验关于基本粒子结构的一些理论假设,还在于其实验结果可能有助于科学家理解宇宙的早期演化。按照大爆炸模型,我们的宇宙始于约二百亿年前的一次巨大爆炸。爆炸发生的一瞬间,温度远远超过熔融真空所需温度;故早期的宇宙应是夸克—胶子等离子体。随着宇宙的膨胀,温度逐渐降低,简单真空转化过程中,应存在由 50 个或以上的夸克所组成的物质结构(通常的粒子只包含 2 个或 3 个夸克)。

熔融真空实验是对这种早期宇宙演化的模拟,是一种理解宇宙演化的重要手段。为测量真空熔化时放出的大量粒子,需在非常小的锥体内同时测量上千个粒子。迄今还没有人能够在一次碰撞事例中测量上百个粒子。科学家即使使用他们最娴熟的乳胶探测器,尽管其分辨率很高,也无能为力,这些困难经常困扰着科学家并激励他们去解决。

看来,"真空"并不像我们想象的那么简单,更不是一无是处,随着人们科研技术的提高,"真空"将在科学技术上得到更广泛地应用。

金属也会疲劳吗

我们小时候都玩过这样的游戏,将铁皮或者铁丝反复对折,它就会折断,这其实就是"金属疲劳"现象。

金属虽然像人一样会发生疲劳,但却同人的疲劳有着本质的区别:人疲劳后,经过一定的休息就可以恢复,而金属疲劳则永远不能恢复。

因而有许多恶性破坏事故,如轮船沉没、飞机坠毁、桥梁倒塌等。据估计,在现代机器设备中,有 80% ~ 90% 的零部件的损坏,都是由于金属的疲劳造成的。因为金属部件所受的外力超过一定限度,在材料内部抵抗最弱的地方,会出现人眼察觉不到的裂纹。

如果部件所受外力不变,微小的裂纹就不会发展,材料也不易损坏。如果部件所受的是一种方向或大小经常重复变化的外力,那么,金属材料内部的微小裂纹就会时而张开,时而相压,时而互相研磨,使裂纹扩大和发展。当裂纹扩大到一定程度,金属材料被削弱到不再能承担外力时,只要有一点偶然的冲击,零部件就会发生断裂。所以,金属疲劳造成的破坏,往往都是突如其来,没有明显的迹象让人察觉。

"金属疲劳"一词,最早是由法国学者彭赛提出来的。但对金属疲劳进行研究的,则是德国科学家 A·沃勒,他在 19 世纪 50 年代,就发现了表现金属疲劳特性的 S—N 曲线,并提出了疲劳极限的概念。尽管对金属疲劳的研究已经有一百多年了,做为综合性的应用学科,已经从物理学的固体力学和金属物理学领域中分离出来,但许多问题仍没有得到解决。

现在,人们对金属的疲劳问题仍在不懈地探索着。其中人们最为关注的,是如何对现代化工业设备采取预防和保护措施,防患于未然。比如,选择具有较高抗疲劳性能的材料,防止应力集中,合理布局结构,提高构件表面加工质量和采用一些新技术和新工艺等。

再就是从理论上探讨金属疲劳造成破坏的原理是什么。在这方面,科学家们进行了各种各样的分析和研究。在疲劳破坏机理的研究中,就有人提出循环软化、滑移、位错、空洞合并和拉链等说法;在疲劳积累损伤方面,目前已建立了几十种损伤理论,包括线性理论、修正理论经验公式和半经验公式等;在疲劳裂纹扩展方面,已提出了几个裂纹扩展公式。但这些观点和实验方法,都具有很大的局限性和片面性,还需科学家们付出更大的辛劳和努力。

金属疲劳问题,是现代工业面临的大敌,如不及时解决,将会遗患无穷。所以,现在世界各国的科学家,都在进行不懈的努力,力图克服这个领域中的种种疑难。相信在不远的将来,这方面的研究会有重大的突破。

为什么4℃时水的密度最大

为什么在4℃时水的密度最大,这里介绍一种比较常见的解释。

我们知道水的密度比冰的密度大,这是因为液态的水在凝固成冰的时候,分子间的相互作用力使分子按一定的规则排列,每个分子都被四个分子所包围,形成一个结晶四面体。这种排列方式是比较松散的,使得冰晶体中的分子间的平均距离大于液态水中的分子间的平均距离。在液态水中,分子的排列比较混乱,不像冰中的分子那样,按一定的规律排列。分子在液态中的运动虽然比在冰中更自由,但分子与分子间的平均距离比在冰中更小,所以水的密度比冰的密度大。

用X射线研究液态水的结构时,发现液态水中在一定程度上还保留着非常微小的冰的晶体。根据推算,在接近0℃的水里,约包含着0.6%的这种微晶体。当温度逐渐升高时,这种微晶体逐渐地被破坏,由于这种微晶体具有较小的密度,所以微晶体的被破坏就会引起密度的增加。因此,在水中有两种使密度改变的效应:①使密度变小的效应。当温度升高的时候,水分子的热运动更剧烈了,分子间的距离变大了,因而引起密度的减小。②使密度变大的效应。当温度升高时,水中的微晶体逐渐地被破坏,引起密度的增大。在4℃以上,水的温度升高时,第一种效应占优势,水的密度减小,体积增大。在4℃以下,水的温度升高时,第二种效应占优势,水的密度增大,体积减小。因此,水在4℃的时候,密度最大,这就是水的密度反常变化的原因。

"反重力"的发现

南太平洋波纳佩岛东南有一个叫泰蒙岛的小岛,在这个小岛延伸出去的许多珊瑚礁浅滩上耸立着一座座用巨大的玄武岩石柱纵横交错垒起的高达四米多的建筑物,像是一座座神庙,被称为南·马特尔遗迹。不少学者认为该遗迹不是人力所能完成的。据估计整个建筑用了大约一百万块玄武岩,是从小岛北面的采石场开凿、加工成石柱后运到这里的。专家们估计,这需要1000名壮劳力从事劳动,那么光采石就需655年,每一根石柱用人工加工三角形或六角形棱柱也需200—300年,最终完成这一工程则需1550年。专家们认为,根据岛上当时的人口状况也不可能完成此项工程。于是,有人提出了第六大陆文明的假说。1868年,驻印度的英国军官天治瓦特从一位高僧珍藏多年而又从未向外透露的几个泥塑板上破译出了其中的记载:远古的太平洋上存在着辽阔的第六大陆,它包括东到夏威夷,西到马里亚纳群岛,南到波纳佩岛和库克群岛的广大区域,是人类最早的发祥地。距今约五万年前,文明发达,技术先进,昌盛一时,在一万两千年前因大地震而沉陷海底。这与中国的《山海经·海外西经》中的奇肱国的记载不谋而合。中国古籍记载奇肱国离五门关四万里,那里的人能制造、驾驶飞车,随风游行四方。因此,天治瓦特认为,现今南太平洋上的无数岛屿是第六大陆的残骸,而南·马特尔遗迹就是

反重力飞行器

泥塑板上记载的第六大陆文化中心的七城市之一——罕拉尼普拉。

　　但是,长年从事波纳佩岛与第六大陆文明关系研究的詹宁不同意天治瓦特的观点,认为第六大陆的真正文化中心是在现今夏威夷岛东北五六千米的地方。他认为,泥塑板上记载的是古印度的历史,文中所描述的当时已有像今天的飞机一样能在空中飞行的机械,与古印度梵语叙事诗《摩诃婆罗多》中的记载相似。他认为第六大陆的文明和科学与今天合理主义的科学不同,有控制重力的能力,即掌握了反重力技术,今天印度瑜伽行者能使身体漂浮在空中的能力,也属于第六大陆文明之列。由此,美国反重力工程学专家戴维认为通过反重力工程学的研究,也许可以揭开南·马特尔遗迹之谜。并根据由爱因斯坦统一场论导出的和研究UFO所谓的音叉装置提出的声共振作用产生反动力的假说,企图以此来说明南·马特尔遗迹巨石建筑的巨石是用反重力控制法空运来的。他还指出阿波罗计划的登月舱装着火箭只是为摆脱月球的重力,是一种军事上需要的伪装,而与此同时,也使用反重力装置。那时,第六大陆文明高度发达,传播四方,因此,古老美洲的种种神秘建筑可能与第六大陆文明的飞车、反重力技术等有关。

　　那么,到底什么是反重力呢? 反重力就是排斥物体的力,是同重力相对而言的。众所周知,有了万有引力,才有了自由落体的完善理论。但是近年科学家们的一些实验对

此提出了挑战。著名物理学家费希巴赫根据对 K 介子衰变速度在接近光速时其延长寿命比爱因斯坦的相对论预言的要长的研究,又做了大量自由落体的实验,提出了反重力的概念。他认为,反重力与称为超荷的粒子结合,这个排斥力也许与原子内的中子与质子的总数成比例。这就意味着从九米高处落下的羽毛比同样高度落下的铅球几乎早十亿分之一秒落地。理由是,铅球有更密集的质子和中子,具有更大的超荷。由这个超荷产生的反重力使物体远离地面,致使铅球的落下稍为推迟。这是现代物理学家的理论认识。

学者们认为,第六大陆文明已经认识了反重力,就像人们在 19 世纪认识磁力一样。今天,电磁担当了磁悬浮列车、火箭、电话、激光等技术的中枢,而这在一百年前则是无法想象的。掌握了反重力技术,像建造美洲古代建筑这样复杂的工程则就易如反掌了。

物质的无限可分性

我国古代哲学家庄子说:"一尺之棰,日取其半,万世不竭。"指出了物质的无限可分性。但是,人们对物质的无限可分性,是逐步认识到的,夸克模式的提出,就是人的这一认识的深化。

在人们开始认识物质世界的时候,就提出了各种各样的说法。古希腊的一些哲学家认为,世上各种各样的物质,都是由一些永远不变,不可再分的基本单位构成,他们把这种基本单位叫原子。直到 16 世纪后叶,才由物理学家证实了原子的存在。后来,意大利科学家阿伏伽德罗又提出了分子学说,补充了道尔顿的原子论。由此人们便形成了这样一种思维模式:物质由分子组成,分子由原子组成,原子不能再分。

到 19 世纪末,原子不可分的模式受到了冲击,美国科学家汤姆逊发现了比原子小得多的粒子——电子。接着科学家们查明,原子中心有一个很小的原子核,有些电子围着原子核运转。到 20 世纪 30 年代,人们又发现了原子是由质子和中子组成的。质子带正电,中子是电中性,二者比电子重一千八百多倍。后来人们又发现,电磁波和光也是由叫光子的粒子组成。这样,人们就发现了比原子更深入的一个新层次——属质子、中子、电子一个层次的正电子、中微子、μ 子、τ 子等。人们以为发现了构成物质世界的最基本单位,因此就称为基本粒子,认为它们是组成各种物质的永远不变、不可再分的基本单位。

可是后来人们发现的一些现象说明,基本粒子并不"基本",在强子内部,还应有更小、更基本的东西。

对此,日本物理学家权田昌一于 1956 年提出了著名的坂田模型,认为强子是由质子、中子、Λ 超子等三种基础粒子及其反粒子组成。到了 1964 年,美国物理学家盖尔曼改进了坂田模型,保留了三种"基础粒子",但不是质子、中子和 Λ 超子,而是由某种未知的、具有一定对称性的东西——夸克组成。

为什么叫夸克呢？说来夸克的命名还有一个有趣的故事。在英国小说家詹姆斯·乔伊斯的小说《芬尼根守夜人》中，有这样几句诗：

"夸克……

夸克……夸克"，

三五海鸟把脖子伸直，

一齐冲着绅士马克。

除了三声"夸克"，

马克一无所得：

除了冀求的目标，

全部都归马克。

至高无上的天帝，

把身子躲在云里，

窥视下界，

不由得连连叹息。

马克先生啊，可笑可怜：

黑暗中拼命呼唤着——"我的衬衣，衬衣，"

为寻找那条沾满污泥的长裤，

蹒跚在公园深处，一步一跌。

小说描绘了劳恩先生的生活情况。他有时以马克先生的面目出现。夸克指海鸟的鸣叫声，又指马克的三个儿子，而马克又时时通过儿子的行为来表现自己。盖尔曼设想在一个质子里包含着三个未知粒子，便随意地给他取名为"夸克"。我国则习惯把"夸克"叫"层子"，意为是比电子、质子、中子这些基本粒子更下层的粒子。

盖尔曼的夸克模式指出，这种粒子的最大特点是带分数电荷，并设想可能存在三种夸克——质子夸克、中子夸克和奇异夸克。到1974至1976年间，有人又把夸克家族增加到六个，即粲夸克、上夸克、下夸克。

既然设想到了夸克的存在，那么夸克到底在什么地方呢？有人认为夸克像蹲监狱一样，被关在强子里面。强子就像一个口袋，夸克被关在里面，它可以在口袋里自由运动，但不允许离开口袋，要想把夸克从口袋里弄出来，必须提供极大的能量，但在目前还办不到。

尽管夸克还处在假设阶段，有些物理学家又开始考虑比夸克更下一层的粒子了。欧洲核子研究中心的德·罗杰拉已经为组成夸克的粒子起名为"格里克"。后来，人们提出了五花八门的亚夸克模型,起了各种各样的名称,如亚夸克、前夸克、前子或初子,还有叫奎斯、阿尔法的。1974 年,美国物理学家帕堤和萨拉姆提出了这样的亚夸克模型:i 味子:p、n、λ、X,自旋 $S = 1/2$;ii 色子:r、y、g、1,自旋 $s = 0$。它们可构成夸克 $ur = (pr)$、$uy = (py)$、$ug = (pg)$ 等;还有构成轻子:$e = (n1)$、$yu = (x1)$、$\mu(\lambda1)$ 等等。1977 年,日本东京大学核物理研究所寺泽英纯教授在以上模型基础上,又提出了一种新的模型:夸克:味子 + 色子 + 代子,这些味子、色子和代子,均是自旋为 1/2 的亚夸克。不管提出的模型有多么不同,但都认为夸克还有下一个层次,所以,我国把亚夸克又称"亚层子"。

到底夸克是个什么面貌? 亚夸克是否真的存在? 这些都还没有结论,正期待着人们去揭示它。

飞机如何实现隐身术

在谈飞机的隐身术之前,先要谈谈雷达。雷达是一种利用无线电波搜索目标和测量其位置的设备。雷达的构造虽然复杂,但它的基本原理是好懂的,打个比方就明白了:你站在山谷里,对着高山大喊一声,过一会儿你就会听到回声。如果你把从发声到听到回声的时间计算出来,你就可以根据声音传播的速度,算出高山离你有多远。

雷达的工作原理也是如此,所不同的是,它发出的不是声波,而是无线电波。雷达发出的电波,在前进过程中如果碰到什么物体,就会反射回来显示在荧光屏上,但并不是具体的图像,而是一些亮斑。物体的性质、大小、形状不同,亮斑的大小、形状和明暗程度也不同。

雷达发明出来以后,很快就被运用到军事上,成了"防空部队的眼睛"。过去,敌人的飞机来袭击,总是不能及早发现,等发现了,敌机已经靠得很近,往往来不及反击。有了雷达之后,敌机还在几百千米之外,就能被雷达发现,不等它到达袭击目标,就可以向它开火。

俗话说:"有矛就有盾。"在雷达出现不久,许多反雷达的手段也出现了,其中之一就是"隐形技术"。这种技术能给雷达制造假像,使雷达"看不见"飞机。雷达是第二次世界大战中发明的,隐形技术也是在第二次世界大战中出现的。第二次世界大战结束以后,雷达技术不断发展,隐形技术也在不断发展。

美国是当今世界上研究"隐形技术"投资最多、最花力气的国家。早在 20 世纪 50 年代末,美国为了从空中获取其他国家的军事情报,便秘密研制出一种叫"黑鸟"的高空侦察机,这种飞机不容易被对方的雷达发现,被看作是早期的隐形飞机。1975 年,美国又制订了神秘的"蓝色计划",发展隐形系列飞行器,包括隐形战斗机、隐形轰炸机、隐形导弹等等。20 世纪 80 年代初期,美国又研制出新型的"偷袭"号隐形轰炸机。有一次,在离警戒雷达 40 千米的地方飞行三十多分钟，雷达系统居然没有发现，隐形效果很好。

美国隐形飞机

隐形飞机用了什么隐身术，让雷达变成"睁眼瞎"呢？

办法有四种：

第一种：在飞机的机身上涂上两层能够吸收电波的"油漆"。雷达发出的电波被这种"油漆""吃掉"了，没有回波，雷达自然就变成了"瞎子"啦。

第二种：在飞机上采用吸收雷达波的复合材料。这种材料内部结构松散，受雷达波辐射后产生振动，把雷达波转换成热能而散发掉。

第三种：飞机机身尽量采用圆滑、曲线形的表面形状，让发射来的雷达波不易发生反射，缩小被雷达发现的截面积。

第四种：尽量减少飞机本身发出的电子辐射和热辐射，让对方的监测雷达和红外探测器捕捉不到电波和红外线。

在隐形技术发展的同时，反隐形技术也有了新的发展，主要表现在以下三个方面：①把雷达发出的无线电波波段从过去的厘米波扩展到米微波段或毫米波段，扩大雷达探测隐形目标的能力；②建立双基地雷达系统，把雷达的发射机和接收机的基地分开，并且把距离拉得远一点，使无线电波发射角和反射角都增大，这就相应地增大了隐形飞行器被雷达发现的截面积；③把探测系统装在人造卫星或飞机上，让它居高临下进行探测。一般的隐形飞行器重点隐蔽其飞行正面的截面积，不注意隐蔽上部，居高临下探测它们，就容易发现它们。

第四节　变幻莫测的化学迷宫

化学是在分子和原子的水平上研究物质的性质、组成、结构及变化规律和其应用、制备，以及物质间相互作用关系的科学。世界是由物质组成的，化学则是人类用以认识和改造物质世界的主要方法和手段之一。它是一门历史悠久而又富有活力的学科，它的成就是社会文明的重要标志。人类的生活能够不断提高和改善，化学的贡献在其中起了重要的作用。化学是重要的基础科学之一，在与物理学、生物学、自然地理学、天文学等学科的相互渗透中,得到了迅速的发展,也推动了其他学科和技术的发展。但化学同时也存在很多疑问,这些疑问推动着化学学科的进一步发展。

元素周期表的终点

我们肉眼看得见的物质(如楼房)或看不见的物质(如空气),都是由什么组成的?这一问题曾困扰人们好多年。由于人类的进步,到19世纪初期,经过科学家们的研究,终于揭开了物质世界的面纱:世界上的一切物质都是由元素组成的。从坚硬的石头到软绵绵的棉花;从流动的水到飘浮的云;从人的肌肉骨骼到极小的细菌;从高大的树木到浮游生物……一切都不例外。

那么元素大家庭的成员到底有多少个呢?19世纪时,科学家们认为只有92个。直到1940年,美国加利福尼亚大学的麦克米伦教授和物理化学家艾贝尔森在铀裂变后的产物中,才发现了93号新元素!他们俩把这新元素命名为"镎",镎的希腊文原意是"海王星",这名字是跟铀紧密相连的,因为铀的希腊文原意是"天王星"。镎的发现,充分说明了铀并不是周期表上的终点,说明化学元素远没有达到周期表上的终点,在镎之后还有许多化学元素。镎的发现,鼓舞着化学家在认识元素的道路上继续前进!

不多久,美国化学家西博格、沃尔和肯尼迪又在铀矿石中发现了94号元素。他们把这一新元素命名为"钚",希腊文的原意是"冥王星"。这是因为镎的希腊文原意是"海王星",而冥王星是在海王星的外面,当时人们认为它是太阳系中离太阳最远的一个行星。钚的发现在当时根本没有引起人们的注意,人们只是把它看作一种新元素而已,谁也没有去研究它到底有什么用处。但当人们发现了钚可以制作原子弹之后,钚就一下子青云直上,成了原子舞台上非常难得的"明星"!而且,钚的发现及广泛应用,使人们对元素的认识,进入了一个新的阶段:原来,世界上还有许多很重要的未被发现的新元素哩!

于是,人们继续努力,要寻找94号以后的"超钚元素"。在1949年底,钚的发现者——美国化学家西博格和加利福尼亚大学教授乔索合作,用质子轰击钚原子核,最先发现了95号元素和96号元素。他们将95号元素和96号元素分别命名为"镅"和"锔",用以纪念发现地点美洲和居里夫妇("锔"的原意即"居里")。

西博格和乔索继续努力,在1949年又制得了97号元素——锫;在1950年制得了98号元素——锎。锫的原意足"柏克立"。因为它是在柏克立城的回旋加速器帮助下制成的;锎的原意是"加利福尼亚",因为它是在加利福尼亚州的回旋加速器帮助下制成的。

接着,人们又开始寻找99号元素和100号元素。当人们准备用回旋加速器制造出这两种新元素之前,却在另一个场合无意中发现了它们。那是在1952年11月,美国在太平洋上空爆炸了第一颗氢弹。当时,美国科学家在观测这次爆炸产生的原子"碎片"时,发现竟夹杂着两种新元索——99 号和 100 号元素。1955 年美国加利福尼亚大学在实验室中制得了这两种新元素。为了纪念在制成这两种新元素前几个月逝世的著名物理学家爱因斯坦和意大利科学家费米，分别把 99 号元素命名为"锿"（原意即"爱因斯坦"），把 100 号元素命名为"镄"（原意即"费米"）。

1955 年，就在制得锿以后，美国加利福尼亚大学的科学家们用氦核去轰击锿，使锿原子核中增加两个质子，变成了 101 号元素。他们把 101 号元素命名为"钔"，以纪念化学元素周期律的创始人、俄罗斯化学家门捷列夫。

紧接着，在 1958 年，加利福尼亚大学与瑞典的诺贝尔研究所合作，用碳离子去轰击锔，使锔这个本来只有一个质子的原子核，一下子增加了六个质子，制得了极少量的 102 号元素。他们用"诺贝尔研究所"的名字来命名它，叫做"锘"。

到了 1961 年，美国加利福尼亚大学的科学家们着手制造 103 号元素。他们用原子核中含有五个质子的硼，去轰击原子核中含有九十八个质子的锎，进行原子"加法"：$5 + 98 = 103$，从而制得了 103 号元素。这个新元素被命名为"铹"，以纪念当时刚去世的美国物理学家、回旋加速器的发明者劳伦斯。

在 1964 年、1967 年，苏联弗列罗夫领导的研究小组和美国的乔索及西博格等人，分别用不同的方法制得了 104、105 和 106 号元素。但是由于双方都说是自己最早发现了新元素，所以，关于 104 号、105 和 106 号元素的命名，至今仍争论不休，没有得到统一。

1976 年，苏联弗列罗夫等人着手试制 107 号元素。他们用 24 号元素——铬的原子核，去轰击 83 号元素的原子核。$24 + 83 = 107$，就这样，107 号元素被制成了。

到目前为止，得到世界各国科学家公认的化学元素，总共有 107 种。然而，世界上到底存在有多少种化学元素？人们会不会无休止地把化学元素逐个制造出来呢？这个问题引起了人们激烈的争论。

有人认为，从 100 号元素镄以后，人们虽然合成了许多新元素，但是这些新元素的寿命却越来越短。像 107 号元素，只能存在 1 毫秒。照此推理下去，108 号、109 号、110 号……这些元素的寿命可能更短，因此要人工合成新元素的希望将越来越渺茫。他们预言，即使今后人们还有可能再制成几种新元素，但已为数不多了。但是，很多科学家认真研究了元素周期表，并推算出在 108 号元素以后，可能又会出现几种"长命"的新元素！到底孰是孰非呢？迄今为止，尚无定论。

光合作用是怎样产生的

为什么科学家们要对光合作用进行研究呢？这是因为人类所需要的许多生产生活资料都是由光合作用产生的，如果没有光合作用就不会有人类的生存与发展。所以，光合作用研究是一个重大的生物科学问题,同时又与人类现在面临的粮食、环境、材料、信息问题等密切相关。现在世界上每年通过光合作用产生 2200 亿吨物质,相当于世界上所有的能耗的十倍。要植物产生更多的物质,就需要提高光合作用效率。通过高新技术转化,我们甚至可以让有些藻类,在光合作用的调节与控制下直接产生氢。根据光合作用原理,还可以研制高效的太阳能转换器。

光合作用与农业的关系同样密切,农作物产量的 90% 到 95% 来自光合作用。高产水稻与小麦的光合作用效率只有 1% 到 1.5%,而甘蔗或者玉米的效率则可达到 50% 或者更高。如果人类可以人为地调控光能利用效率,农作物产量就会大幅度增加。

近年来,空气里面二氧化碳不断增加,产生温室效应。光合作用能否优化空气成分,延缓地球变暖,也很值得探索。光合作用研究,还可以为仿真模拟生物电子器件,研制生物芯片等,提供理论基础或有效途径,对开辟 21 世纪新兴产业产生广泛而深远的影响。正是这些,使得光合作用研究在国际上成为一大热点。

早在两个多世纪以前,科学家就已经知道了光合作用,但真正开始研究光合作用还是在量子力学建立之后,人们也越来越为它复杂的机制深深叹服。

现在,科学家们已经知道,光合作用的吸能、传能和转化均是在具有一定分子排列及空间构象、镶嵌在光合膜中的捕光及反应中心色素蛋白复合体和有关的电子载体中进行的。但是让科学家们不可思议的是,从光能吸收到原初电荷分离涉及的时间尺度仅仅为 1015～1017 秒。这么短的时间内却包含着一系列涉及光子、激子、电子、离子等传递和转化的复杂物理和化学过程。

更让人惊奇的是,这种传递与转化不仅神速,而且高效。在光合膜系统中,在最适宜的条件下,传能的效率可高达 94%～98%,在反应中心,只要光子能传到其中,能量转化的量子效率几乎为 100%。这种高效机制是当今科学技术远远不能企及的。

那么,光合系统这个高效传能和转能超快过程到底是如何进行的? 其全部的分子机理及其调控原理究竟是怎样的? 为什么这么高效? 这迄今仍是多年来一直困扰着众多科学家的谜团。有科学家说:要彻底揭开这一谜团,在很大程度上依赖于合适的、高度纯化和稳定的捕光及反应中心复合物的获得,以及当代各种十分复杂的超快手段和物理及化学技术的应用与理论分析。事实上,当代所有的物理、化学最先进设备与技术都可以用到光合作用研究中来。

光合作用的另外一个谜团是:生化反应起源是自然界最重大的事件之一,光合作用的过程是一系列非常复杂的独立代谢反应,它究竟是如何演化而来? 美国亚利桑那州立大学的生化学家罗伯特教授说:"我们知道这个反应演化来自细菌,大约在 25 亿年前,但光合作用发展史非常不好追踪。有多种光合微生物使用相同但又不太一样的反应。虽然有一些线索能把它们联系在一起,但还是不清楚它们之间的关系。"罗伯特教授等人还试图透过分析五种细菌的基因组来解决部分的问题。他们的研究结果显示,光合作用的演化并非是一条从简至繁的直线,而是不同的演化路线的合并,把独立演化的化学反应混合在一起。也许,他们的工作会给人类这样一些提示:人类也可能通过修补改造微生物产生新生化反应,甚至设计出物质的合成反应。这样的工作对天文生物学家了解生命在外星的可能演化途径,也大有裨益。

我国著名科学家匡廷云院士曾深有感触地说:"要揭示光合作用的机理,就必须先搞清楚膜蛋白的分子排列、空间构象。这方面我们最新取得的原创性成果就是提取了膜蛋白,完成了 LHC—Ⅱ 三维结构的测定。由于分子膜蛋白是镶嵌在脂质双分子膜里面的,疏水性很强,因此难分离、难结晶。"现在,中国科学院植物所经过多年努力已经提取了这种膜蛋白,在膜蛋白研究上,我国已经可以与世界并驾齐驱。

那么是否可能会有那么一天,人们可以模拟光合作用从工厂里直接获取食物,而不再一味依靠植物提供呢?科学家们认为,这在近期内是不可能的,因为人类对光合作用的奥秘并不真正了解,还有很多问题需要进一步弄清楚,要实现人类的这一长远理想,可能还要付出更为艰辛的努力。

水是否存在一种新的形态

在任何一本教科书里都这样写道:水是一种化合物,它的分子式是 H_2O。可是,人们果真知道水是什么东西吗?其分子式对不对?有一点很清楚,水的分子式被人们简单化了。人类受到汪洋大海的包围,而海洋是如何形成的,海洋水到底是什么物质,我们都还茫然无知。

古希腊的哲学家们看到流水源源不断,就得出结论说:水同土、空气和火一样,也是一种元素。地球万物都是由这四种元素构成的。哲学家们的说法堪可称为超群的见解,直到 17 世纪以前,人们始终觉得他们的说法无懈可击。

在 1770 年以前,人们把气体混合物的爆炸视为壮观的景象。点燃氢和氧,燃烧后自然生成了水。可是当时没有谁留意到进行这种反应时生成的那一点儿水分。人们只顾争论水能不能变成"土"的问题了,为了观察水能不能变成土,天才的法国化学家安托万·罗兰·拉瓦锡用三个月的时间,连续做着水的蒸馏试验。

当时,以毫无根据的假设为依据的"燃素说",由于受到名人的推崇而名赫一时,它阻碍了人类认识的发展。"燃素说"论者认为,燃烧着的物质能够释放出"燃素"。尽管这位拉瓦锡已经发现了金刚石是由碳组成的,还分析了矿泉水的成分,但他早年也信奉着"燃素说"。

詹姆斯·瓦特这位工程师和蒸汽机的发明家，最先认清了水的本质。他虽然不是化学家，也没有进行过相应的试验，但他却不固守偏见。詹姆斯·瓦特于1736年生于苏格兰，他在各个方面都表现出了出众的才华并取得了杰出的成就：制成了数学运算器、天文仪器、蒸汽机的模型。他热衷研究着技术上的新方向——后来得名的工艺学。瓦特成功地发明了完备的蒸汽机。恰恰由于不受偏见的束缚，瓦特才最先意识到自己的同时代人所进行的试验的意义所在。1783年4月26日，他在给J·波里斯特利的信中写道："难道不应当认为水是由燃素(氢)和非燃素气体(氧)组成的吗？……"

他的说法得到了人们的支持。英国的学者对他的发现笃信不疑。是年7月，一个年轻的助手作为科学小组的成员访问了法国，并将瓦特的新见解告诉给了拉瓦锡。

拉瓦锡重新做了主要的实验并领悟了这一发现的重大意义。当即将实验结果上报给了法兰西科学院。在报告中他对英国学者的研究成果只字不提。结果，拉瓦锡在欧洲大陆上获得了头功，赢得了盛名。围绕发明优先权属于谁的"水之争"从此开始，持续了几十年。瓦特早在1819年去世，到1835年他的发明优先权才得到了最后的确认。

当时，革命的风暴正在震撼着欧洲，1794年5月8日，拉瓦锡这个皇家税务总监被送上了断头台。战争爆发，帝国瓦解，学校和教学计划都重新改组，但对于水的认识，除了瓦特的发现外，并没有产生任何新的东西。

其实，水完全不是发明家瓦特所说的那种简单的化合物。事过二百五十年，人们才逐渐看到，在正常温度下并不存在水的单个分子，虽然可以无可置疑地说水属于流体，但它却具有固定的结构，一定量的H_2O合成了井然有序的浓缩物。水是彼此呈晶型聚合的H_2O集团组成的液体。

要具有一种液体能够溶化"水的晶体"，如同溶化盐和糖那样，人们就可以更细致地研究水，那该多好！然而谁也没有找到这种液体。时至今日科学家们还在猜测着：水的晶体里是由八个还是十二个、或者三百个单个的H_2O组成？也许是由大的或是小的集团组成？难道水的组成取决于水的温度吗？哪些测定方法令人置信？科学家们相信"精诚所至，金石为开"，水分子的奥秘终有一天会被揭开。为此，他们付出了更多的努力。

1970年，物理化学家鲍里斯·捷利亚金提出了不同以往的"聚合水"的新理论。

捷利亚金用石英毛细管冷却水蒸气，实验显得平淡无奇。实验中他似乎觉得自己制得了从未见过的一种新的水。这种水的比重比普通水大40%，在-40℃温度下凝结成玻璃状的冰。科学家们以为聚合水是实验纯度不佳、做法错误出现纰漏的产物。后来，当各国报界对"聚合水"纷纷进行报道的时候，捷利亚金的发现才引起科学界的重视。

理论家们开始感到，电子计算机的运算和某些原理可以证实聚合水的存在。人们又去做实验，竟真有人发现捷利亚金的结论是正确的！水确实存在着一种新的形态。于是,西欧的学术刊物用大量篇幅报道了聚合水。对于聚合水的存在,有人狂热地支持,也有人激烈地反对。

人们凭常识就可以解释聚合水的产生:像塑料中无数单个的分子能够形成聚合物,乙烯的分子能够合成聚乙烯那样,水的分子聚合形成聚合水——道理何其浅显!或者并非如此?

初看起来,科学家们可以通过实验轻而易举地解决这场"简单的"争论,其实谈何容易!如果准确地按照捷利亚金的方法进行实验,所得结果就与捷利亚金的相同;一旦实验稍有改变,其结果就完全各异,甚至截然相反。人们因此不得不采取了折中的解释:如果水放置在毛细管里,那么就能产生一层特殊的水,具厚度为千分之几毫米,它便是水的特性现成因。

1973年夏,来自各国的科学家聚会马尔堡这座规模不大的大学城讨论水的问题。大会学术论文业已安排就绪,会刊又发表了其他学者对新型水的研究成果。不料突然从莫斯科传来消息说,捷利亚金已经放弃自己原来的观点,他以为自己的发现与水的结构可能毫不相干。

在科学上这种情况屡见不鲜。在学校教科书里,并没有花费笔墨去描写探索真理的复杂而又矛盾的过程。

时至今日,聚合水的争论也没有就此而止。测定的结果依然无法解释。我们期待着这个难解之谜早日被揭开。

物质的另外四种形态

物质存在有几种形态呢? 人们看到这个问题,也许会十分肯定地回答,物质存在有三态,即气态、液态、固态。

在气态中,组成气体的原子或分子的能量非常高,各个分离的分子间的引力较低,以致各个分子可以独立地进行不规则的运动。如果分子或原子的能量降低到某点,那么分子就不能再保持其独立性而相互之间开始发生关联,但此时尚有足够的能量可供给分子进行运动,使分子在其他分子之间流动,这就是液体。假使分子的能量进一步降低到某一点时,分子之间的联系更加紧密,各个分离的分子不能互相流动,而被固定到了某个位置上,这时我们就称之为固态。

然而,随着科学的不断发展,人们渐渐地发现,物质好像并不是严格地按照这三种状态存在着,在它们之外,还有着其他的存在形式。

到了现代,有科学家提出,物质还存在着另外四种形式,即等离子态、超高压态、辐射场态、超离子态。

等离子态：当温度升高到数百万度或更高时，物质组成的基本单元——原子的核外电子，就会全部变成游离状态，此时气体就成为自由电子和裸露的原子核的混合物了。根据科学家的研究认为，在一定的超高温的条件下，任何物质都有可能成为等离子态。例如水银灯中、雷雨天中的闪电里都有这种等离子态存在。目前，等离子态已被广泛地应用于高能物理研究、激光、核聚变等。

超高压态：如果对于某种物质施加几百万个大气压时，其物质中原子核的核外电子就会被压变形，使带负电的电子和带正电的原子核压在一起，这样物质就会变得结构十分密集。其密度大得惊人，每立方厘米的超固态物质，可达几万吨。天文学家是最早的超高压态的发现者，他们通过对宇宙中的矮星、中子星等观察，推测这些星球的密度就处于这种超高压态。目前，这种超高压态的物质在我们地球上也成功地被制造，由于其密度极大而十分坚硬，通常用于钻探、切割等方面。

对于超离子态、辐射场态目前了解得还很少，至于它们将会为人类带来什么样的影响，我们暂时无法预知。在我们对物质形态有所了解之后，又发现了这几种物质存在形式，那么物质是否还有其他的存在形式呢？只能由未来人告诉我们答案了。

放射性元素之谜

在自然界或科学实验中，有一些原子是极不安分的，它们能够自发地产生变化，有高能粒子或 γ 射线光子从它们的原子核中逃掉。由于原子核中的粒子数的减少，这种原子就变成了另外一种原子，而属于同一种元素的原子可以称为这种元素的同位素，这种能够从原子核释放出高能粒子和射线的原子，我们一般称之为有放射性的原子。由这种原子构成，或由放射性同位素所组成的元素，就是放射性元素。

放射性元素一般分为两类：天然放射性元素如铀、钍、锕等；另外是人工合成的人工放射性元素，如钜、镅、锿等。化学元素周期表显示的情况表明，在已发现的 107 种化学元素中，排在靠后的基本上都是放射性元素，并且以人工合成的放射性元素居多。另外一些本身并无放射性的元素，其同位素却具有放射性，这类放射性同位素也占有相当大的比重。

放射性元素都具有一个相同的特点，那就是，其原子不断进行变化并释放高能粒子和 γ 射线，这种变化根据自身元素的不同，时间则长短不一，长者可达数亿年，短则仅仅为几千分之一秒。因而，我们对于这种放射性元素的寿命很难估测，在化学上通常采用一种称为"半衰期"的计算方法，就是一种元素其衰变为原一半所需的时间。这种半衰期的测定既复杂、又简单。说其复杂，包括对元素内部原子活动情况的测定，这种原子发生变化可能是瞬间完成的，也可能需要很长时间，所以其原子变化是较难观测的；说其简单,就是当原子发生变化后,则很容易计算出其整体变化。放射性元素的半衰期实际上就是对于该元素的稳定性的一种制定。如钍 323 这种同位素的半衰期为 140 亿年,所以无论从宏观还是从微观来讲,几乎与非放射元素一样具有着较高的稳定性。而氢 5 这种同位素,其半衰期仅仅有一千亿亿亿分之一秒,因此人们是很难看到它的存在的。

放射性元素最早是法国物理学家亨利·贝尔勒尔于 1896 年发现的,从那时起,人们就开始探索放射性元素为什么会有放射性。目前研究结果使人们对此有了大概的了解和认识,一般元素其原子核中有 84 个或多于 84 个质子的元素都是放射性元素。在原子核中,质子是带有正电荷的,根据库仑定律,"同种电荷相互排斥"理论,这种质子之间的相排斥力使得原子核结构很不稳定,因而,只有放出带正电荷的质子才能保持稳定状态。当质子被释放后,其原子核中质子数目减少,因而就变成了另外一种元素。一种元素是否稳定,主要取决于原子核内的中子与质子数值的比,即 $n:p$。这个比值太大或太小都是原子核不稳定的因素所在,通常认为在 $1.2:1 \sim 1.5:1$ 的范围内,是元素稳定的条件。

对于放射性元素为什么会通过释放质子或捕获电子来达到这种原子核的稳定状态,以及为什么 $n:p$ 在 $1.2:1 \sim 1.5:1$ 之间,元素才具有稳定性这一现象,目前还无法准确地回答,还有待于科学家的努力。

"海水提铀"的设想

铀作为一种放射性化学元素在国防、工业、科研中有着极其重要的地位。由于其核裂变时能释放巨大的能量,从而成为核武器的主要原料。

随着人们对于铀的认识由过去的单一性向多元化转变,从而更加重视起了对铀的开发和利用。目前全世界拥有核武器的国家很少,而核工业国家却不断地发展,核能也由单纯的军事型转变为民用型,核电站就是这种转化的典型代表。目前世界上各国的核电站原料能源大都采用铀。因而人们从以往的淘金热,变成了淘铀热。据科学家分析,全球陆地上的铀矿总和约可产铀 250 万吨,也就是说,如果全世界都采用铀为原料制造核武器、核电站以及在航天、航海中应用核燃料的话,那么用不了多长时间,大陆上的铀矿就会被开采一空,而为之所建立的一切设施将变成一堆废钢铁。

专家们又提出,铀在海水中的总量超过陆地总量的一千五百多倍,这无疑为有核武器、核工业的国家注入了一针强心剂,于是人们便开始了海中寻铀的艰难工作。

在人们头脑一阵发热之后,才慢慢地发现,这是一场多么艰难的工作呀!铀在海水中的浓度仅为十亿分之三,也就是说,一千吨海水中仅含有三克铀,铀存在于海水中的三碳酸盐复合物中。人们在处理了大量海水之后才发现,从海水中提取的铀所能释放的能量仅仅相当于或略高于将其从海水提取过程中所消耗的能量,这未免有些得不偿失了。

于是科学家们又开始探讨新的方法，以减少耗能而获取更多的铀。

美国科学家们用有机树脂分离海水中的铀与几种其他金属，在实验室研究中获得了成功，但是由于有机树脂的吸附率较低而大量生产成本较高，很难在实际工业中应用。后来，又经过长期地探索，终于发现了一种较为理想的新的铀吸附剂——水合二氧化钛，并且就此而研制出了一套以二氧化钛为基础的海水采铀的技术。

在这众多的研究大军中，我国科学家们为此做出了重大贡献。他们研究发现，氧化铝、氢、氢氧化铁和氧化锌的吸铀能力最强，并且已在实验中得到证实。如果在实际工业中能够得以应用的话，那么提取铀的成本将大大下降，这无疑为海水提铀工业做出了巨大的贡献。

另外，国外一些研究机构，也发现了较为经济简便的抽铀方法，他们研制开发了一种负离子交换剂，其吸附铀的效果也十分显著，在实验室中的表现上乘，但是在利用潮流的海水实验中，却令人失望。如想突破这个大关，尚需要另外研制一个与之完全不同的抽铀工艺流程。

总之，"海水提铀"的设想是伟大的，而完成这个设想是极为困难的。目前世界上有数以千计的科学家和研究小组，仍在不懈地努力着，或许会有一天，"海水提铀"不再是一个神话，但现在我们只能将其列为一个尚未解开的谜。

水也能助燃吗

中国有句俗语叫"水火难容"，意思是说水是火的对头，两者是势不两立的事物。水能灭火也是常见的事实。大家知道，哪里发现火灾，消防车就会隆隆地开去，喷出"大水"，火便会很快熄灭。

但是，在特定的条件下，水却能帮助燃烧哩！或许您早已注意到，在工厂或老炉灶旁边的煤堆里，工人师傅常把煤堆浇得湿淋淋的，如果您问他们为什么要浇水时，他会告诉您说："湿煤要比干煤烧得更旺。"

难道这是可能的吗？

原来，世界上一切事物，都会按不同的条件表现自己的独特性格。水也不例外，其实水能助燃，也表现在日常生活上。当你在烧开水时，如果壶里水开了溢出来，落到煤炉上，顿时火焰会变得更旺。究其原因也不复杂，因为，当炉膛中煤燃烧的温度很高时，加入水，就会和煤起化学作用生成一氧化碳和氢气：

$$C + H_2O \xrightarrow{\Delta} CO + H_2$$

一氧化碳和氢气都是燃烧的能手，这样一来，炉膛内的火就会烧得更旺，水能助燃的奥秘就在这里。

为了证明上述原理,我们可以做下面一个实验。烧瓶中放入200毫升水,在另一燃烧管中放入粒状硬质煤块,实验开始时先用小火匀热燃烧管,再用大火对着煤块加热使煤块变红,同时把烧瓶中的水煮沸,使水蒸汽通过燃烧管,此时在另一端燃烧管中点燃,就有蓝色火焰出现。

这个实验,也是工业上制造水煤汽的原理。

除碳外,水也可和其他非金属元素起作用:

水和氟能在常温下发生剧烈反应,生成氟化氢和氧气:

$$2H_2O + 2F_2 \rightarrow 4HF + O_2 \uparrow$$

在光的催化下,氯也可和水作用生成盐酸和浓氯酸:

$$Cl_2 + H_2O \xrightarrow{hv} HCl + HClO$$

至于不活泼的非金属元素如溴、碘、磷等,一般就不能和水发生作用了。

探索生物导弹之谜

在海湾战争中,爱国者与飞毛腿展开了一场导弹大战,令世人瞩目。导弹作为现代化战争中一种必不可少的武器,正日益受到广泛关注。

也许你还不太知道,在医学工程中也有一种导弹,它利用高度的准确率将一枚枚载有杀死某种特定物质的药物,发射到预定的目标。执行这种特殊功能的载体,就是目前研究中的生物导弹。

对于生物导弹的制导系统的研究,是生物导弹作用大小的关键所在。我们知道,癌症是目前人类难以攻克的顽症,对于癌症的治疗目前所采用的无非是化疗和放疗。这两种治疗虽然对癌细胞有一定的杀灭作用,但同时也有许多正常的组织细胞在治疗中被杀死。另外,化疗药物随血液循环抵达癌组织时,药物浓度已经很低了,产生不了有效的作用浓度。于是。人们想到能不能用什么方法来使病变局部的药物浓度提高而不杀死正常组织细胞呢?

科学家们在研究中发现,如果将癌细胞从机体组织中提出一部分,将其移植到裸鼠体内,然后多次繁殖,使癌细胞失去原有的生物活性,这时将其与抗癌药物相结合重新注入体内。奇迹出现了,这些载有抗癌药物的癌细胞,具有极高的方向辨别力,进入体内后迅速回到原来癌细胞生长的部位,并且将结合于其身上的抗癌药物也一同带到原有的癌组织中,这时抗癌药释放出来,有效地杀死了癌细胞。这些最初被提取出来的癌细胞,由于其减毒移植后仍具有较强的认亲性,因而是一种极为理想的导弹头。

这种实验目前已被应用到了临床,医学通过对胃腺癌的研究,制成了生物导弹,在临床上收到了良好的效果。但目前仍只是停留在胃腺癌的水平上,因为腺癌比起其他类型的癌细胞来说较为容易被培养分离。在针对其他癌细胞的生物导弹研究中,遇到了极大的困难。

生物导弹作为生物化学和医学领域中的一门新兴科学,已经受到广泛重视。目前,国内外许多医疗科研单位都在积极地研究中;但其提取、分离、结合载体等过程极为复杂,并且制作周期较长,还很难广泛地应用于临床,因此,对于这些方面的研究改进,是我们今后努力的方向,希望人类在制造杀人导弹的同时,也多多关注救人的导弹。

金属陶瓷的奥秘

据测定,当飞行器高速飞行时,其发动机喷出的热量高达5000℃以上,我们知道,太阳表面的温度也不过6000℃左右。什么物质能够在这种高温下不被融化呢?钢铁是远远达不到了,合金钢与之也有一定的距离,于是人们想到陶瓷。陶瓷在这些材料中,耐高温的能力是最强的了,但是陶瓷却有一个致命的弱点,就是太脆弱了,它能耐得起高温,却耐受不了高压。

科学家们在努力研究中终于发现,当在陶瓷中加入一些金属细粉,这样生产出的陶瓷不仅具有极高的耐高温性能,而且大大提高了陶瓷的韧性,这种陶瓷与金属的混合物,就是当今在航空动力学研究中极为受宠的金属陶瓷。

金属陶瓷是由金属和陶瓷原料制成的,既有金属的优点,也有陶瓷的特性,由于其具有较高的韧性、高硬度、高抗氧化性,因而在火箭、高速飞行器中倍受推崇。最常用于制造金属陶瓷的金属原料为铁、镍、铬、钴等,而最常用的陶瓷原料为氧化物、硅化物、硼化物、碳化物和氮化物等。金属陶瓷的生产也较为简单,烧制方法同陶瓷一样,只是将金属粉末物质混入陶瓷土中,根据要求制作出不同形状的东西。

我们会有过这种感觉,当你将酒精涂在手上,不一会儿感到特别凉爽,如果有人发高烧而采用药物降温无效时,我们会想到用酒精来擦涂全身,其目的就是为了散热。金属陶瓷也是这个道理,在火箭的发动机达到最高转数时,产生大量的热,这种高温使陶瓷中的金属物质挥发了,从而陶瓷的温度也随之下降。待陶瓷中的金属完全挥发掉后,这一部分的发动机则已完成了其工作使命,随着控制指令而脱离火箭,同时下一级火箭的发动机被点燃,新的工作程序又开始了。我们通常所说的多级火箭,就是根据这个原理制造的。

另外金属陶瓷具有极高的抗腐蚀性。因而在原子反应堆中,能够抵抗液态金属钠的侵蚀,成为原子反应堆正常工作的保护神。

金属陶瓷虽然存在于世才三十多年,但是由于其自身的特殊性能,受到人们的格外重视,尤其是在航空、航天领域,金属陶瓷真可谓用途广泛。

然而,科学家们更为感兴趣的不仅是它的优秀品质,而是它们这种优秀品质的来源。有人推测陶瓷中加入金属后表现出的特性,不能单单用金属在高温下挥发降温来解释,在金属陶瓷的制作中,其本身是否已经发生了某些化学反应而使之变成具有这种特性的新物质,那么这种陶瓷与金属到底发生了哪些反应,我们尚无法判断。而对于那种单纯金属挥发的解释,也有一定的可疑之处,这些还有待于今后的研究方能证实。

氢能够被制成金属吗

氢在自然界一百多种化学元素中可以称得上"老大哥"了,因为其原子序数为1,所以即使对化学知识了解很少的人,也会首先想到它。氢也正是由于其得天独厚的地位,因而引起了科学界的广泛瞩目。

氢作为化合物的形成存在于我们的周围,已被人们广泛认识。如我们饮用的水(H_2O),就是氢和氧化合而成的物质,我们胃内的胃酸即盐酸(HCL)也是一种氢的化合物。其实在我们机体的细胞组织中含有的氢离子(H^+)则更多了,它们在我们生命的活动中,起到重要作用。氢以非化合物形式存在,我们也对此有些了解,如液态的氢是目前航天领域中独领风骚的动力燃料,其燃料所产生的热能远远超过了我们现已知的可用性燃料,并且其体积小、重量轻,已成为航天器中最为理想的动力来源。

在氢为我们创造了大量不朽杰作的同时,人们不禁又突发奇想,氢在常态下是以气体的形式出现,能不能将氢制成金属呢?这种想法不是没有科学道理的,因为与氢同属一族的其他元素都是金属,唯独氢是气体,这看起来似乎不应该,那么有没有什么办法将氢制成金属呢?

英国物理学家贝纳尔早在六十多年前就曾做出一种预测,只要有足够的压力,任何非金属物质均能够变成金属。因为在极大的压力下,可以使原子之间的化学键受到破坏,使原子间距缩小,从而使原子间的相互作用大大加强,将原来只能在一定分子轨道上运动的电子变成自由电子。这样,该自由电子就变成各个原子所共有,从而形成具有自由电子的金属了。按照贝纳尔的设想,科学家们便着手于这项巨大的工程研究,结果是令人惊奇的,科学家们在超高压的作用下,已成功地将非金属物质如磷、碘、硒、硫等变成了金属,使之成为了既有金属光泽,又有良好导电性的金属物质。进入 20 世纪后期,科学家们又成功地将氙气在 32 万大气压和 32K 的条件下变成了金属氙,随后又在 100 万大气压下成功地制成了具有金属光泽的氧。于是人们又开始向更高的尖端进发了,他们要制出金属的氢。

据科学家分析,金属氢将具有极为特殊的性质,如常温超导性、高导热性以及高储能密度。当然,这些仅仅是科学家们的推测,至于金属一旦制成,是否真的像人们所想象的那样,目前还一无所知。人们一次次地尝试均失败了,然而这更激发了科学家们的斗志和探求精神,终于人们在超高压压力机下得到了一线希望。当超高压压力机达到 100 万个大气压时,人们在两个压砧之间通入纯度极高的氢气,并且将温度降至 4.4K 时,奇迹发生了,人们终于在两个压砧之间得到了一种具有金属光泽,其电阻率不足原来百分之一的金属氢。更值得欣慰的是,当人们将超高压力减少时,其仍能稳定地处于金属状态;这无疑为那些苦苦探寻金属氢的科学家们注入了一针强心剂,于是他们又开始向更高的阶梯攀登。

但是,目前摆在我们面前的困难还很多,如超高压机的研制、开发,金属氢常温下能否稳定存在,以及将来能否大批量地生产与制造,这一切我们现在还无法告诉人们。至于这个美好的构想能否实现,还有待于时间来回答。

反复不定的"化学振荡"

一支试管内溶液的颜色一会儿变红,一会儿又变蓝,呈现出有规律的节奏,煞是迷人。这种现象叫"化学振荡"。

提起振荡,人们并不陌生,如钟摆的往复摆动,弹簧的自由伸缩,心脏的收缩和舒张,电路中的电流或电压在最大值和最小值之间重复变化的过程等都是振荡。说起化学振荡,其实,也是一种随时间周期性重要变化的过程,只是这一过程发生在化学反应中。

最初发现化学振荡现象是在 1873 年。德国化学家李伯曼曾经做过一个有趣的"汞心脏"实验。当时,李伯曼把水银放在玻璃杯的中央,再把重铬酸钾和硫酸的混合溶液慢慢地注入杯中,然后将一个铁钉放在紧靠水银附近的溶液中。他惊奇地发现,水银珠就像心脏似地跳动了起来,他认为,这是由于化学反应使得水银的体积发生了周期性变化造成的。此后,化学家们还发现了许多别的化学振荡现象。

化学振荡究竟是怎么一回事呢? 这种现象一出现,就有人对它进行了研究。

1910 年,洛特卡提出了一个以质量作用定律为基础的振荡反应数学模型;到了 1931 年,沃尔特拉在洛特卡模型的基础上,又提出了一个更完善的模型,这个模型就以他俩的名字来命名,称为洛特卡—沃尔特拉模型。虽然这一模型为化学界所普遍接受,但它并不是尽善尽美的。

尽管化学家对化学振荡现象还不甚了解,生物学家对化学振荡却如获至宝,企图用它解开"生物钟"的奥秘。不论在植物体、动物体还是人体内,都存在着一些周期性的现象,例如植物的花开花落,春华秋实,动物的冬眠夏徙、昼出夜归,人类的一日三餐、早起晚寝,这些现象的周期虽然不很精确,却是客观存在的。即使在消除了外部节律的人造环境中,这些"生物钟"现象依然我行我素。于是,生物学家便关注起了生物体的内部节律:生物体内是不是存在着某种周期性的化学反应? 是不是由于化学振荡现象在其中"捣鬼"? 果真如此,事情也未必会水落石出,因为任何化学反应都将受到外部环境因素的影响;如温度、光照等等,而"生物钟"却不是这样。化学振荡和"生物钟"究竟有何瓜葛? 要解答这个问题,首先必须搞清楚化学振荡的本质,对此,化学家们正在做积极地探索。比利时著名科学家普利高津教授曾断言:化学振荡现象只能在化学耗散过程才可能出现。这为解开化学振荡之谜开辟了一条新的途径。

气与水的化合物——可燃冰

若干年前,苏联有一位天然气专家为了研究往天然气井里注水对产气量的影响,让工人把 20 吨水注入一口气井里。不料,天然气出不来了,刚刚还出气的气井顿时变得死气沉沉。难道水会压住天然气? 这是不大可能的事。这位天然气专家决定向气井里注入 2 吨甲醇。没有几个小时,气井又喷气了。他继续研究这一奇怪现象,发现原来气体在低温和高压条件下很容易形成水化物。在气井深处,温度低,压力大,水注入之后,就跟井里的天然气很快结合起来,形成一种特殊的水化物——可燃冰。气与水形成冰,气又如何喷出气井呢? 而注入甲醇之后,甲醇与水有很大的亲和力,这样就破坏了可燃冰的结构,让气又解放了出来,重新喷出地面。

人们很自然会想到在大海深处,很可能存在丰富的可燃冰。经过海洋学家和化学家的努力,这个猜想终于得到证实,在北极的海底发现了大量的可燃冰。可燃冰的结构很奇特,在一个可燃冰气体分子周围,包围着六个水分子,只要把水去掉,就是一种理想的燃料。它的热值很高,在每立方米可燃冰内压缩着 200 立方米的可燃气体。它们的储量在海洋里也大得惊人,现在已探明的储量,比煤、石油和天然气的总储量还要大几百倍。至少可供人类用上几千年。

在海洋底部为什么会形成这么丰富的可燃冰,至今没有研究透。据推测可能因为海底压力大,海洋里的生物死后尸体沉入海底,经过细菌分解,生成甲烷、乙烷等可燃性气体,然后与水结合形成可燃冰。自古至今,一年又一年,就形成了这样的可燃冰矿藏了。但是,这种解释虽然有道理,却显得苍白无力。按说气体比水轻,它应该冒出海面,释放到大气中来。为什么反而钻入海底,与水结合呢? 还有一个问题,海洋的生物死亡之后,尸体一般都是浮在海面,很少沉入海底的,不沉入海底,又如何谈得上分解成甲烷和乙烷可燃性气体呢? 如果上述理论成立,那么陆地上的天然气早就应该与地下水形成可燃冰了,为什么没有这样呢? 所以,此论不足取。

人们对可燃冰有如此大的储藏量感到高兴，但要开采却有不小的困难。因为它们都沉睡在海底，人无法下去开采。这就需要一种有效的破冰剂，在机器人的操纵下进入海底，用破冰剂破坏可燃冰的结构，同时又能集中收集可燃性气体。这当然是未来的任务了。

超强酸的强烈腐蚀性从何而来

酸是化学物质当中的一个大家族，它的成员包括盐酸、硝酸、硫酸等，都是参与化学反应的重要物质。人们对酸的认识是逐步深入的。起初人们只知道醋酸，到 17 世纪，荷兰化学家才发现了盐酸、硝酸和硫酸，但是这远远不是"酸"类物质的尽头。

人们知道，盐酸、硝酸、硫酸可以溶解其他金属，但是对于黄金却无能为力。黄金不怕酸的时代并没有延续多久，化学家们就发现，如果将浓硝酸和浓盐酸按照 1:3 的体积比混合，所得到的混合酸液的酸性强度比上述几种酸要强得多，黄金遇到这种混合酸液就像"泥牛入海"一样，很快就变得无影无踪。无怪乎人们称这种混合酸液为"酸中之王"——王水。

在很长的一段时间里，人们认为最强的酸就是王水了，不会再有新的"酸王"出现了。就在人们对强酸没有什么新追求的情况下，在一个圣诞节的前夕，美国加利福尼亚大学的实验室里却传出了一则惊人的消息：奥莱教授和他的学生偶然地发现了一种奇特的溶液，它能够溶解性质非常稳定的蜡烛。这种奇特的溶液是 1:1 的 $S_6F_5 \cdot HSO_3F$ 溶液。

我们知道，蜡烛是高级烷烃，通常不与强酸、强碱甚至强氧化剂作用，但 1:1 的 $S_6F_5 \cdot HSO_3F$ 溶液却能让它"粉身碎骨"。奥莱教授对此现象非常惊愕，他把这种溶液称做"魔酸"，后来又称做超强酸。

$SbF5 \cdot HSO3F$ 超强酸的发现，重新点燃了人们对强酸研究的兴趣之火。迄今为止，化学家们又找到了多种新的超强酸。不仅有液体超强酸，还有固体超强酸。

从成分上看，超强酸都是由两种或两种以上的化合物组成的，且都含有氟元素。它们的酸性强得令人难以思议，真不愧是酸中的"巨魔"。例如，当其"摩尔比"为 1:1 时，其酸性强度约为浓硫酸的十亿倍。它们是强酸家族的新秀，也是名副其实的超级明星，王水在它们面前只是"小巫见大巫"了。

现在已知的几种超强酸，除了可以做催化性能极高的酸性催化剂以及做有机化合物和无机化合物的质子化试剂外，在其他领域里还有哪些应用，这方面的谜也藏得很深很深，等待着人们去发现。

解决温室效应的尝试

1990 年地球出现创记录高温，平均气温为 15.5℃，是一百多年来地球最热的一年。

美国空间气象研究所认为,1880 年以来,地球出现的七个最热的年头均发生在 1980 年以后。20 世纪 80 年代平均气温比上个世纪同期高 0.6℃。

1989 年 7 月,在巴黎召开的七国首脑会议上,七国首脑呼吁,共同努力,限制二氧化碳和其他"温室气体"的排放,"要放慢全球变暖的过程"。环境专家制定了苛刻的规定并提出增加巨额的新税收。全球的经济投入和社会干预规模将是巨大的,这将有可能改变人们的生活方式。

"气候变化——需要全球合作",这是联合国环境规划署制订的 1991 年世界环境日的主题。气候变化目前已成为举世关注的热门话题。所谓温室气体,是指当阳光照暖地球时,大气低层的水蒸气、二氧化碳、沼气和人造氯氟烃等具有温室玻璃的作用,保留部分热量使地表变得越来越暖。监测结果表明,一百年来大气中二氧化碳浓度已增高了 25%。全世界 90% 的能源来自煤炭、石油和天然气,每年向空中排放 55 亿吨二氧化碳。仅从 1958 年以来,二氧化碳就增长了 11%。沼气在温室气体中含量仅次于二氧化碳,是沼泽地、水稻田、蚁巢和反刍动物等排放的,总量每年递增 1%。氯氟烃是从电冰箱、空调器、泡沫塑料、喷雾器中释放出来的,数量虽少,但比二氧化碳的吸热能力强几倍,且具有破坏高空臭氧层的作用。联合国预测,如果人类对二氧化碳的排放不加限制,到 21 世纪末,全球平均气温将上升 2~5℃,其增暖幅度将是一万年来所从未有过的。同时,气候变暖将会导致海平面升高 30~100 厘米,许多海拔低的岛屿和大陆沿海地区将会葬入海底。目前,地球平均气温上升不到 1℃,听起来似乎没什么了不起。然而,当年地球气温仅仅上升 5℃,就使地球摆脱冰河时代,自然景观发生翻天覆地的变化。为防患于未然,人类必须采取相应的措施。

最近,美国海洋学家提出了抑制温室气体、控制全球变暖的新设想,将约三十万吨铁投入全球 18% 的海洋中去,铁作为一种"肥料",可促使海洋中浮游植物繁茂生长,通过光合作用每年吸收近二十亿吨的二氧化碳,增强海洋的固氮能力,这是对付温室气体使全球变暖的最简单途径。

但是,给海洋施铁肥料的工程十分巨大,选择适当的施肥地点有较大的困难,还要考虑到生态方面的问题,这种新设想目前还不能实现。何时实现,能否实现,还需要时间。

第五节　奇妙心理学真相的探寻

心理学是研究人和动物心理现象发生、发展和活动规律的一门科学。"心理学"一词来源于希腊文,意思是关于灵魂的科学。随着科学的发展,心理学的对象由灵魂改为心灵。心理学家在尽可能地按照科学的方法,间接地观察、研究或思考人的心理过程(包括感觉、知觉、注意、记忆、思维、想象和言语等过程)是怎样的,人与人有什么不同,为什么会有这样和那样的不同,即人的人格或个性,包括需要与动机、能力、气质、性格和自我意识等,从而得出适用于人类的、一般性的规律,继而运用这些规律,更好地服务于人类的生产和实践。

神奇的第六感

第六感通常的表现是似曾相识,比如人们有时对于眼前的景象非常熟悉,似乎已经发生过,但你却清楚这可能是第一次面对此情此景。

另外一种表现就是先知先觉。很多情况下,能够预测到未来发生的事情。虽然我们可以用例如直觉对此提供一种合理的解释,但是这种现象的本质和缘由仍然是一个谜。

不管我们称其为直觉、"第六感"或者其他什么名词,人们在某个时刻都体验过此经历。当然,直觉往往是不准的。有多少次你确保飞机在出现紊流状态时能安全降落呢?但是我们似乎在事情发生的那一刻有时能感应得到。心理学家认为人们在潜意识中收集了各种周遭信息,这些信息帮助我们去预知某些事情,而我们根本不知道这些事是怎么发生的,也不明白自己为什么能感觉得到。同时我们也很难解释其中的奥秘,就连心理学家也只能给出一部分现象的解释。

每一个人的一生中恐怕都会有一次碰到突然萌生的奇怪感觉。在看什么东西的时候,会突然意识到:这事有一次曾经发生过,我曾经到过那里,做过这件事,听过这样的话,当时也是这样的灯光……在那一瞬间,大脑给我们发出一个信号,说是它认出了发生的事。这种现象便称之为记忆错觉,也称回忆幻想。人怎么会出现对未来的回忆呢?科学家称这类感觉也叫"第六感"。那种似曾相识的感觉,你有过吗?

动物能够通过察觉环境中发生的微妙变化,来感知迫在眉睫的危险。而人类究竟有没有这种可以预知危险的"第六感"呢?多年来,科学家们对这个问题一直存在着不尽相同的观点。虽然一些学者对人类也同样具有"第六感"的这一说法并不认同,但是美国圣路易斯华盛顿大学的科学家日前经研究证实,人类大脑中确实存在着一个具有早期预警作用的特殊区域。

俄罗斯国立人文大学最高人文学研究所研究人员、哲学副博士列昂尼德·卡拉谢夫有他的一套独到见解。他说,有很多学者都认为记忆错觉是源于过度疲劳、大脑混乱,所以把未知当成已知,他却倾向这是一种"全息摄影错觉"。

众所周知,生理学上将人类的感官分成五种:视觉、听觉、嗅觉、味觉和触觉。从分子水平上看,这种划分甚无道理。我们对外界刺激的感觉,是通过被称为受体的蛋白质进行的。视觉比较独特,通过光受体感觉光线刺激,但听觉和触觉实际上是同一类,都是通过机械性受体感觉机械刺激。嗅觉和味觉也是同一类,它们具有化学受体,感受化学分子,只不过,嗅觉感受的是气体分子,而味觉感受的是液体分子。所以这五种感官,实际上是三种。

人类和动物一样具有第六感。视觉、听觉、嗅觉、味觉和触觉——自古希腊亚里士多德提出人类有五种感觉之后,这一观点一直得到人们的认同。但是,长久以来,也有人相信人类存在着一种超过这五种感觉的"第六感"。

几年前,美国"每日科学"网站报道,美国科学家的最新研究显示,人类也具有类似鲨鱼对电流的第六感。而2005年,美国华盛顿大学脑心理学专家的研究结果显示,人类大脑额前叶的某一部会对某些危险情境起到预警作用。

尽管科学界还没有给"视、听、嗅、味、触"这五大感觉之外的"第六感"命名,但相关的研究却并不少。科学家曾根据这个感觉的特征——直接影响人们感情、情绪,提议将其命名为"类嗅觉"或者"情觉",而国外目前通常的称法为"费洛蒙感觉"。

第六感研究领域最主要的讯息来源是动物界。动物心理学家丹尼斯·巴登在《动物心理学》一书中,用很大的篇幅描绘了动物的"第六感"。书中提到,1940年希特勒对伦敦进行大规模轰炸,在德国飞机袭击前数小时,有一些猫就在家中来回走动。频频发出尖叫声,有些咬着主人的衣裙拼命往外拉,催促他们迅速逃离。动物发出的种种奇特信号,使得科学家开始破译动物神秘的第六感。英国生物化学家鲁珀特·谢尔德雷克二十年来一直从事科学实验,他认为心灵感应和预感等现象可以从生物角度得到解释,它们是正常的动物行为,它经过了数百万年的演变,是为适应生存的需要而形成的。谢尔德表示,人类的第六感同样是从祖先那里继承的技巧。

在对动物界进行探索后,科学家指出动物界普遍存在着对外激素(信息素)的感觉。外激素是动物分泌的化学物质,用于影响同种动物的行为。通过研究,科学家认定感觉外激素的器官叫做犁鼻器,这是一个位于鼻中隔底部的软骨结构。

目前,人类外激素也已被科学界确认,只是,接受人体外激素的器官犁鼻器却已高度退化。只有在胎儿和新生儿中,还有明显的犁鼻器结构。犁鼻器(vomeronasal organ),又被称作费洛蒙鼻嗅器。最先被发现有鼻嗅器的高等动物是蛇类。因为蛇的舌头尖端是分叉的,它常常伸出嘴外品尝空气的特别香气分子,一旦嗅闻到一些气味,它就会把缩回的舌尖放置在口内的鼻嗅器上,以便鼻嗅器感觉。

人类的鼻嗅器最先是由美国的解剖学者在解剖尸体时发现的,后经两位电子显微镜组织学家莫兰(David Moran)及杰夫克(Bruce Jafek)证明无误。

美国学者利用研究昆虫触角电析法的测量法,将电极放置在人类鼻嗅器上,再将讯号放大,结果发现,和其他昆虫、老鼠一样,可以测量出不同化合物所引起的直流电压变化。结果显示,男性的鼻嗅器对女性皮肤分泌的醇类物质特别敏感,而女性的鼻嗅器对男性皮肤分泌的酮类物质特别敏感。那么从鼻嗅器测量出来的反应,跟嗅觉有什么不同吗?为什么要叫它为第六感呢?因为鼻嗅器和鼻内的嗅觉上皮层位置不一样,而且后者有神经和大脑相联接,而前者尚未找到与大脑联接的神经。

与此同时,随着更多的科学研究,科学家发现在人类身上还存在着其他"第六感官",这些也是通过对动物的比较研究得出的。鲨鱼在捕猎和水中游弋时能迅速地感知到电流信号。这种超强的能力曾被视为鲨鱼的第六感。日前,美国佛罗里达大学的马丁·科恩(Martin Cohn)及其实验室称发现了这一第六感官,并指出人类也具有此感官。该文曾发表在《进化与发展》(Evolution&Development)杂志上。

马丁·科恩指出,鲨鱼头部有个能探测到电流的特殊细胞网状系统,被称为电感受器。鲨鱼就利用电感受器来捕食猎物。同样,鲨鱼还能借助地球磁场在浩瀚无边的海洋中辨别方向。马丁·科思认为这就是鲨鱼具有第六感的表现。

为了对鲨鱼的第六感进行探究,美国研究人员对小斑点猫鲨的胚胎进行了研究。通过分子测试,他们在鲨鱼的电感受器中发现了神经嵴细胞(neuralcrestcells)的两种独立基因标志。神经嵴细胞是胚胎发育早期形成各种组织的胚胎细胞。研究结果显示,神经嵴细胞从鲨鱼的脑部转移至其头部的各个区域,并在其头部发育为电感受器,成为鲨鱼独特的"第六感"。

人类的神经嵴细胞对人面部骨骼和牙齿的形成起着重要的作用。研究成员之一、路易斯安那大学的生物学家詹姆斯·阿伯特(James Albert)表示人类也曾具有这样的电流感受能力。科学家认为所有的原始脊椎动物,包括人类早期祖先在内都具有电流感受能力。但随着它们的进化,哺乳动物、爬行动物、鸟类和其他一些海洋生物,如鲟鱼和七鳃鳗等还仍旧保留着这种"超能力"。

动物的第六感给科学家以参照,有学者进一步认定,人类的认知系统中也有着独特的"第六感"。

2005年底时,美国有科学家撰文称,人类大脑可能具有"盲视"的功能。人类可以不通过感觉器官而直接感应到外界信息,近似于一种"第六感"。华盛顿大学的科学家去年的报告指出,大脑额叶部区域可早于人类意识之前感知到危险,并且提供早期的警告帮助人类逃脱。研究人员在研究中发现,脑部的一块区域——又被称为前扣带皮质(anteriorcingulatedcortex,ACC),可能会觉察出环境中细微的变化,并起到预警作用,提醒人们逃脱困境。

针对国外的这些研究成果,大脑能给人预警,是人类的潜意识问题,并不能简单地等同于第六感。"这是一个信息处理区域，根据信息在决定形成过程中的作用来区分处理的先后顺序。看起来，它能够把有关动机和效果的信息联系起来，从而带来认知的变化，改变人们对事物的看法。"圣路易斯华盛顿大学心理学研究员约书亚·布朗博士（Dr. Joshua Brow）表示，当我们有可能犯错误时，甚至在必须做出困难决定之前，前扣带皮质实际上已经察觉到了这种"困境"，因此前扣带皮质在大脑对外界的认知与反映中便担当了一个早期的警告系统。当我们的行为可能导致负面结果时，前扣带皮质便预先警告我们，让我们更小心，避免犯错。

实验中，研究人员让健康的年轻人响应在计算机屏幕上出现的一系列信号。参加者必须根据屏幕上所出现的箭头的方向很快地按键盘上的按键。但为了试验出被测试者处理未知事件时脑部运动状况，研究人员有时会插入另一个较大的蓝色箭头，使得参加者必须转换思维，而按另一按键。扫描参加者的脑部活动显示，最后只要仅仅显示与较大箭头相关的蓝色，就足以发动前扣带皮质的活动。研究人员解释，这项研究表明脑部的这块区域提早了解到事物信息，尽管你未必能意识到它。

北师大刘嘉教授指出，我们所感知世界的信息就像一座冰山，但以意识的方式呈现出来的却仅为冰山一角。很多的信息只能是处于非意识状态，存储在我们大脑的某个部位。当在某些情况下，这些信息会"莫名"地呈现，但之前我们也是完成了一个对此信息的存储过程，只是一直处于"潜在状态"。因此，大脑早于我们意识进行一些脑部运动，也是属于大脑认知活动的正常范围。

刘教授还披露，目前国内真正意义上从心理学角度对人类超能力的研究并不多。

国外有人把人类的第六感称为"超感觉力"（英文简写成 ESP）。三十年前，美国曾以心理学家（90％为大学教授）为调查对象，调查他们对"超感觉力"的看法。当时认为肯定有和可能有的人数加起来仅占调查人数的17％。然而，到了上世纪70年代末，美国纽约州立大学的心理学家对全美主要大学2400名教授的调查结果表明，肯定"超感觉力"的人上升到了16.3％，认为大概存在的有49.3％，大概不存在的占19.4％，而根本就不承认的仅占10.9％。也就是说，美国大学教授中一半以上的人是相信第六感实际存在的。

有关第六感的讨论和研究，目前仍然在进行当中。希望有一天科学发展到一定水平能够帮助人们解开"第六感"的秘密。

人类的欲望从何而来

当你准备挑一个冰淇淋的时候，你会选择什么口味的？草莓、香草、还是巧克力？还是全部都选？多年以来，关于人类欲望形成的真正原因一直吸引着全世界各个专业的科学家们，但是很多科学家都认为，我们距离发现自己欲望和喜好的真正原因还相差很远。

我们也许可以预测在某种特定情况下自己将会怎样去做,或者更倾向于怎么做,但是社会学家指出,即使我们熟悉自己的欲望和喜好,人类仍然不能确定这些欲望和倾向的来源。

　　例如美国纽约大学的社会学家达尔顿·肯利就认为人类目前对自身欲望的驱动力知之甚少,他说:"我们认为由于各种的可能原因太过复杂,因此彼此影响,使人们不能确定究竟是哪个因素发挥了决定性作用,这有点过犹不及的意思,由于可能性太多而最终导致研究失去方向。"

　　对于究竟是什么因素驱动了人类的欲望,社会学家、进化理论心理学家和经济学家各自都有不同的解释,但是目前为止仍然没有一种解释能够合理地揭开事实真相。

　　举例来说,很多以进化论为理论基础的解释认为,人类的欲望是基于事实产生的,而这种论点本身也具有很多现实依据,并不是完全建立在假设的基础上,这使其更具有合理的一面。

　　加拿大肯戈尼亚大学的进化心理学家加德·萨德在最近出版的著作《消费行为的进化论基础》中提到,人类欲望的根源是多种复杂因素共同作用的结果,因为研究一个过程的原理和催生这个过程的原因常常是两个概念,因此人类欲望的根源很难找到。

　　我们也许都知道妇女们可能在月经周期的时候改变口味和食欲,但是知道了这个事实本身并不代表我们知道这一现象的原因。

　　萨德博士说:"可以确定的是,生物因素是决定人类欲望来源的核心因素。这与社会学家研究该问题的思路恰恰相反——他们认为人类降生的时候大脑是空白一片,而我认为这种欲望或是倾向的根源是与生俱来的。"

　　耶鲁大学的社会学家乔瑟夫·西蒙斯也认同生物因素是决定人类欲望的主要因素之一,他说:"人们对雷劈、巨响和狰狞面孔的恐惧也不是学来的,而是与生俱来的一种本能。"但是西蒙斯博士认为,生物因素不是决定人类欲望的唯一因素,而经验的积累在形成人类欲望的过程中也扮演了重要的角色。他举例说,当人们特别喜欢或者特别不喜欢某一事物的时候,经验就会在人们再次接触这些事物的时候所产生的欲望起着重要的影响作用。

　　西蒙斯博士举例说:"这就好像广告创意人员在广告中时常加入幽默、性感等刺激元素,因为经验告诉他们这些元素会增加公司的收益。"

　　人的欲望也会因为人的状态和心情而有所改变。如果一个女人想象着自己是一个成功的经理人,那么她可能会买一本《经济学家》杂志,而如果她只是觉得自己是一个女人,那么她选择的杂志可能就是《女友》了。

　　西蒙斯博士认为另一个巨大的问题就是,社会联系常常也会影响人类欲望的形成。

美国纽约大学的社会学家达尔顿·肯利认为这需要社会学家、心理学家和神经医学家进行跨学科合作才能获得新发现,而且精确的实验环境也是必要的。只有将研究各个因素的科学家汇集在一起进行研究,才有可能揭开人类欲望的真正起源。

用肯利博士的话来说就是:"目前为止研究人类欲望的根源就像研究量子物理学,实在有太多的未解之谜等待我们去揭开。"

安慰剂效应

安慰剂效应,又名伪药效应、假药效应、代设剂效应(英文:Placebo Effect,placebo 源自拉丁文,即"我将安慰")指病人虽然获得无效的治疗,但却"预料"或"相信"治疗有效,而让病患症状得到舒缓的现象。有人认为这是一个值得注意的人类生理反应,但亦有人认为这是医学实验设计所产生的错觉。这个现象无论是否真的存在,科学家至今仍未能完全理解。

安慰剂效应于 1955 年由毕阙博士(Henry K. Beecher)提出,亦理解为"非特定效应"(non—specific effects)或受试者期望效应。

一个性质完全相反的效应亦同时存在——反安慰剂效应(Nocebo effect):病人不相信治疗有效,可能会令病情恶化。反安慰剂效应可以使用检测安慰剂效应相同的方法检测出来。例如一组服用无效药物的对照群组(control group),会出现病情恶化的现象。这个现象相信是由于接受药物的人士对于药物的效力抱有负面的态度,因而抵销了安慰剂效应,出现了反安慰剂效应。这个效应并不是由所服用的药物引起,而是基于病人心理上对康复的期望。

医务人员可以利用安慰剂,以激发病人的安慰剂效应。当对某种药坚信不移时,就可增强该药物的治疗效果,提高医疗质量。当某种新药问世,评价其疗效价值时,要把药物的安慰剂效应估计进去。如果某种新药的疗效与安慰剂的疗效经试用后,相差不大,没有显著的差异时,这种新药的临床使用价值就不大。这也就是为什么一些新药刚刚问世时,人们往往把它们当作灵丹妙药,而经过一段时间的使用后,其热潮消失、身价下降的原因。安慰剂效应在药物使用过程中比比皆是。甚至如心绞痛这样严重的器质性疾病,使用安慰剂也有三分之一以上的患者获得症状的改善,许多镇痛剂都具有明显的安慰剂效应。还有一些病人,在使用安慰剂时,也可能出现恶心、头痛、头晕及嗜睡的药物副反应,这也属于安慰剂效应。

使用安慰剂时容易出现相应的心理和生理效应的人,被称为安慰剂反应者。这种人的人格特点是:好与交往、有依赖性、易受暗示、自信心不足、好注意自身的各种生理变化和不适感、有疑病倾向和神经质。

安慰剂效应是一种不稳定状态,可以随疾病的性质、病后的心理状态、不适或病感的程度和自我评价,以及医务人员的言行和环境医疗气氛的变化而变化。所以,就出现了安慰剂效应有时明显,有时不明显,或根本没有的现象。我们应当记住,在病人中安慰剂效应是较易出现的,大约有35%的躯体疾病病人和40%的精神病病人都会出现此种效应。也正由于病人有此心理特点,才使江湖医生和巫医术士得以有活动市场,施展其术。

有报告记录到大约四分之一服用安慰剂的病人,例如声称可以医治背痛的安慰剂使有关痛症得到舒缓。这些痛症的舒缓,不单是靠病人报称,而是可以利用客观的方法检测得到。这个痛症改善的现象,并没有出现于非接受安慰剂的病人身上。由于发现了这个效应,政府管制机关规定新药必须通过临床的安慰剂对照(placebo - controlled)测试,方能获得认可。测试结果不单要证明患者对药物有反应,而且测试结果要与服用安慰剂的对照群组作比较,证明该药物比安慰剂更为有效。由于医生对有关疗程实用性的观感会影响其表现,亦可影响病人对疗程的观感。因此,此药物测试必须以双盲(double - blind)方式进行:医生及病人都不会知道该药物是否安慰剂。

最近还发现,模拟手术也会出现相似的现象,所以,有部分的外科手术技术必须进行安慰剂对照研究(极少会以双盲方式进行,原因很明显)。为了使测试得到支持,药物测试群组会比安慰剂对照群组获得更好的待遇。几乎所有以这个对照方式进行的研究都显示安慰剂可改善病情。举例:卡恩公布了一项有关抗抑郁药的整合分析(meta - analy-sis),发现服用安慰剂的群组中出现自杀或企图自杀的情况下降了30%,而服用抗抑郁剂的群组则下降40%。

但是,一般研究项目都没有加设一个不接受任何治疗的群组作对照,因此很难推算出安慰剂效应实际的影响程度。"安慰剂效应"与"反安慰剂效应"的提出,到现在已超过五十年了,却仍然很明确地时常出现在实验的医疗情境里。而这种效应之所以会存在,就表示人与人之间的信任在医患关系中是非常重要的。因此"人性关怀"绝不能在医病沟通中缺席,医疗生态应该用心经营一个"信任及安心"的区块。

美国牙医约翰·杜斯在其二十七年行医生涯中,就常常遇到这种情况:一些牙痛患者在来到杜斯的诊所后便说:"一来这里我的感觉就好多了。"其实他们并未说假话——因为可能他们觉得马上会有人来处理他们的牙病了,从而情绪便放松了下来;也可能像参加了宗教仪式一样,当他们接触到医生的手时,病痛便得以缓解了⋯⋯实际上,这和安慰剂所起的作用大同小异。

作为全美医疗作假委员会的创始人,杜斯医生对安慰剂研究的兴趣始于其对医疗作假案件的调查。他指出,牙医和其他医生一样,有时用误导或夸大医疗需求的办法来引诱病人买药或接受较费钱的手术。为了具体说明"安慰剂效应"究竟是怎么回事,他援引了美国医疗协会期刊刊登的有关末梢神经痛的研究成果。据悉,接受试验的人员分为四组:A组服用一种温和的镇痛药;B组服用色泽形状相似的假药;C组接受针灸治疗;而D组接受的是假装的针灸治疗。试验结果显示:四组人员的痛感均得以减轻,四种不同方法的镇痛效果并无明显差异。这说明,镇痛药和针灸的效果并不见得一定比安慰剂或安慰行为更为奏效。

实际上,人类使用安慰剂的历史已相当悠久。早在抗菌素发明以前,医生们便常常给病人服用一些明知无用的粉末,而病人还满以为有了希望。不过最后,在其中某些病例中,病人果真奇迹般地康复了,有的甚至还平安地渡过了诸如鼠疫、猩红热等"鬼门关"。

有一个典型的"安慰剂效应"的试验(请不要自己在家中做这个实验),在实验对象身上制造疼痛,然后使用吗啡控制这种疼痛。一天这样做几次,连续进行几天,直到实验的最后一天,用生理盐水取代吗啡溶液。猜猜发生了什么? 像吗啡一样,生理盐水也有效地抑制了实验对象的疼痛。

这就是所谓的安慰剂效应:有时候,一些平常的东西会因为某种原因具有强大的威力。意大利图林大学的法布里齐奥·贝内代蒂在做上述实验时,在最后一天的生理盐水中加入了吗啡抗药物烯丙羟吗啡酮。出现了怎样的惊人结果呢? 生理盐水抑制疼痛的能力消失了。几十年来,医生们都知道存在安慰剂效应,而烯丙羟吗啡酮的实验结果似乎显示,安慰剂效应在某种程度上是一种生化反应。但除此以外,人类对安慰剂效应一无所知。

后来,贝内代蒂又证明,用生理盐水做成的安慰剂还可以缓解帕金森病患者的震颤和肌肉僵直症状。在给病人注射生理盐水的同时,贝内代蒂和他的研究组对病人脑部的神经元活动进行了测量。他们发现,随着生理盐水的注入,病人丘脑下部的神经核团兴奋程度有所降低,神经元的"应激兴奋"次数也有所减少:生理盐水显然产生了效果。

贝内代蒂说,研究人员对在这一过程中究竟发生了什么事还不是很清楚,但有一点非常明确:大脑能够影响到身体的生化活动。他说:"对治疗效果的期待和实际的治疗效果之间的关系是理解大脑和身体之间相互作用的一个很好模式。"

完全依赖于心理咨询中的实际效果,经实验证明很可靠和很有效的疗法之一是安慰剂效应。这种非常有力的现象凭借的是信念,即我们的健康好转是因为我们相信身体将要好转。

服用安慰剂"药物"的人相信那是真实的药物,因而果然能体验到疼痛或其他症状的显著减轻,尽管安慰剂并没有什么生物化学作用。安慰剂效应是一种非常强有力的现象,能使至少三分之一甚至更多的患者病症显著改善。安慰剂药物和安慰剂医疗过程已证明对一大批病症有效,包括长期性病痛、高血压、心绞痛、抑郁、精神分裂症甚至癌症。

安慰剂效应是我们心理预期能操控来自于身体的信号的明显例证。安慰剂只有在患者相信其作用时才会十分有效。如果心理医生说服患者相信这种治疗会使他们身体症状好转,或者提供安慰剂的方式能够增强其心理效果,安慰剂药物或医疗过程的效力会大大提高。举例来说,注射安慰剂比服用安慰剂通常效果要好,这是因为注射药物比吞服药片能产生更大的心理影响。研究发现,以药片的方式服用安慰剂时,其颜色、大小和形状都会影响其效果。

产生安慰剂效应的心理和生理机制相当复杂,还没有得到很好的了解。一些科学家认为,这是大脑在紧张时释放的内啡肽等缓解疼痛的吗啡类化学物质所起的作用。其他科学家则认为,这是某种形式的条件反射作用。不论产生安慰剂效应是哪种机制,精神作用无疑是起着非常关键的作用。

在现实生活中"安慰剂效应"随处可见。几个很少接触乡村环境的城里人到野外郊游,到达山腰时,他们为眼前清澈的泉水、碧绿的草地和迷人的风景所深深吸引。休息时,其中一人很高兴地接过同伴递过来的水壶喝了一口水,情不自禁地感叹道:山里的水真甜,城里的水跟这儿真是没法比。水壶的主人听罢笑了起来,他说,壶里的水是城市里最普通的水,是出发前从家里的自来水管接的。这种现象说明,我们在对现实进行分析的时候,很明显地搀杂了很多个人因素,包括我们的期望、经验和信念等。

现在,研究人员还需要识别安慰剂在什么时候、在什么地方能够发挥作用。也许安慰剂对某些疾病不会产生作用;也许在不同的疾病之间存在某种共同机理。这些问题迄今还没有答案。

心理预期之谜

不知道各位是否有过这样的经验:对一件事,例如上台报告或参加一个宴会,原本预期会失败或受窘,结果真的如预期的一般,反之原本预期会成功或玩得很愉快,后来结果也不差。对于这样的现象,也许各位认为只不过是巧合而已,但是以心理学的眼光来看,事出必有因,而且这个原因有一部分还跟你有关。究竟这样的关系是怎样造成的呢?

如果说我们不能完全掌控别人或外在环境,我们还是可以掌控自己,而自我应验预言针对的也就是自己对自己的预言。例如在医学上早有发现的,若病人自己预期或经医师告知病情轻微的,在治疗后复原得比较快,反之若预期自己病情严重的,对治疗的反应会比较差,甚至很多慢性病病人,如癌症病人,病情还会因为预期不良而恶化。另外在教学成效的研究上也发现,如果学生相信自己是优秀的,那么从学习中获得的乐趣与成绩通常也会比那些自认驽钝的人来得高。而像焦虑症、心身症等精神官能性异常,其症状也经常是预期性焦虑的结果,例如一个社交恐惧的个案之所以无法面对陌生人,有很大一部分原因是出在他预期别人会对他有不好的评价。

为什么会这样呢?其中一个很重要的因素就是预期会影响到动机。例如你如果预期这次的数学考试很难,你再怎么读也不可能及格,那么你将会宁愿读英文也不碰数学,而结果可想而知,反之如果你某一次在数学上获得不错的成绩,你可能就会觉得自己在这上面是有天分的,下次再面对考试的时候就会更加认真准备,成绩当然会越来越好。而正因为如此,才会有心理学家提出"没有失败者的学校"这样的概念,因为借由鼓励不仅能提升学生的学习动机,相对地,其自尊、自信等也都会比处在责罚的环境中的学生来得高。

另外一个很重要的因素是预期会影响到注意的焦点。例如有一个已经被说烂了的例子:半杯水,悲观的人说"只剩半杯"(因为他注意到没水的部分),乐观的人说"还有半杯"(因为他注意到有水的部分)。而我们经常会注意些什么就受到你我对事件预期的影响,只要你稍加注意,生活中这样的例子俯拾即是。

例如:对上台演讲有焦虑的人经常会预期自己的演讲是失败的,而正因为他会去注意在听众中有多少人在打哈欠甚至打瞌睡,或是自己哪一段说得不顺口,所以他的演讲没有一次成功过。

如果你对某个人的印象不好,你就会开始注意他有哪些让你讨厌的行为,从而越发肯定这个人是令人讨厌的。一个担心自己生病的人会去注意自己身上任何的不适,即便一点问题也没有,他也会觉得怪怪的而去看医生。一个忧郁症的病人因为预期未来是没有希望的,所以在他的眼中只会看到灰暗、负面的事情。你会因为预期不受欢迎而在聚会中注意到别人经常以厌烦的态度对你,但实际上可能只是对方疲倦了而已。

如果你相信你能,那么你可能可以;如果你相信你不能,那么你一定不行。虽然人们知道心理预期效应的存在,但是心理预期如何产生作用以及为什么会产生作用还是一个未解之谜,等待心理学家们做更多地钻研然后才能解答。

植物和人一样有情感吗

植物也和人一样具有情感,只是它们无法表达。这个问题初看之下好像有点离奇,可是近些年来,有些人在这方面竟取得了很大的成果,引起了人们的普遍关注。

美国有个叫维维利·威利的人,曾做过这样一个试验:她从公园里摘回两片虎耳草的叶子,一片在床头柜上,一片放在起居室里。她每天起床,都要看看床边的叶子,祝愿它继续活着,对另一片叶子则根本不予理睬。一个月后,她不闻不问的那片叶子已萎缩变黄,开始干枯;可是她每天注意的那片叶子不但仍然活着,而且就像刚从公园里摘下来时一样。似乎有某种力量公然蔑视自然法则,使叶子保持健康状态。

美国加利福尼亚洛斯加托斯国际商品粮用机器公司的化学师马塞尔·沃格尔按照威利的办法,从树上摘下三片榆树叶,放到床边的一个碟子里。每天早饭前,他都要集中一分钟思想,注视碟子中的两片叶子,劝勉它们继续活下去,对中间那片叶子不予以理睬。一周后,中间的一片叶子已变黄枯萎,另两片仍然青绿,样子健康。使沃格尔更感兴奋的是,活着的两片叶子的小茎,由于摘自树上而留的伤痕似乎已经愈合。

1971 年沃格尔开始了新的实验,看能否获得海芋属植物进入与人沟通联系的准确时刻。他将电流计联在一株海芋植物上,然后他站在植物面前,深呼吸,手指伸开几乎触到植物。同时,他开始向植物倾注一种像对待友人一样的亲密感情。他每次做这样的实验时,图表上的笔录都发生一个向上的波动,他能感到在他手心里。过了 3～5 分钟沃格尔再进一步表示这种感情,却未引起植物的进一步行动,好像对他的热情反应它已放出全部能量。沃格尔认为,他和海芋植物反应似乎与他和爱人或挚友间的感情反应有同样的规律,即相互反应的热烈情绪引起一阵阵能量的释放,直到最后耗尽,必须得到重新补充。

沃格尔在一个苗圃里发现,他用双手在一群植物上抚摸,直到手上感到某种轻微的凉意为止。用这种办法,他可以轻而易举地把一株特别敏感的植物拔出来。凉意可能是一系列电效应所致,表明其中存在一个很大的场。

沃格尔在另一次试验中,将两株植物用电母联在同部记录器上。他从第一株上剪下一片叶子,第二株植物对它的同伴的伤痛做出了反应。不过这种反应只有当沃格尔注意它时才能有。如果他剪下这片叶子不去看第二株时,它就没有反应。这就好像沃格尔同植物是一对情人,坐在公园的凳子上,根本不留意过路行人。只要有一个人注意到别人时,另一个人的注意力也会分散。

沃格尔发现,植物是活生生的物体,有意识,占据空间。用人的标准来看,它们是瞎子、聋子、哑巴,但毫不怀疑它们在面对人的情绪时,是极为敏感的工具。它们放射出有益于人类的能量,人们可以感觉到这种力量。它们把这种力量送给某个人的特定的能量场,人又反过来把能量送给植物。既然人可以同植物进行心灵的沟通,那么人可不可以化入植物之中呢? 早在 16 世纪,德国有位名叫雅可布·贝姆的方士就声称他有这种功能。当他看一株植物时,可以突然将意念与植物融成一体,成为植物的一部分,觉得生命在"奋力向着光明"。他说此时他同植物的单纯的愿意相同,并且与愉快生长的叶子共享水分。

在同植物进行感情交流时,千万不能伤害植物的感情。沃格尔请一位心理学家在 15 千米外对一株海芋属植物表示强烈的感情。试验时,植物作出了不断的强烈反应,然后突然停止了。活格尔问他心中是否出现什么样想法，他说他拿自己家里的海芋属植物和沃格尔的做比较，认为沃格尔的远比不上他自己的。显然这种想法刺伤了沃格尔的海芋植物的"感情"。在这一天里，它再也没有反应，事实上两周内都没有反应。这说明，它对那位心理学家是有反感的。

植物对在烛光的室里讲鬼怪故事也有反应。在故事的某些情节中，例如"森林中鬼屋子的门缓缓打开"，或者"一个手中拿刀子的怪人突然在角落出现"，或者"查尔斯弯下采打开棺材盖子"等等，植物似乎特别注意。沃格尔研究和事实证明，植物也可以对在座人员虚构想象力的大小作出反应。

沃格尔的研究为植物界打开了一个新领域。植物王国似乎能够揭示出任何恶意或善意的信息，这种信息比用语言表达的更为真实。这种研究，其意义无疑是深远的，但是这一发现是否只是偶然，怎样进一步开发它，让它为人类服务，还是一个远未解决的问题。

人类的意识是如何产生的

要研究意识问题，首先就要知道哪些东西需要我们去解释。当然，我们大体上都知道什么是意识。但遗憾的是，仅仅如此是不够的。心理学家常向我们表明，有关心理活动的常识可能把我们引入歧途，显然，第一步就是要弄清楚多年来心理学家所认定的意识的本质特征。当然，他们的观点未必完全正确，但至少他们对此问题的某些想法将为我们提供一个出发点。

既然意识问题是如此重要和神秘，人们自然会期望，心理学家和神经科学家就应该把主要精力花在研究意识上。但事实远非如此。大多数现代心理学家都回避提及这一问题，尽管他们的许多研究都涉及意识。而大多数现代神经科学家则完全忽略这一问题。

情况也并非总是这样。大约在19世纪后期，当心理学开始成为一门实验科学的时候，就有许多人对意识问题怀有极大地兴趣，尽管这个词的确切含义当时还不太清楚。那时研究意识的主要方法就是进行详细的、系统地内省，尤其是在德国。人们希望，在内省成为一项可靠的技术之前，通过对它的精心改进而使心理学变得更加科学。

美国心理学家威廉·詹姆斯较详尽地讨论了意识问题。在他1890年首次出版的巨著《心理学原理》一书中，描述了被他称为"思想"的五种特性。他写道，每一个思想都是个人意识的一部分。思想总是在变化之中，在感觉上是连续的，并且似乎可以处理与自身无关的问题。另外思想可以集中到某些物体而移开其他物体。换句话说，它涉及注意。关于注意，他写下了这样一段经常被人引用的话："每个人都知道注意是什么，它以清晰和鲜明的方式,利用意向从若干个同时可能出现的物体或一系列思想中选取其中的一个……这意味着舍掉某些东西以便更有效地处理另外一些。"

在 19 世纪,我们还可以发现意识与记忆紧密联系的想法;詹姆斯曾引用法国人查尔斯·理查德 1884 年的一段话:"片刻的苦痛微不足道,对我而言,我宁愿忍受疼痛,哪怕它是剧烈的,只要它持续的时间很短,而且,在疼痛过去之后,永远不再出现并永远从记忆中消失。"并非脑的全部操作都是有意识的。许多心理学家相信,存在某些下意识或潜意识的过程。例如,19 世纪德国物理学家和生理学家赫尔曼·冯·亥姆霍兹在谈到知觉时就经常使用"无意识推论"这种术语,他想借此说明,在逻辑结构上,知觉与通常推论所表达的含义类似,但基本上又是无意识的。

20 世纪初期,潜意识和无意识的概念变得非常流行,特别是在医学界。这主要是因为弗洛伊德(Freud)、荣格(Jung)及其合作者给医学赋予了某种性的情趣。按现代的标准看,弗洛伊德不能算作科学家,而应该被视为既有许多新思想,又有许多优秀著作的医生。

正因为如此,他成为精神分析学派的奠基人。

早在一百年前,三个基本的观点就已经盛行:

1. 并非大脑的全部操作都与意识有关。

2. 意识涉及某种形式的记忆,可能是极短时的记忆。

3. 意识与注意有密切的关系。

但不幸的是,在心理学研究中兴起了一场运动,它否定意识的应用价值,把它看成是一个纯心理学概念,这部分原因是由于涉及内省的实验不再是研究的主流,另一方面,人们希望通过研究行为,特别是动物的行为,使心理学研究更具科学性。因为,对实验者而言,行为实验具有确定的观察结果。这就是行为主义运动,它回避谈论精神事件。一切行为都必须用刺激和反应去解释。

约翰·沃森(John B. Watson)等人在第一次世界大战前发起的这场行为主义运动,在美国盛行一时,并且由于以斯金纳(B·F·Skinner)为代表的许多著名鼓吹者的影响,该运动在上世纪三四十年代达到顶峰。尽管在欧洲还存在以格式塔(Gestalt)为代表的心理学派,但至少在美国,直至20 世纪50 年代后期和20 世纪60 年代认知心理学成为受科学界尊重的学科之前,心理学家从不谈论精神事件。在此之后,才有可能去研究视觉意象,并且在原来用于描述数字计算机行为的概念基础之上,提出各种精神过程的心理学模型。即便如此,意识还是很少被人提及,也很少有人去尝试区分脑内的有意识和无意识活动。

神经科学家在研究实验动物的大脑时也是如此,神经解剖学几乎都是研究死亡后的动物(包括人类),而神经生理学家大都只研究麻醉后丧失意识的动物,此时受试对象已不可能具有任何痛苦的感觉了。特别是20世纪50年代后期,戴维·休伯(David Hubel)和托斯滕·威塞尔(TorstenWiesel)作出划时代的发现以后,情况更是如此。他们曾发现,麻醉后的猫大脑视皮层上的神经细胞,对入射到其眼内的光照模式呈现一系列有趣的反应特性。尽管脑电波显示,此时猫处于睡眠而非清醒的状态。由于这一发现及其后的工作,他们获得了1981年诺贝尔奖。

要研究清醒状态下动物脑神经反应的特性,是一件更加困难的事情(此时不仅需要约束头部运动,还要禁止眼动或详细记录眼动)。因此,很少有人做比较同一个大脑细胞在清醒和睡眠两种状态下,对同一视觉信号的反应特性的实验,传统的神经科学家回避意识问题,这不仅仅是因为实验上的困难,还因为他们认为这一问题太具哲学味道,很难通过实验加以观测。一个神经科学家要想专门去研究意识问题,很难获得资助。

生理学家们至今还不大关心意识问题,但在近几年,某些心理学家开始涉及这一问题。他们的共同点,就是忽视神经细胞或者说对它们缺少兴趣。相反,他们主要想用标准的心理学方法对理解意识作出贡献。他们把大脑视为一个不透明的"黑箱",我们只知道它的各种输入(如感觉输入)所产生的输出(它产生的行为)。他们根据对精神的常识性了解和某些一般性概念建立模型。该模型使用工程和计算术语表达精神。

现任普林斯顿大学心理系教授的菲力普·约翰逊—莱尔德是一位杰出的英国认知心理学家。他主要的兴趣是研究语言,特别是字、语句和段落的意义。

这是仅人类才有的问题,莱尔德不大注意大脑是不足为奇的。因为我们有关灵长类大脑的主要信息是从猴子身上获得的,而它们并没有真正的语言,他的两部著作《心理模型》和《计算机与思维》着眼点是放在怎样描述精神的问题(大脑的活动)以及现代计算机与这一思维的关系。他强调指出,大脑具有高度并行的机制(即数以万计的过程可以同时进行),但它做的多数工作我们是意识不到的。

约翰逊—莱尔德确信,任何一台计算机,特别是高度并行的计算机,必须有一个操作系统用以控制(即使不是彻底的控制)其余部分的工作,他认为,操作系统的工作与位于脑的高级部位的意识之间存在着紧密的联系。

普林斯顿大学语言学和认知学教授雷·杰肯道夫是一位著名的美国认知科学家。他对语言和音乐具有特殊的兴趣。与大多数认知科学家类似,他认为最好把脑视为一个信息加工系统。但与大多数科学家不同的是,他把"意识是怎样产生的"看作是心理学的一个最基本的问题。

意识的中间层次理论认为,意识既不是来自未经加工的知觉单元,也不是来自高层的思想,而是来自介于最低的周边(类似于感觉)和最高的中枢(类似于思想)之间的一种表达层次。他恰当地突出了这个十分新颖的观点。

与约翰逊—莱尔德类似，杰肯道夫在很大程度上也受到脑和现代计算机之间类比的影响。他指出，这种类比可以带来某些直接的好处。比如，计算机中存储了大量信息，但在某一时刻，只有一小部分信息处于活动状态。大脑中亦是如此。

然而，并非大脑的全部活动都是有意识的。因此，他不仅仅在脑和思维之间，而且在脑（计算思维）与所谓的"现象学思维"（大体指我们所能意识到的）之间作了严格的区分。他同意莱尔德的观点，我们意识到的只是计算的结果，而非计算本身。他还认为，意识与短时记忆之间存在紧密的联系。他所说的"意识需要短时记忆的内容来支持"这句话就表达了这样一种观点。但还应补充的是，短时记忆涉及快速过程，而慢变化过程没有直接的现象学效应。谈到注意时他认为，注意的计算效果就是使被注意的材料经历更加深入和细致地加工。他认为这样就可以解释为何注意容量如此有限。

杰肯道夫与约翰逊——莱尔德都是功能主义者。正如在编写计算机程序时并不需要了解计算机的实际布线情况一样，功能主义者在研究大脑的信息加工和大脑对这些信息执行的计算过程时，并没有考虑到这些过程的神经生物学实现机制。他们认为，这种考虑是无关紧要的，至少目前为时过早。

然而，在试图揭示像大脑这样一个极端复杂的装置的工作方式时，这种态度并没有什么好处。为什么不打开黑箱去观察其中各单元的行为呢？处理一个复杂问题时，把一只手捆在背后是不明智的。一旦我们了解了大脑工作的某些细节，功能主义者关心的高层次描述就会成为考虑大脑整体行为的有用方法。这种想法的正确性可以用由低水平的细胞和分子所获得的详细资料精确地加以检验。高水平的尝试性描述应当被看作是帮助我们阐明大脑的复杂操作的初步向导。

加利福尼亚州伯克利的赖特研究所的伯纳德·巴尔斯教授写了《意识的认知理论》一书，虽然巴尔斯也是一位认知科学家，但与杰肯道夫或约翰逊——莱尔德相比，他更关心人的大脑。

他把自己的基本思想称为全局工作空间。他认为，在任一时刻存在于这一工作空间内的信息都是意识的内容。作为中央信息交换的工作空间，它与许多无意识的接收处理器相联系。这些专门的处理器只在自己的领域之内具有高效率。此外，它们还可以通过协作和竞争获得工作空间。巴尔斯以若干种方式改进了这一模型。例如，接收处理器可以通过相互作用减小不确定性，直到它们符合一个唯一有效的解释。

广义上讲，他认为意识是极为活跃的，而且注意控制机制可进入意识。我们意识到的是短时记忆的某些项目而非全部。

这三位认知理论家对意识的属性大致达成了三点共识。他们都同意并非大脑的全部活动都直接与意识有关,而且意识是一个主动的过程;他们都认为意识过程有注意和某种形式的短时记忆参与;他们大概也同意,意识中的信息既能够进入到长时情景记忆中,也能进入运动神经系统的高层计划水平,以便控制随意运动。除此之外,他们的想法存在着这样那样的分歧。

关于"意识"研究的结论,总结于下:

1.关于什么是意识,每个人都有一个粗略的想法。因此,最好先不要给它下精确的定义,因为过早下定义是危险的,在对这一问题有较深入地了解之前,任何正式的定义都有可能引起误解或过分的限制。

2.详细争论什么是意识还为时过早,尽管这种探讨可能有助于理解意识的属性。当我们对某种事物的定义还含糊不清时,过多地考虑该事物的功能毕竟是令人奇怪的。众所周知,没有意识你就只能处理一些熟悉的日常情况,或者只能对新环境下非常有限的信息作出反应。

3.某些种类的动物,特别是高等哺乳动物可能具有意识的某些(而不需要全部)重要特征。因此,用这些动物进行的适当的实验有助于揭示意识的内在机制。因此,语言系统(人类具有的那种类型)对意识来说不是本质的东西,也就是说,没有语言仍然可以具有意识的关键特征。当然,这并不是说语言对丰富意识没有重要作用。

4.在现阶段,争论某些低等动物如章鱼、果蝇或线虫等是否具有意识是无益的。因为意识可能与神经系统的复杂程度有关。当我们不论在原理上和细节上都清楚地了解了人类的意识时,这才是我们考虑非常低等动物的意识问题的时候。

出于同样原因,我们也不会提出,我们自身的神经系统的某些部分是否具有它们特殊的、孤立的意识这样的问题。

5.意识具有多种形式,比如与看、思考、情绪、疼痛等相联系的意识形式。自我意识,即与自身有关的意识,可能是意识的一种特殊情况。但姑且还是先将它放在一边为好。某些相当异常的状态,如催眠、白日梦、梦游等,由于它们没有能给实验带来好处的特殊特征,我们在此也不予考虑。如果这看来像是唬人的话,你不妨给我定义一下基因(gene)这个词,尽管我们对基因已经了解许多,但任何一个简单的定义很可能都是不充分的,可想而知,当我们对某一问题知之甚少时,去定义一个生物学术语是多么困难。

以上只是心理学家们对意识的探讨,但是究竟意识是什么以及它是如何产生的,到现在还没有定论。

人类被催眠的种种

催眠是以人为诱导(如放松、单调刺激、集中注意、想象等)引起的一种特殊的类似睡眠又非睡眠的意识恍惚心理状态。其特点是被催眠者自主判断、自主意愿行动减弱或丧失，感觉、知觉发生歪曲或丧失。在催眠过程中，被催眠者遵从催眠师的暗示或指示，并做出反应。催眠的深度因个体的催眠感受性、催眠师的威信与技巧等的差异而不同。

催眠可分为自我催眠与他人催眠，自我催眠由自我暗示引起；他人催眠在催眠师的影响和暗示下引起，可以使病人唤起被压抑和遗忘的事情，说出病历，病情，内心冲突和紧张。催眠还可以作为一种治疗方法（既催眠疗法）减轻或消除病人的紧张、焦虑、冲突、失眠以及其他的身心疾病。

人在被催眠的状态下会有许多反常的行为和现象发生。比如会说出自己的秘密，会清醒地回忆起已经遗忘的事情，或者会听别人的指挥做一些非正常的举动。催眠术最令人感到神奇的地方就是，人们在催眠状态下失去了自己的控制意识，完全不知道自己在做什么。

在远古的时代，就有使用催眠术治病或体验宗教境界的说法。埃及的占卜者在三千年前就能使用与现代催眠术相类似的催眠法；古希腊的预言家、祭司以及犹太教、天主教都曾经使用过催眠术。中国古代也有关于催眠术的记载，在两千多年前的《内经》中有提及到催眠术，又被称为"祝由术"。中国古代宗教中的一些仪式，如"跳大神"等都含有催眠的成分。

18世纪在巴黎有一位喜欢心理治疗的奥地利医生名叫麦斯麦尔，他使用一种新的理论和疗法，被称为"麦斯韦术"。他能够通过一套复杂的方法，应用"动物磁力"治疗病人，其中包括能使病人躺在手臂上面。并用神秘的动物磁气说来解释催眠机理，按现代理解那就是一种暗示力。麦斯韦术可以使病人出现痉挛或叫喊，甚至心醉神迷的状态。麦斯韦术治愈了许多的病人，但是当时的医学界对于麦斯韦术却不认同。法国的皇家科学委员会曾经调查过这种疗法，没有找到可以反驳的证据，于是，麦斯韦术受到了越来越多地欢迎。而且科学委员会在调查中还发现，麦斯韦术不仅真的具有很好的疗效，而且还可以诱发一些特异功能现象。不过科学界对此却反应强烈。他们认为，根本就不存在特异功能的现象，所谓的特异功能说是一种欺骗。这种特异功能现象是欺骗和幻觉的产物。麦斯韦术也因此被认为是一种骗术。

后来，英国医生布雷德以真正科学的态度，对麦斯韦术进行了客观的研究。他称麦斯韦术导致的昏睡属神经性睡眠，从此麦斯韦术就被称为催眠术。但是布雷德的结论受到了许多人的攻击。在经历了十多年的争论之后，催眠术才渐渐地被医学界所承认。苏格兰医生布雷德（James·Braid）对该现象发生了兴趣，能够给手术病人引起麻醉，于19世纪提出"催眠"一词，并对催眠现象作了科学的解释，认为是治疗者所引起的一种被动的、类睡眠状态，并借用希腊文"hypnos"（即睡眠的意思）一词改为"hypnosis"（催眠），使得催眠术有了广泛的传播,至今一直沿用这一术语。后来,在苏联生物科学家巴浦洛夫带领一班人多年系统深入地研究下,催眠术有了长足的发展,催眠术真正成为一门有理有用的应用科学。现在,在很多国家有名望的大学、医院里,都设有催眠研究室,并积极开展着把催眠术应用于医学、教学、产业等领域的可行性研究。

催眠术所产生的神奇力量一直为人们所震惊。在催眠状态下,人可能发生各种不可思议的行为。关于催眠术神奇的力量例证中,最著名的就是中世纪在欧洲流传一个用"水刀杀人"的故事。有个国王对一个即将被砍头的犯人突发奇想,在下达行刑命令后让刽子手不用刀砍,而是用一只小水壶在犯人的脖子上浇凉水,只见那犯人的头猛地一下垂到胸前就一命呜呼了。原来这个犯人就是在强烈的暗示下产生了虚幻的感觉,将冰凉的水当成了行刑的刀。

乍一看催眠给人以神秘、魔术般的印象,这也是合乎情理的。但是,认真研究一下催眠就会知道,催眠术不是像魔术、占卜那样虚幻的东西,也不仅仅是催眠、被催眠这一单纯的过程,实际上,它有着非常严密、完整的理论,是一门古老而又年轻的大有作为的学科。

催眠术是怎么回事?科学家已对这一现象研究了一百五十多年,但到底也没能弄清楚其真谛。有的理论家认为,催眠术打开了通向潜意识的大门,有的倾向于认为,恍惚是非睡非醒的心理边缘状态,有的干脆称之为伪科学。但有一点是不容置疑的:人处在催眠状态下最容易接受暗示,因为那个时候,大脑、甚至身子开始身不由己。催眠术究竟是真是假,一些研究知觉边缘状态的专家通过类似的试验,解开了其中一些不为人知的谜团。

心理学家经过对催眠现象长达十多年的研究和观察发现,催眠的现象大致有十余种,如昏睡、大脑迟钝、行为反常等等。

催眠现象之一:能预测未来

俄罗斯创造性和医疗性催眠术研究协会副会长伊戈尔·拉济格拉耶夫认为,对知觉施加影响能对一个人的生理过程起到作用,他不止一次得到了证明。

他有一个女患者,由于经期紊乱,头部和心口都疼得实在难忍。经做几次催眠治疗后,其更年期"推迟"了七年,不仅不再头疼和心口疼,月经也恢复了,变得格外精神,身体没灾没病。

拉济格拉耶夫还坚信,通过催眠能把一个人"送到未来"。

他曾通过催眠告诉过一个人,他比实际情况要老许多许多。一次,一个音乐学院的女学生来找他看病,说自己当着观众弹钢琴有些怯场。他在给姑娘做催眠时告诉她,说她不是二十二岁,而是三十二岁,还说她是个天才的钢琴家。这大大增强了女大学生的信心,使她在音乐会上的演出大获成功。

不久前,专家们还做了一个很有意思的试验,在试验过程中谎报了患者的年龄——二百岁、三百岁、一千岁、一百万岁,与此同时还记录下反映受术者大脑生物电活动情况的脑电图,发现其波形图总起变化,仿佛患者能清楚看到遥远未来的画面。不过这又该如何解释呢? 而且患者清醒过来之后,什么也记不得了。

催眠现象之二:麻醉人的意识

哈佛医学中心的吉南德斯和罗森塔尔教授还发现了催眠术的另外一个不可思议的属性:病人处在恍惚状态下,骨折和外科手术的伤口能更快愈合。

第一项研究请了十二位踝骨断裂的病人参加。吉南德斯对其中的六人在三个月内每星期做一次催眠,另外六人只接受一般治疗,由另外一批专家通过 X 光透视仪来观察病人的骨头愈合情况,他们根本就不知道哪些人接受了催眠,哪些人没有。结果表明,那些接受过催眠的患者要比接受一般治疗的患者早两个星期下地行走。

一些生物化学家认为这是内啡肽影响的结果,拉济格拉耶夫对此表示认同。内啡肽是人体内合成的一种麻醉物,据说患者在接受催眠过程中会分泌得更多,从而减轻了愈合过程中的痛苦。因为它能给人带来精神愉快,所以有一种无痛感觉。

可是,又该怎么去解释美国前不久所进行的另一项试验呢? 那里在麻醉状态下对妇女所做的人工授精的成功率要高出一倍,这好像就不仅仅是内啡肽的问题了。不过目前用催眠术来治疗精神病、心脏病和传染病还不见什么疗效。

催眠现象之三:使人的病症得到改善

科学家们一直设法运用催眠术治病。瑞士巴塞尔大学发表声明,说他们找到了治疗花粉过敏症的新方法,还非常有效,他们的方法便是催眠术。

此项研究进行了两年,有六十六名花粉过敏症患者自愿接受试验。第一年将他们分为两个组,第一组头一年实际上并未参加试验,还在照常服用那些传统的抗过敏药。第二组在一名经验丰富的神经疗法医生的指导下施行旨在祛除过敏主要症状的自我催眠,与此同时还在继续服用一般的抗过敏药,只不过剂量要小一些。第一年的结果非常明显,第二组患者在花开季节症状就不那么显著,不再是经常流鼻涕。到第二年,第一组的人也接受了催眠,到"过敏季节"末他们也承认症状有所缓解。

科学家认为,这些人的症状有所缓解是因为在催眠作用下人体血液循环有所改善,解决或部分解决了呼吸系统经常出现的问题。

不过,虽说接受试验的人都异口同声说类似方法对治疗过敏症有效,但仍缺乏事实依据,这只是他们的自我感觉,而不是医学上的鉴定。而且在做催眠的同时,仍得服用小剂量的抗过敏药物。就连参加此项试验的一些科研人员也承认,他们只是提出了一种哪怕能对治疗花粉过敏有部分帮助的方法,并不认为自己发现了一条新的治疗途径。

催眠现象之四:抑制大脑思维

科学家在经历一系列探索性实验后,开始将研究转向理性。催眠与大脑反应是否有关系成为他们关注的重点。

科学家们有一次做试验的时候,要人们伸出双手托砖,时间越长越好。人们在一般状态下只能托五分钟,可处在催眠状态下连女性也能托半小时。X 照片表明,如果说在正常情况下大脑的两个半球在同时工作,那在恍惚状态下只有负责情感和艺术创造力的右半球在活跃,它像是"压抑"了负责逻辑和智力的左半球的任何企图,让人就知道傻乎乎地托着。

而另一个新研究证明,催眠通过改变大脑特殊区域的活性能够有效地避免认知冲突的发生。

研究者用一个经典方法让受试者说出书写字迹的墨水颜色。面对用蓝墨水书写的"绿"字,受试者在回答"蓝色"时往往会犹豫和犯错。如果相同的受试者在经过催眠后再看这个字时,就会把这个字视为一个没有意义的符号。

美国纽约市哥伦比亚大学的认知神经学家瑞兹和同事将目光汇聚在这一结果背后的大脑活动上。研究人员在最初的行为研究中发现,面对字义与颜色的冲突,那些接受了高度催眠的受试者比暗示影响较浅的受试者判断得更为准确。

相关的大脑成像也显示,受到影响的大脑区域包括负责早期视觉处理的区域和前扣带脑皮质——这一区域已知与人的注意力、情感控制和自我调节有关。研究人员在美国《国家科学院学报》网络版上报告了他们的研究结果。

瑞兹表示,"这一解释令人感到惊讶的地方在于阅读被认为是一种无意识的过程。"然而事实是,一种特殊的暗示通过改变大脑的活性从而颠覆了这一过程,他认为,这意味着催眠可以用来激活和关闭特定的大脑区域。

加拿大滑铁卢大学的认知心理学家麦克里昂德表示,"很多人都认为催眠暗示是值得怀疑的",但是"与催眠在认知世界的地位相比,这项研究赋予了催眠更多的现实意义"。

虽然人们使用催眠术已经很长时间了,涉及的范围也很广范,但是人们却没有办法解释催眠术的真正原理。科学家们对这种类似于"法术"的方法提出了不同的见解和看法,综合起来有以下几点:

1.部分退化理论

催眠使受试者思维退化至某种较幼稚的阶段,失去了正常清醒时所具有的控制,落入一种较原始的思维方式,因而凭冲动行事并进行幻想与幻觉的制作。

2. 角色扮演理论

认为是受试者在催眠者的诱导下过度合作地扮演了另外一个角色。受试者对角色的期望和情景因素,使他们以高度合作的态度做出了某些动作。但很多学者坚持催眠是意识的另一种状态,而不是角色扮演,因为即使最合作的受试者也不会同意在不给麻醉药的情况下进行手术。

3. 意识分离理论

希尔加德根据实验观察,认为催眠将受试者的心理过程分离为两个(或两个以上)同时进行的分流。第一个分流是受试者所经历的意识活动,性质可能是扭曲的;第二个分流是受试者难于察觉、被掩蔽的意识活动,但其性质是比较真实的,希尔加德称之为"隐蔽观察者"。意识分离是生活中一种经常出现的正常体验,例如长途驾车的人对路上状况作出了一些反应大多不能回忆,就是由于当时意识明显地分离为驾驭汽车与个人思考两部分了。

上述各种观点,对于催眠现象在理论上都做出了初步的解释,但是这些理论都还不成熟,只有在将来对心理状态和生理学知识有了更深层次的理解时,才能对催眠之谜作出更进一步的解释。催眠现象到现在为止,仍然是令人困惑的未解之谜。

第九章 军事未解之谜

第一节 军队难解之谜

古罗马军团纵横驰骋欧亚

古罗马军团和蒙古铁骑，一前一后，是古代人类战争史早期和中期出现的两股强大势力。公元6世纪末起，罗马人赶走了伊鲁特人，成立罗马人自己的国家，后来，欧洲以至西亚和北非地区的格局都因罗马帝国的崛起而发生了变化。

长达2000年的罗马帝国史先后经历了古罗马王国、古罗马共和国和古罗马帝国三个时期。在其走向崛起、强盛的过程中，先后经历了多年的战争。帝国拥有一支十分强大的部队，这支军队在吸取多年的作战经验和教训的基础上，对其军队的组织体制和战术不断进行改进和完善，形成了军团作战体制。

古罗马军团

传说古罗马军团是从失败中诞生的，这支军队在最初仍然继续使用他们的统治者伊特鲁里亚人曾经用过的希腊方阵。希腊方阵是由用圆形盾牌和投矛武装起来的重甲步兵组成。公元前216年，在康奈，按古希腊方阵队形作战的古罗马武装步兵，被迦太基的军事统帅采用包抄战术所打败。古罗马人从这次惨败中汲取了教训，对古希腊方阵进行改造，创建了古罗马军团，灵活的军事组织——军团逐渐取代了方阵，而成为新的战争方式。

古罗马军队的基本战术组织是小队，相当于现代军队中的连。每个小队由两个百人队组成，相当于现在的两个排。百人队原先为100人，后来改为60至80人，这是由于1

名军官(百人队长)来指挥 100 人的队伍常显得力不从心,但百人队这个名称仍然保留了下来。大队相当于现在的营,由 450 至 570 人组成,其中有 120 至 160 名少年兵,还有相同数量的青年兵和壮年兵,60 至 80 名成年兵,另加一队 30 人的骑兵。大队里的骑兵很少跟大队一同作战,而是自己合起来组成较大的骑兵队伍。

古罗马军团相当于现代军队的 1 个师,它由 10 个大队组成,约 4500 至 5000 名士兵,其中包括 300 名骑兵。每个古罗马军团配有 1 个联合军团,这相当于现代的 1 个军,约 9000 至 10000 人,其中约有骑兵 900 人。两个古罗马军团加上两个联合军团组成 1 个野战军,称为执政官统率的集团军,由两个罗马执政官其中的 1 名指挥。每个执政官统率的集团军通常有 1.8 至 2 万人,其正面战线宽约 2500 米;整个集团军战斗编队占地约 60 万平方米,大约三倍于同样规模的古希腊方阵队形。

军团的机动性取决于每个大队与各分队之间的战术关系,也取决于重步兵的各个作战横队之间的相互关系。每个小队就像一个古希腊小方阵,它的每个横列约 20 人,纵深 6 人,士兵间隔略大于古希腊方阵的士兵间隔。每个士兵所占位置约 1.5 平方米,横队的各个小队之间有一个相当于小队正面宽度的间隔,约 30 米。各小队交错排列,形成棋盘状的纵横交错队形。这种棋盘方格状的作战队形较之古希腊方阵有许多优点。它的队形灵活多变,可根据地形或战斗情况随时变为轻武装步兵战斗队形或重武装步兵战斗队形,并能四面出击,既可集中打,又能化整为零,各自为战。这种队形比较容易在地形崎岖的乡村实施机动,不用担心部队前后失去紧密的联系,也不必担心横队中出现前后脱节的现象。

古罗马军团的这种优化组合,使其在战争中占据了优势。马其顿方阵和古罗马军团曾经有过两次重大的交战。一次是第二次马其顿战争中的西诺塞法拉战役,一次是第三次马其顿战争中的皮德那战役。两次战役均由古罗马军团获胜。

古罗马军团的武器装备不断改进,最初,古罗马的骑兵和步兵主要使用长矛和弓进行作战,剑是次要武器。到公元前三世纪末,古罗马军队淘汰了用于砍杀的剑,改用一种稍短的剑,称为短剑。这种短剑很重,剑头十分尖锐,用起来比梭镖灵便,用途更广,可作为劈刺式兵器,其作用十分重要。

由于短剑的作用距离较近,不能像梭镖那样能距敌于较远的距离,对士兵的保护功能相对差一些。为弥补这一缺陷,古罗马人对矛作了较大改进,将盾改成了结实的长圆形凸面体,高约 4 英尺,宽 2 英尺,可以将身体的大部分遮盖住,其形状有些像琵琶桶的平面,用木头做成,上面蒙有兽皮,并用窄金属条加固,使古罗马军团的机动性大大增强。

古罗马人对兵器的一项重大发展是重标枪。它是标枪的一种,出现于公元前三世纪。这种标枪容易投掷,穿透力大,它一半是金属杆,一半是木杆,即将一根 4.5 英尺的铁杆插入一根 4.5 英尺的木杆,中间用两个削钉连接起来,总长度约为 7 英尺,在金属杆的一端加有一个坚硬的铁枪尖。重标枪用单手投掷,最大投射距离约 60 英尺。作战时,军团士兵可一起投出,可以取得最大的心理威慑效果。起初,重标枪只是剑的辅助兵器,到了公元前一世纪,它的作用就变得跟剑一样重要了。古罗马军团的士兵通常都携带着这一轻一重两种兵器。

古罗马军团先后经历了许多次重大的战役,前面已经叙述过,其中与马其顿方阵曾经有过两次重大的交战。一次是第二次马其顿战争中的西诺塞法拉战役,另一次是第三次马其顿战争中的皮德那战役。两次战役均使古罗马军团获胜。从而显示出了一种新的迹象:一个以新的方式指导战争的、新的大帝国正在崛起。

战术结构的优越性,是必须在实战中才能得以验证的。正因为古罗马军队进行了这一系列变革,才能在高明的军事将领的指挥下,实现从单兵装备到军团作战,并不断创造战争奇迹。从现在的角度看,在当时军队的作战方式受希腊方阵影响较大的情况下,古罗马军团的战术结构的发明者是谁?他又以怎样的军事理论或政治手段使古罗马朝廷接受了新的作战方式?由于古罗马时代距今时间久远,又缺乏翔实的资料记载,所以至今都是一个谜。

西班牙"无敌舰队"的覆灭

16 世纪,自从哥伦布远涉重洋发现美洲新大陆后,西班牙凭借强大的海上势力,在美洲占领了广大的地域,掠夺了大量的财富,并将殖民势力扩展到欧亚非美四大洲。据统计,公元 1345 ~ 1560 年间,西班牙海军从海外运回的黄金达 5500 公斤,白银达 24.6 万公斤。到 16 世纪末,世界贵重金属开采中的 83% 为西班牙所得。此时,英国正处于资本主义发展阶段,急需大量的原料和财富,也开始积极推行殖民政策,向外扩张,寻找建立殖民地的土地和国家。西班牙是海上霸主,这给英国的对外扩张带来了极大的威胁和障碍,于是两国的矛盾冲突日益尖锐。

1588 年 7 月的一天,一名驻守在英国南部海岛上的英国哨兵正百无聊赖地躺在一棵树下打盹,当他迷迷糊糊地睁开眼睛时,突然间被所看到的一切吓坏了,所有的困意顿时全消——他看到的是最强大的舰队。"上帝啊,西班牙的'无敌舰队'最终还是来了。"那一艘艘巨型帆船一字排开,前后呼应,就像是一座从英吉利海峡南部海面上突然冒出来的岛屿,不,更像是一团充满毁灭力量的海上风暴,团团向海峡这边挺进,势不可挡。这名哨兵从震惊中清醒过来,想起他的职责,将烽火接连不断地在英国的海岸线上点燃。

自 16 世纪中叶起,英国经常在西班牙殖民地进行走私贸易,抢劫西班牙运送金银的船队并袭击西班牙殖民据点。腓力二世下令组建世界上规模最大的海军舰队。来自西班牙和葡萄牙的造船工匠用了近两年时间建造了 130 艘战船，每艘战船的重量都超过了 200 吨。

腓力二世将舰队命名为"最幸运的舰队"。没过多久，舰队就凭借无与伦比的实力赢得了"无敌舰队"的美称。

1588 年 5 月，由麦迪纳·西多尼亚公爵率领的"无敌舰队"驶离西班牙，这支船队包括重型军舰和其他类型舰船 130 艘，火炮 2430 门，水手和炮手 7000 人，接舷战步兵 23000 人，神职人员和其他各类人员 300 人，总兵力达 3 万余人，实力非同一般。而英国方面能应敌的各种形状的舰船，大大小小凑在一起约有 140 艘，其中大部分是海盗的武装商船，规模不大，整个舰队作战人员也只有 900 人。众寡悬殊，力量对比战争的优势显然在西班牙一方。7 月 21 日至 29 日（一说 7 月底至 8 月初），双方在英吉利海峡进行了一场举世瞩目、激烈壮观的大海战。

当英国舰队发现"无敌舰队"进入英吉利海峡后，立即抢占上风方位，主动出击。"无敌舰队"总司令西多尼亚则按传统战略，命令西班牙舰队列成半月形迎战。但西班牙舰队的阵势很快被打乱，损失惨重。西多尼亚无心恋战，传令撤出战斗，向东退驶。

到了晚上，又出乎他的意料，英军又施展火烧连船的战术。经过一天的激战，疲惫的士兵们都正在酣睡之中，谁也没有想到死神竟会降临到他们头上。

西多尼亚从梦中惊醒，手足无措，慌忙传令：砍断锚索，起航避让。在一片混乱之中，各船竞相逃避，他们或是互相撞沉，或是被大火烧毁。西多尼亚原想等火船漂过以后，再恢复战斗序列，谁知由于他错误地下达了断锚的命令，多数军舰都丧失了两个主锚，根本无法停船，只好任风吹去。

西多尼亚眼见大势已去，不敢再战，遂率残舰败卒，绕道返国。

等他们回到西班牙时，强大的"无敌舰队"只剩下 43 艘残破舰船，几乎是全军覆没。当初不可一世的"无敌舰队"，在敌我如此悬殊的优势情况下，居然不堪一击，一战而负。从此，西班牙的海上霸权被英国所取代。

为什么强大的"无敌舰队"竟然在寡弱对手面前不堪一击，第一次世界大战覆亡呢？大致有三种说法。

一是政治基础说。西班牙的强盛，只是表面上的暂时的虚假繁荣。西班牙国王腓力二世加强专制统治，搜刮民财，连年征战，专横残忍，挥霍无度，激起了广大人民的愤恨，国内危机四伏，这次战争根本是不得民心的。

二是用人失当说。另有学者认为，"无敌舰队"的惨败是由于国王用人不当造成的。"无敌舰队"装备完毕后，腓力二世于 1588 年 4 月 25 日在里斯本大教堂举行授旗仪式，任命大贵族麦迪纳·西多尼亚公爵为舰队总司令，代其率领舰队远征。西多尼亚本是个陆军将领，并且他根本不懂海战，对指挥舰队作战毫无经验。这项任命让他始料不及，根本没有任何思想准备和信心指挥这场战争。任命一开始他试图婉言谢绝这一任命。他说："我的身体不适合海上航行，我的经验告诉我，我会晕船的。"但是，腓力认为，西多尼亚除了经验丰富，还有许多优点：他拥有贵族头衔，名声清廉，而且非常虔诚。在腓力的执意要求下，西多尼受命接过"无敌舰队"的指挥权。试想，这样的将领指挥海战，哪有不败之理？

三是地理天灾说。这种说法认为"无敌舰队"遇上了天灾，而不是人祸。它首先遇到的对手，是非常可怕而又无法战胜的大西洋的狂风巨浪，这是进军时机选择不当造成的。在"无敌舰队"受到英军的重创后，幸存的战舰不敢冒险经英吉利海峡撤回西面，而是向东的一条航道行驶，打算沿着苏格兰海岸，进入大西洋。受损的舰队抵达苏格兰西北岸的拉斯角时，遇到猛烈的大西洋风暴掀起的第一波巨浪。战舰漏水、损坏，船员饥饿、生病，他们孤立无援地在海上随风漂泊，许多战舰撞上了岩石，另一些战舰进水下沉，消失在浪涛之中；还有一些战舰在爱尔兰海岸外失踪，数千人淹死；好不容易登上爱尔兰海岸的幸存者也被杀死或饿死，许多西班牙水手不止一次地遇到船舶失事，失事船的船员们拥向"古罗纳号"船，船长载着船上 1300 人继续航行，不料船猛撞到岩石上，除 10 人外其余人全部丧生。

军队集体神秘失踪

几百人甚至数千人的军队集体神秘失踪，有的甚至在众目睽睽之下瞬间消失得无影无踪，生不见人，死不见尸，无声无息，杳无踪迹，不能不令人瞠目结舌，这也被认为是世界军事史的悬案。

最令人称奇的军队集体大失踪一案当属第一次世界大战期间的英国军队。1915 年 1 月 28 日，当时英军和新西兰部队部署在土耳其的加里波里地区。白天一队 800 多人马的英军向一个高地机动，当时天气晴朗，阳光明媚，清风和煦，有近似面包状云片在英军阵地上空飘浮，而英军所要机动的山头却有一片浓浓的灰色雾气，山巅隐约可见，山下晴朗一片。大队人马登上山冈时，几团云垂直地降了下来，静静地笼罩着山冈，也笼罩了他们，几缕金属般的光芒似乎从云雾中射出。接着，神奇的现象发生了，雄赳赳、气昂昂的战士一个接着一个跨进雾团，接着就在这幽灵般的迷雾中消失了。掉队的士兵赖卡德亲眼看到了这个令人恐惧的场景，他大喊大叫，想阻止他的战友，或是想寻找一个同伴，没有，一个也没有！他简直要疯了。过了片刻，那几团云又徐徐地垂直上升，慢慢地向远天飘去。可是那活生生的人呢？难道就这样随着云飘走了吗？

山头雾气消失后，整个高地寂静无声，山上植被清晰可见，然而整整 800 多人杳无踪影,800 多条人命像那一团神秘莫测的灰色雾团一样静静地雾消云散!当年和 800 多名英军同在一阵地的 22 名新西兰士兵就曾亲眼目睹过这一事件,当时这 22 名士兵就驻守在离英军 60 米左右的小高地上,英军 800 多人从开始攀登对面高地直到最后一名士兵消失在山头的迷雾中,其全过程这 22 名士兵都尽收眼底。最后当发觉英军大队人员全部失踪后,这 22 名士兵向上级作了报告,英军接到报告后,曾制订了周密的搜寻计划,进行了大规模的搜寻,然而毫无结果。当时英军一直认为最大的可能是全队人马均被土耳其军所生俘,等到战争结束,英国向土耳其提出要求遣返生存的俘虏,然而土耳其一直坚持说从来就没有看到过这支部队。从那以后就再也没有见过那 800 多士兵中的任何一人了。那 800 多人马犹如遁入了一个神秘王国,成为英国军事历史上一大悬案。

无独有偶,也是在第一次世界大战中,法军也同样鬼使神差地遭此厄运。布置在马尔登高地上整整两个营数百名的士兵也同英军一样悄无声息地神秘失踪了,法军也曾派出大部队进行全面搜寻,后来同样空手而返。

规模最大的一次军队集体神秘失踪一案,很不幸地让西班牙军队碰上了。西班牙 4000 名士兵失踪案是耸人听闻的,然而却是真实的,它被白纸黑字记录在西班牙官方文献和权威的军事史上。1711 年,4000 名西班牙士兵驻扎在派连民山上,他们经过行军打仗,已疲惫不堪,他们想在此等候援军的到来。入夜,营房外的篝火在熊熊燃烧,不时传过来一阵阵思乡的夜曲和无羁的笑闹声,战马对着清冷的夜空长嘶。第二天,援军到来,营火仍在燃烧,马匹和大炮原封未动。整个驻扎地一片沉寂。也许他们睡得太死了吧!可是当援军踏遍营垒之后,他们惊异地发现 4000 名官兵一个不剩地集体失踪,没留下任何痕迹。军方调查了好几个月,也没有找到任何线索。这是世界上最大的一桩集体失踪案。

到底是什么原因使这么多人的军队消失得无影无踪呢?

20 世纪 80 年代以来,随着对 UFO 现象的关注,有人持"外星人劫持说"。这种观点是,在地球之外的某个星球上,存在着比人类更高级的智慧生命。出于好奇心或其他一些实际的目的,它们或是驾着飞行器从外太空闯入,或是在地球上人迹罕至的地带建立了隐秘的基地,经常劫持地球生物,作为它们研究的标本。

可是,许多专家学者在经过了长时间的研究分析之后,认为以上观点完全是无稽之谈,因为"雁过留声、鸟过留毛",如果外星人真的在地球上出现过,而且又活动那么频繁,它们总会留下一些蛛丝马迹的。但是到目前为止,还没有找到一丝一毫站得住脚的、能真正证明外星人"光临"过地球的"雪泥鸿爪"。

还有些人认为是"颠倒黑白"的时空隧道所致。时空隧道实际上就是宇宙中存在着的"反物质世界"。这正反两部分物质,在引力的作用下彼此接近。当双方接近到一定程度时,由此造成的"湮灭"作用就会产生巨大的能量,其巨大的反作用力会将宇宙中这两大体系分开。他们据此认定,某些人的失踪正是这种"湮灭"现象造成的。

中国最早的军队

军队是一个组织,是出于自身防卫的需要而组建的用武器装备起来的人与动物和机器的总称。针对国家而言,军队对内用以维护统治阶级的利益,对外有震慑他国、保卫领土、对外扩张的作用,由国家统治阶级建立、维持和控制。而历史上,关于中国最早的军队的起源问题,一直没有定论。

关于中国最早的军队的起源问题,当前主要有以下几种看法。

一种记载是神农伐斧遂说。史书记载中最早的说法是在上古的神农时期。唐代杜佑编撰的《通典》第一百四十八卷记载:"三皇无为天下以治,五帝行教兵由是兴。所谓大刑用甲兵而陈诸原野。于是有补遂(有的书作斧遂,传说中的古代部落)之战,阪泉之师。"银雀山汉墓出土的孙膑兵法"见威王"一段中的"神戎伐斧遂"的记载,南宋罗泌在路史后记三中改为神农伐斧遂,《中国军事史——历代战争年表》里也收录了这场战争,以此为据,因此有人认定上古神农时期已有军队,而且还因斧遂对神农不臣服,神农领兵去讨伐,但许多人认为神农用于讨伐不臣的斧遂的部队可能不是真正的军队,神农伐斧遂也许是古代的传说,也可能是一次部落冲突(战争),因为那时还没有阶级,没有国家。从当时的社会生产力来说,要养一支常规的军队不太可能,所以这支部队应该是神农氏临时征召部落成员临时组织的部队来应付此次部落冲突。当然,在当时部落里出现少数兼职军事工作人员是完全有条件的,但要建立一支专门用于应付冲突的军队却不太实际。只是由于缺乏当时的文字记载,所以无法进一步考证。

另一种记载是阪泉逐鹿之战说。汉代司马迁撰写的《史记·五帝本纪》记载:"于是轩辕乃习用干戈,以征不享,诸侯咸来宾从。而蚩尤最为暴,莫能伐。炎帝欲侵陵诸侯,诸侯咸归轩辕。轩辕乃修德振兵……与炎帝战于阪泉之野。三战,然后得其志。蚩尤作乱,不用帝命。于是黄帝乃征师诸侯,与蚩尤战于涿鹿之野,遂禽杀蚩尤。"以上这段文字中"修德振兵"的"兵",指的就是军队。"征师诸侯"的"师",指的也是军队,是从诸侯那里征调来的。这段文字说明,不仅皇帝有军队,而且诸侯也有军队,由于"轩辕之时,神农氏世衰",各部落不听天子号令,冲突不断,因此各自建立军队来维护自己的利益。上段文字有几个乃字,乃:才也,以此判断此时轩辕氏依然是临时组兵,但是根据"习用干戈"和"修德振兵"可知轩辕氏已经开始注意进行平时的操练和整顿了。所以到这时虽然真正的军队还没有正式建立,但轩辕氏已经有意识和计划建立一支军队。明代编纂的《永乐大典》也把它收在八千二百七十五卷中。但是有人认为《史记·五帝本纪》是根据先秦古籍中的有关传说编写的,虽然作者查阅了大量的先秦古籍,并进行了调查研究,扬弃了"神农伐斧遂",仍难免有情况不确之处。所以现行的许多历史书上,在记述历史上的军队时,也没有吸收这一观点。

再有一种记载是夏朝始建军队说。公元前 21 世纪,我国第一个奴隶主专政的王朝——夏朝建立。《尚书·甘誓》记述了夏帝启与有扈氏"大战于甘"。战前,召集了六军的统领——六卿,进行了动员。《史记·夏本纪》也有载:"有扈氏不服,启伐之,大战于甘。将战,作甘誓,乃召六卿申之"。现行的历史教材也都把夏朝作为奴隶主社会的起点,奴隶主贵族为了统治奴隶阶级及平民,开始建立军队,制定刑法,修造监狱。《中国大百科全书·军事》也采用了这一说法。从国家学说的角度看,夏朝建有军队是不用怀疑的,夏朝的奴隶主贵族为了维护阶级统治,必然会建有军队。但是,也有的人认为,夏朝的地下文物至今还尚未得到考古界确切的鉴定,夏朝的历史基本上也是依据古代的传统说整理。如果仅仅根据《尚书·甘誓》论证军队,那是不够的,因为这篇文章也还有争议,认为是后人依据传说的追记或假托,不能作为信史。

再有一种记载是商代始建军队说。在公元前 16 至前 21 世纪殷代,从河南安阳殷墟出土的甲骨文中有"口戈"字,字意是用武力保卫人口,这个武力意味着是军队。甲骨文中还有:"王乍三自右中左"的记载。"自"是师的简写,"乍"是作字,创立的意思。联起来是:王创立了以师为编制单位的右、中、左三支军队。殷墟出土甲骨文中已有"口戈"字,意为武力保卫人口,另外还有王以师为单位创立右中左三支军队的甲骨文等等。甲骨文还记述了商代的军队,由徒兵和车兵组成,师是最大的、固定的编制单位,每个师约有一万人。军队使用铜制兵器,采用十进制编组,有百人团体和千人团体。车兵使用的战车,编有驾马两匹或四匹。车上有甲士三八,一人御车,一人持戈矛,一人操弓箭。车后跟随徒卒。从这些资料看,商代的军队在数量上、组织装备上、作战方式上都达到了一定的水平。

那么我国历史上真正意义上的第一支军队到底是何时真正建立起来的呢?看来还待大家进一步探讨。

庞涓指挥过马陵之战吗

马陵之战是战国时期齐国军队在马陵(今中国中部河南省范县西南)歼灭魏军的著名伏击战。

众所周知,孙膑在这次战役中杀死了庞涓,司马迁在《史记·孙子吴起列传》中记载了这次战役。

公元前 341 年,魏国发兵进攻韩国,韩国向齐国求援。齐威王采用孙膑"深结韩之亲而晚承魏之弊"的主张，与韩结好却不急于发兵。待韩军五战五败，魏军也实力大损时，才于次年以田忌为主将，孙膑为军师，发兵救韩。齐军重施"围魏救赵"的战法，直驱魏都大梁。魏惠王将攻韩的部队召回，以太子申为主将，庞涓为将军，率兵10万迎击齐军。

由于魏军是有备而来，气势旺盛。故孙膑决定因势利导，利用魏军求胜心切的弱点，诱敌冒进，再留取胜。齐军前锋与魏军

马陵之战

稍一接触，就佯装怯战，掉头东撤。在撤退途中，有意造成军力不断削弱的假相。第一天造了10万人吃饭的锅灶，第二天减为5万人用的锅灶，第三天则只剩下3万人用的锅灶了。庞涓与孙膑交手，本来小心翼翼，害怕再次上当，但当看到齐军锅灶日减，以为齐军胆怯，三天中就逃亡了大半，这才壮起胆子。太子申本有退军之意，庞涓不听，丢下辎重和步兵，只领轻车锐骑日夜兼程猛追，必欲全歼齐军，擒获孙膑。

齐军退至马陵（今河南范县西南），此地道路狭窄，地势险隘，两旁树木茂盛，是个设伏的好地方。孙膑计算行程，判断魏军将于日落后追至，遂命士卒伐木堵路，并将路边一棵大树剥去树皮，在树干上写了"庞涓死于此树之下"八个大字。挑选一万名弓弩手埋伏在道路两侧的山上，约定天黑后，见到火光就一齐放箭。

日暮时分，庞涓果然率军追到马陵，发现路旁的大树被剥去树皮，上面隐隐约约写有字，就命士卒点起火把来看，待他看清树上字后，这才发现中计，急令部队撤退。但已经晚了，两旁齐军看见火光，万弩齐发，伏兵四起。魏军猝不及防，仓促应战，很快溃败，庞涓中箭，左突右冲无法突出重围，最后愤愧自杀。齐军乘胜追击，又大败魏军主力，俘获魏军主将太子申，歼灭魏军10万。

从司马迁的这段记载来看，庞涓是指挥过马陵之战的，但在历史上还有另一种说法。

1972年，在山东临沂银雀山出土的汉简《孙膑兵法》中的《擒庞涓》一篇这样记载：战国中期，齐、魏、燕、赵、韩、楚、秦七雄并立，征战频繁。公元前354年，魏国派大将庞涓率8万精兵进攻赵国，包围了赵国都城邯郸（今河北邯郸），赵国苦战了一年，眼看就要撑不住了，急忙向盟国齐国求救。齐威王正欲向外扩张，于是命田忌为主将，孙膑为军师，率兵8万去救赵国。

孙膑是兵圣孙武的后代，出生于齐国。他曾拜兵学家鬼谷子为师，与魏国大将庞涓是同窗好友。但庞涓做了魏国大将后，十分嫉妒孙膑的才能，将他骗到魏国施以髌刑（去

膝盖骨），欲使其永远不能领兵打仗。后孙膑千方百计逃回齐国，并被齐威王重用。

孙膑终于得到一个向庞涓复仇的机会。但他并没有急于与庞涓在战场上相见。他劝田忌放弃领兵直趋邯郸，与魏军决战的计划，趁魏军主力出兵在外，国内防务空虚之际，直捣魏都大梁（今河南开封），迫使远在异国的魏军"释赵而自救"。等庞涓回兵时，中途予以截击，这样既救了赵，又能给魏国以沉重打击，此乃一举而两得。

田忌采纳了孙膑"批亢捣虚"、"围魏救赵"的战法，挥师直逼魏国军事重镇平陵（今山东定陶）。齐军攻打平陵的行动并不坚决，庞涓也不急于回救，继续竭尽全力攻克邯郸。直到魏军已占领邯郸，损兵折将急需休整时，孙膑才建议齐军挥师直捣魏都大梁，逼魏惠王命令庞涓统兵回救。庞涓接令后，不得不放弃邯郸，抛弃辎重，昼夜兼程回师。孙膑判断魏军回师必经桂陵（今河南长垣西北），立即率齐军主力北上，在桂陵设下埋伏。当魏军经长途跋涉行至桂陵时，以逸待劳的齐军突然出击，大败魏军，并生擒庞涓。

《孙膑兵法》为孙膑弟子所写，它十分清楚地记载了孙膑在桂陵之战中生擒庞涓的事，应该说可信度也是很高的。既然在桂陵之战中齐军已经俘虏了庞涓，怎么还能在马陵之战中指挥魏军作战呢？如果说庞涓在桂陵之战时已经中了孙膑伏兵狙击之计，他怎么会不吸取教训，在马陵之战时再次受骗呢？

但司马迁在《史记》中多次提到马陵之战的魏将是庞涓。如《魏世家》中说，当时魏军任庞涓为将，太子申为上将军。结果，魏在马陵失利，齐国擒住太子申，杀了庞涓。再如《田敬仲完世家》中说，这次战役齐国救韩，赵来打击魏，使魏军大败于马陵，虏太子申，杀大将庞涓。再如《六国年表·魏》在马陵之战的当年记载："齐虏我太子申，杀将军庞涓。"

考察以上两种说法，关键就是庞涓在桂陵之战与马陵之战之间的经历，在这一段时间内，他是否被释放回魏国并重新担任将领？于是有的学者认为，桂陵之战，庞涓落入齐军之手，但不久后就被放出来了，又一次担任马陵之战中的将领，和孙膑再次交战。《水经·淮水注》引《竹书纪年》中的记载说，在桂陵之战的第二年，魏惠王调用韩国军队，在襄陵打败了齐、宋、卫三国联军，齐国见局势危急，就传楚将景舍在中间调和，也就在这个时候，庞涓被释放。

但《水经注》中毕竟只是撰引其他书籍中的记载，其真实性如何，魏军将领庞涓是不是被俘而又释，是不是再次东山再起，参加了马陵之战，至今仍无法确定。

迦太基名将汉尼拔为何兵败罗马

在三千年前，最精明和最成功的商人是腓尼基人。腓尼基是地中海东海岸古国，约相当于今黎巴嫩和叙利亚沿海一带。腓尼基人也是古代世界最著名的航海家，他们驾驶着狭长的船只驶遍地中海的每个角落,他们的商人在地中海沿岸的每个港口做生意。迦太基是腓尼基人在北非的商业殖民地,大约在公元前9世纪建立,公元前3世纪左右,它是当时地中海西部的强国。罗马人称迦太基人为"布匿",公元前264年至公元前146年罗马和迦太基为争夺地中海的霸权而爆发了三次大规模的战争,这场战争也被称作"布匿战争"。"布匿战争"成就了迦太基名将汉尼拔的英名,他曾使罗马人闻风丧胆,但这位善战的名将最终仍未能挽救他的国家——迦太基,而是败在了罗马人的手下。他为何兵败罗马,也成为历史上一个有争议的问题。

汉尼拔大约生活在公元前247年到公元前183年,青年时代的汉尼拔就显示出了卓越的军事天才和指挥能力。他26时,被任命为迦太基军队的统帅。公元前219年,汉尼拔率领军队夺回了被罗马占领的西班牙萨贡托城。第二次布匿战争爆发后,汉尼拔凭着超人的智慧,识破了罗马人的战略战术,制定了在敌人境内作战的方针。公元前218年4月,汉尼拔率领大军,从陆路出征意大利。汉尼拔征服了沿途的各个部落,经过五个月艰苦的行军作战,抵达了欧洲著名的山脉阿尔卑斯山。汉尼拔决定悄然翻越阿尔卑斯山,给罗马人以出其不意的打击。可是阿尔卑斯山已进入封山期,山上白雪皑皑,道路崎岖难行。经过近半个月的艰难跋涉,汉尼拔的军队终于穿越阿尔卑斯山。当汉尼拔的军队如天兵天将一样突然出现时,罗马军队认被恐慌不安笼罩着,溃败奔逃。汉尼拔乘胜追击,于公元前216年,占领了"罗马粮库"坎尼城,双方展开了决战。罗马军队的人数大大超过了汉尼拔的军队人数。汉尼拔布下半月形的阵势,凸出的一面向着敌人,半月形的中心前面是较弱的步兵,后面是步兵主力,骑兵布在阵势的两端。汉尼拔的战术在战斗中发生奇效,重创了罗马军队。坎尼战役后,罗马可谓已陷入绝境,汉尼拔几乎就要实现其征服罗马的梦想了。然而好景不长,不久罗马人就扭转了战局,汉尼拔最终未能完成其征服罗马的夙愿。这是为什么呢?对此学者各有各的说法,一时难以定论。

有人认为:汉尼拔之所以未能征服罗马,这是由当时罗马和迦太基两国国内的形势所决定的。当时共和制的罗马正处于蓬勃发展时期,尽管它是一个贵族共和国,平民和贵族之间虽然存在着矛盾,但在对迦太基作战问题上,无论是统治阶级内部,还是贵族和平民之间,意见是比较一致的,他们都希望通过加强在地中海的霸权地位,来获得各自的利益。因此罗马在对外扩张中具有强大的力量,它在布匿战争中虽屡遭失败,但在每次失败之后又可以迅速得到人力、物力的补充,直到最后取得胜利。相比之下的迦太基在许多方面就不如罗马。迦太基在征服北非土地之后,统治阶级内部明显分为两派:一派代表大土地所有者的利益,主张维护和巩固在非洲的利益;另一派为商业集团,主张继续进行海外扩张,扩大在海外的利益。两派的严重对立,直接影响和左右着迦太基的对外政策。汉尼拔代表着商业集团的利益,主要活动基地和据点是西班牙的新迦太基城,而在迦太基国内和政府内部,往往是大土地所有者占上风。所以汉尼拔转战意大利期间,始终没有得到过迦太基政府的支援。

还有人认为,汉尼拔之所以兵败罗马,其主要是战略上的致命错误造成的,那就是没有适时地将打击的重点放在攻占罗马城上。当汉尼拔取得坎尼战役的胜利后,罗马军的主力已不复存在,整个半岛的大部分地区已摆脱了罗马的控制,罗马城几乎成了孤城,而汉尼拔的军队士兵士气正旺。如果汉尼拔能抓住时机给予罗马城一击,攻占罗马城的可能性极大。而汉尼拔却错过了这个良好的机会,使罗马人保住了重建军备的基地,而其他尚在坚持的罗马城堡也有了精神寄托。汉尼拔在战略上的错误是不可弥补的,因为类似坎尼战役的这种良机在以后再也没有出现过。可以说,罗马人保住了一个罗马城便赢得了整个战争,而迦太基人忽视了一个罗马城便输掉了一场战争。这就是汉尼拔的悲剧所在。

还有一种看法认为:汉尼拔之所以失败关键的一点在于他兵力太少和罗马军事指挥艺术的改进。汉尼拔每占领一个地方,就不得不留一部分兵力守卫,当他要攻打新要塞时,兵力就减少了,他的一部分军队就是这样零敲碎打地消耗掉了。而罗马人深知汉尼拔的军事天才,他们避免与汉尼拔进行大规模的会战,在确保取得境内战场主动权的前提下,将兵力优势转移到没有汉尼拔的地方去。正是依靠这个决策,此后罗马军队入侵迦太基本土,最终取得了战争的胜利。

总之,迄今为止,关于汉尼拔为何兵败罗马,还没有一种使人完全接受的观点。公元前195年,汉尼拔离开了他的祖国迦太基,长期流亡西亚。公元前183年,他在小亚细亚西北部的比提尼亚服毒自杀,结束了他与罗马人苦斗的一生。

克拉苏率领的罗马军东征失踪

公元前60年,罗马历史上三个最著名的人物恺撒、庞培以及克拉苏秘密结成政治同盟,瓜分了罗马的权力。这就是古罗马历史上的"前三头同盟"。

公元前71年,克拉苏率军歼灭了斯巴达克的起义军,这也成为他从政最大的资本。虽然战争胜利的功劳最后被庞培夺走,但颇有心计的克拉苏还是顾全大局地与庞培合作,迫使元老院在公元前70年选举他和庞培同为罗马的执政官。公元前55年,克拉苏再次当选执政官,并于公元前54年出任叙利亚行省总督。在这过程当中,他的军事野心日益膨胀,他决定对亚洲国家进行征伐。当时已经60多岁的克拉苏以时不我待的速度,迅速于第二年凑足7个重步兵军团、4千轻步兵、4千骑兵,很快地穿过美索不达米亚平原,东征安息,这一年是公元前53年。在卡尔莱(今叙利亚的帕提亚)疲惫不堪的罗马军团遭到了安息军队的围歼,罗马人被凶猛的安息骑兵分割成几个部分,逐一围歼。克拉苏因士兵哗变，不得不只身与安息人谈判，不幸被俘斩首，最惨的是最后落下个尸首异处的下场。一度所向无敌的罗马军团几乎全军覆没，两万人被杀，1万人被俘，只有克拉苏的长子普布利乌斯所率的第一军团约6千余人拼死突围，还有些残兵，狼狈逃回叙利亚。

33年后，罗马帝国与安息在经历了无数次大大小小的战争之后，终于化干戈为玉帛，签订了和约，双方开始彼此交换俘虏。但是，当罗马帝国要求遣返在卡尔莱战争中被俘的官兵时，安息国当局则否认其事。罗马人惊奇地发现，当年突围的古罗马第一军团6千余人神秘般地失踪了，没有人知道他们跑到哪里去了。东征军团的消失成了罗马史上的一桩悬案，而这桩悬案千百年来也一直困扰着中西方史学界。

在事隔2000年之后，关意权教授在阅读《汉书·陈汤传》时，发现上面记载着：公元前36年，即汉元帝建昭三年，西汉王朝的西域都护甘延寿和都护副校尉陈汤，率4万将士出兵康居，讨伐郅支单于。经过那支城之战，汉军大获全胜，终于将郅支单于大军全部剿灭。在对战的过程中，西汉将士注意到单于手下有一支很奇特的军队，他们擅长摆"夹门鱼鳞阵"，土城外修"重木城"，非常"讲习用兵"。陈汤最终收服了这支军队，并将所获的俘虏全部收编。通过继续对史籍的研究，关教授注意到《后汉书》还有这样的记载："汉初设骊靬县，取国名为县。"既然是"取国名为县"，那么这个县肯定是新出现的。据推测，当时的西汉政府为了让这支军队协助汉军戍守边疆，方便他们的驻守和生活，特意划出一块地方，设县筑城，这就是"骊靬"的由来。

经过研究后，许多历史学家都认为，这种用圆形盾牌组成鱼鳞阵的进攻阵式和在土城外修重木城的防御手段，正是当年罗马军队所独有的作战手段，所以这支军队很可能就是卡尔莱战役中突围而出的普布利乌斯领导的罗马第一军团的残部。澳大利亚专家戴维·哈里斯也对此进行了深入的分析与研究，他对这支军队也持有同样的看法，认为他们就是克拉苏军队的残部。当年他们在卡尔莱战争中突围之后，辗转于伊朗高原一带，历经艰险进入中亚，最终被郅支单于收编为雇佣军，也被派遣参加了对西汉的进犯战争。

这样看来，骊靬古城的具体位置是一个至关重要的问题，如果能找到这个史料中记载的古城遗址，对解开克拉苏残部失踪之谜将会有决定性的作用，甚至能成为"古罗马失踪军团最终定居中国"这一论点最有力的证据。

虽然戴维·哈里斯的观点只是一个推断，在中国的古籍上也只能找到零星的相关记载，但这足以引起国际考古界的极大重视。1989年下半年，中国、澳大利亚以及前苏联的一些史学家也对此进行深入研究，虽然严重缺乏史料，但科学家们还是竭尽所能地对有限的史料做了大量的研究与分析。最终，功夫不负有心人，他们在翻阅资料的时候找到了一张公元前9年绘制的地图，根据地图指示，确认"骊靬"就是位于现在甘肃省永昌西南十公里的焦家庄乡者来寨。

之后,由于勘察过程十分艰难,考古工作者对骊靬古城的探测过程一度中断。直至1993年上半年,在与焦家庄乡相邻的杏花村,村民发现了据说是古罗马人筑城所用的长约一丈左右的粗圆木,周体嵌有几根一尺多长的木杆。邻近的河滩村则出土了写有"招安"二字的椭圆形器物,专家认为,这可能是古罗马人军帽上的顶盖。这些出土文物的发现使各国的文物工作者都相当振奋,同年5月,在骊靬古城遗址上,科学家们又挖掘出一批元代的铁锅、瓷盖等等。根据发现的这种情况,科学家们不得不遗憾地表示,骊靬古城有可能已经深埋地下,成为地下之城了。但根据一件件出土文物,大部分考古学家都认定,甘肃永昌县的者来寨正是骊靬古城遗址,也正是罗马战俘的聚居地。

在骊靬古城遗址还发掘出了一处前后两室的汉代墓葬,前室有四件完整的灰陶、陶灶和陶仓,后室遗体的头骨旁有一撮毛发,呈棕红色,遗体下面有一枚红色纽扣。经考古论证,墓主为汉代的欧洲人。而且在科学家们调查的过程中发现,在方圆五公里的村落中有很多人都有欧洲人的相貌特征:眼窝深陷,鼻梁高挺,头发呈棕色,汗毛较长。有关专家认为这些人可能就是古罗马人的后裔。

但是也有一些对这些推断持否定态度的人。他们认为,"重木城"和"鱼鳞阵"并非完全属于罗马人的军事艺术。在中国,编木或夯土为城早就有过。据《左传》记载,中国古代也曾使用"鱼鳞阵",只不过在当时叫"鱼丽阵"。北京师范大学历史系教授杨共乐也表示,永昌县位于举世闻名的古丝绸之路上,中外民族之间通婚是很自然的事情。还有人认为,即使当初罗马人的确曾到过此地,但经过两千多年的融合,面貌恐怕早已与先人大大的不同,不可能保持先人的体形特征。

看来,要解开这个谜团,还有待时日。

瓦尔密战役中普军意外撤退

瓦尔密战役是法军战胜普奥联军的重要战役。1792年9月20日,法兰西革命军队为一方,普奥联军及入侵法国企图扑灭革命力量恢复君主制度的法侨保皇党分子支队为另一方,在瓦尔密(法国马恩省的村庄)地域进行交战。战争中完全有机会取胜的普军却在战争开始后不久即行撤退,致使前功尽弃。其中隐情,确实让人费解。

卡尔·不伦瑞克公爵指挥干涉军,于8月~9月间占领隆维和凡尔登两要塞后,抵达沙隆并向巴黎推进。法国迪穆里耶将军指挥的摩泽尔集团军和凯勒曼将军指挥的莱茵集团军共约6万人(主要是青年志愿兵),撤离色当和梅斯后汇合在一起,于9月19日在瓦尔密附近设防。

普奥联军和法侨支队(4万余人)绕过法军,在瓦尔密西南展开行动。但法军仍坚守其阵地。9月20日晨,联军对法军阵地开始炮击,11时发起攻击。统率法军的迪穆里耶将军灵活地机动部队。当联军在日赞库尔以北压迫共和部队时,沙佐将军的9个步兵营和8个骑兵连忙开往受威胁方向,制止了敌军的进攻。同时还有12个步兵营和8个骑兵连迂回敌军左翼。在抗击敌军的过程中组织良好的法军炮兵火力发挥了很大作用。下午5时前,双方持续进行猛烈的炮战。9月20日夜间,迪穆里耶将军调整部署,率军转到更有利的阵地上。法军做好了继续交战的准备。但卡尔·不伦瑞克犹豫不决,不敢再次进攻。尔后十天内,干涉军未采取积极的作战行动。而当时法国爱国者的武装队伍正在其后方进行活动。

9月30日,干涉军开始撤退。凯勒曼将军指挥的2.5万名法军受命追击敌人,但行动不够坚决。法军转入总攻加速了驱赶干涉军的进程。至10月5日,干涉军损失近半,终于被驱逐出法国。

瓦尔密之战的胜利,是法兰西革命军队对抗封建君主国家联盟的第一次胜利。战斗中法国士兵的高昂斗志起了决定性作用。从军事学术观点看,瓦尔密交战的特点是:法国两集团军在遂行共同任务时密切协同,使用了密集的炮兵火力,军队在战斗中实施了灵活的机动。瓦尔密大捷成为法国人民争取祖国自由的象征。

众所周知,普鲁士军队的战斗力在当时世界上是首屈一指的,其统帅不伦瑞克公爵亦非等闲之辈,是久经沙场屡建战功的老将。从双方兵力来看,法军也处于明显的劣势,况且普奥联军在之前的几轮对法作战中都取得了突破性的胜利,否则不可能那么快地直指巴黎城下。因此瓦尔密的撤退必定有它难以明言的理由,这当中的原因到底是什么呢?

很多人指出,普鲁士军队在瓦尔密并未受到真正打击,实际上它还未跟法军交锋便迅速后撤。拿破仑认为普军在瓦尔密的后撤简直是莫名其妙的行为,无法用军事观点来解释。一些军事史专家指出,普军当时的行动实在滑稽可笑,根本不像打仗,只是武装游行了一番便撤走了。他们据此断言,如果普军真正发动猛攻,战势肯定是另一种结局。

当时随从普奥联军出征的法国逃亡贵族眼睁睁看着唾手可得的胜利付诸东流,一个个气得暴跳如雷。他们盛怒之下纷纷斥责不伦瑞克公爵,说公爵被法国国民公会收买了,国民公会将法国王室的大批珍宝给了公爵,替公爵偿清了巨额债务,所以才出现了瓦尔密战役中意外后撤的情况。这种解释在有些人看来纯属发泄私愤,全不可信。

有些历史学家认为,普鲁士军队突然撤退是出于整个欧洲战略的通盘考虑。普鲁士原以为只要大军压境,法国必定会屈服,但是没想到竟遇到了顽强的抵抗。他们害怕一旦在瓦尔密与斗志旺盛的法军短兵相接,以后就很难从对法作战的泥潭中脱身了。那样一来,不仅会使普军遭受严重损失,而且极有可能让一向与普鲁士有隔阂的俄国和奥地利坐收渔利,并在瓜分波兰等重要问题上置普鲁士于不利地位。因此,普军指挥官有意夸大困难,以求解脱。这种解释有一定道理,不过没有可靠的第一手材料来证明普鲁士当局者当时确有这样的意图,所以还只是一种假说。

值得指出的是,法国大名鼎鼎的剧作家博马舍为普鲁士意外撤退的事提供了一个极富戏剧性的情节。据说,不伦瑞克公爵背后站着一个不爱声张的指挥官,那就是普鲁士国王腓特烈·威廉。他是声名赫赫的腓特烈二世的侄儿。博马舍说,在瓦尔密战役前夕,腓特烈·威廉在凡尔登举办了一次舞会。就在气氛正浓之际,一名不速之客来到腓特烈·威廉身边对他低语了几句,国王听后神色慌张,随陌生人离开舞厅。国王来到一间阴暗的房间,忽然看见去世多年的叔父腓特烈二世的幽灵出现在他面前,幽灵严厉地警告自己的侄儿说:"不要再骑马向前进了,你已经被他们出卖。"腓特烈·威廉认为叔父是劝他小心法国保皇党人从中作梗。于是次日普军接到了停止前进的命令,之后在瓦尔密战役中佯攻了一阵就撤退了。

博马舍这种观点听起来十分诡秘,似乎不足为信,但是根据他的说法,腓特烈二世的幽灵其实是由当时法国著名的喜剧表演大师费列利扮演的。就在瓦尔密战役前夕,博马舍生找过在《费加罗的婚礼》中扮演男主角的费列利。当时费列利不在家,家人说他到凡尔登去了,博马舍觉得十分蹊跷,在普军占领下的凡尔登,那里根本无戏可演。几天后,博马舍再次登门,见到了费列利,可是他矢口否认曾离开过巴黎,而且一向健谈的费列利在回答剧作家的问题时吞吞吐吐,支吾搪塞。生性喜欢遇事弄个水落石出的博马舍对此疑惑不解,事后他经过详细的调查搜寻,发现了瓦尔密硝烟后面令人惊讶不已的奥秘。

瓦尔密战役在法国历史上具有重大的意义,法国历史学家米涅写道:"这一天成了我们难忘的日子,本属微不足道的瓦尔密胜利,对我军和我国的舆论却产生了取得全面胜利的影响。"但是这个"微不足道的胜利"究竟是如何取得的,普军撤退的真正原因究竟是什么,人们仍无从知晓。

谁埋葬了北洋水师

众所周知,日本的联合舰队打败了北洋水师,慈禧太后挪用海军经费造船舫,致使邓世昌的炮弹打不响! 北洋水师就此销声匿迹。似乎事情很简单明了,没有任何疑问。可是,《军人生来为战胜》的作者金一南却发出了质问的声音:史实证明,无论是经费还是硬件装备,北洋水师一点不比日本的联合舰队差,为什么却打了败仗,彻底消失了呢?

以往的说法往往把矛头指向动用了海军经费的慈禧和清政府,但是学者对此进行了仔细的考察,作出了如下结论:北洋水师从 1861 年筹建到 1888 年成军 27 年间,清政府一共投入海军经费 1 亿两白银,年平均 300 万两。日本政府从 1868 年到 1894 年 26 年间共向海军拨款 9 亿日元,折合成白银才 6000 万两,每年合计白银 230 万两,日本政府的总投入只是同期请政府投入的 60%!

就硬件装备方面,北洋水师的装甲数量和质量都超过了日本联合舰队。铁甲舰方面,北洋水师与联合舰队的数量比是 6:1,中国遥遥领先;非铁甲舰方面,8:9,日本略胜一筹。"定远"号、"镇远"号的护甲厚 14 寸,即使是"经远"号、"来远"号的护甲厚也达 9.5 寸。日本方面,即使威力最大的"三景"号舰,也没有北洋水师这样较大规模的装甲防护。而北洋水师的"定远"、"镇远"两艘铁甲舰综合了英国"英伟勒息白"号和德国"萨克森"号铁甲舰的长处设计而成,各装 12 英寸大炮 4 门,装甲厚度达 14 寸,堪称当时亚洲最令人生畏的铁甲堡式铁甲军舰,在世界也处于领先水平。就火炮而言,无论大口径火炮,还是小口径火炮,北洋水师均占优势。200 毫米以上大口径的火炮,北洋水师与联合舰队的比例是 26:11,中国遥遥领先;小口径火炮方面,北洋水师与联合舰队的比例是 92:50。只有中口径火炮方面,日本稍稍领先,中日比例是 141:209。就平均船速说,日舰每小时比中国舰快 1.44 节,优势似乎不像人们形容得那么大。清政府正是基于这种力量对比,才毅然对日宣战。

然而就是在这样的前提条件下,庞大的北洋舰队全军覆没,日本联合舰队却一艘未沉。巨额军饷堆砌起来的一流的海军不经一战,原因何在?到底是谁埋葬了北洋舰队?

随着清朝中央政权的衰弱,汉族官僚李鸿章等人纷纷崛起。清政府没落的专制体制,由此而产生的腐败政治,进而在军队中形成了不良风气:置民族国家利益于不顾,曲意取宠,一味迎合,追逐个人利益。久而久之,国家民族和军队的事情就蜕变成为个人获取利益的幌子招牌。以李鸿章为首的洋务派兴局厂、练新军,轰轰烈烈,在相当一部分朝廷权贵们看来,北洋水师就是李鸿章的个人资本。李鸿章兵权益盛,御敌不足,挟重有余,不可不防。因此,朝臣们为了削弱李鸿章,不惜削弱北洋水师!限制北洋水师就是限制李鸿章,打击北洋水师就是打击李鸿章。总理海军事务大臣奕譞醇亲王欲以海军换取光绪帝的早日亲政,会办海军事务大臣李鸿章则欲借海军重新获得一片政治庇荫。1888年北洋水师成军以后,军费投资就越来越少。海军只是他们各自政治角逐中的筹码,谁还真正为海军的发展考虑?

此外,多种资料证明,1888 年北洋水师成军以后,军风被各种习气严重毒化。当时的《北洋海军章程》规定,总兵以下各官,皆终年住船,不建衙,不建公馆。提督丁汝昌则在海军公所所在地刘公岛盖铺屋,出租给各将领居住,夜间住岸者,一船有半。而作为高级统帅的李鸿章,竟对这种视军纪章程为儿戏的举动,睁一只眼闭一只眼。直到对日宣战前一日他才急电丁汝昌,官兵夜晚住船,不准回家。有备才能无患,而这样的军队如何打仗?

另外，在清政府兵部所定《处分则例》中明确规定，官员宿娼者革职。可一旦北洋封冻，海军岁例巡南洋，率淫赌于香港和上海。甚至在北洋水师最为艰难的威海之战后期，"来远"、"威远"被日军鱼雷艇夜袭击沉的那夜，"来远"号管带"威远"号管带就登岸逐声妓未归。

官员带头，规章制度形同虚设。这样，严明的表面掩盖着的是一盘散沙，全然没有集体凝聚力和战斗力。

等到临战迎敌的时候，北洋水师首先布阵就陷入混乱。刘步蟾摆的是"一字雁行阵"，而丁汝昌的命令却是各舰分段纵列，摆成犄角鱼贯之阵。而在实际战斗时的队形却又变成了"单行两翼雁行阵"。阵形乱变不说，即使如此勉强的阵形，待日舰绕至背后时，就再也没坚持住，各舰都是各自为战。

战争一开始，敌人尚在有效射距外清兵就慌忙开炮，"定远"舰刘步蟾指挥首先发炮，非但未击中目标，反而震塌前部搭于主炮上的飞桥，丁汝昌和英员泰莱皆从桥上摔下受了重伤。这一炮就先让北洋水师失去了总指挥！命运攸关的4个小时的海战从始至终几乎没有统一指挥！再看刘步蟾、林泰曾二位总兵，竟然无一人挺身而出替代丁汝昌指挥。

除去以上这些原因，有组织、携船艇的大规模遁逃和部分人员不告而别，致使人员减少，士气大减。面对这样一个全军崩溃的局面，万般无奈的丁汝昌"乃令诸将候令，同时沉船，诸将不应，汝昌复议命谱舰突围出，亦不奉命。军士露刃挟汝昌，汝昌入舱仰药死"。

官兵"恐取怒日人"而不肯沉船，使"镇远"、"济远"、"平远"等10艘舰船为日海军俘获，显赫一时的北洋舰队就此全军覆灭。

"如大树然，虫蛀入根，观其外特一小孔耳，岂知腹已半腐"。到底是谁埋葬了北洋水师恐怕不能简单地归结到某一个原因或某一个人的身上吧？

两千国民党士兵南京山区神秘消失

抗战初期，南京保卫战中，曾有一个团的中国官兵在南京东南30余里外的青龙山山区神秘失踪，从此再无消息，至今谜团仍然没有解开。

1937年12月初，国民党集中20万军队在南京市周围，参加南京保卫战。但是，由于中国军队只有步枪、机枪、手榴弹及少量迫击炮，而乘胜进攻的日寇装备精良、训练有素，激战中，中国军队损失惨重，尤其是远道赶来参战的川军某师，他们的枪弹多为劣质品，不堪使用，官兵们的血肉之躯根本抵挡不住疯狂的日寇，几乎全军覆没。该师有一个团，因担任阵地侧翼对敌警戒任务，故一直未直接参战。防御战役失利后，为保住有生力量，该团两千多人急行数十里,向森林茂密的南京东南部青龙山地区撤退。然而,部队进入青龙山地区绵延十几里后,就再也没有出来,两千多人竟然消失得无影无踪。

攻占南京的日军总指挥部在战事结束后统计侵略战果时,发现中国守军有一个整团未被歼灭或俘虏,也未放下武器进入城内的由万国红十字会划出的难民区,而是转移走了。但该团似乎又没能突出日寇的两道包围圈。日寇们认为此事蹊跷。重庆国民党作战大本营于1939年统计作战情况时,也注意到这一咄咄怪事,列为"全团失踪"。抗战胜利后,国民党军政部、军令部都派出专人对此作专项调查,但仍查不清楚真相,最终不了了之。

后来有人推测这支部队是不是分散突围出去了,然而仔细分析一下日军当年的战役态势和兵力部署后判定,他们根本不可能突围成功。当时,中国守军只有邓龙光将军所指挥的93军幸运突围成功,此外再没有任何一支中国守军冲出日军密不透风的封锁圈。退一步说,就是全团突围出去,国民党军队定有一星半点信息。1939年国民党军总部在统计作战情况时,发现了这个全团人马不知下落的奇怪事件,无奈之际,只能将此列为集体失踪案件。

抗战胜利后,国民党军总部曾组成联合调查组,对这一全团失踪悬案进行了专项调查,以期弄清原委,却一无所获,此案最终也不了了之。

此后,这一事件引起了英国媒体的关注,《观察家》杂志把此事与第一次世界大战中两个营的法国步兵在马尔登山地上的神秘失踪事件相提并论,引为20世纪世界军事史上的又一个谜。

古往今来,曾发生了无数失踪事件。可是,像南京青龙山这样整支部队的人员较大规模的集体失踪着实让人费解。半个多世纪以来,人们用常规的思维猜测,这支两千人的部队,可能躲进青龙山区一处鲜为人知的巨大溶洞,由于某种原因,比如说敌机轰炸震塌了洞口,致使全体人员被困洞内,最终窒息而死;也许,当时这个团为突围逃生而主动化整为零,部分人逃出了封锁圈……

德国海军的"狼群战术"

"猛虎怕群狼"。嗜血成性的狼群令自然界里所有的庞然大物不寒而栗。在它们的轮番围攻下,即使百兽之王也难以幸免于难。邓尼茨(1891年~1980年,纳粹主要战犯,纳粹德国海军元帅)之所以被称为"狼头",就是因为他首创了海战的"狼群战术",并在第二次世界大战伊始,以"狼群战术"称霸大西洋,致使盟军商船遭受巨大损失,后勤补给线遭到严重破坏。邓尼茨也因为"狼群战术"的成功而成为希特勒最得力的干将之一。他的职务一路攀升,先后升为舰艇司令、海军司令,最后还被指定为元首的接班人。"狼群战术"与古德里安的"闪电战"并称为纳粹德国军队的海陆两大"法宝"。

邓尼茨出生在普鲁士的一个贵族家庭。他19岁加入德国海军,从此开始了长达35年的海上冒险生涯。1914年,第一次世界大战爆发,邓尼茨时任轻巡洋舰"布雷斯劳"号的一名尉官。1916年,邓尼茨被调往潜艇部队。虽然是第一次接触潜艇,但他立刻迷上了这种新型海战武器,并由此迈出了他辉煌的海军事业起点。

希特勒出任德国总理后即开始重整军备活动,邓尼茨极为赞成,成为纳粹党的狂热拥护者。1935年,希特勒在磨刀霍霍准备战争,德国潜艇部队重新

邓尼茨

组建,邓尼茨担任了这支以第一次世界大战时著名的潜艇英雄威丁根命名的潜艇支队的支队长。

这只"头狼"不仅战术头脑敏锐,而且具有远见卓识的战略眼光。他把"狼群"的作用提高到战略高度,认识到:德国欲重新崛起,迟早要与英国发生冲突,而欲战胜英国,则海军的强大是最重要的因素;英国面对着德国的港湾,恰好在德国进入大西洋的航路附近,如同一条栅栏,既能控制德国舰队的出海,也可控制大西洋的战线,并且德国海军在大西洋无基地,一旦军舰被击中,无法就近修复,所以海军发展的重点不是水面舰艇,而是能够克服上述不利条件的潜艇;英国是个岛国,许多重要的工业原料和战争物资都必须通过大西洋输入国内,德国可以用潜艇对英国商船实施袭击战和吨位战,切断其海上运输线,迫使英国屈服。因此,潜艇是实现德国海军战略的最有效的作战武器。

"你们见过狼群吗?见过狼群撕咬的情景吗?"阿尔卑斯山的森林中狼多的是,酷爱打猎的邓尼茨见惯了,也许他就是从这里得到的启迪。而对台下这批德国潜艇部队的新成员,邓尼茨不乏耐心。"我们的潜艇必须结成群,以群对群,才能打破英国人的护航体制。"这时,邓尼茨已开始将筹划多年的潜艇"狼群战术"投入训练。

邓尼茨总结第一次世界大战潜艇作战的经验教训,采纳德国王牌潜艇艇长克雷契马的建议,在海上开始演练"狼群战术",主要内容为:事先将若干潜艇组成"狼群",在敌船队的航道上垂直展开,由具有经验或资深的潜艇艇长担任群长,负责具体指挥"狼群"的协同作战;"狼群"平行搜索敌船队,艇与艇间隔15海里~20海里,"狼群"正面搜索宽度300海里~400海里;任何艘潜艇发现敌船队后,立即报告岸上指挥所,并命令艇群迅速航行至船队前方,白天在视距以外跟踪,夜间以水上状态逐次实施鱼雷攻击,对掉队的单

艘舰船也可进行炮击；天亮前停止攻击，脱离船队至视距以外，日落后再次进行攻击。

1939 年 9 月 1 日，纳粹德国入侵波兰，第二次世界大战全面爆发。9 月 3 日，英国对德国宣战，在海上对德实行封锁。然而，英国政府宣战的话音未落，邓尼茨的 U—30 号潜艇即大开杀戒，把英国客轮"雅典娜"号送入了海底。1938 年 9 月，英国"雅典娜"号客轮悠闲地行驶在大西洋上，船上的旅客正沉浸在平静而安逸的旅行中。突然，他们听到了几声巨响，并感到了强烈震荡。一刹那间，客轮上油烟滚滚，海水涌进了船舱。几分钟后，"雅典娜"号客轮开始下沉并最终葬身海底。此后几年，盟国的大型运输船队屡有同样遭遇，而罪魁祸首正是德国海军的"狼群战术"。

由于指挥得当，邓尼茨的潜艇给盟军大西洋海上交通线带来浩劫。1941 年 4 月至 12 月，共击沉盟军 325 艘运输船，总吨位约 158 万吨。美国参战后，德国潜艇的活动范围又扩展到美国海岸及加勒比海一带。1942 年，德国潜艇平均每月击沉盟军商船近 97 艘，总吨位达 52 万多吨。整个战争期间，德国潜艇部队共击沉盟军运输船、商船 2828 艘，总吨位达 14687231 吨，击沉击伤盟军军舰 115 艘，给同盟国特别是英国造成极大的损伤。英国海军惊恐地认为："邓尼茨炸沉我们的商船是在慢慢地绞死我们，……他是自荷兰勒伊特以来，英国最危险的敌人。"

"战争中唯独使我真正害怕的是德国潜艇的威胁。"英国首相丘吉尔在第二次世界大战胜利后这么写道。的确，战争中卡在大西洋航线上的死亡绞索——德国潜艇的"狼群战术"几乎要把大英帝国的咽喉勒断。

然而，邓尼茨同样被眼前的胜利禁锢了头脑，醉心于自己的战术而忽视了创新，导致德国海军的战术在多年的海战中如出一辙。面对德国"狼群"的肆虐，盟军则专门组织力量来研究对付"狼群战术"的有效战法，美英盟国积极努力，新的反潜手段不断出现。除已立下了殊功的音响探测器外，还发明了专门搜索潜望镜的机载雷达，大功率的探照灯，被称为"雪花"的高效长时间照明弹，潜艇赖以隐蔽的夜幕逐渐生效。1943 年后，美国强大的经济、军事潜力开始发挥决定性作用，大量的护航舰船下水服役，特别是利用商船改装了近百艘专用的护航航空母舰，立体反潜代替了平面反潜。而邓尼茨无视盟军侦察预警能力的提高，依然在大西洋上集结庞大的潜艇群，打算彻底切断盟军在大西洋上的运输线。

1943 年 5 月，邓尼茨赖以成名的"狼群"终于遭到毁灭性打击——他的王牌潜艇在一个月内被击沉 30 多艘。1945 年 5 月 8 日，邓尼茨签署文件，宣布德国无条件投降。他本人于 22 日被盟军俘虏，判处 10 年徒刑。1956 年，邓尼茨刑满出狱，赋闲在家，直到 1980 年病逝。值得一提的是，在邓尼茨宣布投降时，由他一手调教指挥的德国潜艇部队却拒绝放下武器。随着总部下达的一道代号"彩虹"的暗语命令，尚存的 220 多艘德国潜艇在世界各地全都凿艇自沉。这是"狼群"的最后一次疯狂，同时"狼群战术"宣告失败。

第二次世界大战以后,军事家们重新研究了"狼群战术",认为从纯军事的角度来看,它仍是未来潜艇"以小吃大"的战术之一,但其攻击的隐蔽性需要进一步提高,"狼群"的规模也应当缩小。现代海战理论也把潜艇视为对付航母等庞然大物的"撒手锏"。而现代潜艇作战的一些先进理论,如深海封锁、机动攻击、联合攻击等还或多或少地受到了"狼群战术"思想的影响。

第二节　军人武将之谜

查理大帝加冕称帝

在法国巴黎卢浮宫有一座于9世纪制作的英雄骑马的青铜塑像。而马上的英雄正身端坐,身材魁梧挺拔,左手捧象征权威的金球,右手举象征力量的宝剑,炯炯有神的双眼直视前方,透露出庄重威严的帝王气概。这位英雄就是法兰克王国历史上最伟大的统治者查理大帝。查理大帝(742年~814年),法兰克王国加洛林王朝国王。

4世纪末,欧洲进入又一个动荡的年代,各蛮族部落纷纷侵入衰落的罗马帝国。日耳曼的一支蛮族法兰克人也趁机闯入罗马,盘踞在高卢,不久他们便控制了大部分的高卢地区,建立了法兰克王国,巩固了他们在高卢的根基。751年,信奉基督教的法兰克人在教皇的帮助下,废除了莫洛温王朝皇帝,颇具雄心的宫相"矮子"丕平当上了皇帝,建立加洛林王朝。771年,具有伟大战略思想的查理成为法兰克王国的统治者,他就是查理大帝。

774年查理借罗马教皇求援之机,攻占意大利北部的伦巴德王国,自兼伦巴德国王,并进军罗马,控制意大利半岛大部分地区。公元778年,查理率大军顺利地翻越高峻的比利牛斯山脉,南侵西班牙。当时,那里是由一支从北非来的阿拉伯人建立的哥尔多瓦王国。哥尔多瓦的军队遭到了重创,而查理的大军也损失惨重。哥尔多瓦国王提议讲和,查理军中一些将官也主张和解撤军。但查理的侄子罗兰侯爵表示反对,更不同意派主和派人物盖内隆去进行和谈。但是,鉴于形势并不十分有利,查理最终没有接受罗兰的意见,派盖内隆前去同哥尔多瓦人议和。心怀怨恨的盖内隆,谈妥了议和条件,并和敌方订下密谋,暗害罗兰。查理看到议和成功,就率大军回国,罗兰担任后卫。得悉盖内隆送来的情报,哥尔多瓦国王集结起了一支强大的部队,埋伏在险要的比利牛斯山朗塞瓦尔峡谷两侧。夜幕降临,当罗兰的后卫部队排成长列通过隘口时,哥尔多瓦人借着夜色的掩护,居高临下,冲下山谷,包围了罗兰的部队。最后,查理听到了那微弱的求援号音,率大军赶回峡谷。他发现，罗兰和所有的同伴都已英勇战死。这次战事，后来被文学家加工成为一部著名的史诗，即法兰西最早的民族史诗《罗兰之歌》。它以悲壮的情节，感动了中世纪的欧洲人。23 年后，查理又一次越过比利牛斯山远征西班牙，终于吞并了山南广大地域，并任命一个儿子为该地总督。查理一生中发动侵略战争时间最长，是对北方撒克逊人的征服。他以传播基督教为借口，从公元 772 年起，先后发动 8 次进攻，时间长达 33 年，最终征服了撒克逊人，使之成为法兰克国的臣民。

查理统治时期对外进行了 50 多次战争，使法兰克王国成为控制西欧大部分地区的大帝国，疆域西临大西洋，东至易北河及波希米亚，北达北海，南抵埃布罗河及意大利中部，相当于今天的法国、瑞士、荷兰、比利时、奥地利以及德国、意大利的大部分地区。据记载，公元 800 年，查理在罗马逗留了几天，教皇利奥三世召集附近地方所有愿意来的人，当着他们的面，也当着不可战胜的查理的全体骑士的面，宣布查理为皇帝和罗马教会的保护人。查理成为"罗马人皇帝"，史称查理大帝。法兰克王国遂称为查理帝国，以亚琛为统治中心。

关于查理加冕称帝的问题，历史上存在着不同的说法，有人认为查理根本无意受加冕，那只是教皇的一厢情愿。在《查理大帝传》中详细记述了加冕的全过程：公元 800 年12 月 25 日，教皇召集了附近地区所有愿意参加弥撒的人来到圣彼得大教堂，当晚一切显得格外隆重，教堂内灯火通明，音乐悠扬地回荡着。弥撒仪式开始了，查理望着基督像，全心地沉浸在仪式的庄严之中。突然，教皇利奥三世大踏步地走到查理面前，将一顶西罗马皇帝的皇冠戴到他头上，并高声宣布："上帝为查理加冕，这位伟大的带来和平的罗马皇帝，万寿无疆，永远胜利！"参加仪式的教徒也齐声高呼："上帝以西罗马皇帝的金冠授予查理，查理就是伟大、和平的罗马皇帝和罗马教皇的保护人！"

教皇利奥三世本想用这样的方式给查理一个意外的惊喜，但他的做法并没有得到预期的效果，反而使查理感到突然和无所适从。查理觉得，"皇帝"这样的称号太令人反感了，自己并不需要被授予这些所谓的荣誉。他更担忧加冕背后的无穷隐患：拜占庭的罗马人对他的皇帝称号肯定会万分仇恨，甚至会对法兰克王国产生不可估量的后果。查理事后懊悔地说："如果知道教皇的策谋，就不会在那天去教堂，尽管那是一个伟大的节日。"

这是爱因哈德在自己的书中记录的情况，依此看，查理大帝是不愿意被加冕称帝的。很多学者采取这一说法，因为爱因哈德从 20 岁起便被查理聘请到宫中掌管秘书，参与机要，一生中大部分时间都跟随在查理左右，深得查理的宠信，他的记载应该是比较可信的。

如果说爱因哈德说的是真的，查理不愿意称帝，除了顾忌拜占庭的罗马人的仇恨，还会不会有别的原因？普遍认为他忌讳的是教皇利奥三世。教皇主动给他加冕目的是想趁机夺回一些权力。查理虽然是个纯粹的基督徒，但他并不希望教会干预政权，为此，他曾刻意保持了"法兰克及伦巴德国家"的称号，当立他的儿子为王时，查理亲自主持了这一神圣仪式。

现代许多西方史学家对查理不愿意加冕称帝的说法表示怀疑，他们认为当时的查理拥有至高无上的权力，完全能够控制当时的局势。如果他不愿意，教皇利奥三世决不敢做出冒犯他的事情。

但还有一种观点认为：利奥三世在公元795年当选为教皇。教廷内一些贵族反对新教皇，肆意诽谤和攻击他，说他对法兰克人软弱无能。公元799年4月25日，反对派贵族竟然将新教皇逮捕，在监禁中对他进行折磨和虐待，扬言要刺伤其眼睛，割掉其舌头。于是利奥急忙邀请查理来罗马，查理派使臣去罗马把他救了出来。公元800年12月，查理亲自带兵护送利奥复位。刚复位的利奥自然对查理感激涕零，视为再生父母，不惜抓住一切机会报效查理。于是在圣诞节那天，查理及全体骑士来到圣彼得教堂做弥撒，弥撒完毕，尚未站起来，利奥就急忙把事先准备好的一顶金冠戴在了查理头上。而查理却有些无动于衷，他并不希望教会对政权所干预，因此他始终保留着"法兰克及伦巴德国家"的称号，并亲自主持了自己儿子的即位仪式。

事实上，不管查理是否愿意罗马教皇为他加冕，他在实质上已经成为古罗马帝国的合法继承人和基督教世界的保护者，这次加冕是中世纪历史上的一件大事，影响极其深远，它奠定了教廷和王廷对西欧进行双重统治的政治思想基础，开创了中世纪教皇为皇帝加冕的先例。它象征着皇帝的权力来自于上帝，受之于教皇，暗含着教皇权力依然高于皇帝的意思，为日后的教权与王权之争埋下了祸根。

查理曼帝国虽强盛一时，但境内各地区和各部族之间缺乏经济和文化上的联系，在连年征战中地方封建主的割据势力逐渐强大，而广大自由农民日益破产并向农奴地位转化，因而帝国统治基础遭到破坏。814年1月28日查理卒于亚琛。他死后不久，帝国即告分裂。

武王伐纣

武王伐纣是商周两代的分界线，是中国历史上的一个重要事件。夏朝以后是商朝。商朝也是中国历史上的一个奴隶制国家。商朝最后的一个国王商纣统治非常残暴。他加重对奴隶和平民的剥削，建筑了许多宫殿、苑囿，终日饮酒作乐，过着奢侈腐化的生活。人民如果表示不满，他就加重刑罚，残酷镇压。他制定了"炮烙之刑"，即把铜柱放在燃烧的炭火上，强迫"犯人"在上面行走，"犯人"站不住，就倒在火里活活烧死。他的叔叔比干,为人正直,几次向他提意见,纣王不但不听任何规劝,竟将比干挖心处死。另一个大臣规劝纣王说:"假如一再胡作非为,将会有亡国丧命的危险!"纣王却回答道:"我的性命生来就有上天保佑,谁能把我怎么样?"

那时候,渭水流域的周族,迅速发展起来。周原来是商的属国。周文王为国事操劳,有时候从清早忙到中午,都顾不上吃饭。他尤其注意用人,姜尚就是他发现的人才。姜尚出身贫寒,年过花甲也没有正当工作。他听说周文王重视人才,就天天在岐山的水边钓鱼,希望看见从这里路过的文王。有一天,他终于见到了周文王,两人谈得十分投机。姜尚受封做文王的军师,后来成为周朝的开国功臣。

周文王死后,周武王继位。他得到姜尚、周公旦的辅佐,国家兴盛起来。那时候,商朝的统治更为腐朽。周武王决心灭掉商朝。据说,周先派人到商察看敌情,此回来说:好人全被纣王斥逐。武王认为时机还未成熟。最后察看商朝情况的人报告说:商朝的百姓闭口不敢说话了。武王认为时机已到,就联合西方和南方的部落,向商纣进攻。战争在商都的郊外牧野展开。此时,商纣的军队正在同东夷作战,来不及调回。临时把大批奴隶武装起来,开赴前线。奴隶早就恨透纣王,于是在阵前起义,引导周武王的军队攻入商都。纣王被迫登上最华丽的宫殿鹿台,全身挂满珠宝玉器,放火把自己烧死。商朝就这样灭亡了。

周武王伐纣灭商以后,建立周朝,把镐京作为都城。武王伐纣处于商周交界,是中国历史年代的一个关键点。这场大战到底发生在哪一年,有关武王伐纣的天象记录不少,但多是几百年后的追溯,而且存在文辞简略,含义不清,文献可疑,互相矛盾等问题。历来的研究,在100余年范围之中,竟有44种结论。因此武王伐纣的年代成了几千年来一直未解的谜题。

据2003年5月18日出版的《科学时报》报道:2000年,"九五"重大科研项目"夏商周断代工程"发布5年研究成果,提交了1个范围:公元前1050~公元前1020,三个范围:公元前1046、公元前1044、公元前1027,首选公元前1046。

而中国科学院国家天文台副研究员、于1996年参与"断代工程"研究的李勇博士,对此提出质疑。他在一系列已发表的相关研究的基础上,经综合分析,重新划定武王伐纣年范围为"公元前1040~公元前1030年"。李勇表示,尽管这一结果"可能不是绝对的",但他首创的两种新的天文年代学方法,一定能在类似的年代学研究中"大有作为"。李勇博士说:"重新划定武王伐纣年'公元前1040~公元前1030年'的范围,是我综合分析自己5年来一系列直接相关研究论著后作出的结论。这些研究全部采用"月龄历谱法"和"直接求解法"。由于新方法的本质在于它是通过年代相近的材料组来求解,这样所选取材料的历史背景基本相同,也就相当于增加了已知条件。在此基础上运用有效数学模型,对所有可能通过比较筛选获得的最佳结果,理应是精确、可信的。"这一研究结果,已经以《武王伐纣年质疑》为题,由权威天文专家审查通过,发表在已出版的《中国科学》上。而所建立的新方法及先期研究,已经得到夏商周断代工程的认可和高度评价,打开了年代学研究的新局面,有望加速中国年代学研究的进程。

2000 年 12 月 19 日《江南时报》第四版发表的一篇文章称:中国科学院陕西天文台研究员刘次元,经过两年多研究,确定武王伐纣之日为公元前 1046 年 1 月 20 日,解开了《武王伐纣》年代上的重大疑案,该研究成果已被《断代工程年表》采用。刘次元研究员根据《夏商周断代工程》考古方面的最新成果,已将武王伐纣限定在公元前 1050 年~1020 年间,并采用《断代工程》有关专题对月相术语解释的最新结论,参考各种天象记录对于伐纣季节的提示,分析《武成》历日得到灭商之日可能在公元前 1046 年、1041 年、1037 年、1031 年、1020 年等。究竟具体在哪个年份,他对有关古天象再分析《国语·周语下》中木星和日月等天体所在星座,并进一步分析岁星处于鹑火年代,得到灭商之日在公元前 1046 年 1 月 20 日。这一结论得到丙子月食《尚书》文献历日和年代记载的支持,与其他天象记载都有较好的符合,因此被《断代工程年表》采用。

类似上面的报道还有很多,可以说是仁者见仁,智者见智。武王到底哪年伐纣?看来仍要继续争论下去了。

越王勾践"卧薪尝胆"是真的吗

吴王阖闾打败楚国,成了南方霸主。吴国与附近的越国(都城在今浙江绍兴)素来不和。公元前 496 年,越国国王勾践即位。吴王趁越国刚刚遭到丧事,就发兵打越国。吴越两国在李(今浙江嘉兴西南)地方,展开一场大战。吴王阖闾满以为可以打赢,没想到打了个败仗,自己又中箭受了重伤,再加上上了年纪,回到吴国,就咽了气。吴王阖闾死后,儿子夫差即位。阖闾临死时对夫差说:"不要忘记报越国的仇。"夫差记住这个嘱咐,叫人经常提醒他。他经过宫门,手下的人就扯开了嗓子喊:"夫差!你忘了越王杀你父亲的仇吗?"夫差流着眼泪说:"不,不敢忘。"他叫伍子胥和另一个大臣伯嚭操练兵马,准备攻打越国。过了两年,吴王夫差亲自率领大军攻打越国。越国有两个很能干的大夫,一个叫文种,一个叫范蠡。范蠡对勾践说:"吴国练兵快三年了。这回决心报仇,来势凶猛。咱们不如守住城,不要跟他们作战。"勾践不同意,下令发大军去跟吴国人拼个死活。两国的军队在大湖一带打上了。越军果然大败。越王勾践带了 5 千残兵败将逃到会稽,被吴军围困起来。勾践跟范蠡说:"懊悔没有听你的话,弄到这步田地。现在该怎么办?"范蠡说:"咱们赶快去求和吧。"勾践派文种到吴王营里去求和。文种在夫差面前把勾践愿意投降的意思说了一遍。吴王夫差想同意,可是伍子胥坚决反对。文种回去后,打听到吴国的伯嚭是个贪财好色的小人，就把一批珍宝和美女，私下送给伯嚭，请伯嚭在夫差面前讲好话。经过伯嚭在夫差面前一番劝说，吴王夫差不顾伍子胥的反对，答应了越国的求和，但是要勾践亲自到吴国去。文种回去向勾践报告了。勾践把国家大事托付给文种，自己带着夫灭和范蠡到吴国去。勾践到了吴国，夫差让他们夫妇俩住在阖闾的大坟旁边一间石屋里，叫勾践给他喂马。范蠡跟着做奴仆的工作。夫差每次坐车出去，勾践就给他拉马，这样过了两年，夫差认为勾践真心归顺了他，就放勾践回国。勾践回到越国后，立志报仇雪耻。他唯恐眼前的安逸消磨了志气，在吃饭的地方挂上一个苦胆，每逢吃饭的时候，就先尝一尝苦味，还自己问："你忘了会稽的耻辱吗？"他还把席子撤去，用柴草当作褥子。这就是后来人传诵的"卧薪尝胆"。

　　勾践卧薪尝胆，励精图治，从而雪耻灭吴的故事一直在流传，然而有人提出疑问：勾践真有"卧薪尝胆"的事吗？在很多古籍中，都记载了吴越战争的事，但都没有勾践"卧薪尝胆"的叙述。查阅记载越王勾践事迹的历史资料，成书时代较早且史实比较可靠的，当首选《左传》和《国语》。在《左传》的"定公"和"哀公"两部分中，曾大量记述越王勾践的事迹；《国语》中有《吴语》和《越语》上、下共两篇，详细记载了越王勾践和吴王夫差战争胜败的经过。但在这两本史籍中，完全没有记载越王勾践曾经卧薪尝胆的事情。其次，西汉时司马迁作《史记》的《越王勾践世家》中，也仅记载了越王勾践曾经"置胆于坐，坐卧脚仰胆，饮食亦尝胆"，而绝没有关于越王勾践曾经卧薪的事。袁康、吴平作《越绝书》，赵晔作《吴越春秋》，专门记述了春秋时的史事。这两本书，在先秦古籍的基础上，又掺杂了一些怪诞离奇的传闻，其可信程度已大打折扣。但前书既没有说到卧薪，也没有提及尝胆；后书中的《勾践归国外传》，也只说越王勾践"出入尝之，不绝于口"，而根本没有卧薪的事。这样看来，尝胆之事，最早出现于西汉的《史记》；而卧薪之事，到东汉时也没有记载。

　　据考证，"卧薪尝胆"这个成语出自北宋文学家苏轼，在他的《拟孙权答曹操书》中，苏轼发挥想象，戏说孙权"卧薪尝胆"，与勾践无关。到南宋时期，吕祖谦在《左氏传说》中，曾谈到关于夫差有"卧薪尝胆"之事。明朝的《春秋列国论》一书中又说：夫差即位，卧薪尝胆。"以后，马辅在《左传事纬》和《绎史》两书中，都把卧薪尝胆说成是吴王夫差的事情。与此同时，南宋的黄震在《古今纪要》和《黄氏日抄》两本书中，又说越王勾践曾卧薪尝胆。然则，"卧薪尝胆"的词语原是由北宋的苏轼提出，从南宋到明朝，此事是夫差还是勾践所做，尚没有定论。到明朝，传奇剧本《浣纱记》，渲染了越王勾践的卧薪、尝胆二事。清朝初年，一本简易通俗的史书《纲鉴易知录》写到："勾践返国，乃苦身焦思，卧薪尝胆。"不久，到了明末作家冯梦龙写的历史小说《东周列国志》，书中也多次提到勾践曾"卧薪"和"尝胆"。这样，越王勾践卧薪尝胆的故事，也就愈传愈广。

另有一些学者认为，越王勾践"卧薪"之事，在东汉时代成书的《吴越春秋》中还是有记载的。该书的《勾践归国外传》说：越王勾践当时"苦身劳心，夜以继日。目卧则攻之以蓼。"也就是说：勾践由于日夜操劳，眼睛疲倦得想睡觉（"目卧"），但他忍耐克服，用"蓼薪"来刺激，打消睡意。尝胆是让味觉感到苦，卧薪是让视觉感到苦。"卧薪"的目的是在折磨眼睛而非折磨整个身体。后人把"卧薪"说成是睡在硬柴上，那是对《吴越春秋》中意思的误解。

千百年来，"卧薪尝胆"的故事催人奋进，人们都宁可信其有，不可信其无。

丘吉尔生日宴会遇险

温斯顿·丘吉尔是20世纪最负盛名的英国资产阶级政治家，曾两度出任英国首相，多次担任内阁大臣职务。在第二次世界大战中，他领导英国人民取得了抗击德国法西斯战争的胜利，被人们推崇为英国的拯救者。丘吉尔的一生坎坷曲折。在大战期间，他的非凡魄力和出众人格得到了大显身手的机会，更遭到了他的敌人的仇视。他在一次生日宴会上安全脱险的故事，更让人津津乐道。

1943年11月30日，正值丘吉尔69岁的生日。当时，苏、美、英三国首脑斯大林、罗斯福和丘吉尔正在伊朗首都德黑兰举行会议，主要讨论开辟第二战场的问题。为了隆重地庆

丘吉尔

祝自己的生日，丘吉尔邀请了斯大林、罗斯福以及各方代表共34位客人参加宴会。席间，正当人们举杯祝贺之时，大厅内灯光突然熄灭，接着响起了一阵枪声，只听得碗碟碎裂声、客人们的骚乱声混成一片。这场枪击案使一位盟国领导人的私人秘书倒在血泊中，还有一个侍者被一根毒针刺进喉咙，当场死亡。值得庆幸的是，丘吉尔只受了一场虚惊，毫发未损，而在场的斯大林、罗斯福及其他客人都安然无恙。

事件发生后，人们不禁提出许多疑问，究竟是谁借生日宴会之机企图谋杀丘吉尔？又是谁在关键时刻使丘吉尔转危为安？长期以来，这一事件在世界历史上成为一桩令人费解的悬案。

后来，据二战期间曾担任丘吉尔侍卫长的英·汤普森的回忆，当时的情况是这样：

"德黑兰会议"在前苏联使馆举行。敌人在会议期间企图制造混乱，但被挫败了。那个倒在血泊中的私人秘书被纳粹以几十万英镑的现金所收买，准备在会议室内安放定时炸弹，可是，当时别说携带定时炸弹进不了会议室，就连一根小小的针未经检查也带不进

去，因此，那个私人秘书在等待时机。

宴会要开始了，丘吉尔以主人的身份领着客人们朝餐厅走去。那个私人秘书犹豫了片刻，转身从口袋里取出一个精致的小包放在桌上，然后若无其事地步入了餐厅。汤普森警觉地注视这一切，随后取走小包，带到另一间屋子，轻轻地打开小包一看，里面只有一只十分昂贵的钟表。他又仔细地把小包和钟表检查了几遍，也没有发现有什么可疑的地方。于是，他放心地走进了餐厅，来到了丘吉尔的身边，但是，他的脑海中已经存有疑虑，两眼更加警觉地注视着周围的动向。

此刻，餐厅内正在进行切割蛋糕的仪式，一只精致的大蛋糕摆在餐桌上，上面点燃着六十九只蜡烛，在客人们的祝贺声中，丘吉尔完成了这个值得纪念的仪式，然后，他十分高兴地致词说："我衷心感谢诸位光临我的庆寿仪式。尤其是，两位伟大的朋友斯大林元帅和罗斯福总统抽出宝贵的时间出席这个聚会，我深表感谢。"席间，宾主频频举杯，鼓掌声、碰杯声不时响起，大厅内洋溢着一片祥和、喜庆、热闹的气氛。

突然，餐厅的南门打开了，一个惊慌失措的侍者托着一只盛着冷饮杯子的大盘子，跟跟跄跄地闯入下餐厅。紧接着，这个侍者连人带盘栽倒在斯大林的译员鲍罗克的身上，盘子中的布丁和冰淇淋溅的鲍罗克满身都是，望着鲍罗克尴尬的模样，人们不禁哄堂大笑。就在此时，餐厅的灯突然全部熄灭了，一片漆黑中，只听有人大声嚷道："抓住侍者！"接着立即响起了枪声、碗碟的碎裂声和人们的骚乱声。正当人们刚反应出这是怎么一回事的时候，四周亮起了手电筒。人们发现私人秘书的头部已经中弹被击毙，一只手枪掉落在一张椅子底下。那个侍者则倒卧在地，身体早已变得冰凉，他的喉咙里刺进了一根半寸长的细针。经过检查，发现侍者的托盘的底部有个按钮，启开后，里面装有一枚微型定时炸弹和一只袖珍时钟，指针离 12 点仅差了 3 分钟。汤普森急忙拔掉定时炸弹的引信，避免了一场大的惨案，使三国首脑幸免于难。事后，只要想起这件惊心动魄的事件，汤普森仍心有余悸。

事发之后，人们只知道当时德国的密探和间谍千方百计跟踪丘吉尔的行踪。希特勒曾下过一道死令："无论如何要干掉丘吉尔。"大批的纳粹特务已汇集到德黑兰。然而，那个被纳粹收买的私人秘书与携带定时炸弹的侍者是什么关系？是谁幕后指使侍者将定时炸弹带进餐厅的？尤其令人难解的是，谁在关键时刻打死了私人秘书并刺死了侍者，使丘吉尔逢凶化吉、安全脱险？

事情过去半个世纪了，可仍然是一个悬而未解之案。看来，这一悬案还要由其他知情者提供进一步的情况，方能有望解开。

隆美尔之死

1944 年 10 月 10 日,柏林。

莫德文元帅向全德国宣布,德国"最伟大的指挥官"埃尔温·隆美尔于 7 月 17 日受伤,不治身亡。

希特勒即刻给隆美尔夫人发了唁电。唁电说:"您丈夫的死给您带来了巨大的损失,请接受我诚挚的问候。隆美尔的英名将永远和北非英勇的战役联系在一起。"不久,希特勒下令举行国葬。

隆美尔原先是德军第七装甲师师长。第二次世界大战爆发后,他指挥部队以闪电行动,最早进抵英吉利海峡沿岸地区,并且迅速攻占瑟堡,迫使敦刻尔克战役中未及撤退的 3 万法军投降,从而成为纳粹德国最著名的坦克将领。

这个特别受到希特勒器重的陆军元帅,难道真的如同莫德文元帅所宣布的那样,是 7 月 17 日受伤,不治身死吗?

不,这是希特勒的弥天大谎!

1944 年 7 月 17 日,隆美尔到西线视察。在返回司令部的途中,确实身负重伤。当时,他的坐车遭到盟军飞机的袭击,汽车翻倒在地,他的头盖骨严重骨折,太阳穴和颧骨受伤,头上还有不少炸弹碎片。他被送到巴黎附近的一所医院,随即返回德国乌尔姆附近的乡间住宅养伤。

10 月 14 日,隆美尔在乡间住宅里会见了两个纳粹来使。几分钟后,他先到妻子的房间向她道别,然后对他的儿子说:

"希特勒指控我犯了叛国罪,鉴于我在非洲的功劳,给我一服毒的机会。那两个将军带来了毒药,在 3 秒钟之内就能致人以死命。如果我接受的话,我可以得到国葬待遇。"

说完,隆美尔走出房间,跟着两位将军上了车。车在两英里左右的森林中停下来。1 分钟后,隆美尔已直挺挺在死在座位上。

隆美尔为希特勒立下赫赫战功,希特勒为什么还要加害于他呢?

1944 年 6 月 6 日,盟军在诺曼底登陆成功,德国的将军们惊慌失措。他们都很清楚,盟军用不了几周,就会从西面到达德国边界。

为了挽救德国免于彻底毁灭,一些将军早就决定除掉希特勒。他们由陆军元帅维茨勒,前任总参谋长贝克将军等军界领袖组成了一个密谋集团,旨在积蓄力量,等待时机,推翻纳粹统治。

1944 年 2 月底,隆美尔在家里接待了一个十分重要的密谋分子。

来人对他说:"隆美尔将军,现在东方战线上某些高级陆军军官提议逮捕希特勒,强迫他通过电台宣布退位。"

隆美尔点点头，表示同意这种想法。

来人又说："你是我国最伟大、最得人心的将领，在国外比任何其他将领都受尊敬。你是唯一能够使德国避免发生内战的人。"

隆美尔迟疑一下，最后作了决定，他说：

"我想，出来挽救德国是我的责任。"

以后，密谋集团通过一个协议，计划在推翻希特勒以后，让隆美尔出任国家的临时首脑或武装部队总司令。按照那个协议，德国将与西方盟国停战，德国人从西线撤回本国，逮捕希特勒由德国人民法庭进行审判。

诺曼底登陆后，隆美尔曾多次当面指责希特勒，并希望尽快结束战争。他曾给希特勒写过一封长信，信上写道："部队正在各地英勇作战，但是这场寡不敌众的战争即将结束，我必须请求您毫不迟疑地作出恰当的决定。我作为集团军司令官，感到有责任说明这一点。"

当天，隆美尔对他的一位将军说："我已给希特勒最后一次机会，要是他不接受，我们就采取行动。"

可是两天以后，他在从前线返回总部的途中遭到盟军飞机的袭击，身受重伤。

在反希特勒的密谋中有一个青年军官，叫施道芬堡。

施道芬堡眼看希特勒要把德国引向可能最后归于失败的战争，于是决定做一点事情来挽救德国。

在柏林，他和他的同伙拟定了一个代号叫"伐尔克里"的谋杀计划。伐尔克里是北欧——日耳曼神话中一些美丽可怕的少女，据说她们飞翔在古战场上，寻找那些该杀死的人。这一次，她们要杀死鲁道夫·希特勒。根据这一计划，一旦希特勒被暗杀，便在柏林迅速发动政变。

6月底，施道芬堡被任命为国内驻防线的总参谋长。这一职务使他能直接地见到希特勒。

7月20日下午，施道芬堡奉召去向希特勒汇报"人民步兵师"的进展情况。他在装有文件的皮包里放置了一颗英制定时炸弹。他只要用钳子打破玻璃管，10分钟之内，炸弹里的金属丝就会被溶化，炸弹就会爆炸。

他在一间会客室里匆忙打开公文包，用钳子打破了玻璃管，然后走进会议室。这时，希特勒和他的将军们举行的会议已经开始。施道芬堡在元首旁边几英尺处坐下来。他把公文包放在桌子下面，紧靠在一条结实的橡木脚的旁边，离希特勒的脚大约6英尺远。在一位将军向希特勒汇报俄国前线的战况时，施道芬堡向站在他身旁的勃兰特上校悄悄地说,他要出去打个重要电话,然后就急忙溜出会议室。

勃兰特俯身在桌子上看地图的时候,发现施道芬堡的公文包挡住了他的脚,就弯下腰把包移到了那条结实的桌子脚的另一边,这样,那块笨重的橡木把希特勒和炸弹隔开了。

炸弹准时爆炸。

施道芬堡站在 200 码远的制高点,目睹希特勒的会议厅在轰隆一声巨响之后浓烟滚滚,火焰冲天。施道芬堡毫不怀疑,希特勒和他的将军们都已被炸死。然而,希特勒并没有死,那厚厚的橡木救了他的命。他的头发被烧焦,两腿被烧伤,爆炸的巨响震破了他的耳膜,他还是好好地活着。

希特勒对反叛者的镇压到了令人发指的地步。施道芬堡及其他几个叛乱组织者,一起被排在国防部的一堵墙前面,由行刑队枪毙了。接着,有 7000 人被捕,他们遭受到令人毛骨悚然的严刑拷打,然后宣判死刑。刽子手把反叛者用钢琴弦吊在钩子上缓缓地绞死。陆军元帅维茨勒就是这样被绞死的。

接着,厄运就降临到德军偶像隆美尔元帅身上了。

一个参与密谋的将军,自杀未遂,神志不清地躺在手术台上时,他喃喃道出了隆美尔的名字。另一个同伙在狱中受不了酷刑,也招认了隆美尔曾参与 7 月 20 日的阴谋。他引证隆美尔说过的话:"告诉柏林人,他们可以指望我。"

希特勒大为震惊,下令处决隆美尔。鉴于隆美尔立下的汗马功劳,希特勒允许他在自杀和被判处叛国罪之间选择。希特勒对手下说:"如果这个赫赫有名的元帅,德国最得人心的将军被捕押上人民法院的话,这将是非常丢脸的事。如果他选择自杀的话,他死后可以获得具有全副军事荣典的国葬仪式,而且可以保全他的家属。"

于是,隆美尔最后用自杀逃脱了希特勒的残忍报复。

日本天皇裕仁为什么没上绞刑架

意大利法西斯头目墨索里尼被处死后与情妇的尸体一起被倒挂在米兰洛雷拉广场上,暴尸数日,饱尝人们的唾骂与石击;德国"战争狂人"希特勒走投无路之际与 12 年情妇的爱娃·勃劳恩正式举行婚礼之后,在德国总理府地下室饮弹自尽。令人费解的是,同样是侵略战争发起者的日本国家元首天皇裕仁却在战后得以颐养天年,与家人共享荣华富贵与天伦之乐。难道说他与日本法西斯的战争罪行无染?越来越多的史实令人信服地给出了否定的答案。

长期以来,日本一直坚持认为:第二次世界大战时的天皇裕仁是一位反战的仁慈国君,终生是一个和平主义者;他反对战争却无力阻止战争。日本政府还把裕仁的诞生日即每年的 4 月 29 日定为"绿节"。

然而，越来越多的人开始怀疑这一结论，并把裕仁与日本在第二次世界大战中的行径联系起来。美国历史学家哈尔伯特·P·比克斯不久前发表了他的新著《裕仁传》（书名直译为《裕仁与现代日本的塑造》）。"坐在皇宫宝座上，裕仁默默地看着他的大臣们做战争计划。内务部领导和军方将领们也在设计他们的方案。于是首相说："只要陛下您一声令下，我们都将努力为国效忠"。天皇点头表示同意。此书如是描述了日本第 124 位天皇裕仁在战争中的真实形象。此书获得了美国新闻界最高奖——普利策奖。

比尔斯认为裕仁的真实角色是制订日本政策的核心人物。20 世纪 20 年代末到 30 年代，裕仁与日本陆军强硬派结盟，顺利地击倒日本各民主政党并推行野心勃勃的军国主义体制。紧接着无情打击任何敢对天皇权力提出质疑的人，从而日益加强他在日军中的地位。1940 年，他成为日军最高指挥官，有任免日本三军将帅和政府首相及内阁大臣的权力；日本军方将领可以绕开政府内阁，直接对天皇负责；裕仁和几个少数的幕后权臣对日本国策的制定有决定性的权力。根据书中所述，裕仁应对侵华暴行负直接责任。在向中国步步进逼的过程中，裕仁并非别无选择，但他毫不犹豫地选择了直接支持，甚至重赏日军对中国的侵略。按照裕仁御诏，侵华日军"视所有 15 岁以上、60 岁以下的中国男子为敌人"。裕仁对日军"烧光、杀光、抢光"的"三光政策"更是赞赏有加。另外，在长达八年的中日全面战争中，成千上万的中国士兵被日军俘虏，但到 1945 年日军投降的时候，只发现了 56 名中国战俘。

比克斯指出，天皇支持对中国的暴行，同意并批准了与希特勒和墨索里尼结成联盟，还为日本在太平洋地区发动战争做准备。这在裕仁天皇的九姑父东久迩宫战后的揭发材料中得到了证实。这份材料长达三万三千余言，有根有据地历数了裕仁近十几年来在侵苏战争、侵华战争和太平洋战争中一系列不可推卸的战争责任：

1927 年 5 月和翌年 4 月的两次侵华军事行动，都是得到裕仁首肯的。他对当时的日本首相田中又一说："为了实现祖父皇和父皇的生前遗愿，使中国逐步沦为日本的附属国，局部的、试探性的对华武装进攻可以不断。""九·一八"事变前夕，他对前往皇宫禀报的首相若槻礼次郎说："这是全面控制中国的第一步，这一仗一定要打好。"……同年 3 月 1 日，日本在中国东北地区炮制伪满洲国，扶植清朝废帝溥仪先为"执政"后为康德皇帝。为此，裕仁有过五次讲话和批示。

1936 年 8 月 7 日，裕仁批准日本内阁会议通过的《关于日本大帝国之国策大纲》时，对首相广田弘毅说："这个大纲写得好，帝国决定向南方扩张，并确定和加强对苏联和美国的军备方针……"。1937 年七·七事变前夕，裕仁在御前会议对全体大臣说："全面进攻中国的时机已经成熟，要力争在半年之内推翻中国现政权，力争一年之内使中国成为帝国最驯服的附属国……"。南京大屠杀发生后,国际上弥漫着谴责之声,首相近卫文麿建议追究南京大屠杀的责任。裕仁不同意:"日华战争刚刚开始,若追究责任,就等于给在华作战的皇军官兵泼冷水。"1938年7月12日,日本与前苏联在张鼓峰发生武装冲突,裕仁对近卫文麿说:"……帝国打这一仗的目的,是摸摸苏联在张鼓峰一带部署的军事实力,好为将来全面进攻苏联作好军事准备。"同年12月20日,中国国民党副总裁、中央政治会议主席汪精卫从重庆逃到越南河内时,裕仁指使近卫文麿等对汪友好,以扶汪代蒋,控制中国。1939年5月11日,日本和苏联在中国东北境内的诺门坎发生武装冲突,裕仁在《诺门坎武装冲突之战况》上批示:"这一仗是再摸摸苏联的军事实力,为北进苏联做好一切准备。大本营参谋本部和陆军部队,必须在近期制订出一个北进苏联、南进东南亚地区的大致军事计划。"1940年3月30日,汪精卫在南京建立伪政权时,裕仁对首相米内光政说:"以帝国政府名义发表支持汪先生主政的新政权的声明很有必要。……南京新政权的建立,是帝国全面控制中国,使其成为驯服的附属国的第一步,……第二步是……还可第三步……。"

1941年德国对苏联发动进攻的第二天,裕仁在御前会议上说:"……德军进攻苏联,苏联的灭亡指日可待。帝国政府要发表声明,对德国的这一军事行动表示支持。……有了德国进攻苏联,我们的北进计划暂时可以取消,集中全力早日结束日华战争,早日南进东南亚地区。"太平洋战争爆发两天前的12月6日,裕仁分别接见首相东条英机和日本联合舰队总司令山本五十六。他对东条说:"进攻珍珠港,是南进的第一仗,一定要打得漂亮。"他对山本说:"珍珠港的重任,具体落在山本君肩上,希望你不要辜负朕的期望。"

东久迩宫提供的揭发材料,不仅披露了上述史实,还列举了裕仁对侵华战争、太平洋战争中的每次重大战役怎样打的口头或批示的具体意见。天皇介入战争的程度,委实不可小觑。

东久迩宫的材料说:"由于我是比较重要的皇亲国戚,天皇接见任何人的御音录音片,我都可以借到家里收听。同样,天皇御览和御批的文件,我也可以从档案馆借阅。因此,我坚信我的揭发是比较准确的。"材料最后说:"在日本,天皇的权力至高无上,又是陆海空三军统帅,他对近十余年发动的对外侵略战争,都负有不可推卸的责任。国际和国内一批正直的日本人曾多次呼吁,定天皇为首要甲级战犯而予以逮捕,完全是天经地义的事。"

根据比克斯先生的《裕仁传》,裕仁甚至应对日本遭到原子弹轰炸负责。第二次世界大战末期,裕仁有许多次结束战争的机会,但裕仁拼命想保住天皇宝座,迟迟不肯宣布无条件投降,以致美国向日本投下了原子弹。

此外,裕仁还应当为20万被强迫、绑架或欺骗沦为日本军队强奸与性奴隶制度受害者的各国女性负责。2000 年 12 月 12 日，东京的女性国际战犯法庭经过认真的听取认证后，庄严地宣布日本已故天皇裕仁犯有人道主义罪行。判决说，根据日本专家的作证，裕仁天皇并非"傀儡"，而是有着独特的权力及决策权威的。从"南京强奸"事件推断，裕仁天皇知道或者应当知道强奸事件的发生，而且本应该采取措施阻止而不是同意或至少允许该类事件在所谓"慰安妇"名义下继续发生。

在 1971 年，一位在日本长大名叫戴维·伯格米尼的美国人曾出版过一本名叫《日本天皇的阴谋》的专著，长达 1200 页。他在书中指出："人们对裕仁的了解是完全错误的。他绝不是一个没有权力和影响的人，也不是执行实际上占统治地位的军人的命令的受害者，而是一个能量很大的领袖和大元帅，自青年时代起就已经继承了他祖父的使命……利用中国作为跳板，把日本帝国扩展到印度、印度尼西亚和马来西亚，占领和征服满洲、入侵中国、袭击珍珠港、向南亚和东南亚实行军事扩张……日本所有这些记录在案的罪恶中，没有一项不该由裕仁天皇负主要责任的。"比克斯的观点似乎与伯格米尼的结论在很多地方不谋而合，甚至有异曲同工之妙。

既然罪责如上述所言，那么裕仁天皇为何在战后能安然无恙呢？这同美国在第二次世界大战后的政治需要有极其密切的关系。要想使日本成为美国的卫星国，要想用新的政治模式改造日本，要想稳定日本局势，要想有步骤地审判日本战犯，只能保留天皇神的位置，让他作传声筒。如果最高总司令部和国际法庭把天皇作为战犯处死，可能会诱发政治混乱，日本的局面将难以收拾。麦克阿瑟等人对此深谙此理。于是，麦克阿瑟不仅在财产审计上故意放日本皇室一马，还迫使东条英机等日本政府高级官员把战争责任揽到自己头上，造成一种"裕仁无罪"的假像。《裕仁传》提出的证据显示，为了在远东国际法庭避免提及裕仁，麦克阿瑟的高级顾问与日本宫廷里的官员在审判出庭前曾对过口供："裕仁根本没有意识到为日本在海外的所作所为承担个人责任，也从来不承认侵略有罪。"当然，麦克阿瑟的胆子再大，也不敢擅自做出这样的决定。事实上，支持他的还有宾尼尔·弗勒斯将军、前总统胡佛以及美国驻日本大使约瑟夫·格鲁。据西格拉弗在《大和王朝》一书中指出的，胡佛和麦克阿瑟的腰包里装有大量日本皇室在第二次世界大战期间疯狂掠夺的亚洲各国的金钱财宝。于是在麦克阿瑟等人的包装下，裕仁呈现在世人面前的是一个"军国主义者"的傀儡形象，逃脱了国际法庭的严惩。

假设麦克阿瑟没有这么做，历史是否会沿着另一条轨迹前进呢？这本身就是一个难解之题。更何况，让本应承担战争责任的人轻松过关，这对饱受侵略者蹂躏的亚洲各国人民来说，是极不公平的。

抗倭名将胡宗宪缘何被历史遗忘

在明嘉靖年间众多的抗倭将领中，人们比较熟悉的有戚继光、俞大猷，也有历史上出现不是很频繁的朱纨、张经、王忬、卢镗、汤克宽等人。胡宗宪在抗击倭寇的斗争中也有过很大贡献。其中，最突出的功劳便是诱杀倭寇中的中国籍大首领汪直（又作王直）、徐海等人。历史上的胡宗宪，的确是一个威风凛凛的伟岸男子，足智多谋且胆略过人，与倭寇作战时，每每身先士卒，冒着炮火羽矢，亲临战阵，指挥作战。虽然在他报捷请功的奏折中常常多有夸大，但与倭寇数十仗，也确实是少挫多胜，是戚继光以前对倭寇而言最具威胁的人物。

然而，国内有关胡宗宪的介绍并不多，且常常是作为严嵩的党羽并以一个无足轻重的角色出现，为什么曾经叱咤风云的人物如今却被历史遗忘了呢？

胡宗宪，字汝贞，号梅林，安徽龙川人。嘉靖十七年（1538 年）进士，初任山东益都县令，在任期内因为精明能干，政绩凸显，由于在破案方面能力比较突出，声名在外，引起朝廷的注意，而屡获升迁。胡宗宪是个文官，成为兵部侍郎，总督东南军务，统领整个东南的军队，担任起平复倭患的重担。所以在他担任军队统帅指挥作战的时候，就不能再称之为文官了，而是一个将领，又因为他战绩彪炳，所以也不妨称之为"名将"。

至嘉靖年间，江浙一带倭寇泛滥。三十四年胡宗宪任浙江巡按御史，旋提为总督，总制 7 省军务抗倭灭寇，并联手时任工部侍郎的赵文华，得到明世宗的重用。胡宗宪召徐渭、沈明臣、茅坤、文徵明为幕僚；以俞大猷、戚继光、卢镗为大将。胡宗宪暗察浙江，当时倭寇的主要首领徐海、陈东和麻叶在乍浦一带建立据点，四处抢掠。

胡宗宪对倭寇也并非一味没有章法的剿杀，他曾在外交上作过努力。他请旨朝廷派使臣与日本政府建立联系，约束本国辞寇。但此时正是日本传奇英雄信长发动一统诸岛的大内战的时代，因此外交上的措施没起到什么作用。但从日本回来的使臣陈可愿却带来了一个倭寇中国籍首领汪直与其义子毛海峰有意归顺的消息。胡宗宪立即将此事上报，兵部的官僚们对此甚为谨慎，认为汪直希望明廷开市通贡的要求无异于是对朝廷的要挟，"其奸叵测"，对汪直颇为猜忌，于是，令胡宗宪严加防备，并令转告汪直，要表示诚意，就得先灭了舟山群岛一带诸倭寇的巢穴再说。

汪直等人要求招安做官，以冲州撞府来增加谈判筹码，有点当年梁山好汉逼招的味道。其实，如果能处理得好，这是个简单解决倭患的机会。中国历代就有招贼为兵的例子，如宋时的名将杨再兴。许多招降来的反政府武装到后来往往会成为拥护政府的武装，朝廷干臣。但汪直等人要求"开市通贡"，就可能是其最终悲剧的根源。

此后，胡宗宪得到兵部授予他的"便宜行事"的权限，便意味着他可以有很大的空间以实施他的对敌计划而不受过多的干涉。胡宗宪在徐海等海寇头子之间制造矛盾、挑起他们自相残杀,利用这一办法,各个击破。胡宗宪以战功获得殊荣,官司至太子太保、兵部尚书,并加少保。

胡宗宪于戎马倥偬中还曾辑著《筹海图编》十三卷,书中收入浙江沿海地形、防务、战具、倭变、战事等情况,内容翔实,记载入《明史》之中。此外,还著有《三巡奏议》、《督抚奏议》、《忠敬堂汇录》等。

众所周知,他因为阿附奸相严嵩的义子——大明朝十大奸臣之一的赵文华,并曾伙同赵文华参与陷害抗倭功臣兵部侍郎张经,冒领张经抗倭的战功,而成为他人生的一个无可原谅的污点,人们称其为奸臣。因此在他活着时名声就不太好,死后更被当作严党的走卒成为士人与百姓眼中的另类,这也许就是他永久地失去与后来的抗倭功臣戚继光、俞大猷等人一起成为受人敬仰的民族英雄的资格的原因之一。

成吉思汗的铁骑所向披靡

成吉思汗(1162～1227),著名军事统帅。成吉思汗是他的称号,他的真名叫铁木真,意为"钢铁",姓勃儿只斤,蒙古乞颜氏。众所周知,成吉思汗是一位叱咤风云、显赫一世的蒙古族英雄,同时又是一个在国内外史学界、政治界乃至平民百姓中很有争议的人物。几百年以来,中外各国的政治家、军事家和名人学者从不同角度研究和探讨这位伟大人物,留下了不计其数的名言与论著。

蒙古骑兵向来所向披靡,百战百胜,攻城略地,少有败绩。13世纪,成吉思汗的子孙们征服了亚欧大陆的大部分。于是,人们不禁要问,一个只有100多万人口、10多万军队的民族战胜了拥有几千万人口、数百万大军的金

成吉思汗雕像

国、南宋、花剌子模和欧洲联军。蒙古骑兵战无不胜,攻无不克的秘密是什么? 成吉思汗为何能在短短六七十年的时间里,攻取那样广大的地区,并且攻必取,战必胜呢? 西方史学家经过长期研究得出的结论是:"当时蒙古军队的武器比别人更精良而且更适合于实战使用;成吉思汗兵制比较完善,军纪严明;将领多巧于计谋,擅长兵法和战略。"(《大统帅成吉思汗兵略》,234页,呼和浩特,内蒙古人民出版社,1991)所以,蒙古骑兵打起仗来非常勇猛,快速灵活,当然所向披靡,无可匹敌。

蒙古骑兵都是当时训练得最好的士兵。他们从小就被送入戈壁沙漠中严厉的学校,

进行严格的骑马射箭训练,因此,他们成为具有坚韧耐力和毅力的老兵,具有驾驭马匹和使用武器的惊人本领。他们很能吃苦并可以忍耐严酷的气候条件,不贪图安逸舒适和美味佳肴。他们体格强壮,几乎不需要医疗条件,就能保持健康,适应战斗的需要。各单位的指挥官都是根据个人的才能和在战场上英勇的表现选出的。他对自己的部队拥有绝对的权威,同时受其上级同样严格的控制和监督。服从命令是他们的天职,人人都能严守不怠,纪律已形成制度,这在中世纪时期的其他军事组织是不可能有的。

在作战原则和战法上,从没有其他的地面军队能与成吉思汗部队的机动性匹敌。13世纪,欧亚等国的军队多以步兵和重骑兵为主,而蒙古军队却是清一色的轻骑兵。轻骑兵具有突击力强、灵活多变的特点,适合远程奔袭。重骑兵防护性能好,机动性差,适合阵前对抗。所以,蒙古军的轻骑兵,常以绝对的军事优势,迫敌解除武装。这就使成吉思汗时代所营造的战场,完全是一种飓风式战场。

此外,蒙古大汗还有一种最有力的武器,就是蒙古兵学中的大迂回战略,它是成吉思汗及其子孙们在长期的征战中所形成的作战韬略之一。蒙古军的迂回战略源于蒙古族的围猎。他们把围猎中的技艺,娴熟地运用到战争中,许多坚固的城堡,变成了他们围困中的野兽。因此,蒙古军队大迂回战略的突出特点是:它不以击溃敌人就算达到战争目的,而是用猎人那双狡黠、深邃的眼睛,盯着敌人的后方,以左右包抄的方式,将敌人包围,从不给对方留下一条逃生的出路。即使留有一条生路,那完全是一种战术运用。这种大迂回战略,与古代其他军队的进攻方式大相径庭,它不直接对敌列阵挑战,而是更讲实际,手段更隐蔽。并力图在使用力量之前,先施"计谋"将对方制服,与孙子的"诡道"思想一脉相承。

还有最重要的一点。成吉思汗及其子孙,能在脱离根据地作战的情况下屡建奇功,就在于它"羊马随征,因粮于敌"。古人云:"兵马未动,粮草先行。"但蒙古军队有一套独特的、与此不同的后勤保障体系,从而保证了蒙古军队的远征。游牧民族"逐水草迁徙,毋城郭常处耕田之业。"(《史记匈奴传》)从某种意义上讲,人物合一,完全是受生存条件的驱使。蒙古人行军打仗,以反牲畜走到哪里,人跟随到哪里的游牧常规,而是军队走到哪里,羊马也驱逐到哪里,这就从根本上解决了部队的军需供给问题。《蒙鞑备录》记载:蒙古军队"食羊尽则射兔鹿野豕为食,故屯数十万之师不举烟火。"这说明成吉思汗的军队在自带食物耗尽时,依然有强大的野战生存能力。正因为有了超常的生存潜力,与敌较量就有了超常的战斗力,战争机器也有了连续运转的动力。

不管如何,成吉思汗和他的铁骑统一了蒙古各部,在历史上起了很大的进步作用。攻金灭夏,为元朝的建立奠定了坚实的基础。

太平军北伐的主帅是谁

1851年1月11日,洪秀全(1814~1864)在广西金田村发动金田起义,建号太平天国,起义军称太平军。1853年3月19日太平军占领南京,改南京为天京。定都天京后派2万多精兵北伐(亦称北扫)。1853年5月北伐军从扬州出发,经安徽、河南等地,进入直隶,逼近天津,咸丰帝(清文宗)宣布京师戒严。八月北伐军进攻天津失利。1855年3月林凤祥在连镇突围被俘。4月3日在北京就义。李开芳退守山东茌平冯官屯,被俘后被押解北京,6月11日凌迟处死。太平军北伐最后失败。

不过,谁是这次北伐的主帅便成为这一幕悲壮历史上的一大疑问。

李开芳、林凤祥、吉文元、朱锡锟等都是太平天国此次北伐的主要将领,主帅当是李、林二人中的一位,但李、林二位究竟谁为主帅,至今都难以确定。原因之一是,据史料记载,李、林二人的名次排列很不固定。郭廷以的《太平天国史事日志》、《金陵杂记》、《畿辅平贼纪略》等书记载时,将李排在林之前。《畿辅平贼记》载:"初,粤匪洪秀全、杨秀清等窜居江宁,连陷镇江、扬州,乃遣伪丞相李开芳、林凤祥、吉文元等渡江,自浦口窜扰皖豫两省。"咸丰朝《东华续录》、《戴经堂日钞》等则正好相反,将林放在李之前。如《戴经堂日钞》云:"闻阑仪河口捕获渡河贼五人……讯供贼目林姓等……自扬州坐船到浦口……约万余人。"还有些史料交错排列此二人名次。因此,究竟谁先谁后,后人不得而知。原因之二是二人官职、品级不分上下,相差无几,谁都有成为领衔主帅的可能性。

目前史学界出现两种不同意见。一种意见断定林凤祥是北伐主帅。这是因为北伐军在太平天国癸丑三年五月十六日从朱仙镇发回天京的战况"禀报"中排在第一位的是林凤祥,其后是李开芳、古文元、朱锡锟。还有癸丑三年四月杨秀清给林等人的诰谕也与此相类似。另外,在与林同时被捕的将领欧锦、陈亚末的供状中,也有"四月跟林凤祥……占住连镇,林凤祥令李开芳领人往攻高堂州"以及"是年四月,我跟林凤祥、李开芳、古文元三个伪丞相过黄河……",这为证明林在李之前,林在李之上,北伐主帅非林莫属提供了有力证据。

与之相反的另一种意见认为北伐主帅应为李开芳,他们用以下事实作为依据:第一,李秀成在"天朝十误"头三条中指出:"一误国之首,东王令李开芳、林凤祥扫北败亡之大误;一误因李开芳、林凤祥扫北败后,调丞相曾立昌、陈仕保、许十八去救,到临清之败;一误因曾立昌等由临清败回,未能救李开芳、林凤祥、燕王秦日昌复带兵去救,兵到舒城杨家店败回。"这里李秀成三次肯定、毫不含糊地将李放在林之前。处理过天朝国政的洪仁玕在其自述中,亦把李放在林之前。

壬戌十二年底太平天国将这些战死的北伐诸将作为开国功臣,追封为王。太平天国的制度规定,在封爵前面必须"冠以衔系",李开芳的全衔是"殿前春季电察天军顶天扶朝纲请王合千岁",林凤祥的全衔是,"殿前春季电察天军顶天扶朝纲求王协千岁",从其官职排列的次序来看,李排在了林的前面,当为北伐主帅。

以上双方所引用的材料都是真实可靠、毋庸置疑的。那么,他们相互矛盾,莫衷一是的原因是什么呢?亦即说,李开芳和林凤祥二人,究竟谁是太平军北伐的主帅呢?这实在是个难解之谜。

斯大林为何不防德军突袭

1941年6月19日到20日这两天,数量超过300万的德军秘密地潜伏在长达2000英里长的苏德边境。他们是乘着坦克和装甲车来到这里的,这些坦克和装甲车的车灯都被蒙上了。

白天,他们被禁止发出任何声响,就连坦克盖子的嘎嘎声,都会引来军官的责备。只有到了晚上,德军士兵才被允许到附近的河流或其他有水的地方偷水,而且一个晚上只能有很少的几次。

数以千计的坦克处于一级战备状态,每一辆坦克都备有10个汽油罐和许多弹匣。很明显,这是为一次大的战争所准备的,实际上,他们进攻的目标是千里以外的莫斯科。

斯大林

这场迄今为止历史上最大的战争还有几个小时就要爆发了。这次行动被命名为"巴巴罗萨"(古罗马皇帝名)。希特勒来到东普鲁士一个密林中的指挥所里,以便亲自发出进攻的命令。随着进攻时刻的到来,希特勒越来越兴奋,他大声对手下的将军们说:"巴巴罗萨一开始,整个世界都会为之震惊。"

在莫斯科的克里姆林宫里,前苏联领导人约瑟夫·斯大林对大量的表明德军要进攻前苏联的消息毫不理睬。种种情报表明,在北起芬兰、南到黑海的广大地区,前苏联都已经受到德国的巨大威胁。

就在三个月前,英国首相丘吉尔对斯大林面临的危险发出了警告,他在4月3日给前苏联领导人的信中写道:

首相致斯塔福德·克瑞普先生(当时英国驻莫斯科的大使),以下内容请务必亲自转出:

"我从可靠的消息渠道得知……德军正从罗马尼亚调集5个装甲师到波兰南部……请您对以上消息保持警惕。"奇怪的是,前苏联外务委员会委员莫洛托夫从克瑞普先生那里得到这个消息后,直到3周后,也就是4月22日才把它交给了斯大林。

丘吉尔信中所说的可靠消息渠道指的是阿绰。它截获并破译了数以百计的德军情报,这些情报都表明,德国正在集结大批的军队到达前苏联边界。

斯大林从自己的观点嘲笑了丘吉尔的警报,因为,在两年前即1939年8月23日,苏联和德国签署了《苏德互不侵犯条约》。斯大林确信,丘吉尔在离间苏德两国的关系。

不久,来自世界各地的各种支持丘吉尔的情报大量涌进了克里姆林宫。这些情报中有一份来自日本的里察德·苏尔哥,名义上他是德国《法兰克福邮报》驻远东的记者,实际上他是前苏联的间谍。

在日本,苏尔哥和德国驻日本的使节尤根·奥特将军建立了良好的私人关系,而奥特将军与德国的高层军官保持着密切的联系,经常能够得到最机密的情报。奥特经常将这些情报毫无保留地讲给老朋友苏尔哥听,他认为,苏尔哥是一个忠实的德国人。

于是,在1941年5月19日,苏尔哥这个情报老手向克里姆林宫发出了以下消息:德国已经聚集了150个师(比实际数量仅仅少3个师),分为3个方面军部署在前苏联边境。两周以后,苏尔哥又向莫斯科发出了德军使前苏联屈服的详细计划。几天以后,这个德国记者又得到了德军进攻的确切日期:1941年6月22日。

从瑞士传到莫斯科的消息更让人担忧。瑞士的前苏联间谍头目是罗德夫·罗斯勒,他是一个德国的流亡者。以在罗森拉开一家书店为名进行间谍活动,他和他的手下利用在日内瓦和洛桑的秘密电台向莫斯科传递情报。德国的情报机构称之为"红色三重奏"。

在6月14日和接下来的16、17和18日,这些电台向莫斯科传递了详尽的高级情报,这些情报都是由罗斯勒收集整理的,他的化名是露西。这个被莫斯科称为"三个音乐家"的组织不仅提供了德军"巴巴罗萨"计划的情况,其中包括三个方面军(北部、中部和南部)坦克的精确数量,而且提供了进攻的日期。他们还发出了德军的详细目标甚至集团军的高级将领的姓名。在露西发完长长的情报瘫倒在床上时,从莫斯科回来的答复仅仅是简短的一句:"明白,完毕。"从其他线索也可以知道,德军大量集结在前苏联边境,准备发起进攻。6月18日,一个德军逃亡者溜过前苏联边界,向前苏联汇报说德军将于22日发动进攻,但是斯大林又一次拒绝相信他。

这期间,还有一些奇怪的事困扰着前苏联的情报机构。就在进攻发生前的两个月,尽管柏林认为莫斯科是盟国,24架德国侦察机还是越过苏德边界进入前苏联领空。其中一架飞机坠落了,前苏联人发现飞机残骸里有高质量的照相机,里面的胶卷能够证明他们飞行的首要任务就是拍边界线附近的前苏联军事设施。

更重要的是,经济活动也能证明德军确实想进攻前苏联:与前苏联签订合同的德国公司在 6 月 10 日前突然停止了向前苏联供货。

美国国务卿考代尔·霍尔召见了前苏联驻美国大使康斯坦丁·犹曼斯基。国务卿对大使说,他们已经从驻欧洲的使节那里得知,德军将要进攻前苏联。

最后,丘吉尔告诫斯大林说,他们从无可怀疑的渠道(指的是阿绰)得知,德军将在 6 月 21 日对苏联发动进攻。

在进攻当天的黎明时分,有一种怪异的安静。突然,数以千计的德国大炮发出了震耳欲聋的呼啸声,炮弹越过了长达 2000 英里的边界线,倾泻在前苏联的国土上。300 万德军士兵冲过了边界线,前苏联人彻底惊呆了。

两小时以后,德国驻莫斯科的大使舒林伯格拿着希特勒的宣战书来到前苏联外务委员莫洛托夫的办公室。这时候,德军已经深入前苏联境内了。这封宣战书现摘录如下:

近期情况毫无疑问地表明,苏联军队对第三帝国进行了军事挑衅……苏联军队有意地侵害了第三帝国的主权,并且破坏了《苏德互不侵犯条约》……

有鉴于此,元首已经命令德军对此类事件采取任何必要的措施。

莫洛托夫脸色苍白,一言不发地拿过了文件,静静地撕碎它并将它扔在地上。然后,他摁响铃叫来秘书,"让这个人滚,从后门滚出去!"莫洛托夫咆哮道。

纳粹进攻的速度让人吃惊,数以百计的前苏联飞机被炸毁在了飞机场,大量的前苏联士兵迷迷糊糊地就做了俘虏。战争的第一天,作为前苏联中部重镇的布勒斯特就沦陷了。慌乱的苏联军队指挥官在电台上相互询问:"我们受到了进攻,我们该怎么办?"

"进攻?谁在进攻?"

"该死的德国人。"

"你肯定是脑袋出问题了!为什么用明码发送这样的消息——你想挑起一场战争吗?"

"巴巴罗萨"行动取得了空前的成功。在战争的初始阶段,有 300 万前苏联士兵死亡、受伤或被俘。2.2 万只枪支、1.8 万辆坦克、1.4 万架飞机被毁坏或被缴获。

6 月 21 日的早上,伦敦的丘吉尔得到了德军进攻前苏联的消息。因为事先有准备,丘吉尔连眼睛都没有眨一下。

一向精明的斯大林为什么会被希特勒算计了呢?难道在前苏联的高级领导人里有德国的同情者或德国间谍?为什么外务委员会委员莫洛托夫 4 月 3 日收到丘吉尔的信后,搁置了 3 个星期才交给斯大林呢?从飞机残骸上发现的胶卷最后怎样处置了?

所有这些问题都不会有答案了,唯一能够确定的是当时的斯大林被自大迷惑了眼睛。

施琅是叛徒还是忠臣

人们常常遇到这样的疑问:施琅背叛了明朝难道不是叛徒? 他收复了台湾推进了统一中国的步伐怎么不是爱国的功臣呢?

施琅(1621~1696),字尊侯,号琢公,福建晋江人,自幼生长在海边,少年时代从师学剑,武艺超群。清顺治三年(1646年),施琅与其弟施显投奔郑成功,参加了郑成功领导的武装。由于才干超群,没过多久施琅就成为郑成功最为得力的将领。不过,战功卓著的施琅不小心触怒了郑成功,结果父子3人都被扣押起来。后来,施琅用计得以逃脱,但他父亲和弟弟却惨遭杀害。1652年,施琅投降清廷,立志打败郑成功,收回台湾,以报家仇。

有学者认为,要评价明清之际历史人物的施琅,首先不能站在明朝的立场上,更不能充当明朝的遗老遗少,要客观地认识到清朝是中国历史上的一个重要王朝,满族是中华民族的一个重要成员。在此前提下,对施琅作出评价,就会比较客观,比较接近事实。

首先,来看看施琅叛变的大概经过。施琅青年时个性极强,常常与脾性相同的郑成功发生冲突。顺治八年(1651年),施琅因反对郑氏"舍水就陆"的战略方针和强征百姓粮饷的做法,与郑氏产生了尖锐的分歧。次年4月,施琅捕杀了手下一名改投郑成功的清兵曾德,然而曾德原在郑氏军中地位较高,虽一度隶属于施琅部下,无论犯法与否,也无论施琅是否已经解除兵机,施琅都无权擅自将他处斩。于是,郑成功盛怒之下便将施琅及其父施大宣、其弟施显投入牢中。施琅被捕后竟然奇迹般地逃到大陆,藏在副将苏茂家中,并请人从中调停。但郑成功非但不接受调解,反而派人前去刺杀施琅。行刺失败后,郑成功一怒之下于7月间竟把施大宣、施显处斩,施琅得知消息后,遂死心塌地投靠清廷,一意同郑成功为敌。

施琅降清后任福建水师提督。他之所以力主收复台湾,目的是为了祖国的统一,认识到只有使"四海归一",才能使"边民无患"。后来,他几经周折,拼力说服清廷不可放弃台湾,最终使清廷下决心在台湾设府建制。施琅为实现统一台湾的理想进行了不懈的努力,他的爱国思想和行动可以从如下以三方面加以评价。

第一,清朝平定三藩之乱以后,那时郑氏政权已无恢复明室的可能,只想保住在台湾割据的局面。他们在与清朝的谈判中,多次要求"不剃发,执朝鲜事例","称臣纳贡","世守台湾","照琉球、高丽等外国例,称臣进贡"。他们的这种设想,从主观上看,未必意识到要分裂中国,但客观效果则不堪设想。如果清朝同意郑氏政权的要求,台湾这块自古以来的中国领土,就会在那时从祖国分割出去。而那时的康熙正好采纳大学士明珠的意见,决定先招抚,招抚不成,再用武力。于是,在遣使与郑氏代表谈判中,作出了很大让步,即郑氏归顺清朝以后,可以在台湾居住,"保境息民",但郑氏必须成为清朝臣民,台湾必须成为中国领土的一部分。对于这样的让步郑氏政权依然没有同意。不久,郑经病死,郑氏内部彼此争权,政局动荡。这时力主乘胜收复台湾的福建总督姚启圣认为,征台的时机已到,就向康熙帝再次奏请进取台湾,并推荐施琅任福建水师提督。此奏很快得到康熙同意。

从以上史实不难看出,清朝用施琅征台,已不是什么明清两个帝国之间的对抗(那时的明朝早已不存在,就连南明诸政权也早已相继结束),而是清朝要么统一台湾,要么允许台湾从中国领土上分割出去的问题。

众所周知,清代奠定了现代中国疆域的基础,使统一的多民族国家得到进一步巩固和发展。施琅正是完成清朝统一大业的重要历史人物之一,他在中国历史上的重要作用不言而喻。

第二,清军攻下澎湖以后,有人向施琅进言:"公与郑氏三世仇,今郑氏釜中鱼、笼中鸟也,何不急扑灭之以雪前冤?"施琅却说:"吾此行上为国、下为民耳。若其衔璧来归,当即赦之,毋苦我父老子弟幸矣!何私之有与?"他还向郑氏手下的人声明,"断不报仇!当日杀吾父兄者已死,与他人不相干。即郑家肯降,吾亦不杀。今日之事,君事也,吾敢报私怨乎?"施琅的宽大胸怀如此可见。

第三,收回台湾后,清廷内部发生了一场对台湾的弃留之争。许多大臣对台湾的历史、地理缺乏认识,竟然认为台湾地域狭小,得到了不会增加领土面积,失去了也不会有太大损失,就连康熙皇帝也这么认为。

众大臣中只有少数人主张守而不弃,其中包括施琅。在台湾弃留之争中,施琅挺身而出,力排众议,坚决反对放弃台湾,并奏请朝廷设官兵镇守。为此,他还专门给康熙写了《恭陈台湾弃留疏》,反复陈述台湾战略地位的重要性,指出台湾是关系到江浙、福建等地的要害所在,如果弃而不守,必将酿成大祸。更可贵的是他高瞻远瞩地指出,如果放弃台湾,无论是荷兰人还是叛徒,随时可能乘隙而入,而台湾如果再次被外国侵略者所侵占,那时恐怕后悔都来不及了。在施琅等人的力争下,康熙很快改变了原来的主张,决定对台湾设官治理。

在施琅的故乡福建省晋江县施琅纪念馆中,有这样一副对联:"平台千古,复台千古;郑氏一人,施氏一人。"这是对郑成功和施琅功绩客观、完美的写照。

石达开兵败大渡河

石达开在洪秀全领导的太平天国运动中,以其卓越的智慧、高超的军事指挥艺术,在反封建压迫斗争中建立了不可磨灭的功勋。然而,这么一个忠心耿耿的优秀人才,最后的结局却是率军远走,继天京事变后再次导致了太平天国的分裂,自己也在兵败大渡河后为全兵士而引颈就戮。那么石达开究竟为何要出走呢?

究其原因,有人说石达开出走的最根本的原因在于农民领袖洪秀全不能放弃一己私利而顾全大局。

1856年夏天,太平天国领导集团洪秀全、杨秀清、韦昌辉之间为争夺天国领导权爆发内讧,史称天京事变。此时正值太平天国运动发展的全盛时期,给太平天国造成极其惨重的损失,断送了军事上的大好形势,破坏了队伍的团结。

天京事变后,在天国首义诸王中,除洪秀全和石达开两人外,死丧殆尽。洪秀全的威望已大大下降,无论从威望、才干来说,石达开确是辅佐政务、统帅军队、安抚百姓的理想人物。

作为农民革命领袖的洪秀全,本应从天京事变中吸取教训,以大局为重,做好队伍的团结工作,但是,他为保住自己的帝王地位,任人唯亲,猜忌忠直,终于又发生了逼走天国重要领导人物石达开,造成太平天国力量又一次大分裂的严重事件。

刚经历过刀光剑影的天京事变,谁不盼望有一个像石达开这样的人物来辅助国政,稳定局势。况且,在当时严峻的形势下,环视满朝文武,要找一个能力挽狂澜、收复人心、重振危局的人来,除石达开外,再无他人。因此,从解救燃眉之急考虑,也不得不采取权宜之计,召石达开回京辅政。十一月,石达开带军从宁国经芜湖回到天京,受到天京军民的热烈欢迎,"合朝同举翼王提理政务",洪秀全亦加封石达开为"电师通军将义王",命他管理政务。

石达开回京辅政,是他勇敢抗击韦昌辉滥杀暴行斗争的胜利,洪秀全曾给他加以"反顾偏心罪",下诏通缉,以"官丞相,金六百两"赏金"购其首级"的错误做法,他亦不计较,显示出不计个人恩怨的宽阔胸怀和崇高品德,因此博得天京广大军民的尊敬。因此,石达开回京辅政,是他本人崇高的威望、品格和文武具备的才能为广大军民所信赖和拥戴的结果。

回京后,在他辅政的半年里,政治上安定人心,加强团结,重用人才,甚至连杀害了他全家的韦昌辉的父亲和兄弟都得到保护。他以正义的行为,竭尽全力,把天国从面临覆亡的危机中挽救过来。

天国的形势稍微有了转机,洪秀全就把斗争的目光转向内部。原来,洪秀全并没有从天京事变中吸取正确的教训,杨秀清独揽大权和逼封万岁的情景不断出现在他眼前,因而他时生疑忌。尤其是眼见石达开辅政,功绩卓著,又见石达开"所部多精壮之士,军力雄厚",对其兵权的集中更为忌讳,再加上石达开为首义之王,威望极高,这使洪秀全深为不安,他"时有不乐之心",日夜思虑,"深恐人占其国",使洪氏一家一姓的天下失之旦夕。他从维护洪氏集团的统治地位出发,对石达开进行限制、排挤。遂封其长兄洪仁发为"安王",又封其次兄洪仁达为"福王",干预国政,以牵制石达开。

洪秀全对安、福二王的封赏,由他自己直接破坏了太平天国前期非金田同谋首义、建有殊勋者不封王爵的规定。在挟制、架空石达开的同时,还要夺取他的兵权,"终疑之,不授以兵事,留城中不使出",甚至发展到对石达开有"阴图戕害之意"。石达开已然无法施展其聪明才智和匡国辅政的志愿,也对洪秀全及其集团能否继续保持太平天国和建立统一的"天朝"失去信心和希望,不禁发出"忠而见逼,死且不明"的叹息。

1857 年 6 月 2 日(咸丰七年五月十一日),石达开离开天京,前往安庆,一路张贴布告,表明"吾当远征报国,待异日功成归林,以表愚忠耳"的原因,从此离京远征,一去不返。

在他出走后短短的时期,广大太平军将士们很快离开洪秀全,投奔到他的麾下,很快聚集起了几十万人,成为太平天国最重要的一支军事力量。六年中,他转战江苏、安徽、江西、浙江、福建、湖南、湖北、贵州、广西、云南、四川 11 个省,除了宝庆桂林两府外,一路都是战无不胜,攻无不克。1860 年,他攻克南宁时,手下还有精兵 20 多万。他计划分兵三路,北上四川,效仿三国时的诸葛亮,占天险之利,退可以守,进可以攻,北与当时纵横中原的捻军紧密配合,东与天京遥相呼应,荡平群妖,夺取全国胜利。不料就在这以后的三年中,形势急转直下,先是 20 万精兵东归,接着是西征失利,最后竟然全军覆没在大渡河边的紫打地。导致这一悲剧结果的原因到底是什么? 特别是大渡河边的全军覆没和翼王的自缚清营,实在令人难以理解,找不到任何令人信服的答案。英雄的末路的确令人惋惜,然而百年之后这神秘的谜团依然没有找到一个合理的答案。

太平军中的外国人

1853 年 3 月 19 日,太平军占领南京,改南京为天京,建立太平天国。清政府为了镇压太平天国革命,与外国反动势力相互勾结。美、英、法三国纷纷组织了洋枪队。清政府借助这些外国军事势力对太平天国将士进行疯狂的杀戮。太平天国面临着抗击中外反动势力的斗争。

在外国侵略者武装干涉太平天国革命的同时,一些外国人也参加了太平军。据史料记载,太平天国的外籍军人有数百人,忠王李秀成手下的洋人志愿军就有 200 人左右。这些人来自欧洲、美洲、澳洲、非洲。来自非洲的战士就有五六十人之多。来自欧美,有姓有名,其事迹可考的共有 13 人,其中英国 5 人,美国 4 人,法国 2 人,意大利 1 人,希腊 1 人。有 6 人在战斗中牺牲,这数字还不包括他们的家属,如英国人棱雷的夫人玛丽。太平天国的领导人称参加革命的外国友人为"洋兄弟",现代史籍中称之为"洋将"。

洋人的参与，使太平军不再只靠冷兵器作战，西洋武器的使用使得这次大规模的农民起义变的有声有色，十分壮观。

吟唎（F·A·Lindley）是英国人，1840年2月3日出生于伦敦一个普通家庭。1859年夏，他乘"埃缪"号船来到香港，在香港英军司令部当一名海军下级军官。到达香港后的第二年春天，太平天国在天京外围打垮了清朝江南大营，乘胜攻克常州、苏州和浙江的嘉兴，接着向上海进军。这一重大胜利，引起各方面的关注。棱雷决定辞去在海军中的职务，找一个不受拘束的自由职业，观察太平天国的情况。他在一艘中国商人的小轮船上当大副，船长也是他的一个辞去军职不久的同僚。这艘轮船要航行到上海附近的太平天国统治区收买蚕丝。

1860年秋，棱雷带夫人玛丽驾驶轮船进入太平天国辖境，防守边境的军士们彬彬有礼、严整肃穆的气氛与所见清朝官兵的凶残贪暴大大不同，生气勃勃的革命军给棱雷留下了良好的印象。

不久他就大胆地去苏州拜见名震一时的忠王李秀成。那时候，李秀成刚刚从上海受挫回到苏州，听说有一个英国人要见他，李秀成立即答应了，并让他享受最友好的款待。李秀成为棱雷介绍了太平天国的情况，通过了解，棱雷明白，欧洲社会中所宣传的太平军肆意破坏和杀戮的形象是被歪曲的。从那时起，太平天国革命已经深深打动了他，于是他向李秀成表示愿意加入太平军。李秀成随即颁发给他一个可在太平天国辖区内自由往来的通行证。

1861年夏，棱雷向那些许多拥有欧式大木船、宁波船及其他江船的欧洲人宣传太平天国的宗旨，激发起他们对太平天国的同情，鼓动他们用行动来支持太平天国革命。

棱雷是一名军人，曾在太平军中带炮队出征，但他更多的时间是为太平天国训练军队。他把自己所知道的铸造炮弹、制造引信和炮位瞄准的全部知识教给荣王廖发寿的部下。

1863年5月，天京雨花台要塞失守，天王急诏李秀成率军赶回浦口。这时候，棱雷正奉命协助守卫九瞭洲要塞，接到李秀成前来支援的报告后，棱雷立刻把他所率领的船只开过去，为渡江的军队作掩护。

而九瞭洲正是保卫天京和浦口两岸交通的关键要塞。清军水师为了控制长江数千里的交通，断绝太平天国接济，集结成千的炮船与太平军展开恶战。眼看九瞭洲要塞失陷时，棱雷的夫人玛丽和战友埃尔中弹牺牲，他自己也受重伤昏了过去。

棱雷伤愈后又潜到上海去捕获敌人战船。棱雷仅带着6个人，利用自己外国人的身份假装记者登上了清军一艘叫"飞而复来"的轮船，当天夜里，在棱雷的策划下，终于把"飞而复来"号开回了太平天国。这艘船，船头架有一门32磅旋转炮，船尾架有一门性能良好的 12 磅榴弹炮,船中军火弹药极为充足。太平天国把它定名为"太平"号,由棱雷统领。太平军俘获这艘轮船,打乱了清军进攻苏州的部署,而且在保卫无锡战役中,发挥了巨大威力。为此,棱雷也受到太平军的奖赏。

1863 年 11 月底,棱雷和他的战友怀特取道嘉兴去上海。但是,他们抵沪不久,怀特就被英国领事拘捕入狱,以暗助"逆匪"的罪名监禁,入狱后几天他就死在地牢里。而此时清军大肆布置密探,棱雷也无法活动,同时因为积劳成疾,医生劝他转地疗养。最后,棱雷决定回英国。

1864 年,棱雷回到英国。但是,他听到的都是英国人把干涉太平天国的侵略战争说成是"一种对于中国前途显得非常有利的政策";把屠杀中国人民的刽子手戈登奉为"民族英雄",在英国人民中造成对太平天国的偏见。于是棱雷决定把自己的经历写成一本书,给人们一个太平天国的真实面目。1866 年 2 月 3 日,棱雷的新书《太平天国革命亲历记》完成。棱雷称,他的《太平天国革命亲历记》是"遵照伟大的太平天国革命领袖的嘱托而写的",书的扉页上写着:"献给太平军总司令忠王李秀成——如果他已去世,本书就作为对他的纪念。"该书出版时,李秀成已被杀害,但棱雷对李秀成的尊敬和怀念已跃然纸上。

1872 年 9 月 14 日,棱雷和他后来的妻子海伦结婚时,结婚证书上仍然署明自己是:"前太平军上校"。1873 年 3 月 29 日,年仅 33 岁的棱雷,因左心房破裂在伦敦逝世。在死亡登记上,他的职业依然是:"前太平军上校"。棱雷终生铭记着他与太平天国的关系,作为众多太平天国的"洋兄弟"中的一员,人们将从他身上找到一群人的身影,尽管他们已经淹没在历史的浩瀚烟海之中。

山本五十六是谁击毙的

"伊号作战"结束后,山本五十六决定利用一天时间视察巴拉尔、肖特兰和布因等前线基地,以激励士气。让日军想不到的是,有关山本视察的详细日程安排的机密电报不仅被美国截获,而且他们引以为豪的极难破译的五位乱码被美军专家只用数小时时间就破译了,这份电报在无形之中也就成为山本的催命符。这也是美国军事情报领域在无线电破译方面继中途岛战役破译日军作战计划之后的又一辉煌战果。

美国太平洋战区总司令兼太平洋舰队司令切斯特·尼米兹清楚地知道,按照山本将进入瓜岛机场起飞的战斗机作战半径,正是干掉他的绝佳机会,如果干掉他,将给日本士气民心沉重打击。因为他不仅是日本海军中最出类拔萃的佼佼者,而且由于他在偷袭珍珠港中的指挥得力,在日本政界和军界成为仅次于天皇和东条英机首相的第三号人物,被日本海军誉为"军神"。可是他没有因为兴奋而得意忘形。干掉山本不仅仅是军事行动,还牵涉到诸多的政治因素,因此一向谨慎的尼米兹仍不敢轻易拍板,而是请示华盛顿。

美国总统罗斯福在仔细征求了海军部长诺克斯和海军作战部长金海军上将的意见之后,授意可以干掉山本,但是为了维护美国的大国风范,一定要对截获日军情报的事情保密,制造伏击的假象。

驻瓜岛的第339战斗机中队承担了此次任务,4月18日凌晨时分,兰菲尔等6人的攻击组和米歇尔亲自指挥的12人作掩护组出发了,为避开日军雷达,他们必须选择总共飞行两小时,总航程627千米的方案。18架P—38飞机全部加装了大容量的机腹副油箱,处于超负荷状态,因此飞行员不得不使用襟翼来增加升力,尽管如此,飞机还是几乎要滑行到跑道尽头才离地升空。

山本五十六

远在800千米外的山本也早早起床,准备行装开赴这场死亡之旅。

9时44分,山本以他一贯的守时作风,来赴这次死亡之约。几乎是大海捞针一样的长途伏击,竟然成功了!此时山本座机正准备降低高度着陆,突然一架零式战斗机出列,向右急转——远处十多架P-38飞机正向北飞来,随即6架零式战斗机急速爬升,与米歇尔的掩护组战斗起来。在接下去的短短三分钟时间,双方经历了一场你死我活的激战。

此时的卡希利机场上已经尘土飞扬,显然日军飞机正在起飞,中队长米歇尔不敢恋战,下令返航。返航途中,兰菲尔就迫不及待地向瓜岛报告:"我打下了山本!"

兰菲尔最后一个着陆,着陆时燃料已经全部消耗干净,他是以滑翔方式落地的,他还没爬出座舱,机场的飞行员和地勤人员就一拥而上。作为击毙山本的功臣兰菲尔中尉提前晋升为上尉,并获得最高荣誉国会勋章,但为了不暴露破译密码的机密,兰菲尔被立即送回国,直到战争结束才公开了他的战功。其他参战人员都被警告如果将战斗详情泄露出去,将受到军法审判。

山本座机被击落的两天后,日军搜索小队发现了他,他坐在飞机坐垫上,手握军刀,姿态威严,胸口佩带着勋章的绶带,肩章上是三颗金质樱花的大将军衔,不用查看其口袋中的笔记本,单从左手缺了两个手指,就能证明这正是山本五十六。经医护人员检查确定,一颗子弹从颧骨打进从太阳穴穿出,另一颗从后射入穿透左胸,山本在飞机坠毁前就已身亡,之所以还保持着威严的姿态,那是飞机坠地后唯一的幸存者高田军医摆放的,高田最终也因伤势严重又无人救护而亡。

4月18日注定是日本人的纪念日,一年前的1942年4月18日,杜立特尔率领的B-25轰炸机轰炸了东京,一年后的1943年4月18日,日本海军最出色的统帅山本被击毙。战后,击落山本座机的话题随着1960年美军相关机密文件获准解密而被再次提起。认定由兰菲尔击落的理由是他在战斗结束后上报的战斗报告,而这份报告当时因出于保密原因一直没有公开,他的战友对此一无所知,一经美国国防部公开,究竟是谁击落山本的问题随之展现。

除了托马斯·兰菲尔的回忆之外,更多的证据显示,兰菲尔的僚机雷克斯·巴伯才是真正击落山本座机的英雄。山本的尸检报告显示,从后方射来的子弹使其致命,与兰菲尔从右攻击的说法出入较大。柳谷谦治是山本护航的零式战斗机飞行员中唯一在世者,也指出了兰菲尔报告的诸多疑点。其中最有力的说法是,在低空的两架P-38飞机双方机群遭遇之后,兰菲尔的飞机向左,迎战零式战斗机;巴伯的飞机才是向右紧追山本座机猛烈开火的那一架。如果是兰菲尔击落了零式战斗机之后再掉头攻击山本座机的话,时间根本来不及,至少需要40秒,而山本座机从遭到攻击到被击落,不过区区30秒。日本东京航空博物馆在1975年的实地考察也显示,山本座机的两个机翼完好无损,与兰菲尔的报告完全不符,倒是与巴伯从后攻击的说法比较吻合。

以美国"王牌飞行员协会"为首的众多的民间人士和组织,对此进行了细致的研究和不懈的努力,查阅了大量相关资料,已在专家学者的认可下,于1997年3月认定,巴伯一人击落了山本座机。如今生活在俄亥冈州特瑞邦农场的巴伯过着恬静平和的晚年。谈起击落山本的争论,他很平静,"没有兰菲尔左转攻击前来救援的零式,也不可能击落山本。而第339战斗机中队中队长约翰·米歇尔,具体策划并亲自指挥了此次战斗,才是最大的功臣。"

然而,自1991年美国战绩评审委员会正式要求美国海军最后判定到底是谁击落了山本以来,今日美国官方仍没有明确答复。

真假蒙哥马利

1944年1月14日傍晚,伦敦沉浸在一片战争气氛中,艾森豪威尔走马上任。英国著名战将蒙哥马利任英军地面部队司令。罗斯福和丘吉尔把他们最王牌的干将组成盟军中坚。随时准备横跨英吉利海峡,给德军以毁灭性的打击。

万事俱备,只欠东风。联军指挥部经反复研究,决定把登陆的日期代号定为"D日"。然而,从什么地方突破?登陆时间选在什么时候?以及登陆的突然性等,都是事关全局和盟军官兵命运的大事,一招不慎,全盘皆输,盟军的战将们深谙此理。

巨幅军用地图前,将军们在苦苦思索:横隔在法国和大不列颠之间的英吉利和多佛尔海峡,总长约560千米,西部宽达220千米,最窄处在东部的加莱,只有33千米宽。登陆点选在什么地方呢? 多佛尔海峡深度为36至54米,而英吉利海峡西端深达105米,且风强浪猛,暗礁林立。从地理上看,多佛尔海峡明显占着优势。

然而,兵不厌诈,熟谙海峡地理的艾森豪威尔及其幕僚,却出乎意料地把登陆地点选在法国西北部塞纳海湾的诺曼底地区,横渡英吉利海峡。至于登陆日期,艾森豪威尔认为6月5、6、7日潮水和月色均为适当。"D日"方案一经敲定,"坚忍"计划随即出笼。英国政府采取了有史以来规模最大,不同寻常的保密安全措施。

不过,精心策划的"坚忍"计划的最得意之作,还要数詹姆斯中尉冒名顶替英国指挥登陆作战的总司令官蒙哥马利元帅。在德国人的眼里,蒙哥马利是英军的象征,只要他不在前线,英军就不可能马上进行登陆作战。其实,德国人的判断没有错,错的是他们错认了"元帅",把陆军中尉詹姆斯当成了蒙哥马利。

詹姆斯中尉长相酷似蒙哥马利元帅,由于连年征战,使他略显苍老,这为他扮演"元帅"创造了条件。战前,詹姆斯是一家剧团的职业演员,由于他的天赋,无论扮高层人物还是演黎民百姓,都演得活灵活现。在两名军官的具体指导下,他一遍遍地琢磨报上的蒙哥马利照片和新闻影片中的一举一动。还熟记了"元帅"生活中成千上万的细节,以至连蒙哥马利吃饭时麦片粥要不要放牛奶和糖等都了如指掌。最后,还特意安排詹姆斯到元帅身边生活了几天,进行实地模仿。詹姆斯扮"元帅"特别投入,进步也很快,以至最后连警卫员也难辨真伪。

5月15日,这位"蒙哥马利元帅"搭乘首相专机开往直布罗陀和阿尔及尔,与此同时,英军故意放风说有可能在法国南部海岸登陆,蒙哥马利元帅去直布罗陀和阿尔及尔的重要使命就是组编英美联军。德国开始半信半疑,派两名高级间谍去侦查,由于詹姆斯的表演逼真,使德国间谍深信不疑。

不仅如此,英国还煞有介事地派人前往中立国去收购加莱海岸的详细地图。盟军又假装将一支兵力达100万人的集团军,驻在英东南沿海一带,佯装准备进攻加莱。其实蒙哥马利的第21集团军,早已秘密地隐伏在英国南部海岸,等候渡海进攻诺曼底了。一系列假象最终骗过了希特勒,他以为盟军在英国东部已经集结了92个师的兵力,准备在7月份进攻加莱,因此,他把德军最精锐的第15集团军集中在加莱地区,而诺曼底只有一个装甲师驻防。英美盟军以假乱真,迷惑敌人,终于达到了目的。

詹姆斯主演的这出以假乱真、冒名顶替的好戏,对盟军反攻欧洲大陆发挥了重要作用:"蒙哥马利元帅"视察非洲,使德军最高统帅部关于盟军登陆地点本来就很混乱的争执变得更加混乱不堪。于是,德军把防守诺曼底地区的两个坦克师和6个步兵师抽调到加莱地区,大大减少了盟军在诺曼底登陆时的压力。

在诺曼底登陆的前两天,詹姆斯的假冒元帅做到了头。英国情报机关指令他乘飞机抵达开罗,隐姓埋名,直到诺曼底登陆结束为止。对于他在直布罗陀和阿尔及尔的"演出",英国情报机关给予了极高的评价。据称,局外人士没有一个人怀疑他是蒙哥马利的替身。

詹姆斯在直布罗陀和阿尔及尔之行中,出尽了"元帅"风头,但他也差点惹来杀身之祸。从战后缴获的纳粹文件中得知:柏林在获悉"蒙哥马利元帅"飞赴非洲一线视察的情报后,德军统帅部曾制订了一个计划,要在途中击落"元帅"座机,如截击不成,便立即派出刺客,伺机行刺。在这危急关头,倒是希特勒认为应首先查清是否是蒙哥马利本人,如果确认是元帅本人,首要的目的是弄清他此行的目的,而不是干掉他。希特勒的一念之差,让詹姆斯拣了一条命。

6月6日凌晨,英吉利海峡狂风怒号,波涛汹涌,英国皇家空军轰炸机队1136架飞机对塞纳湾德军炮兵阵地投掷了近6万吨炸弹。拂晓前,美国陆军第八航空队又出动1083架轰炸机,把1763吨炸药倾泻在德军阵地上。尔后,盟军各种飞机,轮番出击,对各个预定目标实施了毁灭性打击。凌晨6时30分,英军第一批登陆部队踏上塞纳湾海岸,突破了希特勒狂妄吹嘘的"大西洋壁垒"。

正当英军突破防线之时,担负防守任务的德军B集团军司令官隆美尔,正在为他夫人的生日做准备呢。当他被急电告知"盟军在诺曼底登陆"时,不由大惊失色,一束准备献给妻子的鲜花失落在地毯上……

迟了,一切都迟了。詹姆斯以他成功的冒名顶替为诺曼底登陆成功立下了赫赫奇功。

隆美尔的战术

从诸多的军事资料看,德军统帅隆美尔被描绘成一个极为出色的战术家,他所著的《步兵攻击》是第二次世界大战时许多国家军队的必修书籍。在北非战场上,他曾把英军打得狼狈而逃,辉煌一时。但又有评论说他不是一个好的战略家,而且恰恰就是因为这一点,他才被蒙哥马利打回突尼斯的。那么隆美尔究竟是否可以被称得上第二次世界大战最优秀的陆军将军呢?

曾经有军事评论家评出第二次世界大战最强悍的5位陆军将军,他们依次是:隆美尔、古德里安、朱可夫、巴顿和曼施坦因。在这5位当中,如果从规模和对全局的重要性来看,北非战场远远比不上东线的苏德战场,从这一点说隆美尔称不上最优秀的,其作用比不过古德里安和曼施坦因。

　　另外一个根据是，隆美尔虽然贵为元帅，但指挥的部队最高级别为师级，这似乎与他的元帅军衔不太相配，由于运输和供给困难，北非战场并非德军的主要战场，虽然战略意义十分重要。所以隆美尔并没有像龙德施泰特、曼施坦因、莫德尔、古德里安那样指挥千军万马进行大规模的战役，也许从战术上讲他技高一筹，但从战略上讲就差了些，战功上就更无法和其他元帅相比了。因此，第二次世界大战最强陆军将军非朱可夫和巴顿莫属，前者屡屡力挽狂澜，号称消防队长；后者攻无不克，战无不胜。隆美尔能力确实也不错，但名气与英方的吹捧不无关系，东线的曼施坦因当数德军中最优秀的将军之一。

　　既然隆美尔因为在北非战场被蒙哥马利打回突尼斯一战被彻底排斥，那么我们就来看看这场让隆美尔抱恨终生的战斗吧！

　　1941 年 2 月 12 日，隆美尔受希特勒委派去解除北非意大利军队的困境，飞抵利比亚首都的黎波里。他一直渴望到这样一个独立的战场，他是战场的主宰，北非战场正是这样一个好地方：绵延数千公里，堆积厚厚黄沙的开阔区域，没有障碍物和天然防线，自然也就没有政治阴谋、游击队、抵抗组织、难民等问题的干扰。一切军需均从外部运入，指挥官可以在流动的战场上任意设计自己的战争。

　　隆美尔借助坦克的高度机动性，在缺少制空权的条件下，采用兵不厌诈的手法屡屡奇袭得手、以少击众、出奇制胜，其中最著名的当数以机动战术攻占划兰尼加地区一役。接着攻克托卜鲁克要塞，并多次击退英军反攻。1942 年 5 月，在比哈凯姆坦克会战中，隆美尔把英军逐回埃及境内，取得了重大胜利。隆美尔因战绩卓著而连升两级，成为德军中最年轻的元帅。

　　然而，从一开始就注定了隆美尔命运，德军统帅部对隆美尔一次次的劝阻，希特勒要求他只发动"有限的攻击"，因为纳粹的头子们根本没有足够的精力来顾及角落里的非洲战场。即使希特勒后来受到隆美尔巨大成功的激励，大力支援隆美尔，隆美尔实际得到的也只是杯水车薪。他没有足够的坦克装甲车，没有足够的粮食油料，也没有制空的能力。所有战场的损失，他都无力补充。"超人"的意志变得无济于事。

　　另一方面，1942 年 8 月，当蒙哥马利来到开罗时，他带来的是崭新的美制"谢尔曼"式重型坦克、俯冲轰炸机和大口径榴弹炮。以丘吉尔为代表的全英国也在大力支持蒙哥马利，丘吉尔甚至还为他争取到了美国的帮助。而强弩之末的隆美尔却只能为意大利军队的懦弱怯战发脾气。有人戏称，这是重量级和轻量级拳手之间的搏斗，是一次不对等的战斗。

　　在如此优劣悬殊的情况下，隆美尔依然于 1942 年 8 月 31 日发起阿拉姆哈勒法战斗，但他的攻势连连受阻，直到坦克里只剩下一天的燃油时，隆美尔不得不下令全线撤退，行程 3200 多公里，隆美尔率领"非洲军"奇迹般地逃脱了蒙哥马利一次又一次的追截，终于遁入突尼斯山区。次年5月13日,疾病缠身的隆美尔回国养病两个月,"非洲军"在突尼斯被盟军全部歼灭。北非沙漠中的大败摧毁了他的意志与自信。到1943年底,当希特勒再次启用他做西线B集团军司令时,隆美尔已从骨子里变成了一个"悲观主义者",体现着"超人"意志的疯狂进攻精神消失了。"大西洋壁垒"海岸防御工事任务中隆美尔受到假情报的误导,上了艾森豪威尔的当。1944年6月6日凌晨,盟军万舰齐发在诺曼底登陆时,正在家中为妻子庆祝生日的隆美尔得知消息,犹如晴天霹雳,顿时呆若木鸡。

1944年10月14日,隆美尔因希特勒被刺事件受牵连。摆在隆美尔面前的只有两种选择:要么按叛国罪接受军事法庭的审判,被钢琴弦吊死;要么服毒自尽,为他保密,举行体面的国葬。隆美尔在极度痛苦中选择了后者。

对于隆美尔在军事上的优缺点,英国元帅卡弗在他主编的《现代世界名将》中评论道:"隆美尔在战场上获得的成功更多是出于战术天才,而非战略创见。他对德国的军事战略贡献不大。德国军事史上其他伟大的人物,如格纳森诺、克劳塞维茨、毛奇、施利芬等等,都处在普鲁士和德国重大战略的伟大传统的中心。隆美尔虽然也身处同列,但其成就完全在战术方面。同上述人物相比,他只能身处其侧。"英国军事理论家B·H利德尔哈特将隆美尔作战文书编辑成册,名为《隆美尔文件》,其中有关"沙漠战争规律"等论述,对后世产生了巨大影响。至于隆美尔究竟是不是二战中最优秀的将军恐怕只能任世人评说了。

格瓦拉为何从古巴出走

切·格瓦拉是现代南美洲历史上的传奇人物,一位人们心目中的游击英雄。他原名叫埃尔内斯托·格瓦拉,由于他说话时总爱把"切"(Che)这个感叹词挂在嘴边,人们就给他起了个绰号"切·格瓦拉"。在20世纪60年代,他曾领导玻利维亚游击队和政府军顽强对抗,这个绰号也随之传遍了南美大地和全世界,他的真名反倒没有几个人知道了。

格瓦拉的一生可以说是洋溢着激情与无畏的一生,他那始终充满神秘色彩的不平凡经历,实在是让人感叹不已。

1959年古巴革命胜利后,格瓦拉因为赫赫战功成为古巴人民心目中的英雄,被政府宣布为古巴公民,他全身心地投入到建设一个新古巴的事业中去。他先后担任过古巴土地改革委员会工业部主任、国家银行行长和工业部长等职务,还多次代表古巴政府访问亚非拉各国,出席各种国际会议。由于他强烈地谴责帝国主义和新殖民主义政策,在全世界发展中国家享有很高的声望。

然而,就在1965年4月,格瓦拉竟从古巴政坛上神秘地消失了。人们对他的出走迷惑不解,议论纷纷:格瓦拉到哪里去了? 是死了还是到什么地方执行秘密使命去了? 抑或是与卡斯特罗发生矛盾而被关进监狱或者软禁到什么地方去了？

几个月后，人们才知道，格瓦拉去了非洲刚果、扎伊尔边境的密林中，从事武装活动去了。他为什么要放弃稳定的生活，而离开古巴去继续从事艰难危险的工作？学者们对他的出走原因进行了长期的探讨，提出了各种不同的看法。

格瓦拉在古巴的经济建设和思想建设路线上和其他领导人存在着严重的分歧，有些领导人主张不要过度集中，应该给国营企业一定的自主权；对于职工要兼顾物质利益。而格瓦拉则强烈主张实行严格的中央集权路线；对职工用道德的力量来对抗物质刺激，要缔造"社会主义的新人"。实际上，不同的想法使格瓦拉感到在古巴日渐被孤立，他只好选择了离开。

格瓦拉在古巴新政府里担任工业部长，32岁的他虽然提出了一系列计划，但是古巴工业长期受到帝国主义的影响，很难独立，再加上近邻美国对它的封锁，原材料和能源极度缺乏。并且格瓦拉和他的同伴都缺乏管理经验，又不采取物质刺激的方法，使古巴工业发展一直处于落后的状态，对于这种情况，格瓦拉一筹莫展，便产生了愤怒和失望的情绪。

在这种情况下，格瓦拉更加坚定他从前的理想，要帮助整个拉美国家摆脱帝国主义的压迫，获得自由和解放。他在临走之前给母亲留下了一封告别信："我相信武装斗争是各族人民争取解放的唯一途径，而且我是始终不渝地坚持这一信念的。许多人会称我是冒险家，只不过是另一种类型的，是一个为宣扬真理而不惜捐躯的冒险家，也许结局就是这样。我并不寻找这样的结局，但是，这是在所难免的。如果是这样的话，我在此最后一次拥抱您。"

格瓦拉出走后，先是去了非洲，但是由于语言和其他原因，他后来又回到了南美，带领一支游击队神出鬼没地出现在玻利维亚东南部的崇山峻岭中。1967年10月，他率领的游击队与政府军展开了激战，最后寡不敌众，战败被俘，壮烈牺牲，死时只有39岁，临走时给母亲信中的话竟一语成谶。

牺牲后的格瓦拉连遗骨也不知去向，直到1995年，才有人披露了事情的真相。拉美国家的一些考古学家、人类学家和法医立即自发地组成了一支挖掘小组，在所说的地点挖了150多个洞穴，却一无所获。两年后，终于在荒野草莽中，找到了这位浪漫英雄的遗骨。

赵括替廉颇背黑锅了吗

赵括，战国时期赵国人，赵国名将马服君赵奢之子，于长平之战后期代替廉颇担任赵军主帅。

关于赵括的故事，正史是这样介绍的：那时，赵惠文王已经去世，太子孝成王即位。赵孝成王六年（公元前260年），秦军向赵军发起了进攻，双方在长平摆开了阵势。那时赵奢已经去世，蔺相如也快要病死了。赵王便派老将廉颇领军攻打秦军。秦军的兵力非常强大，才几下便将赵军打败了。后来，老将廉颇命令赵军坚守在营垒，没有命令不得出战。

就这样，管秦军如何骂阵挑战，廉颇就是置之不理。秦军这下着急了，心想，如此下去，恐怕再难打胜仗了。于是，秦军派了间谍，四处说："秦军最害怕的，并不是老将廉颇，而是赵括，如果由赵括来做将军，那么秦军必败。"赵王听了，信以为真。结果，还真的让赵括取代了廉颇。

赵括是个什么人呀，虽然从小就学习兵法，却从没真正上过战场，更没打过仗，是个只知道"纸上谈兵"的家伙。他要谈论起军事来，那是无人能抵得过的。他曾与父亲赵奢谈论用兵之事，赵奢也难不倒他。尽管重病的蔺相如出来劝阻孝成王，特别是赵括的母亲，也来求孝成王别让赵括带兵，可是孝成王是王八吃了秤砣——铁了心。最终还是让赵括取代了廉颇。

赵括上任之后，为了显示自己的才能，把廉颇原有的规章制度全都改变了。秦将白起听到了这些情况，高兴万分，马上调遣奇兵，假装败逃，又去截断赵军运粮的道路，把赵军分割成两半，使赵军士卒离心。最终，赵军全部被白起坑杀，赵括也死于乱军之中。为此，赵括还落了个"纸上谈兵"的名声。

但是，又有人说，赵括其实是在替廉颇背黑锅，因为那时如果不换赵括，凭赵军的实力，廉颇也是无能为力的。也就是说，如果让廉颇去打那场仗，也一样会大败。

秦国是当时军事上最为强大的国家，秦军有奋击之士（轻锐步兵）百万，车千乘，马万匹。秦地靠近西北，故民风凶悍尚武，且秦马优良，秦车迅猛，故真称得上是超级军事大国。秦军被称为虎狼之师，在战场上的秦军士兵左携人头，右夹生虏，所向披靡，如虎入羊群，甚至于为抢军功，赤膊上阵厮杀，使六国士兵闻秦兵而丧胆。秦军大将如王乾、蒙毅、白起皆为有勇有谋的军事统帅。秦军得兵法之教，注重各兵种协同作战，以步兵方阵为单位，令行禁止、进退有据，作战经验丰富，极难对付。此役，秦国前后投入的兵力总数在六十万左右。

当时赵国的战争潜力要远远低于秦国，如果坚持要打，不管怎么打，都是要吃亏的。另外，赵括也没有人们想象中的那么没用，事实上，他的战略战术并不比廉颇差，因为那一战，虽然赵军损失惨重，但秦军也没讨到好处。

战后，白起命人寻找赵括的尸体，却总是找不到，最后，只找到了赵括的剑和铠甲。白起极为伤心，并以衣冠厚葬了赵括，还取了赵括的剑留做纪念。

后来,白起见了秦昭王,说起了赵括。白起说,我以五十万之众围赵括二十万之军,伤亡过半,才全歼此军,是我用兵以来从未有过的事情。腹中无食,以人充饥而斗志不懈,这是赵括的本领。长平之战,秦军精锐损失过半,优秀将领死伤无数,实际是秦军未胜,赵军未败。唯一不同的是,赵括死了,我还活着。秦昭王说,长平巨战,秦失六十万,赵失七十万,秦可谓小胜。而赵括死,武安君存,可谓大胜。事后,范雎谓秦昭王,长平巨战,大胜的是秦王。秦王笑而不答。三年后,昭王杀白起。秦将郑安平降赵,上党复归赵。从这一点上看,历史确实误解了赵括。

赵括究竟有没有替廉颇背黑锅,因为众说纷纭,依然有待进一步调查取证,目前还是一个未解之谜。

吕布死亡之谜

吕布,字奉先,汉族,五原郡九原(治今内蒙古包头西)人。东汉末年名将,汉末群雄之一,著名武将与割据军阀。曾先后为丁原、董卓的部将,也曾为袁术效力,被封为徐州牧,后自成一方势力。

有人说,吕布是被曹操所杀的。东汉建安三年冬,曹操攻打吕布的根据地下邳,因吕布有勇无谋而多猜忌,不采用陈宫建议,诸将又各自猜疑,所以每战多败。曹操围攻三个月,吕布军中上下离心,其部下侯成、宋宪、魏续反叛,缚了陈宫投降,吕布在白门楼见敌军攻急,大势已去,于是令左右将他的首级交给曹操,左右不忍,吕布便下城投降,最后被曹操所杀。

吕布雕像

也有人说,其实曹操并不想杀吕布。真正令曹操下决心杀吕布的是刘备。也就是说,实际上是刘备杀了吕布。如果不是刘备的那句话,也许曹操还真的不会杀吕布。那时,吕布被捆到曹操面前,曾要求松绑,曹操笑着说:"捆绑老虎,可不得不紧些啊。"吕布又说:"曹公得到我,由我率领骑兵,曹公率领步兵,就可以统一天下了。"曹操颇为心动,曹操心动也是有理由的,像吕布这么一员猛将,可不好找。加上曹操又太想统一天下了,如果吕布真的跟他合作,那么平定天下,还真不是难事。

但是,刘备可不想看到他们合作,因为那对他是不利的,于是,在一旁提醒,说:"明公(曹操),您看见吕布是如何侍奉丁建阳(丁原字建阳)、董太师(董卓)的吗?如果您今天放过了吕布,也许明天他就会杀了您的!"曹操觉得有理,于是坚持要杀吕布。吕布死前,大声说:"大耳儿(刘备)是最不能相信的了!"最后吕布被杀,其部下陈宫、高顺亦被处死,张辽则领兵向曹操投降了。

也有人说,吕布的死不能怪曹操,也不能怪刘备,完全是吕布自己的性格使然。吕布带兵有战斗力,但是也导致了他过于倚仗武力。如董卓死后他在长安力主杀尽凉州人,所倚仗的便是自己率领部下的战斗力。但是他一味用强,导致凉州人都起来反抗,长安也被攻破。这是其虽有武勇,但是不知道用势,只以武力为先的结果;再看他在兖州与曹操作战时,一度占据优势,但却被曹操反败为胜。其一是用兵上不如曹操,在占据要点上屡有失策;其二也是不会造势,当时曹操和吕布都缺粮,曹操甚至一度要依附于袁绍,其情势比吕布还危急。但是不久后便恢复过来,而吕布在此期间毫无作为,不能制造对自己有利的形势;再看在下邳最终迎战曹操时,吕布自己也认可陈宫的献计,却最终因妻子的一席话而放弃。这相较于日后三分天下的曹操、刘备、孙权的用人不疑、疑人不用上就差得远了。

吕布作为一名统兵将领,其才智确实足够,但是要作为一国之主,不单要统兵,还要统领文臣武将,就不行了。陈登曾说曹操将吕布用为鹰犬,吕布居然也默然,可见吕布也认识到自己的弱点。吕布再有一个极大的缺点便是一朝得志便目中无人,和同僚的关系也很糟糕。到了袁绍那里,也是因为吕布认为自己有功于袁家,而看不起袁绍手下众将,终于和袁绍决裂。事实上任何一个主公都不希望会有吕布这样的下属。有了他,其他的下属都要被排斥;若是只重用他,却还要提防被他取了脑袋。

问题是吕布并没有认识到这点,吕布只知众人要杀己而不知其为何要杀己,其实主要是因为他是个极其以自我为中心的人,根本不认为自己有错。比如他射戟救了刘备一次,便认为自己对刘备有功。却全忘记了,若不是他偷袭徐州,刘备又怎么会落得要他救的下场,更别说刘备不久后就被他攻打得逃亡了。在这样的情况下吕布还希望刘备为自己说好话,可见他太以自我为中心了,只知自己对他人的恩,而不记得自己对他人的仇了。

周瑜是被气死的吗

周瑜,字公瑾,汉族,庐江舒县(今安徽庐江西南)人。三国时期东吴名将,因其相貌英俊而有"周郎"之称。

很多人说,周瑜是被诸葛亮气死的。在《三国演义》中,周瑜与诸葛亮三次斗智失败,被活活气死。而在死前,周瑜还仰天长叹:"既生瑜,何生亮!"让人感到非常悲切。但实际上,这些都是罗贯中为了塑造诸葛亮几近天人的形象,而杜撰出来的。

周瑜与诸葛亮,身为东吴和蜀汉两集团的臣子,实际上极少碰面。史书也有记载,从赤壁之战结束直到周瑜病逝,诸葛亮都在零陵一带做后勤工作,根本没有和周瑜见过面。

至于周瑜病逝后,代表蜀汉前来送丧吊唁的,也是周瑜的旧下属庞统,而不是诸葛亮。他们连面都没见过,也就更加不用提"三气"的事了。

何况,《三国志》里也评价周瑜"性度恢廓",就是气量大,品质好。这样一个年轻人,驰骋战场,建功立业,娶得美女为妻,可以说是战场、官场、情场,场场得意,又怎么会被气死呢?

那么,周瑜英年早逝的真正原因又是什么呢?曾经有一种非常主流的推测是,周瑜是被暗杀的。最大的嫌疑人就是刘备,因为当时他

周瑜

要在两年之内取巴蜀,周瑜去世以后,刘备很快就去攻打巴蜀了。刘备肯定是派出了杀手,对周瑜进行了暗杀行动。

不过,目前还没有这方面的证据。而周瑜在带兵攻打荆州的时候,右肋骨处曾受过剑伤,这也可能是导致他死亡的原因。周瑜为了东吴鞠躬尽瘁,对天下也很忧虑,在攻打了荆州以后,他马上又要取巴蜀,实际上当时他也面临着很大的压力,加上他确实有剑伤,就这样积劳成疾,不久就死了。

又有人说,他是在取蜀途中进退两难气急而死的。取蜀途中,刘备在前面堵截,张飞又把他辛苦打下的城池都夺过去了。周瑜进又进不了,回又回不去,于是气病交加而死。于是又有人反对说,取蜀受阻的不是周瑜而是孙瑜。

而民间还有一种传说,说他是大病而死的,因为他年轻时也曾得过大病。据查,周瑜16岁的时候确实得了一场大病。有个老医生名叫柳童,把他给治好了。还送给了他一包黄药。并再三嘱咐,这个病到20年以后还会犯,犯了以后,再把这个药喝下去就好了。但后来周瑜攻打巴蜀,在行军的路上,因为没有将药带上,也就不医而死了。

另有人说他是被女人害死的。据说,害死周瑜的是小乔。话说周瑜由于忙于军务冷落了小乔,小乔就和他的家将周云勾搭上了。周瑜受了诸葛亮的气,病得半死不活的。小乔和奸夫就打算把他早点儿弄死,但苦于下不了手。于是就骗周瑜爬到棺材里,来引诸葛亮上钩。在卧龙吊孝时,小乔把周瑜出气的气孔堵死,闷死了他,后来却赖在了诸葛亮的身上。

还有一种说法是道遇暴疾。在道遇暴疾后,怎么也治不好,身体竟然一天比一天差。临终前,他还给孙权写了一封遗折。在信中写了对国家形势的看法,对曹操的牵制,和对刘备的控制,还举荐了鲁肃,尽了一个臣子所有的忠心。这种忠心也得到了孙权的认可,周瑜死后,孙权亲自穿上丧服为他举哀。

关羽有没有后代

关羽,本字长生,后改字云长,河东解县(今山西临猗西南)人。三国蜀汉著名将领,自刘备于乡里聚众起兵开始追随刘备,是刘备最为信任的将领之一。在关羽去世后,其形象逐渐被后人神化,一直是历来民间祭祀的对象,被尊称为"关公"。

关羽

有关关羽有没有后代这个问题,史学家争论已久。有人说,他已经没有后代了,但也有人说,他的后代遍布全国。究竟哪个是真哪个是假,我们还得从关羽的身世说起。

在清朝以前,关羽的身世一直不详。清初康熙年间,解州守王朱旦在浚修古井的时候,发掘出关羽的墓砖。上面刻有关羽祖、父两世的表字、生卒年月等,资料比较详细,还略有提到关羽的家庭状况。他因此写了《关侯祖墓碑记》。

据墓砖上的文字记载,关氏家其实是个文人世家。关羽祖父叫关审,字问之。汉和帝永元二年庚寅生,居住在解州(今山西解州镇)常平村宝池里。记载说他"冲穆好道",常常用《易》《春秋》等书来教育自己的儿子,死于桓帝永寿二年丁酉,卒年67岁。关羽的父亲名叫关毅,字道远。他是一个非常孝顺的人,他的父亲关审死后,他在墓上结庐守丧了三年,除丧后,于桓帝延熹三年生下了关羽。关羽长大成人后娶了胡氏为妻,灵帝光和元年生下了儿子关平。

关平是关羽的长子,跟随关羽征战多年,后来与关羽一同被斩。关羽的次子叫关兴。少年时便已经出名,因为他文武双全,深得诸葛亮的器重,弱冠之年便担任侍中、中监军,只可惜命不长,数年后也死了。关羽的女儿关银屏,因为生得美丽贤惠,孙权曾为儿子向关羽求过婚,希望与关羽结成亲家,但却遭到了关羽的拒绝,为此,关羽还辱骂了孙权的来使,关羽认为与孙权结为亲家,那是对自己的一种污辱。

关羽的长孙名叫关统,是关兴的儿子。关统的妻子是公主,也就是阿斗的女儿,后来官至虎贲中郎将,死的时候没有留下儿女。关羽的次孙名叫关彝,也是关兴的儿子,关统死后他承袭了关统的爵位。《三国志》里说,蜀汉灭亡之后,庞德之子庞会,为了给父亲报仇,将关氏满门抄斩,于是,关羽一脉便断了。这么说来,关羽是没有后代的了。

但是,后来,又有人说,关羽还有一个儿子流失在民间。他便是关羽的第三个儿子,名叫关索。关羽失荆州后,在鲍家庄养伤,诸葛亮南伐孟获时,关索才归军,后来当了先锋。在西南地区,至今仍流传着关索的故事。明成化年间流行的说唱词话《花关索传》,还介绍了其生平事业。至今四川广元乡间尚见有关索妻鲍三娘墓,有碑记鲍三娘世居夔州鲍家庄,与关羽第三子关索成亲,随其夫同扶汉室情由,由此可证,关羽在成都的家族被杀害,但关索一脉却绵延下来。但是,也有人说,历史上并没有关索这个人,他不过是小说里虚构的一个人物而已,可信度不高。

1995 年,国际文化出版公司曾影印出版了一部《关帝文献汇编》丛书,共分 10 册,第 8 册中有影印《关氏家谱》。这本是清代的写本,在清康熙到嘉庆年间递经增修,嘉庆时的编修人为关文榜,是关氏五十八代孙。

可是这些谱牒都是在关羽乃神乃圣之后出笼的,谁能说它没有水分呢? 至此,关羽究竟有没有后代,仍需考证。

真实的杨家将

"杨家将"是宋元以来,在我国戏曲艺术和说唱艺术中流传最广、影响最大的历史传奇故事。老令公杨业、佘太君、七郎八虎、杨六郎杨延昭、杨宗保、穆桂英、杨文广、八姐、九妹,包括烧火丫头杨排风,几乎都是家喻户晓的英雄人物。

"金沙滩"一战,杨氏兄弟死伤殆尽,接着又是令公碰碑,七郎被害,五郎出家,四郎、八郎失踪。仅剩的六郎依然在为国征战。六郎死后,他的子孙——杨宗保和杨文广,仍然是保卫国家的中流砥柱。杨家不仅男性上战场,女性也个个是豪杰。穆桂英挂帅,百岁高龄的佘太君挂帅,让多少中华儿女热血沸腾。

然而,从史实角度来看,杨家将的故事只是戏曲小说对杨家忠勇殉国的悲剧性历史事件的艺术化演绎。真实的杨家将,其实并没有那么多人。其中的代表人物也只有杨业、杨延昭和杨文广三位。

提起杨家将,人们首先想到的便是杨业。杨业本名杨重贵,其父杨信是麟州的土豪,由于时局的动荡,先后归附过后汉、后周。后来,为了结交当时任河东节度使的刘崇,派年少的杨重贵到太原。年少英武的杨重贵很被刘崇看重,他以杨重贵为养孙,改名为刘继业。

北汉灭亡以后,刘继业归降北宋,宋太宗素知刘继业威名,授予他左领军大将军,郑州防御使。刘继业归宋以后,复本姓杨,单名业。因为杨业对防御辽国有丰富的经验,于是宋太宗派他到代州为三交驻泊兵马部署,为潘美节制。后遭到了潘美陷害。

雍熙三年,宋太宗派出三路大军征讨辽国,其中潘美为西路军主将,杨业为副将。潘美逼杨业与辽国正面交锋,但却不遵守接应的约定,不顾杨业的死活,而逃走了。杨业身受几十处伤,左右殆尽,仍手刃敌军数百人,最后杨业筋疲力尽,战马又受了重伤,于是为辽军生擒。杨业的长子杨延玉,以及部将王贵、贺怀浦全都力战而死。杨业被擒不屈,绝食三日而死。

《辽史》中对杨业的死大书特书,可见他们对杨业的忌惮。而宋朝方面所记载夺取山西四州的功绩,却全算在了潘美的头上。实际上是潘美导致了杨业的死,但潘美是国戚宿将,宋太宗也只能大事化小了。

杨家将第二代的代表人物是杨业的儿子杨延昭。杨延昭本名杨延郎,为了避讳而改名为杨延昭。幼年的杨延昭沉默寡言,但总是喜欢玩行军作战的游戏,杨业看了以后说:"此儿类我。"以后出征,必然带杨延昭同行。杨延昭在这样的环境熏陶下逐渐成长,成年以后,也成为了一个职业军人。

杨业阵亡以后,杨延昭由供奉官升迁为崇仪副使。后来又担任保州缘边都巡检使,在河北的边防前线任职。杨延昭因卓著的战绩,屡次升迁。景德二年,杨延昭被授予高阳关副都部署。杨延昭在大中祥符七年,卒于任上,终年五十七岁。宋真宗听到杨延昭去世的消息,极为悲痛,派使者护灵而归,河朔的百姓多望枢而泣。北灾朝廷录用杨延昭的三个儿子为官,并且常从杨延昭的门客中选取有才能的人为官。

杨延昭英勇善战,所得赏赐全部分给部下,公而忘私。他本人作风简朴,号令严明,与士卒同甘共苦,继承了杨业的作风。杨延昭每战都身先士卒,获得功劳便与部下一起分享,所以部下也乐于为他效命。杨延昭镇守边防二十几年,辽国对他非常敬畏,称他为杨六郎。杨延昭正好处在北宋对辽国进行防御的时期,他为了保卫宋朝的边防而奋战,赢得了百姓的爱戴,延续了杨家将的威名。

杨文广是杨延昭的儿子。作为杨家将的第三代,杨文广并没有建立起能与他祖辈、父辈相提并论的功绩,因为此时北宋已经与辽国议和,而对西夏的政策也在和战间摇摆,只是防御。但是杨文广继承了杨家将世代忠心报国的传统。

经过漫长的发展,原本只有三代的杨家将被写成了五代;原本只是男儿的铁血沙场,又融入了佘太君、穆桂英等如花的女英雄。民间之所以演绎出"杨家将"这一反抗外族侵略的英雄"群像",源于宋元以来深受外族侵扰的北方人民,对这些英雄的纪念和向往。

岳飞背上的字是谁刺上去的

岳飞,字鹏举,汉族。相州汤阴(今属河南)人。中国历史上著名的战略家、军事家、抗金名将。

岳飞背上的字,确切地说是"尽忠报国",只是到了明清时候,才慢慢流传成了"精忠报国"。很多人认为,岳飞背上的字是岳母刺上去的,这个故事在民间也流传甚广。但是,据查,岳母刺字的故事,宋人的笔记和野史均无记载,包括岳飞的曾孙岳珂所著的《金佗粹编》也没有记录。岳飞刺字的故事,始见于元人所编的《宋史本传》,书云:"初命何铸鞫之,飞裂裳,以背示铸,有'尽忠报国'四大字,深入肤理。"但书中未注明此四字出自岳母之手。

有人说,岳母很可能是文盲,而岳飞背上的字,应该是请人刺上去的。在宋金打仗的时候,岳飞是在现在的山西平定一带当兵,岳飞是一个很忠孝的人,他很担心家里年迈的老母亲,为了安顿好母亲,岳飞就从战场回到了家乡河南的汤阴县。岳飞的母亲姚氏是一个农家妇女,识字的可能性不大,所以不太可能亲手在岳飞背上刺上"尽忠报国"四个字。但极有可能的是,他母亲为了鼓励他放心去战场打仗,请人在岳飞背上刺的。

岳飞

《宋史·岳飞传》有记载,岳飞入狱之初,秦桧等密议让何铸审讯。岳飞义正词严,力陈抗金军功,爱国何罪之有?并当着何铸的面"裂裳以背示铸,有'尽忠报国'四大字,深入肤理"。浩然正气,令何铸汗颜词穷。

关于岳飞背部刺字,还有一种说法,岳飞久怀报国之志,曾三次从军抗金杀敌。他于宣和四年19岁时第一次应募入伍,背部刺字大约是此时所为,因为北宋末年"刺字为兵"的制度仍在贯彻执行。所以岳飞在背部刺上"尽忠报国"四字明志。

从宋太祖赵匡胤开始,为了加强对军队的管理和控制,"刺字为兵"就成为一种规范运作的制度,只要是应募入伍的士兵,都要刺字作为标记。赵匡胤认为应该把兵和民分开,兵民分开控制,有利于国家的稳定,有利于皇帝的统治。南宋人朱弁《曲洧旧闻》也说:"艺祖(即宋太祖)平定天下,悉招聚四方无赖不逞之人,刺字以为兵。"据古书零星记载,一般是取"松烟墨",入管针(类似于管状针头)画字于身,直刺肌肤,涂以药酒即成。

宋代有两种军队需要刺字:一种是禁军,就是国家的作战部队;一种是厢军,相当于现在的工程兵,国家的大型公共工程,比如修桥补路等,都是由厢军来完成的。禁军和厢军都有各自固定的番号,为了便于识别和管理,士兵刺字的内容基本上都是各自所属部队的番号,不会是其他的内容。这样使得士兵不能随心所欲地流动和逃跑。

还有牢城兵,比如说《水浒传》里面的林冲,他犯罪之后被发配到沧州当兵,这种兵是带有徭役性质的,也会刺上诸如牢城第几指挥之类的标记。所以说,从岳飞背部刺字的内容——尽忠报国来分析,不可能是他应募当兵的时候刺上去的。而且刺字的部位也不符合宋代的规定,宋代给士兵刺字叫做黥面,最开始刺在脸上,人为地把士兵和社会普通阶层分开,这对士兵是一种歧视。宋代是一个重文轻武的朝代,但也不乏有开明的士大夫,提出改刺在手臂、手心、手背或者是虎口上。

而且给士兵刺字的目的是便于管理和控制,防止士兵逃跑或者犯法,所以才会选择刺在脸上和手心、手背这些相对明显的部位。如果像岳飞那样刺在背上,太隐蔽了,根本没有任何标识作用。所以这也说明岳飞背部的"尽忠报国"不符合"刺字为兵"的募兵制度。

岳飞背上的字究竟是谁刺上去的,已无从考证。但是不管怎样,岳飞永远是我们心中的英雄,这是铁定的事实,无法改变。

戚继光斩子之谜

戚继光,字元敬,号南塘,晚号孟诸,山东登州(治今蓬莱)人。明代著名抗倭将领、军事家。率军之日于浙、闽、粤沿海诸地抗击来犯倭寇,历十余年,大小八十余战,终于扫平倭寇之患,被誉为民族英雄。

戚继光

民间流传着一个戚继光斩子的故事。清代乾隆版《宁德县志》抄录的《连江县志》中的一段记载称:那是戚继光平定了连江,准备移兵宁德的时候。因宁德的城防严密,戚继光知道肯定有一场硬仗要打,于是便以自己的儿子为前锋,并传令下去,如果有退缩的人,定斩不饶。戚继光没想到,自己的儿子竟然很不争气,当他登上白鹤岭后,见到倭势非常强盛,便回头想退回连江。戚继光见了大怒,便马上令人将自己的儿子给斩了,三军一见这阵势,全吓傻了,于是再也没有人敢退缩了,临战时,每个人都能以一敌百,最后竟然尽歼群倭,夺得了宁德,获取了巨大胜利。《宁德县志》接着写道:"戚继光杀死了自己唯一的儿子后,宁德人非常伤心,于是,便将其子之像塑立于庙中,每日祭祀。"这段记载,使后人相信:戚继光斩子是在宁德县白鹤岭,祀于功德祠。

但是,又有人说,戚继光杀子之事不成立,原因是戚继光十分惧内。如果他真的杀了儿子,那他的妻子怎么会答应? 戚继光有一个强悍的老婆,叫王氏。有故事为证:戚继光有一次被老婆追着打,一路跑到了军营,弟兄们看他可怜,给他出了一个馊主意——让戚继光把老婆叫来,大家乘机将她教训一下,为戚继光报仇。戚继光照做了。当他老婆气势汹汹地来到军营时,他把手一挥,弟兄们都以为他要动手了,没想到,戚继光不紧不慢地说:"特来请夫人阅兵。"

还有一次,戚继光手下的一个弟兄,又给他出了一个馊主意,让戚继光在老婆午睡时把刀架在老婆脖子上吓唬她。戚继光一边举着马刀往前冲,嘴里一边大叫着给自己壮胆。这胆没壮成,倒把他老婆吵醒了。幸好戚继光有勇有谋,对老婆说:"我只是杀只鸡给夫人补补。"

一个怕老婆怕成这样的人,又怎么敢杀自己的儿子?虽然古时有父叫子亡,子不得不亡的规定,但试想,哪个女人不爱自己的儿子?从这里看来,戚继光杀子是不可信的。

也有人说,戚继光确实有几个儿子。但是,在抗倭期间,却没有儿子,更不会以其子为前锋。《中国历代名人传丛书·戚继光》一书中,对于戚继光的婚姻、家庭,是这样记述的:"次年(嘉靖二十四年),戚继光便结了婚,由妻子王氏主持家务。"结婚这年,戚继光18岁。之后,戚继光中年时因无子嗣,娶妾生祚国、安国、昌国、报国、兴国。长子祚国生于隆庆元年(公元1567年),而戚继光由连江至白鹤岭,是嘉靖四十二年(公元1563年),这年,长子祚国还没有出生,何来"以其子为前锋"?

还有一说法,戚继光斩子的故事发生在浙江台州地区。一次,戚继光率领军队在台州府围剿一群倭寇,倭寇与戚家军交战之后,很快大败,有一批残敌想绕到城北的大石退守仙居。为了彻底消灭这群倭寇,戚继光命儿子戚印为先锋,率领军队抄近路在白水洋常风岭一带伏击。

临行前戚继光一再交代戚印,与倭寇交手之后,不要急于求胜,要佯装失败,将敌人诱至仙居城外再予以反击,以迫使城中的倭寇出援,一举歼灭。违反军令者要按军法处置。戚印率军到达常风岭之后,将军队埋伏在山道两旁的树丛中,此时,倭寇的队伍也沿着这条山道开了过来,前面还押着一些抢掠来的妇女和牛羊等,戚印见后,气愤万分。再也沉不住气,马上下令军队展开总攻,一时间矢石齐飞,刀枪猛舞,喊声震天。戚印只顾奋勇杀敌,竟然忘记了父亲临行前的"只许败,不许胜"的交代。霎时间就将敌人全歼在山道之上。

后来戚印率军回营,将士们都言戚印作战勇敢,杀敌有功。但戚继光却在听完儿子的禀报之后,勃然大怒。说他违反军纪,不服从指挥,应该以军法处置,便命将校将其绑出辕门外正法。诸将苦苦求情,说戚印虽然是触犯了军令,但其大败倭寇,也是有功之臣,可将功抵罪。但戚继光却认为戚印明令故犯,贻误军机,不容不诛!若是不杀则军纪难以严明如初。最终,还是斩了儿子。

但是,又有人说,戚印不是他的儿子,而是他的一个部下。于是,戚继光斩子的故事,究竟是否属实,依然没有定论。

吴三桂降清之谜

吴三桂，字长白，明末清初扬州高邮（今属江苏）人，祖籍辽东，武举出身，锦州总兵吴襄之子，以战功及父荫授都指挥。年轻时曾带二十余名家丁救其父于四万满洲人之中，孝勇之举遍闻天下，有"勇冠三军、孝闻九边"的美誉。曾在北京短暂逗留，遍识名公巨卿及文人雅士，吴伟业称其为"白皙通侯最少年"。

吴三桂

吴三桂英勇善战，很受辽东诸将帅的青睐，1639年，年仅27岁的吴三桂，就已升任为辽东总兵。吴三桂的部队军纪严谨，作战勇敢，是当时明朝在辽东的部队中战斗力最强的一支。1641年松锦之战后，明朝在辽东的将士损失殆尽，洪承畴、祖大寿被迫投降，骁将曹变蛟被杀，只剩下吴三桂一支军队在山海关一线英勇抵抗清军。在这种情况下，吴三桂克服困难，重新组织起一支接近万人的边防劲旅，承担起防守山海关，抵抗清军的重任。为了打开山海关这道屏障，清朝曾多次派祖大寿和洪承畴等人招降吴三桂。但是吴三桂始终不为所动，坚持抗清。可是，到最后还是降了清朝，到底是什么原因让吴三桂选了一条自己不愿走的道路呢？

首先，人们想到的是，吴三桂为了父亲吴襄才降的清。1644年，李自成率领农民起义军逼近北京，崇祯帝封吴三桂为平西伯，命他带兵入卫京城。待吴三桂率军入山海关时，北京城已经被李自成的农民军攻破，崇祯帝自缢，吴三桂的士兵驻守山海关，正在观望局势的变化。原本李自成和清朝都想争取吴三桂这员猛将，而吴三桂权衡左右，决定归顺李自成。然而就在这时，吴三桂得到密报，他在北京的家产被农民军查抄了，父亲吴襄也遭到了严刑拷打。因此，吴三桂与李自成彻底决裂了，即便后来李自成与吴敏等人对吴襄百般示好，也未能将吴三桂拉拢回来。

但是，仔细一想，如果吴三桂单单是为了父亲的话，那后来农民军已经向他示好，为何还要降清，这条理由似乎显得有些苍白了。

其次，吴三桂降清的缘由很可能是为了陈圆圆。据说，农民军的大将吴敏在带人抄吴三桂的家时，发现陈圆圆长得闭月羞花、风情万种，便动了念头，将其抢去做了自己的侍妾。陈圆圆虽为当红歌伎，可是她聪慧美丽，自从被人当礼物送给吴三桂后，便成了吴三桂的红颜知己,得到吴三桂的百般宠爱。当吴三桂得到了陈圆圆被吴敏抢去的消息后,非常愤怒,一怒之下,他杀掉了李自成派来劝降的使者,还萌生了降清的念头。

但有关吴三桂一怒之下为红颜的举动,史书上是没有记载的,不知是遗漏了,还是吴三桂根本就没动过这种念头。或许,他降清是受当时的形势所迫。

自农民军攻破北京城后,吴三桂就变得非常被动,因为一边是李自成的农民军,一边是多尔衮率领的清军。无论哪方,势力都比吴三桂强,一旦开战,吴三桂肯定会损兵折将,削减势力。而就在他举棋不定之际,农民军率兵攻打吴三桂。此时的吴三桂本不想打仗,但人家打上门来了,总不能不应战。可是,吴三桂的人少,肯定打不过,为了自保,不得不求助于清军。虽然多尔衮在人力、物力上给予了吴三桂一定的支援,但这些也不是白给的,于是,历史就给吴三桂记下了这降清的一笔账。

石达开负气出走之谜

石达开,小名亚达,绰号石敢当,广西贵县(今贵港)客家人,太平天国名将,近代中国著名的军事家、政治家、武学名家,初封"左军主将翼王","天京事变"曾封为"圣神电通军主将翼王"。

石达开塑像

石达开是太平天国最富有传奇色彩的人物之一,十六岁"被访出山",十九岁统帅千军,二十岁封王,英勇就义时年仅三十二岁。

1857年5月,在京辅政的石达开,因受排挤猜忌,被迫出走。那时,他率部属数万人赴安庆,拒绝了天王洪秀全及满朝文武要其回朝辅政的挽留。10月初,石达开率部属离开安庆进入江西,在景德镇招集旧部,开始独立与清军作战。从此,石达开走上了一条不归路。尽管他用兵神出鬼没,但由于寡不敌众,再加上清军背信弃义,最后身受凌迟酷刑而死。

那么,石达开出走的责任在于谁? 有人说石达开出走,是想搞分裂活动,以图日后能称雄一方。但是,有人认为事情并没有这么简单。因为石达开在"天京事变"后,能够处处以大局为重,而洪秀全的表现却令人失望。

当韦昌辉杀害石达开一家时,洪秀全没有对石达开一家采取任何保护措施,甚至连一点儿象征性的表示也没有。石达开驻军宁国,要求洪秀全处置韦昌辉,洪秀全从石达开要求开始到韦昌辉被杀,整整拖了一个月之久。据外国人麦高文讲,最后,洪秀全见全体军心皆归了翼王，"不得不屈从其主张"。洪秀全的用意很明显，借韦昌辉来牵制石达开。

如果洪秀全真想杀韦昌辉的话，何不借广大军民的支持以及翼王的支持，来杀韦昌辉呢？事变后，"合朝同举翼王提理政务，众人欢悦，主有不乐之心，专用安福两王"，又是一个"不乐"，其意图在于"挟制翼王"。在这种"疑多将图害，百喙难分清"的情况下，石达开的出走，不失为一种缓解矛盾，避免大规模火并的上策。当然，石达开之所以这样做，也含有保全性命的意思。谁能保证天王不杀石达开呢？即使天王不杀，而安福二王为己之利，又会不会对石达开下毒手呢？这样看来，石达开的出走，责任完全在于洪秀全等人，而不在于石达开本人。如果洪秀全等人真心挽留石达开，他是会留下来的，那么太平天国也许会是另外一种情况。他的留下，不只是对他自己，对洪秀全也是一种巨大的帮助。

有人说，石达开出走的意图在于搞独立背叛革命。也有人说，石达开一贯对革命忠心耿耿，就是出走以后，仍想着"勉报主恩仁"，仍想着"一统太平日，各邀天恩荣"的反清重任。

如果石达开想搞独立，那么为何不在天京利用手中的重兵，来一次军事政变以取代洪秀全，占据"虎踞龙盘"的金陵帝都，凭长江天险而称霸一方，而偏偏要去远征西南呢？石达开的真正用意，在于"久想占据四川省"，夺取西南重镇成都，与清军争夺长江上游，使长江上、中、下游连成一线。既可切断南北清军的联系，起到羽翼天朝的作用，又可利用"天府之国"的有利条件，扩大太平天国的势力。

一旦形势有变，东西两路北上合攻北京，那么成功的可能性极大。石达开出走时能带走 20 万精兵，一则说明石达开深入人心，二则说明了广大将士对石达开这个策略的支持。可以这样设想一下：如果石达开渡过大渡河，攻下成都（以当时的力量完全是有可能的）的话，那么，太平天国的历史就应重写了。

在这里，事物的偶然性起了很重要的作用。虽然石达开的计划失败了，但唯物主义者从不以成败论英雄。这样看来，石达开是对革命有执著追求的，他是一位被误解的悲壮英雄。

这位太平天国的翼王，一度是清廷和曾国藩恐惧的头号对手，多年来反清的人都以理想化的态度对他大力讴歌。民间曾有"别人冒充他而死"、"本人出家云游以待再起"等传说，在同盟会的章太炎笔下更作过近乎神化的描绘。

记得有位历史学家说过，重要的历史事件，往往会出现两次，第一次是悲剧，第二次是喜剧。悲剧虽然失败，但却有着更高的审美价值，令人叹息。他的悲剧，是人格悲剧，也是命运悲剧。为了拯救将士，他一人去接受凌迟。

曾国藩为何没有称帝

曾国藩,原名子城,字伯涵,号涤生,汉族,湖南湘乡白扬坪人。晚清重臣,湘军的创立者和统帅者。清朝军事家、理学家、政治家、书法家、文学家。官至两江总督、直隶总督、武英殿大学士,封一等毅勇侯。

曾国藩在太平天国运动威胁到清王朝统治时,通过组建湘军,掌握了地方大权。湘军攻下南京后,曾国藩已经控制了整个统治集团,就军事实力而言,他比清政府的实力要雄厚得多,若曾国藩振臂一呼,从满族人的手中夺得统治权,应当说并不困难,但他没有这么做。那么,曾国藩为何拒不称帝呢?

有人说,曾国藩满脑子都是忠君报国的思想。他起兵就是为了保卫地主阶级利益,保卫清朝。他的个人追求就是做个中兴名臣、封侯拜相、光宗耀祖。

又有人说,曾国藩即使想当皇帝,时势也不允许他这么做。当时清政府虽然衰落,但僧格林沁,拥有一支强大的以骑兵为主的军队。曾国藩很可能是害怕这支军队,才没有称帝。

还有人说,曾国藩真称帝的话,势必会引起社会动荡,各地又要出现割据的局面,天下统一的局面就该被打破了。更有人说,他根本就没有资本称帝。那时,他只不过是个总督,就算是最后可以节制四省的军务,也还是个小官。另外,他所率领的只是战斗力一般的湘军,所谓湘军就是政府批准的民团。当时虽说清政府腐败,但是最精锐的还是满洲八旗官兵。再就是,他始终是个汉人,满人的朝廷是不会完全相信汉人的,在他身边肯定有朝廷派来的暗哨,也许前一秒称帝,后一秒他的人头就会落地。

还有人说,自古文人是造不了反的。中国自春秋战国以来,大多开国皇帝或者起义军的领袖,大多是军人武夫,有的甚至是流氓无赖,读书人造反的很少,而成功的几乎没有。另外,集团内部的阻力,也是一个原因。李鸿章的淮军、左宗棠的楚军是新队湘军分出去的势力,他们会不会支持曾国藩,对曾国藩来说,根本就是一个未知数。

面对一个无用的清廷和一个精干的曾国藩,老奸巨滑的李鸿章应该会倒向清廷。而且即使是没从湘军里分出那么多高级将领,他们也不一定就会支持曾国藩。还有外部方面的阻力。当时,也就是第二次鸦片战争后不久,以英国为首的国际在华势力,可以说已经打定主意扶植清廷,曾国藩这么一闹,他们很可能也会和镇压太平天国一样来镇压曾国藩率领的部队。

更有兵民厌战的情绪左右着他。和太平军玩了那么久的湘军,士兵们一定很累了,以前和太平天国征战的一幕幕血腥浮现在自己心头的时候,回想起昔日和自己并肩作战的兄弟已经死去的时候,难免对战争不寒而栗。好不容易告别了战争,他们难道还愿意再回到战场中去吗？更何况，湘军主力攻陷天京的时候，曾对天京城进行了大规模的抢劫，官兵都积累了一大批钱财，人心思归，战斗力锐减。

同样，百姓也厌恶战争了，这从太平天国后期与前期的支持率相比就可见一斑。最关键的是，湘军起兵是以忠君报国为口号，并作为团结奋斗的动力，一旦曾国藩自己称帝，这不就等于自己打自己的嘴巴吗？到时候必然会丧失人心、众叛亲离。

曾国藩一生功过，让人争论不休。他曾被人推许为孔子、朱子以后，再度复兴儒学的先哲；建功树业的伟大贤者，清朝咸、同中兴第一名臣。但也有人骂他是民贼、元凶、汉奸、民族罪人、好名失德的"伪君子"，可谓毁誉参半。如果他称帝，也许会有四面楚歌之虑。因而曾国藩拒不称帝也是一件好事。

邓世昌殉国之谜

邓世昌，原名永昌，字正卿，汉族，广东番禺人。清末海军杰出爱国将领，在黄海与日寇海战中为国捐躯。谥壮节公，追封太子少保衔，其后人多为仁人志士。

邓世昌常说："人谁无死？但愿我们死得其所，死得值。"自古以来，牺牲在战场上，一直是爱国军人引以自豪的志向。特别是那些明知死在眼前却仍勇敢赴难的人，更令人崇敬。在中日甲午海战中牺牲的邓世昌就是这样的人。

邓世昌是我国最早的一批海军军官中的一个，是清朝北洋舰队中"致远"号的舰长。他有着强烈的爱国心。1894年，中国和日本之间爆发了甲午战争。邓世昌多次表示：如果在海上和日舰相遇，遇到危险，我就和敌人同沉大海！

1894年9月17日在大东沟海战中，邓世昌指挥"致远"舰奋勇作战，后来在日舰围攻下，"致远"多处受伤全舰燃起大火，船身倾斜。邓世昌鼓励全舰官兵，说道："吾辈从军卫国，早置生死于度外，今日之事，有死而已！倭舰专恃吉野，苟沉此舰，足以夺其气而成事"，毅然驾舰全速撞向日本主力舰，决意与敌军同归于尽。倭舰官兵见状大惊失色，集中炮火向"致远"射击，不幸一发炮弹击中"致远"舰的鱼雷发射管，管内鱼雷发生爆炸导致"致远"舰沉没。邓世昌坠落海中后，其随从以救生圈相救。被他拒绝，并说："我立志杀敌报国，今死于海，义也，何求生为！"所养的爱犬"太阳"亦游至其旁，口衔其臂以救，邓世昌誓与军舰共存亡，毅然将犬首按入水中，自己亦同沉没于波涛之中，与全舰官兵250余人一同壮烈殉国。

与此同时，其他战舰的爱国官兵，也英勇奋战，狠击日舰，日舰伤亡惨重，毙伤日寇数百人。这次海战，中国方面虽然损失不少，有四艘军舰被击沉，但"镇远"、"定远"两艘主力舰仍然完好，修整后还可出战。

邓世昌牺牲后举国震动，光绪帝垂泪撰联"此日漫挥天下泪，有公足壮海军威"，并赐予邓世昌"壮节公"谥号,追封"太子少保",入祀京师昭忠祠,御笔亲撰祭文、碑文各一篇。李鸿章也在《奏请优恤大东沟海军阵亡各员折》中为其表功。清廷还赐给邓母一块用1.5公斤黄金制成的"教子有方"的大匾,并拨给邓家白银10万两以示抚恤。邓家用此款在原籍广东番禺为邓世昌修了衣冠冢,建起邓氏宗祠。威海百姓感其忠烈,也于1899年在成山上为邓世昌塑像建祠,以志永久敬仰。1996年12月28日,中国人民解放军海军命名新式远洋综合训练舰为"世昌"舰,以示纪念。

但也有人说,邓世昌不是以身殉国,而是溺水而死。据"镇远"舰管带马吉芬回忆,"致远"舰内幸存者只有七名,他们依靠舰桥上的救生圈逃生,后被一只帆船救出。

后来,那七名幸存者的说法又各不相同。但唯有一点说法一致。据说,邓舰长平时饲养一头大狗,性极凶猛,常常不听主人之命。"致远"沉没后,不会游泳的邓舰长抓住一块船桨木板,借以逃生。不幸狂犬游来,将其攀倒,邓舰长的手与桨脱离,惨遭溺死。后来的说法因为没有详细的历史记载,所以情况有待核实。

姜太公身世

姜太公是西周王朝的开国功臣,关于姜太公的身世、遭遇、武功,先秦的许多记载中都有,但大多模棱两可,难辨是非。其中,姜太公是哪里的人,就是一个难解的谜。

《吕氏春秋·首时》中说,姜太公"东夷之士也"。从考古角度来看,聚居在今山东地区为主的大汶口文化和龙山文化时期的土著居民就是历史上的东夷族人。

古代传说,姜太公是炎帝的后裔。炎帝被黄帝战败后,他的部族与黄帝融合,一部分发展到今山东沿海一带成为东夷族。至尧、舜、禹时,姜氏族已成为统领"四岳"的首领。《尚书·尧典》里说"四岳"不但参政天下大事,还要推荐舜为尧的继承人等重要事项,可见姜尚先祖权力之大。

司马迁的《史记·齐太公世家》载曰:"太公望吕尚者(即姜尚),东海上人。其先祖尝为四岳,佐禹平水土甚有功。虞夏之际封于吕,或封于申,姓姜氏。"《孟子·尽心》篇里也记载姜太公濒东海而居。有的学者认为,吕氏子孙繁衍流散,其中某个支系后来迁徙到东海之滨与夷人杂居,逐渐发展成为具有相当势力的一个集团。而姜太公正是这个姜姓吕氏集团的头面人物,具有大族长的身份。所以《孟子》等书提到豪杰归国,都把他与诸侯之子伯夷同时并举。

最先提出姜太公是"汲县人"的,是汉代会稽太守杜宣和河内郡汲县令崔瑗。《水经注》载:"汲城东门北侧有太公庙,庙前有碑云,县民故会稽太守杜宣、白令崔瑗曰太公本生于汲,旧居犹存。"其次,《汲冢书》载有太公为"魏之汲邑人"之说。战国时,汲县属魏国汲邑。到了宋代,著名学者罗泌在所著《路史·发挥》中说:"太公望,河内汲人也。"

姜太公故里到底在何方,至今没有定论,还需要进一步论证。

李陵投降匈奴

李陵,字少卿,陇西成纪(今甘肃秦安)人,飞将军李广的孙子。天汉二年(公元前99年),李陵向汉武帝请求攻打匈奴。汉武帝准奏了这次军事行动。

李陵于这年九月率5000人从居延出发,经过730天的长途跋涉,到达浚稽山(约在阿尔泰山脉中段),在山下遇到了匈奴的军队。单于用3万大军包围了李陵,李陵命令前队的人拿盾和戟,后队的人都持弓弩。匈奴见汉军少,就一直向前挺进。李陵指挥弓弩手,千弩齐发,单于的士兵顷刻间死伤一大片,急急忙忙向山上逃跑。汉军乘胜追击,杀死匈奴数千人。

就在这节骨眼上,李陵军中有一个叫管敢的兵士,被李陵的校尉韩延年辱骂,一气之下跑去向匈奴投降。他对单于说:"李陵的军队没有后备支援,弓矢也快用完了。"管敢还把李陵的排兵布阵告诉了单于。由于单于洞悉了李陵的虚实,知道他是孤军作战,便放心大胆起来。他还按照管敢的主意,用许多骑兵攻打李陵。李陵率汉军向南走,还没有到辊汗山,弓矢都用光了,汉军被单于困在峡谷中。单于乘机用垒石攻打,汉军死伤惨重。最后李陵被擒。此时,边关便报李陵降敌。

汉武帝听说这件事后,十分恼怒。太史令司马迁对皇上说:"李陵这个人诚实而讲求信义,现在他处境不幸,我们应同情他。况且,李陵只带步兵5000人,面对匈奴8万大军,转战千里,弹尽粮绝,赤手空拳同敌人拼搏。他现在身陷匈奴,但是全天下的人都知晓他的战绩,他不死,估计是还想再为汉朝立功。"

司马迁的一番话没有打动皇上,皇上反而定司马迁"为陵游说"之罪,处以宫刑。那么李陵为什么向匈奴投降呢?事实是李陵在匈奴数年杳无音信,皇上派公孙敖带兵去设法抢回李陵。公孙敖去匈奴后无功而返,为了回复皇上,他回来告诉皇上,说:"听说李陵在那边训练匈奴兵,要攻打汉朝。"皇上听到这个消息,大发脾气,命人把李陵母亲、李陵弟弟及李陵的妻儿都杀了。其实,替匈奴训练士兵的人是李绪,一位早年投降匈奴的汉都尉,公孙敖显然是张冠李戴了。

就在李陵投降匈奴的前一年,苏武出使匈奴被扣。后来,李陵宴请苏武,李陵给苏武斟满酒说:"你不降匈奴,忍辱负重,名扬天下,功劳盖世。"李陵推心置腹地告诉苏武说:"我投降的目的原本是想找机会劫持单于,为国家效劳。却不料汉皇不了解我的心志,杀了我的老母和妻儿,绝了我的归路。"苏武说:"过去,我深知老友的为人处世的态度,但现在你的处境不同过去,是非功过,也只好由人们去评说。但是我决不能做对不起国家的事。"

李陵听苏武说完后,长叹一声:"比起苏君来,我这个人真如粪土一般。"说罢,热泪纵横,起身吟唱了一首《别歌》:"径万里兮度沙漠,为君将兮奋匈奴。路穷绝兮矢刃摧,士众灭兮名已颓。老母已死,虽欲报恩将安归!"一曲歌罢,李陵朝着南方跪拜不起,苏武望着他,叹息不止。这就是李陵"身在异族心在汉"的故事。

曹操不称帝

曹操是我国历史上著名的政治家、军事家和文学家。他自189年起兵,至220年病故,用30多年的征战,成就了自己的辉煌功业,是当时中国最具影响力的人物。他统一北方,政治地位日益提高。他将献帝接到许都后,借皇帝之名,自封丞相,行使治理国家的权力。平定中原后,他被封为司空。216年,曹操称魏王,大权由其独揽。曹操的一生是辉煌的一生,那么他究竟为什么没有当皇帝呢?

196年,曹操迎汉献帝到许昌,从此曹操手中比其他诸侯多了一张王牌,很快他取得了军事、人才、经济等各方面的领先。

接着曹操统一北方,天下形成"鼎足三分"的局面,此时曹操要想当皇帝,是轻而易举的事情。但曹操清楚,汉朝虽名存实亡,但汉朝皇帝还有相当多的人拥护,继续维持献帝这块招牌,对于安抚拥汉派,

曹操

巩固魏国内部,牵制吴、蜀,有着重要的作用。而一旦废掉了献帝,就会给他们起兵的借口,使自己在政治上陷入被动的局面。

还有一事恰好说明了曹操的担心。赤壁之战后曹操不再举兵南下,专心治理北方。几年后,北方一片繁荣的景象。孙权趁机拍拍曹操的马屁,说曹操现在受万民景仰,应一跃为帝才对哪。曹操读了信后冷笑一声,说:"孙权那小子想把我放在火上烧烤哪。"这话一语双关,既说了谋权篡位不可行,还因为汉朝号称得到"火德",自己代汉须胜于"火德",就是让自己坐在火炉上的意思。

有学者认为,曹操的功利主义观念中,最明显的一个特点就是务实。后人称他为奸雄,但综观他的一生,最奸之举莫过于不夺帝位,而拥帝权,既捞取名声,又得到了实惠。他只要掌握实权,不看重虚名。

实际上,曹操拥有皇帝之权,一切朝政大事皆由他掌管。献帝只是后宫的男主人,有时甚至连后宫也管不了。一切生杀大权都在曹操手上,只不过曹操还缺一件皇袍罢了。

或者，他根本就是把皇袍当衬衣穿。

不称帝对他也有好处，这也是曹操的高明之处。留下献帝，他就能打着天子的旗号，轻而易举地收复豫州，使关中诸将望风而降。他利用献帝之名，实现和平征服。刘琮投降、张昭一派劝孙权投降，也是以此做挡箭牌。

此外，他曾在《让县自明本志令》中明确提出："既为子孙计，又己败则国家倾危，是以不得慕虚名而处实祸，此所不得为也。"这话有合乎情理之处，"不得慕虚名而处实祸"，不就是说他要做好准备后才称帝吗？且不说称帝，献帝封他十万人口不就是想让他辞去兵权、官职吗？他看穿了，表示拒绝，甚至放弃封地。他是用行动暗示群臣，他是永远不会放弃兵权的，也就意味着他死后让儿子继承自己的权势，解决代汉问题。

司马光在《资治通鉴》中评论说，曹操不称帝，是因为东汉的文治极盛，儒家思想已经形成风俗。曹操早年深受儒家思想的熏陶，不敢担这个背汉夺权的罪名。

至少从建安十五年（210 年）起，曹操一再"自明本志"，说自己绝对没有代汉自立的意图，如果现在突然改变主意，否定自己，对自己的声誉名节必然会造成不利影响，不如坚持把戏演下去。

因此曹操不可能出尔反尔废掉汉献帝，即使出于维护自己的历史形象的目的，他也会一直拥立汉献帝。虽然后来还是被人扣上了"篡逆"的帽子，但他从未改汉臣的身份。

还有学者认为，曹操不称帝，吴蜀未平是最大的原因。

曹操英雄一世，志向很大，他不会甘心于做半壁江山的皇帝。在曹操之前，秦始皇统一六国之后才开始称帝，刘邦是灭了项羽之后才称帝，王莽称帝时也是一统天下。只有刘秀、刘玄等打着继承汉统的旗号，在统一前称帝。

曹操认为，皇帝是天下一统后才可以当的，所以曹操在吴蜀未灭时不愿意称帝。如果称帝，只会给刘备和孙权找到一起称帝的借口，使天下三分，立起三个皇帝来。如果大家都做皇帝，那曹操做皇帝也没有什么意思。

后来的曹丕基本上没有太大的志向，曹操死后刚过了半年多，他就急于称帝。结果过了一年刘备也称了帝，后来孙权和曹魏闹翻，也称起了帝。

这三家，曹丕是："为什么不称帝？"刘备是："你称我也称！"孙权是："不称白不称！"只有曹操是"消灭你们我再称帝"或者是"要怄气和我儿子怄吧！"

建安二十四年（219 年），曹操已 65 岁。他觉得年纪大了，将不久于人世，这也可能是他不愿称帝的一个原因。他所做的一切努力，就是为自己的儿子称帝搭桥铺路。

所以后来陈群等人又劝曹操称帝，曹操只回了一句饶有深意的话："若天命在吾，吾其为周文王矣。"意思是说：就算时机已经成熟，我也要做周文王，像周文王一样给儿子周武王创造条件，让儿子去做皇帝。这与《让县自明本志令》中的"三分天下有其二——周之德可谓至德"相呼应,说明曹操正在对现有的权力资源进行整合。让自己儿子做皇帝,实际上等于曹操自己想做皇帝。后世常称曹操为魏武帝,也是把他当成皇帝来看待了。他也明白,这是可行的。他称帝的阻力太大,但到了他儿子曹丕手里,新的一代人,对于汉王朝昔日的威仪,已不在话下。与其辅主为臣,不如篡汉自立。在诸侯大部顺服、士族基本归心的客观情势下,旧的君臣框架已成形式,汉祚的延续根本毫无意义,所以取而代之,也是历史的必然。

而且那些士族之所以阻止曹操代汉,与其说是为了拥护汉朝,倒不如说是为了用士族的支持向曹操换取更大的回报。曹操死后,其子曹丕采纳了拥曹士族陈群的建议,推出九品官人法,给了各地方士人走上仕途的捷径——因为品评地方士人的大、小中正官,本身就是高级士族。有了这样的交换,士族纷纷不再拥汉。220 年,曹丕取消汉献帝的皇帝称号,自己当上了魏帝,圆了他父亲一生都未做成的梦。

曹操不当皇帝,究竟是不是学者们说的那样,至今还是个谜。

诸葛亮故居

刘备三顾茅庐请诸葛亮的故事,流传很广。诸葛亮出山之前,一直隐居在草庐中。可是地点在何处呢? 一说在河南南阳;另一说在湖北襄阳,争论到今天也没有定论。

1957 年 3 月 19 日《光明日报》发表了新华社记者拍摄的一张照片:"刘备三顾茅庐处",并且附有说明:"在河南省南阳西郊卧龙岗的诸葛亮古迹,相传刘备三请诸葛亮就在这个地方。"

诸葛亮写作《出师表》里自述:"臣本布衣,躬耕于南阳……先帝不以臣卑鄙,猥自枉驾,三顾臣于草庐之中。"另外,唐代诗人汪遵做过一首绝句《南阳》:"陆困泥蟠未适从,岂妨耕稼隐高踪。若非先主垂三顾,谁识茅庐一卧龙。"从最后一句中提到的"卧龙"两字,可以推知指的是河南南阳。既然引出"卧龙"这层关系,我们再看看明朝诗人叶秉敬的诗,诗的题目就叫《卧龙岗》,诗中写道:"出庐整顿三秋事,弹指髡钳两国奴",是称赞诸葛亮的。

持另一种说法的人则不认同诸葛亮故居在河南南阳,认为应该在河南南阳两百多里以外的湖北襄阳城西三十里的隆中山中。其理由是:

其一,南阳在汉代是郡名,南阳郡归荆州刺史管辖,刘备在建安六年(201 年)投奔荆州刺史刘表,刘表就驻在襄阳。而今天的河南南阳在汉代称为"宛",从建安二年以后,张绣向曹操投降,宛城便成为曹操控制下的势力范围。当时曹操和刘备正是兵戎相见的对手,宛城处在敌境之内,而他却能够自由出入敌占区,从容三顾,显然不合情理。

其二,《三国志》中的《诸葛亮传》,说诸葛亮幼年丧父,随叔父诸葛玄生活,诸葛玄后来投奔荆州刺史刘表,当然居住在襄阳附近,不会到二百里之外的宛城去住。

其三,另外《汉晋春秋》记载:"(诸葛)亮家于南阳之邓县,在襄阳城西二十里,号曰隆中。"刘备与诸葛亮议论天下大事,诸葛亮未出茅庐先定三分天下,所以叫"隆中对"。这里说的邓县不是现在河南的邓县,它的老城遗址在襄阳地区汉水北岸十余里处,接近襄阳,所以诸葛亮故居应该是在襄阳的隆中山中。

分析这两种说法,各有各的道理,也各有不能使人完全信服的地方。第一种说法没有考虑《汉晋春秋》的记载;而第二种说法又忽视了卧龙岗这个与诸葛亮有直接关系的因素。到底诸葛亮的故居在哪里? 直到如今也难以断定,解开这个谜还需要作进一步的考察。

第三节　苍茫战争揭秘

五千多年前有核战争吗

有一部著名的古印度史诗《摩诃波罗多》(Mahabarata,一译《玛哈帕腊达》,印度古代梵文叙事诗,意译为"伟大的波罗多王后裔",描写班度和俱卢两族争夺王位的斗争,与《罗摩衍那》并称为印度两大史诗),写成于公元前 1500 年,距今约有三千五百多年了。据说书中记载的史实比成书时间早了两千年,就是说书中的事情发生在距今约五千多年前。此书记载了居住在印度恒河上游的科拉瓦人和潘达瓦人、弗里希尼人和安哈卡人两次激烈的战争。书中的第一次战争是这样描述的:"英勇的阿特瓦坦,稳坐在维马纳(类似飞机的飞行器)内降落在水中,发射了'阿格尼亚',一种类似飞弹武器,能在敌方上空放射出密集的光焰之箭,如同一阵暴雨,包围了敌人,威力无穷。刹那间,一个浓厚的阴影迅速在潘达瓦上空形成,上空黑了下来,黑暗中所有的罗盘都失去作用,接着开始刮起猛烈的狂风,呼啸而起,带起灰尘、沙砾,鸟儿发疯地叫……似乎天崩地裂。""太阳似乎在空中摇曳,这种武器发出可怕的灼热,使地动山摇,在广大地域内,动物灼焦变形,河水沸腾,鱼虾等全部烫死。火箭爆发时声如雷鸣,把敌兵烧得如焚焦的树干。"第二次战争的描写更令人毛骨悚然,胆战心惊:"古尔卡乘着快速的维马纳,向敌方三个城市发射了一枚飞弹。此飞弹似有整个宇宙力,其亮度犹如万个太阳,烟火柱滚升入天空,壮观无比。""尸体被烧得无可辨认,毛发和指甲脱落了,陶瓷器爆裂,飞翔的鸟类被高温灼焦。为了逃脱死亡,战士们跳入河流清洗自己和武器。"

相信每个读到这段文字的人都会产生同样的感受,如此残酷的战争以及如此巨大的破坏程度让人情不自禁地想起第二次世界大战时,美国在日本广岛和长崎投入原子弹后的场面。这段文字几乎就是核战争的生动写照。

难道在距今五千多年前,地球上就爆发过核大战吗?根据人类现有的史料表明,公元前5000年,人类还过着刀耕火种的生活,怎么可能拥有核武器、发动核战争呢,所以,历史学者一致认为这部古印度史诗不过是带有诗意的夸张罢了,认为五千年前发生核大战简直是天方夜谭。然而,也有许多人提出质疑。他们指出《摩诃婆罗多》对这次战争描述得绘声绘色,犹如身临其境,如果不是确有其事的话,单凭想象是绝对不会有如此细致的描述的。

与此同时,一些考古学家的发现也开始倾向于证实核战争的确爆发过。1922年,一个关于占代城市的震惊世界的考古大发现诞生了,这就是印度信德地区的"马亨佐·达摩"。

印度河是世界上最长的河流之一,也是人类文明的一个发源地。从19世纪开始,人们在印度河畔的帝遮普郡一带,发现了一个东西长1600公里、南北长1400公里属同一文明的大量遗址,其涵盖范围之广在世界上是独一无二的,这就是"印度文明"。其中最著名的是两座古城遗址,即哈拉巴和马亨佐·达摩(印度语为死亡之谷)。据最保守的估计,它们距今最少有五千多年,但在印度的早期神话中没有这两座古城的记载,所以更多的人认为,它们的历史也许比猜想的要久远得多。在城市建筑的挖掘中,考古学家根本找不到神殿和宫殿,这与世界上目前所探掘的古城遗迹都不相同,似乎这些城市根本没有统治者。马亨佐·达摩城的居民住宅建筑更证实了这点,所有住房都是由砖木建成,从格局规模来看基本差不多,好像贫富分化没有出现在这里,更没有发现任何一件艺术品。是原来就没有,还是被岁月销毁了?在这里出土了大量遗骨,有的在街道上,更多的是在居室里。在一个比较大的废墟里发现了成排倒地死尝的人,有些用双手盖住脸,好像在保护自己,又好像看见了什么害怕的事情。可以肯定,所有人都是在突然状态下死去的。这座古城当时一定发生了很巨大的异常事变,是什么呢?火山爆发?可在这一带几千公里范围内人们并没有发现遗留的火山口;是突然爆发的流行病、瘟疫?可医学证明瘟疫和各种流行病不可能突然毁灭一座城池。印度的考古学家卡哈对出土的人骨进行了详细的化学分析后说:"我在9具白骨中,发现均有高温加热的痕迹。"这说明马亨佐·达摩城的毁灭和人类死亡与突然出现的高温有关。马亨佐·达摩和《圣经》里索多姆的毁灭有极相似之处,都是突然被与高温有关的东西摧毁的。人们在马亨佐·达摩还发现在许多坍塌的建筑物上有此种高温的痕迹,人们甚至发现一些"玻璃建筑"——托立提尼物质。这种物质的形成是由于瞬间高温熔化了物体表面然后又迅速冷却造成的。至今人们只在热核武器爆炸现场发现过这些人为的物质。一切证据都在说明,这里曾发生过核爆炸。

无独有偶,在离耶路撒冷不远的土耳其格亨里默谷地,人们惊奇地发现这里的地表和月球表面极其相似。同样；在蒙古的戈壁和撒哈拉沙漠也发现了类似的废墟。另外，考古学家在世界上许多地方都发现了修建在地下的城市。这些地下城市在设计上极为科学，有通气口、排列整齐的地道，整个城市的用途似乎是要为人们提供避难所。那么人们是要躲避什么呢？是什么东西让人们非要躲在地下不可呢？

一切的疑问都似乎在暗示史前曾发生过核大战。尽管不少的文献和考古发掘为此提供了线索，然而，五千年前的人类是否具备掌握核武器的技术，当时的文明社会是否发生过核战争以及核战争是否毁灭这些文明，仍是一个千古不解之谜。

卡叠什大战

公元前 14 世纪至 13 世纪，以叙利亚和巴勒斯坦地区为舞台，当时远东的两个强大国家埃及和赫梯进行了多次激烈的争夺，发生了多次战争。这场战争中的关键性战役——卡叠什大战是世界文明史上有文字记载的最早的会战，战后缔结的和约则是迄今为止最古老的国际军事条约文书。

古埃及是世界上历史最悠久的文明古国之一，位于非洲东北部的尼罗河谷地，其疆域向西扩展到西亚的巴勒斯坦和叙利亚一带。当时埃及从古王国时代起就发动过对叙利亚和巴勒斯坦的侵略战争，从那里掠夺了许多人民充当他们的奴隶。进入新王国时期，埃及的对外扩张达到了空前的规模。

赫梯是公元前 2000 年左右在小亚细亚出现的印欧语系民族，大体来自黑海以北地区。这是一个骁勇善战的古代民族，他们最早发明了铁制武器，常常攻掠周边国家和民族。公元前 16 世纪，赫梯人打垮了强大的古巴比伦帝国，攻陷了其首都巴比伦；公元前 15 世纪，进入鼎盛时期的赫梯帝国又占领了腓尼基，入侵了叙利亚和巴勒斯坦。为了建立在西亚的霸权，赫梯人步步紧逼驻扎于西亚的埃及军队。

公元前 1290 年，刚刚即位的埃及第 19 王朝法老拉美西斯二世再也无法容忍赫梯人的挑衅了，决心与赫梯人决一雌雄。经过五年的精心准备，拉美西斯二世积蓄了丰厚的财力物力，组建了 4 个军团，均以神命名，即阿蒙、拉、普塔赫、塞特，每个军团约 5000 人，其核心是战车手、弓箭手和投枪手，目标直接对赫梯人。

几乎与拉美西斯二世同时，赫梯王穆瓦塔里也在紧锣密鼓地实施进攻埃及的计划。赫梯王穆瓦塔里派出了探子到处打听埃及的进军情况，并且派遣奸细给埃及人提供假情报。这天，穆瓦塔里正与臣下商议进攻方案的时候，接到边境守军的报告。埃及法老拉美西斯率领 10 万大军向埃及发动了进攻。

拉美西斯的兵马有 10 万之众，而穆瓦塔里手中只有 4 万精兵，以 4 万人的力量抵挡 10 万人的进攻，赫梯王的心里也难免少了点儿底气。

穆瓦塔里冷静下来，大声问道："谁有退敌妙计！"他焦急地看着下边的大臣们，一个叫纳丁的将军站起来说道："臣倒有一计。"接着，他就在国王的耳边详细地说了自己的计划，穆瓦塔里听了频频点头，当即同意了纳丁的作战方案。

依据纳丁的作战方案，赫梯王率领部队火速赶往赫梯帝国的南部要塞卡叠什城。卡叠什城建在半山腰，山脚左边是一条通向大海的大道，右边则是深不可测的茫茫山谷。穆瓦塔里很快制定了以卡叠什为中心的扼守要点，以逸待劳，诱敌深入，粉碎埃军企图北进的作战计划。为此，赫梯集结了包括2500～3500辆双马战车在内的2万余人的兵力，隐蔽配置于卡叠什城堡内外，欲诱敌进入伏击圈后，将其一举歼灭。

埃及的阿蒙神军团、拉神军团、普塔赫神军团、塞特神军团在拉美西斯二世的率领下一路势如破竹，未遇到赫梯军的任何抵抗，并浩浩荡荡直奔卡叠什而来。拉美西斯二世乘坐一辆十分华丽的战车，四周镶嵌着黄金和宝石，在晨曦中光彩夺目。

这时一个卫兵报告抓到了两个间谍。这是两个赫梯骑兵，奉命借机被俘，向埃及人提供假情报。他们说，赫梯王为了避免冲突，已经命令军队退出卡叠什城了。当时毫无战争经验的拉美西斯二世闻之大喜，立即下令全军加速向卡叠什进发。途中，他嫌部队行进太慢，便抛开大队，带着身边的阿蒙神军团，向卡叠什冲去。这时拉神军团尚在前往卡叠什的途中，其他两个军团仍在萨不图纳以南按兵不动。

穆瓦塔里见埃及人已经上当，便命令2500辆战车迅速包抄到埃及军团后方，突击正在行进中的埃及拉神军团。拉神军团被打了个措手不及，很快被赫梯人击溃，随后，赫梯战车调转车头，又抄了拉美西斯二世所带领的阿蒙神军团的后路。

拉美西斯二世正在和部下商议如何进攻卡叠什城，万没想到赫梯人居然会从自己的后方杀来，顿时乱了阵脚。赫梯人潮水般涌进了埃及军营。

拉美西斯二世一看不好，带着大臣们上马便逃。这时有一队赫梯的骑兵追了过来。拉美西斯大叫："快把我的护狮放出来！"原来，拉美西斯二世养了一群护身的狮子，到了生死关头，他便把他救命的最后一招使了出来。果然，赫梯骑兵一见狮子冲了过来，回头便逃，拉美西斯二世总算为自己赢得了喘息的时间。

赫梯王下令发动新的进攻，他把剩下的战车和士兵全部投入了战斗。埃及人殊死抵抗，卡叠什城郊到处是双方士兵的尸体。埃及部队人数愈来愈少了，到太阳落山的时候，赫梯军队眼看就要胜利了，突然，他们的后方出现了骚乱。

原来，埃及的普塔军团、苏太哈军团赶来了。拉美西斯二世见援军赶到，顿时勇气倍增，一阵前后夹击，终于杀出了重围。赫梯人因为兵力不济，也无力再战，只好收兵退入卡叠什城堡。

卡叠什大战中，胜利到底属于谁，说法不一。埃及的铭文说胜利属于拉美西斯二世，赫梯的铭文则说这场战役是埃及的巨大失败。也有人说这场战役的结局，并无一方取得决定性的胜利。尽管在埃及阿蒙神庙废墟的墙壁上，绘有拉美西斯二世巨大的胜利浮雕，但在赫梯人的编年史和楔形文字泥板中也记载着赫梯国王穆瓦塔里是最终的胜利者，并说因为卡叠什大战巩固了赫梯在叙利亚的统治地位。在卡叠什大战后，埃及人与赫梯人之间的仇恨愈来愈深，双方展开了连绵不断的拉锯战，战争整整打了 16 年，双方都损失惨重、精疲力竭。

公元前 1269 年，老态龙钟的赫梯国王穆瓦塔里一病不起。一年后，他的弟弟、新任国王哈图西里斯派使者带着一块银板去了埃及。此时，满头白发的拉美西斯二世正欲向赫梯发动第 28 次进攻，卫兵向他报告赫梯人来了。当拉美西斯二世远远看见赫梯使者手中闪闪发光像磨盘一样的东西时，心里犯起了嘀咕："难道赫梯人又造出什么新的武器？"

等赫梯的使者恭敬地向拉美西斯二世呈上那闪闪发光的银板时，拉美西斯二世震惊了。这是赫梯人刻在银板上的战争和约。银板的开头刻有："伟大而勇敢的赫梯人领袖哈图西里斯"、"伟大而勇敢的埃及统治者拉美西斯"，下面则是和约的评文："确立两国间的和平；互相信任，永不交战；一国若受到其他国家的欺凌，另一国应出兵支援。"条约还规定了任何一方都不许接纳对方的逃亡者，彼此保证互有引渡逃亡者的义务等条款。拉美西斯二世深受感动地接过了这块银制字板，表示接受赫梯人提出的和平条约。条约签订后，赫梯王还将长女嫁给了拉美西斯二世，进一步巩固了双方的同盟关系。

那份刻在银板上的条约使埃及和赫梯两国之间的和平维持了好几百年，也为此后人类历史上的一切战争创建了一种和平解决的形式，那就是缔结合约。这使得人们不仅能免于遭受无休止的战争带来的更大的伤害和破坏，也能够更好地享受现代文明带给我们的丰厚成果。直到今天，仍然没变。

特洛伊战争在历史上是否真曾上演

特洛伊，这个神奇的名字，它如有一种魔力，顷刻间便把人的思绪带进了一个如梦如幻的神话世界。而这座因一场战争而名垂千古的古城，其遗址就是在今天的土耳其境内被发现的。1870 年，探险家谢里曼怀着儿时的梦想，在土耳其的一座小山西沙里克中挖掘出了一层层堆叠的废墟，其中的第七层，正是神话中记载的特洛伊。那个神话般的城市如今只留下了触人眼目的残迹，向人们默默诉说着往昔的辉煌。神话般的故事，神话般的城市，让人在特洛伊遗址前不禁感叹着曾经最惨烈的战斗和最美丽的容颜，特洛伊古城也因此而成为全世界追悼缅怀古代文明的一处梦幻之地。

特洛伊国王帕里斯将"送给最美的人"的金苹果献给了许诺让他得到天下最美的女

人的爱神阿佛洛狄忒;遭到天后赫拉和智慧女神的憎恨——从而埋下了祸根。公元前1193年,帕里斯率队来到希腊斯巴达,碰巧国王墨涅拉俄斯不在王宫,帕里斯初见王后海伦惊为天人! 于是带领士兵冲进王宫,把希腊国王的财富掳掠一空,拐走了黑涅拉俄斯美貌的妻子海伦。视为奇耻大辱

特洛伊战争

的希腊人组成盟军在墨涅拉俄斯的哥哥阿伽门农的统帅下,由天下第一英雄——阿耳戈英雄珀琉斯和海洋女神忒提斯的儿子——阿喀琉斯为先锋,远征特洛伊。长达十年的特洛伊战争开始了……

由特洛伊战争引出的两大史诗——《伊利亚特》与《奥德赛》,它们既是珍贵的史料,又是不可多得的文学精品,并在后来成为西方文学的源头。而在《荷马史诗》的滋养下,当代艺术家通过电影再现的火爆的"特洛伊战争",令考古学家倍感疑惑,因为那次木马屠城惨烈悲剧尚未在考古发掘中得到证实。

在所谓的古典时代(公元前5世纪~公元前4世纪上半叶),人们对《荷马史诗》深信不疑,认为那是希腊人早期的一段历史。后来的罗马人对《荷马史诗》真实性的信念也依然没有动摇,他们称特洛伊为伊尔昂,并在小亚细亚北部兴建了一座名叫新伊尔昂(新特洛伊)的城市。但是,自从18世纪开始,学者们对此提出了质疑。许多人怀疑特洛伊曾经发生过战争,甚至更有一些人怀疑古希腊盲诗人荷马的存在,至少怀疑荷马作为一个单独的个人而非一系列诗人的存在。特洛伊和特洛伊战争被看成是模糊不清的神话或传奇。

19世纪中叶以来,伴随着考古工作的重大突破,人们对包括特洛伊战争在内的古特洛伊文明有了新的认识和理解。

近20个国家的350多位科学家和技术专家参与了对特洛伊遗址的考古发掘工作。这一遗址位于今天土耳其的西北部,其文明活动从公元前3000年早期青铜时代开始,直到拜占庭定居者于公元1350年放弃了它。

根据专家们对考古遗迹的研究,得出结论:大致可断定特洛伊城大约是在公元前1180年被摧毁的,可能是因为这座城市输掉了一场战争。考古人员在遗址处发现了大量相关证据,如火灾残迹、骨骼以及大量散置的投石器弹丸。

考古专家们说:"当年荷马必是认为他的听众们知道特洛伊战争,所以这位行吟诗人才会浓墨重彩地刻画阿基利斯的愤怒及其后果。荷马把这座城市和这场战争搭建成一

个诗意的舞台,上演了一场伟大的人神冲突。然而,在考古学家看来,《荷马史诗》还可以在一种完全不同的、世俗的意义上得到证实:荷马和那些向荷马提供"诗料"的人,应该在公元前 8 世纪末"见证"过特洛伊城及那片区域,这个时期正是大多数学者所认可的《荷马史诗》的形成年代。"

关于特洛伊城的考古工作和特洛伊战争的研究工作仍然在继续。几十年前,那些坚持特洛伊战争真实性的学者们曾是少数派,他们的学说曾被主流学术界嗤之以鼻。然而,随着近十几年来相关考古活动的突飞猛进,当年的少数派如今成了多数派。而今天的少数派,那些坚决否认特洛伊战争真实性的学者只能用一句"特洛伊没有任何战略意义"的说法支撑他们的观点。现在大多数学者已达成共识:特洛伊绝不仅仅是一个古希腊神话中的著名城市,它也是一座确实存在过的"失落之城"。作为远古时期的强国,特洛伊坐落于小亚细亚西北部地区,俯视欧亚之间的贸易通道,由此而富裕强盛,但也因此被卷入战争的漩涡。青铜时代后期的特洛伊曾经发生数次冲突,这些冲突可能为数世纪的人所记忆,并代代相传,从而为荷马的传奇故事提供了素材。

然而,我们还不能确定荷马颂吟的"特洛伊战争"是不是对这几次冲突的"记忆蒸馏",究竟是特洛伊战争成就了《荷马史诗》,还是《荷马史诗》成就了特洛伊战争,是否的确发生了一场值得后人永远追忆的大战争,这一切都湮没在漫漫的历史长河之中了。

马拉松会战的时间

现代奥林匹克运动会竞赛项目中有一项是马拉松赛跑,比赛距离是 42 公里 195 米。为什么叫马拉松? 为什么不多不少要跑这么远? 这两个问题的答案是和希腊历史上一场著名的战争联系在一起的。

公元前 500 年,在波斯帝国占领下的米利都爆发了由希腊人支持的爱奥尼亚人的起义。那时候,统治波斯的是国王大流士一世。他早就对繁荣富庶的希腊城邦垂涎三尺,于是就以希腊人为借口参加了起义,要向希腊发动战争。大流士一世派遣许多使者到希腊各城邦去,威胁他们向波斯敬献泥土和水,意思是要这些城邦表示臣服,否则就要毁灭整个希腊。许多小的城邦不敢违抗,但是雅典人和斯巴达人把使者扔进井里,对他们说:"井里有泥又有水,请自便吧!"这两个城邦决心和大流士决一死战。

这样,大流士在公元前 490 年向雅典发动了进攻。这是一场力量悬殊的战斗。波斯是个强大的帝国。雅典和斯巴达不过是小小的城邦,而且斯巴达同雅典也因为以往的宿怨而不够团结。当雅典向斯巴达请求援兵的时候,斯巴达人却说,要等满月才能出兵,月儿不圆对打仗不利。可是等不到满月波斯大军就已经近在眼前了。

不过,雅典人的有利条件在于其著名的兵役制度,根据公元前 600 年左右著名政治家梭伦制定的法律,分成四等:第一等是最有钱的人,担任军队中的领导职位。第二等从乡村贵族中选拔,组成骑兵。第三等是富有的农民和手工业作坊主。他们自费购买兵器和甲胄,充当重甲兵,使用的武器是一根2米长的沉重标枪、一把希腊短刀和一面金属盾牌,全副甲胄和武器重30多公斤。第四等包括贫穷的手工业者、小土地所有者。他们有的成为陆军中的轻甲兵,武器是普通的标枪和弓箭;有的充当战船上的划桨手。雅典的军队就是由这四部分人组成,他们都决心为保卫自己的家乡而战。波斯兵主要是由奴隶和用钱雇来的外国人(大部分是被征服的希腊人)仓促组成的,纪律松弛,士气低落。从质量上讲,雅典军队无论是士气、武器装备和作战能力,都比波斯军队要强得多。

雅典军队的战术也比波斯先进。雅典采取以重甲兵为主力的方阵队形。战斗时,手执长矛、盾牌的步兵组成密集行列向前冲锋,两翼由轻甲兵和骑兵掩护。这种队形的攻击力很强。波斯人的编队是千人、百人、十人一股,不是一个整体。步兵、骑兵没有统一指挥,各自为战。波斯的精锐部队仅仅是国王的御林军,包括号称"百战百胜"的步兵1万人,长枪步兵1000人,长枪骑兵1000人。

波斯人把战场选择在离雅典不远的马拉松海岸边,这儿是三面有山、一面临海的平原。波斯人想和雅典人在平原上进行骑兵决战。他们从海路运去马匹和骑手,登陆的步兵、骑兵各有1.5万人。其实,这个战场并不利于波斯军队的进攻,反倒有利于雅典人的防守。雅典人控制了各个山头,封锁了波斯军队到雅典去的道路。

波斯人完全低估了希腊方阵的攻击威力,他们布置了传统的阵势,步兵在中央,骑兵在两翼。指挥雅典军队的是米太亚得。他年轻的时候曾经在波斯军队中服役,熟悉他们的战术。米太亚得在两翼布置重兵,中间用方阵重甲兵挡住波斯骑兵的进攻,然后从两翼包抄过去,迫使波斯全军后退了1.5公里。雅典军队乘势袭击了波斯的军营和在岸边抛锚的战船。波斯军队猝不及防,兵力损失了三分之一。剩下的仓惶登船逃走,许多来不及逃跑的当了俘虏。这次战斗中,重甲方阵战术代替了过去单枪匹马的作战方式,是古代作战战术的一次重大变化。

战斗结束以后,斯巴达的2000士兵才赶到,他们已经没有仗可打了,只能向雅典人表示祝贺。雅典统帅米太亚得急着要让雅典城内的人得到胜利的喜讯,就派了士兵中著名的"飞毛腿"斐迪辟去报信。这位"飞毛腿"在战争开始以前,曾经奉命去斯巴达求援。据说150多公里的路程,他只用了两天两夜就赶到了。这次他为了更快地让他的同胞们听到胜利的消息,一个劲儿地加快奔跑速度。斐迪辟从斯巴达送信回来没能得到充分休息,紧接着又进行了这次长跑,使身体受到了损伤。当他跑到雅典城的时候,已经上气不接下气,只喊了声"高兴吧,我们胜利了!"就倒地而死了。

雅典人民的儿子斐迪辟永远地合上了双眼。为了纪念这次著名战役和斐迪辟,1896

年的奥林匹克运动会规定了一个新的竞赛项目:运动员从马拉松平原出发,沿当年斐迪辟跑过的路线行进,到达终点雅典城。经过精确的测量,两地之间的距离为42195米,这也就是现代马拉松长跑的由来。

马拉松战役早已落幕,但关于马拉松战役具体发生于什么时间这个问题,科学界的争论一直持续到今天。

几千年来,人们普遍接受的观点是:大多数科学家根据19世纪德国学者奥古斯特·巴克的推算法,确定马拉松战役就发生在公元前490年9月12日。同现代天文学家一样,巴克是根据希腊历史学家希罗多德的著作推算出马拉松之战的日期的,因为希罗多德描写了马拉松战役发生时的月相状况。

但美国得克萨斯州立大学天文学家曾公布了一项研究报告称,信使斐迪辟从马拉松平原奔往雅典这件事情可能发生在希腊赤日炎炎的8月,而不是相对较为凉爽的9月。

美国得克萨斯州立大学天文学家拉塞尔·杜彻等认为,巴克忽略了一个地方:他没有把雅典历法与斯巴达历法的不同之处考虑在内。也就是说,在当时,这两个历法正好相差一个月。他们由此推算出马拉松之战、以及第一次马拉松长跑这些事件发生的日期应当是8月12日。

那份标题为《月亮和马拉松》、刊登在《天空和望远镜》杂志的报告指出,尽管两个历法都是基于太阴太阳周期,但是,二者起始的时间不同:雅典人是把夏至日作为一年的开始,而斯巴达人则把秋分日作为一年的开始。"具体说到那一年,从公元前491年到公元前490年一共有10个新月(或者10个月)。"他说,"通常来讲,从公元前491秋分到公元前490年夏至共有9个新月……雅典历法与斯巴达历法之间整整相差了一个月。"

据撰写《月亮和马拉松》报告的三位天文学家之一的杜彻称,这个研究结果也可以解释第一位马拉松长跑者斐迪辟为什么只说出那句"高兴吧! 我们胜利了!",马上就倒地死去的原因。

上述观点哪个正确? 历史的真相还有待于科学家们的进一步研究和推敲。

伯罗奔尼撒战争的成因

希腊是世界四大文明古国之一,它不仅以灿烂的文化艺术闻名于世,而且还以其军事和战争生成之早与发展之快而闻名全球。公元前400多年前,古希腊两个最强大的城市国家同盟——以斯巴达为首的伯罗奔尼撒同盟与以雅典为首的提洛同盟都想打败对方,称霸希腊。雅典成为海上强国以后,一直威胁着斯巴达。它企图控制从东方到西方所有的贸易通路,还想把盛产粮食的西西里岛夺到手。斯巴达也不肯让步,早就把伯罗奔尼撒半岛上的大多数城邦组成同盟,要和雅典见个高低。雅典的民主派憎恨斯巴达的军事贵族独裁统治,支持斯巴达国内反抗贵族的势力。斯巴达的贵族讨厌雅典的民主制度,也帮助雅典贵族派进行反对民主派的斗争。这样,两个城邦的冲突越来越厉害,一场争夺希腊霸权的战争终于爆发了。这场战争从公元前431年开始,到公元前404年结束,打了27年。因为是以斯巴达为首的伯罗奔尼撒同盟首先进攻,这场战争被称为伯罗奔尼撒战争。

伯罗奔尼撒战争最后以雅典的失败而告终。但是,受到战争危害的是整个希腊。古希腊历史学家修昔底德说,这次战争"给希腊带来了空前的祸害和痛苦。从来没有这么多的城市被攻陷,被破坏,从来没有这么多的流亡者,从来没有丧失这么多的生命!"战争给希腊世界带来前所未有的破坏,促使小农经济与手工业者破产,不少城邦丧失了大批劳动力,土地荒芜,工商业停滞倒闭。大奴隶主、大土地所有者、投机商人和高利贷者乘虚而入,大肆兼并土地、聚敛财富和奴隶,中小奴隶制经济逐渐被吞没,代之而起的是在大地产、大手工业作坊主为代表的大奴隶主经济。大批公民破产,兵源减少,城邦的统治基础动摇了。贫民过着衣不蔽体,食不果腹的生活,不满富人和豪强的统治。柏拉图曾经写道:"每个城邦,不管化分如何的小,都分成了两个敌对部分,一个是穷人的城邦,一个是富人的城邦"。因此,在斯巴达、科林斯等城邦,都曾先后发生贫民起义,打死了许多奴隶主,瓜分了他们的财产。风起云涌的起义打击了奴隶主的统治,进一步加速了希腊城邦的衰落。伯罗奔尼撒战争不仅结束了雅典的霸权,而且使整个希腊奴隶制城邦制度逐渐退出了历史舞台。

伯罗奔尼撒战争在古代军事出史占有相当地位。对抗双方对海上通路的争夺,从海上对敌的封锁和侵入都达到了很大规模;夺取要塞创造了许多新方法,如使用水淹、火焚和挖掘地道等;方阵虽还是战斗队形的基础,但步兵能以密集队形和散开队形在起伏地机动行动;职业军人开始出现。这些都对希腊以及西欧军事产生了深远影响。

虽然伯罗奔尼撒战争已过去近2400多年,但专家学者们对这场战争的看法和评价分歧仍然很大。尤其是对伯罗奔尼撒战争的起因问题,有多种分析。有的人认为是社会的原因,有的人认为是经济的原因,也有的人认为是政治原因。还有人认为伯罗奔尼撒战争起因于女人。

公元前5世纪古希腊历史学家修昔底德著的《伯罗奔尼撒战争史》中认为:斯巴达在崛起过程中,与伯罗奔尼撒半岛大部分城邦结成伯罗奔尼撒同盟。而雅典势力的扩张,引起了斯巴达人的恐惧,斯巴达的同盟者科林斯与雅典的矛盾,在导致战争爆发的过程中发挥了重要作用。学术界也曾普遍认为,战争主要源于科林斯与雅典的商业竞争,源于科林斯惧怕雅典向西方进行商业扩张。也有学者指出,考察伯罗奔尼撒战争的起因,不能忽视对斯巴达和雅典政治体制的剖析,因为"民主"的雅典与"专制"的斯巴达,在政治理念和体制上都是不能相容、不可调和的。

有人从战争的直接起因分析认为,雅典人比斯巴达人更不想战争,这是因为他们可以通过和平的方式来实现自己的目的,即通过提洛同盟的方式来更好地追求自己国家的利益。但从长远和深层的观点来观察伯罗奔尼撒战争的起因,就会发现雅典人可能要负有更多的责任。战前数十年,雅典人一直在采取一种咄咄逼人的进攻态势,而斯巴达人是处于守势。伯罗奔尼撒战争前,希腊各城邦间的战争确实是规模相当小。而波斯的威胁则保持了希腊人的某种团结,雅典人的帝国主义和扩张倾向渐渐把希腊城邦引向了一场大战。

纵使伯罗奔尼撒战争有这样或那样的原因,但是,许多人还是不禁要问:雅典人与伯罗奔尼撒人的战争是必然要发生的吗?它是不是国家体制的冲突?或者只是国家利益的冲突?责任更多地在哪一方?是在雅典还是在斯巴达一方?究竟哪一方更具有扩张性?

总而言之,雅典在这场战争中战败了。虽然后来还有一些英勇的将士试图复兴,但雅典还是无可挽回地衰落了,而这也可以说是整个希腊世界的衰落,是希腊人所无比珍视的城邦制度和生活方式的衰落。

布匿战争

纵观世界军事史,在诸多著名的军事家中,我们不能不提到一个人——汉尼拔。汉尼拔(约公元前247年~前183年或前182年),迦太基统帅,军事家,迦太基将领哈米尔卡·巴卡之子。

罗马于公元前273年征服整个意大利半岛后,就开始向地中海周边区域扩张。它首先遇到的劲敌是西部地中海霸国——北非的迦太基。迦太基是公元前9世纪腓尼基人在北非建立的殖民地。到公元前6世纪时,它已成为一个囊括北非西部沿岸、西班牙南部、巴利阿里群岛、撒丁岛、科西嘉岛和西西里岛的帝国。当罗马兵锋指向西部地中海时,一场酷烈的战争不可避免地爆发了。因为罗马人称迦太基人为"布匿",故把它们之间的战争称为布匿战争。战争前后进行了三次。第一、二次布匿战争是作战双方为争夺西部地中海霸权而进行的扩张战争。第三次布匿战争则是罗马以强凌弱的侵略战争。汉尼拔则是"布匿战争"期间迦太基人的主将。

战争最终以迦太基的灭亡而告结束。但为什么在第二次布匿战争的最后几年,罗马已经到了崩溃的边缘的时候,却神奇地转败为胜,汉尼拔最终败北了。是什么力量让罗马人力挽狂澜的呢?难道在汉尼拔身上发生什么意想不到的事情了吗?关于这个问题,几千年来,史学界一直存在较多分歧。

后世史学家总结这段历史，认为迦太基最主要的败因在于其国民意志力的薄弱。

第一次布匿战争就是因为迦太基人无法忍受战争带来的困苦和负担，主动向罗马求和，殊不知罗马人在战争中遭受的苦难要远远超过他们。由于生活富裕舒适，迦太基人普遍贪生怕死，他们但凡能够出钱收买雇佣军，就决不愿意去吃军旅生活的苦，白白浪费赚钱的时间。法国历史学家米切雷对迦太基人这个特性有一段精彩的描绘："迦太基人善于算计，他们可以把各个民族一条人命的价值精确地计算到个位数，总之希腊人比罗马人值钱，而罗马人又比西班牙人和高卢人值钱。他们认为一个成功的迦太基商人的性命太贵重，不值得去牺牲，打仗这种事只要找西班牙人、高卢人代替就行了。对迦太基人来讲，战争如同商业投机，开战的目的无非是为打开新的市场。打仗的关键是钱，钱越多，收买的雇佣军就越多，胜算就越大，如此而已。"布匿战争中的迦太基军队，一直是以北非和西班牙各地的雇佣军为主体的，其所说的语言多种多样，所信仰的宗教千奇百怪，所惯用的战术也是五花八门，唯一的共同点就是唯利是图。在布匿战争中这些雇佣军曾经几次哗变，每次都几乎将迦太基推到灭亡的边缘。

反观罗马军队，都是从朴实的罗马农民和城市平民中招募，大家同文同种，接收严酷的训练。罗马军团组织严谨，战术统一，由强烈的爱国心驱动，单位战斗力要远远强于迦太基军队，迦太基国民和军队的诸多弊病更衬托出汉尼拔无与伦比的领导才能。他把这支东拼西凑的军队组织起来，灌输以严格的纪律和对统帅的忠诚。经汉尼拔精心调教的这支军队体现出来的战斗力令人叹为观止，使曾经不可一世的罗马军团屡战屡败。在十五年的征战中，汉尼拔的军队无论面对怎样的逆境都没有哗变过一次，他们追随着汉尼拔一直到生命的最后一刻。和迦太基人形成鲜明对比，罗马人在整个布匿战争中体现出的坚韧不拔，愈挫愈勇的精神。十年战火使罗马人口锐减，国库空虚，从前的盟友也都纷纷倒戈，在这内忧外困的情况下，罗马人的斗志没有丝毫削减，举国上下争先恐后为战争做贡献。有钱的人捐献出自己的财产，所有的成年男人都等待着国家的召唤。虽然十年的战争使罗马丧失十余万人，此时罗马仍然在意大利半岛保持十五个军团共七万兵力，另外在西班牙，西西里岛和撒丁岛还有三万军队。这样罗马军团几乎囊括了全国所有的青壮年男子，罗马真的是全民皆兵了。

对于汉尼拔最终未能征服罗马的另一种说法，是强调汉尼拔的个人问题。尽管他有着杰出的军事才能，但是他却无法避免战略上致命的错误。他没有适时地将打击重点放在攻占罗马城上。罗马城一直以来是罗马人的"心脏"，如果当时汉尼拔能直接进攻罗马城，那么取得战争最后胜利的机会极大。因为那时的罗马城已经是一座孤城，而汉尼拔军正是士气最旺之时。但是汉尼拔并没有那样做，这便给了罗马人重建军备基地的机会，而其他还没被占领的罗马城市也有了精神寄托，保住罗马就等于保住了意大利，整个战争的天平便偏向了罗马军。因此，汉尼拔和他带领的精锐部队难逃失败的下场。有人认为这场悲剧的根源完全在于汉尼拔个人高傲自满情绪的膨胀和极端复仇思想。就是由于他的狭隘思想，使罗马军队由弱变强，从而导致了他的失败。

但是，上述任何一种看法都没有能够被人们所普遍接受。事实上，决定战争胜负的因素有许多，按照中国兵家的说法，要掌握"天时、地利、人和"。汉尼拔善于利用天时和地利，也善于利用罗马人与其同盟者城邦之间的矛盾坐收渔人之利。但是，他的祖国却没有给他以最基本的支持。因此，汉尼拔的失败似乎是因为他在进行"无根"的战争，其失败也的确是不可避免的。

尽管如此，布匿战争在古代军事学术史上写下了重要的一篇。陆上强国罗马为战胜海上强国迦太基而建立了海军；迦太基统帅汉尼拔在不拥有制海权的情况下，从陆上翻越天堑阿尔卑斯山深入罗马腹地；汉尼拔以劣势兵力围歼优势之敌和罗马海军所采取的接舷战，都是战术史上的杰作，这些对欧洲陆战和海战产生了深远的影响。罗马在征服迦太基之后，继续向地中海东部扩张，接连征服了马其顿王国和小亚细亚的西部和中部。到公元前44年，即至恺撒死，罗马殖民地已扩张到西自西班牙，北到瑞士和法国，东迄叙利亚，南至埃及。至公元117年，北到英国，东到波斯湾，以地中海为中心，包括了欧洲几乎全部，非洲和亚洲很大一部分。布匿战争使得罗马打开了通向并称霸世界的大门。

罗马在长期的掠夺战争中，获得了大批的奴隶。横行于地中海各地的海盗，也经常把掳掠而来的人口出卖于罗马，大大促进了罗马工业的发展。罗马为方便商品流通和战争，开辟了许多对外通路。有句谚语叫"条条道路通罗马"，就表明了这个时期罗马的情况。

项羽为何不肯过江东

汉四年（前203年）楚汉鸿沟划界后，项羽领兵东归，刘邦也欲西还。这时张良、陈平对汉王说："汉有天下大半，诸侯皆附之。楚兵疲食尽，这正是天亡楚国之时。今若勿击，真所谓'养虎遗患'。"刘邦听从。

汉五年，刘邦一面派使者联络各地诸侯王，约定共同灭楚，一面亲自率军追击项羽。十二月，项羽败逃至垓下（今安徽灵璧东南），已兵少食尽，而被汉军及诸侯兵重重围困，夜间又闻汉军四面皆唱楚歌，以为楚地已为汉军占领，不觉泣下，左右也皆泣。项羽于是乘黑夜率领壮士八百余人乘马突围。天明，汉军发觉，以五千骑追之。项羽渡淮时，跟随他的已只剩百余骑。至阳陵（今安徽和县北）迷道问路，被农民所骗，陷大泽中，为汉兵追及，项羽复向东逃，已只余二十八骑，自忖无法脱逃，与部下再战。最后，项羽败至乌江（今安徽和县东北）。乌江亭长备船岸边要送他过江。项羽笑道："与江东子弟八千人渡江而西,今无一人还,纵江东父兄怜而王我,我何面目见之?"遂下马步战,杀汉军数百,身被十余创,自刎身亡。

《史记·卷七·项羽本纪》里这样记载项羽最后的时刻:"项王乃欲东渡乌江。乌江亭长舣船待,谓项王曰:"江东虽小,地方千里,众数十万人,亦足王也。愿大王急渡。今独臣有船,汉军至,无以渡。"项王笑曰:"天之亡我,我何渡为!且籍与江东子弟八千人渡江而西,今无一人还,纵江东父兄怜而王我,我何面目见之?纵彼不言,籍独不愧于心乎?"乃谓亭长曰:"吾知公长者。吾骑此马五岁,所当无敌,

项羽

尝一日行千里,不忍杀之,以赐公。"乃令骑皆下马步行,持短兵接战。独籍所杀汉军数百人。项王身亦被十余创,顾见汉骑司马吕马童,曰:"若非吾故人乎?"马童面之,指王翳曰:"此项王也。"项王乃曰:"吾闻汉购我头千金,邑万户,吾为若德。"乃自刎而死。王翳取其头,余骑相蹂践争项王,相杀者数十人。最其后,郎中骑杨喜、骑司马吕马童、郎中吕胜、杨武,各得其一体。"

项羽乌江自刎这一悲壮的举动,引起了历代诗人的无限情思。人们普遍认为,项羽在斗争中虽然失败了,但他死得壮烈,不失英雄本色,因而是值得歌颂的"人杰"和"鬼雄"。于季子的"空歌拔山力,羞作渡江人"(《咏项羽》)、李清照的"至今思项羽,不肯过江东"(《乌江》)、胡曾的"乌江不是无船渡,耻向东吴再起兵"(《乌江》)、汪绍的"乌江耻学鸿门遁,亭长无劳劝渡河。"(《项王》)等诗句,就是这种观点的典型代表。项羽是秦末农民起义军的领袖,为人刚愎自用,独断专行,因而在楚汉之争中落败,最终落得个自刎乌江的下场。项羽为何不渡乌江呢? 两千多年来,人们有种种说法。

有一种观点认为,西楚霸王不过江东,是因为虞姬已死。《史记》里并没有记载虞姬的生死,只是一略带过的说:"项王则夜起,饮帐中。有美人名虞,常幸从;骏马名骓,常骑之。于是项王乃悲歌慷慨,自为诗曰:"力拔山兮气盖世,时不利兮骓不逝。骓不逝兮可奈何,虞兮虞兮奈若何!"歌数阕,美人和之。项王泣数行下,左右皆泣,莫能仰视。"项羽的死与虞姬的死有必然联系吗? 两者之间有联系,有学者就认为项羽因"虞姬死而子弟散"心生羞愧,因而不肯过江,拔剑自刎。这样说很有道理,单纯说项羽不肯过江东是因为虞姬之死就显得论据不足。而这与《史记》上说的"项王笑曰:'天之亡我,我以何渡为! 且籍与江东子为八千人渡江而西,今天一人还,纵江东父兄怜而王我,我何面目见

之？纵彼不言，籍独不愧于心乎？'"这段话一致。"子弟散"，一方面符合他说的"天之亡我"，一方面也是"无颜见江东父老"的原因。项羽即便过江，败局已定。因而，他选择了不渡乌江。

但有的学者提出，自固陵战败后，项羽连连败退，退到垓下，垓下突围又逃往东南，一直逃至乌江边。由此可见，他早有退守江东之意，并且是一路逃奔。如果说项羽因失败使江东八千子弟葬送性命而愧对江东父老的话，垓下被围时，"虞姬死而子弟散"，他就应羞愧自杀。渡淮之后从骑仅百余人，至阳陵又迷了路，问一农夫，结果被骗，身陷天泽，被汉军追上。此时的项羽已经完全没有巨鹿之战时"皆沉船，破釜甑，烧庐舍，持三日粮，以示士卒必死，无一还心。于是至则围王离，与秦军遇，九战，绝其甬道，大破之，杀苏角，虏王离。"时的意气风发。如此狼狈的境遇他也没有羞愧自杀，逃至东城，汉骑将之包围数重，尽管他"自度不得脱"，但还是把仅剩的二十八骑组织起来作了一番拼杀，又"亡其两骑"。这时候项羽仍"欲东渡乌江"。因而认为他好不容易逃到乌江岸边时却反而感到羞见江东父老而自杀似乎有些说不通。项羽的羞愧之心来得太突然，也不合情理，很可能是司马迁为使情节完整而下笔渲染的。

有人认为项羽不渡乌江是出于一种高贵的品质和精神，是从早日消除人民的战争苦难考虑的。因为项羽认识到了长期内战使人民痛苦不堪，希望这场战争尽早结束。项羽确实曾有结束战争的愿望，也曾想通过他与刘邦的个人决斗来结束战争，他觉察到"楚国久相持不决"，"丁壮苦军旅，老弱罢鞍漕"，所以对刘邦说："天下匈奴长岁者，徒以吾两人耳，愿与汉王挑战决雌雄，毋徒苦天下之民父子为也。"最后他甚至不惜违背自己个性，牺牲自己的利益通过和谈换取刘邦的让步，以鸿沟为分界。但是刘邦却违约出兵追杀楚军。当项羽失利并且认识到自己无法立即消灭刘邦而又无法谈和的情况下，项羽只有牺牲自己以结束数年的残杀。据说，项羽当时还是有可能与刘邦抗衡的。

"大江东去，浪淘尽，千古风流人物。"两千多年过去了，项羽的英雄形象至今令人难以忘怀。项羽为何乌江不渡？两千多年来，无论是文人骚客，还是历史学家都给予极大的关注，但至今难有定论。

无论是什么原因使项羽不肯过江东，都让我们用屈原的这首《国殇》来纪念这位西楚霸王吧：

操吴戈兮被犀甲，
车错毂兮短兵接。
旌蔽日兮敌若云，
矢交坠兮士争先。
凌余阵兮躐余行，

左骖殪兮右刃伤。

霾两轮兮絷四马，

援玉枹兮击鸣鼓。

天时怼兮威灵怒，

严杀尽兮弃原壄

……

曹操败于赤壁之战

东汉建安十三年（公元 208 年）的"赤壁之战"，是曹操和孙权、刘备联军在长江赤壁（今湖北江陵与汉口间的长江沿岸）的一场决战，是我国历史上一次以弱胜强的著名战役，对于三国鼎立局面的确立具有决定性的意义。

赤壁之战虽然已经过去千年之久，但究竟是什么原因使曹操在赤壁之战中打了败仗呢？过去学术界几乎都是说曹军失败的致命原因是遭遇孙、刘联军的火攻。《三国志·蜀书·先主传》载："权遣周瑜、科普等水军数万与先主并力，与曹公战于赤壁，大破之，焚其舟船。"司马光在《资治通鉴》中也说，黄盖"乃取蒙冲斗舰十艘，载燥荻、枯柴，灌油其中，裹以帷幕，上建旌旗，预备走舸，纱于其尾。去北军二里余，同时发展，火烈风猛，船往如箭，烧尽北船，延及岸上营落"。曹军败在火攻上，证据确凿。

可是，随着社会的进步，近些年来，有论者提出了许多关于火攻论的质疑。他们认为，《三国志·魏书·武帝本纪》中并未提到赤壁之战中孙、刘采用火攻之事。据载："（建安）十三年，秋八月，公南征刘表……至赤壁，与备战不利，于是大疫，吏士多死者，乃引军还。"《三国志》中另一处记曹操给孙权的书中亦云："赤壁之役，值有疾病，孤烧船自退，横使周瑜虚获此名。"研究认为，曹操之所以会失败，是因为军队遭遇疾病瘟疫，导致战斗力丧失，而不是由火攻造成的，更为详尽的是，他们说是血吸虫病造成曹军赤壁战败的。

血吸虫论者也是根据史籍提出这一论点的。如陈寿在《三国志·魏书·武帝纪》中叙述赤壁之战时，并未提及"火攻"这件事。他说，曹公到了赤壁，与刘军大战，不占上风。后来发生瘟疫，士兵大部分都死了，于是带领部队回去。从曹军主帅曹操在战后写给孙权的一封信中可看出，他不承认失败是因为遭到火攻，其中写道："赤壁之战，有疾病侵袭，我烧船而退，使周瑜白捡了这个好名声。"而曹操所说并不是唯一凭证，《吴书·吴主传》中也有曹操自己烧掉战船一说："曹公烧剩余船而退败。"由此论者认为，火攻一说不足以取信。曹军失利主要原因就是瘟疫，即血吸虫病。

1981 年第 11 卷第 2 期的《中华医史杂志》发表李友松的《曹操兵败赤壁与血吸虫病

关系之探讨》一文,指出曹操赤壁之战兵败的原因是"疾病"——急性血吸虫病。

根据历史记载以及近代科学研究,证明血吸虫病是我国一种古老的疾病。《周易》卦象"山风蛊"以及7世纪初叶的《诸病源候论》中已有类似的记载与描述;1973年,湖南长沙马王堆一号汉墓出土的女尸,其肠壁和肝脏组织都发现有血吸虫虫卵,说明当时血吸虫病已相当流行,连轪侯之妻这样的贵妇人也难以幸免。而赤壁之战的战场恰恰是当时血吸虫病严重流行的地区。

从时间上来说,赤壁之战爆发的时间又是血吸虫病的感染季节。赤壁之战是在冬天开始的,但曹军在转徙、训练时间是在秋天。曹操水军在赤壁之战战前染上血吸虫病,经过一个多月的时间就发病了,致使大战时疫病交加,不堪一击。

那么同是在水上作战,同是在疫区内转移与行军,为什么孙、刘联军没染上血吸虫病呢?人或动物感染血吸虫病后,体内或多或少会产生一定的免疫力。刘、孙联军长期在血吸虫流行的疫区中从事生产、生活,士兵感染的血吸虫病多数是属于慢性的,急性期早已过去,特别严重者也早已死亡。而曹军刚到南方安营扎寨,士兵不适应疫区环境,急性血吸虫病突然发作。

然而,血吸虫病说也不可尽信,它比火攻论的争议还要多。1982年5月25日,季始荣在《文汇报》发表题为《曹军兵败赤壁是由于血吸虫病吗?》,他认为:

第一,史记的确记载过曹操烧船退军一事,但事情发生在曹军兵败退到巴丘时而不是赤壁大战之时,而且烧船的地点在巴丘也不在赤壁。

第二,曹操训练水军不是在疫区江陵,而是在邺(今河南安阳县),这个地区没有发生过吸血虫病,所以,感染的可能性基本没有。

第三,曹操的水军大部分是居于血吸虫病流行区的湖北人,跟孙刘联军的免疫力没有什么差别,除此之外,补充给曹操的刘璋军队也是来自疫区四川的士卒。所以,孙刘联军在免疫能力上与曹军没有高低强弱的分别。

第四,血吸虫病的潜伏期一般在一个月左右,少数在两个月以上,潜伏期越长,发病的症状也就越轻,所以可以得出结论:即使曹军在秋季患上了血吸虫病,到大战爆发时也只是刚刚发病,不会影响曹军的身体状况。

是曹操有意掩盖这次战斗败绩的原因,还是由于疾病的关系,引军自还呢?火攻论不可尽信,血吸虫病说也有缺陷,那么,曹操在赤壁战败的原因,只能作为一个千古之谜留存于人们心中了。不管是什么原因,经过赤壁之战,彻底破灭了北方中原王朝迅速统一中国的梦想,最终奠定了三国鼎立的局面,而这种局面,一直演变成为长达三百多年的战乱,并且深刻地改写了中国古代的历史。

神秘莫测的"八阵图"

杜甫在"八阵图"中评价诸葛亮时,写下过这样的诗句:"功盖三分国,名成八阵图。"前一句的意思尽人皆知,对于后一句中的"八阵图"了解的人就不多了。"八阵图"是怎么回事? 它是如何使用的? 它的遗迹在哪里? 至今尚存许多不解之谜。

简单地说,"八阵图"是古代军队的一种集体战斗队形,也有的说它是古代行军作战的一种阵法,实战中变幻莫测,威力极大,往往变戏法似的就把敌军置于死地,是千百年来公认的极佳阵法。明代军事理论家茅元仪修撰过《武备志·诸葛亮与复江八阵图》,据他介绍:"八阵图"由天、地、风、云、龙、虎、鸟、蛇八种阵势组成,每阵皆以相应名称的旗帜指挥。同时,它又用八八六十四卦表示大小战斗队伍的番号,可以随机组成任何一种战斗图形。使用时将部队配置成八个方向,每个方向又分成八个小方阵,形成流动变幻的六十四个作战单位。中央是指挥机构,即常常说到的"中军"。作战时,按照"中军"的预先布置,各小方阵都有明确的任务,敌人变动,随之变动。各小方阵视需要可摆成不同形状的阵势,其中又分别组成马队、步队、车队等,每队数量不同,或几十人,或上百人,可以临机组合。每队再排列为重迭的数行,通常前置弓箭手,中间是长兵器手,后面是短兵器手,根据进攻或防御的需要,也可作前后调整。正所谓"常山之蛇,击首则尾应,击尾则首应,击中则首尾皆应。"真是机动灵活,变化无穷,成为克敌制胜的一大法宝。其实,"八阵图"并非只用于战场上的攻防,在行军队形、驻防配置、部队训练等方面,都能应用。诸葛亮用它"以巴蜀弱卒数万东屯渭水,天下震动"。可见它的威力不可小视。

"八阵图"的设计如此巧妙,它用于实战究竟如何? 据《三国演义》描述,陆逊破蜀大获全胜,引得胜之兵,往西追袭。前离夔关不远,陆逊在马上看见前面临山傍江,一阵杀气冲天而起,即差哨马前去探视,回报:见有乱石八九十堆,四面八方皆有门有户,并无人马。陆逊大笑说:"此乃惑人之术耳,有何益焉!"遂引数骑下山坡来,直入石阵观看。忽然狂风大作,霎时,飞沙走石,遮天盖地。但见怪石嵯峨,槎枒似剑,横沙立土,重叠如山,江声浪涌,有如剑鼓之声。陆逊大惊曰:"吾中诸葛亮之计也!"欲回,无路可走,正惊疑,忽见一老人立于马前,笑曰:"将军欲出此阵乎?"陆逊答:"愿长者引出。"老人策杖徐徐而行,径出石阵,并无所得,送至山坡上。陆逊回寨后叹曰:"孔明真卧龙也,吾不能及。"于是班师回吴。

不费一兵一卒,只靠八九个石堆,居然吓走东吴万千精兵,显然这是艺术虚构。从这一应用"实例"来看,有人认为"八阵图"其实只是一种演习阵法的教练图,就像当今军队所有的沙盘作业图,充分利用地形地物,灵活机动训练部队,一旦运用于实战,便可稳操胜券。从《三国演义》描述看,首次应用"八阵图"的是诸葛亮,而畅晓兵法的东吴统帅陆逊竟然不知为何物,三国中的其他将领也从未使用过此种阵法。魏国大将司马懿曾经研究过蜀军训练营地,对这位老对手的布阵技巧十分佩服,赞其为"天下之奇才也"。

从以上分析可以看出,"八阵图"确实具有很大的优点,称得上克敌制胜的法宝。但从《三国演义》中看,诸葛亮摆布"八阵图"的次数有限,他的继承者也少有使用,若真有那么巨大的威力,蜀军为何不多用几次?

另外,有些人可能会问,如果真有"八阵图"这样的阵地,它的遗迹在哪里呢?这个问题,也是个难以解开的谜。

按照《三国演义》的描写,人们自然把寻找的目光投向夔关,也即白帝城下江边的"八阵图"。最先提到这处遗迹的是北魏地理学家郦道元。他的《水经注·江水一》载:"江水又东迳诸葛图垒南"。对此他解释说:"(此处)石碛平旷,望兼川陆,有亮所造'八阵图'"。此说一出,很有影响,历代都有人来这里游览或者凭吊。唐代诗人刘禹锡在夔州做刺史时,曾到这里作了实地考察,写了"八阵图"遗迹的状貌:"夔州西市,俯临江岸沙石,下有诸葛亮'八阵图',箕张翼舒,鹅形鹤势,聚石分布,宛然尚存"(引见刘禹锡:《八阵图录》)。宋代大文人苏轼在《东坡志林》中也做过描写:"自山上俯视,百余丈凡八行,不见凹凸处,如日中盖影。予就视,皆卵石,漫漫不可辨。甚可怪也。"另据《夔州府志》、《奉节县志》等地方史料介绍,自宋代起,在每年的正月初七,男女老少都来观看"八阵图"遗迹,名曰"人日踏碛"。由此可见,夔关江边这些奇怪的聚石、卵石,自古以来就被认为是当年诸葛亮留下的"八阵图"遗迹。

也有人指出:诸葛亮的"八阵图"遗迹不止一处。如郦道元的《水经注》记载,在今天陕西省的沔阳县还有一处:"(定军)山东名高平,是亮宿营处……营东即'八阵图'也。"可是,他同时又说,考察这个遗址,却已"倾覆难辨"。郦道元的时代距今一千四百余年,再要考察此处遗迹的真伪,显然就更困难了。《晋记》和《汉中府志》也持此说,然而因无遗迹可寻,只好成疑。

还有人认为,在四川新都、广都、宜宾等地,都分别可寻"八阵图"的遗迹。如《大明一统志》载:在四川新都县北三十里处,有诸葛亮"八阵图"遗迹。这里,尚有以此命名的"八阵"乡。在这些地方的史书中,也能找到有关的记载。然而这些说法,大都缺乏有力的史料证明,又找不出令人信服的实物,很难认定哪儿是"八阵图"的遗迹。

但多数人认为,白帝城下江边的"八阵图"遗迹才是真的。从史料记载来看,诸葛亮在白帝城下虽然未与陆逊交手,也没同别的什么人对阵,可是却有布设"八阵图"的可能。比如,汉献帝建安十九年(公元214年),诸葛亮令关羽守荆州,自与张飞、赵云将兵逆流西上入川,在白帝城整训过部队,可能以"八阵图"演习过阵法。又如蜀汉章武三年(公元222年),吴蜀发生猇亭之战,刘备大败而逃,后在白帝城托孤。诸葛亮在此加强防御设施,"八阵图"正好可以派上用场。由此看来,此处摆布这种阵法,不一定非用于实战,而是用于训练部队或者只是防御设施。因为白帝城属于蜀国门户,战略地位异常重要,诸葛亮有可能建立永久性训练基地和战备工事。据刘禹锡《嘉话录》记载:这里的"八阵图"聚石成堆,堆高五尺,六十围,纵横交错,积有六十四堆。每个石堆都很牢固,虽然历经风摧雨冲,千百年来安稳如初。如此牢固的永久性工事,完全有可能保留下来。所以白帝城下江边上的这些古老军事设施,很有可能是诸葛亮摆布的"八阵图"遗迹。

但这也仅仅是推断和猜测,关于"八阵图"的真相,今天再很难找到实证材料。不过,许多专家都认为,诸葛亮确实作过"八阵图",这一点是没有疑义的。只不过诗人杜甫有意无意地夸大了它的名声,小说家罗贯中又特地给它蒙上了一层神秘面纱,这样一来反倒掩盖了"八阵图"的真实面目。

秦晋淝水之战

东晋太元八年(公元383年)发生的淝水之战,是偏安江左的东晋王朝同北方氐族贵族建立的前秦政权之间进行的一次战略性大决战。同时,淝水之战还产生了"投鞭断流"、"草木皆兵"、"风声鹤唳"等成语。

公元316年,在内乱外患的多重打击下,腐朽的西晋王朝灭亡了。随之而来的,是出现南北大分裂的历史局面。在南方,公元317年晋琅王司马睿在建康(今江苏南京)称帝,建立起东晋王朝。其占有现汉水、淮河以南大部分地区。在北方,匈奴、鲜卑、羯、氐、羌等少数民族首领也纷纷先后称王称帝,整个北方地区陷入了割据混战的状态。在这个动乱过程中,占据陕西关中一带的氐族统治者以长安为都城,建立了前秦政权。公元357年,苻坚自立为前秦天王。他即位后,重用汉族知识分子王猛治理朝政,推行一系列改革政治、发展经济和文化、加强军力的积极措施。在吏治整顿、人才擢用、学校建设、农桑种植、水利兴修、军队强化、族际关系调和方面均收到显著的成效,在一定程度上使前秦国实现了"兵强国富"的局面。在这基础上,苻坚积极向外扩张势力。他先后灭掉前燕、代、前凉等割据政权,初步统一了北方地区。黄河流域的统一,使苻坚本人的雄心越发增大。他开始向南进行扩张,在公元373年攻占了东晋的梁(今陕西南部、四川北部的部分地区)、益(今四川的大部分地区)两州,这样长江、汉水上游就纳入了前秦的版图。接着,前秦雄师又先后占领了襄阳、彭城两座重镇,并且一度包围三阿(今江苏高邮附近)、进袭堂邑(今江苏六合)。于是,秦晋矛盾日趋尖锐,终于导致了淝水大战。

公元383年,苻坚再调各族人民,组成87万人的军队南下进攻东晋。崔鸿《十六国春秋·前秦录六》记:"八月戊午,遣……步骑二十五万为前锋。甲子,坚发长安,戎卒六十余万,骑二十七万,前后千里,旌鼓相望。"因为根据情报,东晋只有十多万兵力,所以苻坚很狂妄地说:"我的大军只要把马鞭扔进河里,就能让河断流,还灭不了晋吗?"

东晋得知前秦大军南下,急忙派谢石、谢玄率精兵八万,抗拒敌人。这时前秦的先遣部队已到达离东晋国都不远的洛涧(即洛河,今安徽淮南东),截断了淮河交通,形势十分危急。谢石、谢玄派了5千轻骑兵偷袭洛涧的敌军,大获全胜,晋军士气大振,水陆并进直达淝水(淮水支流,在今安徽中部)东岸布阵。

苻坚得知先遣部队打了败仗,急忙赶来督战。他登上城楼,观察淝水东岸的晋军。只见对岸营帐林立,旌旗簇拥,军营里还隐隐传来阵阵鼓声,苻坚心中一惊,忙转身远眺北方的八公山。可是苻坚心里还想着刚才晋军军容严整的景象,恍恍惚惚之时,将八公山上的草木都看成了漫山遍野的敌旗、如林的戈朝。他心里非常恐惧,不敢再抬眼看了,转身对部下说:"晋军有这么多人马,分明是强敌,你们怎么说他们弱呢?"

这时,谢石、谢玄经过研究,觉得前秦军队虽然人数众多,但是士兵都是从各族人民中强行征来的,人心不齐,而且前秦队伍庞大,远途行走,人困马乏,晋军应该采取速战速决的战术。于是谢石、谢玄就发信给苻坚,要求秦军从淝水岸边后撤,留出空地来,让晋军渡过淝水,前来决战。苻坚心想:乘晋军渡河之时,出兵袭击,岂不正好? 于是下令前秦军队后撤。不料前秦士兵都不愿作战,后面部队听到后退的命令,以为前方战败了,争先恐后地逃跑,前秦军队顿时大乱。晋军乘机抢渡淝水,冲杀过来。前秦军队中又有人大喊:"秦军败了,秦军败了!"前秦士兵一听,更加混乱。顷刻间,前秦几十万军队自相践踏,死者无数,苻坚自己也中箭负伤。晋军乘势追杀,苻坚慌忙带着亲信部队往回逃跑。前秦军队逃得疲惫不堪,正想休息一会,忽然听到"呜呜"的风声和鹤的鸣叫声,以为晋军又追来了,不敢停留,又赶紧跑。前秦大败而回,一蹶不振,两年后就灭亡了。

就是这样一个人人称颂为以少胜多、以劣势之军打败优势之军的辉煌战例,却有人提出了质疑。他们对双方兵力之比提出新的见解:第一,前秦的百万军队是虚数。从当时北方人口的估计数看,前秦全国有百万军队已是惊人数字,即使有,苻坚也不可能全部征调伐晋,至少要留一些驻守各地重镇。更重要的是,这百万虚数也没有全部赶赴前线,苻坚到彭城时,凉州、幽冀、蜀汉之兵均未到达淮淝一带,因而根本没有参加淝水之战。第二,当时集结在淮淝一带的军队,是苻坚的弟弟苻融率领的30万士兵,他们也没有全部投入战斗,而被分布在西至郧城、东至洛涧五百余里长的战线上。驻扎在寿阳及其附近的军队,充其量不过10万人。加上苻坚从项城带来的"轻骑8千",也不过10多万人,况且战争发生时,这些军队也不会全部投入战斗。正因为寿阳一带兵力不多,苻坚才会在看到晋军严整的阵容时,恍然而有惧色,产生草木皆兵之感。第三,晋军8万除刘牢之所率5千人进军洛涧外,均参加了战斗。当时,晋军在长江中游地区布置的兵力,本来就较雄厚,再加上新投入的8万,因此当秦、晋双方沿长江中游至淮水一线交战的时候,晋方在前线至少有20万以上兵力。再考虑到前秦军长途跋涉、以逸待劳；前秦内部意见分歧、晋军上下一心等各种因素，晋军占了一定优势。因此，不论从两军交战的时候，还是从整个战役情况看，淝水之战时双方投入的兵力，是大致相当的。

长期以来，人们一直认为淝水之战的结果是弱小的东晋军队临危不乱，利用前秦统治者苻坚战略决策上的失误和前秦军队战术部署上的不当而大获全胜，成为中国历史上以弱胜强的著名战例之一。如今又提出了秦晋双方兵之比的新见解，淝水之战是否以少胜多便成为未解之谜，有待进一步解开。

恒逻斯战役

恒逻斯战役在中国的历史上是比较著名的。因为根据一些历史学家的论点，此战是中华古文明向西方输出的伟大里程碑，从此中国的造纸术和火药传到了西方。

公元751年（唐玄宗天宝十年），恒逻斯战役在唐王朝与阿拉伯帝国阿拔斯王朝之间爆发，这场战争的地点在现在的哈萨克斯坦塔拉兹市附近。恒逻斯之战是阿拉伯人夺占中亚细亚的著名战役。

恒逻斯战役的起因是西域藩国石国"无蕃臣礼"，唐安西节度使高仙芝领兵征讨，石国请求投降，高仙芝假意允诺和好；但是不久高仙芝即违背承诺，攻占并血洗石国城池掳走男丁，格杀老人、妇女和儿童，搜取财物，而且俘虏石国国王并献于阙下斩首。侥幸逃脱的石国王子遂向大食（阿拉伯帝国）的阿拔斯王朝（中国史书称之为"黑衣大食"）求救。

有消息说大食援军计划袭击唐朝西域四镇，高仙芝的反应是采取先发制人之策，主动进攻大食。鉴于当时唐帝国在西域的影响，有许多葛逻禄及拔汗那国的军卒参加大唐的军队，组成的大唐联军有3万多人（另有说法为7万人），其中唐兵占2/3。高仙芝率领大唐联军长途奔袭，深入七百余里，最后在恒逻斯与大食军队相遇。于是，一场历史上著名的战役——恒逻斯战役打响了。

在恒逻斯战役中双方相互厮杀，战斗持续五日。其间大唐联军的葛逻禄部见势不妙，反倒向大食，高仙芝受到大食与葛逻禄部两面夹击，无力支撑而溃不成军。副将李嗣业劝高仙芝弃兵逃跑，途中他们恰逢同属大唐联军的拔汗那兵也溃逃至一处，兵马军辆拥挤堵道路，李嗣业唯恐大食追兵将及，挥舞大棒毙杀拔汗那军士，高仙芝等人才得以通过。《资治通鉴》亦有如下记载："右威卫将军李嗣业劝仙芝宵遁，道路阻隘，拔汗那部众在前，人畜塞路；嗣业前驱，奋大梃击之，人马俱毙，仙芝乃得过。"李嗣业在溃逃途中还被别将段秀实撞上，段斥责李为"惮敌而奔，非勇也；免己陷众，非仁也"。倍感羞愧的李嗣业于是与段秀实收拾唐军残卒向安西逃遁。此役以大食军完胜奔袭问罪的大唐联军为结局,唐3万余士卒除了极少数逃回安西外,其余大部分唐军的去向史书中没有具体记载,下落不明。那么这3万唐军到底哪里去了呢? 是被杀,还是被俘,或是逃散? 在史书上都没有详细的记载。

近些年来,人们通过对史书中有关这段战役的零星记载,逐渐找到一些线索。在《旧唐书》中的《李嗣业传》中记载说:"仙芝大败。会夜两军解。仙芝众为大食所杀。存者不过数千。"这里面所说的是逃回安西的只有数千人,而其余的人都被阿拉伯军队所杀。但是,这是否是真实的情况呢? 在阿拉伯人伊本·阿勒·阿西尔关于这场战争的记载中,曾经提到高仙芝所率军队共7万人,其中5万被杀,2万被俘。这与《旧唐书》中所记载的情况是不符的。另外在唐朝政治家及学者杜佑所撰写的《通典》中提到:"高仙芝伐石国于恒逻斯川,7万众尽殁。"这和伊本·阿勒·阿西尔的记载完全符合。杜佑是与战争发生同一时代的官员,这段文字也是根据他的亲戚、曾经参加过恒逻斯战役的杜环提供的材料写成的,看来这种说法比较可靠。

据现有的文献记载,有一部分被俘的唐朝官兵被编入了阿拉伯军队,并且远赴西亚作战。杜环是一万余唐军俘虏中的一员,他是作为随军书记官参与恒逻斯战役的。杜环在中亚、西亚乃至地中海沿岸等大食境内游历、居住有十多年之久,是中国历史上有据可考的第一个到过摩洛哥的人。杜环于公元762年由海路返回中国,并将其游历见闻著作成书,名为《经行记》,为中外文化交往流下了宝贵的记录。《经行记》同时也记载了许多被俘的唐军的下落,除参军作战以外,许多被俘的唐军被阿拉伯当作奴隶使用。有一些留在了中亚地区,而有的则被带到了西亚、北非等地。中国的许多先进的生产技术和文化就是通过这些俘虏传到西亚和非洲的。在当时的阿拔斯王朝的大城市里,杜环不但发现那里已有来自中国的绫绢机杼,还亲眼目睹一些中国工匠(金银匠、画匠及纺织技术人员)在当地工作。早在公元10世纪时,阿拉伯学者比鲁尼就曾经写道:"中国的战俘把造纸术传入了撒马尔罕,从那以后许多地方都开始造起纸来。"而另一位阿拉伯学者则直接指出纸是由俘虏们从中国传入撒马尔罕的,阿拉伯人就是在这些俘虏中找到造纸工人的。可见中国的战俘教会撒马尔罕人造纸是不容置疑的。

那么这批1000多年前出征的唐朝军队,在战争结束后到底去了哪里呢? 我们是否可以根据以上的史料记载来判断他们流向西亚,并从侧面为中国文明的向外传播做出了贡献呢? 在各种看似真实的记载中,我们无从判断这个历史事件的真实面貌。但是在众多的古代事件中,作为后来的人们又有多少把握认为前人所描绘的历史是准确无误的呢? 也许这将成为永远都解不开的谜,只留下那些不朽的诗篇还在被后人传唱……

明与后金萨尔浒之战

"明朝衰亡,后金兴起,'肇于是战'",公元 1619 年发生的萨尔浒之战,是明朝与后金政权在辽东地区进行的一场具有决定意义的战略会战。纵观明和后金在萨尔浒之战中的战略、战术指导上的不同特点和战争的最终结果,可以充分体会到兵法中的"胜兵若以镒称铢,败兵若以铢称镒"的真切含义。

萨尔浒之战

明朝对女真各部的统治,一面以羁縻政策笼络其首领,封官晋爵赏赐财物;一面分化女真各部,使其互相对立,以便分而治之。后来由于对女真的政治压迫和经济剥削不断加剧,引起了女真人民的强烈不满和反抗。万历四十四年(1616 年),努尔哈赤建立后金,年号天命,称金国汗,以赫图阿拉(今辽宁新宾县西老城)为都城。后金政权的建立,实际上标志努尔哈赤正式宣告与明朝分庭抗争。努尔哈赤利用这种不满情绪,积极向明辽东都司进行袭扰。

明朝晚期,因忙于镇压关内人民起义,无力顾及辽东防务,驻守辽东的明军,训练荒废,装备陈旧,缺粮缺饷,虚额 10 余万,实有兵不过数万。加上长期处于和平环境,守备又极分散,军队战斗力差。万历四十六年(1618 年)正月,努尔哈赤趁明朝内争激烈、防务松弛的时机,决意对明用兵。努尔哈赤在万历四十六年二月召集贝勒诸臣讨论方略,具体制定了攻打明军、兼并女真叶赫部、最后夺取辽东的战略方针。尔后厉兵秣马,扩充军队,刺探明军军情,积极从事战争准备。

经过认真准备和周密计划后,努尔哈赤便按既定计划开始了行动。四月,努尔哈赤以"七大恨"誓师,历数明廷对女真的七大罪状。"七大恨"的主要内容是指责明朝杀父、祖,援助叶赫和驱逐边堡的女真农人,以此作为对明动武的借口。努尔哈赤率步骑攻打明军,并很快攻下了抚顺城。

明廷在辽左覆军损将后,决定发动一场大规模的进攻后金的战争,企图一举消灭建立不久而势力日盛的后金政权。明任杨镐为辽东经略,调兵遣将,筹饷集粮,置械购马,进行战争准备。

万历四十七年(1619 年)正月,明帝颁发"擒奴赏格":擒斩努尔哈赤者,赏银一万两,升都指挥使世袭,擒斩努尔哈赤之子代善、莽古尔泰、皇太极、阿巴泰及其孙杜度等"八大总管",赏银 2000 两,升指挥使世袭,幻想"重赏之下,必有勇夫"。明朝还与朝鲜取得联系,欲借于朝鲜的兵力,合击后金。朝鲜派出了元帅姜弘立、副元帅金景瑞率三营兵马

13000 人过鸭绿江来援助。

万历四十七年(1619 年)二月,明各路大军云集辽沈。经略杨镐制定了作战方案,即以后金政治中心赫图阿拉为目标,分进合击,四路会攻。北路由总兵马林率领,自开原出三岔口;西路为主力,由总兵杜松率领,自沈阳出抚顺关;西南路由总兵李如柏率领,自清河出鸦鹘关;南路由总兵刘挺率领,会合朝鲜兵,出宽奠。杨镐坐镇沈阳指挥,想一举围歼后金军。

努尔哈赤探悉明军分进合击的企图后,决定采取"凭尔几路来,我只一路去"的对策,集中八旗军精锐,先破明西路军,以少量兵力抵御其余三路,尔后相机各个击破。三月一日,杜松部进至萨尔浒(今辽宁抚顺东),分兵为二,以主力驻萨尔浒附近,自率万人进攻吉林崖。努尔哈赤率兵进攻萨尔浒的杜松部,两军交战,中午以后,天色阴暗,杜松部点燃火炬照明以便进行炮击,后金军由暗击明,攻占杜军营垒,杜军主力被击溃,伤亡甚众,杜松阵亡。西路军全军覆没。

明西路军被歼后,南北两路明军处境十分不利。北路马林部进至尚间崖(在萨尔浒东北),得知杜松部战败,令军队就地防御。努尔哈赤迎击马林部。后金以骑兵一部迂回到马部阵后,两面夹攻,大败马林部,夺占尚间崖,北路明军大部被歼。

此时,南路军尚不知西路、北路已经大败,仍按原定计划向北开进。努尔哈赤事先在阿布达里岗设下埋伏,刘挺先头部队进至阿布达里岗时,遭到伏击,刘挺兵败身死。

坐镇沈阳、掌握着一支机动部队的杨镐,得知西、北、南三路大军均吃败仗后,慌忙急檄南路李如柏部撤兵。李如柏部在回师途中,又为小股后金军骚扰,李如柏部军士惊恐逃奔,自相踩踏,死伤千余,才逃脱了被后金军聚歼的悲惨命运。至此,萨尔浒之战落下了帷幕。

在这次战争中,后金努尔哈赤表现了杰出的军事才能,运用集中兵力、各个击破的正确作战指导,取得了辉煌的胜利,从而根本的改变了辽东的战略态势:明朝方面由进攻转为防御,后金方面由防御转为进攻。后金军在萨尔浒之战的胜利,不但使其政权更趋稳固,而且从此夺取了辽东战场的主动权。而明军自遭此惨败,完全陷入被动,辽东局势顿时告急。萨尔浒之战后,后金军乘势攻占开原、铁岭,征服了叶赫部。明由轻忽自大变为软弱妥协,消极保守的战略思想占了主导地位,直至最后清叩关而入,明朝灭亡。

明与后金之间的萨尔浒决战是 17 世纪初的一场大搏斗。但在萨尔浒之战中双方究竟各投入多少兵员,迄今仍是一个谜。清朝文献记载"杨镐以二十万兵,号四十七万"(《清太祖武皇帝实录》,卷 3);另一种记录"以二十七万兵,号称四十七万"(《清太祖朝老满文原档》)他们总是往多说,以讥笑杨都堂失败之惨和他们自己胜利之巨大。

后金击败明军四路进攻,确是以少胜多。后金兵数到底有多少,也很难确知。从明朝采取"分进合击"的战略来看,明朝的兵数肯定超过后金兵数。战后努尔哈赤那番高兴的谈话,也流露出他们打了胜仗并非靠兵员数目之多。说出他们兵员数目的记载,有明朝辽东经略杨镐的一份奏疏。他说:"盖奴酋之兵,据阵上所见约有十万。"(《明神宗实录》)但是这个说法不准确。因为那时李如柏、刘两路尚未与后金兵大战,不可能有人见到他们的全部兵员。

所以,明与后金投入战斗的具体人数究竟有多少,也只能是个解不开的谜了。

俄国普加乔夫起义

普加乔夫起义发生于1773年~1775年。领袖普加乔夫(1740~1775年),顿河哥萨克人。参加过七年战争和1768年~1770年的俄土战争,曾任少尉。

8世纪下半叶,俄国农奴制发展到顶峰,封建压迫和剥削更加残酷,1768年开始的俄土战争加重了人民的负担。1773年9月,普加乔夫集结了80名哥萨克在乌拉尔河西岸的托尔卡乔夫田庄起义。他利用群众中存在的怀念"善良沙皇"的心理,僭称彼得三世,宣布废除农奴制度,取消人丁税,将土地、牧场、池塘和森林赐给贫苦农民,因而受到人民群众拥护。10月15日,起义军到达奥伦堡城下,开始了长达170天的围困战。1774年初,起义军已达5万余众,农民战争波及乌拉尔大部地区。1774年1月,叶卡捷琳娜二世派大批正规军镇压起义军。3月,在塔季谢沃战役中普加乔夫打退沙皇军队,起义军也损失过半。4月初,起义军在萨克马尔斯克镇附近战败。普加乔夫带领几百人转移到乌拉尔南部和巴什基尔矿区,在同增援的雅伊克镇哥萨克会合后,起义军又向卡马河和伏尔加河一带转移,7月23日占领喀山城。几天后,遭到沙皇军队的围攻,被迫转移到伏尔加河西岸地区,重新发动和组织群众。1774年8月,起义军攻下萨拉托夫,围困察里津。9月3日在察里津附近为苏沃洛夫所败。普加乔夫带领200多人东渡伏尔加河,撤向南方草原地带。9月25日,普加乔夫被叛徒出卖,1775年1月21日在莫斯科沼泽广场被杀。

普加乔夫起义是俄国历史上最后一次大规模的农民起义。在此之前,俄国还先后爆发过三次大规模的农民起义:波洛特尼科夫起义(1606~1607年)、拉辛起义(1667~1671年)和布拉文起义(1707~1709年)。在这四次大规模的农民起义中,究竟哪一次农民起义是俄国历史上最大的农民起义呢?学术界在这个问题上迄今尚无定论。

一种观点认为,普加乔夫起义是"俄国最大的农民起义",或"俄国历史上规模最大的农民战争"。例如,早在1935年译成中文出版的迈斯基的《俄国史》一书中认为,普加乔夫起义是1905年以前俄国平民阶级的最大社会风潮。1956年出版的《苏联史纲》中说,按照所囊括的地域的面积,所吸引的人民群众的数量,猛烈攻击的威力和神速,普加乔夫领导的农民战争不仅是俄国,而且是全欧洲历史上农民最大的一次运动。20世纪50年代初、中期出版的《苏联大百科全书》(第 2 版)和《苏联百科词典》(第 1 版)的有关条目也认为普加乔夫起义是俄国最大的一次农民起义。1956 年出版的涅奇金娜等人主编的《苏联通史》甚至认为普加乔夫领导的农民战争是欧洲历史上人民群众最大的反封建运动。近年来,在我国出版的一些词典、手册、小册子、专著、论文甚至儿童读物中,关于普加乔夫领导的农民起义是"俄国最大的农民起义"或"俄国历史上规模最大的农民战争"之类的提法已被普遍采用。

另一种观点认为,普加乔夫起义不是俄国历史上最大的农民起义。在苏联科学出版社 1966 年出版的《十七至十八世纪俄国农民战争》一书中,前苏联史学者伊·伊·伊米尔诺夫著文认为,波洛特尼科夫起义无论在规模上还是意义上,都是俄国最大的农民战争。拉辛起义也好,普加乔夫起义也好,不论就其卷入起义的地区范围来说,还是就其参加起义的人数或者每次运动对封建农奴制俄国的社会和政治制度的基础给予打击的力量来说,都不能与波洛特尼科夫起义相比拟。

此外,在一些著作中,我们找不到关于普加乔夫起义是"俄国最大的农民起义"之类的提法。在 20 世纪 20 年代～30 年代多次再版的前苏联著名史学家波克罗夫斯基的名著《俄国历史概要》中,在 40 年代～50 年代多次再版的潘克拉托娃等人主编的《苏联通史》中,在 60 年代～70 年代出版的重要的前苏联史著作,如诺索夫主编的《苏联简史》第 1 卷(上册)和波诺马廖夫主编的《苏联通史》第 3 卷中,都找不到关于普加乔夫起义是"俄国最大的农民起义"之类的说法。值得注意的是,《苏联大百科全书》(第 3 版)和《苏联百科词典》(第 3 版)有关条目中已不再出现关于普加乔夫起义是"俄国最大的农民起义"的提法。在 1976 年开始出版的《苏联军事百科全书》中虽然认为,1773～1775 年的农民战争,无论是在力量、团结、阶级划分、组织成分与觉悟程度方面,还是在社会口号的明确程度和阶级斗争的激烈程度方面,均超过以前的所有农民战争,但却未断言这次农民战争是俄国历史上规模最大的农民战争。翻开《大不列颠新百科全书》和《美国百科全书》(国际版),我们也找不到关于普加乔夫起义是"俄国最大的农民战争"之类的说法。相反,这两套辞书的"普加乔夫"条目中都使用了"较大的"起义的措词。在 1957 年苏联科学院历史研究所编的《苏联历史资料》(第 5 卷)中,编者认为,1773～1775 年的农民战争是苏联历史的封建主义时期的最大的阶级斗争之一。在这里也没有断言这次农民战争是俄国历史上最大的阶级斗争或最大的农民战争。

由此可见,正如前苏联学术界所早已指出的那样,关于哪一次农民起义或农民战争是俄国最大的农民起义或农民战争的问题,仍是一个有争议的问题。这个问题的正确答案究竟是什么,有待于历史学家去继续探究。

火烧莫斯科

俄罗斯首都莫斯科是世界最大的城市之一，也是俄罗斯政治、经济、科学文化及交通中心。但 1812 年拿破仑率领的法军占领莫斯科后，这个城市在大火中被焚毁。

19 世纪初，欧洲大陆战火不断，各国纷争变幻莫测，各种"同盟"朝结夕散，造成这种局面的原因非常简单，那就是各国都想取得欧洲霸主的地位。在这所有的争霸战争中，尤以法国与俄国之间的争夺最为激烈。自从"战争之神"拿破仑登上帝位以后，法国领土进入了一个空前扩大的时代，他东打西杀南突北进，在欧洲大陆进行了一系列的军事外交和军事活动。欧洲其他国家为了抵御法国，纷纷结为同盟。由英、俄、普鲁士、奥地利等国先后六次组成反法同盟，前五次均告失败，只有第六次获得了胜利，这次胜利彻底击败了拿破仑，使俄国登上了欧洲霸主的地位。

其实，拿破仑最初的军事行动主要是针对英国的，在计划失败后，他开始把矛头对准俄国。在他看来，只有击败了俄国才能最终战胜英国。于是，在 1821 年 6 月 24 日，拿破仑对俄国不宣而战。

战争刚开始的时候，俄国由于没有防备，处境非常被动，俄军很快溃败，国土大片丧失。8 月 9 日，在经过一场血战之后，法军占领了斯摩棱斯克。两天之后，当时的俄国沙皇亚历山大一世任命"天才统帅"米·伊·库图佐夫为俄军总司令，带领俄军抵抗法国的入侵。8 月 26 日，库图佐夫指挥 20 万大军，与法军在莫斯科西郊展开了著名的"博罗迪诺会战"，双方死伤无数，损失惨重。库图佐夫为了保存实力进行反击，决定放弃莫斯科，莫斯科城里的居民也随同军队一起撤离。

法军进入了莫斯科，可莫斯科几乎是一座空城，很多地方都在起火。9 月 17 日晨，拿破仑突然从睡梦中惊醒，他跑到克里姆林宫的窗口向外眺望，发现莫斯科到处焰火蒸腾，火花爆溅，当时就被吓得面色如土。他边大叫着"多么可怕的景象"，边同身边的随从一起狼狈地逃出了莫斯科。这场来势凶猛的大火整整烧了一个多星期，当大火熄灭后，昔日风光旖旎的莫斯科变成了一片令人心悸的废墟。

由于莫斯科的被烧，法军无法从莫斯科取得补给，同时由于法军挺进太深，后方援助不能及时到达，法军的粮草供给也非常紧张，在迫不得已的情况下，10 月 19 日，拿破仑被迫下令从莫斯科撤军。

得知法军撤退的消息后，俄军在沿途不断予以狙击，迫使拿破仑不得不随时改变撤退路线，到 12 月，拿破仑才终于撤出了俄国境内，虽然逃离了俄国，但损失惨重，军力损失达 47 万余人。

对于拿破仑这次军事冒险的失败，人们不足为奇，可对于莫斯科当时那场罕见大火的起因，多少年来，却一直争论不休。

根据正史记载，那场大火应该是莫斯科人自己放的。当年由于敌强我弱，库图佐夫决定放弃莫斯科，莫斯科人民也决定随俄军一起撤退，为了不给法国侵略者留下任何有用的东西，莫斯科居民忍痛放火烧了自己的故乡。拿破仑就一直认为"放火烧城"是莫斯科军政总督罗斯托普金蓄意谋划与安排的。因为当法军企图救火时才发现，偌大的莫斯科城内居然没有一件消防水龙头和灭火工具，显然是事先有人把它们都运走了。另外，城里城外同时起火，显然也是有计划、有部署的预谋。而当时法军逮捕的一些纵火嫌疑人也交代是罗斯托普金指使他们这样干的。据说，罗斯托普金在后来也曾说过，是他命令放火烧城的。从战略的角度看，放火烧城的决定虽然代价惨重，但却是十分正确的。这是一次十分勇敢的"焦土政策"，它表明了俄国人民不惜一切代价抗击侵略者的决心。若真正追究放火的元凶，应该是法国人，正是由于他们的入侵，才迫使莫斯科人民不得不烧毁自己美丽的家园。

可也有人不同意这样的看法，他们认为莫斯科大火并非俄国人自己放的，而是进城的法军干的："他们夜进民宅，点起蜡烛、火把、柴火照明，喝醉酒后不慎引起大火"。俄国大文豪托尔斯泰在他的小说《战争与和平》中就持这样的观点。更为激进的说法则是法国人蓄意纵火。前苏联的一位历史学家就在他的论著中这样写道：看到莫斯科大火的俄国人证明，拿破仑是事先有计划地来焚毁和破坏莫斯科城的。

在俄国当时的史料中还有这样的记载：莫斯科人民不愿自己的财产落入法国人之手，他们忍痛烧毁自己的财物，可法国强盗烧得更多！俄国人和法国人一起烧毁了莫斯科。据后来在法国军队中服役的一些人承认，上面所说的情形的确都存在。

俄罗斯的爱国诗人曾在诗中对那场大火进行了如此的描述："在燃烧的天空下，在燃烧的地上，穿过两旁的火墙走。"走的人当然是狼狈不堪的法国侵略者，火虽然烧得痛快，烧跑了侵略者，但毕竟烧毁了莫斯科人民可爱的家园。无论谁是真正的纵火者，我们都不希望这样的场面在人类历史上再次重演。

我们欣喜地看到，今天的莫斯科已完全看不到当年被焚烧的痕迹，历史悠久的莫斯科就如同一幅由数不胜数的历史古迹镶嵌成的精致、高雅的艺术品，引来各国游客前去参观游览。

拿破仑兵败滑铁卢

1814 年，欧洲反法联军攻陷巴黎，拿破仑被迫宣布退位，被流放于厄尔巴岛。1815年 3 月 1 日，拿破仑率领 1000 余名士兵偷渡回国，沿途守军纷纷重新聚集在他的鹰徽旗下。3 月 20 日，拿破仑凯旋巴黎，重登皇位(史称百日王朝)。这使整个欧洲震惊，在维也纳开会的同盟国一片哗然,他们立即放弃了彼此间的争吵,再次联合起来,并宣布拿破仑为"世界和平的扰乱者和人类公敌",将不受法律保护。3月25日,英、俄、普、奥、意、荷、比等国组成了第七次反法同盟,决心彻底打垮这个科西嘉怪物。拿破仑意识到如果联军几大军团会合一处,后果就不堪设想。于是他迅速组织部队抵抗,根据制定的正确的战略部署,要在俄奥大军到达之前

拿破仑

结束战斗,以迅雷不及掩耳之势先将英普联军各个歼灭。可是这一次战争局势并没有朝着"战神"部署的方向发展。

受命占领布鲁塞尔重要阵地以牵制英军的内伊元帅迟缓犹豫,使这一行动未能如期完成。后来在双方激烈争夺时,拿破仑又命令内伊属下戴尔隆军团由弗拉斯内向普军后方开进,和主力部队一起对敌军实行夹击,但戴尔隆对命令理解不清,错误地向法军后方开来,使这决定性的一击延误了近两个小时。但当戴尔隆重新赶回普军后方时,又被不明战局的内伊元帅严令调开,这时英军已在戴尔隆的大炮射程之内,戴尔隆机械地执行了内伊的命令,使法军在临胜之际功亏一篑,英军逃脱了被全歼的命运。

另外,在滑铁卢会战的前一天,拿破仑指挥军队追击英军时,就在两军快要相接时突然下起了瓢泼大雨。顷刻间,道路被冲毁,田野一片泥泞,法国骑兵不得不停止追击,使狼狈逃窜的英军绝处逢生。次日清晨,彻夜未停的大雨仍然妨碍着法军按时投入进攻,善于运用机动战术的拿破仑也无法在这样的天气下发挥炮兵和骑兵的机动作用。战斗一直推迟到中午才开始,这就给英军更多的喘息机会。

滑铁卢大战是世界战争史上令人瞩目的一页,也是拿破仑戎马生涯中的最后一战。

然而,这一战却以拿破仑的失败而告终。滑铁卢战役的进程既惊心动魄,又富有戏剧色彩,许多微妙因素影响了战局,使法军的锐势急转直下,失去了几乎到手的胜利。

6月18日中午,随着三声炮响,滑铁卢之战的帷幕骤然拉开,排山倒海的法国骑兵呼啸而上,但防守的英军顽强抵抗,以猛烈的火力压住了法国骑兵的锐势。当时拿破仑大约有7.2万个士兵,威灵顿有7万。拿破仑和威灵顿都在等待援军的到来,前者等的是元帅格鲁布,后者等待的则是布吕歇尔。法军继续对英国军队左翼的进攻。一个半小时后,拿破仑看见圣兰别尔东北方有军队向这边赶来,他认为这一定是格鲁布,遗憾的是:来的军队是布吕歇尔而不是格鲁布。布吕歇尔从格鲁布的追击下逃脱并且绕过法国元

帅的视线赶到了这里。拿破仑并没有因此而想到撤退,这个时候,拿破仑仍在等,格鲁布仍没来!拿破仑陷入完全绝望的境地。

列成方阵的法国近卫军一面拼死抵抗,一面缓慢后撤,保卫着拿破仑撤出了战场。其他地方的法军也在联军进攻下,朝不同方向分散逃命去了。

一天前还是青翠碧绿的田野和山坡,此时铺满了血肉模糊的尸体、伤员以及无数残缺的肢体,绿色的平原变成了血的海洋。据估计,威灵顿军团死伤1.5万人,布吕歇尔军团死伤7000人,而法军死伤2.5万人,被俘虏8000人。

6月20日,拿破仑回到巴黎。这时两院已经背叛了他,他的兄弟吕西安极力劝他解散两院,重新征召军队,准备再战,但拿破仑却表示拒绝。他明白他的使命已经完成了,他的星宿已经陨落了,他不愿自己的国家发生内战。次日,拿破仑自动退位。7月7日,联军以胜利者的姿态进入了巴黎。7月15日,拿破仑离开法国,被放逐于南大西洋的圣赫勒拿岛。1821年5月5日,拿破仑在圣赫勒拿岛辞世,时年52岁。

法国滑铁卢战争标志着拿破仑时代的结束,动摇了欧洲封建制度政体,为欧洲各国的资本主义发展奠定了基础。但对于这次会战,诸多军事学家和历史学家从不同方面,不同观点作了仔细研究和评析,各说不一。

然而事实真如人们所言:拿破仑的惨败完全在于格鲁布元帅的迟到吗?如果格鲁布元帅没有迟到而是准时到达救援地点那是否又意味着拿破仑会一如既往地雄霸欧洲呢?因为当时拿破仑的军队有7.2万人,英军也有7万人,双方势均力敌,谁的援军先到,谁将占据优势。或者是天气原因在这场战争中占据了很重要的因素,导致了拿破仑的失败。可是也有人把原因追溯到更早一些时候,他们认为,如果一切都按拿破仑最初的正确战略进行,本来早就可以结束战斗了,滑铁卢的决战也不会发生。第七次反法同盟也会像上几次一样,被拿破仑打得落花流水,一败涂地。

人们还常常把原因归结为拿破仑用兵失误,主要是当时在他身边缺少能攻善战、和他配合默契的将领,达乌被围困在汉堡,缪拉没能够及时从那不勒斯赶回来,马塞纳正在西班牙征战。拿破仑虽然培养了一批将才,但在关键时刻却不能为自己所用,这无疑是一场悲剧。

最后,听一听拿破仑自己的解释吧。他说:"这个会战失败了! ……这是一个可怕的灾难。但是那一天还是胜利的。军队的表现还是极为优异,敌人在每一点上都被击败了,只有英军的中央还能够坚守。当一切都已过去之后,军队才突然为恐怖所乘。这是不可解释的……"

瑞典国王约翰,即昔日曾在拿破仑麾下作战,后来又领兵与之对抗的前法国元帅贝尔纳多特发表了如下评论:"拿破仑并不是被世人征服的。他比我们所有人都伟大。但上帝之所以惩罚他是因为他只相信自己的才智,把他那部庞大的战争机器用到了山穷水尽的地步。然而凡事物极必反,古今概莫能外。"

也许,是这些微妙的因素综合在一起发生了作用,使战无不胜的拿破仑再一次遭遇了失败的命运。人们不遗余力地对其中具有决定性影响的因素进行探讨,但是谁也不能说服谁,只好作为一桩疑案继续讨论下去了,或许我们只有到不可重演的历史中去找寻答案。

美西战争的导火索——"缅因"号爆炸

1898年1月24日,一艘美国巡洋舰停泊在古巴首府哈瓦那港。这艘名为"缅因"号的军舰,是美国政府借口保护自己在古巴的利益和侨民的安全,才驶抵这个备受西班牙殖民主义者奴役的国度。

当时,古巴是西班牙的殖民地。为了争取民族的独立和国家的自由,古巴人民掀起了反对西班牙殖民者的起义,全国处于一片混乱之中。

这下,终于给新兴的美帝国主义提供了一个可乘之机。他们对位于自己家门口的古巴,垂涎已久。早在1805年,美国总统杰弗逊就赤裸裸地表示,一旦同西班牙作战,首先要占领古巴。后来,美国多次企图收买或用武力夺取古巴,都因为西班牙殖民者不愿放弃自己既得利益,而未得逞。

1895年,古巴独立战争爆发后,美国隔岸观火,并未援助古巴。然而到了1898年初,形势突变,古巴革命眼看就要消灭西班牙殖民统治,于是美国匆忙以"帮助古巴革命"为幌子,以及保护自己的侨民为借口,首派"缅因"号军舰,抵达哈瓦那港,向西班牙施加压力。

1898年2月15日晚,哈瓦那港口一片宁静,只有海风轻抚着海面,发出优美的涛声。一座古老的灯塔俯瞰着海面,在摇曳的灯光下,隐约可见海面上几百条船只。

在静静的港湾里,美国的"缅因"号巡洋舰停泊在海面上,甲板上的美国海军士兵正载歌载舞,喝酒说笑,享受着这宁静而又凉爽的夜景,来轻松一下他们疲惫的身躯。

突然,"轰隆"一声巨向,"缅因"号剧烈地震颤一下,顿时浓烟滚滚、火光冲天,整个军舰变成一个火球。

官兵们不知发生什么事情,高呼乱叫,四处逃命。有个军官还没有乱了分寸,高声叫道:"赶快救火!不要乱跑!"可士兵哪里听他的叫声,不顾一切地跳到海中。

军官无可奈何,随手抓住身旁两个奔跑的士兵,命令他们去救火。这两个士兵只好从舱内拉出一个水龙,刚浇灭了一点,紧接着又是一声巨响,整条军舰慢慢地向右边倾斜。大家见大势已去,纷纷跳海逃命而去。

"缅因"号爆炸事件很快轰动了整个美国，各大报纸以头条位置报道这个事件。一时间，美国的街头巷尾，都在谈论这件事情，但人们议论最多的是"缅因"号被谁炸掉的。

"会不会是西班牙人干的？"

"也有可能是古巴人所为。"

不久，美国有关方面公布了调查结果，声称这艘军舰是西班牙人用水雷炸沉的，干脆利索而又毫不迟疑地将责任归在西班牙政府头上。

这个消息一经传开，美国沸腾了。一些扩张主义分子抓住这个机会，到处举行集会，在报纸连发文章，狂热地进行战争宣传：

"为'缅因'号死难者报仇！"

"美国人的鲜血不会白流，我们要与西班牙人决一死战！"战争的阴云一下子笼罩了加勒比海地区，美国和西班牙的关系到了一触即发的局面。

4月20日，美国向西班牙发出最后通牒，逼其全部撤出古巴。西班牙政府断然拒绝，并据理力争，也随即公布自己的调查结果，声称这次爆炸来自军舰内部，与他们无关。美、西两国为了这件事，争执不休，最后决定成立调查团。但是当西班牙调查人员要求登上"缅因"号调查的时候，美方却坚决拒绝了他们。美国人为什么不肯让西班牙调查人员检查"缅因"号的残骸呢？是怕他们在船上动手脚，还是其中另有隐情？不仅如此，没过多久，美国又把炸坏了的"缅因"号拖到了大西洋，让它在排空巨浪之中沉入海底。这样，调查工作无法再继续进行，而美国人反对西班牙的情绪却越来越强烈了。终于，在事情发生还不到三个月的时候，4月25日，美国正式向西班牙宣战，美西战争就这样爆发了。

历时三个月的美西战争，以西班牙彻底失败而告终。1898年12月，美国和西班牙在巴黎签订和约，西班牙让出了古巴和菲律宾。

至于引起这场战争的"缅因"号爆炸事件的原因，也许将永远是个谜。

美国海军上将海曼利科认为"缅因"号的爆炸是由于存放在舰艇上的煤发生自燃而引起的。1976年他"用现代技术为基础进行推断，判定是由于紧挨弹药仓的煤仓发生自燃所致"。海曼利科夫还说，1896年，美国巡洋舰"辛辛那提"号和"纽约"号也曾经先后发生过因煤炭自燃而引起的起火事件。当时，大火已经危及到了火药仓的安全，只不过这两起事故后来均由于海水进入船舱把大火熄灭才避免了灾难。但是这只是一种主观的推断而已，没有得到世人的承认。也有人猜测，"缅因"号的爆炸是由于舰艇上的锅炉发生爆炸而引起的事故，但是这一说法同样缺乏有力的证据而无法让人信服。

此外，还有不同的说法，譬如：因为有人在舰上的贮煤仓内放置了炸弹；因为"缅因"号误触水雷；有人把计时炸弹带上了"缅因"号舰艇上；甚至有人认为弹药包没有安置妥当，造成了这次惨剧。但是无论持那种观点的人都拿不出确凿的证据来证明自己观点的正确性。

要想揭开"缅因"号爆炸事件的谜底，还有待于更多解密材料的公布以及对舰艇残骸的进一步检查，那就让我们拭目以待吧。

美西马尼拉海战

美国人一直对西班牙在加勒比海的"珍珠"——古巴垂涎不已，美国资本自19世纪70年代起大量进入古巴，到1896年为止已达5000万美元；1894年古巴产糖105万吨，其中96万吨输往美国，显然，美国已经取代西班牙控制了古巴的经济。特别是在古巴投资的钢铁、糖业资本家坚决要求对西班牙开战。不久，美国国会于1898年4月宣布古巴自由独立，美西战争因此爆发。战争中，美国海军准将乔治杜威所指挥的远东分遣队是由5艘巡洋舰、1艘炮舰及数艘辅助舰船组成的，但其中没有一艘是真正的战舰。船舰全是用蒸汽机发动的，其中除了巡洋舰，就是易受伤害的炮舰和速度较低的"快艇"。正是这样一支小型舰队，在菲律宾马尼拉湾与实力更为强大的西班牙舰队的交战中，轻而易举地打垮了西班牙舰队，攻取了马尼拉。

杜威舰队取得的胜利是美国从内战到第二次世界大战开始期间的一次大的胜利。根据杜威将军报告，战斗至中午7艘西班牙舰船全部被击沉，西班牙舰队死亡161人，伤210人，而美国舰队只有9名官兵受轻伤。第二天，美海军又占领了甲米地和科雷希多岛，并且封锁了马尼拉的海上交通。

对于美国杜威舰队获胜的原因在史学界有着不同的看法，有的史学家如詹姆斯·查思等认为杜威舰队是凭借审时度势攻取马尼拉的。早在1898年2月，当杜威将军率领的美国舰队到达香港时，他就获得了重要情报：许多美国人正在谈论美国军舰"缅因"号被炸沉的情况，认为那是西班牙人所进行的破坏行动。随后，杜威将军收到了代理海军部长罗斯福的电报："保持充足的燃媒。一旦发生战争，你的任务是不准西班牙分舰队离开亚洲海岸，然后对菲律宾群岛发起进攻。"杜威根本不需要这种敦促，因为此时他已经在加紧备战了。他为舰队购买了一艘运煤船和一艘补给船。他命令战舰入坞，对机械部分进行大修，把船体水下部分清除干净，并将白色的船舷漆成灰色。杜威将军亲自检查一切细节，要求舰艇人员每天操练，舰上所有的机器都作好战斗准备，一接到命令就能够连续运转。为了搞清西班牙舰队和菲律宾岛上的设防情况，他派了一个密探去马尼拉，还让自己的副官化装成旅游者，从到达香港的游客那儿刺探情报。为了防止英国人在战争爆发后采取中立的立场，他又在中国海域的大鹏湾附近设立了一个临时锚地。美国人的胜利不仅靠实力上的优势，而且也是他们准备充分的结果。杜威说："马尼拉战役是在香港码头打赢的。"

在航行 500 余海里后,杜威舰队很快于 1898 年 4 月 25 日黄昏时分到达马尼拉海湾的入口处。在马尼拉海湾的入口处有两个关键地点:它们是埃尔弗赖莱岛和科雷希多离,两者都是西班牙人用重型火炮护卫的要塞。但舰队在经过两处要塞时,均没有遇到抵抗,两个要塞也没有作出任何阻击的反应。在这种形势下,杜威的全部战船在夜幕笼罩下排成"一"字队形,以每小时 8 海里的速度无一损伤地进入了海湾。直到午夜时,西班牙人才开始行动。尽管杜威舰船上的火炮没有一门像西班牙人拥有的火炮那样强大,但仍然压住了来自西班牙军队的火力。西班牙舰队在发现美国舰队之初就开火射击,美舰因为没有弹药补给地,为了节省弹药,一直逼近到离西班牙舰队只有 5000 码的距离才开火。美国军舰在西班牙军舰前 2000～5000 码处排成几乎与其平行的队列,反方向行进并往复航行,不断地进行射击,好几艘西班牙军舰,几次企图冲击美舰均遭重创,不是被击沉就是被击退了;两艘被放下水的鱼雷艇也被击沉 1 艘,另 1 艘受伤搁浅,都没有来得及发射鱼雷。杜威的舰队逐步向西班牙的战船逼近和开火,顺利地控制了马尼拉湾,占领了马尼拉城,取得了决定性的胜利。这是一种解释。

杜威将军对他的胜利或西班牙舰队的失败,则作出了别出心裁的解释,尽管他的解释仍然不能使读者完全信服。杜威战后解释说,他的舰队因接到 5 英寸速射炮弹药短缺的误报决定暂时撤离,准备必要时将弹药予以重新分配。此时,由于马尼拉城的三个炮台一直对美国舰队进行炮击,而其位置较高,舰炮仰角不够,难以压制。他便向西班牙总督送交一份措辞强硬的公函,警告他立即停止射击,否则就炮轰马尼拉。吓破了胆的西班牙总督立即下令炮台停止射击。不久杜威重新参战,一个小时的炮击使西班牙舰队全军覆灭。杜威下令停火时,西班牙舰队的总司令蒙托霍少将所有的舰只不是处于浓烟烈火之中,就是葬身海底,或是被弃了。

不过,关于杜威舰队轻取马尼拉的原因,还有另一种解释,即西班牙人缺乏必要的警惕性和快速反应的能力。如前文所述,当杜威舰队接近马尼拉海湾入口处时,西班牙人为什么不开火,而直到杜威舰队已进入马尼拉湾后才开始行动? 当时参加进攻行动的一个美国水兵曾作过解释。他说,杜威舰队距科雷希多岛南侧约有 3 海里时,西班牙人的炮火很难达到目标,连美国舰队的后尾战船都有幸逃避西班牙人的炮火。但是,仍然存在着无法解释的原因,这就是,在美国舰船处于西班牙人炮火攻击范围时,为什么西班牙人的炮火还是停了很长时间?

此外,有的人还会以为,美国舰队之所以取得胜利,是因为美军的炮火战术比西班牙略高一筹,然而战斗中的某些细节却可以说明,美国舰队胜利的本身表明美军的炮术并不比西班牙人高多少。当美国和西班牙两国的舰队最后决战时,美国的大炮向大型而又不灵活的西班牙舰船打了 6000 发炮弹,但击中目标的还不足 150 发。

还有,当人们看到美国舰队归来时,有没有想到其背后起作用的因素,即美国在其陌生的菲律宾群岛发动突然袭击并且获得了胜利,这其中有没有别国的支持?答案应当是肯定的。当杜威舰队宣告胜利时,在马尼拉湾立即出现了英国、日本和德国的战舰。尽管德国采取相当挑衅和无礼的态度,致使杜威舰队不得不对 1 艘德国鱼雷舰艇开了一炮,但是英国和日本人似乎采取了十分友好的态度。在这次海战前后,日本和英国与美国究竟有什么默契,而西班牙人对此有无了解,至今依然不得而知。

因此,历史走到了今日,关于杜威舰队一举打败西班牙舰队,顺利攻取马尼拉的原因,依然众说纷纭,莫衷一是。

二战初期的"奇怪战争"

1939 年 9 月 1 日,德国闪击波兰打破了欧洲的平静,两天之后,作为波兰盟国的英、法相继对德宣战,第二次世界大战全面爆发。但紧接着出现的局面却让人费解:一方面,德国法西斯以牛刀杀鸡之势,压向波兰;另一方面,在西欧战场的法、德边境上,拥兵百万的英法联军却按兵不动,坐视德国灭亡波兰。这种不战不和的局面长达八个月之久,针对这么长时间的"西线无战事"状态,德国人开始把这种战争叫做"静坐战",后来国际社会发明了一个专有名词:"假战争",也被人们称为"奇怪的战争"。战前英、法各自都对波兰承担了军事援助义务,但为什么发生战争之后,两国对德宣而不战?英法德之间怎样的心态才造就了这样一场令人费解的"假战争"?英法两国又在这场游戏中收获了什么呢?

英、法两国与波兰订有盟约,并对波兰的独立一再作过保证。但是,当德国发动侵波战争时,英、法的执政者还在幻想召开德、意、英、法、波五国会议来和平解决争端。1939 年 9 月,德国进攻波兰后,英、法政府对德宣战,并表示要履行保护波兰独立的诺言。澳大利亚、加拿大、南非联邦也相继发表声明,支援英、法对德宣战。但英、法政府实际上是宣而不战,未认真援助波兰。当时德军主力已投入波兰战场,在西线只留下少量兵力防守齐格菲防线,但从 1939 年到 1940 年 5 月,英、法和德国在西线均未展开大规模的战斗行动。直到 1940 年 6 月 10 日,"奇怪的战争"终因德国进攻挪威而告结束。挪威的失陷使英、法真正认识到德国的战争机器不会停止,英、法领导人才真正准备认真对德作战。

长期以来,前苏联史学界的一些观点认为:"奇怪战争"并不奇怪,它是英法两国"幕尼黑政策"的继续。有人甚至认为,它实际上是英法企图联合德国进攻前苏联、建立反苏"联合战线"的政治方针,是英、法统治集团对"祸水东引"犹抱幻想的产物。当分析英国在德波战争期间的立场时,英国工党著名活动家休·道尔顿也承认:我们把波兰叛卖了,把他们置于死地,一点也没有帮助他们。波兰派了一个军事代表团前往伦敦,但一直等到 9 月 9 日，才受到英军参谋总部的接见。波兰代表要求英国空军立即采取行动，向波兰提供军事行动急需的各种军需品，尤其是武器、弹药，但这些要求一个也没有得到满足。

该观点称，在绥靖政策的影响下，英国在战争初期的军事战略计划是在 1938~1939 年根据这样的假设提出来：战争将是长期的，在战争头几年英国实际上将不参与积极的军事行动。法国则长期追随、附和英国奉行的绥靖政策，也不作临敌准备。为此，它还一方面封锁德国的西部边界，另一方面以波兰、甚至匈牙利、罗马尼亚为礼物，以推动希特勒放弃《苏德互助条约》，进攻前苏联。也正是在这种政策下，人们才看到了这样的"奇怪场景"：德国加紧移兵、加速备战，而伦敦、巴黎则是一派和平景象；西线战场上，德国人在铁路上装卸枪炮、辎重，英法两国百万大军并不去打扰他们。法军在马其诺防线监视哨上的士兵，每天的例行功课是做游戏般无聊地数着从莱茵河右岸通过的德军列车，从不考虑攻击。这些军车有时在距离他们仅五百公尺的德国铁路上安全运行。在前沿阵地上，德军只要竖起"我方不开枪"的标语牌，就可以不用掩蔽地进行工程作业。德国也"以礼相待"，除了进行空中侦察外，没有对英法采取空中行动。这样的战争足足持续了八个月，这给了希特勒充分的时间，使他新组织起了 146 个师的兵力，新造出了 4000 余架飞机，并得以把重兵转移到西方。英法推行绥靖政策和"奇怪战争"的目的，是为了竭力避免希特勒的侵略，然而事与愿违。当战火终于烧到他们自己的头上，英法才猛然惊醒，但为时已晚，一言以蔽之，这种绥靖政策无疑是搬起石头砸了自己的脚。

但也有人针锋相对地提出截然相反的观点。他们认为"奇怪战争"并不是绥靖政策的继续，而是英法对德政策从"战前妥协绥靖"走向"全面武装抗争"所必然经历的"中间过程"。英法对德宣战，标志着绥靖政策的基本终结，同时又是英法武装抗德的起点。该观点认为，现代战争是敌对双方各种力量的全面较量，交战双方军事力量和人力、物力、资源，是各自制定战略方针的基本依据。从 1939 年 9 月 1 日战争爆发时双方力量对比来看，德国的军事力量占有极其明显的优势，而且优势将持续在随后的半年之内。当时，英国刚刚实行新的征兵制，无法派出军队。虽然其海军占有优势，但多在海外，负有守卫殖民地、护卫 7000 艘商船等使命。法国的陆军装备非常低劣，无法展开大规模的攻势。尽管如此，他们还是派出了 9 个师的兵力沿萨尔河的德国防线向前推进了 8 公里。另外，法国空军力量也不足以对德国实施空中轰炸。虽然在战争爆发初期，西线战场德军力量暂时薄弱，但法国军队也并不十分集中，而且还要照顾到北部战场的安全。再加上德国回师西进速度惊人，因此英法联军实际上基本谈不上优势可言。德国进攻法国之时，英法两国在军事上仍然处于劣势。

基于此，传统观点无视双方军事力量对比的事实，也无视当时英法两国对这种对比的估计,仅仅从英法两国对德宣而不战、苏芬战争期间英法援助芬兰等行动中,简单推出"宣而不战是有意不打"的结论,未免过于主观,不能令人信服。该观点还强调,认为"奇怪战争"是英法两国有意联合德国进攻前苏联,完全是出于主观臆断和国际政治斗争的需要。

当然,对于"奇怪战争"是否是英法当局绥靖政策的继续,今后也许还会继续争论下去。究竟历史真相如何,有待于更多相关资料的解密。

敦刻尔克大撤退

敦刻尔克大撤退是 1940 年 5 月 26 日至 6 月 4 日,在第二次世界大战中,遭到重大失败的英国军队、法国和比利时部分军队于敦刻尔克地域(法国)向英国实施的战略撤退。

1940 年 5 月的法兰西,阳光明媚,绿草如茵。西线英法联军和德军相互对峙长达 8 个月之久,双方一枪未发,战争似乎已成为遥远的过去。就在大家均以为"静默战争"将持续下去时,一场闪击战的风暴却骤然降临。

5 月 10 日早晨,134 个德国师在 3000 多辆坦克的引导下,向着荷兰、比利时、卢森堡和法国全线猛扑过来,德军的主攻方向选在了马其诺防线的北端——曾被视为坦克无法通过

敦刻尔克大撤退

的陡峭而森林密布的阿登山区。这让英法联军大为惊愕。仅仅十多天工夫,德国的装甲部队就横贯法国大陆,直插英吉利海峡岸边,将北面的英法联军主力完全隔断在比利时境内。灾难来得如此突然,整个法国就像一只被戳破的气球,陷于惊恐和瘫痪之中。英国远征军司令戈特勋爵不想让麾下的几十万精兵强将去为法国人陪葬,乘德军尚未封闭包围线的时机,他下令迅速实施代号为"发电机"的撤退行动。40 万联军官兵时战时退,最后全部聚集到了敦刻尔克海滩。而此时德国军队从南、北、东三个方向向海滩步步紧逼,德军最近的坦克离这个港口仅 10 英里,西面的英吉利海峡成为联军绝处逢生的唯一希望。就在这时,德军却接到了希特勒亲自下达的停止前进命令。英国政府趁机紧急调集了所有能抽调的军舰和民船,无数业余水手和私人船主也应召而来,他们驾着驳船、货轮、汽艇、渔船,甚至花花绿绿的游艇,冒着德国飞机、潜艇和大炮的打击,穿梭于海峡之间,将一批批联军官兵送回到英国本土。从 5 月 26 日到 6 月 4 日,短短 10 天时间,这支前所未有的"敦刻尔克舰队"把 35 万大军从死亡陷阱中拯救出来,为盟军日后的反攻保存了大量的有生力量,创造了第二次世界大战史上一个伟大的奇迹。

战后，历史学家一致认为，敦刻尔克大撤退之所以取得惊人的成功，主要应归功于被视为第二次世界大战初期"德国最大的失误"的那道"停止前进"的奇怪命令。究竟是什么原因让这个战争狂人停止了侵略的步伐，是希特勒的失误？还是上帝的安排呢？历史学家和纳粹的将军们各有解释，众说纷纭。

一种说法认为是希特勒忧虑的情绪。英国著名的军事思想家李德·哈特在长期的研究中得出结论，希特勒的性格诡秘复杂，变化无常，同时又易受他人的影响。他在纳粹军队一往无前的大好形势下反而非常恐惧，胜利来得太快了，太容易了，反而使得他疑神疑鬼，害怕失败，特别是在前方坦克数量减少的情况下，更使他胆战心惊，所以下了"停止前进"的命令。

还有说法认为是希特勒想保存坦克部队的实力。有些西方史学家把德国坦克兵团停止不前解释为需要进行车场保养，担心在沼泽地损失坦克。显然这个理由不是没有道理的。更为理智的历史学家分析认为，不考虑德国统治集团下一步侵略意图，就不能理解德国统帅部的这项决定，当时德国统治集团面临的任务是迅速击败法国，使其退出战争，因此，他们打算保存富有战斗力的坦克师，以与法军主力进行决战。法国失败，英、德之间就可能在划分世界势力范围的问题上达成协议，并作好侵犯前苏联的准备。

也有说法认为是希特勒过高地估计了德国空军的作战能力。野心勃勃、不择手段的戈林急于在德国陆军一帆风顺地作战之后，要为他的空军争得最后决战的机会，从而在世界面前获得成功的荣誉。戈林告诫希特勒说："如果当时快要到手的伟大胜利的功劳完全被陆军将领得去，那么元首在我国国内的威望就会遭到无法弥补的损失。只有一个方法可以防止这一情况，那就是由空军而不是陆军来完成决战。戈林还向希特勒保证：他的空军完全可以从空中守紧海边的袋口，把敦刻尔克变成一片火海，炸沉所有试图靠岸的船只。希特勒的作战局长约德尔也说："战争已经打赢，空军花很少代价就能办到的事，何必要浪费坦克去做呢？"凭借戈林在纳粹党内不可动摇的副领袖地位，促使希特勒下达了那道胜败攸关的命令，把歼灭被围困的英法联军的任务交给了戈林的空军。

第四种说法认为是希特勒出于对政治上的考虑。因为希特勒曾多次流露出对大英帝国的崇拜之情，他经常声称：不列颠人是仅次于日耳曼民族的优秀人种，德国无意消灭他们。他放走英国人，是想给英国人一个情面，为日后和谈留一条退路。这是希特勒伸出的橄榄枝，在其军事理由的背后更为重要的是他的政治目的，即企图同英国签订和约。因为德国当务之急是迫使法国投降，进而挥师东进，消灭前苏联。当时任伦德施泰特总部作战处长的布鲁门特里回忆道：希特勒在访问集团军总部时作了讲话，承认这次战役（德国进攻西欧）的经过是一个奇迹，此后他就想和法国签订一项和约，于是和英国达成协议的途径就畅通了。布鲁门特里认为，停止前进是希特勒政治计划的一部分，目的是使和平协议尽快达成。

对于上述几种说法，不以为然者大有人在。因为希特勒变幻莫测的性格和五花八门的动机，使得他本人的解释很难说是可靠的。更何况希特勒又有说假话的天才，他的证词大有可能是把线索弄乱。再加上纳粹将领的回忆和历史学家们的考证各执一词，相互矛盾之处颇多，从而更增添了问题的神秘色彩。所以，很多人至今仍认为，希特勒下达奇怪命令的原因是个永远无法解开的谜。

谁是偷袭珍珠港的真正罪魁

1941 年 3 月 27 日，刚刚走下渡轮的日本领事馆新上任的书记员，一位 23 岁的小伙子"森村正"，此时已经被一旁的两名身着便装的美国联邦调查局的特工盯上了。到来后没几天，这位年轻潇洒的书记员就迷上了艺妓，经常喝得酩酊大醉。一来二去，"浪荡公子"的绰号不胫而走。

美国联邦调查局一直窃听他的电话。一次，艺妓摩利打电话到领事馆找他，他竟抓住电话不放，和摩利在电话里调起情来。"这家伙不过是个花花公子、下流坏！"联邦调查局的特工听得厌烦了，拔掉了窃听插头，对他的调查到此结束。其实"森村正"是日本预备役海军少尉，受日本海军军令部的委派而来，他的真实姓名是吉川猛夫。为日军收集情报，在日美开战之时给美国太平洋舰队大本营所在地珍珠港以致命的一击，这是他的真正任务。

事情进展得异常顺利，"春潮楼"面向大海，珍珠港在眼前一览无余，大批的战列舰、巡洋舰、航空母舰进进出出，吉川也兴奋得差点没叫出声来。于是，他不停地倚在窗前观察，用只有他自己看得懂的符号记录着。时间一久，他渐渐掌握了太平洋舰队的活动规律。隔一段时间，这些情报就被用密码发回了东京。山本五十六大将依据吉川的情报，着手拟定袭击珍珠港的计划。

8 个月的时间，吉川和艺妓们频频地光顾海滨浴场，与美军军官及夫人们闲聊，套取情报。有时，他们也登上空中游览飞机在天上鸟瞰。瓦胡岛的珍珠港和希卡姆机场、惠勒机场尽收眼底，机场跑道的走向、大约长度、每个机场停多少飞机，吉川都一一牢记在脑子里。

有艺妓们作掩护，吉川的活动丝毫没有受到怀疑。

直到 11 月 1 日，喜多给了吉川一个纸捻儿，这是海军军令部的密信，一张不大的纸条上，密密麻麻写满 97 个问题：战列舰和航空母舰的停泊位置、希卡姆和惠勒机场的飞机机种及数量、不同类型舰船的艘数和舰名……

吉川翻动着一本本记录着情报的小本，飞快地写着问题的答案。……97 个问题，虽然不是个小数目，但对吉川来说，7个多月苦心搜集的大量情报，使他回答这些问题并没有感到太多的困难。情报送回日本后，山本五十六十分满意。

12月2日，吉川似乎嗅到了战火硝烟味。因为下午的时候喜多转告吉川让他以后每天报告珍珠港美国舰队的动向，看来战争爆发指日可待了。

12月6日星期六的夜晚，吉川发出了他来夏威夷8个多月的最后一封电报：珍珠港停泊舰艇如下：战列舰9艘，轻巡洋舰7艘，驱逐舰9艘，3艘航空母舰和巡洋舰，出港未归。而此时日军突袭舰队距离珍珠港只有350海里了。

第二天一大早，震耳欲聋的爆炸声将吉川从梦中惊醒。一架双翼涂着"旭日"标志的飞机掠过领事馆上空。"是日本飞机！打起来了！"吉川激动地一把拉住喜多的手，眼中充满了泪水。

接着他急忙把8个月来搜集的情报资料全都收拾在一起，点火销毁了。火苗尚未完全熄灭的时候，一队美国宪兵冲入了领事馆大门，日美双方的驻外人员都被对方作为人质扣押。此后，美国联邦调查局才发现"森村正书记员"正是导致珍珠港悲剧的罪魁祸首。然而，因为享有外交豁免权，美国只能后悔当初疏忽大意没有及时挖出这颗"钉子"。

吉川的卧底工作固然为日本提供了必要的美军情报，但是在其背后真正指挥着这场战争的罪魁祸首究竟是谁呢？

日本防卫厅所编的《大东亚战史》丛书中的一册为"从偷袭珍珠港到中途岛海战"，公开了大批"偷袭"珍珠港的原始文件。

1941年9月6日的御前会议决定：如10月初日美交涉仍无进展，即对美、英、荷三国开战。11月，"在收到赫尔26日之备忘录后，始于次日之联席会议决定：于开战翌日宣战，绝对需要以奇袭制敌，用以导致首战成功之故。"在1941年11月，日本已经决定"于开战翌日宣战"，这就说明日本对珍珠港的所谓"奇袭"其实是早就计划好的要不宣而战。然而，1912年的海牙公约明文规定："缔结国无事先且有附有理由的开战宣言形式，或包含有条件开战宣言的最后通牒形式者，双方不得开始动干戈。"

29日的联席会议上，东乡外相首次获悉12月8日（远东时间）为开战日期。该次会议再度决定："今后之外交措施均应以有助于作战之成功为主眼。"

日皇裕仁于11月29日两度召集重臣在宫中开恳谈会，讨论开战问题。次日下午突然召见首相东条英机询问对开战的意见。东条答道："事至如今为自存自卫计非开战不可，再者，统帅部对战胜亦拥有相当把握。不过，海军作战因系扮演胜利基础的角色，若陛下稍有疑念之处，可否召见海军参谋总长及海相等查证一番。"

是日傍晚，日皇召见海军总长永野修身及海相坚山繁太郎。日皇说："箭即将发出，一旦发出将成为长期战，海军是否仍按预定进行？"

永野回答："一旦皇命下达,当如期进击。"海相奏报："人员物资均已准备就绪,只等待皇命下达。据日前晋京的山本联合舰队司令长官表示,训练已成,将士们士气旺盛,颇具自信,为夏威夷作战而精神抖擞。"日皇又问："若德国不愿意参战又将如何?"海相即答："并未全然依赖德国,纵然德国袖手不战,我亦应能从事。"

当晚日皇即通知于 12 月 1 日召开御前会议,下达开战命令。3 日,日皇召见山本总司令并下诏书："兹临出师之际,朕委卿负责率领联合舰队之大任。唯联合舰队的责任极为重大,其成败有系于国家兴废也。朕令卿发挥舰队多年磨炼的实绩,进而剿灭敌军,宣扬威武于中外,以副朕对卿之依界也。"

华盛顿日本使馆方面,由于正值周末及译电困难,14 段电报于 7 日 12 时 30 分始译完,1 时 30 分整理成文,故不得不将野村大使原约定的晋见时间由 12 时 30 分延至 1 时 45 分。野村吉三郎及来栖三郎两大使于下午 2 时 20 分见到赫尔国务卿时,已经是日本开始袭击珍珠港后的一小时零十分钟,赫尔已获悉珍珠港被袭消息,遂极严厉地对野村说："不瞒说,过去 8 个月来余与台端进行交涉中,一直不曾说过谎话,从以往的记录可说明此言非假。余 50 多年的公职生涯中,从来不曾看过如此恬不知耻,充满虚伪与歪曲的文书;也不曾想到在此世界上竟然有如此牵强于词的国家。"

日本偷袭珍珠港取得了巨大成功,厚颜无耻的企图以"奇袭"的谎言代替"偷袭",50 年后美国人仍不能忘怀。对此偷袭罗斯福称之为"可耻的日子"。造成这一灾难的罪魁祸首究竟是谁? 是吉川? 是山本五十六? 还是日本天皇裕仁? 也许谁都无法给出一个绝对正确的答案吧!

是谁打响珍珠港作战第一炮

1941 年 12 月 7 日,著名的珍珠港战争爆发,日军对夏威夷瓦胡岛上的美军太平洋舰队发动的突袭彻底惊醒美军的美梦,被激怒的美国人从此正式加入第二次世界大战的行列。以上的这些史实已经是大家耳熟能详的了,人们理所应当的认为日本军队偷袭成功,必然是日本首先打响了第一炮,因为美军丝毫没有准备,只有被动挨打的份。然而这样的事实却遭到了美国海底探险家巴拉德的反驳。他向美国权威的《国家地理杂志》透露了他最近进行海底探寻的新发现:太平洋战争的第一炮其实是美国人打响的,虽然战争 45 分钟后才开始!

众所周知,1941 年 12 月 7 日,日军偷袭珍珠港,除珍珠港受创外,瓦胡岛上其他军事基地也遭波及,轰炸前后历时两小时之久,21 艘美国军舰被击沉或严重损坏、321 架飞机受损,并造成 2388 人罹难,1000 多人受伤。

然而,珍珠港事件已经过去了 60 多年,巴拉德却坚定地指出,珍珠港内的一艘救援船，发现船身后面的水面上有潜望镜冒出，其实，那就是在日本空军机队抵达珍珠港的 45 分钟之前的一艘日军小型潜艇。港内的"沃德"号驱逐舰收到了拖船船员的报告后，曾经以深水炸弹攻击这艘悄悄摸进港内的日本小型潜艇。巴拉德说，这艘日本潜艇之所以出现在那里，就是为配合日本 360 架轰炸机与战斗机的偷袭行动。

在进行袭击之后，驱逐舰上的官兵发现了这一军情，立即向上级汇报，但令人遗憾的是，并没有人把它当回事儿，更没有人把它认真地送到指挥高层那里去。巴拉德因此不无感慨："试想，如果他们重视这个警讯，在日军抵达之前就会有 45 分钟的战备时间，那么整个结果将会是多么不同！"

巴拉德找到了当年在"沃德"号上服役的几名美国官兵，还有另一位在日本潜艇上服役的日本水手，当年他正身处被"沃德"号攻击的小型潜艇。

搜索日本小型潜艇是一件恢复历史原貌的大事。但是更多时候人们总是对具有历史意义的事件麻痹大意。在巴拉德看来，即使是事件的目击者，5 个人也会有 5 种不同的说法。所以，要揭示事件的真相，就必须找到铁的证据。

于是，这位著名的海底探险家开始发挥自己的长项：率领一个探险小组从 11 月 8 日开始了探索的旅程，来到 366 米深漆黑一片的海底世界。这次出行的主要任务就是要去寻找那艘当年被美军击沉的日军小型潜艇和上面的 2 名艇员的遗骸。30 米长的"美国岛民"号作业船是他们的主要交通工具，深水遥控成像器"百眼巨人"和"小大力神"则是巴拉德和他的同行者们最大的帮手。

船行驶到距离海岸 8 公里的地方，那里正是"沃德"号曾经巡逻的珍珠港的入口，探险队员准备下海。

"美国岛民"号上并不缺乏"赌徒"或专家，加伊·科恩少将就是最有胆略的一个，他是美国海军研究处的主管，巴拉德的探险计划几年来一直得到了该处的大量支援。科恩的分析结论是：那颗深水炸弹的袭击并未破坏小潜艇的核心部分，于是，艇长可能重新获得"深水控制"，并径直冲向珍珠港，完成了它的任务。一旦推断成立，就意味着巴拉德将永远也找不到这艘小潜艇了。

据说，在向潜艇发动攻击几分钟后，"沃德"号发现 1 艘当地渔船正驶向珍珠港入口。那里严禁捕捞，要进入港内需要申请，所以"沃德"号向渔船开炮警告。渔船船长于是打出了白旗。奥特布里奇给海岸警卫队发出信号，要求他们护送这艘渔船，他自己指挥"沃德"号返回了他负责的巡逻区。这个突发事件使得"沃德"号上的水手几乎没有时间来认真分析形势。等到北边的天空冒起冲天的火光和浓烟时，"沃德"号的水手才知道，战争爆发了。

除了小潜艇并未被摧毁的假设之外，巴拉德还提出潜艇有可能爆炸："小潜艇在 100

英尺的海底,巨大的气压足以使它爆炸,整个艇体被炸成碎片,散落在海底。"参与偷袭珍珠港的日本小潜艇只有 10 艘成功地执行完任务后又驶回日本。

尽管有诸多假设挡在面前,探险队还是进入了最后冲刺阶段——11 月 14 日,离原计划的探险最后期限只剩 3 天时间。

美国深水工程公司提前为这次探险制造了两个只容一个人乘坐的微型潜艇"深水工人 8 号"和"深水工人 9 号",只要工程师和焊工把它们安装好,就可以下降到水下 600 米深处,连续工作 16 个小时。

海洋生物学家埃文斯首先驾驶着其中一艘小潜艇下水,他的任务是找到那枚日本鱼雷。很快,埃文斯向水面报告,他发现了更多的残骸,而且距离鱼雷已经很近了。通过水下录像,分析员立即判断出鱼雷就是日本生产的。看到这样的结果,巴拉德也只好承认,要找到整艘潜艇已经不可能。最终探险队员们还是没能找到小潜艇,究竟太平洋战争开始的时间是历史书上记载的时间还是应该提前 45 分钟?是美国驱逐舰"沃德"号打响战争的第一炮吗?也许巴拉德还会继续他的海底探险。

美日中途岛海战

中途岛海战是 1942 年 6 月,美、日海军在中途岛附近海域进行的海战,是第二次世界大战中一个以少胜多的著名战例,也是太平洋战争的重要转折点。

1942 年夏初,美国还没有完全从珍珠港事件中振作起来,日本海军的联合舰队又在东太平洋游弋,寻觅下一个攻击目标。惊魂未定的美国人知道,必须想尽一切办法夺取下一场海战的胜利,否则将丧失在太平洋上的制海和制空权,陷于极端被动的地位。为此,关键的问题是要搞清日本下一个攻击目标是哪里?

中途岛海战

1942 年 4 月 18 日美军杜利特尔航空队空袭东京后,日本认为威胁来自中途岛,遂决心实施中途岛——阿留申群岛战役。日军企图夺取中途岛,迫使美军退守夏威夷及美国西海岸;诱歼美国太平洋舰队,以保障日本本土的安全。战役的主突方向是中途岛,阿留申群岛为次要方向。5 月 5 日,日军大本营下令攻占中途岛和阿留申群岛西部岛屿。日本联合舰队为实施这次战役,动用舰艇包括运输舰、辅助舰在内共 200 余艘,其中航空母舰 8 艘(舰载机 400 多架)、战列舰 11 艘、巡洋舰 23 艘、驱逐舰 56 艘、潜艇 24 艘。其主力编队辖中途岛进攻编队和第 1 机动编队;北方编队辖第 2 机动编队和阿留申进攻编队;另外,还编有先遣(潜艇)部队和岸基航空部队,由联合舰队总司令山本五十六海军上将统一指挥。5月25~28日,各编队先后由本土起航,预定于6月4日对中途岛发起进攻。

中途岛位于太平洋中部,由周长24公里的环礁组成,陆地面积约4.7平方公里,该岛距美国旧金山和日本横滨均2800海里,处于亚洲和北美之间的太平洋航线的中途,故名中途岛。中途岛是北美和亚洲之间的海上和空中交通要道,其特殊的地理位置决定了它战略地位的重要性。另外它距珍珠港1135海里,是美国在太平洋地区的重要军事基地和交通枢纽,也是美军在夏威夷的门户和前哨阵地。中途岛一旦失守,唇亡齿寒,美太平洋舰队的大本营珍珠港也将不保。

5月中旬,利用无线电技术侦察手段,美国发现在日本可能用于对美实施攻击的舰艇间间传递的密码电报里,经常出现两个英文字母——"AF"。美国的情报人员判断,这两个字母有可能是地名的代号。据此,他们进一步研究,认为"A"和"F"有可能是中途岛位置的两个坐标。为了确证"AF"是否是中途岛,美海军杰出的密码破译专家罗彻福特中校想出一计,让中途岛守备司令用早已被日军破解的密码向总部发一份"本岛淡水蒸馏设备发生故障,请上级立即派人前来修理"的电报。然后,他们就严密地侦控日本海军的无线电通信信号。不出所料,两天以后,日本海军在电报中出现"AF""淡水蒸馏设备发生故障"、"请准备提供淡水"等字样。一切清楚了,日本准备攻击的目标是中途岛,而且行动时间在即。后来,他们又侦获到日本海军特别陆战队的一名副官发给通信部门的一份电报,说"6月5日以后,本部队的邮件请寄往AF"。这就说明,攻击的具体时间有可能是6月4日。接着,他们又从日本海军电台活动的各种情况分析出,日本可能用于攻击中途岛的舰艇和飞机的实力以及武器装备的种类和型号等。就这样,美国人把日本人的作战企图基本摸清楚了。美太平洋战区总司令 C.W.尼米兹海军上将调集航空母舰3艘(舰载机230多架)及其他作战舰艇约40多艘,组成第16特混舰队(R.A.斯普鲁恩斯少将指挥)和第17特混舰队(F.J.弗莱彻少将指挥),在中途岛东北海域展开,隐蔽待机。同时,19艘潜艇部署在中途岛附近海域,监视日舰行动。

6月3日,日本海军中将细萱戊子郎率北方编队(航空母舰2艘、舰载机82架、其他作战舰艇29艘)对阿留申群岛的荷兰港发起突击。4日凌晨,海军中将南云忠一率第1机动编队(航空母舰4艘、舰载机260多架、其他作战舰艇17艘)进至中途岛西北240海里海域,4时30分派出第1波飞机108架飞往中途岛。岛上美军发出警报,飞机升空迎敌,展开激战。日军轰炸机袭击机场,炸毁部分地面设施。由于岛上防御加强,机场跑道未被摧毁。其间,南云的机动编队多次受到美岸基飞机的侦察、袭扰和攻击。南云遂决定再次攻击中途岛。7时15分,美岸基鱼雷机结束攻击,南云却下令已挂上鱼雷准备攻击美舰的第2波飞机改装炸弹攻击中途岛。7时28分,日侦察机报告发现美国舰队。此时,在中途岛东北海域待机的美特混舰队正向日机动编队接近,并已派出第1、第2波飞机200多架。8时20分,日侦察机报告美舰队似有1艘航空母舰。南云于是命令攻击中途岛的第1波飞机和担任空中战斗巡逻任务的战斗机返航,随后率舰队北驶,以免遭到袭击,并重新部署对敌舰队的攻击方案。约9时20分~10时26分,正当日军第2波飞机卸下炸弹重挂鱼雷的混乱之际,美舰载鱼雷机和俯冲轰炸机连续攻击南云的航空母舰。日方虽有部分战斗机临空迎战,但为时已晚。结果,日军损失航空母舰4艘("赤城"号、"加贺"号、"苍龙"号、"飞龙"号)、重巡洋舰1艘、飞机285架、人员3500名;美军损失航空母舰1艘("约克敦"号)、驱逐舰1艘、飞机约150架、人员307名。鉴于第1机动编队损失惨重,山本于5日下令停止中途岛作战,率联合舰队西撤。美军乘势追击,于6日派舰载机3次出击,又击沉日军重巡洋舰1艘,击伤巡洋舰、驱逐舰数艘。

事后,美太平洋舰队司令尼米兹上将兴奋地说:"中途岛的胜利实质上是情报的胜利。"在总部举行庆功会时,他派自己的专车去接密码破译专家罗彻福特,并称赞说:"中途岛的功劳,应归功于这位中校。"40年后,人们仍没有忘记他,里根总统亲自为这位早已死去的英雄授勋,并对他的业绩大加赞扬,甚至说:"他改写了美国在二次大战的历史。"

中途岛海战也被称作是"太平洋上的斯大林格勒战役",是日本从优势走向失败的转折点,它改变了太平洋地区美日航空母舰的实力对比。日军仅剩重型航空母舰1艘、轻型航空母舰4艘,并损失大量飞行员。从此,日本丧失了在太平洋战场上的战略主动权,战局出现有利于盟军的转折。

山本死后,曾有人说他其实并不赞成攻打中途岛。那些突袭中途岛的方案,都是海军总部的一些高参们提出来的,然后,他们把计划说成是山本的意图。历史到底是什么样子,我们不得而知。曾在偷袭珍珠港问题上坚持己见、不顾众人反对的山本,为什么会在中途岛战役上那么顺从呢?据山本身边的工作人员回忆,山本五十六在出发前,曾经写信给他的朋友说:"现在已经到了关键时刻。"至于中途岛海战,他在信中却含糊其辞地说:"我对它并不抱多大的期望。"这同他在部下面前那种信心十足的劲头形成鲜明的对照。

在中途岛海战中,还有几点让我们迷惑不解:一贯非常注意搜集敌人情报并对自己信息严加保密的山本,为什么把这次战争前的准备工作做的那样差呢?首先,山本没有派间谍去了解美军和中途岛的具体情况,如果他曾经通过情报部门事先知道了中途岛已经战备升级,那么必可以由此判断出尼米兹已经获悉日军的预谋,那么,中途岛海战的战败也许就可以因此而避免了。第二,到底是什么原因使诡计多端的日军在此次战争前没有更换情报密码呢?是由于时间太紧吗?还是其他什么原因?我们不得而知。

诺曼底登陆战役

法国西北部海滨是著名的旅游胜地。若到那里观光,定能看到风景旖旎的海滩,波涛汹涌的英吉利海峡,同时也一定不会错过诺曼底海滩上的 6600 座坟冢。那些长眠于此的英烈们,伴随着阵阵海涛的拍岸声,像是在不停地诉说 60 多年前发生的那英勇悲壮的一幕。

诺曼底登陆

1944 年 6 月 6 日凌晨,美英盟军的 2390 架运输机和 846 架滑翔机,从英国南部 20 个机场起飞,载着 3 个伞兵空降师向南疾飞,准备在法国诺曼底海岸后边的重要地区着陆,从而拉开了著名的"诺曼底登陆战役"的序幕。

早在 1942 年 8 月,英军曾对德国占领的法国海岸地区进行过一次规模不大的袭击。不过登陆军损失惨重。但这次失败对 1944 年诺曼底登陆提供了宝贵的经验和教训。

德黑兰会议后,经英美磋商,艾森豪威尔将军被任命为执行"霸王"计划的盟军最高统帅,统一指挥盟军在法国北部诺曼底登陆战役。英国泰德空军上将担任副统帅,美国史密斯将军为参谋长,英军地面部队司令是蒙哥马利,美军地面部队司令是布莱德雷。英国的拉姆齐海军上将为海军总司令,利马洛里为空军总司令。

盟军参加诺曼底登陆战役的陆海空三军总兵力 287 万多人,其中美军 153 万多人;各类飞机 13000 多架;各种舰艇连同运输舰只船舶共达 6000 多艘。

德军统帅部为了防止盟军在法国北部登陆,强迫 50 万外籍劳工修建了所谓"大西洋壁垒"防御工程,六英尺厚的混凝土碉堡林立。

盟军为了保证登陆成功,在海峡下面铺设了一条输油管以供登陆部队使用。在离开海岸的两个地点建成两个由 70 条大船构成的人造港,为此需要设计和完成几百个由 37 万立方米混凝土和 300 吨钢材制造的大浮箱同时沉入海内作防波堤。盟军具备了迅速运送 30 个师的能力,其中 10 个师可在登陆日一天内运到。对登陆的月光、潮汐、日出的时间作了周密计算。为了迷惑敌人,盟军故意在英吉利海峡最狭窄部分制造出准备进攻的假象,使敌人摸不着主攻方向。经过全面、充分的准备之后,盟军统帅决定在 6 月 5 日出其不意地发动诺曼底登陆战役。然而 6 月初风浪巨大,在 6 月 3 日和 4 日两天中,气象预测是如此的不利,所以他决定把攻击行动顺延了 24 小时,即 6 月 6 日。

但是,这是一次十足的军事冒险行动。英吉利海峡宽达 100 多海里,海上情况变幻莫测。横渡海峡后，能否成功登陆还取决于一些自然条件：拂晓后40分钟潮水正好涨到一半，这时乘强击艇的先头部队和水陆两栖坦克登陆最为有利，因为此时战舰和飞机可以在最短时间内摧毁德国的海防工事；另外，在满潮前几个小时内必须有月光，以便空运部队能够辨明方向和目标。而基本符合三军作战要求的日子在6月上旬只有5、6、7三日。

诺曼底登陆，也有许多对盟军有利的条件。当时德国潜水艇已经基本被肃清，盟国空军已经赢得了制空权；由于法国抵抗组织的破坏，法国北部已经成为"无铁路区"。另外，德国对盟军可能从什么地点登陆，也捉摸不清。盟军最高司令部采取了一系列迷惑德军的措施。其蒙骗计划的代号为"坚毅"。如在紧靠法国北部的多佛尔地区进行军事演习和假集结发出大量电讯，故意让美军名将巴顿在英国肯特郡惹人注目的地方抛头露面，以使德军统帅部误以为盟军渡海作战的司令部和军队集结在多佛尔地区。此外，盟军还利用两面间谍和中立国家的电台提供和散布大量假情报等等。这些措施使伦斯德和隆美尔对盟军将在加莱海峡沿岸登陆信以为真，将B集团军群主力第15集团军部署在加莱海峡沿岸，而驻守在诺曼底及附近地区的仅有第7集团军的6个步兵师，兵力不到9万人，且装备的重武器很少。实际上，英国的大小运输舰只正向南安普敦集结；在发起进攻前，他们还给皇家空军四处散发锡箔片。这些随风飘扬的"金属干扰带"造成一支舰队向东驶去的假象，使德国仅存的几个海岸雷达站上当受骗。

盟军最后确定了发起进攻的日期——6月5日，代号为"D日"。

美国著名将军艾森豪威尔和德国名将隆美尔，分别是诺曼底登陆战役中双方最高统帅。据事后研究，两人在战前的行动有着惊人的相似之处，但在登陆打响时，双方迥然相异的举动直接影响了这场战争……

在诺曼底登陆战役前夕，两人的举动出现了明显的不同，从而也对这场史无前例的登陆产生了重要的影响。艾森豪威尔原将登陆作战的日期定在6月5日，但由于得知这一天有暴风雨，所以在6月4日黎明召开的一次会议上，他决定把登陆日期至少推迟一天。与此同时，隆美尔却决定动身前往黑尔林根，参加妻子6月6日的生日庆祝。动身之时，天正下着蒙蒙细雨，他确信盟军不会在此时登陆；如果他们真的行动，甚至走不出海滩。经过一天的颠簸，他终于在傍晚之前赶到黑尔林根。他陪同妻子在暮色中一起散了步，还让她试了专门为她买的新鞋。

而就在这一天的晚上，艾森豪威尔在索斯威克的一个餐厅中得知了新的天气预报：倾盆大雨将会在黎明前停止，6月5～6日夜间乌云虽有妨碍，但轰炸机和战斗机可以作战。这的确是一个令人振奋的消息。经过短暂的思考之后，艾森豪威尔把目光转向参谋长史密斯："你认为怎么样？"参谋长史密斯说："这是一场赌博，但这可能是一场最好的赌博。"地面部队司令蒙哥马利更是坚定地说:"依我说,干!"只有空军司令马洛里认为气象条件低于所能接受的最低限度而持延后意见。艾森豪威尔沉思片刻,终于下定决心,斩钉截铁地说:"好,让我们干!"随后的 30 秒钟之内,餐厅中的各级指挥员纷纷奔向岗位。此时,隆美尔正同他的妻子在一起,他特地为妻子采集了野花。过分的自信使这只"沙漠之狐"丧失了应有的警惕。

6月5日夜,艾森豪威尔一声令下,联合舰队起锚登程。次日破晓,盟军轰炸机已经开始在德军海防阵地狂轰滥炸。与此同时,英美的 3 个空降师部队悄然降落在德军防线背后。诺曼底登陆战役打响之时,德军并没有按照预定计划进行有效的反击。他们没想到坦克居然会从海面直接游过来,没想到登陆艇上会发出密集的炮火,更没想到装甲车不仅能够扫雷,还能抵近射击,摧毁他们的炮兵阵地和据点。德军大炮原来的设计是对付在满潮时登陆的军队,而盟军在半潮时却上了岸;由于德军钢筋水泥工事修得太厚,炮口竟无法旋转。结果,盟军很快抢滩成功。

在历时两个多月的战斗中,盟军以巨大代价击溃了德国部署在法国的军事力量。据说,当初艾森豪威尔在下令进攻时由于不能断定最后的胜利,还预写了这样的发言稿:"我们的登陆已经失败,我已将部队撤回。我在此时此地作出发动进攻的决定,是根据国家能够得到的最可靠的情报作出的。我们的军队非常勇敢和尽职。要说有什么责任和缺点的话,全是我一个人的。"幸运的是,这份发言稿没有派上用场,否则,第二次世界大战的历史将会重新改写。当年那些勇敢的参加诺曼底登陆的英雄们是个传奇,但是 60 多年过去了,在那次战役中,究竟有多少人牺牲仍然是一个谜。

长期以来,历史学家和军事学家都对诺曼底登陆战给予很高的评价,诺曼底登陆开辟了欧洲第二战场,是迅速打败法西斯德国的有力举措,亦是让德国法西斯彻底转入失败的关键一战。正是由于诺曼底登陆,使得德国处于英美盟军与苏军的的东西夹击之中,加速了纳粹德国的灭亡。甚至有人认为,若英国在开辟第二战场的态度上积极些,诺曼底登陆早就可以实现了,德国的失败就会大大提前,盟军及前苏联的损失就会减到更少。

另外一些持相反观点的人认为,"D 日"计划根本没有必要实施。当时,法国与德国国内都有一些反纳粹的地下组织,特别是德国的"黑色管弦乐队"。他们反对希特勒,认为自己的祖国正走向毁灭;主张消灭希特勒,并向盟军提供了大量的可靠情报,甚至包括德军作战命令以及德军的反盟军登陆的作战计划。但是,他们反对即将到来的诺曼底登陆作战,认为只要盟军与他们合作,除掉希特勒,清除法西斯分子,就可以实现和平。但遗憾的是,盟军并没有听取他们的建议。

伊拉克战争

海湾战争后,联合国第 687 号决议规定,派遣武器核查小组进驻巴格达。美国企图利用核查小组牵制伊拉克,但核查小组一再受挫,美对伊的政策开始转变。9·11 恐怖袭击事件爆发后,美国对世界恐怖主义保持高度警惕,并把伊拉克看作是继阿富汗塔利班和基地组织后全球反恐怖战争的打击对象。在联合国核查小组再次对伊进行调查而未发现其拥有核武器和化学武器的情况下,美军以清除伊大规模杀伤性武器为名,发动了旨在推翻萨达姆政权的战争。

2003 年 2 月 20 日,美国在海湾地区集结海、陆、空军部队近 20 万人,英军也有 4 万余人调往这里。美英联军将部队部署在伊拉克周围的沙特、巴林、阿曼、埃及、土耳其等国,并控制了各战略通道。沙特是对伊作战的一线基地。

一直与美国对抗的萨达姆也做好了战争准备,除部署在边疆地区的部队外,他还以巴格达为中心构建了严密的防御体系,准备多层阻击来抵抗敌人。

3 月 20 日,美军制定的代号为"斩首行动"的计划开始实施,美 F - 117 隐形轰炸机和导弹对巴格达进行轰炸,拉开了伊拉克战争序幕。在这次空袭中,美军使用"电子炸弹"攻击伊拉克,这种新式武器产生的高能电磁波使伊军及萨达姆卫队拥有的各类电话、无线电通信和电子计算机等电子设备立刻失灵。同时,美军用精确的制导导弹准确地打击伊指挥和控制中心。

为避开美英联军的空军优势和导弹袭击,萨达姆分散兵力,将实力最强的 9 万共和国卫队、4 个特别旅、2 个特种部队部署在巴格达周围。并在巴格达周围筑建野战工事,开挖战壕、沟堑,在飞机跑道上放置水泥等障碍物,阻击美英空降部队着陆。

美英联军对伊拉克首都巴格达和其高层领导人的住所等要害部门进行连续三轮的狂轰滥炸。晚 21 时 05 分,美英地面部队在战斗机、直升机的掩护下,凭借尖端的夜视作战设备,兵分几路对巴格达进行合围,欲以迅雷不及掩耳之势深入巴格达,俘虏或击毙萨达姆。顽强的伊军凭借坚固的防御工事,给美英造成了一定的损失,虽然发射的导弹部分被美国的"爱国者"导弹截击,但同时也有效地阻滞了敌人的攻势。

次日,联军以惊人的速度突进,准备以闪电式进攻,在短时间内赢得战争,萨达姆精心布防和顽强的共和国卫队粉碎了美英的"斩首行动"。

4 月 4 日,战争形势发生急剧变化,美英联军经过一番调整,大批的后续援兵到位,又开始重新发动了大规模进攻。对巴格达西南的萨达姆机场实施争夺。5 日,巴格达周围的守兵与敌人进行激烈的短兵相接。6 日,联军在巴格达上空进行 24 小时不间断的空中巡逻,对市内目标继续轰炸,加强对巴格达外围的控制,力图合围。8 日,联军连连突破伊军防线,开始从南北两方向向巴格达市区推进。次日,美军进入市中心。11 日,美军宣布萨达姆政权垮台,大规模的伊军抵抗行动结束。14 日,萨达姆的故乡提克里特布市也被联军所控制。

美英联军控制的伊拉克,局势至今一直动荡不安,虽然美军使用了精确制导武器,但也造成大量平民伤亡,伊拉克依靠"石油换食品"的计划也因战争而中断,伊拉克平民受到饥饿的严重威胁。

虽然伊拉克战争早已结束,然而,战争中逐步暴露出来的种种"战争之谜",却越来越令人怀疑、深思。

据欧洲情报部门透露,当夜西方监听到一道命令下达给巴格达伊拉克守军,利用宵禁之机,停止抵抗,全部"消失"。这显然不是一种指挥系统"失灵"的表现,相反,却是指挥系统依然在运转的证明。那么伊拉克最高当局为什么下令停止抵抗呢?是为了避免一场耻辱的投降?还是以不抵抗换取美军放其一条生路?欧洲从官方、情报界到媒体和舆论,都表示怀疑。美军为了避免巴格达攻坚战造成过多伤亡,而准许萨达姆及其部下逃亡,以换取巴格达放弃抵抗,是此间最为流行的传闻。观察家注意到,在此之前,美国总统布什一直表示要将萨达姆抓获归案。正是在此前后,美国从政府到军方,突然都改口称"萨达姆的命运不重要"、"关键是要改变伊拉克政权"。这一态度的微妙变化,让世界人民都摸不着头脑。

美军攻占巴格达后,推倒萨达姆雕像成为这场战争的一个具有象征性意义的画面。但事后有人怀疑是美军在背后操纵各种"自发"的群体行为。有人说在现场欢呼的人群证明这场战争的"正义性"。然而法国电视台却对此提出质疑。在对画面进行深入研究后,法国记者发现,在现场指挥推倒雕像的那个伊拉克人,并非一名寻常巴格达市民,而是流亡美国的伊拉克著名反对派领袖的一名部下。法国电视台播出了推倒雕像现场拍摄到的画面,与先前出现在电视中的画面进行了比较,可以清楚地看到同一个人出现在这两个画面上。此人显然是一个重要的反对派人士。而另一个当时在现场的法国记者也报道说,在现场主要的是美国士兵、各国记者等近百人,而真正的巴格达市民并不多。因为,当时各主要街道都还有战斗,没有人敢于出门。这说明,在这场战争中,有许多人们以为是真的"事实",实际上是一场有人导演、有人演戏的"作秀"。

这场战争的另一个"谜"就是:巴格达巷战为何没有爆发。法国《星期日报》25 日报道说,萨达姆的表兄弟、负责守卫巴格达的共和国特别卫队司令提克里蒂在最后一刻背叛了他。

《星期日报》援引接近前萨达姆政权的一名伊拉克人士的话报道称,提克里蒂早在一年前就秘密同美国中央情报局达成协议,即在美国兵临城下之际,他将以命令共和国特别卫队放下武器为条件换取一家老小的生命安全。

4月8日，即在美军进入巴格达的前一天，美国军方郑重其事地发布了提克里蒂被击毙的消息。但《星期日报》称，提克里蒂当时实际上正以"最秘密的方式"与家人和近20名亲信登上了美军1架C—130运输机，飞往伊拉克外美军的某个基地。

背叛萨达姆的亲信不止提克里蒂一人。据《星期日报》报道，萨达姆另一位表兄弟拉希德曾向美国人透露伊军部署情况和萨达姆的有关军事命令；而总统府一名高级官员曾于3月19日夜和4月7日两次密报萨达姆行踪，导致萨达姆险些被美军精确制导导弹"斩首"。

伊拉克战争过去已近3年，它是人类历史上第一次全程媒体直播的战争，全世界的人们都可以通过电视第一时间观看到美国一手导演的近似好莱坞大片的场面，只不过这种场面远比电影要真实和残酷的多。然而关于这场战争的争论并没有因为萨达姆的被捕而停止过。

庞涓到底有没有指挥过马陵之战

庞涓，战国初期魏国名将。曾率领魏武卒横行天下，北拔邯郸，西围定阳。

庞涓到底有没有指挥过马陵之战？这事还得从马陵之战说起。战国中期，魏国的实力明显要胜过齐国，其军队也比齐军强大，所以荀子说过，"齐之技击不可以遇魏之武卒"，然而齐军却在桂陵之战中，重创了魏军。原因没有别的，就是因为齐国战略方针的正确和孙膑作战指挥艺术的高明。

其中主要原因，可能还是因为孙膑的谋略。也正是因为有了孙膑的帮助，齐国虽小，但魏国的气焰还是收敛了些。魏国虽然一直认为自己是强大的。但同时也觉得齐国并不是那么好欺负的。

公元前341年，魏国又穷兵黩武，发兵攻打比它弱小的兄弟之邦——韩国。韩国自然不是魏国的对手，危急之中便让人奉书给齐国求救，希望得到齐国的帮助。

事实上，韩国之所以向齐国求救，可能还是因为孙膑的智谋，他们知道，只要有孙膑在，就没有打不赢的仗。齐威王听到消息后，便马上决定发兵救韩。而在任的齐宣王却来征求孙膑的意见，孙膑的看法是：既不同意不救，也不赞成早救，而是主张先向韩国表示必定出兵相救，促使韩国竭力抗魏。当韩国处于危亡之际时，再发兵救援，从而"尊名"、"重利"一举两得。他的这一计策为齐宣王所接受。

魏国当然也知道孙膑的厉害，便与赵国联合起来攻打韩国。因为得到了韩国的求救书，齐国便派出田忌率领军队，直奔大梁。魏国的大将庞涓听到消息，马上离开韩国赶回魏国，但齐国的军队已经越过了魏国西境。

这时，孙膑对田忌说："他们三晋的军队，素来勇武而看不起齐国，齐国有怯懦的名声，善于作战的人只能因势利导。兵法上说，用急行军跑百里去争取胜利，会使上将受到失败，行军五十里而与敌争利只有一半人能赶到。为了让魏军以为齐军大量掉队，应使齐军进入魏国境内后先设十万个灶，过一天设五万个灶，再过一天设三万个灶。"

于是，齐军在孙膑的策划下，施出行军减灶之计，即第一天行军营地有十万灶，第二天军队后退减为五万灶，第三天再退缩减至三万灶，装出一副怯弱畏战的样子。

庞涓行军三天，见到齐军过后所留下的灶迹，非常高兴，说："我本来就知道齐军怯懦，入我境内三天，士兵已经逃跑了一大半。"所以丢下步兵，只率轻兵锐卒，用加倍的速度追赶齐军。

孙膑估算了一下魏军的行军速度，知道他们在日落之前应该能够赶到马陵。马陵道路狭窄，旁多险阻，多可埋伏兵马。于是孙膑令人把一棵大树削去树皮后，露出白木，并在上面写上"庞涓死于此树之下"。然后命齐军万名擅长射箭的弓弩手，埋伏在道路两旁，事先与那些弓弩手约定好"天黑见到点着的火就一起放箭"。

没想到庞涓果然中计了，那天夜晚，当他来到削去了树皮的大树下后，一眼便看见了树上的字。可是，因为天黑，看不清树上写了什么字。于是，他命人钻木取火来照明，想看个究竟。没想到，字还没有读完，齐军就开始万箭齐发，顿时魏军全部乱了套，有的往东，有的往西。庞涓自知无计可施，军队已彻底失败，便用剑自刎，临死前，说："总算叫孙膑这小子成了名！"齐国于是乘胜全歼魏军，俘虏了魏太子申回国，孙膑因此而名扬天下，世人皆传习他的兵法。

从这里可以看出，庞涓确实指挥过马陵之战，并且还在此战中自杀身亡。但是，也有人认为，庞涓虽然参与过马陵之战，并且还在此战中失利而身亡，但并不等于他指挥了马陵之战。实际上，马陵之战的总指挥是魏太子申。

而庞涓之所以身亡，也是因为他与孙膑的不和造成的。他们本是同窗，都是鬼谷子的弟子，可是，庞涓却总是对孙膑的才能心怀妒忌，最终与孙膑分开，转而投了魏国，并下决心要除掉孙膑，没想到，害人终害己，他没有除掉孙膑，反而丢了自己的性命。

秦赵渑池会的真相

秦赵渑池会主要讲的是关于蔺相如的一个智慧故事。蔺相如，战国时赵国上卿，战国时期著名的政治家、外交家。在强秦意图兼并六国、斗争逐渐尖锐的时候，蔺相如不仅凭借着自己的智慧和勇气，让秦国的图谋屡屡受挫，更难得的是，他有容人之量，以大局为重，"先国家而后私仇"，是一位胸怀广阔的政治家，也为赵国立下了汗马功劳。

那时，秦赵两国交战已达数年。秦王知道，赵国的实力确实雄厚，如果战争继续下去,秦赵双方必然损失惨重,于是派使者去赵国,约赵王在西河外的渑池见面,互修友好。

作为赵国的上大夫,蔺相如担心秦王会对赵王有什么不利的举动,他决定陪同赵王一起去渑池,还派人去棺材铺选购了一副上好的棺材。

临行时,大将廉颇带领大军把赵王送到边境,并在边境部署了大量军队,以防秦国进攻。但想着蔺相如连赵王的棺材都准备好了,心里还是感到十分难过。

到了渑池,双方行过礼,便在筵席上叙谈。秦王对赵王说:"你们楚国的歌一直很有名,我听说你也喜欢唱歌,现在就请你唱一支歌来助助兴吧!"赵王不敢推辞,只好唱了一首。这时,秦国的御史走了过来,在简上写道:某年某月某日,秦王和赵王在渑池宴会,秦王命赵王唱歌一首。

蔺相如见此很不高兴,命人找来一缶,然后上前对秦王说:"赵王听说秦王擅长击缶,我这里有个缶,请秦王敲一段缶乐让大家开开眼界。"秦王听了勃然大怒,不肯答应。蔺相如也不相让,将缶端到秦王面前,可秦王还是不肯敲。蔺相如便用力将缶往头上一敲,缶裂了,血顺着蔺相如的额头往下流。秦王大惊。"秦王不必着急,这个缶的质量不好,想必音质也不好,我让人再取一个来。"秦王看了看蔺相如的头,说:"你还是去包扎一下吧。""男子汉大丈夫,流点血有何惧,即便我现在死了,也没什么好遗憾的,因为我在来之前已为自己准备了一副上好的棺材。"

秦王知道,蔺相如这是要与自己拼命啊。这时,取缶的小卒已将缶放在秦王面前,秦王只好敲了几下。蔺相如回头也叫赵国的御史,把这件事记下来:某年某月某日,赵王和秦王在渑池宴会,赵王命秦王敲缶助兴。一直到酒筵结束,蔺相如为了维护国家的尊严,从没放弃与秦国君臣的争斗,秦国从头到尾也没捞着半点儿便宜。

原来,秦国这次是想借言和的机会,展现一下秦国的实力,想不费一兵一卒智降赵国,不料蔺相如深知秦国的意图,寸毫不让。之后,秦、赵间暂时停止了战争。

但是,又有人说,渑池会并非人们认为的那样是强国与弱国的会晤,而是两大强国在实力基本平衡下的一次战略妥协。正是因为两强相争,秦国欲乘势主宰天下,赵国却欲代齐称霸中原,所以很有可能两败俱伤,于是,都有了妥协的愿望。可以说,即使赴会的赵惠文王没有贤臣辅佐,秦国也不会重演一场"武关结盟"。至于蔺相如的大智大勇,也不可能是渑池会得以成功的关键因素了。

也正是因为,秦、赵两国相近的实力,决定了双方在会盟中的平等地位,这种地位并非一两位出色的外交人员所能争来的。秦、赵举行渑池会盟也绝非偶然,它是双方共同的战略需要。因为秦、赵长期僵持,相互消耗,必然会导致齐、楚这两个昔日强国的复兴,这是秦、赵两国都不愿意看到的。

当时时局如此,与会的秦、赵双方都有意达成共识,即建立彼此间较稳定的友好合作关系,以转移主力粉碎齐、楚的复兴企图。所以,形势已经决定了秦、赵两国必须化干戈为玉帛,这也不是哪个外交奇才所能左右得了的。

淝水之战是不是以少胜多的战役

有人说,淝水之战是历史上著名的以少胜多的战例。西晋末年的腐败政治,引发了社会大动乱,中国历史进入了分裂割据的南北朝时期。在南方,晋琅邪王司马睿于公元317年在建康(今江苏南京)称帝,建立东晋,占据了汉水、淮河以南大部分地区。在北方,各少数民族政权纷争迭起。由氐族人建立的前秦国先后灭掉前燕、代、前凉等割据国,统一了黄河流域。前秦皇帝苻坚,因此欲图一举荡平偏安江南的东晋,统一南北。"投鞭断流","草木皆兵","风声鹤唳"等成语典故都出自淝水之战。

淝水之战

淝水之战发生在安徽寿县,古称寿州、寿阳。公元383年8月,苻坚亲率步兵60万、骑兵27万、禁卫军3万,共90万大军从长安南下。同时,苻坚又命梓潼太守裴元略率水师7万从巴蜀顺流东下,向建康进军。近百万行军队伍"前后千里,旗鼓相望。东西万里,水陆齐进"。苻坚骄狂地宣称:"以吾之众旅,投鞭于江,足断其流。"

东晋王朝在强敌压境、面临生死存亡的危急关头,以丞相谢安为首的主战派决意奋起抵御,经谢安举荐,晋帝任命谢安之弟谢石为征讨大都督,谢安之侄谢玄为先锋,率领经过七年训练、有较强战斗力的"北府兵"(在北方的流亡移民当中选拔精壮者,加以严格训练培育出的一支军队,为东晋时期战斗力最强的主力军)8万沿淮河西上,迎击秦军主力。

谢石起初认为秦军强大,打算坚守不战,待敌军疲惫再伺机反攻。后来,得知秦军虽有百万之众,但还在进军中,便改变了作战方针,决定转守为攻,主动出击。

11月,谢玄派遣勇将刘牢之率精兵5千奔袭洛涧,揭开了淝水大战的序幕。秦将梁成率部5万在洛涧边上列阵迎击。刘牢之分兵一部迂回到秦军阵后,断其归路;自己率兵强渡洛水,猛攻秦军。秦军惊慌失措,勉强抵挡一阵,便土崩瓦解,主将梁成和其弟梁云战死,官兵争先恐后渡过淮河逃命,1.5万余人丧生。洛涧大捷,极大鼓舞了晋军的士气。

由于秦军紧逼淝水西岸布阵,晋军无法渡河,只能隔岸对峙。谢玄就派使者去见苻融,用激将法对他说:"君悬军深入,而置阵逼水,此乃持久之计,非欲速战者也。若移阵少却,使晋兵得渡,以决胜负,不亦善乎?"秦军诸将都表示反对,但苻坚认为可以将计就计,让军队稍向后退,待晋军半渡过河时,再以骑兵冲杀,这样就可以取得胜利。

苻融对苻坚的计划也表示赞同,于是就答应了谢玄的要求,指挥秦军后撤。但秦兵士气低落,结果一后撤就失去控制,阵势大乱。谢玄率领8千多骑兵,趁势抢渡淝水,向秦军猛攻。朱序则在秦军阵后大叫:"秦兵败矣!"

秦兵信以为真,于是转身竞相奔逃。苻融眼见大势不妙,急忙骑马前去阻止,以图稳住阵脚,不料战马被乱兵冲倒,被晋军追兵杀死。失去主将的秦兵越发混乱,彻底崩溃。前锋的溃败,引起后续部队的惊恐,也随之溃逃,形成连锁反应,结果全军溃逃,向北败退。

秦军溃兵沿途不敢停留,听到风声鹤唳,都以为是晋军追来。晋军乘胜追击,一直到达寿阳附近的青冈。秦兵人马相踏而死的,满山遍野,充塞大河。苻坚本人也中箭负伤,逃回至洛阳时仅剩10余万人。

但是,也有人说,淝水之战并不是以少胜多的战役,因为苻坚并不是败在敌人的手里,而是因自己外强中干,败在了自己的手里。

鸿门宴之谜

鸿门宴,指在公元前206年,于秦朝都城咸阳郊外的鸿门(今陕西省西安市东北鸿门堡村)举行的一次宴会。参与者包括当时两支抗击秦军的军队领袖项羽和刘邦。这次宴会对秦末农民战争及楚汉战争皆产生重要影响,被认为是间接促成项羽败亡以及刘邦成功建立汉朝的关键性事件。后人也常用"鸿门宴"一词比喻不怀好意的宴会。

项羽,名籍,字羽,通常被称做项羽,中国古代杰出军事家及著名政治人物。他是中华数千年历史上最为勇猛的将领,"霸王"一词,专指项羽。

刘邦,即汉高祖。出身平民阶级,起兵于沛(今江苏沛县),所以又称其为沛公。秦亡后被封为汉王。他对汉民族的统一、强大,汉文化的保护发扬有决定性的贡献。

秦朝末期,刘邦与项羽各自攻打秦朝的部队,刘邦兵力虽不及项羽,但刘邦先破咸阳,项羽勃然大怒,派英布击函谷关,项羽入咸阳后,到达戏西,而刘邦则在霸上驻军。刘邦的左司马曹无伤派人在项羽面前说刘邦打算在关中称王,项羽听后更加愤怒,下令次日一早让兵士饱餐一顿,击败刘邦的军队。

一场恶战在即。刘邦从项羽的叔父项伯口中得知此事后,惊讶无比,刘邦两手恭恭敬敬地给项伯捧上一杯酒,祝项伯身体健康长寿,并约为亲家,刘邦的感情拉拢,说服了项伯，项伯答应为之在项羽面前说情，并让刘邦次日前来谢项羽。鸿门宴上，虽不乏美酒佳肴，但却暗藏杀机，项羽的亚父范增，一直主张杀掉刘邦，在酒宴上，一再示意项羽发令，但项羽却犹豫不决，默然不应。范增召项庄舞剑为酒宴助兴，趁机杀掉刘邦，项伯为保护刘邦，也拔剑起舞，掩护了刘邦。

在危急关头，刘邦部下樊哙带剑拥盾闯入军门，怒目直视项，项羽见此人气度不凡，只好问来者为何人。当得知为刘邦的参乘时，即命赐酒，樊哙立而饮之，项羽命赐猪腿后，又问能再饮酒吗，樊哙说，臣死且不避，一杯酒还有什么值得推辞的。樊哙还乘机说了一通刘邦的好话，项羽无言以对，刘邦乘机一走了之。刘邦部下张良入门为刘邦推脱，说刘邦不胜饮酒，无法前来道别，现向大王献上白璧一双，并向大将军范增献上玉斗一双。无奈的项羽收下了白璧，气得范增拔剑将玉斗撞碎并大骂项羽。

鸿门宴本是家喻户晓的故事，情节富有传奇性，但它同时也留下一个千古未解之谜，后人为此而议论纷纷。有人说，既然是鸿门之宴，便是不同于寻常的宴会。沛公的一举一动，无不在范增等人的监视下，何况还要招樊哙同出。樊哙闯进时，完全怀有敌意，这时却紧随沛公而出，五尺之童，也会疑忌的。《史记》先说"脱身独骑"，那么，是独自骑马的，之后又说与四人步走，究竟是骑马还是步走，还是先骑马而后步走？也叙述得不清楚。

梁玉绳《史记志疑》则这样说："若论禁卫诃讯，则彼尚不能御樊哙之人，乌能止沛公之出乎？"意思是说，樊哙是一员猛将，无人能敌也。有人马上反对，樊哙虽猛但与项王相比，却是不足一提，何况樊哙闯军营时，沛公尚在项王牢笼之中，这时却是两人提剑而出，实在说不过去。

也有人说，很可能是项王本无杀沛公之心，因为范增的怂恿，才动了杀心。可是后来与沛公一见，便马上冰释前嫌了。如果项羽真有杀沛公之心，哪怕是一百个樊哙，也是没有用的。如果项王一定要杀沛公，范增示意时，就可将他杀了，何必等到沛公逃走后才后悔没有杀他？不管怎样，项羽终是没杀刘邦，并且再也没机会杀他了。还有人说，正是项羽那种优柔寡断的性格，让他最终没有办成大事。

"借东风"有没有发生过

小说《三国演义》中，有一段脍炙人口的"借东风"的故事。在曹操进攻荆州的时候，刘备、孙权两家结成了抗曹联盟。孙权的大将周瑜十分嫉妒刘备的军师诸葛亮的才能，想把他置于死地。于是周瑜让诸葛亮十天之内造出十万支箭，并立下军令状，若误期造不出便以军法从事。诸葛亮巧妙地利用长江的大雾，在夜里用数十只绑满稻草人的船只，在曹营前击鼓呐喊。曹军用箭射击，结果全都射在稻草人身上，诸葛亮不费吹灰之力便得箭十多万支。

诸葛亮又与周瑜共同制订了火攻曹营的计划。但连日来江上一直刮西北风,用火攻不但烧不着北岸的曹兵,反而会烧到自己。周瑜为东风之事闷闷不乐,病倒在床上。诸葛亮知道后,给周瑜开了个"药方",周瑜打开一看,只见上面写着:"欲破曹兵,宜用火攻。万事俱备,只欠东风。"

周瑜承认自己的心事被诸葛亮猜中,便问诸葛亮有何办法。诸葛亮说他能借来东风,他让周瑜为他搭起高九尺的七星坛,然后自己在坛上作法。几天之后,果然刮起了东南风。周瑜更觉得诸葛亮不可留,便派人赶到七星坛去杀诸葛亮。然而诸葛亮早就料到周瑜会有这一手,事先离开了七星坛,回自己的根据地夏口了。诸葛亮临走还给周瑜留下这样一句话:"望周都督好好利用此风大破曹兵,诸葛亮暂回夏口,异日再容相见。"周瑜只得作罢。

但正史却是这样的:诸葛亮并没有参与赤壁之战,也没有呼风唤雨的能力,指挥赤壁之战的人是周瑜。东风是长江上的一种自然现象,长期在当地操练水军的周瑜和黄盖对什么时候起东风非常清楚。他们聪明地抓住了这一战机打败了曹军,此外周瑜心胸也非常宽广,与《三国演义》中的描写完全不同。

但是,也有人说,诸葛亮借东风,虽然正史中没有记载,但很可能确有其事。谁都知道,每一场大战前夕,都得进行战前动员,目的是为了鼓舞士气。所以,孙刘两家在准备赤壁之战时,不能等到刮东南风后再进行战前动员。因此,为了能充分利用刮东南风的时间,必须在刮东南风之前,提前作好一切战斗准备。

而在这隆冬季节,老天爷通常刮的都是西北风,刮东南风却是一件十分稀罕的事情,这也难怪在周瑜明白了当时的气候状况后,急得直吐血。所以,知道什么时候刮东南风对于打败曹军来说十分重要。而东吴方面好像也没有在这方面能掐会算的人才,否则的话,吴国的史书早就让他留名青史了,所以只有"孔明借东风"这个情节的存在,一切才会显得顺理成章。因此,"孔明借东风"应该是确有其事的。

既然借东风之事是存在的,那么,在这隆冬季节有没有可能存在刮东南风的条件呢?在赤壁,严冬时节,最有可能刮东南风的时间段是冬至过后的两三天时间内。民谚有云:冬至一阳生。意思是说,冬季到了冬至那天,气候就会从极冷转暖,这样的气候变化导致刮东南风的可能性较大,所以,当赤壁之战这天夜里东南风大起,程昱叫曹操小心提防的时候,曹操哈哈大笑说:"冬至一阳生,来复之时,安得无东南风? 何足为怪!"意思就是说:冬至一阳生,刮点东南风很正常,有什么大惊小怪的,可见曹操的生活常识是很丰富的。

但是冬至的到来,并不是老天爷刮东南风的充分条件,也有可能不会刮东南风。因此诸葛亮早在登坛祭风之前，就给自己安排好了万一不刮东南风的退路，在其临行之前，吩咐鲁肃说："子敬现在就回去帮助周公瑾调兵遣将，万一我没有借到东南风，你们到时候也不要怪我误了你们的大事。"所以，即使诸葛亮没有借到东南风，他也用不着为此承担任何责任。也就是说，不管结果如何，诸葛亮借东风都是一桩只赚不赔的买卖。

由此可以看出，诸葛亮上演借东风这出好戏，既不需要诸葛亮事先准确算出哪天能刮东南风，也不要求他具有呼风唤雨的特异功能，而只需他具有较丰富的生活常识，然后自己稍加运用就可以获得演出的圆满成功。在诸葛亮登坛不久后，还真的刮起了东南风，这实在是诸葛亮的好运气啊。

诸葛亮挥泪斩马谡仅为失街亭吗

"失街亭"是《三国演义》中的一个故事情节，说的是蜀国参军马谡，因刚愎自用而使军事要塞街亭失陷的故事。因为马谡在战前颐指气使，吹嘘自己"熟读兵书，颇知兵法"；在作战时，他骄傲轻敌，让军队驻扎在山上，舍弃有利地形，不切实际地用"置之死地而后生"的兵法，副将王平几次劝说都没有用，因而他是个赵括般的危险人物。

马谡这个危险人物根本不是"杰出将才"，而只是一个"成事不足，败事有余"的人，因而司马懿听说诸葛亮派马谡来时，笑曰："徒有虚名，乃庸才耳！"

马谡领命时立过军令状，表示"若有差池"，则"乞斩全家"。但结果他令军队全军覆没，耽

马谡

误国事，还使诸葛亮险些被司马懿所擒。因此综合以上因素，正是因为马谡在战前、战时、战后的各种表现的综合，最终造成了马谡的被斩，而马谡的被斩，绝不仅仅是因为失掉了一个小小的街亭。尽管马谡没有畏罪投敌，而且还认识到了自己的错误，临死前还留了一份遗书给诸葛亮，使全军官兵感动得痛哭流涕，而诸葛亮最后还是杀了马谡以谢众人。

但是也有人说，诸葛亮挥泪斩马谡，明为失街亭，并且将所有过错都加在了马谡身上，但实际上却是孔明的错。的确，街亭一役，损兵折将，甚为惨重。蜀国不得不由战略反攻转为战略防御，这是谁的过错？马谡刚愎自用，固然是直接原因，但究其根本，却在孔明身上。是孔明在街亭一役中屡屡失败，最终导致了令人惋惜的历史结局。

首先，孔明不该派马谡去守街亭，古人云：用人不疑，疑人不用。孔明深知"街亭干系甚大，倘有失，大军皆休"，且"司马懿非等闲之辈，先锋张郃乃魏之良将"，深恐"马谡不能敌之"，更何况刘备在永安宫托孤时曾明言，"马谡言过其实，不可大用"，可见，孔明是深知其中利害的。既然如此，又何必派不放心的人去守要塞呢？"用人不疑，疑人不用"，孔明正好犯了兵家大忌。虽注重人才，却不能知人善用，这样也酿成了意料之中的悲剧。

另外，也有人说，其实是孔明并未真正认识马谡的原因。因为平素马谡"好论军事，才气过人"，在征讨南蛮、七擒孟获时，还曾经出谋划策，并且颇有建树，可谓"将才"。但是，没想到，一旦掌管帅印、规划全局时，却是万万做不来的。只有人才就其位，方能显其才。孔明误以马谡为帅才，最终导致千古遗憾。

还有人说，孔明不该斩马谡。当时蜀主新立不久，南蛮也才刚平静，而"五虎上将"或早逝，或年事已高，蜀国后继乏人。而且大敌当前，正当用人之际，又有"马谡自缚跪于帐前"。俗话说"智者千虑，必有一失"。孔明应该给部下一个改过自新的机会，若孔明让其戴罪立功，想必马谡也会变得成熟老练，萧何月下追韩信，刘备三顾茅庐，周文王渭河肃立，魏公子忍辱迎侯生，正由于他们有一颗宽大的心，才引得无数英雄为之折腰。马谡街亭失守，不能不说是犯了一个天大的错误，但若能平静对待，指陈其错，必能使其大受感化，精神升华。从这个意识上说，失街亭也并非是坏事。

更有人说，副将王平也是难逃其咎的。王平在战败之后，用计挽回了一些损失，诸葛亮认为其有功，提拔他为参军。实际上，作为马谡的副将，王平虽然在马谡作出将人马驻扎在山上的错误决定后，曾好言相劝，但是最后的妥协行为便是一个错误。错上加错的是，他竟然还独引一小部分人马守重要地段去了。王平作为诸葛亮派到马谡身边的人，明知马谡不按丞相之计办事，而不据理抗争，反而任由马谡按错误之法扎营，自己独自戍边，其中不免有失职之过。所以说，如果失街亭要分责任的话，诸葛亮、马谡各占四，王平应该占二。

也有人说，诸葛亮挥泪斩马谡，不是为失街亭，而是诸葛亮根本就不想打了，所以才有意让马谡失街亭的。而且马谡之死对诸葛亮是有益的，他为蜀汉撤军提供了一个充足的理由，同时也保全了蜀军的颜面。所以说，对于诸葛亮而言，仅用一个自己并不喜欢的马谡，就维护了威望，而且还让马谡直到死都感激他，这才是诸葛亮真正的高明之处。

隋朝三征高丽为何无功而返

高丽，也称高句丽，是古代中国东北的古老民族。隋文帝杨坚代周称帝时，高丽曾遣使奉贺，文帝授其王为"大将军"，又改封为"高丽王"。

隋炀帝即位后，要求高丽王高元尽快来朝见他，但多次征召，高元都未到，这便惹怒了隋炀帝,于是隋朝便开始征伐高丽。裴矩说,高丽之地,在汉代时本为汉之三郡,西晋时也为中土,征伐高丽只是收复故土。这更使炀帝师出有名了。

为征伐高丽,炀帝征调"河北诸郡男女百余万开永济渠",以便运送军粮、军械;在涿郡置临朔宫,作为出兵征伐的总部;在河南、江淮造戎车五万辆,在东莱海口造船三万艘。船匠被迫终日泡在水下作业,腰部以下腐烂生蛆,死者十有三四。公元611年,炀帝驾临涿郡临朔宫。次年二月,炀帝下令出兵,水陆并进,其中陆军一百多万人,号称二百万,令左右各十二军分为二十四路,日进四十里,前军先发,后军继进,经过四十天,才尽出涿郡城。旌旗相望,鼓角相闻,绵延九百六十里。水军由大将军来护儿统率,从东莱海口出发,浮海行进,直指平壤,舳舻相连数百里。

炀帝性喜游玩,他把征伐高丽也当成了一次大规模的游玩。岂知高丽军民据城固守,拼死抵抗,炀帝督率的大军围攻辽东城,久攻不克;来护儿所率水军攻打平壤,遭遇伏击惨败;另一支由宇文述所率领的陆军三十万人渡鸭绿江攻打平壤,大败溃逃,回到辽东城只剩了两千七百人!最后炀帝乘龙舟返回洛阳,第一次征伐高丽宣告失败。

公元613年,隋炀帝再次东征,征发全国之兵集中在涿郡,又招募各地勇士从军,号称"骁果"。隋军攻打辽东城、平壤城,高丽军依然据城固守,隋军久攻不下。此时山东、河北农民起义接连爆发,而在河南黎阳仓督运粮草的杨素之子礼部尚书杨玄感又发动兵变,率军攻打洛阳,直抵洛阳城下。正在督军进攻辽东城的炀帝得知消息,连夜撤兵,军用器物,尽数丢弃。回到洛阳后,他以惩治杨(玄感)党为名,杀了三万人,流放了六千人,杨玄感曾开仓放粮,凡是来杨玄感这取米的百姓,均被坑杀了。

公元614年,隋炀帝诏今天下之兵,百道俱进,会于涿郡,他自己也亲抵涿郡。七月,进驻辽西怀远镇。这时的高丽因连年战争,困顿异常,无力再战,国王高元遂遣使求和。隋炀帝面对各地农民起义进行的如火如荼而隋朝的各路兵卒却不能如期到达的不利局面,也就借此收兵,返回洛阳。三打高丽是促使隋王朝灭亡的主要原因之一。

有人不禁要问,隋朝三征高丽为何会无功而返呢? 有人说,兵不在多,在于精。将不在广,在于明。隋朝三征高丽,每次动辄大军数十万,甚至百万,却屡次失败,很有可能是以下几点原因造成的:1. 统帅决策失误,战场上战机稍纵即逝,隋炀帝确实不是一个好的军队统帅,把握不了战场上的瞬息万变的局势,既想平高丽,又想招降高丽,注定了浪费军机。2. 后勤方面吃紧,给养不足,劳师远征,隋炀帝一征高丽,总计征兵113.38万人。运者倍之,约226.76万人。3. 内部不稳。远征期间国内发生了杨玄感叛乱,农民起义风起云涌。4. 当时高丽是很强的,可以说是朝鲜历史上相当强盛的一个时代。而且当时高丽的战略也很对头,就是坚壁清野,固守坚城。

也有人说,那是一场非正义的侵略战争,所以国民厌战。当时隋军的兵力虽然强大,但是科技不发达,长途跋涉后的兵力明显下降,加上隋炀帝没有考虑辽东地区的气候等因素,结果导致三十万水陆大军无功而返,而且"死者十有八九",损失惨重。

还有人说,隋朝的时候,隋炀帝三征高丽无功而返,说明隋炀帝无能;但是,唐太宗征高丽也是无功而返,他的武功赫赫有名,为何征高丽的下场和隋炀帝相同呢? 可能主要是因为高丽那个地方太冷,交通不便。唐高宗时,一开始打高丽也多次失败,曾派唐朝的名将苏定方带领猛将契苾何力多次征讨,以苏定方之能耐,虽然把高丽军打败了无数次,但最终都因为天寒路远而未将高丽彻底征服。虽然唐最终还是将高丽给灭了,但那并不是唐高宗的功劳,而是武则天的功劳了。

谁策划了晋阳起兵

公元 617 年,中国历史上最大的事件,莫过于李渊父子的"晋阳起兵"。这个令历史改辙的大事件有诸多人物参与,这些人后来都成为了大唐历史上赫赫有名的开国功臣。他们是裴寂、刘文静、长孙顺德、刘弘基、唐俭、柴绍、殷开山、刘政会、温大雅……

这些人是晋阳起兵最重要的骨干力量,正是有了他们的推动、策划、参与,这次起义才能获得成功,大唐王朝最终才得以横空出世。可不管怎么说,他们终究只是这个大事件的配角。晋阳起兵的主角,当然非李渊父子莫属。可问题是,在李渊父子当中,谁才是这次起兵的"首谋之人"呢? 对此,历代官修正史都说是李世民。

李世民其实早就有起兵的打算,无奈他的父亲李渊总是不配合。于是,李世民和自己交好的裴寂想了一计。李世民让裴寂天天去找李渊喝酒,喝完酒又顺便"送上"几位美女。一连数日,把李渊伺候得周周到到。几天之后,裴寂找了个机会,对李渊说:"二郎暗中蓄养兵马,欲举义旗,恐大事泄露被诛,所以让我以晋阳宫女奉公,此乃情急之下,迫不得已之计。如今众人心意已决,不知公意下如何?"

李渊一听,当时便吓傻了。原来,这几天与他合欢的美女,竟然全都是晋阳行宫的宫女,皇帝杨广的女人! 这可是灭门之罪啊! 没想到自己的儿子和老友居然使了这么一招,把他绑上了"贼船"。李渊愣了很长时间,最后无可奈何地说:"吾儿既有此谋,事已至此,为之奈何? 只好从他了。"

于是,李渊配合自己的儿子李世民,起兵了。当然,李渊也不亏,因为最后还是李渊当了皇帝。李世民也不亏,因为之后李世民便可以当皇帝了,从父亲手里接过皇位,那可是水到渠成的事啊。如果不是李世民立下了这巨大的功劳,他哪有机会当皇帝,就是轮也要先轮到他的哥哥才对。

但是,又有人说,表面上看,策划晋阳起兵的是李世民,实际上却是李渊。那时,李渊是受杨广的派遣驻守晋阳的。他在那里的主要职责有两条:对外,防御突厥毛贼骚扰;对内，镇压老百姓造反。李渊手下有一支部队，还有一队父子兵。

李渊有了想法之后，并没有立即采取行动。因为他缺少一个恰当的机会和理由，因为他深知，搞得不好，就会脑袋搬家。

眼看天下烽烟将起，李渊又整天和没事人一样，有个人沉不住气了。这个人便是他的二儿子李世民。一天，李世民来到李渊身边，说："皇上整天只知道吃喝玩乐。"李渊说："皇帝想要干什么，那是他的权利。"

李世民又说："如今天下民不聊生，很多人都想高举反动大旗。"李渊瞪了他一眼说："我们是皇上的属下，任务就是安定天下。"李世民还是没走，说："难道您就没有其他想法？"李渊盯着李世民说："想法？什么想法？你是不是想害了我们全家？"李世民只能无奈地离开了。

终于有一天，事情发生了重大转机。那是公元617年二月，和李渊同样有想法的马邑军官刘武周，终于沉不住气了，他突然发动兵变，杀了太守王仁恭，占据郡城，自立为王。

这是上苍赐给李渊的一个最佳机会。他以讨伐刘武周的名义征兵，然后，把队伍聚集到儿子的手下。很快，一支两万多人的部队就聚集起来。

那天夜里，他把李世民喊到跟前，说："是时候了，你要见机行事！"李世民似有不解，不知道老爹要他干什么。李渊说："傻儿子，快配合我把你那想法变成现实啊！"李世民看了一眼老爹，不由得暗中赞叹：姜还是老的辣！

就这样，李渊一声令下，反了！于是，带上自己的三个儿子正式起兵。不久，他便穿上了皇帝的"新衣"。所以说，真正策划了晋阳起兵的人应该是李渊。

汉尼拔失败之谜

汉尼拔（公元前247年～前183年），迦太基著名的军事统帅、古代杰出的军事家。公元前221年，汉尼拔担任迦太基驻西班牙军队的最高统帅，着手进行征服罗马的战争准备。公元前218年，第二次布匿战争爆发，汉尼拔率领迦太基军队开始对意大利的大规模军事远征。

当汉尼拔越过阿尔卑斯山，突然出现在北意大利时，犹如神兵从天而降，大出罗马人意料之外，整个罗马被恐慌不安所笼罩。尔后，汉尼拔率军直捣意大利中南部，在特拉西美诺湖、坎尼等会战中，多次大败罗马军队，尤其是坎尼战役后，罗马可谓已陷入绝境，汉尼拔几乎就要实现其征服罗马的梦想了。

然而好景不长，不久罗马人就扭转了战局，汉尼拔最终未能完成其征服罗马的夙愿。这是为什么呢？对此史家有各种解说，孰是孰非，一时难以肯定。

有人认为：汉尼拔之所以未能征服罗马，是因为共和制罗马当时正处于蓬勃发展时期，尽管它是一个贵族共和国，作为统治阶级不同阶层的平民和贵族之间存在着矛盾，但是在平民经过两个多世纪的斗争废除了债奴制度，获得了一定的政治权益之后，统治阶级内部的关系得到调整，平民在国家生活中的积极性大为提高，国家政治生活暂时比较安定，这些为罗马战胜汉尼拔的进攻提供了重要的政治和社会前提。

同时，在与迦太基作战的问题上，罗马奴隶主统治阶级内部是比较一致的，罗马进行战争的主要工具是组织严密的军团，这些军团由罗马公民组成，平民特别是农民是罗马军团的中坚力量。由于他们希望从战争中获得一份土地，因此作战特别尽力，这就是罗马在对外扩张中具有强大的力量，它在布匿战争过程中虽屡遭失败，但在每次失败之后又可以迅速得到人力、物力的补充，直到最后取得胜利。

相比之下，迦太基在许多方面远不如罗马。迦太基在征服北非土地之后统治阶级内部明显分为两派：一派代表大土地所有者的利益，主张主要维护和巩固在非洲的利益；另一派为商业集团，主张继续进行海外扩张，扩大在海外的利益。两派之间一直进行着尖锐的斗争，时常此起彼伏，影响和左右了迦太基的对外政策。

汉尼拔

汉尼拔代表的主要是后一派的利益，主要活动基地和据点是西班牙的新迦太基城，而在迦太基国内和政府内部，往往是地主派占上风。汉尼拔转战意大利期间一直没有得到过迦太基政府的支援，原因就在这里。

汉尼拔虽然具有杰出的军事才能，但是统率的是一支孤立无援、与本国几乎断绝关系、主要由雇佣军组成的军队，而且是在他国领土上作战，处境是十分艰难的。加之汉尼拔为把一切反罗马力量团结起来的伟大计划又由于东方各国君主间的矛盾和相互妒嫉而失败。

也有人认为，汉尼拔之所以未能征服罗马，其致命错误就是在战略上没有适时地将打击重点放在攻占罗马城上。当汉尼拔取得一系列胜利，特别是在坎尼会战之后，罗马军的主力已不复存在，整个半岛的大部地区已摆脱了罗马的控制，罗马城几乎成了孤城，而汉尼拔军却正是兵威极盛之时。如果汉尼拔能抓住这个时机给予罗马城一击，攻占罗马城的可能性极大。因为罗马城是罗马人的"心脏"，它的存在是罗马复兴的希望，在基本不受战火摧残的情况下,罗马人没有必要向汉尼拔投降,更不会自行崩溃。

由于罗马城的存在,罗马人有了重建军备的基地,而其他尚在坚持的罗马城堡也有了精神寄托。汉尼拔在战略上犯的这一错误是无法弥补的,因为在以后的岁月中,类似坎尼战役以后所出现的那种良机就再也没有出现过,说得夸张一点,罗马人保住了一个罗马城便赢得了整个战争,而迦太基人忽视了一个罗马城便输掉了一场战争。这是汉尼拔的悲剧所在。此外,汉尼拔的极端复仇思想与盲目自信情绪禁锢了迦太基军的行动,坐视罗马军队由弱变强,从而导致了自己的失败。

还有一种看法认为,汉尼拔之所以失败关键的一点在于他兵力太少和罗马军事指挥艺术的改进。

法国的孟德斯鸠说:只要汉尼拔"和他的军队留在一起,他就能击败罗马人,但是当他不得不把卫戍部队留在各个城市的时候,当他要保卫他的同盟者的时候,当他要围攻要塞或者当他使自己的要塞不受罗马人围攻的时候,他的兵力就太少了,而他的一部分军队就是这样零敲碎打地消耗掉的。历次出征之所以容易取胜,是因为在出征时都是全力以赴;出征成果之所以难于保持,是因为要保持它们时只能使用自己一部分的兵力。"

在战争后期罗马人握有主动权却不与汉尼拔进行大规模会战,这恰恰是罗马军事指挥艺术改进的表现。罗马人虽拥有绝对优势,依靠这个优势也许能直接打败汉尼拔,但毫无疑义,面对汉尼拔这样一位天才统帅,这种胜利是要付出相当大的代价才能换来的,也很可能出现得不偿失的局面。相反,在确保取得境内战场主动权的前提下,将这个优势转到境外去,转用到没有汉尼拔的地方去,那么用同样的优势同样的代价,必然会取得更大的胜利。这无疑是正确的决策,此后罗马军队入侵迦太基本土,最终取得了战争的胜利。

总之,迄今为止,还没有一种使人完全接受的观点。汉尼拔为何没能征服罗马仍是个未解之谜,有必要进一步探究。

第四节　将帅生死之谜

长平决战之死的赵括

战国时期,秦国与赵国之间的长平之战是《史记》中唯一一场记载比较详细的战役。公元前260年,秦军和赵军在长平决战,战争持续了整整三年时间。这次战役,秦国获得空前的胜利,前后总共消灭赵军40余万,削弱了当时关东六国中最强劲的对手赵国,成功地占领了上党郡，慑服了其他各国，为秦日后完成统一六国大业创造了有利的条件。赵国在这次战役中丧失了主力军队，使得这次战役过后几十年赵国还是女多男少，可见这次战役对赵国的影响之大。战事范围，以今天山西省高平县城乡为主战场，扩及于今沁水、晋城、泽州、长子、长治、壶关、陵川等县市，战地直径上百公里。长平之战，成为春秋战国时代一场持续最久、规模最大、战况最惨烈的战争，古人所谓"长平之战、血流漂橹"。长平之战由于秦军取得全胜，其统一全国的形势已呈不可逆转之势，标志着以列国林立、兼并战争频为特征的战国时代即将结束，一个史无前例的中央集权封建大帝国就要诞生了。几十年后，秦国陆续灭掉了其他六国，终结了列国纷争的战国时代，建立了中国封建社会的第一个统一王朝。

长平之战的关键人物当然是秦赵双方的统帅——武安君白起和马服君赵括。赵括，赵国马服君赵奢之子。赵奢死后，赵惠文王念其父子功高，让赵括袭封马服君。因赵括深谙军事，喜谈兵学，门徒众多，因而又被尊称为马服子。长平之战发生前，孝成王在议救上党郡时，蔺相如举荐廉颇。但田单认为，廉颇本为骑将，善于平原野战，不善于在上党这样的山地环境作战，而且廉颇与秦军交手鲜有胜绩，不如派有在上党地区作战经验，且曾经在阏与大破秦军的赵括为将。所以才有了长平之战中的赵括死于秦军乱箭的悲惨一幕。

据《史记·廉颇蔺相如列传》记载：赵括出锐卒自搏战，秦军射杀。《泽州府志》、《山西通志》记载：赵括乘胜追至秦壁，即今省冤谷也（古称杀谷，长平之战战场），其谷四周皆山，惟前有一路可容车马、形如布袋，赵兵既入，战不利，筑垒坚守……后括自出搏战为秦射杀之。

在山西省高平县有一个传说，赵括死于山西省高平县釜山乡老背坡村。传说肯定不能等于历史，但也不完全是臆说，其中有真有假，有虚有实，有待人们考证探究。据当地的老人讲，"老背坡"就是"老兵背着赵括来到此坡"的意思。《东周列国志》和《泽州府志》也有相同记载："赵括追造秦壁，西北十余里"。当时长平治所在今王报村，从此计算"西北十余里"，正是今高平县釜山乡地夺掌村一带。按照《高平县志》中赵括追秦兵的记载："其谷四周皆山，惟前有一路可容车马，形如布袋"，根据地形分析，只有釜山乡地夺掌村符合其条件，它形如布袋，能容下数十万兵马作战。20 世纪 60 年代，在距地中掌村15 里的寺庄镇杨家庄村西南出土一件战国青铜"聚将钟"，据考证为赵国军队使用，此器物是两军交战"鸣金击鼓"所用，可以作为"自搏战"就发生于地夺掌的佐证。

地夺掌意思是"地段之争夺"，距其 5 里的回沟的意思是"赵军回转于沟中"，老背坡距"地夺掌"3 里，距黑山白起指挥所（白家坡）5 里，充分说明两军交战接近程度和战段的重要性。赵括在地夺掌自搏战斗中被箭射伤（可能已经阵亡），被部属背负从回沟村突围至老背坡,因部队还要继续战斗,仓惶之间埋在老背坡,这是完全有可能的。

但猜测终究还是猜测,要确定赵括到底死于何地,还要有待于更多的证据被发现、更多的专家进行论证。

天王洪秀全死因

洪秀全(1814～1864年)是中国近代太平天国的创始人。广东花县(今花都)人。1843年(清道光二十三年)创立拜上帝会,深入广西,发动农民群众。于1851年1月11日举行金田起义,编组太平军,颁布《太平军目》,又以"十款天条"严明军纪。同年3月,在广西武官东乡被拥戴为天王,随建五军主将制。及克永安(今蒙山),又加封五主将为东、西、南、北、翼五王,诏明诸王俱归东王杨秀清节制。1852年6月,在湖南道州(今道县)采纳杨秀清意见,确立"专意金陵"的战略方针,围长沙,克武汉,下九江(今属江西),于1853年3月占领南京,定为都城,改称天京。后渐轻敌冒进,同时开辟北伐、西征和保卫天京三条战线,兵分力单,导致太平军北伐全军覆没。后改变战略,于1856年夏从两征战场调集大军,攻破清军江北、江南大营,军势复振。但以不善处理领导集团内部矛盾,

天王洪秀全

酿成天京内讧,军事力量大受削弱,形势急剧过转。洪秀全自兼军师,艰苦筹维,1858年重立五军主将制,选拔、重用陈玉成、李秀成等年轻将领,军心复振。同年冬,二破江北大营,又获三河大捷。1860年春,采纳干王洪仁玕、忠王李秀成的计策,奔袭杭州,调动清军,取得二破江南大营和东征苏、常的胜利。为救被湘军围困的安徽安庆,多方调遣兵力组织解围,皆告失利,安庆最终于1861年9月陷落。1862年5月,湘军对太平军采取大包围之势,曾国荃部进至天京城下。为急于解围,严催李秀成等"十三王"率兵自上海、浙江前线回援,于天京城外与湘军大战45天,未能破围。随命李秀成取道江北,远攻敌后,不仅未能调动湘军,兵力反遭重大损失。洪秀全深居天京,一再从各战场调兵回救,战略陷于被动,战局由此日蹙。1863年12月苏州失守,天京危殆。拒绝李秀成"让城别走"建议,徒自坐困。1864年6月3日,洪秀全死于城内天王府,年仅51岁。关于其死因,由于原始资料记载不一,加上曾国藩篡改史料,以假乱真,因此史学界有不同看法。许多有关太平天国史的论著,都说洪秀全是在清军紧逼时服毒自杀的,也有不少太平天国的论著则说洪秀全是病死的,这样一来,洪秀全究竟是自杀还是病死,便成为历史之谜。

　　李秀成是后期太平天国的主要将领,洪秀全去世时,他在天京主持天京保卫战,对天王府的情况有较确切的了解。曾国藩刊刻的《李秀成自述》中,言及洪秀全之死:"天王(洪秀全)斯时焦急,日日烦躁,即以四月二十七日服毒而亡。"洪仁玕是后期太平天国的主要领导人之一。他被清军捕获后曾写下《洪仁玕自述》,其后半部分中说:"天王之自杀,更令全局混乱。"太平天国的对手、湘军首领曾国藩在同年六月二十三日的奏稿中说:"首逆洪秀全实系本年五月间,官军猛攻时,服毒而死。"同年七月初七日又奏称:"有伪宫婢者,系道州黄姓女子,即手埋逆尸者也,臣亲加讯问,据供,洪秀全生前,经年不见臣僚,四月二十七日因官军急攻,服毒身死,秘不发丧。而城里群贼,城外官兵,宣传已遍,十余日始行宣布。"根据上述资料,大多史家认为洪秀全系"服毒自杀"。根据《李秀成自述》内容,认为洪秀全"四月十九日(天历,即1864年6月1日)服毒逝世"。

　　尽管当时大部分学者都认同曾国藩及其刊刻本《李秀成自述》的说法,但他们对洪秀全自杀说,已有一定程度的怀疑,所以在许多太平天国史论著中把当时在洪秀全身边的幼天王洪福瑱在"自述"中说的:"本年四月二十七日,老天王病死了,二十四日众臣子扶我登基。"的这一观点也一并罗列于后。如郭廷以在《太平天国史事日志》中根据"李秀成供状及曾国藩奏报",认为洪秀全之死以服毒说为近真"。在罗列了洪福瑱供词中关于洪秀全之死文字之后,又说"似洪秀全系病死"。简又文在《太平天国全史》中认为洪秀全自杀是"事实",但又对曾国藩奏稿中的内容多加批驳,如在"官军急攻"语下批驳说,在洪秀全死前三个月"曾国藩未攻城,天京外亦无战事"。曾国藩奏稿说,洪秀全"服毒"材料来自天王府宫婢黄氏,简又文批驳道:"其言由黄氏宫婢供,伪言也"。可见,在很长一段时间里,史学界对洪秀全之死实无定论。

　　20世纪60年代初,藏在曾国藩家中达一百多年的《湘乡曾八本堂·李秀成亲供《手迹》(即《李秀成自述》)正式影印发行,其中关于洪秀全之死的原始记载,有力地证明了洪秀全是病死,并非自杀。具体记载为:"此时大概三月将尾,四月将初之候,斯时我在东门城上,天王斯时已病甚重,四月二十一日(天历)而故。""此人之病,不食药方,任病任好,不好亦不服药也。是以四月二十一日而亡。……天王之病,因食咁露病起,又不肯食药方,故而死也。"有学者指出,这一记述当是可靠的,因为李秀成当时正在天京,对天王府的一切都了如指掌,他所记载洪秀全之死的材料最为后人所重视。而曾国藩刊刻的《李秀成自述》,是经曾国藩篡改过的。洪仁玕虽然不在天京,但他在湖州和幼天王会师,自然要谈到洪秀全去世情况,所以他在"自述"中关于洪秀全之死的记述,也为史学界所重视。但《洪仁玕自述》前半部分说:"至今年四月十九(天历),我主老天王卧病二旬升天"。后半部分又说:"天王之自杀,更令全局混乱"。这个自相矛盾的记载到底是怎么回事,现在不得而知,不过,因为后半部分是由外人译出,原稿已失。外人在翻译时受《李秀成自述》刊刻本影响,是极有可能的。值得注意的是,《洪仁玕自述》前半部分,是出自洪仁玕供词原稿,应该比较可信。赵烈文《能静居士日记》五月初六日条记:"闻探报禀称,逆首洪秀全已于四月廿八日病死(彼中之四月二十日)。"

人们也许会问,曾国藩为什么一定要篡改《李秀成自述》中关手洪秀全之死的说法呢?湘军攻破南京之后,曾国藩在安庆给清廷的一个奏折中已经说过洪秀全是"官军猛攻时,服毒而死"的。而在他到达南京之后,又于七月初四亲自拟写了七月初七日的奏稿;并在奏稿中重申了洪秀全因"官军急攻,服毒身死"。这两个奏稿都是在曾国藩看完李秀成亲供前写成的。曾国藩的幕僚赵烈文在《能静居士日记》七月初七日条中说:"中堂(指曾国藩)嘱余看李秀成供,改定咨送军机处,傍晚始毕。"曾国藩把李秀成供稿呈送军机处时曾说:"李秀成立供词,文理不甚通适,而情事真确,仅钞送军机处,以备查考。"曾国藩看到李秀成亲供有关洪秀全之死记载和奏稿截然不同,他在把亲供抄送军机处时,将这些文字给篡改了,当不难理解。至于曾国藩两次谎报军情,罗尔纲和周村台写的《洪秀全论》说:"洪秀全因天京缺粮,久吃甜露充饥,致病发逝世。"并在注中说:"曾国藩刻本《李秀成亲供》所说洪秀全因被围急自杀死,乃是曾国藩为要向清廷报功而盗改的。"由此可知,曾国藩所出示的李秀成供稿,是被"改定"过的。

自从《李秀成亲供手迹》发行后,大多数有关太平天国史的论著,都改变了"自杀"说的看法,并确信洪秀全是病死的。当然也还有一些学者仍然坚持自己的观点。

甲午英烈邓世昌牺牲

邓世昌(1849~1894年),清末海军爱国将领。字正卿。原籍广东东莞,生于番禺(今广州市珠海区)。18岁考入福州船政学堂,为驾驶班第一届毕业生。后历任福建水师海东六、振威、飞霆等兵船管带。光绪五年(1879年),调北洋水师。次年,随丁汝昌赴英接舰,驾驶"扬威"舰经地中海、印度洋回国。光绪十三年,再次赴英,接带"致远"巡洋舰。十四年,授记名总兵,加提督衔;同年,北洋海军编成,任中营中军副将兼"致远"舰管带。中日甲午海战中,邓世昌捐躯报国。邓世昌及其将士壮烈殉国后,举国上下一片悲愤,威海百姓自发出海打捞英雄们的尸体,当地流传着"通商卖国李鸿章,战死沙场邓世昌"的歌谣。海战失利,朝廷震动。光绪皇帝垂泪撰联:"此日漫挥天下泪,有公足壮海军威",并赐予邓世昌"壮节公"谥号,追封"太子少保",御笔亲撰祭文、碑文各一篇。李鸿章也在《奏请优恤大东沟海军阵亡各员折》中为其表功,说:"……而邓世昌、刘步蟾等之功亦不可没者也"。清廷还赐给邓母一块用1.5公斤黄金制成的"教子有方"大匾,拨给邓家白银10万两以示抚恤。邓家用此款在原籍广东番禺为邓世昌修了衣冠冢,建起邓氏宗祠。

邓世昌的名字和他的忠勇之举几乎无人不知，无人不晓，受到我国历代人民的景仰。但是后人对邓世昌殉难时的情景说法不一：

一曰：在中日甲午海战中，"致远"舰不幸舰体受伤，弹药断绝。管带邓世昌沉着镇静，指挥部下"鼓快车"、冲向敌先锋队指挥舰"吉野"号，准备与敌舰相撞，同归于尽。"吉野"号见势不妙，慌忙躲避。"致远"舰在日方快炮的密集射击中，不幸又中鱼雷，遂于午后 3 时沉没。全舰官兵除 7 人外，全部壮烈牺牲。

邓世昌雕像

二曰："致远"舰不幸被击中，锅炉进裂，舰体下沉，全舰 250 名将士落入滚滚的黄海波涛之中。邓世昌落水后，仍大呼杀敌不止，他的随从刘忠把救生圈投给他，他拒不接受，铿锵有力地表示"阖船俱尽，义不独生"。邓世昌的随身爱犬游到他的身边，衔住他的胳膊不使他下沉，也被他推开。爱犬不忍离去，又衔住他的辫发。最后邓世昌"望海浩叹，扼犬竟逝"，沉入海底。

三曰：邓世昌虽然被救起，但他看到全舰官兵部身葬大海，"义不独生"，复沉大海，壮烈牺牲。

"邓壮节公"之死，尽管说法不一，但其英勇忠烈，世人共赞，万古流芳。

淮阴侯韩信被杀

韩信是中国汉初著名的军事家，是西汉王朝的开国功臣，司马迁《史记·淮阴侯列传》认为韩信对汉朝的贡献，足以与周朝的周、召、太公相比。汉高帝十一年（公元前 196 年）正月，这位汉初三杰之一的大功臣却被吕后诱杀于长乐宫之中，甚至被夷三族。究竟是什么原因导致韩信的人头落地呢？韩信是谋反被杀，其罪当诛，还是刘邦、吕雉猜忌名将、杀戮功臣呢？

一种意见认为，韩信被杀的真正原因是他蓄意谋反。《史记》、《汉书》中关于韩信死因记载均是谋反。高帝七年（公元前 200 年），阳夏侯陈豨担任赵相，镇守赵、代地区，当他离开都城赴任之时，曾与韩信密谋陈豨在边地起兵反汉，韩信从中响应配合。陈豨至代后，果然招兵买马，积蓄力量，准备谋反。高祖十年七月，刘邦之父太上皇死，召陈豨入朝，陈豨托病不往。九月，陈豨公开宣布反汉，自立为代王，进攻赵、代等地。刘邦闻讯后，要求淮阴侯韩信和梁王彭越一起讨伐陈豨，可是两个人都推说有病，不肯出兵。汉高祖只好自己亲统大军出征。等到刘邦离都之后，韩信立即按照原先计划准备响应陈豨。次年春天，韩信部署已定，密谋假传圣旨。释放奴隶和韩信的门客向吕后告发此事。吕后与萧何谋划，诈称陈豨叛乱已平息，命令朝臣入宫庆贺。又担心韩信不往，派遣萧何劝说。韩信一入长乐宫，就被埋伏的武士所擒，斩于钟室之中。

很多学者都认为韩信被杀是罪有应得的，包括司马迁、班固、司马光以至明清之际的思想家王夫之、清代史学家王鸣盛等人。王夫之在《读通鉴论·汉高帝》条中，从韩信鼓吹有功当封、贪功以及破项羽后犹拥有强兵这三点来论证"云梦之俘，未央之斩"是韩信自己造成的恶果。王鸣盛《十七史商榷·信自立为假王》条，也认为韩信改封为淮阴侯后，"常称病不朝从"，"日怨望，居常怏怏"。公元前200年，他勾结握有重兵的边将陈豨，再次阴谋叛乱。公元前197年，陈豨在代地叛乱，刘邦率兵亲征。韩信托病，并乘机派人与陈豨约定，他在长安里应外合。正在这时，他的阴谋再次被人告发。于是，萧何与吕后设计捕杀了韩信，消除了分裂的危险。

然而，以上观点却受到了不少的挑战，有学者认为韩信谋反的罪名其实是出于诬陷，他的被杀是一大冤案。持此派观点的代表人物包括明代散文家归有光、清初诗人冯班等。清代考据学家梁玉绳，在《史记志疑·淮阴侯列传》中说："信之死冤矣！前贤皆极辩其无反状，大抵出予告变者之诬词，及吕后与相国（萧何）文致之耳。史公依汉廷狱案叙入传中，而其冤自见。"清人郭嵩焘也认为，信"贵贱生死一取资于人，是乃人臣之定分。非能反者"。意思是说韩信根本不是那种会谋反的人。如此说来，韩信的被杀完全是吕雉猜忌名将，杀戮功臣的阴谋，而韩信则无意背叛西汉王朝。

韩信死于正想乘隙揽权的吕后之手，这也不是偶然的事。当时身为丞相的萧何，却也深受刘邦的猜忌，自身难保。他原是韩信的保荐人。这时候不得不屈于吕后的意旨，诱杀韩信；如果他态度犹豫，就有遭受株连的危险。结果，萧何就因诛韩信功，而从丞相晋升为相国，加封食邑五千户。

韩信究竟是为何而死，这要结合当时的时代背景来考察。公元前206年至前202年楚汉战争的过程中，刘邦身边共有7人取得王爵，建立了半独立的王国。这些强大的异姓王的存在，对于汉封建国家的统一政权是严重的威胁。刘邦当初封他们为王，原是不得已的权宜之计。他在做皇帝以后的第六个月，就借口诸王谋反，开始一个一个地收拾他们。对于韩信，刘邦既佩服他那"连百万之军，战必胜、攻必取"的军事才能，自称"不如"，同时又对他这种才能极不放心，一向"畏恶其能"。自然不会放过。从国家要统一的观点来看，汉初如果不剪除异姓王，战祸就不会消除，百姓就不可能休养生息。这一历史背景似乎是韩信冤死一说的有力基础。然而，联系韩信曾经自请封王的史实（在平定三齐之后，韩信与刘孝正被楚军围困在荥阳的危急关头，竟上书刘邦，自请代理齐王。后来,韩信对刘邦没有主动封其为王而深表不满,借故不肯发兵),若说韩信是谋反被杀,罪有应得,也并非无中生有。

总之,对于韩信有无谋反之心,是否参与陈豨叛乱,目前史学界尚未论定。韩信被杀真相,还需要进一步考究。

李自成兵败后的生死

明崇祯元年(1628年)七月至十七年(1644年)三月,李自成、张献忠等部农民军从小到大,从分散到集中,从游击流动作战到运动流动作战,南征北战,不断壮大,几十万大军所向披靡,终于推翻了政治腐败、经济崩溃、摇摇欲坠的明王朝。后因负责镇守山海关的明将吴三桂与清军勾结引其入关,李自成不得不领兵退出北京,转战河南、陕西、湖北等地,最后不知所终。

后人对于李自成死于何地、何年,以及怎样死的,早有结论但又一直有争议。围绕这一问题,形成了两种对立的观点:一种观点认为李自成兵败后在湖北通山遇害,简称为"通山遇害"说;另一种观点认为李自成率领大军顺利转移至湖南,后来禅隐石门夹山寺,秘密指挥大顺军联明抗清20年,简称为"夹山禅隐"说。

清亲王阿济格的奏疏是清政府关于李自成死于顺治二年的最早记载,也是清军前线最高指挥官的战报,其来源于农民军中被俘或投降的将士的口供,是可信的史料之一。阿济格奏疏称"贼兵力穷,窜入九宫山",李自成"为村民所困,不能脱,遂自缢死"。

南明总督湖广川贵广东广西五省军务兵部尚书何腾蛟的奏疏中也有关于李自成在九宫山被杀于乱刀之下的奏报,其内容来源于原农民军将领刘体仁、郝摇旗、袁宗第、蔺养臣、王进才、牛有勇等的"众口同辞",而且还有目击李自成"被乡兵杀死马下"的刘伴当。

从南明与清政府两个敌对政权几乎同时发布的消息看,排除了它们互通消息的可能。顺治三年五月清摄政王多尔衮亲自审批的一份文件更明确地指出:"加以英王谋勇兼济,立剪渠魁,李自成授首于兴国(当时通山县隶属兴国州)八公山,无噍类矣。"这一珍贵档案说明,清政府确信李自成已死。

著名学者王夫之在他所著的《永历实录》中有两处记载李自成之死。在卷七中写道:"李自成渡江,如无人之境,由蒲圻走死九宫山。"在卷十三又写道:"五月,自成至九宫山,食绝,自率轻骑野掠,为士人所杀。"

以上所列材料仅仅是一些具有代表性的资料,加上未列材料,它们在细节上很不一致,如有自杀、他杀之说,死的地点有九宫山、八公山、罗公山,死的时间有顺治二年四月底、五月、秋九月、顺治三年、顺治五年。从清初30年的文字记载来看,尽管说法不一,但李自成兵败遇害却是一致的。

另有一说是说李自成在夹山寺隐居。

乾隆十五年（1750年）《澧州志林》中说夹山灵泉禅院（俗称夹山寺）旁有石塔，"塔面大书'奉天玉和尚'；前立一碑，乃其徒野拂所撰，文载'和尚不知何氏子'"，于是产生了一个很大的疑问："夫'奉天'岂和尚所称？"走遍全寺，发现该寺藏有奉天玉画像，比照《明史·流贼传》中描绘的李自成状貌，何认为两者相同，于是形成了李自成"禅隐"夹山寺的说法。《书李自成传后》一文收入在《澧州志林》卷二十三《艺文志·辩》中，此文成为夹山"禅隐"说的主要依据。

"禅隐"说的一个重要根据是，"'奉天'岂和尚所称？"他误把地名"奉天"当成法号"奉天"，进而断言和尚不能称"奉天"，再进而联想到李自成曾自称"奉天倡义大元帅"，于是石门夹山寺的奉天和尚便被认为是李自成。殊不知僧人之名形成的格式是：地名＋法名，或地名＋寺名＋法名，清初就有两个奉天和尚，此例足以证明。

另外在亲眼看见了夹山寺里所藏奉天玉和尚的遗像后，"高颧深颔，鸱目曷鼻，状貌狰狞，与《明史》所载相同"，故断言"其为自成无疑"。然而，《明史》编撰者无一人见过李自成的状貌，或听过李自成的声音，但在《明史·流贼传》中对李自成的声音状貌描写是："高颧深颔，鸱目曷鼻，声如豺。"这是古籍中对敌人的公式化、一般化的描绘，怎么看见了夹山寺所藏奉天玉和尚的遗像，就能辨认出是李自成呢？

除去文史资料中的记载，夹山寺的《康熙碑》、《道光碑》上都载有奉天玉和尚是顺治壬辰年（顺治九年）到夹山灵泉寺的，而李自成是顺治二年五月在历史上消失的，可见这个奉天玉和尚与李自成无关。

另外，"禅隐"说者据以立论的有力证据是奉天玉和尚墓，然而，墓却没有得到好好保护，相反，他们未按国家公布的文物法规科学地发掘、清理和鉴定，未经国家批准擅自破坏了奉天玉墓原貌，改建成"闯王陵"，使原有文物失去了它应有的价值。因而，李自成隐居于夹山寺一说，也不能成为定论。

无论是通山九宫山"遇害"说，还是石门夹山寺"禅隐"说，都需要进行更深入的研究。

拿破仑之死

给古人断案，是一件颇为有趣的事情。就拿一世枭雄——法国军队统帅拿破仑·波拿巴（公元1769～1821）来说，法兰西第一帝国和百日王朝皇帝，生前曾在战场上指挥千军万马，立下了赫赫战功，可谓风云一时，然而，1815年滑铁卢战役失败后被捕，被流放到圣赫勒拿岛。1821年5月5日，年仅52岁的拿破仑死于该岛。这样一位显赫于世的人物到人生的最后竟连怎么死的也成了一件没有定论的史事。

一个世纪以来，世界各国舆论对拿破仑之死众说纷纭，各抒己见。据美国《百科全书》记载，拿破仑是死于胃病。在法国，有人说拿破仑死于癌症。因为他的父亲在40岁时患癌症离开人世。当时法国官方的死亡报告书鉴定为死于胃溃疡，而有人却认为他死于政治谋杀，更有人论证他是在桃色事件中被情敌所谋害。也有人说拿破仑在进攻埃及和叙利亚的时候，得了一种热带病，后来死于此病。还有人则说，拿破仑是在圣赫勒拿岛上被人毒死的……

在众多的争议之中，最具有代表性的要数砒霜中毒而死和胃癌不治而死两种说法。

先看第一种砒霜中毒说。也许使你感到奇怪，查出拿破仑之死的线索，竟是他的头发！

原来，这位不可一世的统帅死后，人们想保存他的遗容，以作永久的纪念。但是因为还没有发明摄影术，人们只能靠制作脸部模型，于是，在制模型前，要把他的头发先剃光，以免头发粘连石膏。就是这个机会，一位拿破仑的侍从悄悄地取了一绺拿破仑的头发，留作纪念。

于是，英国的科学家、历史学家对拿破仑韵头发成分及含量进行了分析。他们还实地调查了当时滑铁卢战役失败后放逐拿破仑的圣赫勒拿岛，并惊喜的发现当年囚禁拿破仑房间中的墙纸含有大量砒霜。于是，在经过周密研究后，宣布杀死拿破仑的"凶手"是砒霜。听到这个消息，人们都感到十分意外。因为，拿破仑死前并没有吃过砒霜，也没有人用砒霜谋害过他（因为食用砒霜会立即死亡，而拿破仑是在囚禁过程中生病死的），一时很难让人理解。

为了消除人们的疑虑，英国科学家作出如下解释：砒霜的学名叫三氧化二砷，是一种可以经过空气、水、食物等途径进入人体的剧毒物。当年囚禁拿破仑的房间的墙壁上正是贴着这种含有砒霜成分的墙纸。又因为囚房里十分阴暗潮湿，墙纸中的砒霜就生成了一种含有高浓度砷化物的气体，以致被关在这间屋子里的拿破仑整天呼吸着这种受到污染的空气，日积月累，年复一年，终于因慢性砷中毒而死。

这一结论与当年化验拿破仑尸体的报告相吻合。当时，发现在他的头发中，砷的含量已超过正常人的13倍。另据当年的监狱看守人记录"拿破仑在生命的最后阶段，头发脱落，牙齿都露出了齿龈，脸色灰白，双脚浮肿，心脏剧烈跳动而死去"。这种症状与砷中毒的症状十分相似。

然而，就在人们仍然没有彻底消除疑虑的时候，法国3位权威科学家应法国《科学与生活》杂志之邀，利用同步加速器射线对拿破仑遗留下来的头发进行了细致分析，结果断定：拿破仑死于胃癌，而非有关专家推测的砒霜中毒。长达40多年的拿破仑死因之争又有了新的说法。

来自巴黎警察局毒物学实验室负责人里科代尔、巴黎原子能委员会凝聚态、原子、分子研究所专家梅耶尔和法国奥赛电磁辐射使用实验室专家舍瓦利耶便是这新死因说的提出者。他们同样也拿到了拿破仑遗留下的一些头发。据介绍，这些头发有 19 绺，并且取得的时间分别在其死后和生前的两个时间点，互相都间隔有十多年。3 位专家为了得到更具有说服力的第一手材料，他们对每绺头发都进行了上百次的测量，对每根头发的测量间距精确到 0.5 毫米。那么结果究竟如何呢？

实验的结果向人们揭示了一个全新的世界。无论是在 1821 年拿破仑死后尸体上取下来的头发里，还是在 1805 年和 1814 年拿破仑在世时保留下来的头发里，砒霜的含量都超出正常值 5 到 33 倍。由此专家们断定，这些头发的取留时间相距 16 年，而在长达 16 年的时间里，这些头发中的砒霜含量几乎一致，并均匀分布在整根头发上，这表明头发上的砒霜不是拿破仑摄食到体内的，它们来自外部环境，所以，拿破仑不是死于砒霜中毒。

那么，拿破仑头发中的砒霜又是从哪来的呢？对此，专家们推测木材取暖、放置老鼠药、摆弄含砒霜的子弹等都可能是砒霜的来源，而最可能的是来自某种防腐剂，因为在 19 世纪时，法国非常流行用砒霜保存头发。

3 位英国专家的分析理由充分详尽，那么究竟是当年的根据尸体解剖和临床症状得到的死于胃癌并发症的结论正确呢，还是死于砒霜中毒的结论对呢？至今仍难以定论。

巴顿将军车祸身亡

1945 年 12 月 9 日，美国陆军四星上将乔治·巴顿，在德国曼海姆附近遭遇车祸，身受重伤，抢救无效，于 12 月 21 日在海德堡医院不治身亡。

巴顿将军在第二次世界大战中威名远扬，号称"血胆老将"。他于 1885 年出生于美国一个军人世家，先后在弗吉尼亚军校、西点军校、顿利堡骑兵学院及轻装甲部队学院接受军事训练，为日后成为一名优秀的将军打下了良好的基础。第一次世界大战爆发后，巴顿曾经奔赴欧洲参与作战，并在指挥坦克作战方面显示了出色的才能。第二次世界大战爆发后，他被任命为美国第二装甲军团司令，更是驰骋沙场，战功赫赫，屡次创下辉煌战绩。在战场上他最有特点的话语是"混蛋，你们的刺刀应毫不犹豫地刺向那些杂种的胸膛！"正是由于他的勇猛神武，1945 年 4 月，美国军方授予他四星上将的军衔。

然而又有谁能料到，这么一位久经沙场的老将，居然会在战争结束后不久就死于车祸？本该躺在战功簿上安享成果的巴顿将军，却在被授予军衔的 4 个月后倒在了另一个战场上。

1945 年 12 月 9 日清晨，住在德国曼海姆的巴顿将军和盖伊上将相约去打猎，第二天一早，他将搭乘艾森豪威尔将军的专机离开，他的司机霍雷斯·伍德林开着一辆超长豪华卡迪拉克去送他们。据说事发当日，巴顿将军乘坐的轿车刚好遇上火车过道口，等火车驶过，司机注意到离火车道只600码处停着两辆大卡车。当轿车开始向前慢慢行驶时，一辆卡车从路边开过来，向着巴顿将军的轿车慢慢驶来，同时另一辆卡车也由相反方向驶近。情急之下，司机迅速踩下刹车。但是事故还是发生了，卡迪拉克车重重地撞在了卡车右边的底盘上，被撞出10英尺开外。巴顿将军被惯性向前甩去，头部重重地撞在司机席后面的围栏上，脊柱完全裂开，眉骨上方的头皮也被隔板玻璃撞出三英寸的伤口。

巴顿将军

1个小时后，巴顿将军躺在海德堡医院的病床上，他的头脑还比较清醒，但是四肢不能动，脖子以下没有知觉。医生诊断说，他脊柱严重错位，头骨也受了重伤。经过精心救治，巴顿将军的病情开始好转，他的一条胳膊变得有力，另一条腿也有了些微弱的知觉。医生们认为他已经脱离了危险，可是12月20日下午，巴顿将军的病情突然急转直下。12月21日清晨5时55分，他终因血栓和心肌梗塞而停止了呼吸。

巴顿将军死后，留给我们的是一个谜。车祸发生时轿车里坐的共有三人，为什么只有巴顿将军受重伤，而其他二人则毫发无损呢？案发后肇事司机竟能溜掉，也令人不可思议。车祸后赶来的宪兵们对现场进行的例行调查也极为马虎草率，甚至没有留下任何官方记录。以至日后当人们查起巴顿的情况时，除了军方履历表外，其他方面是一片空白。而履历中虽有他在服役期间的全部文献，却唯独少了他遇难情况的有关材料。

这些疑点似乎都表明，巴顿将军之死并非单纯因为一场偶然发生的车祸，有可能是有人蓄意制造谋杀。可是究竟谁是幕后指使？他为什么要策划这起谋杀呢？

有人认为，巴顿将军的死可能与"奥吉的黄金案"有关。"奥吉的黄金"是第二次世界大战中纳粹埋藏的一批黄金，据说当时被美军一些高级将领发现了，他们没有上缴给国库，而是私下里瓜分了。事情发生后不久，巴顿将军就被政府指派去调查这个案子。雷厉风行的巴顿将军很重视这件黄金被窃案，调查得非常认真，进展迅速。可是就在案情快要大白于天下的时候，巴顿突然遇车祸身亡了。时间上的巧合不能不让人产生怀疑，也许是那些人害怕事情败露而先下了毒手。

也有人说，巴顿将军的死是他的上司精心策划的阴谋。据说在第二次世界大战结束以后，巴顿一直有亲德倾向，他曾公开批评盟军的"非纳粹化政策"，并在新闻记者们面前把纳粹分子和非纳粹分子的斗争,不恰当地比喻成美国民主党与共和党之争。后来据说他又考虑要扶植德国几个未受损失的党卫军部队,然后挑起一场对前苏联的战争。

据此,一些美国历史学家们提出很具体的假设,即这位上司就是艾森豪威尔将军。众所周知,艾森豪威尔将军与巴顿将军不和的传闻由来已久,巴顿将军在第二次世界大战后采取的一些行为无疑与艾森豪威尔的主张大相径庭。艾森豪威尔对此非常不满,为了拔除这个处处和自己作对的眼中钉,很有可能派人除掉巴顿。

如果巴顿将军的车祸真的是一场有预谋的事件,那么究竟是由于什么原因,是谁在幕后策划,恐怕只能等车祸参与者本人坦白才能弄清吧!

戈林自杀

1945 年 11 月 20 日,纽伦堡国际军事法庭开始对戈林进行审判。法庭在对戈林的死刑判决书中说:"戈林是第二次世界大战的策划者之一,是仅次于希特勒的人物,他集所有被告的罪恶活动于一身。"20 世纪爆发的两次世界大战,给世界造成了无尽的灾难;而这两次罪恶的大战都是由德国挑起的。在法西斯纳粹德国,紧紧追随希特勒并助纣为虐,成为嚣张一时的乱世枭雄,这位一人之下、万人之上的显赫人物就是大名鼎鼎的纳粹德国帝国元帅——赫尔曼·戈林。

1946 年 10 月 15 日夜,就在即将被处以绞刑的 75 分钟之前,戈林竟然神奇般地在严密看守的死牢中服毒自杀,逃避了正义的处决。

有关赫尔曼·戈林自杀的具体细节,已消失在历史的迷雾中,或者已带到坟墓里无记载可查了。随着柏林资料中心有关戈林自杀时未公布的调查委员会的绝密报告、现场证人的证词、医疗报告、戈林自杀留言的原文等绝密档案的逐步公开,戈林自杀之谜再次浮现在人们视线之中。

戈林在整个关押期间一直把氰化钾胶囊放置于牢房是不可置信的。根据采访看守人和对监狱记录的检查,牢房和衣物是经常搜查的。约翰·韦斯特少尉在 1946 年 10 月 14 日,即戈林死的前一天,就搜查了戈林的牢房和他的私人物品。因此,氰化钾胶囊起先是随戈林的行李进入监狱这一点应该是毫无疑问的。因为,行李间是唯一没有被彻底搜查过的角落,并且调查人员在戈林自杀后也确实在他的遗物里找到了另一个氰化钾胶囊。

尽管监狱记录显示戈林并未请求去行李间取东西,但是他曾经送给惠利斯中尉一份礼物以及送给他的律师奥托·斯塔马尔的蓝色公文包恰恰证明他行李中的物品曾经不只一次地被取走,而取走这些物品的人不是像惠利斯这样握有行李间钥匙的监狱军官,就是戈林自己在未按来访要求登记的规定的情况下获准进入行李间而拿到自己行李中的物品的。

这种推测在本·E·斯韦林根写的《赫尔曼·戈林自杀之谜》一书中得到了肯定。该书是迄今为止对该问题最透彻的研究,这位作者的结论是:戈林曾提出条件让一位监狱工作人员——最大的可能性是惠利斯——为他从行李间取出物品或行李。在临死前的几个小时,戈林取出了隐藏的胶囊,作好了服毒的准备。另一种可能,就是他本人被获准进入行李间,而且批准其进入行李间的最有可能的人还是惠利斯。

戈林的妻子埃米·戈林对随后有关她丈夫是如何得到胶囊的言论,帮助不大,而且不能令人信服。她说 1946 年 10 月 7 日她最后一次探视戈林,那时候她曾问丈夫还有没有胶囊,戈林说没有。从那以后她便再也没有见过戈林,也没再跟他说过话。然而,戈林自杀后,她却立刻公开发言,"此事一定是一位美国朋友所为"。这其中难免让人怀疑藏有什么不可告人的秘密。直到 28 年后,她又对德美起诉团的一位成员提起,当年确实是一位未留名的朋友把毒药递给了她丈夫。又过了不久,埃米·戈林的女儿埃达也出面表示有人曾经帮助过她父亲。到了 1991 年,传出消息说戈林的侄子克劳斯·里格尔承认,是惠利斯中尉把毒药给了戈林。所有的言论都有可能是真的,但又全都无法证实。

戈林的女儿或戈林的侄子在戈林死时还不到 10 岁,因此他们对所发生的一切作出的表态没有多大的可信度。而那些戈林当年的并仍活着的狱友们——斯佩尔、弗里奇、弗鲁克——如果他们知情的话,为什么在他们后来撰写的纽伦堡经历的著述中却无一例外地略去了这部分具有轰动效应的,也是作为畅销书最重要的卖点的东西呢?

戈林为什么在其自杀留言上注明日期为 1946 年 10 月 14 日,至今仍是个谜。这日期不可能是正确的。戈林若将这些吐露他打算自杀的留言保存在身边达 5 天之久,未免太粗心大意了。在其中的两封信中,他提到向盟国管制委员会的申诉被拒,而这一消息直到 10 月 13 日他才听说。或者,留言中的日期与自杀前几天内曾经发生的事情在时间上发生了矛盾。

近年来,对戈林自杀之谜又有了新的解释:毒药是藏在他的陶土制的烟斗里的,在处决他那天夜里把它剖开,将毒药藏在肚脐里,还有一些更离奇的方法。显然,这个吞下了毒药的人,不仅把他的秘密带进了坟墓,而且身后还发表暧昧的错误消息。要找到不容争辩的事实真相的一切努力都将是白费工夫。

戴高乐曾是盟军的暗杀对象吗

1970 年 11 月 12 日,来自世界各国的 63 位在任的和已离任的国家元首和国家领导人云集巴黎,凭吊法国人民心目中的英雄,曾任法兰西第五共和国总统的夏尔·戴高乐,一位两次从危机中挽救了法国,并将法国引向一条独立自主之路的伟大的政治家。

戴高乐从一名普通的下级军官而跃升至法国最高统治者,他的个性和统治的历史可以用下面几个词来加以概括,那就是:无畏、尊严、爱国、顽强、独立、稳定。他的一生充满了传奇色彩。他的所作所为,令他的敌人深感头疼,暗杀他的阴谋屡见不鲜,但他都奇迹般地化险为夷了。而他在第二次世界大战中的一次遇险,就成为留给后世的未解之谜。

戴高乐

那还是在 1943 年,戴高乐作为流亡在英国的自由法国政府首脑,与英国首相丘吉尔发生激烈的冲突几周后,抵达距伦敦不远的海顿机场,准备飞往英格兰,视察自由法国的海军部队。这次出行,戴高乐将乘坐他的私人飞机——一架 4 引擎的威灵顿轰炸机。这架飞机一直受他本人调度而由英国负责保管。

海顿机场的跑道很短,尽头还有一道大堤。飞行员驾机从这儿起飞需要十分小心,必须先将引擎加速到极限,然后刹住轮子,再用起降控制器将机身升高,接着才可以放开刹闸让飞机离开跑道,如同火箭点火后冲出火箭筒一样。该机的驾驶员是皇家空军的彼德·鲁特上尉,一位经验丰富的飞行员。

鲁特上尉像往常一样,按照正常的路线,朝着跑道顶端驶去,突然,机尾垂了下来,他急忙操纵起降控制器,可是,起降控制器失灵了,他无法调整好飞机,正在这千钧一发之际,鲁特机智果断地停住了飞机;避免了一场机毁人亡的惨祸。一看飞机,已经要冲出跑道,离堤防不远了。

事后,在事故现场,机械师们检查了戴高乐这架威灵顿式轰炸机,发现飞机的起降控制杆断了。经过实验室检查,受损的关键部位的金属杆被用浓硫酸腐蚀切断。

英国权威机构通知鲁特上尉说,这是一起德国间谍搞的破坏事件。但是,这个解释不能令人相信。因为在战争的早期和随后的过程中,英国情报机构已经逮捕了几乎所有在英的纳粹间谍,并且通过"投诚"的敌方间谍提供的情报,随时逮捕后来的新间谍。退一步说,即使有纳粹间谍在英国,由于海顿机场保护严密,他们根本不可能接近戴高乐这架座机,更不要说在飞机的关键部位泼上硫酸不被人发现了。

事实上,英国情报机构对追查间谍的行动并不热心,当然这起重大的谋杀案使许多人感到吃惊,然而戴高乐似乎不感到意外。一个月后,他曾对同事说,他再也不相信英国人和美国人了。从那以后,他宣布,将以同德国和前苏联的关系为基础确定自己的政策。看起来,戴高乐好像知道是谁想谋杀他。

那么，戴高乐的判断是由何而来呢？我们不妨看看事件发生前后的背景。

1943 年，德国军队仅仅用了六个星期就击溃了曾经非常自负的法国军队。6 月 14 日巴黎失陷，雷诺政府垮台。6 月 17 日，已堕落成为失败主义者的贝当元帅接替雷诺组阁，向德国乞降。在此危急存亡之际，时任雷诺政府国防和陆军部次长的戴高乐，决定走上造反、流亡和抵抗的道路，在英国情报机构的协助下，他秘密离开法国到了英国。可是，自此以后他就成了令英国和美国人头痛的一个人了。戴高乐也非常厌恶英国人和美国人，他认为英国一直都是法国的敌人，还把法国军队丢脸的失败责任推到了美国总统罗斯福的身上。他在抵达英国之后，立即宣布成立以他本人为首脑的自由法国政府，并用自己的无线电广播电台和自己的报纸，不断批评英国人和美国人。

英国首相丘吉尔对戴高乐非常恼火，他认为戴高乐的行为对盟国反对纳粹德国的战争造成了损害。所以，在戴高乐遇险前几周两人面对面的冲突中，丘吉尔对戴高乐说，英国人并不认为法国人是战争中不可缺少的。丘吉尔曾告诉美国总统罗斯福，不能再信任戴高乐了。1943 年 6 月 17 日，罗斯福写信给丘吉尔说："我绝对相信（戴高乐）损害了我们的反战努力，他对我们的努力是一个非常危险的威胁。"

综上所述，不难看出这起谋杀案的前因后果，只是无人去破解、无人去追究罢了。

尤里·加加林机毁人亡

尤里·加加林（1934～1968），可以说是一颗闪亮的宇航之星。他是前苏联著名的宇航员，他完成了世界上第一次载人航天飞行，成为有史以来第一个进入太空的人。但就在他第一次进入太空的七年后，正准备第二次飞向太空的前夕，却由于一次意外的飞机事故而丧生。他的死，留下一个不解之谜。

1968 年 3 月 27 日，前苏联境内发生了一起飞机爆炸事故，随着一声巨响，一架坠地的飞机猛烈地燃烧起来，烈火熊熊，烧毁了飞机内的各种设备，也烧毁了一个宇航英雄再次飞入太空的宏愿。死者正是尤里·加加林和他的助手、著名飞行员弗拉基米尔·谢尔盖耶维奇·谢列金。烧毁的飞机是米格—15 教练机。

就在当天早晨，他们两人经过例行的体格检查之后，登上米格—15 教练机。3 月 27 日是一个晴朗的春日，晴空万里。他们驾驶飞机缓缓驶离跑道，大约半个多小时之后，突然与地面失去了联系。"625！625！你们听到了吗？625！请你们回答！"地勤人员不断地呼唤他们，但得不到回答。焦急的机场负责人员立即派人前去搜索，最终发现：加加林和谢列金驾驶的飞机坠毁在基尔扎奇市地区的弗拉基米州的密林里。人们最初只发现了谢列金的上衣及尸体以及加加林的一个残破的小钱包。他们找遍了森林，才在第二天找到一块带有胎记的头皮，经加加林生前好友确认为加加林的遗体。

尤里·阿列克赛耶维奇·加加林于 1934 年 3 月 9 日出生于前苏联斯摩棱斯克州格扎茨克区（后改名为加加林区）的克卢希诺镇，后来举家迁至扎特克镇。他的父亲是村中的木匠，靠木匠活手艺维持全家生活。

加加林小时候在扎特克师范学院附属学校读书。后来，学校成立航模小组，聪明勤奋的加加林立刻报名参加。在航模小组里，加加林也许是因为得自父亲的遗传，特别心灵手巧。他做的飞机模型特别漂亮，在航模比赛中总是名列前茅。物理老师知道加加林热爱飞行事业，就有意指导他阅读俄罗斯宇航之父齐奥尔科夫斯基的著作，加加林被齐奥尔科夫斯基的坚强毅力和献身宇航的精神所深深震撼。

中学毕业后，加加林考入萨拉托夫中等工业技术学校，学的是铸工专业。他参加了萨拉托夫航空俱乐部，并学会了驾驶飞机。1955 年，他以优异成绩毕业于萨拉托夫航空俱乐部，并被奥伦堡空军学校录取。1957 年，他成为契卡洛夫第一军事航空兵团飞行员。

1957 年 10 月 4 日，苏联发射世界上第一颗人造地球卫星。但在当时的苏联科学界，对于究竟能否实现载人航天飞行存在着两种截然不同的看法：一派认为人类是不可能在太空中生存的，另一派则认为，人类完全能够在太空中生存，但必须改进现有的航天技术，制造出设备先进的载人宇宙飞船。科罗廖夫是前苏联宇航事业飞向太空的奠基人，在苏联发射第二颗卫星时，他在卫星上放了一条名叫"莱卡"的狗，虽然莱卡在卫星上死去，但也足以证明，动物可以在宇宙飞船上生活得很舒服。于是，科罗廖夫力排众议，于 1959 年把载人太空飞行计划提上日程，并决定着手培养宇航员。

加加林得知此消息，立刻向空军指挥部递交了申请报告，他说："为了发展航天研究事业，可能需要有人作飞向宇宙的科学试验。恳请考虑我的迫切愿望，如果可能，派我去参加这项新的工作。"1960 年初，加加林终于凭借极佳的身体素质和极好的驾驶技术加入了世界上首批宇航员的行列。

1961 年 4 月 12 日，加加林作为第一人登上了载人宇宙飞船"东方 1 号"。清晨，加加林在充分的休息之后被叫醒，吃了一顿特殊的早餐，然后在助手的帮助下穿上宇航服，戴上白色头盔。莫斯科时间 9 点 07 分，随着"升空！"令下，宇宙飞船发射成功！飞船以每小时二点七二万公里的速度，飞越前苏联、印度、澳大利亚、太平洋和南美洲的上空。它环绕地球飞行，同时自身也在缓缓地自转。

加加林克服了奇妙的失重带给他的不适感，航行了 1 小时 18 分钟绕地球飞行 1 圈后，便按照预定计划开始返航。10 点 55 分，飞船在萨拉托夫州的斯梅洛夫科村地区成功降落。加加林的宇航飞行壮举震惊了世界，他成为世界上第一个航天英雄，被誉为"宇宙之星"、"宇宙雄鹰"。他还获得苏联政府颁发的社会主义劳动英雄称号。

在完成了第一次太空飞行后，科罗廖夫推荐加加林去茹科夫斯基空军学院深造。

1966 年,新型宇宙飞船"联盟号"设计出来,1967 年,准备进行第一次试验性载人飞行。国家委员会任命科马罗夫为主驾驶员,加加林为替补驾驶员。1967 年 4 月,科马罗夫搭乘"联盟号"升空,由于返回地球时因降落伞系统故障而不幸牺牲。加加林准备再次飞向太空。但不幸就在 3 月 27 日一次普通飞行训练中发生了。

加加林的死留给人们很多谜团。首先,加加林和谢列金飞行技术极好,他们都是十分出色的飞机驾驶员,具有丰富的驾驶经验,拥有应付各种突发情况的实战经历,身经百战。主驾驶员谢列金对这架飞机的性能了如指掌,操作娴熟。登机前两人体检证明身体状况良好,从他们自身情况来分析,出现机毁人亡的惨剧简直是不可能的。

其次,事故不是发生在飞行训练当中,而是发生在返航时。也就是说,他们顺利完成了单八字滚翻、双八字滚翻、俯冲、跃升,接着又是俯冲、跃升,然后返航。如果是飞机本身性能问题,事故应该发生在训练当中而不是返航中。

再次,他们的飞机带着一个副油箱。按照规定,米格-15 教练机在进行高空特技训练时不允许携带副油箱,但这次飞行时他们的飞机居然带着副油箱完成飞行科目,是疏忽还是有意为之？飞机坠毁时副油箱燃烧,简直祸不单行。

最后,据加加林的同事、当时正在基尔日阿特卡机场的宇航员列昂诺夫回忆:事故发生当时,他听到两声巨响,这两声巨响前后相隔 20 秒左右。第一响可以清楚判断是飞机爆炸声,第二响则是噼啪的破碎声。如果后者是加加林飞机触地爆炸的声音,那么前者来自何处？难道现场还有第二架飞机？

前苏联政府组织了专门的事故调查小组,但是调查一年有余,对事故原因也没有得出明确结论。这时候,各种流言不胫而走:如,加加林在飞行前一天的晚上喝醉了酒,第二天神志不够清醒导致飞机撞上了天鹅……还有人说,加加林之死是一起有预谋的政治谋杀,与克格勃有关。

后来,列昂诺夫道出一些鲜为人知的内幕情况,才使加加林死因初露端倪。

列昂诺夫证实在事故发生时确实有第二架飞机在场。其他一些人也证实那是一架苏-15 飞机。经查实,加加林他们的飞行训练与另一批超音速苏-15 飞机群飞行安排在同一日,事先他们协商好飞行梯次安排事宜。但正当加加林他们的飞机完成规定科目准备返航时,一架苏-15 飞机违反规定下降到了云层下方作超低空飞行,随后又加大油门向上跃升飞向自己的空域,结果把云层下方的加加林二人的飞机撞了个翻转,飞机被撞后进入螺旋状态,偏偏这又是在低高度、厚云层的情况下发生的,加上还带有副油箱,致使飞机无法做出特技动作摆脱螺旋状态,导致坠毁。

有三位证人证实:苏-15 飞机与加加林他们的飞机相撞后,首先尾部冒出一股烟,然后是一团火,接着苏-15 飞机就消失在云层中了。

那么是谁驾驶着那架肇事的苏－15飞机呢？为什么违反规定把飞机从万米高空拉到云下？这些都成为谜团。

第五节　谍海谍战探秘

"007"原型是谁

1974年，被喻为英国历史上最成功的间谍达斯科·波波夫的传奇经历被编成自传。此后，以波波夫为蓝本创作的詹姆士·邦德（007）系列电影也获得了极大的成功，据说，波波夫真实的间谍生活比起电影中的007来一点也不逊色。

1912年，达斯科·波波夫出生在一个富裕的南斯拉夫家庭。波波夫生性风流，算得上名副其实的花花公子。尽管艳史不绝，每到一处总要结识美女留情，但波波夫却是一名天生间谍，能操流利的意大利语、法语、英语和少许德语，是一名不折不扣的语言天才，他立即成为南斯拉夫特务网络的中心人物。

最初走上间谍路是在1936年2月，波波夫在家中接到好友约翰尼从柏林来的电报，约翰尼是波波夫1936年在德国弗赖堡大学结识的挚友，他们约好2月8日在贝尔格莱德塞尔维亚大饭店见面。而波波夫并不知道当时约翰尼已受雇成为纳粹间谍，这次来就是看准了波波夫在英国交游广阔，招揽他做间谍募集情报对抗盟军的。

关于当时的情况，在英国公共档案办公室新近解封的一批军情五处的机密情报档案中有比较详细的记载。1940年，波波夫不甘为德军所利用，于是主动请缨，马上找到了英国驻巴尔干国家的商务参赞斯德雷克，要求英国方面提供一些情报，以帮助他打入德国情报网。几天以后，伦敦批准了这个计划。波波夫依靠自己导演的双簧戏，成功打入德国间谍层，从此开始了他双重间谍的生涯。

1941年7月，波波夫被派到美国去发展一个谍报小组。他的德国上司对他说："日本可能要同美国开战，我们也不能坐视。"此时，波波夫已经觉察到日本要偷袭珍珠港的种种迹象。

在征得英国情报当局的同意后，波波夫以南斯拉夫新闻部驻美国特派员的身份飞往纽约，在完成德国情报机构交给的任务后，他向美国联邦调查局通告了日本将偷袭的消息。经过英国情报机构与美国的斡旋，美国联邦调查局局长埃德加·胡佛召见了波波夫。但胡佛似乎对他并不感兴趣，并因为波波夫生性风流，终日与法国电影明星纠缠在一起，把搜集情报的任务彻底抛到脑后而大为恼火。虽然英国军情五处已通知联邦调查局,波波夫在为英国工作,但联邦调查局却对此存疑。

波波夫对胡佛说:"我到美国,是为了帮助你们备战而来。我曾以各种方式给你们带来了严重的警告,确切地提醒你们,在什么地点、什么时间、什么人以什么方式将向你们国家发动进攻。"但胡佛根本不相信,波波夫扫兴而去。5个月后,日本偷袭珍珠港。

1942年11月,波波夫再一次踏上了英国的土地。盟军对德国发出一些假的警告,并对德连续实施了"斯塔基行动"和"马基雅维里计划",为的就是迷惑德国人。在"斯塔基行动"中,他们向德国情报机关提供假情报,说英国在加来港地区正准备发动一次大规模的两栖登陆,并把德国轰炸机群引诱到英国皇家空军的阵地,使德军处于易受攻击的境地。

在"马基雅维里计划"中,波波夫把伪造的文件和书信放到一个英国军官的遗体上,然后让这具遗体随海浪冲到西班牙海岸。遗体上的文件中有关于向希腊进攻的绝密卷宗,让德军"意外"地发现这具遗体和情报。同时,波波夫又在向德国人的报告中说,有许多英美军人应召在苏格兰接受跳伞训练,以及英国方面对最近的一起飞机失事事件顾忌重重等消息。柏林当局立即向撒丁岛增派部队,潜水艇也奉命开往克里特。结果,西西里的防御力量削弱了,使巴顿将军轻而易举地冲进巴勒莫城。

1944年5月上旬,随着情报的增多,双重间谍的工作量很大:他们认真编造和研究信息,使它们与盟军的战略计划相吻合,并取信于敌。然而,要想使如此众多的情报不出现纰漏简直不可能,果然,后来一些细节性错误引起了德国情报部门的注意。

1944年5月中旬的一个深夜,英国军情六处的人急匆匆地赶来告诉波波夫,让他乘敌人还未发觉,赶快回葡萄牙里斯本通知其他人员转移,然后潜逃到比利时。

波波夫于是星夜兼程地赶到里斯本,开始营救和组织逃亡工作。然而一切都为时太晚,那些正在工作的谍报人员都没能逃脱纳粹的魔爪,他本人也险些被纳粹抓获。

1944年6月6日盟军登陆法国前夕,他曾协助盟军瞒骗德国,令德军从盟军登陆的地点诺曼底转移到别的地方,居功至伟。

波波夫参与了第二次世界大战期间许多重大情报活动。他对从事间谍工作的人的评价是:这是一群神秘的人,他们无孔不入,无处不在。胜利了不可宣扬,失败了不能解释。我的武器就是谎言和欺骗,我自己还卷入了一些违背正常社会准则的行为,包括谋杀。但我并没有觉得内心不安,因为这只是战斗对我的考验。

英国在战后两年确认波波夫的功绩,在1947年向他颁授OBE勋章(即英帝国官佐勋章)。有关波波夫的各种版本的传奇故事始终在人间流传,007的出现更为了解真实的波波夫设置了重重障碍。

"胡志明小道"

世界上有这样一条网状的道路,它横跨东经 105～108 度,上下从北纬 21～11 度,它连接着几国边界的道路系统,它和老挝及柬埔寨有 1000 公里的边界平行。这个网状的系统长度是边界的 13 倍。其中最远的路径是从越南广平省出穆嘉关进入老挝,绕过 17 度线,沿长山山脉,再由老挝进入柬埔寨的磅湛省潜入越南南方的西宁省。它是由数千里曲折蜿蜒的山路和丛林掩蔽的战争动脉,它就是"胡志明小道"。

越南抗美救国期间,由越共领导的北方武装力量为深入敌后开展游击战、打击美国侵略者和南越的傀儡军队,曾在老挝和柬埔寨境内的丛林中开辟了一条军用运输线。它穿过茂盛的热带雨林,蜿蜒在崇山峻岭之中。

在越南战争期间,"胡志明小道"成为胡志明部队秘密支援南方游击队作战的最重要通道,号称"北方生命线"。对侵越美军乃至国际上的许多军事专家来说,这条补给线是一个无法用正常观念解释的"战场之谜",美军称其为"大动脉"。事实上,美军一直没有搞清"胡志明小道"到底有多少条路。军事历史学家普拉多斯分析说,"胡志明小道"应该有 5 条主路、29 条支路,还有捷径和"旁门左道",总长近 2 万公里。

1965 年,陷入越南战争中的美国军队伤亡人数已攀升为 7200 多人。美国认为,要想取得战争的胜利,切断"胡志明小道"是唯一办法。尽管胡志明本人已于 1969 年 9 月 4 日去世,但以他名字命名的这些小道仍然是供应越南北方军队物资的命脉,也是最令美军尴尬和头痛的秘密通道。美国侵略者无法容忍源源不断的物资通过"胡志明小道"运往越南共产党人的手中。为此,尼克松曾经以对国内封锁消息为代价用 B－52 型轰炸机对这些小道进行了长达一年多共 3630 多次的轰炸,但最终还是不能奏效,反而弄得自己狼狈不堪。五角大楼也曾经用计算机系统研究了整个胡志明小道的网状构成,包括每个交叉路口和溪谷,他们使用了当时所有可以使用的高科技手段:空投特种部队,向美军基地提供交通运输情况,指示轰炸目标;在交通线上设置地雷,还有人迹嗅探器、声音传感器;为了毁灭丛林植被,还大量地喷洒化学脱叶剂,但是"胡志明小道"不但照样畅通无阻,运输量还越来越大。

西方的军事家之所以对"胡志明小道"感到迷惑不解,是因为他们不大相信"战争的决定因素在人,而不在物"的道理,更不能理解人民战争(越南称之为"民众战争")的伟力。所以,美军用尽一切方法切断"胡志明小道",但他们怎么也无法想象上至七十老人,下至十几岁的儿童,还有身背婴儿的妇女,都可以用小推车甚至是自行车在完全无路可走的原始森林中运送弹药粮草。任何一个城市居民或农村小童,都可能是越共的谍报员,美军的现代化通讯侦察器材成了摆设。

1965 年 10 月,越军把大批作战部队输送到南方,并且组织数十万民工扩展"胡志明小道"和执行支援南方的运输任务。开始逐步把只能人背肩扛的羊肠小道建成可以通过重武器的战略交通网。今天在地图上还可以看见,正是这个道路系统,像一个巨大的漏斗连接着著名的"胡志明小道",把源源不绝的战争物资输向越南南方。

"金唇"——永远无法破译的绝密技术

一项代号为"自白"的间谍行动曾经地让美国蒙羞达 8 年之久。从 1945 年到 1951 年,克格勃开始窃听美国驻苏联大使馆内的活动情况。这项成功的窃听行动既是前苏联特工引以为荣的惊世之举,也是世界间谍史上屈指可数的经典之作。

从 1933 年 11 月 16 日苏联与美国正式建立外交关系那天起,克格勃特工就盯上了美国驻苏使馆,对其进行监听与监视成为他们工作中的重要部分。为了更详细具体地了解美国使馆的内情,1938 年起,克格勃开始向美国使馆放飞"燕子"。

所谓"燕子"其实是克格勃的职业特工,她们装扮成国家芭蕾舞剧院演员,利用美国外交官们好色的弱点,再加上自己沉鱼落雁的美貌,于是很轻易地便飞进美国外交官的卧房。不久"燕子"们就探明,会议室、武官处、密报室及大使办公室都设在使馆大楼顶层,那里正是整个使馆的"要害"所在。与此同时,那些负责守卫使馆大楼的前苏联女兵也顺利地和潇洒的美国男士搞好了关系。

1943 年,德黑兰会议结束后,斯大林向克格勃领导人贝利亚下达了死命令,要对美国大使阿维列拉·卡里曼的办公室进行窃听,可以不惜一切代价、动用一切手段。重压之下贝利亚与手下高参们开始设计窃听使馆心脏部位的行动方案,可谓绞尽了脑汁。

1943 年 12 月 17 日,贝利亚得意地向斯大林报告他们已经完全准备好了针对美国使馆专门设计的窃听设备,其性能"无与伦比",功效"令人称奇"。而且它还有个非常特别的名字,叫"金唇"。于是,利用这种特制"窃听器"对美国大使办公室进行窃听的行动也被命名为"金唇行动"。因为"金唇"窃听器既不需要电池,也不需要外来电流,所以使当时的反窃听设备无法捕捉到任何信号,代表了当时的世界顶级水平。300 米以内大耗电量振荡器所发出的微波脉冲都能够被"金唇"捕捉到,更奇特的是它的工作寿命可以无限延长。从外表上看,"金唇"就像一个带尾巴的蝌蚪。

为了把"金唇"顺利地放到大使办公室,前苏联特工机关将美国使馆对面居民楼里的居民全部换成克格勃工作人员,每逢星期天,伪装成"家庭主妇"的克格勃女中士们都要在阳台上抖落和晾晒地毯及被褥,试图以非常自然的姿势把灰尘大小的"蝌蚪"撒到美使馆大院内。

然而,费尽了心机的克格勃特工人员并未达到目的。后来,他们还精心设计了一起火灾，但是扮成消防队员的特工人员却始终没找到进入卡里曼大使办公室的机会。

几次失败之后，克格勃的高参们并没有放弃，这次他们想出将安有窃听器的礼品送给美国大使的妙计。于是，二十几种木制及皮制的贵重工艺品送进了克格勃高官的会议室，但是，窃听器研究权威、苏联科学院院士贝尔格和伊奥费却对选定的礼品给出了一致认定，这些礼品都不能胜任运载"金唇"的使命。于是，克格勃只得根据"金唇"的特殊性重新制作相应的礼品。

1945 年 2 月 9 日，前苏联宣布在黑海之滨举行"阿尔台克全苏少先队健身营"开营典礼，为了把美国大使卡里曼从莫斯科引到克里米亚，并在开营典礼上接受由少先队员赠送的"礼品"，克格勒制定出一整套诱引方案。2 月，前苏联特工以前苏联少先队员的名义向罗斯福总统及丘吉尔首相发出敬请光临的邀请。请柬中用尽了动听的词句，诚挚感谢两位政治家在战争期间对前苏联人民的帮助。宣扬"平等与博爱"的美国人绝对不会拒绝孩子们的邀请，克格勃摸准了美国人的心理。果然，百忙之中无法到的美国总统和英国首相相应的委派了两国驻苏大使出席。于是，美国大使卡里曼如期从莫斯科赶到黑海之滨出席开营典礼。

开营典礼上，前苏联少先队员用英语合唱美国国歌，气氛渐入佳境。孩子们纯真稚嫩的歌声让卡里曼大使完全丧失了戒备和警惕，就在这时，一枚精美绝伦的巨大木制美国国徽由四名前苏联少先队员抬着送到卡里曼大使面前。紧接着，瓦列里·勃列日科夫马上殷勤地向贵宾们讲述这枚国徽的做工及用料是如何讲究，用了多少种珍贵木料，前苏联工匠的制作工艺是如何高超精湛。果然，卡里曼大使情不自禁地发出惊叹："天哪！我把它放在哪儿才能不辜负孩子们的一片心呢？"勃列日科夫不失时机地低声对卡里曼说，"挂在您的办公室最合适不过，英国人肯定会嫉妒得发疯。"

随着这枚内藏前苏联克格勃"金唇"窃听器的美国国徽被悬挂在卡里曼办公室，代号为"自白"的克格勃窃听美国大使的行动开始启动。自 1945 年 2 月起，这一行动共持续了 8 年。4 任美国大使在 8 年间来了又走，国徽以其无与伦比的艺术美感赢得了 4 位美国大使的钟爱，每一位新大使到任后从墨水瓶到地板砖全部更换一新，甚至大使办公室的窗帘及家具色调也相应做了些改变，而这枚美国国徽却始终安然无恙。

直到 1960 年 5 月，华盛顿方公开"金唇"的秘密，在此之前美国中情局始终没有勇气公开他们的"耻辱"。美国驻联合国代表卡勃特还将"金唇"窃听器拿到安理会常任理事国的会议上做了一番展览。但是，"金唇"的秘密技术却始终无法破译。美国特工和英国特工曾多次试图制做同样的窃听器，但都以失败告终。时至今日，"金唇"的秘密依然无法解开。

谁编制了神奇的"无敌密码"

第二次世界大战中,英国倾全国之力,破译了德国的"谜语机"密码,为战胜纳粹德国作出重要贡献;美国则破译了日军密码,由此发动空袭,击毁日本大将山本五十六的座机。丘吉尔说,密码员就是"下了金蛋却从不叫唤的鹅"。

《孙子兵法》云:"知己知彼,百战不殆。"破译敌军密码,始终是交战双方梦寐以求的捷径。同时,如何保证自己的密码不被敌人破译也让交战双方费尽了心思。第二次世界大战中美国曾经有一套"无敌密码"就创造了这样一个不可破译的神话。

那些沉默了半个多世纪的"特殊密码员"终于从美国总统布什手中接过了美国政府最高勋章——国会金质奖章。当年,正是他们编制的"无敌密码",为盟军最终胜利立下了汗马功劳。

攻占硫磺岛是美军在太平洋战争中打的一场经典战役,美军把旗帜插上硫磺岛的照片,成为美国在第二次世界大战中浴血奋战的象征。当时,康纳上校手下共有6名密码员,在战斗开始的前两天,他们通宵工作,没有一刻休息。整个战斗中,他们共接发了800多条消息,没有出现任何差错。

攻占硫磺岛战役中"无敌密码"大显了身手。而编制这种"无敌密码"的人又是谁呢?

一个叫菲利普·约翰逊的人提议用纳瓦霍语编制军事密码。约翰逊的父亲是传教士,曾到过纳瓦霍部落,能说一口流利的纳瓦霍语,而在当时,纳瓦霍语对部落外的人来说,无异于"鸟语"。这种语言口口相传,没有文字,其语法、声调、音节都非常复杂,没有经过专门的长期训练,根本不可能弄懂它的意思。极具军事头脑的约翰逊认为,如果用纳瓦霍语编制军事密码,将非常可靠而且无法破译。

1942年初,该建议由约翰逊提出,他说,如果用纳瓦霍语编制密码,可将用机器密码需要30分钟传出的三行英文信息,在20秒内传递出去。

美国太平洋舰队上将克莱登·沃格尔接受了约翰逊的建议。1942年5月,29名纳瓦霍人作为第一批密码编译人员征召入伍,在加利福尼亚一处海滨开始工作。不久,根据纳瓦霍语创建的500个常用军事术语的词汇表制作完成。由于没有现代军事设备的专门词语,因此代码中经常出现比喻说法和拟声词。

此后的太平洋战争期间,420名纳瓦霍族人加入了密码通讯员的行列,他们几乎参加了美军在太平洋地区发动的每一场战役。用纳瓦霍语编制的密码被用来下达战斗命令,通报战情,为最终打败日本军国主义者起到重要作用。

除了纳瓦霍语外,在欧洲战场,美军在第二次世界大战中使用的另一种印第安语——科曼切语密码也大显身手。查尔斯·希比蒂是当时的科曼切语密码员,目前居住在俄克拉何马。根据老人回忆,当年报纸上的征兵广告说"征召年轻的科曼切人。要求未婚、无家庭拖累、会说本族语。特别是在语言方面要求极为严格,必须十分流利。"

在科曼切语创建的由 250 个军事术语组成的词汇表里,轰炸机成了科曼切语中的"怀孕的鸟"。1944 年 1 月,诺曼底登陆战役中,当希比蒂登上犹他滩时,指挥官命令他:"通知总部我们成功登陆了,现正准备占领敌方阵地。"顶着炮弹掀起的沙子和海水,希比蒂掏出无线电发报机,迅速用科曼切语发出了这条信息。科曼切密码通讯员希比蒂发出了第一条登陆诺曼底的信息。海滩上,炮弹和曳光弹不断在头顶上爆炸,一阵静电干扰之后,无线发报机传来信息:"收到。守住滩头阵地,弄清敌人方位。增援部队很快抵达,完毕。"

在诺曼底滩头大显神通之后,对于这种密码,纳粹德国的情报部门也绞尽了脑汁,始终未能找到破译的方法。

无论是纳瓦霍族密码员还是科曼切族密码员都没有因为他们的巨大贡献在战时或战后获得表彰。因为当时的五角大楼认为这些密码员在接下来的冷战中可能再派上其他重要用场,因而不宜暴露,并命令他们严格保守秘密。但是,随着密码技术的进步,这些古老的密码已经完全成了古董,密码员们终于获得了迟到的荣誉,但他们当中的大多数都已经默默无闻地离开了人世。

对这迟到了半个世纪的表彰,布什也不胜感慨。他说:"他们勇敢地工作,出色地完成了自己的任务⋯⋯他们对国家的贡献值得所有美国人尊敬和感谢。现在,29 名纳瓦霍人其中 25 人已离开人世,这些人的名字将永远消失在历史的长河中。

柏林墙下有耳

推倒柏林墙 10 周年纪念仪式于 1999 年 11 月举行,前苏联前领导人戈尔巴乔夫和德国前总理科尔、美国前总统布什重聚柏林。戈尔巴乔夫和布什在象征东西方对抗的柏林墙边热情握手,一派"喜庆平和"气氛。然而,就在这柏林墙下,美国中情局曾经与前苏联克格勃发生过多年秘密的较量。

第二次世界大战结束后,德国首都柏林一分为二,成为连接东西方的战略结合点,自然也成了美国中央情报局从事间谍活动的理想场所。那时候,窃听是最普遍也是最行之有效的间谍活动之一。英国间谍机构军情五处向美国中情局建议,前苏联军事设施有地下通讯电缆通往东德和东欧各国,中情局完全可在这方面做文章。局长希伦科特亲自拟定了一项名为"黄金"的窃听计划。希伦科特自称视金钱如粪土,却把这项窃听工程命名为"黄金",他认为,优质的情报比黄金还有价值。最终,计划确定为从西柏林建窃听隧道穿过勃兰登堡门,再延伸进入东柏林,截听苏联军事通讯。"黄金"计划非常保密,只有中情局少数领导人知晓。

窃听隧道从 1949 年开始构思和设计，前后用了 5 年时间才完成。这可能是世界历史上最秘密而艰巨的窃听工程，于 1954 年 8 月正式开始挖掘，挖凿只花了半年，但设计、勘探、情报搜集和试验，用了几年时间。

为了迷惑前苏联人，也为了不让自己人胡乱猜测，中情局指示，在西柏林隧道起点之处伪装兴建仓库和雷达站。当时，前苏联克格勃也曾对此产生过怀疑，但当得知是建仓库和雷达站时，也就不再在这方面花费时间和精力了。为了保密，整个工程由美军工兵部队负责实施。

1955 年 2 月，窃听隧道开始正式运作，长 500 多米的主段里面布满了电子偷听器，能清楚地截听到苏军的电话和密码信息。这条隧道虽然只使用了一年多，但窃听到大量优质情报，为中情局赚够了面子。第一个重要信息于 1954 年年底截获：苏联军方传达克里姆林宫指示，要求驻东德苏军保持良好纪律，不可破坏和谐气氛，配合政府同联邦德国（西德）改善关系。分析人员根据这份情报作出判断，柏林结束战争状态有望。此外，中情局凭借这条隧道掌握到，前苏联夸大了在民主德国（东德）的驻军实力，苏军不可能突然向西柏林发动进攻。中情局还获知苏军在民主德国修建了特殊的武器库，前苏联人可能会在民主德国部署原子弹。美国通过隧道窃听，更有效地掌握了前苏联的欧洲战略和意向。

然而，1956 年 4 月，苏军一条由东柏林通往莫斯科的电话线失灵导致了这条窃听通道的曝光。通信兵在进行检修时，意外发现地下电缆有一段被人搭线破坏。顺藤摸瓜，他们终于发现了这条窃听隧道。苏军突击队员火速赶到，用烈性炸药炸开隧道时，还有几名美国情报人员正在进行秘密作业，听到爆炸声后仓皇逃入密室返回西柏林。密室入口迅速自动堵塞，苏军无法进入。

苏联高层对窃听事件极为恼怒，美苏为此也进行了高层会晤，最终就低调处理此事达成一致。随后，为挽回面子，莫斯科称美国人搞的地下活动自己早就知道了，而且故意发放很多假情报愚弄美国。

1961 年 8 月，赫鲁晓夫在冷战危机中下令筑起柏林墙，这倒为中情局的窃听活动提供了更为安全的掩体，美国继续在柏林墙下从事间谍活动。

1965 年，克里姆林宫不满美方继续窃听，指示驻柏林的苏军司令大曝当年美国柏林隧遭丑闻，并带记者参观隧道及里面的设施，声称打赢了一场地下间谍战。中情局被迫在形式上进行了调整和掩饰。

西方情报人员事后透露，前苏联人所发现的仅是隧道的其中一段，尚有隐秘支线一直未被发现，继续长期运作。柏林围墙被拆除已 10 年，窃听隧道仍然存在，美国情报机构是世界最大窃听者。前不久,俄罗斯一位前情报官员也证实:"柏林墙是冷战的象征,真正的冷战却在墙下进行。墙倒了,并不意味着激烈的间谍活动也停止了。"冷战时期,中情局在柏林的监听站,与美国设在英国约克郡门威斯希尔的全球最大监听站 F—83 情报站连接,因而欧洲情报人士相信,美国仍继续利用冷战间谍设施,窃听俄罗斯和欧洲各国商贸和技术情报,对俄罗斯则是全面窃听。事实上,"战事"仍在持续。

击落美国"黑衣女谍"

"黑衣女谍"是美国 U－2 高空侦察机的代称。是美国空军从 1956 年开始装备的 U－2 高空战略侦察机,主要用于执行战略、战役和战术侦察等军事任务和搜索失踪船只与飞机以及收集地热能资料等非军事任务,它是历史上大名鼎鼎的间谍飞机。在 20 世纪 50 年代末 60 年代初,U－2 飞机曾经肆无忌惮地飞行在前苏联的领空上,进行各种侦察活动。尽管前苏联当局十分恼怒,但在初期却拿 U－2 飞机没有办法,因为 U－2 在当时飞得实在太高了(2 万多米),高射炮打不着,战斗机又跟不上。

然而,正当美国洋洋得意之际,1960 年 5 月 1 日,在斯维尔德洛夫市上空,一架 U－2 飞机被前苏联空军击落,飞行员弗朗西斯·鲍尔斯被生俘,飞机上所有的侦察设备基本上完好无损地保存了下来,被作为了间谍活动的罪证。这件在当时轰动一时的大事使美国颜面扫地,也使前苏联和美国的关系更加紧张。然而,U－2 飞机究竟是怎样被击落的呢?前苏联在当时尚未拥有 2 万米以上升限的歼击机,而地空导弹的射程也够不着。这不仅在当时是一个不解之谜,如今依然是众说纷纭。

一般的说法是 U－2 飞机是被米格－19 所击落,当天的确有两架米格－19 飞机奉命起飞拦截,然而米格－19 飞机的升限在 1.75 万米到 1.85 万米之间,是怎样够着的呢?也有的说 U－2 飞机是被前苏联的防空导弹部队所击落,并且还误伤了自己的一架飞机。然而据西方情报部门分析,前苏联当时的地空导弹射程根本不够。据 U－2 飞机的驾驶员弗朗西斯·鲍尔斯回忆当时飞机坠落的情况时说,伴随着一道橙黄色的闪光,他只听到一声震耳欲聋的爆炸声,然后机头便向下栽去,他似乎觉得飞机的机翼和尾部脱落了,而飞机究竟是怎样,却不得而知。然后他便被弹射了出去。

还有一种说法是,U－2 飞机被击落是前苏联间谍机构克格勃的杰作。前苏联对于 U－2 的多次间谍飞行十分头痛,克里姆林宫下了一道死命令给克格勃。于是,一个名叫穆罕默德·嘉兹尼·汗的间谍偷偷进入了 U－2 飞机所在的巴基斯坦某美军空军基地。不久,他假冒一名因病不能上班的清洁工混进了机场。为了能接近飞机,他又收买了机场空军食堂的一名服务员,最后他终于打听到 U－2 飞机近期将作一次远程侦察的巡航。穆罕默德在接下来的几个晚上,用红外望远镜在停机坪附近窥探,终于找出了美军防范中的漏洞。这天,穆罕默德开始实施预定计划。时近凌晨 2 点,一队美军士兵前来换岗,他们像平常一样在飞机右舷兴致勃勃地谈笑风生,吹嘘他们在外寻欢作乐的趣事。这时,已潜伏多时的穆罕默德抓住了这个机会,迅速地避开了士兵的视线,神不知鬼不觉地钻进了飞机驾驶舱。很快找到了仪表上高度仪的外罩,然后飞快拧下右上角的一颗螺丝钉,随即换上了一颗自己携带的非同一般的螺丝钉。原来,这是一颗磁性极强的螺丝钉,由前苏联克格勃特别研制,当飞机上升到几千米高空后,这颗螺丝钉产生的强大磁力场能将高度仪的指针吸引过去,而显示出已达到 2 万米高度的数字。美国人考虑到了对该机资料的保密措施,也想到前苏联会用新型导弹对飞机进行拦截,却没有想到克格勃会用违背常规思维的不寻常方式下手,把用炮火轰击、飞机拦截都得不到的 U - 2 型高空侦察机给击落了。

20 世纪最大的间谍秘密是什么

叛逃到西方的前苏联克格勃绝密档案馆馆长瓦西里·米特罗欣,揭露了 20 世纪最大的间谍秘密,并出版了名为《剑与盾:米特罗欣的克格勃绝密档案和克格勃的秘密历史》一书,在英美等西方各界引起了一场史无前例的大地震。身居要职的米特罗欣带走的 6 大箱绝密情报中的秘密实在是太多了。

1. 米特罗欣顺利叛逃

米特罗欣是如何得到这些绝密情报,然后叛逃的呢?

说起这段历史,也许美国人会为自己的肉眼凡胎而悔恨不已,因为 1992 年米特罗欣叛逃的时候先到了美国驻拉脱维亚里加的大使馆,但是驻美国使馆的中情局官员却因为被成千上万个以种种借口要求"叛逃"到西方的俄罗斯人弄得腻烦了,于是断然拒绝了米特罗欣的要求。遭到拒绝后,米特罗欣仓皇逃出了美国大使馆。他并没有逃远,而是匆匆溜进了与美国大使馆仅一墙之隔的英国大使馆。在与米特罗欣经过几个小时的长谈后,英国人大喜过望:一条送上门的"大鱼"! 当即同意他的叛逃要求,并且帮助他把 6 大箱的绝密情报资料一起弄出了拉脱维亚。

米特罗欣所带的 6 大箱绝密情报资料是他 1972 年至 1984 年任克格勃绝密档案馆馆长期间一点一点带回家的。这些记录着克格勃重大间谍活动的"小纸条"或者复印件被他塞在鞋底或者裤子里偷偷带回家,然后又把它们装进几个金属箱里埋入自家住所的地下。

考虑到俄罗斯反间谍部门可能仍把他视为眼中钉,肉中刺,叛逃到英国之后,英国英国反间谍部门立即给他找了一处完全的住所,并封锁一切有关他的消息,还给他换了新的身份。美国司法部前法官约翰·马丁说："米特罗欣带来的这些情报档案为我们了解很长一段时间来苏联间谍活动的规律和秘密做出了极大的贡献。"美国联邦调查局反间谍特工戴维·梅杰说："米特罗欣堪称我所知道的20世纪最重要的叛逃者之一。"美国联邦调查局副局长比尔·布莱恩特说，米特罗欣带来的绝密档案解决了许多悬而未解的间谍案。

2. 箱子里隐藏的"天机"

6只大箱子里塞满了各种各样的"小纸条"和"复印件"，这些小东西几乎件件是"宝贝"，因为它们每个都披露了克格勃最绝密的间谍活动，其中最惊人的有：

前苏联情报机构曾精心策划招募后来成为美国国务卿的万斯当间谍，但没有成功；也曾密谋把卡特总统的国家安全顾问兹格尼尔·勃列兹斯基招到克格勃的麾下，但最终也没有成功；克格勃在里根成为美国总统5年之前就开始研究如何"修理"他！这主要是克格勃的绝密招募计划。

克格勃还有过毁坏美国民权运动领导人马丁·路德金声誉的计划。根据这项计划，克格勃散布谣言说，马丁·路德金实际上跟当时的美国总统约翰逊勾结，想要出卖黑人的利益。非常有讽刺意味的是，美国联邦调查局同时也在损毁马丁·路德金的声誉，散布谣言说，马丁·路德金跟共产党有秘密关系。此外，最典型一例是：肯尼迪总统遇刺后，克格勃立即秘密指使特工在美国出版了一本耸人听闻的书——《奥斯瓦尔德：刺客或者替罪羊?》，紧接着又仿造奥斯瓦尔德的笔迹给前中情局官员霍华德·汉特写了一封信。信和书的内容都有意无意地把肯尼迪的遇刺与中情局的阴谋联系起来。

此外，还包括克格勃秘密窃听计划、武器窃取计划、消灭叛逃者计划等等在内的不计其数鲜为人知的绝密内幕。

有消息透露说，米特罗欣的6大箱子情报绝不止此，他带来的详细资料最早可以追溯到十月革命，最近可以了解到80年代时前苏联重大的间谍活动。这些资料的曝光可以让十多桩尘封许久的美国间谍大案水落石出。

3. 克格勃放在欧美的原子弹

根据米特罗欣提供的绝密材料，前苏联克格勃间谍曾在美国和其他西方国家领土内偷偷囤积弹药、通讯设施，甚至微型原子弹。这恐怕是美国和西方国家想破脑袋也无法预料到的事情！

针对美国等西方国家重要的目标，如政府机构、水坝、城市供水系统、电网、弹药库等设施，前苏联制订了具体详细的攻击措施。其中最绝密的一项计划是为引发美国的种族冲突，给美国社会造成总体混乱，在纽约、华盛顿或者其他重要的美国城市，白人与黑人社区交接处制造恐怖爆炸事件。

最令人震惊的是,在美国,克格勃的潜在攻击目标遍及全国,其中被列为头号攻击目标的是从得克萨斯州埃尔·帕勃到加利福尼亚哥斯达米萨的一条输油管;第二个目标是蒙大拿州的亨里·豪斯拦河大坝,因为一旦这个大坝被摧毁,纽约州的电力将彻底被毁。米特罗欣的绝密材料还包括克格勃如何在美国一些秘密场所隐藏武器、无线电台和钱叶的计划,但美国有关当局从未发现这些藏宝地。

不知是米特罗欣带来的情报不准,还是他对美国的执法部门留了一手。米特罗欣去年曾小帮了瑞士警方一把,结果找到了克格勃在瑞士境内的数个"藏宝地"。这些秘密武器通讯器材及活动经费隐藏地布满了饵雷,如果没有米特罗欣指点,那么,就算找到了"宝贝",那些"寻宝"的警察也已经被炸得粉身碎骨,因为瑞士警察在打开一个"消防水龙头"的时候,整个地区发生了大爆炸。

米特罗欣说,克格勒制订这些计划的目的是:一旦东西方爆发大战,克格勃特工将全面引爆这些预先秘密埋设在欧美的爆炸物,破坏当地的战略目标,制造社会混乱,从而支援正面战场作战。

在米特罗欣的6大箱宝贝中,有着太多被人垂涎的绝密情报,以至究竟哪个秘密称得上"最"恐怕连米特罗欣自己也说不清楚。

第六节　军事历史真相

英国转移全部财产是真是假

1940年7月2日下午5点钟,一列装载着代号叫"黄鱼"的秘密货物的专车驶进蒙特利尔市的蓬纳文图尔火车站,这一天是纳粹德国闪电般攻陷法国巴黎后的第17天。加拿大银行的代理秘书戴维·曼休尔和外汇兑换管理局的锡德尼·T·珀金斯正等待着迎接这列专车。这将是任何国家都不曾经历过的最大的一次赌博,无论在和平时期或者战时。

这列火车一到站,曼休尔和珀金斯就去会见了英格兰银行的亚历山大·S·克雷格。克雷格微笑着说:"我们带来了极大数量的'黄鱼'。这批'黄鱼'是大不列颠帝国流动资产中很大的一部分。我们正在清理我们的地下储藏室,以备敌人入侵。其余的东西也很快运到。"这位身材苗条的英国人以不动声色的英国方式说明来意。实际上这意味着加拿大银行要接收英国所有能变成美元的资产。

两个星期以前，英国首相丘吉尔召开内阁秘密会议，当时法国的沦陷给英国带来巨大压力，会议上丘吉尔决定玩一场冒险的赌博，把价值70亿美元的债券和黄金转移到加拿大去。

在一个国家里，老百姓的投资未经产权所有人的首先同意，而为了国防的目的就先行征用，这是没有先例的。但是，1940年6月，当巴黎受到战争威胁时，丘吉尔政府立即采取了这一行动。当时决定联合王国所有英国公民，都需要把他们所拥有的全部外国债券的资产向财政部进行登记。这个决定意味着万一纳粹德国人侵成功，英国人会在加拿大坚持作战。

一个曾经参与这次行动的人说："在10天之内，储存在联合王国银行里的所有债券、证券都被提了出来，分别包扎捆装在几千个像装运橘子的木条箱那样大小的箱子里，然后被送到集中地点。"这里集聚着英国在全世界的经商人和投资者世世代代挣得的巨大利润。这些资产，同英国作为帝国长年积累起来的数以吨计的黄金一起，将被送过海洋。可是，就在6月份的一个月之内，总吨位达34.9117万吨的57艘同盟国与中立国的船只，在北大西洋被击沉了。这场赌博的风险有多大，可想而知。

由海军上校西里尔·弗林指挥的英国巡洋舰"绿宝石"号被定为装载第一批秘密货物的船只。6月24日深夜，"哥萨克"号驱逐舰以30海里的时速，冒着重重危险，迅速穿过浓雾，为转运财宝的船只护航。下午6时许，"绿宝石"号装载着满满一船财宝，从格里诺克港起航，弹药仓库里2229只沉甸甸的金条箱替代了炮弹枪支的位置，数以吨计的黄金使得仓库地板下面加固的角铁都被压弯了，另外的488箱证券，也价值4亿美元以上。

航程中天气变得越来越恶劣，大风迫使护航舰减速，形势也变得越来越难以预测。按照原来的计划，护航舰将沿着直线前进以便使"绿宝石"号能保持更高、更安全的速度，但是，大海的桀骜不驯极大地减缓了驱逐舰前进的速度，弗林上校不得不决定"绿宝石"号单独航行。7月1日，刚过清晨5点，新斯科舍（加拿大东南部）半岛的海岸已隐约可见。7时35分，"绿宝石"号终于安全地驶入港口码头。此时，一列专车正在码头旁边的铁路支线上等待着。码头在极度严密的措施之下被封锁了起来，每一只箱子在搬下"绿宝石"号时都清点了一遍，而当箱子装上火车时又重新核查一遍。傍晚7时，火车开动。装载证券的车皮在蒙特利尔卸下货来，而装载黄金的车皮则向渥太华疾驰而去。

当天夜里，当蒙特利尔市的街道安静下来，来往交通冷落的时候，一个大规模的行动开始了。24层花岗岩建筑物的太阳生活保险公司，占据着蒙特利尔自治领广场的整个街区，是英国自治领域中最大的一幢商业大厦。在它3层地下室的最底一层便是"联合王国战时安全存款"之家。刚过午夜1点钟，市内警察就封锁了从铁路调车场到太阳生活保险公司的几个街区，许多大卡车的车轮滚动起来。在身藏武器的、穿着便衣的加拿大国家捷运公司的保卫人员押送之下，一辆辆大卡车穿过大街，皇家加拿大骑警像鹰隼一般在四周来回盘旋。待最后一箱交清，经核查无误后，英格兰银行的存放部经理遂递给大卫·曼休尔一张收据单，请他代表加拿大银行在单据上签字。

继"绿宝石"号史诗般的航行之后，7月8日，又有5条船驶离英国的港口，装载了轮船所曾装载过的最大宗的混合财宝。它们分别是战列舰"复仇"号、巡洋舰"邦纳文图尔"号、"百慕大君主"号、"索贝斯基"号和"巴脱莱"号，并由4艘驱逐舰参加护航，这个船队装运了价值大约为17.5亿美元的财宝。黄金和证券继续不断地运到，据英国海军部的记录表明，在6、7、8三个月内，英国舰船（有几艘是加拿大和波兰船）运到加拿大和美国的黄金总值超过25.56亿美元。更令人惊讶的是，在那3个月期间共有134艘同盟国和中立国的船只在北大西洋上被击沉，而载运黄金的船只却全部安然无恙。

丘吉尔和他的内阁不仅仅把英国的超过70亿美元的一宗财宝安全地转移到了加拿大，而且这样一个巨大的行动居然成功地保持了秘密，他们是这次赌博中的大赢家。先后大约有600多人参加了这次证券存放的秘密工作，黄金的运送则涉及大洋两岸的成千个海员和成百个码头工人。这样多的人能够把这样一个重大的机密保守得滴水不漏，这也是不可想象的。

这次神奇的转移，是第二次世界大战中保守得最出色的机密之一。作家A·斯顿曾根据前加拿大银行的锡德尼·珀金斯回忆起的一些最初的情节寻找到线索，挖掘了许多长期不为人们所知晓的事实和数字。之后，普利策新闻奖获得者、美国记者利兰·斯托又在加拿大和伦敦搜集大量鲜为人知的情节，经过深入采访写成了题为《我所涉及的最令人振奋的故事之一》的报道。然而真实的情况究竟如何，也许谁都说不清楚，人们只能在作家、记者的笔下找回一幕幕想象中的历史真相。

是谁烧了"诺曼底"号

1941年的深秋，法国巨轮"诺曼底"号静静地停泊在纽约港的88号码头，这个码头在哈得森河上，离繁华的第12街不远。"诺曼底"号长达1029英尺。1939年9月1日，当它在公海上航行时，德国发动了对波兰的进攻，但它还是安全地驶进了纽约港。

"诺曼底"号在港口停泊一天就要花掉船东1000美元，因此，船上只保留了极少数船员以保养马达等重要设备。没有人想到会有人对该船进行破坏或纵火。"诺曼底"号的设计师魏德米·亚克维奇（VladimirYourkevitch）甚至认为，该船是有史以来建造的船只里防火性能最好的一艘。

德军早就盯上了这只法国船。早在1940年6月3日，法国向德国投降。两周之后，德军反情报机构的头目卡拉瑞斯的间谍机构阿勃韦尔就向活动在美国的间谍发出了命令:"严密注意'诺曼底'号!"希特勒和他的高级将领明白,美国一旦加入对德战争,这艘法国巨轮一次就能够运输 12000 名美国海军士兵到欧洲参战。

"诺曼底"号

纽约市沿海地区和新泽西的港口城市是纳粹分子活动的温床,在一间间凌乱肮脏的小客栈里,住着从世界各地来的海员,其中有许多纳粹间谍和纳粹同情者。这些地方中最臭名昭著的一家是新泽西"高速公路客栈",另外两家是曼哈顿的"老牛肉"酒吧和新泽西的"施密德的吧"。"施密德的吧"里的一个侍者是德国间谍,他每次都伸长耳朵贪婪地听海员在喝多了酒后所泄露的海上消息。

1941 年 12 月 7 日,日本偷袭了珍珠港。4 天后,希特勒让德国议会不经表决就通过了对美国开战的宣言。他对他的副手叫嚣说:"我们总要首先开战!我们要永远打响第一枪!"

就在同一天的晚些时候,希特勒的密友、意大利独裁者墨索里尼也对美国宣战。

就像希特勒和他的高级将领所担心的那样,美国海军立即征用了"诺曼底"号,并对它进行了改装。许多人都热烈支持将该舰改装成军用运输船,改装任务非常紧迫,必须在 1942 年 2 月 28 日以前完成。完成后,该舰将在舰长罗伯特·考曼德(Robert C·Command)的率领下,驶离纽约港前往波士顿。在那儿,它将 10000 名士兵和他们的武器装备运往大西洋沿岸的某个地方——毫无疑问,它的目的地是英国。

但是,2 月 9 日下午 2 时 34 分,"起火了"的喊声突然从船上响了起来。这时候,距"诺曼底"号远征欧洲只有 3 周的时间了。人们匆忙上船去灭火,但是,当天是一个大风天,火势很快就失去了控制,人们眼睁睁地看着火焰燃过了甲板,不到一个小时,整个船就变成了火的海洋。火势不断蔓延,将近 3000 名民工、船员、海军士兵和海岸警卫队成员爬过"诺曼底"号的船舷,吊下绳子,顺绳子跳到码头上,有的干脆直接跳到踏板上逃生。

大约有 3 万纽约市民聚集到第 12 街观看这场大火。他们中有一个头发花白个子矮小的老头,他就是"诺曼底"号的设计师魏德米·亚克维奇。他的脸上布满了愁容。因为他浓重的口音,警察没有让他通过警戒线到船边。实际上,就是魏德米·亚克维奇也对大火中自己的杰作无能为力。凌晨 2 时 32 分,"诺曼底"号终因灌水太多、倾斜过度而翻了过去,就像一条搁浅的大鲸鱼,躺在哈得森湾的水面上。

美国政府立即成立了几个调查组以查明这起备受公众关注的大事故,联邦调查局和福兰克・霍根律师盘问了 100 多位证人。与此同时，海军也成立了以退休海军少将莱姆·雷黑（Lamar Leahy）为首的调查组。两个月后，国会海事委员会成立的调查组发布结论说："起火的直接原因应归结于民工的疏忽和管理上的疏漏。"

然而，人们充满疑问，为什么一个如此巨大的海轮，在有大量防火设施的情况下，能够爆发大火，并在几小时内变成一堆焦炭？是不是有纳粹破坏分子渗透到船上，为了不可告人的目的，纵火烧毁了这条船？如果是这样，1500 名民工散布在船的每一个角落，为什么没有人发现有人纵火呢？还是两个以上的破坏分子共同完成了这项破坏性的工作？

"诺曼底"号烧毁的真相，已经伴随着这场大火造成的重大损失成为一个巨大的谜团。

太平天国北伐为何失败

1853 年 5 月 13 日，天官副丞相林凤祥和地官正丞相李开芳等，奉命率领 2 万余人由浦口（今属南京）出发，"师行间道，疾趋燕都"，于 10 月 29 日进抵天津西南的静海、独流镇，屯驻待援。北伐军深入直隶（约今河北），清廷震动，即命惠亲王绵愉为奉命大将军，科尔沁郡王僧格林沁为参赞大臣，防卫北京，并由僧格林沁率军前出，会同钦差大臣胜保围困静海、独流镇。北伐军远离天京，处境日益艰难。1854 年 2 月 5 日，乃从静海、独流镇突围南走河间束城镇，继走阜城，但仍未能摆脱被围困的处境。天王洪秀全、东王杨秀清得知北伐军抵达天津附近，抽调 7500 人组成援军，由夏官又正丞相曾立昌等率领，于 1854 年 2 月北上增援，直入山东，一度攻克临清。旋遭清军围攻，在南退途中溃散覆灭。林凤祥、李开芳得知援军北上，乃从阜城突围，进据东光县之连镇。为分敌兵势、迎接援军（尚不知援军已溃散），5 月 28 日，由李开芳率 600 余骑突围南下，占据山东高唐州城，又为胜保追及围困。1855 年 3 月 7 日，连镇被清军攻陷，林凤祥被俘。僧格林沁立即移兵高唐。李开芳突围南走茌平县之冯官屯，最后在僧格林沁引水浸灌下出营被俘。

在太平天国壬子二年（1852 年）十一月初十至癸丑（1853 年）三年二月十五的三个月中，太平军连克岳州、汉阳、武昌、九江、安庆、南京等城市，所向披靡、势如破竹。在攻克南京建都天京后，即派军北伐，欲直捣燕京、推翻清政府，在当时，这是完全能实现的。但为什么后来太平军由开始的攻势转为守势，最终招致全军覆没的惨局？

一种观点认为，太平军北伐，孤军远征，长驱六省，虽为精锐之师，但后援不继，终不免全军覆没。林凤祥、李开芳率领的北伐军，是一支纪律严明、英勇善战的军队。他们从南京浦口出发，一路所向披靡，不到两个月就渡过了天险黄河，大有直捣燕京将清政府一举推倒之势。所以，太平天国建都天京以后立即派遣主力北伐的决策是对的。太平军北伐的失败不是决策错误，而是后援不继、粮道不通。而天朝对疏通北伐军粮道和派遣援军是考虑到并且付诸实现了的，无奈军心不齐，一再贻误良机，除开始时胡以晃的西路军失败外，还有两起援军也半途而废。几起北伐援军的半途而废，充分说明太平军北伐过程中战略分歧的严重性。由于得不到粮饷接济和援军接应，北伐军从渡过黄河之始，不得不孤军奋战。在林凤祥之后，只要有一路援军到达目的地，不但北伐军能够保全，而且林凤祥等或许早已问鼎燕京，为太平天国写下另一页不同的历史了。可惜几路援军都半途而废，才使北伐军成为孤军。最终导致北伐失败。

也有观点分析是太平军集团政治上的腐败直接导致了北伐的失败。1851 年金田举事之初，政治设计上即无新意，"有田同耕，有饭同吃，有衣同穿，有钱同使，无处不均匀，无人不饱暖"，不过是"均贫富"的老套，虽能号召饥民于一时，却无力支撑以长久。1856 年 9 月洪杨内讧，成为太平军的盛衰转折点。1857 年 5 月，石达开率 10 余万太平军出走，后果更严重，血腥争权的内讧不仅仅致使杨秀清部下两万精兵死得毫无意义，更暴露了太平天国政权的性质，不过"取而代之"更旗换号而已。洪秀全登基后"官轿出行军民避不及当跪道旁"，"大员妻不止，无职之人只娶一妻"。李鸿章后来攻下苏州，惊叹忠王府"神仙洞窟"。南京的天王府更是建制宏大，尽极奢侈：金碗、金筷、金浴盆、金马桶、金夜壶，官吏一千六百余、宫女千余……谱儿摆得比清帝清吏还大，革命性与正义性丧失殆尽。政治上，太平军集团管理层目光短浅，不知文化之力。在辖区内，太平军焚烧文庙、劈孔子牌位，将江宁学宫改为"宰夫衙"——用来宰牛屠狗，"以狗血尽淋孔孟之头"。对读书人全无笼络，蔑视所有传统文化价值。尚未夺取全国政权，就这样踢开了文化人，政权内部办事效能自然日益低劣，官僚化腐败化程度日益加剧。反过来，清廷镇压太平军所倚重的力量，却是曾、胡、左、李等高级文化官员。缺少了文化的粘合力量，政治上便丧失了向心力，这对强敌在侧的太平军集团来说，确实是致命的。军事乃政治的延续，战争只是政治较量的最后格斗，而政治较量的基础又在经济与文化，比拼的不仅是人力物力，更有综合调配的管理能力与设计全盘的文化智力。应该说，无论从哪一方面来分析，太平军北伐最后的军事失败都是必然的。

还有学者分析是太平军辖地内生产崩溃是导致北伐失败的重要原因。1863 年（同治二年），曾国藩在《沿途察看军情贼势片》中写有：徽、池、宁国等属，黄茅白骨，或竟日不逢一人。……烟火断绝，耕者无颗粒之收，相率废业。贼行无民之境，犹鱼行无水之地，贼居不耕之乡，犹鸟居无木之山，实处必穷之道，岂有能久之理。《西潮》中说："太平军溃败以后，南京破坏殆尽，而且始终不曾恢复旧观。城内的废墟、麦田、菜圃、果园比盖了房子的街道还多。街道狭窄，路面高低不平，而且肮脏不堪，电灯昏暗如柴油灯。"从许多史料上都可以看出，太平军对南京的破坏是毁灭性的，昔日雕梁画栋、繁花似锦的六朝金粉胜景不再，没有了雄厚的经济作后盾，太平军北伐失败也就是情理之中的事情了。

尽管太平军北伐最终失败了,但广大太平军将士英勇奋战,震撼清朝心脏地区,牵制大量清兵,对南方太平军和北方人民的斗争客观上起到了支持作用。

石达开大渡河受降

石达开(1831～1863年),别名亚达,外号石敢当,广西贵县人。太平天国首封之五王之一,为翼王。

石达开

石达开早年在家务农,后加入拜上帝会,称天父第七子。1851年拜上帝会于金田起兵后,领左军主将。同年12月,在永安被封为翼王。其后屡立战功。1855年1月,在鄱阳湖大破湘军水师。太平天国定都天京以后,洪秀全、杨秀清等人革命进取心减退,追求享受,严格规定等级秩序,越来越脱离群众。1856年8月,杨秀清逼洪秀全封他"万岁"。洪秀全表面答应,暗中密令韦昌辉、石达开等回京商量对策。9月1日深夜,韦昌辉带兵包围东王府,杀死杨秀清及其全家,还残杀杨秀清部下两万多人。石达开赶回天京,责备韦昌辉滥杀,后又逃出天京。韦昌辉又围攻天王府,妄图加害洪秀全。韦昌辉的滥杀引起天京军民的愤慨,在洪秀全领导下,天京军民处死了韦昌辉。韦昌辉死后,石达开回到天京,洪秀全任命分为"提理政务",但对他又有疑忌,封自己哥哥洪仁发和洪仁达为王,参与政事,以牵制石达开。1857年10月,石达开带领太平军五六万人"负气出走",走上同太平天国分裂的道路。后来石达开领兵到江西,1858年经浙江到福建,1859年分兵入湖南及广东再到广西,1860年率十万之众,北上过湘西,入川东,并在1863年攻下贵州遵义。1863年4月,石达开亲率4万大军,由云南巧家横渡金沙江,第七次攻入川境,然后沿会理县北上,穿过彝区,到达大渡河南岸的紫打地(今石棉县安顺场)。由于清军围追堵截,太平军几次渡河失败,从而陷入进退失据的困境。石达开见大势已去,命尚存的几千名将士放下武器,自己带着五岁的儿子及几名副将,于6月13日自缚赴清营,冀图"舍命以全三军",后被解往成都后英勇就义,留在大渡河边的几千名太平军将士亦被清军袭杀几尽。

石达开被认为是太平天国将领中最富有谋略的人。曾国藩说"查贼渠以石为最悍,其诳煽莠民,张大声势,亦以石为最谲",曾国藩的幕僚薛福成则赞其为"绝代英物"。但关于石达开大渡河被俘问题,史学界一直众说纷纭,存在着很多分歧。

有观点分析认为,1863年5月14日,石达开率领三四万大军,经冕宁小路,进抵紫打地,准备越过大渡河直取成都。这里地势险恶,四面受敌:北面是大渡河和总兵唐友耕等的部队,西面是松林河和土司王应元等的反动武装,东面是马鞍山及土司岭承恩的兵勇,南面的山径险路被岭承恩砍倒千年古树堵塞,又有游击王松林的兵勇在箐箕湾等处堵守。从5月17日起,石达开曾多次组织渡河战斗,均遭失利,伤亡惨重。由于四面被围,粮道断绝,给养发生了严重困难,只得"摘桑叶,掘草根,杀马骡为食"。6月9日清军乘势攻陷紫打地大营,石达开率残部七八千人东向突围,奔至老鸦漩,"复为夷兵所阻,辎重尽失,进退无路"。"入夜昏黑,饥甚,觅食无所得,有相杀噬人肉者,达开莫能禁"。面对这种艰险形势,石达开动摇了;十之六七的部将动摇了,有个姓邹的宰辅甚至"先送家属为质,约为内应,立功赎罪";有些士兵也"疑贰无斗志"。石达开穷途末路之际,已有投河自尽之意。后见清军挂出"投城免死"的牌子,便存有侥幸心理,向清军投降,以求苟且偷生。

但大多数人不同意这种看法,认为石达开绝非贪生怕死之辈。石达开投降是为了赦免三军将士,似有诈降之意。另据四川布政使刘蓉(刘曾对石达开监刑)讲:石达开临刑时:"坚强之气,溢于颜面,而辞气不卑不亢,不作摇尾乞怜之语。"因此,他们相信,石达开仍是太平军英雄豪杰,一生正气,视死如归。

"垂翅无依鸟倦飞,乌江渡口夕阳微。穷途纵有英雄泪,空向西风几度挥。"石达开虽然兵败大渡河,但太平军在四川的战斗,有力地打击了清王朝在四川的统治,鼓舞和支持了四川人民的反清斗争。

《苏德互不侵犯条约》的附件

《苏德互不侵犯条约》是1939年8月23日苏联和德国在莫斯科签订的条约。1939年3月15日,德国侵占捷克斯洛伐克全境。23日又占领立陶宛滨海城市默麦尔。4月3日下达旨在消灭波兰的白色方案。5月22日又签订《德国意大利军事同盟条约》。1939年8月中旬,前苏联的国际处境十分险恶。日本继1938年在中苏边境张鼓峰挑起反苏武装冲突后,1939年5月~8月又在中蒙边境诺门坎地区向前苏联、蒙古军队发动大规模进攻。前苏联在4月~8月多次主动采取行动同英、法在莫斯科举行关于缔结互助条约和军事协定的谈判,争取建立反侵略的统一战线。但英、法仍奉行绥靖政策,无意与苏联合作。与此同时,英国同德国进行一系列秘密谈判,力求实现英、德合作,把战火引向前苏联。在这种情况下,前苏联也采取措施调整同德国的关系。斯大林于8月21日接受希特勒提出的立即缔结互不侵犯条约的要求。8月23日苏联同德国签订《苏德互不侵犯条约》,有效期10年。条约规定,缔约双方彼此互不使用武力,任何一方将不参加直接或间接反对他方的国家集团;当一方受到第三国进攻时,另一方不给予第三国任何支持;就彼此有关问题,密切接触,交换情报;和平解决相互间的一切争端。第二次世界大战结束后,西方国家公布了《苏德互不侵犯条约》。该条约的签订使前苏联得以暂时置身于战火之外。但条约签订不到两年,德国在西线得手后,于1941年6月22日撕毁《苏德互不侵犯条约》,对苏联发动突然袭击。

1946年5月30日,英国《曼彻斯特卫报》刊登了这样一则新闻:《苏德互不侵犯条约》附有一项秘密议定书,而且对其内容予以了披露。文章发表后,立即在世界范围内引起强烈震动,前苏联当局当即予以了反驳。

的确,在前苏联的公开出版物中至今尚未见到有关《苏德互不侵犯条约》的秘密附属议定书。收入《苏联对外政策文件汇编》第四卷的苏德互不侵犯条约中没有涉及秘密附属议定书的条款。鲍爵姆金领导编写的《外交史》第三卷和维戈兹基等人编著的《外交史》第三卷也只字未提秘密附属议定书。阿赫塔姆江等人的《苏联军事百科全书》在谈到《苏德互不侵犯条约》时对秘密议定书没有提及。萨姆索诺夫主编的《苏联简史》也持同样说法。曾参与1940年苏德谈判的别列日柯夫在其回忆录中不仅没有提《苏德互不侵犯条约》附有秘密议定书,而且认为:"对1939年苏德条约问题,虚假报道堆积如山。"1948年2月,前苏联情报局在题为《揭破历史捏造者(历史事实考证)》的文件中对英、美单方面公布德国外交文件予以反对。德波林主编的《第二次世界大战史》引用了1939年8月24日苏联《消息报》所发表的《苏德互不侵犯条约》的条款,不但对秘密附属议定书一点儿也没提到,而且批评说:"资产阶级世界有人陷于伪造的泥潭而不能自拔,继续就条约和前苏联的目的撒谎。"

但是,不少西方学者推测1939年《苏德互不侵犯条约》附有秘密议定书。例如原纳粹德国上将蒂佩尔斯基希在其《第二次世界大战史》一书中叙述了关于希特勒将部分波兰领土划给前苏联、对与前苏联接壤的东欧小国不表示兴趣的问题,他实际上谈到了西方国家公布的《苏德互不侵犯条约》的秘密议定书的一些内容。美国学者威廉·夏伊勒在其名著《第三帝国的兴亡——纳粹德国史》中还对《苏德互不侵犯条约》的秘密附属议定书的主要内容予以列举。法国当代著名史学家让·巴蒂斯特·迪罗塞尔在其《外交史》中断言:《苏德互不侵犯条约》存在着无可争议的秘密议定书。奥地利的布劳恩塔尔也对《苏德互不侵犯条约》附有秘密议定书的说法持肯定态度。英国著名学者阿诺德·托因比等人编的《大战前夕,1939年》一书载有《苏德互不侵犯条约》的秘密议定书的主要条款。英国学者艾伯特·西顿在其《苏德战争,1941~1945年》一书也有《苏德互不侵犯条约》附有一份草率拟就、措辞模棱两可的秘密议定书的叙述。

另外,史学界对《苏德互不侵犯条约》的认识、动机、责任、性质和后果等许多方面都有不同的观点。

关于《苏德互不侵犯条约》的性质问题,大致有以下三种观点。第一,"绥靖"说。持这种观点的学者认为:前苏联与德国缔结条约是真正的祸水西引,实行了比英法更甚的绥靖政策。《苏德互不侵犯条约》与《慕尼黑协定》并无本质区别,都是欧洲大战前夕绥靖政策的典型表现,或者说苏德条约是继英法之后前苏联掀起的又一个绥靖高潮。第二,"革命妥协"说。持这种观点的学者认为,《苏德互不侵犯条约》是利用帝国主义之间的矛盾,打破帝国主义包围,粉碎帝国主义阴谋的革命妥协,它与列宁主义的外交原则:既考虑前苏联的国家利益又考虑全世界进步人类的利益是相违背的。《苏德互不侵犯条约》是前苏联外交利用帝国主义营垒的矛盾,取得有利的国际环境的一大胜利。第三,"分赃"说。他们认为《苏德互不侵犯条约》是一份地地道道的大国宰割小国的预分赃合同。

关于《苏德互不侵犯条约》的后果问题,史学界争论更大,主要有以下四种观点。第一,"有利"说。《苏德互不侵犯条约》的签订争取了对前苏联较为有利的国际环境,使前苏联赢得了为战胜侵略者所必需的22个月的时间,并使日本在国际上更加陷入孤立,对前苏联人民及世界反法西斯的国家和人民更有利。第二,"利大于弊"说。有学者撰写文章说:我们既要看到《苏德互不侵犯条约》的积极作用,又要如实地分析客观存在的消极后果。但是两者比较,权衡利弊得失,尽管条约给世界人民的反法西斯斗争以及前苏联本身曾经带来一些消极的后果,但……积极的作用是根本的,主导的。第三,"弊大于利"说。持这种观点的学者认为:尽管《苏德互不侵犯条约》为前苏联赢得了一年多的备战时间,为后来的反法西斯战争的胜利奠定了一定的基础,但是它由此带来的后果也是严重的。如"客观上助长了希特勒的侵略野心","大大损害了社会主义国家的威信","给国际共运造成了分裂,损害了各国党的威信,破坏了开始形成的反法西斯统一战线","使自己丧失警惕,使苏联在卫国战争初期遭受了极其严重的损失"。第四,"不利"说。《苏德互不侵犯条约》消极作用很大,理由是:"在一定程度上束缚了苏联的手脚,不利于充分利用帝国主义矛盾,联合一切可以联合的力量,推迟世界大战的爆发。并且,《苏德互不侵犯条约》模糊了苏联和世界人民的认识,不利于推动世界人民进行反法西斯斗争。

这样,有关1939年《苏德互不侵犯条约》的一系列问题就成了史学界争议的一个热点。弄清这些问题对于正确评价战前国际关系、深入了解第二次世界大战史具有十分重要的意义。

"东方马其诺防线"为何土崩瓦解

乌苏里江边的虎头枢纽据点是日本关东军精心设计并驱使1万多名中国劳工耗时6

年修筑的坚固要塞,号称"东方马其诺防线"。

1945 年 8 月 8 日 22 时 50 分,前苏联向日本宣战。8 月 9 日 0 时,苏地面部队在对日作战最高司令官华西列夫斯基的指挥下从三个方向向关东军展开了猛烈进攻,同时空军对中国东北的主要城市和日军的主要防御设施实施了大规模的空袭,空降部队则在长春、沈阳等城市实施机降,像一把尖刀插向了日军的腹部。日本关东军被分割成数块,南北不能相顾。

在随后的战斗中,日本关东军大多一战即溃,但在一些局部战斗中,日军仍负隅顽抗,其中尤以虎头要塞之战最为激烈。当时有 1900 余名日军在此坚守。苏军久攻不下,便改换战术,先用训练有素的哥萨克狙击手封锁日军的火力点,在控制了要塞的洞口和通气孔后,将汽油灌入地下工事,用燃烧弹点着,使不少日军被烧死或窒息而死。苏军还将自动火炮开到要塞的坑道口边,近距离用火炮直接对洞口内连续轰击。最后,虎头日本守军除约 70 人逃跑外,其余全部被击毙。

战前苏军统帅部估计,结束对日作战短则两三个月,长则需要半年以上。因为,日本关东军虽然在兵力和武器装备上较之苏军处于下风,但他们毕竟有近百万之众,熟悉当地的地形、民情,还建造了大量坚固的防御工事。可事实上交战仅 13 天关东军就土崩瓦解,1945 年 8 月 22 日,在长春关东军演习场,关东军山田乙三司令官率 97 名将领向苏军投降,其中缘由发人深省。

其实就在 1945 年 4 月德国宣布投降后不久,前苏联便开始着手对日作战的准备。为了达到突袭成功的目的,苏联军方可算是煞费了一番苦心。由于前苏联在远东的铁路线距离边境只有 2～4 公里,苏军在运输过程中实施了周密的伪装,在靠近边境地区,白天增加运输数量车次,夜晚进行"饱和"运输;为了不让日军发现战略意图,苏军部队到达集结地域后,严格保持无线电静默,并控制人员的户外活动,一切的准备工作都在秘密的进行之中。

但是,如果把所有的成功都归结于苏军的保密措施,隐藏作战企图,似乎并不能彻底解释在关东驻扎了 14 年的日本军队溃败的原因。的确有军事研究人员曾对此提出过质疑;关东军怎么可能对其 3 个多月的大规模兵力调动毫无察觉?

根据新近公开的日本军方秘密档案显示:造成日军疏忽的主要原因是,日军在战略判断上出现了失误。日军一直将美军视为盟军对日作战的主力,特别是美国投下原子弹后,日军将美军可能对日本本土的登陆行动作为防御的重点。对于苏军是否会攻击日本,虽然也考虑过,但最终认定前苏联没有把握在两个月(8～10 月)之内击败关东军,因为 10 月份以后中国东北就要进入冬季,他们是不会选择在天寒地冻的环境下对日作战,所以即使前苏联红军发动全面进攻也应该是在来年春季以后。基于以上的判断,日军非但没有对苏军的秘密部署有所察觉，也没有任何准备，而且就在苏军利用雨夜发动全面进攻的时候，关东军司令官山田乙三甚至还在丹东寻欢作乐。

人们不妨假设一下，如果日军能够对苏军行动提前有所判断，恐怕苏军很难在半个月之内就击溃关东军。未来高技术战争具有突发性、节奏快、初战就是决战的特点，这对战略判断提出了更高的要求。指挥员在作出判断时，应将科学的定性分析方法和定量分析方法有机结合，充分运用信息技术手段，对战略形势、敌我力量对比、敌军可能的行动等诸多因素进行由此及彼、由表及里的动态分析，从而为正确决策奠定坚实的基础。

对于"东方马其诺防线"的失陷，还可以听到这样的一些声音：在苏联军队的大举进攻下，日军只在个别防御地段作过一些抵抗，而且只是处于一种被动挨打的消极防御水平，根本没有主动的反击，这才是他们失败的必然原因。

然而事实是不是这样呢？据曾经参加过这场战争的日本退伍老兵回忆，当时日本关东军在东北全境层层布防，并在一些险要地段精心构筑坚固防御堡垒，形成数道防线，希望以分兵把口、分层狙击的战术手段抵抗苏军的进攻。但是，当时苏军来势汹汹，以机械化部队进行快速的大纵深作战。他们先是在日本关东军的薄弱防御地段打开缺口，然后立即扩大突破口，高速向纵深推进，再以空降部队的纵深机降，使日军的防御体系彻底瓦解。

就此观点，克劳塞维茨也曾指出："纯粹的防守同战争的概念是完全矛盾的，在战争中防守只能是相对的。"

无论是因为战略上的判断失误，还是因为没有处理好进攻和防守的关系，"东方马其诺防线"的失陷依然成为日本法西斯军队彻底失败的标志性战役。

谁是冷战时期美国中情局最大的敌人

美国国家安全档案馆资深研究员约翰·普拉多斯是一位冷战研究专家，在他的脑袋里装着许多"冷战"年代鲜为人知和完全不为人知的秘密，甚至包括美国当今的安全战略的天机。

整个"冷战"时期最危险的时刻是仁者见仁智者见智的问题，普拉多斯认为，1948年的捷克斯洛伐克危机和柏林的军事对抗是一次危险的波峰。后来是1962年的加勒比海冲突，直到最后一刻才奇迹般地得到和平解决。然而，最危险的是1982～1983年，美国当时是里根执政。两个超级大国的关系中出现了隐蔽的，但是却对和平威胁更大的危机。

1. 中央情报局的最大失误

当时中情局这一美国最高的情报机构取得的最大成就应该是技术上的重大突破。

首先是以卫星、飞机、雷达和无线电截听手段搜集侦察情报。至于最大的历史失误,美国的情报机构不善于评价某个国家内部发生的重大事件应该名列第一。双方在制造假情报,欺骗和麻痹对方方面都取得了不少的成就。然而这些活动搞得越厉害,双方就越是进了某种"哈哈镜室"。冷战期间,美苏两国都开展了某种"地下战争"——在大使馆地下互相埋设地道,在驻外使团的墙内安装窃听器,几乎是在开展一场竞赛。某些情报的作用被大大夸大,使领导人产生错觉。也许直到今天,这种对某个国家形势判断失误的情况仍然是美国情报机构的通病。

2. 冷战中的一大利器

一开始,即 1950 年到 1952 年,中央情报局是"自由"和"自由欧洲"电台的主要资助者。中央情报局不仅向这两家电台提供资金,而且提供全部设备和所需的技术专家。"自由"电台则长期由中央情报局直接投资,"美国之音"与英国的 BBC 一样,一直是美国政府的一个部门,只服从最高执行权力机关,执行它的指示和命令。"自由"和"自由欧洲"电台在欧洲领土上向苏联和东欧国家广播起着巨大作用。某些专家认为,"自由欧洲"电台在 1956 年的匈牙利事件中起到了催化剂作用。至少,匈牙利事件,捷克斯洛伐克事件,苏联解体使人有机会评价美国电台对东欧居民的思想和精神的影响程度。难怪叶利钦承认,在所有电台中他主要听"自由"电台的广播。中央情报局与这些电台的关系随着时代的变化也在不断改变。

3. 自身的恐惧才是美国的主要敌人

整个美国正处在与国际恐怖主义的战争状态。回忆一下,9·11 事件之后立即掀起了有毒邮件风波。许多大报、电视公司的编辑部,美国国会大楼都收到了有炭疽的信封。"冷战"结束之后,美国宣布国际恐怖主义是主要敌人。然而,如同"冷战"时期一样,美国主要敌人仍然是自己的恐惧。过去,一提起前苏联的"核进攻"美国人就会惊恐万状,现在一提起恐怖分子难以预测的行动就坐卧不宁。这种恐惧影响了合理的思考,这种恐惧是美国的主要敌人。恐怖主义无疑是最大的威胁,但在美国人的意识里,这一威胁的程度已经被夸大到难以置信和神话般的程度。如果想取得这场斗争胜利,主要因素之一就是要善于冷静而清醒地分析国内外形势。然而,美国人却把眼睛盯着国外,在伊拉克、伊朗和其他国家寻找歹徒。从各种迹象判断,这些事件由"内部"因素引起。为了有效地与恐怖主义作斗争,我们应该认真研究某个国家的宗教和文化制度,研究犯罪分子向我们发出挑战的方法,而不是将其魔鬼化。消除自身的恐惧是做好这一切的首要任务。

作为美国国家安全档案馆资深的冷战研究专家,约翰·普拉多斯的看法具有权威性和先见性,然而,正处在新时期的美国所面临的最大敌人是谁,每个人也许都会有不同的看法。

为什么美国在日本投掷原子弹

原子弹的横空出世无异于毁灭性打击的突然降临。1945 年美国在日本的广岛和长崎投放原子弹就是见证。

美国在向日本投掷原子弹之前,德国法西斯已经投降,日本也已显露败象。在这种情况下,还要不要使用原子弹,当时美国国内有两种意见:一种认为,常规炸弹就能结束战争,不必使用原子弹。例如,艾森豪威尔将军和陆军部长史汀生都认为,日本已经失败了,投放原子弹"完全没有必要",还会"引起世界舆论的谴责"。

而杜鲁门总统却主张使用原子弹,他认为这是结束战争的一种上佳的手段。趁在前苏联对日宣战之前使用,也有利于战后与前苏联的抗衡。而且,在投放原子弹后的第二天,杜鲁门就发表声明,要日本接受提出的条件,早日投降,否则,日本只会自取灭亡。另外,前总统罗斯福早在 1944 年秋就曾和英国首相丘吉尔签订过一项将对日本使用原子弹,直至其投降的备忘录。

为了找一个向日本投掷原子弹的正当理由,杜鲁门决定,7 月 26 日向日本发出一个最后通牒:必须执行波茨坦公告,无条件投降,否则,"日本本土全将毁灭"。由于日本对美国的最后通牒不予理睬,美国便对日本使用了原子弹。

那么,原子弹投向哪些目标呢?为此,华盛顿专门成立了一个目标委员会。他们认为,投掷目标应具有相当完整的军事设施,可以充分显示毁灭性破坏的效果,能起到巨大的震慑作用。起初,有人主张将第一颗原子弹投向日本首都东京,这个建议很快便被否决了,因为东京已在美国空军大规模的轰炸中化为一片废墟,失去了投掷原子弹的意义。后来,目标委员会选定了 17 座候选城市,以后又缩减到 5 座,而其中的京都和广岛被定为AA 级目标,横滨和小仓被定为 A 级目标,新潟为 B 级目标。负责制造原子弹的格罗夫斯将军主张将原子颗投向京都,他认为,"从心理角度讲,京都是日本的文化中心,京都人更能理解这种武器的重大意义。"他的这一主张遭到陆军部长史汀生的坚决反对。史汀生认为,京都是日本的文化圣地,毁掉了它,"日本人将永远不会原谅美国"。为此,史汀生还找了马歇尔,并找了杜鲁门总统,最后才决定放过京都,最终把目标锁定了广岛。其实,真正使京都幸免于难的功臣应是中国著名建筑学家梁思成。早在 1944 年夏,梁思成就和他的学生及助手拟定了一份建议书,指出日本的古都和古寺是全人类的共同财富,建议美军在军用地图上将它们标示出来,作为保护对象免予轰炸。美国接受了梁思成的建议,并请梁思成的助手帮助在军用地图上做了标志。战后,日本人得知这一情况后,曾在《朝日新闻》上以大字标题把梁思成等中国学者奉为"古都的恩人"。

　　广岛是日本的第七大城市，未曾遭受美国大规模的轰炸。广岛还与美国有些特殊关系，自 1899 年以来，曾有大量广岛居民移居美国，很多广岛居民在美国有亲戚关系。还有传言说，美国新总统杜鲁门有个姑妈在广岛，因此，广岛市民做梦也没想到，美国会把原子弹扔到他们头上。

　　至于投向长崎的原子弹，则事出偶然。当初选定的投掷目标并没有长崎，后来放弃了京都，才补上这个长崎。第二次原子弹的投掷目标原本也不是长崎，而是小仓。当 8 月 9 日，携带原子弹的飞机飞到小仓上空时，发现小仓在一片烟雾的笼罩之中，飞机在其上空转了三圈，用了 45 分钟，也无法找到投掷目标。这时美国面临两种选择，要么将原子弹扔进大海飞回基地，要么飞到长崎投下原子弹，然后返回到冲绳岛上的另一个着陆点。他们选择了后者。当美军飞机飞到长崎时，飞行员发现长崎的上空也布满了厚厚的云层，正当他们着急怎么办时，突然发现云层中出现了一道缝隙，于是，原子弹就从这条云层的缝隙中被投了下去，长崎因此成为了世界上第二个遭到原子弹轰炸的城市。

　　如此具有杀伤力的武器，美国为什么在日本投掷原子弹呢？

　　有观点认为当年杜鲁门决定投原子弹意在对付前苏联。德国《世界报》8 月 1 日刊登一篇署名文章说，美国在已经从破译的密电报中获悉日本准备投降的情况下，仍于 1945 年 8 月 6 日向广岛和长崎投放了原子弹的真实用意……文章题为《广岛为何被烧毁？》，摘要如下：向日本城市投掷原子弹是结束太平洋战争的合法手段吗？60 年后人们对此仍然争论不休。特别是左翼人士几十年来一直批评对日本使用大规模杀伤性武器。许多观点认为，那时的美国同今天一样，致力于征服世界。但是，广岛和长崎真是美国泯灭人性的证明吗？

　　杜鲁门终生都在为他的决定辩护：投掷原子弹结束了对日战争，并因此拯救了"成千上万名美国士兵"。杜鲁门以及这种观点的辩护者有时还声称，投放原子弹使多达 50 万名美国士兵以及更多日本人幸免于战争之难。

　　很长时间以来就有人猜测，投掷原子弹与其说是为了给日本政府，不如说是为了给约瑟夫·斯大林留下深刻印象。实际上，美国和苏联之间可预见的冲突在杜鲁门的考量中起了决定作用。这位美国总统在 1945 年 7 月 25 日的日记中写道："不是希特勒或者斯大林那伙人研制出了这种炸弹，这真是世界的福气。"

　　如果人们关注档案记载，就会对杜鲁门为何决定投掷原子弹作出合理的解释。这位总统已经很清楚原子弹有多大的破坏力。他打算不惜一切代价避免美国发生更多损失。军事手段会导致多少日本人死亡对他来说则是无所谓的——毕竟日本偷袭过珍珠港。某种程度上的种族主义也在杜鲁门心中起了作用。同时，这位外交政策上经验足、但策略上老练的总统预感到，同斯大林的冲突不可避免。他希望，通过展示美国的优势来避免不久之后同前苏联的冲突升级。因此，在1945年7月，对日本使用原子弹已经如箭在弦，也许只有日本政府亲自投降才能打破这一自动机制。

但有人认为这种说法站不住脚。理由是：当时美国虽对前苏联怀有戒心，但在任何文件中都未见到后来历史学家所分析的那种对苏战略。事实正好相反，在原子弹研究过程中，美国首脑人物一有机会就讨论这种可能性，即向前苏联提供原子弹情报，建立国际管理体制。在1945年决定对日使用原子弹的会议上，马歇尔甚至主张邀请苏联科学家参观即将进行的原子弹试验。此事因有人担心"斯大林把机密泄露给日本"而作罢。

究其最终目的，美国为什么在日本投掷原子弹呢？根据所查阅的资料证明，在原子弹研究初期，美国就已确定对日本使用原子弹，并把它当作一种"巨大的实验"。美国还曾计划把这种未有充分把握的原子弹用来轰炸集合在特鲁克群岛的日本舰队，以避免万一原子弹不爆炸后泄露机密。随着原子弹试验成功，他们坚持要用原子弹进行攻击，目标选择在人口集中，没有遭到普通轰炸的城市，以便科学家同行观测原子弹的功能，检测其威力。

其次，美国研究原子弹共花费20亿美元，相当于整个第二次世界大战期间美国用于生产弹药的全部费用。而原子弹的研究是在极度保密的情况下进行的。如果花费如此巨额的经费制成的原子弹不能发挥任何效力，议会肯定要作出强烈反应。因此，议会强大的压力也是使政府最终决定使用原子弹的原因之一。

俄罗斯"库尔斯克"号潜艇失事

2000年8月12日，本是极为普通的一天，然而一桩震惊世界的重大事故使这一天被永远地载入史册。当天11时25分左右，在俄罗斯北方巴伦之海域，参加军事演习的俄罗斯北方舰队中，一艘名为"库尔斯克"号（俄海军编号为K—141）的核动力潜艇突然发生爆炸而沉没，等到北方舰队司令部发现"库尔斯克"号核潜艇情况异常，并向出事海域派出救援队时，"库尔斯克"号核潜艇已坠入108米深的巴伦支海底。艇上111名乘员、5名从第7核潜艇师派出的军官和2名柴油机厂的工程师全部罹难。

"库尔斯克"号核潜艇沉海事故聚焦了世界各方的目光。118条生命的消逝令人痛心，而且这次事故笼罩在敏感的核阴影下，潜艇上的24颗巡航导弹中的两颗是否携带有核弹头这个重大问题令人困扰，不仅给制造国带来巨大的军事损失和情报危机，而且还给航运和沉没地的周围环境带来严重隐患。有关"库尔斯克号"爆炸沉没的原因一直众说纷纭。目前流行的有以下几种说法：

与英潜艇相撞说。俄罗斯认为最大的可能性是"库尔斯克"号在演习中撞上了另外一艘船只或舰艇，致使潜艇发生严重损毁而沉没。不过，俄军方表示，"库尔斯克"号出事之时,当地海域除了参加北方舰队演习的船只之外,没有其他船只,民船更是离演习区很远,唯一的可能性就是与同在海底的一艘不明身份的潜艇相撞。据悉,12 日俄罗斯海军演习之时有 3 艘外国潜艇在巴伦支海域游弋,其中两艘为美国潜艇,一艘为英国潜艇。俄罗斯方面认为肇事者可能是英国潜艇,因为俄军方在离"库尔斯克"号事故现场 330 米远的巴伦支海海底发现了不明潜艇驾驶舱栏杆的残余,并且在"库尔斯克"号失事之后在海面上发现了据认为是英国潜艇的事故浮标。

与美巨型潜艇相撞说。另有消息称,"库尔斯克"号也有可能是与美国的一艘潜艇相撞,因为事故发生之后,俄罗斯海军曾收到无线电通讯,显示一艘美国潜艇要求批准进入挪威的港口,之后便以慢速驶向该港。军事专家们认为,只有美国"俄亥俄"级战略核潜艇可以承受如此剧烈的碰撞。在过去的 30 年中,俄罗斯海军潜艇在北海和太平洋海域进行军事演习之时曾与外国潜艇发生过 11 次相撞事故,其中 10 次为美国潜艇,而此次再次撞上美国潜艇的可能性也是存在的。

恐怖分子引爆鱼雷说。据挪威军方侦察艇证实,"库尔斯克"号失事之时曾听到两声爆炸,其中第二次爆炸十分剧烈,挪威地震网测得的数据表明,这次爆炸相当于 2 吨梯恩梯(TNT)炸药的当量。通过爆炸声推断"库尔斯克"号潜艇上可能有 3 到 4 枚鱼雷发生了爆炸。在遇难的 118 名官兵之中,他们负责潜艇上新型鱼雷试射的任务。他们中是谁引爆了鱼雷?俄罗斯司法部门对此已经展开了调查。

碰到第二次世界大战遗留水雷说。有专家分析,爆炸也可能与该海域遗留的水雷有关。在第二次世界大战之时,德军和盟军在该海域布置了众多的水雷,近几年在该海域就发现了十几枚水雷,"库尔斯克"号有可能碰上了一枚水雷而受到重创。

遭到自家潜艇误伤说。还有人分析,"库尔斯克"号也有可能错被另一艘参加演习的俄罗斯舰艇当成了攻击的目标,而遭到了导弹的袭击。这类事故 80 年代曾发生过一次,前苏联太平洋舰队的一艘军舰曾被另一艘军舰误袭,造成数十人死亡。

究竟何种说法令人信服,关键要看俄罗斯政府能否拿出库艇沉没原因的确凿证据。

俄罗斯政府自事故发生后便致力于核潜艇的打捞工作。2001 年 10 月 22 日,"库尔斯克"号核潜艇终于在罗斯利亚科沃的浮动船坞上浮出了水面。23 日,俄调查人员首次登上了"库尔斯克"号的残骸,这也是自沉没事件发生后,人们首次进入该潜艇内部。据俄罗斯电视台后来公布的画面显示,库艇的毁坏程度惊人:整个艇身面目全非,舱里堆满了金属碎片和扭曲的机器零件,内部装置所剩无几。为调查核潜艇失事的原因,俄罗斯总检察院成立了由 32 名专家组成的调查组,北方舰队也成立了"库尔斯克"号核潜艇临时乘员组。调查人员在艇身残骸中发现了不少对查明真相有帮助的东西。10 月 29 日,调查人员在"库尔斯克"号第 5 隔舱内发现了潜艇的自动记录装置,其作用类似飞机上的

"黑匣子"，记录着爆炸发生时潜艇主要系统的状况。10 月 30 日，在"库尔斯克"号残骸内又发现了一个遇难船员的留言。另外，俄罗斯调查人员还在 27 日公布了一盒在潜水艇中发现的录像带。录像带显示，当时一条大缝从船尾开始迅速向指挥塔裂开。潜望镜、线路和设备纷纷坠落，一片狼藉。

但是上述一切打捞工作都是在保护军事机密的前提下运作的，"库尔斯克"号核潜艇失事的真正原因也许将因为涉及军事机密而永远不会公开。

神秘"24 拐"公路在何方

这是一张第二次世界大战中世界闻名的老照片：长长的美军 GMC 十轮大卡车队，沿着一条呈现无数"S"状的狭隘公路，从幽深的谷底向着险峻荒凉的山顶缓慢爬行。照片背景是第二次世界大战时期中国国际大通道的艰险，中美人民在极端困难的情况下，抗击法西斯的历史事实。然而，几十年来，这条因为有着 24 条急转弯道故而被称作"24 拐"的神秘公路却从人们的视线下神秘消失了。

这张照片曾经多次出现在中国、美国、日本和东南亚的传媒上，并且明确认定这里是滇缅公路或者史迪威公路的某路段。这一说法在现存的很多介绍滇缅公路和介绍云南的书报杂志上都出现过，输入"滇缅公路"、"史迪威公路"或者英文"Burma Road"、"Stilwell Road"进行查询，都可以很容易地找到这张照片。

在战争期间，这条滇缅公路曾经运输过来华援助的美国人和直接来华作战的美国军队，可谓运输大动脉。通常美国的援华物资经过滇缅公路到达昆明以后要想送达前线，这段"24 拐"都是必由之路。美国总统罗斯福曾在滇缅公路开通时派遣驻华大使进行考察，并且美国新闻界对此发表了大量赞誉公路和中国人民抗战的文章。其中"24 拐"照片以其独具的魅力更具表现这条运输线上罕为人知的"超现实的图景"而成为了媒介的重头戏，于是在世界各地广为流传。

可是，奇怪的事情发生了。战争结束后，当人们想重返这段公路重新体味"24 拐"的纪念意义时，它却消失了。无论是在史迪威公路或者滇缅公路上，竟然没有它的丝毫踪迹。

这时候，一位当年的汽车老兵竟然站出来说，公路由美国技术人员勘察确定路线，拐弯及路面坡度设计均有严格要求，没有急转弯，更没有连续"24 拐"。史迪威公路是在 1942 年开始修筑的，这位老兵所在的汽车团是先遣部队。他说："滇缅公路上最险要路段是怒江天堑惠通桥。桥下是滔滔江水，两面是峭壁，汽车经过狭窄的钢索吊桥时都会剧烈晃动并发出吱吱嘎嘎的声响。除此之外，就没有什么更惊心动魄的地方了，也没有过什么'24 拐'。"

1995 年，为纪念第二次世界大战和抗战胜利 50 周年，云南电视台的工作人员沿着滇缅公路而行,试图寻找这张老照片的拍摄地点。摄制组召集了许多专家学者和省交通厅史志办的人士,请他们提出可能的地点。然而,跑了几个来回,把所有地形走了个遍,始终没有发现和老照片相似的地方。寻找者叹道:"它就像从地球上消失了!"

然而,就在所有人都开始怀疑自己的记忆的时候,一位研究滇西抗战史的云南人戈叔亚却通过自己艰辛的努力,还给世人一个惊奇。

直到 2001 年,戈叔亚还只是无数苦苦寻觅"24 拐"者中的普通一人。而就是在那年年底,戈叔亚通过互联网和在日本工作的中国电视人朱弘交流时得知,当年的日本老兵和学者也都说"24 拐"是在滇缅公路或史迪威公路上,而在这些众口一词的说法之外却有一个名叫森山康平的编辑说可能是在贵州,当年他曾编辑出版了一本介绍滇缅作战的写真集。

2002 年 2 月 26 日,戈叔亚从昆明坐火车到贵州安顺市开始了他的寻找之旅。安顺公路管理局的人员说:"好像是在兴义地区的晴隆县、普安县或者是六盘水市的盘县之间的公路上。"接着,戈叔亚干脆直接到长途客车站询问老司机。司机们看了老照片后,当即把地点说得非常清楚:"从晴隆县往昆明方向出去一公里。到了那里说'24 拐',谁都知道。"

3 月 1 日中午,疲惫的戈叔亚到达晴隆县。果然街上的每一个出租车司机都知道"24 拐"。他们告诉他这条公路是"美国人在二战时修的"。就这样,一辆三轮车把戈叔亚送到了他朝思暮想的那条神秘公路面前。原来一切得来的是这么容易!为了拍摄和老照片完全一样的照片必须爬到对面的山巅上,并且使用 50 毫米镜头,还必须站在距离万丈深渊的峭壁边缘不到 30 厘米的地方。此时戈叔亚的喜悦也许只有他自己能够体会。

时任贵州省交通厅综合计划处处长周明中说:"'24 拐'的确是在距贵阳两百多公里的晴隆。现在,'24 拐'属于 320 国道,仍旧是泥路。60 年代末,在"24 拐"附近的另一个坡面上,筑路工人把纵坡放缓,修了一条新路,以方便行车,但老路还保留并养护着。只是当年的"24 拐"早已成为了"21 拐"。1991 年出版的《贵州省志·交通志》详细记载了关于"24 拐"修筑、管理、改造的历史,并有"24 拐"改为"21 拐"的地质图。值得一提的是,改造"24 拐"的方案是战争期间由美国人提出来的,美国工程兵当时便驻扎在当地维修公路。

然而,为什么广为人们所知的云南著名的"24 拐"却跑到了贵州呢?

很多学者看到戈叔亚的新照片后,都对在贵州找到这个路段感到不可思议。罗伯特·安德森先生说,他对这张照片太熟悉了,因为他就曾亲自在云南怒江附近寻找过它,但是大家都一直认为它应该在滇缅公路上。

戈叔亚说,云南省交通厅的人员也不相信这个地方在贵州,这幅照片和云南人血肉般地联系在一起已半个多世纪了。省外事办的人员也在电话里惊叫起来,连说不信,因为该办接待过的日本老兵都认为"24 拐"是在云南。戈叔亚认为，发生错误的原因是当年宣布把中印公路改名为"史迪威公路"，使美国人认定，从印度利多到中国重庆的所有公路，都是史迪威公路，所以，"24 拐"在史迪威公路或滇缅公路上，也便顺理成章了。

"24 拐"是与无数逝去与将逝的生命以及感情中最微妙的单元联系在一起的。"24 拐"究竟应该属于谁，当初为什么会出现这样的差错，以及现在的地域名分与利益之争，也许都不再重要了，因为世界只会记住更加刻骨铭心的事情。

海湾战争中伊拉克战机外飞

提起海湾战争，人们并不陌生。这场战争爆发于 1991 年 1 月 17 日，到 2 月 28 日以伊拉克战败而告终。从战争史上说，海湾战争是战后一场牵动世界全局的地区有限战争，战争中伊拉克共投入 120 万兵力、坦克 5600 辆、飞机 774 架、舰艇 60 艘，其中驻科威特 54 万人；而多国部队共 70 万人、坦克 4300 辆、飞机 2000 架、大炮 2300 门、战舰 400 艘，其中美军 50 万人。海湾战争也是一场现代高科技战争，是当代最新武器的试验场，除核、生、化武器外现代先进武器在战争中的展示和较量，不仅显示出高技术武器对作战方式和战争进程的影响，而且使这场战争单位时间内消耗之大远远超过以往战争。

战争打响后，以美国为首的多国部队每天出动多批量的战机对伊拉克军事战略目标进行猛烈轰炸，自诩为"世界上第五支最强大的军队"，但拥有 700 多架先进战机的伊拉克航空兵却按兵不动，被动挨打。不仅如此，从 1 月 26 日开始，先后有 100 多架飞机，纷纷飞往邻国伊朗，伊军这一举动，引起世人极大的兴趣和猜测。人们不禁要问，在战火猛烈燃烧之际，伊拉克战机为何不迎头起飞，痛击敌机，却远走高飞，这究竟是"阳谋"，还是"阴谋"？是"出逃"还是"避难"？是"厌战"还是"保存实力"？到底有多少架飞机"东南飞"？它们的最终命运如何？至今这一系列谜团仍萦绕于人们的脑海之中。

西方新闻媒体也曾对伊机外飞事件大肆报道。真真假假，扑朔迷离。使这一事件令人难辨真伪，然而归纳起来也不外乎有下面几种说法：

一种说法认为，伊拉克飞机飞往伊朗是为了保存实力。两伊战争结束后，两国关系有所缓和，而且伊朗对于海湾战争表明了中立的态度。所以将最先进的战机转移到伊朗比留在国内更安全。面对多国部队强大的空中军事打击，伊拉克即使拼尽全力也难以获胜，所以，与其"玉碎"，不如"瓦全"，这种韬光养晦的做法是比较合乎逻辑的。据西方媒体透露，伊拉克和伊朗就战机停留一事曾达成过秘密协定，但是伊朗方面断然否认与伊拉克达成过这样的默契或协议。

另一种说法认为，战机离乡去国是伊拉克空军的厌战心理所致。海湾战争在两伊战争结束后不久后便爆发，伊军常年作战，厌战情绪早已滋长。在战争打响后，美国一边进行军事打击,一边大打心理战。在科威特和伊拉克境内空投了大量传单,向对手施压,敦促伊军投降。这大大瓦解了伊军的斗志,动摇了伊拉克的军心。"沙漠风暴"行动中,伊拉克战机都无心恋战,与美军相遇常常掉转机头逃之夭夭。在开战一周后,面对美军的强大空中优势,伊拉克空军飞行员因为不想白白送死,所以三十六计走为上。于是出现了战机外飞的怪现象。

第三种说法认为,伊拉克战机飞往伊朗是政变分子事情败露后的大逃亡。由于美国为首的多国部队在海湾战争空袭中成功地摧毁了36枚飞毛腿导弹和多达300架飞机,使伊拉克总统萨达姆大动肝火,处死了一名空军司令和一名防空司令。这种杀一儆百的铁腕做法激怒了效忠于这两位将军的部分空军官兵,他们发动政变企图推翻萨达姆政权。东窗事发后,飞行员们为求自保只好飞往伊朗寻求政治避难。

那么到底有多少架飞机飞往伊朗呢?它们的结局又是如何?这又是人们所关心的问题。据西方军事观察家分析,海湾战争爆发前夕,伊拉克拥有各种类型机1300余架,其中作战飞机700余架,主要战机有米格-21、米格-25、米格-29歼击机,米格-23、法国幻影F-1战斗轰炸机等。伊空军虽有一定的空战能力,但与以美国为首的多国部队强大的空军优势相比,显而易见力量相差悬殊。因此,战争一开始,由于美国掌握绝对的制空权,使伊拉克空军难以起飞作战。如果一直躲在庞大而坚固的地下掩体内,则犹如坐以待毙。与其被动挨打,不如远飞外逃。飞往伊朗的飞机起初强有50多架,后来增至100余架,最后达到145架,其中包括米格—27、米格—29歼击机和幻影F—1战斗轰炸机等性能最好的战机,还有少数民航客机等。这批飞来的财富,伊朗政府最初的态度是,将把这批战机连同其飞行员一起扣留到战后再归还伊拉克。但事后不久,伊朗当局又改变说法:由于两伊战争中伊拉克对伊朗负有战事责任,有可能考虑将这批飞机作为战争赔偿。伊拉克能否部分或全部向伊朗索回飞跑的战机,依然是个不解之谜。

第十章　考古未解之谜

第一节　千年古墓探秘

揭开成吉思汗墓葬的三大悬念

据报道,位于内蒙古鄂尔多斯高原鄂托克旗的千里山附近发现的可能是成吉思汗真正的墓地,此墓地距离鄂尔多斯市内的成吉思汗陵不足200公里。

如果找到了成吉思汗的下葬地,那将让发现失落的特洛伊城和出土图坦卡蒙陵墓(保存最完整的埃及法老陵墓)的轰动效应相形见绌。更令人怦然心动的是成吉思汗的陵墓里可能埋藏着大量奇珍异宝,里面的工艺品甚至比秦始皇陵出土的兵马俑还要壮丽。自成吉思汗死后虽然中国战乱不断,但他的陵墓一直没被找到,这意味着陵墓迄今仍完好无损。

成吉思汗墓

但据了解,证明是成吉思汗葬身之地的石窟尚缺直接证据。

1. 石窟是当年成吉思汗养伤所在

内蒙古社科院著名研究员潘照东认为阿尔寨石窟是证明成吉思汗陵就在附近的重要的遗迹之一。石窟中壁画的内容与《草木子》中记载的成吉思汗下葬后万马踏平墓地木留坟冢的场景不谋而合。此外洞窟中其他的壁画是网格状的,只有这幅壁画从上到下为七层呈阶梯状分布,而石窟门口的西夏浮雕也是分级的,二者风格极为相似。

成吉思汗是在征服西夏的军旅途中因病逝世的,而阿尔寨石窟又是当年成吉思汗养伤时的所在,所以石窟中的遗物有明显的西赏建筑风格是完全合理的。潘照东在电话中对记者说。

2.一块重要的巨石毁于"文革"

鄂托克旗附近的"百眼井";"驼羔梁"等是成吉思汗晚年活动的另外几个遗迹。据潘照东介绍,传说中的百眼井因风沙的侵蚀而埋没,如今只剩下了80多眼,但井壁非常光滑圆润,而且分布合理。

据说驼羔梁就是当年在成吉思汗墓地杀死幼骆驼的地方。驼羔在母骆驼眼前被杀时,母骆驼急得像发了疯一样。为了防止发疯的母骆驼四处伤人,士兵们就搬来一块中间有窟窿的巨石并插上木杆,拴住母骆驼。可惜的是这块巨石今日早已无从寻觅——它已经在"文革"时期被毁了。

其实一直以来,有关成吉思汗陵墓的寻找就是国内外考古界的一大热点。距离时间较近的一次为2000年夏天美国人穆里·克拉维兹的考古活动。他们在2001年7月底在宾得尔山北面的乌格利格其贺里木发现了距地面11米处的一个庞大的陵墓群。但最后证明这实际上是一处假墓地。

3."其墓无冢",葬地成千古之谜

成吉思汗的去世地点,有六盘山、清水县西江(今属甘肃)、灵州(今中夏灵武)三种说法。经学者考证,死于清水县西江的说法是比较可靠的。但这个地方又距六盘山很近,所以第二种说法也大体成立。至于死于灵州之说则已基本上被否定。

成吉思汗死后究竟葬于何处,到现在为止还不能完全确定,这也成为了一个千古之谜。之所以如此,主要是因为古代蒙古族特殊的葬制造成的。蒙族与汉族一样实行土葬,但在地面上不留坟冢、碑记一类的标志物。《黑鞑事略》一书中专门讲到蒙古人"其墓无冢,以马践踩,使如平地"的习俗。但按照加宾尼的说法,蒙古人的这种埋葬方式可能还有保密的目的——埋葬后将墓穴填平,"把草仍然覆盖在上面,恢复原来的样子,因此以后没有人能发现这个地点"。

元末人叶子奇的《草木子》一书同样描写了蒙古帝王死后的丧葬情形。他们死后一律被送到漠北墓区深埋,埋毕用万马踏平,待草长之后再解严。那么成吉思汗的亲族要想祭奠他该如何找到埋葬地呢?原来人们会在死者葬地牵来一只驼羔,他们当着母骆驼的面将驼羔杀死并将血洒在墓地。以后每到祭祀的时候,人们就把那只母骆驼牵来,如果母骆驼在一个地方久久徘徊,哀鸣不已,那么这个地方就是陵墓所在地。

这种"保密"的埋葬方式,与中国古代其他王朝的帝王盛修陵寝的做法,显然大不相同。也正因如此,不仅成吉思汗,蒙元所有君主的墓地,到现在一个也没有发现。

金字塔里，法老的金屋空了

来到埃及，你立即会被一种金字塔文化包围。在这里，几乎所有的埃及人都在不停地向我们介绍金字塔，介绍它的历史、现状，它的价值、影响，仿佛埃及只有金字塔。

或许是受这种氛围的影响，到埃及的第二天，我们就踏上了"金字塔之旅"。6月的撒哈拉大沙漠，头顶是火辣辣的太阳，脚下是滚烫的沙子，身边偶尔会走过几只骆驼驮着几个当地人懒洋洋地穿过沙漠，有时也会有为金字塔而来的三三两两的外国游客。

我们面前终于闪现了金迹。

金字塔塔身的北侧，离地面13米高的地方，有一个用4块巨石砌成的三角形入口。这个三角形入口十分精巧，导游说，如果不用三角形而用四边形，100多米高的金字塔的巨大压力就会把这个入口压塌，而这个三角形结构就把金字塔上层巨大的压力分散开来。

我们通过这个入口进入到法老墓里。那是一个差不多一米见方的石洞，只能低头弯腰徐徐而下，每走一步都很吃力。越往下走越黑暗，呼吸也变得困难，逐渐地，我们只能看到金字塔的身影。据导游介绍，在埃及国内，有超过80座金字塔。作为法老的陵墓，它们是从古埃及的旧王朝（公元前2686年）开始建起，直到中王朝（公元前2055年）才结束。

我们到访的是埃及最有名的胡夫金字塔，它建于公元前2600年，位于埃及吉萨。这座大金字塔原高146.59米，用超过200万石块筑成，经过几千年的风吹雨打，顶端已经剥蚀了将近10米。在1888年巴黎艾菲尔铁塔建成以前，它一直是世界上最高的建筑物。

一边仰望着这座庞然大物，我们一边沿着周长为一公里的金字塔缓缓绕行。胡夫金字塔不仅规模巨大，而且建筑技巧精细——塔身的石块之间，没有任何水泥一类的黏着物，一块石头直接叠在另一块石头上，每块石头都打磨得很平。它虽然已经经历数千年历史，但你很难在石块之间的缝隙中插入一把薄薄的刀片，所以，它才堪称建筑史上的奇迹。进入金字塔的甬道，蜷曲身体前行。约50分钟，洞穴终于开始向右拐弯，10分钟以后，我们的前方出现了一道石门。再向左转，一座石棺挡住了去路—导游说，这就是古代埃及法老死后栖身的"金屋"，棺盖是敞开的，里面空荡荡的，没有任何物品。据随从的埃及友人介绍，埃及现存的金字塔绝大多数都被盗过，盗墓者不仅掠走了大量的财产和文物，甚至把法老的"木乃伊"，也转手倒卖。可是，金字塔失去的这些，正是它的"魂"，没有了它们，金字塔的光芒暗淡了许多，这不能不使我们对金字塔之旅感到非常遗憾。

从塔洞里钻出，我们又一次站在金字塔的前面，并且开始研读塔身上"金字塔铭文"中的一句话："天空把自己的光芒伸向你，以便你可以去到天上。"

高大无比的金字塔在天地间显得凄凉了许多。

灵验的法老诅咒

1923 年 2 月，位于卢克索的古埃及幼主图坦卡蒙的陵墓在沉睡了 3000 年之后，被英国人卡纳蓬勋爵所率领的考古探险队打开。他们发现陵墓入口处镌刻着令人毛骨悚然的警告："谁打扰了法老的安眠，死神就会降临到他头上。"

在此之前，考古队中的一个队员阿瑟·韦戈尔曾向勋爵讲过有关"法老的诅咒"的传说：19 世纪末有个英国人将另一具法老的棺材带回了英国，几天后他的枪支就炸膛了。他因此失去了一只胳膊。将棺材运回国的船只，不久便沉没了。存放过棺材的房屋，在火中化为灰烬。给棺材拍过照的摄影师举枪自杀。凡与这具棺材有关的人，所遭遇的事故和灾祸到目前已数不胜数。

但是，在探险队进入墓道深处之前，韦戈尔一再听见勋爵以轻蔑的口气谈论法老的诅咒。韦戈尔警告说："如此下去，他活不过两个月。"两个月前，卡纳蓬勋爵曾接到当时一位有名的神秘主义者给他的一封信，信中说："卡纳蓬勋爵，你们不能进入陵墓，否则必有大难。忽视警告将身罹重病，痊愈无望。"

勋爵虽然认为，法老的诅咒只是虚张声势，但他还是两次向一位占卜者请教，结果两次都预言他将莫名其妙地死去。的确，4 月份的一天早上，勋爵在旅馆的房间中醒来，只说了一句话："噢，我难受极了。"当他的儿子赶到时，勋爵已不省人事了，当晚他就去世了。据医生说，他的死是受毒蚊叮咬所造成的。然而人们却注意到了，蚊子叮他的地方正是图坦卡蒙王木乃伊上有疵点的地方。

此后，死亡事件接踵而来，曾给法老木乃伊做过 X 光透视的放射线专家突然全身瘫软，倒地窒息而死。在探险队中做勋爵秘书的理查·皮切尔，由于心脏病突发而死于卧室里。英国工业家乔尔·伍尔是法老陵墓的第一批参观者之一。不久，他便因发高烧而死去。直到 1930 年，最初参加发掘陵墓的探险队员只有两人还活在世上。

然而，半个世纪后，法老的诅咒仍然具有摄人性命的威力。1970 年，电视台就致人于死地的"法老诅咒"，秘密采访了图坦卡蒙陵墓发掘队的唯一幸存者——73 岁的理查德·亚当森。他对记者说："我从来就没相信过这种神话。"就在他离开电视台回家的半路上，他乘坐的出租车与拖拉机相撞，亚当森被甩出汽车摔在路上。这是曾担任过卡纳蓬勋爵安全警卫的亚当森，第三次因蔑视法老的诅咒而付出了代价。第一次谈这个话题，48 小时后他妻子暴病身亡。第二次表示不信任法老诅咒后，他儿子就在一次飞机失事中摔断了脊骨。第三次则使他自己头部摔伤，在医院苏醒后他说："以前我不相信法老的诅咒与我家人的不幸有什么联系，现在我不得不信了。"

1972 年,图坦卡蒙法老的金面具被运往英国,为纪念陵墓发掘 50 周年而准备在伦敦大英博物馆展出。这时法老的诅咒又一次把恐怖投向人间。负责此次活动的是开罗博物馆古藏部主任甘马尔·梅瑞兹博士,他在博物馆中负责保管 20 具古代木乃伊。他对别人说:"世上没有人像我这样同古墓和法老的木乃伊打了这么多交道。我不是还活得好好的吗?我从来不相信什么法老的诅咒。"

1972 年 2 月 3 日,就在金面具准备发往伦敦的这一天,梅瑞兹博士因心力衰竭而死,那年他才 52 岁。展览活动并没有因梅瑞兹的死而中断。英国皇家空军的一架运输机,受命运输这一无价之宝。但是,此次飞行任务完成之后的 5 年之内,机组有 6 名成员先后丧命或遇到极大的不幸。飞机上的一位乘员布雷恩·朗斯福尔中士说:"往回飞行的时候,我们几个在装面具的箱子上打牌,并耍笑了一阵。我们并不是有意对法老不敬,只是觉得好玩。"在此后的 4 年中,他得了两次严重的心脏病。飞机上的一位姑娘,在做了一次头部手术后就变成了秃头,不得不退出皇家空军。机上的领航员吉姆韦布上尉家中失火,所有家产付之一炬。在飞行途中,主机械师伊恩·兰斯多恩开玩笑地踢装面具的箱子,并夸口说:"我踢了世界上最贵重的东西。"没过多久,兰斯多恩在登高时梯子突然折断,他踢过箱子的腿摔成骨折,打了 5 个月的石膏。正驾驶员里克·劳里和机械师肯·帕金森更倒霉。帕金森的妻子说:"每年到了运面具的日子,我丈夫都要犯心脏病。"1978 年的一次发作终于要了他的命,那年他才 45 岁。劳里在帕金森去世两年前就犯心脏病死了。他妻子说:"是图坦卡蒙的诅咒害了他。"他死时只有 40 岁。

这么多人的神秘死亡,在逻辑上应如何解释呢?新闻记者菲利普·范登堡经过多年的研究,在他的《法老的诅咒》一书中提出一种颇有吸引力的说法。他认为法老陵墓里的环境非常适合细菌繁殖。天长日久繁殖出一些不为人知的新菌种,并且直至今日它们还有致病或致死的威力。

范登堡还认为,古埃及人在炮制毒药方面是行家。有种毒药只需通过皮肤接触毒素便能渗入血液。陵墓壁画上的颜料里都掺入了毒药,陵墓建成后立即密封,以保持药效,所以其效力到现在还有相当大的威力。

1949 年,核物理学家路易斯·巴尔加里尼对法老的诅咒提出一种最不同凡响的解释。他认为,3000 多年前的古埃及人完全有可能使用了核放射性来保护自己的圣地。陵墓的顶部可能覆盖了一层铀。或者陵墓本身就是用有放射性的岩石建成的,这种矿石的放射性至今还可以伤人。

古埃及人真拥有这样先进的科学技术吗?难道我们真因忽视了祖先的智慧而遭到了惩罚吗?这真是令人悚然的未解之谜。

图坦卡蒙猝死之谜

自从 1922 年图坦卡蒙国王的墓穴被发现那一刻起,他就成了世人关注的焦点。图坦卡蒙陵墓是历经几千年却能保持完整的法老墓之一,也是迄今发掘出的墓穴中宝藏最丰富的。墓穴中满是黄金、象牙和珍贵的木雕,而其中最有名的便是图坦卡蒙木乃伊脸上罩着的那个金面具。但是在一派辉煌景象背后却掩藏着一丝令人不安的迹象:从图特国王下葬时的情景看来,他生前似乎遭到了不公平的待遇。

图坦卡蒙

据埃及古代史料和传说谈及的图坦卡蒙生平,仅限于下列一些情况:他约生于公元前 1370 年,原名图坦卡顿。公元前 1361 年左右,他即位为埃及国王,当时年仅 10 岁,娶第十八王朝国王埃赫那吞的 12 岁的公主为王后。他约在位 9 年,18 岁(有人认为是 19 岁,即公元前 1352 年)时,突然去世。

对于他的死因,埃及古文献上没有作任何详细的记载。他是病死的吗?历史学家深表怀疑。因为从他死后的一些情况看,不得不使后人产生一些疑问。直到他的陵墓被发现后,人们才排除了他"病逝"的可能性。

图坦卡蒙的木乃伊,密封在重重的棺椁之中,外面的 4 层是镀金的木棒,最里层是用黄金制成的棺罩,而且制作成法老本人的形象,盖在木乃伊上。当揭开裹在他的尸体上的最后一层亚麻布时,考古学家大吃一惊:在他的脸上靠近左耳的地方有一处致命的创伤,由此推断,他不是因病致死的,而是因利器突然刺入而毙命的。他究竟是自杀还是他杀?如果是被人谋杀,凶手又是谁?年轻的法老是怎样丢掉性命的?这还是一个千古难解之谜。要解开这个谜,还得了解在他生活的时代埃及国内存在的尖锐复杂的政治斗争形势。

当时,埃及的统治阶层主要由两部分人组成。一部分是以国王为首的新兴军事贵族;另一部分人属于宫廷贵族及地方贵族,其中也包括势力显赫的阿蒙神庙集团。阿蒙是当时埃及人信仰的最高神灵。祭司长凭借神的权力干涉朝政,甚至能控制国王的废立,有时直接担任宰相,执掌国家政权。国王认为这是对王权的严重威胁。在图坦卡蒙的岳父埃赫那吞统治时期,他便依靠军事贵族,试图以宗教改革的形式,禁止对阿蒙神和其他地方神的信仰。他封闭了阿蒙神庙,赶走了权势显赫的祭司,下令将所有出现在公共场所或私人墓葬中的"阿蒙"形象或字样通通磨掉,并迁都底比斯城以北 300 公里处的新城,取名"埃赫塔吞",以图长期摆脱阿蒙祭司集团的影响和控制。然而,埃赫那吞逝世后,他的改革彻底失败了。继位的这位没有政治经验的小皇帝,又绝不可能有自己的独立政策,他只得向阿蒙集团和地方权力集团妥协。因此旧的统治秩序重又死灰复燃。为了表示自己对太阳神的崇拜,他将自己的名字由图坦卡顿改为图坦卡蒙,意为"太阳神阿吞的化身",以示他对太阳神的虔诚信仰。

这一重大的复辟举措,表明他已经完全背叛了他岳父的政治主张,这能不引起一些利益集团的嫉恨吗?这与他的被害完全没有联系吗?

另外,还有一个事实,即图坦卡蒙死之后,年轻貌美的王后曾请求赫梯王国派一名王子与她结婚,以便继承埃及的王位。可是,当兴致勃勃的赫梯王子来埃及完婚的途中,却出人意料地遭人暗杀。而曾经与图坦卡蒙同掌政权的老臣阿伊,却出人意料地继承了王位。这一事实,难道与图坦卡蒙的死没有因果关系吗?

不过,现有的零散资料与据此作出的判断并不能作出公正的历史结论,谜底的揭示,还有待于人们进行深入的研究与探索。

法国"圣女"百年不朽之谜

贝尔纳黛特·苏毕胡是法国卢尔德的一名农村少女。14岁时,她第一次梦见了圣母玛利亚,后来又多次梦见她。不久,贝尔纳黛特便离开家人,进入讷韦尔的修道院,也就是如今她的遗体所在之处。这名性格温和的修女终生体弱多病,但她却使周围人经常感受到鼓舞。在天主教会正式封她为圣徒前,所有认识贝尔纳黛特的人都认为她是圣人。

圣女贝尔纳黛特35岁逝世,1879年安葬。在她被封为圣徒之前,天主教会三次要求挖出她的遗体进行检查。许多医生、神父与名望之士目睹了各次挖掘的过程。

在经过126年之后,遗体应该只剩下骨架。然而,圣女贝尔纳黛特的每次出土记录中都提到,尽管她手里握的念珠已经生锈,她的遗体却保存得相当完好:皮肤柔软而富有弹性,面容栩栩如生。

保罗·波契提,意大利特异现象调查委员会成员。他和导师路易吉·加拉切利(一位名声不太好的意大利有机化学家)一起调查过许多所谓的灵异现象,因此许多信徒对他很是反感。应杰奎琳的要求,保罗将和她一起调查不朽之身,并为它们拍照。

保罗相信,某些不朽之身可能被信徒暗中做过防腐处理。埋葬的环境会影响腐坏速度,湿热环境会加快尸体腐烂。然而,并非所有的不朽之身都经过防腐保存,或是葬在稳定的环境中。

保罗发现,另一个因素也能使遗体保持完整。

杰奎琳说:"在尸体分解过程中会发生一种现象,就是所谓的皂化,也就是身体的脂肪转化为尸蜡,这是一种蜡一样的黏稠物质。"

简而言之,体内脂肪转化为某种肥皂,使得肌肤丰腴、容光焕发。皂化有其神秘之处。科学家还不了解,是什么促使体内脂肪转化为类似肥皂的物质的。有人认为应该是化学与地理条件的共同作用。

杰奎琳说:皂化妙就妙在它并不是随处可见的现象,它应该是遗体内外因素的结果。

十字架项链上的铜锈表示空气与湿气钻进了棺木,但为何遗体没有腐烂?杰奎琳和保罗来到法国的讷韦尔,他们对圣女贝尔纳黛特的遗体进行了研究,许多谜题无法解释。圣女贝尔纳黛特不是风干的木乃伊,也没有因为皂化而肿胀滑腻。也许更深入的研究才能解开谜底。

保罗在研究文献资料时,发现了一段特别有意思的文字。这段文字指出,第三次挖出圣女遗体时,人们拓制了面具,并用这些拓制品制作了一个蜡制面具,杰奎琳似乎说中了。

尽管两位科学家可能已经揭开了圣女青春面容的秘密,然而,贝尔纳黛特不朽之身的其他谜团,或许将永远无法解开。

其中最让人震惊的是,第三次挖出遗体时,有个医生在报告中指出,圣女贝尔纳黛特的骨架保存得非常完好,肌肉结实而有弹性,肝脏柔软,而且软硬程度几乎正常。他指出这种情况似乎并不是自然现象。

关于这一点,科学似乎无法提供解释。杰奎琳说:"我们得出的结论,有些也只是猜测而已。关于不朽之身,还有许多问题无法解释。"

成吉思汗墓陵诅咒显现

相传近 800 年来一直保护成吉思汗墓陵不被人发现的一个诅咒,迫使 2002 年 8 月一个声称已找到成吉思汗墓地的美国考古队,突然放弃挖掘行动,并撤出外蒙古。

一个美国的历史与地理考古队于 2002 年 6 月获得外蒙古政府的许可,在蒙古首都乌兰巴托以北 200 英里的地方,挖掘他们认为可能是成吉思汗的墓陵地点。

然而,这个由芝加哥大学历史学者伍兹以及黄金交易商克拉维兹共同组成的考古队,在遭遇一连串不幸事件后,突然决定放弃挖掘行动。

考古探险队发现,墓陵的地点由一条 2 英里长的墙壁保护着;墙壁中忽然涌出许多毒蛇,一些考古队的工作人员被蛇咬伤。另外,他们停放在山边的车辆无缘无故地从山坡上滑落。

之后,一位前外蒙古总理指责考古队的挖掘行动,惊扰了蒙古人的祖先,亵渎了他们圣洁的安息地点。考古队遭到这一连串打击后,决定立即停止挖掘行动。据说,成吉思汗在1227年去世之前,曾下令不许任何人知道他的墓陵在何处。有一传说认为,有上千名士兵在墓陵完工后遭到灭口,以防止他们将墓陵地点泄露;另有800名士兵在返回蒙古时被屠杀,随后数千匹马被驱赶,将墓地的痕迹完全踏平。

小河墓地女干尸笑容之谜

1934年,瑞典考古学家贝格曼向西方世界介绍了他在中亚腹地发现的一具面露微笑的女性干尸:高贵的衣着,中间分缝的黑色长发上戴着一顶装饰有红色带子的尖顶毡帽,双目微合,好像刚刚入睡一般,漂亮的鹰钩鼻、微张的薄唇与露出的牙齿,为后人留下一个永恒的微笑。

作为斯文·赫定组织的西北联合考察团的成员,贝格曼在新疆罗布泊地区发现了一个"有一千口棺材"的古墓群。贝格曼把它命名为小河墓地。这具女性干尸就出自那里。

但小河墓地自贝格曼到过后就在沙海中神秘地消失了,在此后的66年中再也没有人能够找到它。

当年,贝格曼在小河只进行了粗略的工作,发掘了12座墓葬,带回了200多件文物,相对于贝格曼描述的一个巨大的古墓群来说,这些东西太简单了。但就这些简单的发现,让小河墓地成为世界考古界注目的焦点,人们在寻找着、探索着,希望有新的发现。

70多年过去了,当又一个女性干尸面带神秘微笑再次在考古工作者手下出现时,小河——这个让世人牵挂猜度了半个多世纪的墓地终于现出重重疑谜。

小河墓地整体由数层上下叠压的墓葬及其他遗存构成,外观为一个椭圆形沙山,呈东北一西南走向。发掘前,沙山表面矗立着各类木柱140根,在墓地中间和墓地的西端各有一排保存较好的大体上呈南北走向的木栅墙。

考古人员对墓地西区上部两层遗存进行了全面揭示,发掘墓葬33座,获服饰保存完好的干尸15具、男性木尸1具、罕见的干尸与木尸相结合的尸体1具,发掘和采集文物近千件,不少文物举世罕见。

干尸的面部、身体上普遍发现涂有乳白色浆状物质,不知是用于防腐还是有其他用意。

有两具尸体标本令人惊异:一具是形似侏儒的木质尸体,另一具是用干尸的头部、两臂和木雕的躯干、下肢组合的尸体。

考古人员对小河墓地周边环境、古遗址进行了初步调查,发现遗址、墓地22处,采集陶、石、铜、铁、玉等类文物近百件,初步分析,这些遗存年代均在汉晋时期。

从卫星定位仪标定的这些古址的坐标、分布看,小河墓地实际上指示出了和罗布泊北部著名的"楼兰道"相交的一条南北走向的交通线。在墓地东北一公里的范围内发现有粗大的胡杨枯树,有些树被砍伐,只留有整齐砍痕的根部,表明当时这里曾一度是林木茂盛的绿洲。

对于小河墓地的年代,考古人员推测其年代的下限晚于古墓沟第一类型墓葬的年代(距今3800多年),而上限有可能与之相当或更早。

墓地发现的象征男阳和女阴的立木、高大的木雕人像、小型的木雕人面像、雕刻有花纹的木箭、冥弓、木祖、麻黄束、涂红牛头、蛇形木杆等文物,考古人员推断,在这一地区存在着一种具有独特文化面貌的考古文化,小河墓地是目前发现的这一考古文化中最为重要的一处墓地,它的发掘将极大地扩展新疆史前文化研究的视野。

明代古尸500年不腐之谜

2000年8月5日,上海松江区华阳镇的派出所突然接到一个报警电话,当地农民在平整土地时无意之中挖出了一具尸体。当民警赶到现场,棺木已经被挖土机刨开,一具尸体脸朝下趴在地上,一身古代装束。上海市公安局松江分局华阳派出所民警夏纪芳也在现场,当他走近一看,不由得大吃一惊,死者是名男性,从皮肤和面容判断不是一具现代尸体,但奇怪的是尸体竟然没有腐烂,保存相当完整。

消息上报后,上海市松江博物馆的工作人员很快赶来,初步认定这可能是一座古墓。古墓中出现这么完整的尸体,在场的人都觉得很奇怪。而接下来发生的事更让上海松江博物馆馆员杨坤吓了一跳。他双手接触尸体的时候惊奇地发现双手就如同伸到冰箱冷冻室一样,异常冰凉。在寻找古尸随葬品的时候,杨坤在古尸衣服中找到了一个戒牒。戒牒实际上就是颁发给佛教徒、僧侣或者是佛家子弟使用的一种身份证明,当戒牒的持有者云游四方到寺庙里挂单的时候,需要拿出戒牒证明自己僧侣的身份。从戒牒来看,戒牒持有者名叫杨福信,戒牒是明代正统四年颁发的,也就是公元1439年,距今大概是500多年。专家们初步推断这具尸身就是这个戒牒的主人。

既然杨福信生活的年代是元末明初,已经死了500多年,可他的尸身居然没有腐烂,而且在酷暑八月的江南,尸身摸起来居然寒冷如冰,这该怎么解释?

古尸研究专家对杨福信进行了仔细检查,发现杨福信皮肤湿润、柔软有弹性,有些关节居然还能活动。据初步测定,他的年龄在75~80岁之间。在检查中,专家还有一个重大发现:杨福信的手掌比较大,特别是手掌的骨骼比一般人要大。这一特征,进一步说明杨福信生前很可能会武。因为常年练习武术,尤其是练掌的人,大量的练习会使手掌的肌肉发达,也能刺激骨骼增长得更快。杨福信尸体不腐难道是因为临死前服用砒霜和水银等毒物的缘故?陪葬的武士木俑、木枪以及超大的手掌,都说明杨福信可能习武多年。

既然是武林中人,他的尸体不腐,难道会与江湖传说里的一些秘术有关?

在我国古代，江湖中流传颇广的一种秘术就是主动服毒，在临终前的几个月里，坚持小剂量服用砒霜和水银等毒物，这样，身体里积累起来的毒素能在死后起到防止肉身腐烂的作用。但这种秘术仅仅是传闻。杨福信如果使用这种方法，在他的体内，一定会留下痕迹。砒霜的化学成分是砷，水银的成分是汞，它们都属于重金属元素。为了解开疑问，专家们决定从尸体上采集毛发等样本，进行重金属元素含量的测定。但是通过对杨福信的内脏器官以及毛发进行化学分析后发现，他体内的重金属元素和正常人没什么区别，属于正常范围以内。看来，杨福信没有主动服毒。可又是什么让他的身体如此神奇地保留了下来？是否是下葬环境或者特殊的墓室结构为尸体保存创造了条件？

杨福信的墓室采用的是浇浆结构：四壁用青砖砌起，棺椁放入后，再把三合土浆浇注在砖墙与棺椁之间。所谓三合土，是用糯米熬制成浆，再加上石灰、黄土，按照一定比例混合而成的，与现在的水泥相类似。古人用浇浆法给棺材包裹上了一个结实的密封层。江浙一带的明代墓室当中，这样的浇浆结构并不少见，所以最初专家没有特别在意。但他们经过进一步的研究发现：这里的浇浆使用了一种特殊物质——明矾。明矾可以作为一种混凝剂，防止浇浆开裂，从而加强密封性。由于墓室密封、恒温、缺氧，细菌没法繁殖，这就为保存尸体创造了条件。

杨福信打开的棺木里面充满了水，而且当时没有下雨，棺木里的水从哪来？有人猜测那是古人特制的防腐剂，像今天的福尔马林液体，尸体泡在里面就不会腐烂。可是，专家查遍了古代文献也没有找到相关的记载，徐永庆也对防腐液的猜测提出了异议。既然杨福信的墓封闭性好，那棺材中的液体究竟来自哪里？当棺木被取出后，人们意外地发现：墓底部的处理相对简单，三合土浆也要比棺木四周和顶部薄许多。松江一带河道纵横，地下水位较高。特意做薄的底部，使得地下水在500年的时间里，从下面一点点地渗透进去，形成棺液。而在此之前，因为墓室密封缺氧，尸体腐败已经停止，后来棺液的浸泡恰恰帮助它保持了湿润。古尸的形成大多出于偶然。在江南，墓室的密封做得稍不到位，或者渗入的水不够干净，带入了细菌，都不可能保存尸体。像古墓中的杨福信，正是封闭的环境与干净的地下水，才造就了他的不腐之身。

但事实究竟是否这样，目前还是一个谜。

神秘失踪的埃及唯一女法老

戴假胡须、身着男装、束胸宽衣、手执权杖、威严无比，这就是埃及唯一一位女法老哈特谢普苏特的一贯装束。极少有人见过她本人，她的真实相貌和她的传奇故事一样神秘。哈特谢普苏特是开创古埃及一代盛世的第18王朝法老、图特摩斯一世与王后唯一的孩子。她从小聪明伶俐，果敢坚强，深谙权术，她常以自己是法老唯一的正统继承人为荣，梦想有朝一日统治强盛的埃及。

公元前 1512 年，图特摩斯一世去世。他与王妃所生的长子与哈特谢普苏特结婚，继承了王位，是为图特摩斯二世。二世体弱多病，无心治国，继位不久，大权就落到哈特谢普苏特的身上。几年后，二世病死。此时的哈特谢普苏特根基不稳，无法实现其抱负。她安排二世与妃子所生的一个 10 岁男孩与自己的女儿完婚后继位，是为图特摩斯三世。自己则以摄政王身份，全权管理国家事务。

三世慢慢长大，心怀雄心不愿再做傀儡。于是，哈特谢普苏特赶在三世成年正式亲政之前，将他流放到偏远地方。至此，哈特谢普苏特成为法老已万事俱备，只欠如何打破女性无法当朝的传统了。于是，她联合僧侣编造身世，称自己是太阳神阿蒙之女：太阳神为了让自己的后代统治埃及，化身图特摩斯一世与王后产下一女，如今，这位女子已历经磨难，可以成为统治埃及的法老了。她还在神庙的石碑顶部放置许多金盘，反射太阳光芒，以向世人证明她与太阳神的亲密关系。接着，她开始女扮男装，下令所有人用男性代名词称呼她。哈特谢普苏特如愿地成为埃及首位、也是唯一一位女法老。当上法老后，她精心治国，使古埃及继续保持兴盛。为了奖赏神庙中的僧侣，她复修了许多古建筑、祠庙，并赠送给神庙 4 座高达 30 余米的石雕方尖碑，为太阳神吟诗作赋。

变故发生在她统治的第 22 年。图特摩斯三世突然重返王位，哈特谢普苏特从此不知去向，同时失踪的还有她的情人和女儿。绝大多数有关她的记录都在当时被刻意销毁了，至今，埃及史学家都无法解释哈特谢普苏特如何失去了权力，也说不清她的死因。

现代考古学家在尼罗河西岸发现的皇家木乃伊中，没有一具属于哈特谢普苏特。她的木乃伊是否被人转移到别处？是否保存完好？哈特谢普苏特的尸体去向成了一桩历史悬案。流传最广的一种说法是：哈特谢普苏特刚刚驾崩，图特摩斯三世的军队就袭击了宫殿，毁掉了所有与她有关的东西。她的墓穴被洗劫一空，也许，尸体就在那时被转移到了别处。

无论如何，尼罗河西岸的卢克索地区依然矗立着一座巨大庙宇，里面的方尖碑还有不少浮雕完好无损地保存下来，向世人述说着女法老哈特谢普苏特美丽而传奇的故事。

彭阳古墓用童男童女陪葬

随着彭阳县古城镇王大户村春秋战国墓地考古发掘活动进一步的深入，一些困扰历史学家和考古人员的历史悬疑也渐渐浮现：这个墓地到底是哪个游牧民族的墓地？每座墓葬都出土青铜剑和牛头马面是否在证明这是一个将军家族的墓地？马、牛、羊当时是怎样宰杀的？墓地出土的幼童尸骨是殉葬还是隐含着当时的一场突发灾难？墓主人所拥有的青铜器、绿松石珠和玛瑙石又是从何而来呢？

王大户墓地出土的陶罐为单耳或双耳夹砂陶器,每座墓葬都有马、牛、羊殉葬,以动物形象为装饰题材如鹿形牌饰等,青铜器中出现短剑、戈等,但没出现农具。这一切都是春秋战国时期北方系青铜器的典型特征。从这些文化遗存可以推断,埋葬在这个墓地的族群可能不是农耕民族,而是从事畜牧业的游牧民族。

王大户墓地先后挖掘了 7 座古墓,出土 7 具人体尸骨,已被放置在其周围的青铜器腐锈成青绿色。中国社会科学院考古所体质人类学专家韩康信初步鉴定,墓主人年龄最大的为四五十岁,最小的仅一岁半。

王大户墓地出土了两具幼童尸骨,一名幼童死亡时可能只有一两岁,其墓室里陪葬着小短剑、牌饰等青铜器,以及松绿石、玛瑙等首饰,有人据此推测其为女孩;另一名幼童死亡时可能只有两三岁,其墓葬只有小短剑、牌饰等陪葬品,没有首饰,因此可能是一个男孩。

幼童因何死亡? 一种推测认为,可能是因病先后夭折,是一种正常死亡。另一种推测遭遇瘟疫或暴风雪等意外灾难,一个家庭或一个家族集体遭遇不幸而死亡,亲友怜其用其家族生前财物如马、牛、羊及青铜器、首饰等厚葬。第三种推测说,人类进入阶级社会之后,出现了用活人殉葬的残酷制度。远在商朝,用奴隶殉葬和祭祖的做法十分盛行,而且规模很大,手段残忍。到了秦朝,秦始皇死后,秦二世胡亥下令宫中没有生育的宫女全部殉葬,加上建造陵墓的工匠,殉葬者数以万计。随着人们的反抗和社会进步,自汉武帝到元朝,这一残酷制度基本被废除了。这个春秋战国游牧民族墓地可能是一个将军墓,在今天的当地丧葬中有用纸做的"童男童女"送葬的习俗,因将军有权有势便把贫民家的孩子用于陪葬。

悠远的西夏王陵

在宁夏回族自治区首府银川市以西约 30 千米的贺兰山东麓,有一大片古代帝王的陵园。那是西夏王国八代帝王的安息之地,距今已有 700～900 多年的历史了。

西夏是党项族建立的封建政权,在公元 1038～1227 年的 190 年中,先后跟北宋、南宋相对峙。根据考古工作者在 1927～1975 年对王陵中第八号陵墓发掘所获得的文物资料,结合有关史书中的记载来看,可以知道西夏王国具有严密的政治制度、比较完备的法律和独树一帜的西夏文字,是西北地区一个比较强大的封建王朝。

西夏王陵的范围东西宽约 4 千米,南北长约 10 千米。在这个约 40 平方千米的陵园里,8 座王陵及其附属的 70 多座陪葬墓,按时代先后,依山势由南向北顺序排列,形成了一个整齐的墓葬群。每座王陵占地约 10 万平方米,都舍弃贺兰山的石头不用,一律用夯土筑成。原先都有自己的阙门、碑亭、月城、内城、献殿、内外神墙、角楼等附属建筑。由于年深月久，如今每座陵墓的附属建筑多已毁坏，独有陵墓的主体仍巍然挺立，向人们显示着西夏王国的历史风貌，因而被人们称为"中国的金字塔群"。

西夏王陵

凡是参观过西夏王陵的游客，除了充分领略西夏的风格以外，仔细一想，都会觉得有许多问题像谜一样留存于脑海，难以求得解答。

问题之一是8座西夏王陵为什么没有损坏？王陵的附属建筑都已毁坏了，但以夯土筑成的王陵主体却巍然独存。根据年代推算，最早的一座王陵距今约900年，最晚的一座也超过了700年，如此漫长的岁月，许多砖石结构的建筑已经由于风雨的侵蚀而倾毁倒塌了，更何况是夯土建筑。有人认为是王陵周围原有的附属建筑保护了王陵主体，使它免受了风雨的侵袭。可是那些附属建筑有的早已不存，很难说它们起了保护王陵主体的作用。有人认为王陵在贺兰山东麓，西边的贺兰山就是王陵的一道天然屏障，为它们挡住了西北风的侵袭。可是王陵主体和附属建筑同样都在贺兰山的屏障之下，为什么附属建筑都已毁坏而王陵主体却安然无恙呢？

问题之二是王陵上为什么不长草？贺兰山东麓是牧草丰美之地，西夏王陵的周围也多是牧民放牧牛羊的好地方，可是唯独陵墓上寸草不生。有人说陵墓是夯土筑成的，既坚硬又光滑，所以不会长草。可是石头比泥土更坚硬，只要稍有裂缝，落下草籽，就能长出草来，陵墓难道连一点儿缝隙也没有吗？有人说当年建造陵墓时，所有的泥土都是熏蒸过的，失去了使野草得以生长的养分，所以长不出草来。可是熏蒸的作用能持久到将近千年吗？陵墓上难免有随风刮来带有草籽的浮土，这些浮土是未经熏蒸的，为什么也不长草呢？

问题之三是王陵上为什么不落鸟？西北地区人烟比较稀疏，鸟兽比人烟稠密地区相对要多一些，尤其是繁殖力较强的乌鸦和麻雀，遍地皆是。乌鸦落在牛羊背上，落在树上和各种建筑物上。麻雀更是落在一切可以让它们歇脚的地方。可是它们唯独不落在王陵上。有人认为王陵上光秃秃的，没有什么可吃的东西，所以不落鸟类。可是有些光秃秃的石头或枯树枝上，也没有什么可吃的东西，为什么常会落下一大群乌鸦和麻雀呢？难道鸟类也知道封建帝王具有权威而不敢随便冒犯吗？

问题之四是西夏王陵的布局有些令人不解。王陵按照时间顺序或者说帝王的辈分由南向北排列，但是每座王陵的具体位置的安排似乎又在体现着什么事先设计好了的规划。如果从高空俯视，好像是组成了一个什么图形。有人说那可能是根据八卦图形定的方位,也有人说那是根据风水安排的。可是最早一个国王的逝世到最后一个国王的逝世,时间相差近 200 年,怎能按照八卦来定方位呢？事先谁能估计到西夏王国要传 8 代王位呢？再说,西夏是党项人建立的政权,党项是古羌族的一支,难道他们也崇拜八卦和相信风水吗？

千年难解之谜——秦始皇陵

1. 始皇之死

秦始皇的梦想异于常人,他在公元前 221 年统一中原之后,自封为"始皇帝"。皇就是大,也是散发光芒的意思,帝就是天帝,也是控制天下的最高神明,在过去中国历代的君主中,都没使用过这个称号。为了进一步与他人区别,他自称"朕"。"朕"这个字本来是中国人不分贫富贵贱的自称,自秦始皇之后,变成了皇帝的自称,一直沿用到清朝。

秦始皇的地位和天帝是平起平坐的,在当时,他可说是地球上唯一的大帝国的皇帝。

此后数年,秦始皇开始巡行天下,制定了前所未有的中央集权制度,更加提高了帝王绝对的地位。此时,他开始积极追求永生。有一次,他在巡行途中,驻留于琅邪(山东胶南县南)时,齐人徐市前来奏道:"海中有三神山,名曰蓬莱、方丈、瀛洲,仙人居之,请得斋戒,与童男女求之。"

听徐市说得煞有介事,一心向往神仙之术与长生不老的秦始皇,心眼儿也开始活动起来,于是赐给徐市大量黄金及数条大船,让他带领数千名童男童女前往三神山寻访仙人。过了两年,秦始皇听说有名叫羡门和高誓的仙人,也特地命令燕人卢生去访求。接着,再命令自称对仙道有研究的韩终、候生、石生等三人去访求仙人不死之药。

公元前 311 年,秦始皇最后一次出巡,首先来到湖南九疑山祭拜虞舜。再经洞庭湖、长江入浙江,登会稽山祭拜大禹陵,并树立歌功颂德的碑文,全文记录于《史记》上而流传于今。抄录部分如后:"……咸化,大治濯俗,天下承风,蒙被休经,皆遵度轨。和安敦勉,莫不顺今,黔首修洁,人与同则,嘉佑太平,后敬奉法,常治无极,与舟不倾,从臣诵烈,请刻此石,光垂体铭。"

除了秦始皇在自吹自擂外,也没什么可说的了。他以为天下在他的治理之下,真的大治了。事实上,光是浙江当地的居民就已忍无可忍了。5 年后灭掉朝廷的项羽,此时年方 22 岁,见到秦始皇的车驾耀武扬威地经过眼前时,忍不住叫道:"彼可取而代也。"可惜秦始皇没有警觉危机已迫在眉睫了。

离开浙江后,秦始皇由海上搭船再度来到 8 年前到过的琅邪,他暗自打算非找到当初派去东海访求仙人仙药的徐市问个清楚不可。

徐市在海上找了好几年都没有丝毫收获，为怕秦始皇降罪，一直不敢去咸阳回报，现在，听说他又来到琅邪，一惊之下，非同小可。

徐市自知无路可逃，灵机一动，自己跑到秦始皇面前，诈称："蓬莱药可得，然常为大鲛鱼所苦，故不得至，愿请善射与俱，见则以连弩射之。"

秦始皇将信将疑，那晚，他梦到自己在海上与海神搏斗，第二天，将此事告诉占梦博士。占梦博士说："海神的形体是不可见的，因而幻化成鲛在海上往来。"

秦始皇暗想："徐市所说的果真不假。"于是命人将连发弩装上大船，亲自率船出海，在今天的渤海湾上射杀了一些大鲛，心中觉得十分痛快。谁知回到岸上之后，秦始皇便生起重病，过了 10 天，死于河北沙丘平台，享年 50 岁。时当公元前 210 年七月。

2. 史无前例的帝王陵墓

秦始皇陵位于临潼县城以东约 5 千米的骊山北麓。

2200 年风雨剥蚀使这座陵墓失去棱角分明的线条显得较为和缓，但庞然卧踞的偌大规模和俯瞰平川的恢宏气势依然令人感受到"千古一帝"的威严。这是中国历史上第一座皇帝的陵墓，也是人类历史上规模最大的帝王陵墓，陵墓中埋藏的珍宝价值更无疑是世界考古史上最大的未知数。

秦始皇陵

沿着石阶便道向上登攀，穿过夹道石榴树丛登上冢顶平台，极目远眺，北面渭水蜿蜒如带，南临骊山参差连绵。陵墓建在骊山北麓冲积扇上，东西向莽莽平川一望无垠。

这座史无前例的地下陵墓庞大得无以复加，《史记》更记载其中"宫观百官奇器珍怪，徒藏满之"，如果所言不假，那可真是一笔令人咋舌的财富。

当时的建材以木材为主，主要由长江以南用船运来。每根直径都在 1 ~ 2 公尺之间，长约 80 公尺。据说如果负责输送的人不能如期把圆木送达，一律处死。除此之外，秦始皇还自全国各地搜罗了巨石、巨木、珍石、珍木以及奇禽来装扮他的庭院。他也将咸阳宫中的家具、衣物、织物、宝石、装饰品都移往陵墓。

秦始皇的遗体则安置于铜棺中，棺上有木头的部分则涂漆防腐。

以上所叙都明白记录于文献上，只是当时是否有官员殉葬，还是一个谜。《史记》记载二世皇帝胡亥下令"先帝后宫，非有子者，出焉不宜，皆令从死"。以秦始皇有生子女的后妃不过十多人的情况来看，殉葬的妃嫔大概在 200 名左右。二世皇帝的残暴较之秦始皇,真是有过之而无不及。

秦始皇的地下陵墓,真如一个缩小的大地,里面有宇宙和大地山河,配置得惟妙惟肖。《史记》上记载:以水银为百川江河大海。机相灌输,上具天文,下具地理,以人鱼膏为烛,度不来者久之。

当时使用了数千吨水银,于地下陵墓中做出百川江河大海,并以机械使水银循环流动,天花板上并用宝石拼出天体图,至于人鱼膏可能是用鲸鱼的脂肪加工制成的,能够燃烧很久。

由于历代帝王的陵墓经常被宵小之徒光顾,二世皇帝怕有盗墓者侵入,命令工匠做了很多机关,只要有盗墓者闯入,马上发射如大雨般的箭矢,为了怕机关的秘密泄露出去,阴狠的二世皇帝还把设计机关者和施工者尽数关在陵墓里头,没有一个人活着出来。虽然《水经注》上记载了秦始皇陵墓被项羽率兵攻入,并掠夺了其中的金银珠宝之事,但一直没有得到证实。

到了 1985 年,中国传出发现秦始皇陵的消息之后,人们才知过去的传说都不是真实的,原来陵墓中一切依旧完好如初。不过,考古学家也发现了一条盗墓者挖掘到一半的通道,令人捏了一把冷汗。

1974 年 4 月 3 日,住在陕西省临潼县安寨人民公社的农民杨天发,为了引水到田里灌溉,而挖了一道深井,竟然挖到一个大洞穴,里面是前所未见的兵马俑。

杨天发所挖掘的地方,距秦始皇陵墓 12 公里,附近早已发现过古墓和陪葬墓,陕西的考古学家本以为那一带已经做过十分详尽的调查了,料想不到还有一个兵马俑坑的存在。此墓在任何历史文献上都没有记载,但事实就是事实。

这个发现在世界上造成很大的轰动,经过数年来的调查,已经证实是始皇陵的附属设施。兵马俑坑位于地下 5 公尺处,里头有以秦始皇亲卫队为模特儿塑成的陶俑。经挖掘发现,这里共有三个坑,一号坑主要是配置战车的步兵团,二号坑是步兵、战车和骑兵组成的混合部队,三号坑只有一辆战车和六十四名士兵,是统帅营的仪仗或护卫部队。

一号坑东西长 230 公尺,南北宽 62 公尺,面积 14260 平方公尺。二号坑长 124 公尺,宽 98 公尺,面积 6000 平方公尺。三号坑最小,长 21 公尺,宽 17 公尺,面积 520 平方公尺。

坑道用黄土烧硬的砖瓦整齐地铺排着,高 2 ~ 3.5 公尺,里面紧密排列着兵马俑。

兵马俑不论是战车、骑兵、兵士、战马都和原物大小相等。一号坑共有六千尊,二、三号坑有一千尊,总共七千尊。每尊兵马俑都有不同的骨架和表情,连服饰、发型、胡须都完全不同。士兵俑手上所持的刀、剑、矛、弩机、箭镞等武器,都是当时实战的兵器,这些武器都曾做过防锈处理,所以历经 2200 多年没有丝毫锈蚀。

3.谜中谜

秦始皇陵坐西朝东。坐西,本是当时的传统葬俗,以东向为尊,西方为上。秦始皇的先祖们,无论陕西凤翔县秦西陵的 18 座秦公墓园,还是临潼县秦东陵的秦王陵园,方向均坐西朝东。秦始皇也不例外。地宫宫墙的四周虽都有斜坡通道,但其他方向均各有 1 条,唯独东门有 5 条,证明东门是面对朝向的主门。从陵园外城东门延伸出去的东门大道相当于后世的"神道",是整个陵区的主要通道。在陵园以东约 4 千米的临潼县大王镇石张村附近,至今残存一座约 7 米高的秦阙,那大约是进入秦始皇陵东门大道的标志。经初步勘察,陵区至少包括南北与东西各为 7.5 千米,方圆约 56 平方千米的范围。

在以东门大道为轴心的陵区两侧,现已发现大量陪葬墓和各种殉葬坑。

外城垣以东约 350 米外的东门大道南侧,发现一片陪葬墓群。经试掘其中的 7 座,死者有男有女,年龄 10 ~ 30 岁不等,尸骨有的四肢分离,有的身首异处,有的身上遗留箭镞,但金、银、玉器各种殉葬品却显示出生前身份高贵非同一般。这里埋葬的是秦始皇的王子和公主。秦二世继位后,为了巩固统治,对他们大加杀戮。这种骨肉相残事件,历史上屡见不鲜。陪葬墓群以东发现 3 行密集排列的 80 座马厩坑。马厩坑有多种形状,分马厩和俑坑两类,马厩坑内葬有马匹,并有陶制跪坐圉夫(马夫)俑和盆罐等喂养马匹的工具;俑坑内仅有跪坐俑和工具。

东门大道北侧除发现著名的兵马俑坑外,也有陪葬墓分布,此外,还有尚未判明殉葬物的殉坑。

深入全面细致的勘察与发掘尚待进行。方圆 56 平方千米内随时可能爆出特大新闻。不过,可以肯定一点:根据陵园建筑遗迹分布圈出的这一范围无疑是相当保守谨慎的,实际上当年秦始皇陵的范围肯定大得多。究竟可能有多大呢? 按照一种富于想象力而又言之成理的观点,它的尽头直到黄海之滨!

秦始皇统一中国后,曾 5 次大规模出巡,3 次直抵东方海滨,并刻石歌功颂德。尤其值得重视的是,据《史记》记载,秦始皇 35 年(公元前 212 年),"立石东海上胸界,以为秦东门"。在今江苏省连云港市西南的胸县海上竖立起了帝国的东大门。2000 多年来,从来没有人把它与建造秦始皇陵这两项同时进行的工程联系起来作过思索。直到秦始皇陵兵马俑发现之后,有心人才猛然发现,那座"秦东门"的位置,恰好正东对准秦都咸阳与秦始皇陵东门大道。咸阳—秦始皇陵—秦东门恰好位于同一纬度!

怎么看待这一令人震惊的事实呢? 也许是极偶然的巧合,但更有可能是精心设计的安排。联系到一律面向东方肃立的兵马俑和整座陵园坐西朝东的总体设计,联系到秦始皇好大喜功的性格和终其一生对东方蓬莱仙境的极度向往,把远在 1000 千米外海滨的

"秦东门"视为秦始皇陵的组成部分应当是有道理的。

远在 2200 年前,在现代测量仪器远未发明的技术条件下,人们怎么测出这条纬度的呢? 人们怎么掌握地球表面高精度测量与计算技术的呢? 这是秦始皇陵留给我们的一个神秘的不解之谜!

面对秦始皇陵下一片空旷的原野,游览过金字塔的游客不免会为之惋惜:既然秦始皇建陵耗用的人力、物力、财力远远超过古埃及金字塔,当年何不干脆建一座"世界之最"的金字塔? 为什么这里竟然没有留下一块古代石刻?

并不是这位皇帝的一念之差。秦始皇建造陵墓的目的本来就不是供后人瞻仰怀念。他虽有超越一切的无限权力,却不能超越传统文化观念。他同样深信存在"罔象",这是无法逾越的障碍。如果造一座巨石陵墓,陵上怎能栽植松柏? 怎能防止"罔象"危及灵魂安全?

秦始皇陵前没有留下任何石刻,原因也并不在于技术能力。中国古代的石刻至少在殷商时期(公元前 16 世纪)已经出现。秦代早期遗留的石鼓文至今仍陈列在北京的故宫博物馆。秦始皇出巡时也曾多次刻石铭功。修建秦始皇陵时更是大规模开采石料,单是秦始皇陵西北不远的今郑庄砖房村一带,就有一座占地达 75 万平方米的石材加工场,直到 20 世纪 40 年代末,那里仍遗留遍地巨石,但建陵使用的石材统统被埋入了地下。

为什么连块墓碑也不留呢? 人类社会的许多事物都是在漫长的历史过程中逐渐出现的,墓碑也是如此。中国远古时的"碑"只是竖立在宗庙门前的木柱。秦代还没有在墓前放置墓碑石刻的墓葬风俗。我们知道,在秦始皇之前的战国时期,各国都没有这类制度风俗。如果秦始皇开创这种制度,历史必定有所记载,而且一般也会被西汉王朝继承。基本上全盘承袭秦代墓葬制度的西汉王朝所有皇帝陵墓都没有墓碑石刻。由此可以断定,秦始皇陵当年也没有墓碑石刻。

也有人对秦始皇陵没有皇后陵感到奇怪。这一点,倒是与这位信奉极权主义的皇帝性格及思想逻辑一致。虽然有"后宫列女万余人",她们也为他生了 20 多个儿子、10 来个女儿,但秦始皇没有册封过皇后。他似乎对她们持"一碗水端平"的态度,自然也用不着为皇后建造陵墓了。

泰姬陵

在蒙兀儿帝国首都阿格拉附近的朱木拿河畔,屹立着印度最著名的陵墓:泰姬陵。泰姬陵有白大理石穹顶、高耸的尖塔、镶嵌珠宝的宫墙,壮丽华美,是现代世界七大建筑奇迹之一。

蒙兀儿帝国第五代皇帝沙杰汉的妻子泰姬·玛哈,1631 年死于难产。传说沙杰汉伤心欲绝,发誓要建一座全世界最美丽的陵墓,以表现其永恒的爱情。他请尤斯塔德艾萨负责设计,次年动工兴建。为免日后有其他陵墓胜过泰姬陵,完工后竟砍掉设计师的头,又砍掉众工匠的手。

泰姬陵

陵墓建筑群包括大门、玛哈墓、两座清真寺、四座尖塔和一些附属建筑物,如马厩等,全部设计互相配合,浑然一体。陵墓高约250尺,耸立河边,气势雄伟。陵园占地42亩,布局精巧,林木成荫,风景优美,更有流水、喷泉,反映了蒙兀儿人心目中的人间仙境。

据说每天动员两万名工匠,耗时22年才建成泰姬陵。石匠、金饰工、雕刻家和书法家把整座陵墓里里外外每一处都装饰得美轮美奂。镶嵌那些精美的图案,所用的宝石多达43种,包括玉石、水晶、黄玉、蓝宝石、钻石等等。墓内到处可见纯银烛台、纯金灯座、华丽的波斯地毯,雕花大理石棺四周更围了一道纯金的栏杆。沙杰汉驾崩后,就葬在泰姬旁边,倒破坏了原来的完美对称。

1857年蒙兀儿帝国覆亡,泰姬陵内的金银珠宝被人抢掠一空,幸而陵墓本身并未受到破坏,劫后百多年来依然屹立河畔,一般人视之为坚贞爱情的象征。有趣的是,当时人的看法与今人完全不同。据17世纪到印度旅行的欧洲人说,沙杰汉好大喜功,权欲熏心,荒淫无度,根本不是爱情专一的好丈夫。甚至有人说,他曾与长女乱伦。他为了争夺皇位,竟然不念亲情,把几位兄长和五个男性亲人横加杀害。

沙杰汉大半生驰骋沙场,玛哈生前总是陪伴他出征,夫妻俩看来都嗜杀成性。玛哈极其仇视基督徒,曾怂恿沙杰汉血洗印度东北海岸的葡萄牙殖民地胡格利。她石棺上的铭文写道:"求真主保佑我们抵御异教徒。"

沙杰汉统治期间,一直不遗余力扩张权势。他毕生曾下令建造许多宏伟的建筑物,以炫耀帝国的财富,瑰丽的泰姬陵也许只是典型的例子。泰姬陵完美无瑕的设计,可以反映出这位统治者欲与真主比试高下的心理。一个传诵千古动人心弦的爱情故事,也许是想掩盖建造泰姬陵的真正动机:为权力无边的蒙兀儿皇帝沙杰汉树碑立传。

这两种传说,究竟哪一种才是历史的真相?瑰丽华美的泰姬陵在千年之后仍在人们默默的注视中倾诉着神秘。

曹操墓

三国时代魏国的开创者曹操,是个争议极大的人物。他生前没有做成皇帝,死后才被追封为魏武帝。陈寿写的《三国志》称誉他是"非常之人，超世之杰"。而罗贯中写的《三国演义》却称他为"汉贼"、"奸雄"。根据《三国演义》改编的三国戏，把他刻画成一个大白脸的奸臣形象，使他成了个妇孺皆知的人物。

曹操晚年曾为自己安排过后事，《三国志》中写他临死前两年下了一道命令，叫人为他在西门豹祠西边高原上的瘠薄之地建造一座寿陵，"因高为基，不封不树"，意即陵墓要建在高地上，地面上不要堆起高高的坟头，也不要做什么记号。《三国志》还讲到，建安25年（公元220年）正月，曹操死于洛阳。二月，葬于高陵。这高陵可能就是指西门豹祠西原上已建造好的寿陵。而《三国演义》中讲到曹操临死时的遗嘱却有另一种说法，他叫人于彰德府讲武城外设立疑冢72座，不让后人知道他的遗体葬在什么地方，怕有人去掘他的墓。《三国演义》虽然是部小说，但是它主要是根据裴松之的《三国志注》写的，只是做了些文学加工，内容是七分纪实，三分虚构。那么它对曹操死后的陵墓记载，就不能不考虑到具有一定的真实性。

这样，对曹操陵墓的记载便有了不同的说法：一是西门豹祠西原上，号称高陵；一是彰德府讲武城外，有疑冢72座。

要想弄清曹操的陵墓究竟在哪里，首先应当弄明白西门豹祠和彰德府的所在地。历史上有西门豹治邺的记载，所以西门豹祠一定是在邺城，即曹操被封为魏王时的都城，也就是今天河北与河南交界处的临漳。而彰德府，其实在三国时并没有这个地名，它是金朝时才有的，即今天河南与河北交界处的安阳市。临漳与安阳，今天分属于河北河南二省，是紧挨着的。古代还没有分省的时候，那两个地方多数时候称为邺城，到金朝则称彰德府。说来说去，邺城和彰德府其实是一个地方。

因为西门豹治邺给邺城一带的老百姓带来了很大好处，所以今天临漳一带，也包括今天的安阳市一带，有许多西门豹祠。按照《三国志》中的说法，曹操的陵墓是在西门豹祠的西原上，但究竟是哪一所西门豹祠却很难确定，因为那是一座"不封不树"，什么记号也没有的陵墓，要想找到它是很难的。

有人认为曹操虽然在生前规定他的陵墓"不封不树"，但是他的儿子曹丕等人安葬他的时候，为了上坟祭祀的需要，不可能一点记号也不做，难道把他埋了以后就什么也不管了？这恐怕有些不近情理，也不符合中国人"慎终追远"的孝道。《三国志》明确记载曹操的陵墓称为高陵，即使"不封不树"，但在地名上也许会留下叫高陵的村庄。如果能对今天临漳、安阳一带的新旧地名进行一次深入的挖掘和普查，也许可以找出一些关于曹操陵墓的线索。

那么彰德府讲武城究竟有没有72疑冢呢？在今天临漳县三台村以西八里处，确实有个地方叫讲武城，有人认为那可能就是《三国演义》所说的彰德府讲武。从那里向西一直到磁县，也就是今天安阳市北郊的丰乐镇一带的，的确有许多像小山头那样的大土堆，当地有人叫它们"曹操坟"。这些可能就是所谓的72疑冢。从前有人盗掘过其中的几座，也的确挖掘出了一些墓碑之类的东西，但是那些都是北魏和北齐时代的王公大臣的坟，比曹操晚了二三百年。如果那些大土堆原先的确是曹操的疑冢，是后来被北魏、北齐的王公大臣坟上筑坟，加以占领，那么不知当年他们坟上筑坟时是否深挖过，有没有在其中的一座挖掘到曹操的遗体或其他与之有关的随葬品之类。查遍北魏北齐的史书，不见有这方面的记载。

也有人认为曹操生前叫人修72座疑冢，是故意布下的迷魂阵，很可能72座疑冢都是空的，曹操的遗体则葬在另一个秘密的地方。足智多谋的曹操不可能想不到，如果他葬在72疑冢中的某一座之中，那么后人把72疑冢全都挖开，不就找到他的遗体了吗？看来曹操决不会这么傻。

古往今来，有许多文人墨客曾到讲武城至丰乐镇一带的曹操72疑冢处凭吊，并想对曹操的陵墓进行探索和考察，但是都没有什么收获。曹操曾有句话："宁教我负天下人，休教天下人负我。"他生前多次设下计谋，欺骗了许多人，到死时居然还设下这样诡秘的计谋，不让后人知道他的陵墓在哪里，从这里足可以看出曹孟德狡猾、多疑、工于心计的性格特点。

杨贵妃墓

杨贵妃墓在陕西省兴平县马嵬镇（历史上的马嵬坡）西0.5千米处，紧靠西（安）宝（鸡）公路，距兴平县城12.5千米。

杨贵妃，字玉环，蒲州永乐人。幼时死了父亲，寄养于叔父家。她擅长歌舞，通晓音律，长得美艳绝伦。开元22年，嫁给唐玄宗李隆基的儿子寿王李瑁。唐玄宗为她的聪明和美色所倾倒，开元28年，叫高力士把她接入后宫，当了女道士，取道号为太真，实际上已把她占为己有，过着"春宵苦短日高起，从此君王不早朝"的糜烂生活。

天宝四年，她被册封为贵妃。她的三个姐姐，被分别封为韩国夫人、虢国夫人和秦国夫人，月给钱10万，为脂粉之资。她的堂兄杨国忠被任命为宰相，杨氏一门，一时间势倾天下，权倾天下。每年十月，杨家兄妹扈从明皇游华清宫，各家自成一队，着各色服装，五彩缤纷，灿若百花。珠宝饰物，遗落满地，其豪奢如此。

公元755年，安史之战爆发。第二年6月，叛军攻破洛阳，直逼长安，唐玄宗带着杨贵妃一家仓皇西逃。途经马嵬坡，士兵们不肯再前进，要求杀掉杨贵妃的哥哥奸相杨国忠。不等唐玄宗下令，大家一哄而上，把杨国忠砍成肉泥。杀了之后，将士仍不肯离去，唐玄宗只好亲自出来慰劳军队。龙武大将军陈玄礼说："杨国忠谋反，贵妃不宜再侍奉皇上，请陛下割爱正法。"玄宗说:"贵妃住在深宫,怎么会知道杨国忠的造反阴谋?"这时,唐玄宗的心腹太监高力士插话说:"贵妃是没有罪,但贵妃是杨国忠的妹妹,常在皇上身边,将士怎能放心?望皇上考虑,只有将士放心了,皇上才能安全。"玄宗无可奈何,只好将杨贵妃"赐死"。高力士奉命把贵妃带到佛堂的梨树下,用丝带将她缢死,时年贵妃38岁。陈玄礼及众将检验过尸体之后,军士们才重新整队出发。唐代诗人白居易的不朽长诗《长恨歌》记其事:"九重城阙烟尘生,千乘万骑西南行。翠花摇摇行复止,西出都门百余里。六军不发无奈何,宛转峨眉马前死。"

杨贵妃死后,就地掩埋,马嵬坡就成了她的墓地。据说,杨贵妃缢死时掉下一只靴子,马嵬驿的一个驿卒拾到后,带回家交给母亲保存,引得周围村落的人都前来观看。过客每借看一次,就要收取百钱。尽管如此,看的人依然络绎不绝。后来,唐军收复长安,唐玄宗返回宫中,听到这个消息,就叫人以高价买下靴子,仍然埋在这座贵妃墓中。

黄海彼岸的日本贵妃墓,同样也有着神奇色彩的故事。

1963年,一位日本少女在电视台展示了她的家谱和古代文献言之凿凿地称她为杨贵妃在日本的后裔,在日本引起了一阵小小的轰动。

日本史学家邦光史郎的《日本史趣事集》、渡边龙美的《杨贵妃复活秘史》以及我国《文化译丛》上刊载的译自日本的《中国传来的故事》,都讲述着一个未死的杨贵妃的故事。

据说,杨贵妃在马嵬坡并没有被缢死,而是由陈玄礼、高力士策划,用一个宫女做替身死去,然后叫人护送贵妃南逃。当时的中国同日本有海上交往,他们大约在现在的上海一带乘船出海。经过艰险的漂泊,终于在日本久津半岛的唐渡口登陆,定居在油谷汀。由于长期颠沛流离,贵妃身染重病,不久就死去了,当地人对她深表同情,把她安葬在那里。

杨贵妃墓坐落在风景秀丽的油谷汀,背倚微微起伏的山岗,面临平阔壮观的大海,墓基是一块由乱石组成的面积有几十平方米的平台,台上有五座石塔,主塔高153厘米,日本人称它为"五轮",相传,杨贵妃就安眠在五轮塔下。

白居易诗说:"忽闻海上有仙山,山在虚无缥渺间。"在日本人看来,这海上仙山当然就是日本。后来,唐玄宗终于知道了杨贵妃客死东瀛的消息,哀痛欲绝,为了给贵妃祈福,他派白马将军陈安带来了两尊佛像——释迦如来和阿弥陀如来,准备安置在杨贵妃归宿之地。陈安将军踏遍了日本大小列岛,没有找到这个地方,只好把这两尊佛像暂时安放在京都清凉寺之后回国。

后来,日本当局发现了杨贵妃墓地,要清凉寺交出佛像,清凉寺则认为佛像在清凉寺安置已久,评价甚高,名声日大,不愿意将佛像交出。作为一种变通的办法,他们请当日最负盛名的工匠,照原像制作两尊,把四尊佛按新旧搭配,留二尊在清凉寺,另二尊在贵妃墓地建二尊院安置。

如今,二尊院的两尊佛像被指定为日本国家重点保护文物,油谷汀的二尊院墓地和五轮塔,则是山口县级指定有形文物。据说:贵妃墓前香火不断,人们认为:朝拜杨贵妃墓,可以生得漂亮可爱的儿女。

杨贵妃喜欢吃的山东肥城桃,已被日本大津郡引种、栽种,被称为"杨贵妃桃"。

想杨玉环本是个普通的女子,与政治是毫不相干的。一千年过去了,杨贵妃之死引起的嗟、怨、赞、叹,也早已成了历史陈迹。至于她同唐玄宗是生离,还是死别,将是一个永恒的谜团了。

海底墓群之谜

早在约半个世纪前,考古学家就发现在西太平洋的密克罗尼西亚联邦的近海区域内的珊瑚礁群内,有一处用石柱群围起来的海底墓群。

密克罗尼西亚联邦是在 1986 年独立的一个袖珍国,人口仅数千人,首都设在波纳佩岛,是一个与世隔绝的、相当落后的国家,居民绝大多数都是渔民。岛国的四周环绕着美丽的珊瑚礁群,是一处旅游胜地。在水位高涨的时候,这个岛看上去与其他孤立在大洋中的小岛无异。但在水位退去的时候,人们就可以看到露出水面的珊瑚礁群——在礁群间有明显的看上去工程十分浩大的人工建成的水道,五十多条人工渠道的周围则有无数建筑得十分坚固的石柱。这些石柱群都是由一根根圆形石柱组成,比马路上的水泥电线杆稍细一些。当地人说,这是历代酋长的墓地,因不愿外人侵扰亡灵,故将坟墓建在活人难以进出的海礁中。

1920 年,日本生物学家——东京大学教授杉浦来到了该岛。当时的密克罗尼西亚是日本托管地,为了揭开海下墓地之谜,他的随行人员抓来了一名酋长,逼他说出墓地的秘密。酋长说:"这是万万说不得的,岛上的酋长终身供奉的海上女神(即希腊神话传说中海上会唱歌的女妖,海上行驶的船只向着歌声驶去,就会被海浪吞没),保佑着海底的亡灵。任何人去惊动墓地的主人,就会惹怒女神,遭到惩罚。"

杉浦认为这是无稽之谈,就叫手下对他严刑拷打。酋长被迫说出了进入墓地的秘密通道,但几天后便遭到雷击身亡。

杉浦依酋长之言从秘密通道进入了一个海底坟墓,并获得了墓地的第一手资料。回来后杉浦闭门谢客,加速研究海底墓地之谜,准备让真相大白于天下。但不久,他突然暴病而亡。

杉浦家人为了实现其夙愿,委托历史学家泉清一教授续编遗稿。然而令人感到害怕的是，泉清一教授也突然死亡。大家想起了杉浦生前对他们所说的"海上女妖的诅咒"，说凡是想对这墓地进行研究的人必然会暴卒而死，吓得研究者将所有资料全部焚毁。

几年后，又有一位不信邪的德国考古学家伯纳不远万里来到了这个岛国。他摸清了海底坟墓的地理形势后，筹备了物资和人员。但就在他准备动工发掘的前夕，伯纳又一次遭到了暴卒的命运。"女妖的诅咒"再次发生了"威力"。此后人们对这块神秘的地方采取敬而远之的态度，科学家们也把它列入了与百慕大三角同样神秘的"人类科学未知"的范围内。

到了1970年，日本生物学家白井洋平到西太平洋去调查海洋生物，顺便对这个神秘的海底墓地进行了一次专业外的探险活动。他租了一条小机动船，带了两名随从，在一个晴朗的下午，趁落潮时驶入了一个被石柱包围的小岛。

他们刚踏上岛，就看到一座用玄武岩柱垒起来的神庙状建筑物，石墙还分内外两重。正当他们从外侧进入内侧时，刚才还是晴空万里的天空忽然乌云密布，接着就电闪雷鸣，倾盆大雨劈头盖脸地浇了下来。

三人被这突变的天气惊呆了。他们回过头来逃出"神庙"，上船后急速调转船头，驶离了这块神秘之地。但令人感到惊奇不已的是，小船刚一离开，立即就雨停日出，乌云散尽，又恢复了晴朗天空。

当晚，白井去请教一位当地的酋长。酋长说："这里根本没有下过一滴雨，这是死者不让你们进入墓地而发出的警告。你们若再敢冒犯，保护它们的海神是不会放过你们的，说不定会掀翻你们的船，叫你们有去无回。"

最近，美国的一个科学调查小组来到了该地，并带来了许多先进的科学探测仪器和雷达设备。通过对石柱样本的碳化测定，科学家认为其建造年代为公元1200年左右。石柱与岛北的火山玄武岩相同，由此推测，石柱的材料来自岛北的采石场，就地加工后运到此处安装。在公元12世纪该岛的统治者是兴盛的萨乌鲁鲁王朝。这个王朝共维持了200余年，当时岛上总人口约为3000人。

据调查小组估计，如果要在200年内完成规模这样庞大的工程，至少需要动员一万名劳力。因为单单石柱的数量就达上万根之多，而当时岛上全部可以使用的劳动力还不足1000人，这就留下了一个历史之谜。专家们认为，要揭开这个历史之谜，首先必须做到的是取出墓中的棺木和随葬品，但要做到这一点，则必须跨越"诅咒"之门，战胜海神的"报复"，才能进入墓地进行考古发掘工作。

吕洞宾墓里为何有个女人

提起八仙过海的故事，恐怕没有人不知道的。宋元以后，关于八仙的神奇故事就在民间广为流传，其中说得最多的大概要算吕洞宾了。什么"江淮斩蛟"、"岳阳弄鹤"、"客店醉酒"等，传得神乎其神。

相传吕洞宾名岩，号纯阳，唐代京兆（今西安）人，也有人说是河中府（今山西永济县）人。曾在终南山中修道，后浪游江湖，自称为"回道人"，道教徒们尊称他为"吕祖"。北宋徽宗尊孔崇道，不但在宫中设帐亲自听道士宣讲，而且根据蔡京的建议，汇集古今道教故事而编成道史，又在科举制度中设道学一科，道士可以经过考试做道官。因此在这种形势下，全国各地大修道观，道士领取俸禄，道观可以割地千顷，坐食百姓。于是，吕洞宾便也成全真道北五祖之一，大概从北宋末年开始，他就成了"神仙"了。

山西省芮城县永乐宫，位于县西20公里永乐镇的峨眉岭下，北依中条山，南临黄河，东有洞水流出。世代相传吕洞宾的墓就在永乐宫门外东约200米处。高大的墓冢前，立有元代所刻的石碑，上书"大唐纯阳吕公祖墓"几个大字。为了迁建永乐宫，1959年12月~1960年1月，山西省文物考古部门对吕洞宾墓进行发掘整理。不料，清理现场时，竟出现了令人惊异的现象。

墓的顶部早年已坍塌，封土下的单室土穴内积满了淤土。墓室平面为梯形，洞室前有长方形竖穴墓道。室内发现已朽烂的松木棺一具，棺板厚约10厘米，揭开棺盖一看，竟是一男一女两个人！男左女右，均仰身直肢而卧，头向北方。虽然男女两具骨架都已腐朽，尤以女骨为甚，但其性别是完全可以鉴定的。在女头骨西侧，放着一件小口圆腹素面的灰色小陶罐，在骨架周围和女尸口中共发现铜钱7枚，其中开元通宝4枚，祥符通宝2枚，天圣元宝1枚，都是宋代通行的钱币。男尸腿骨东侧出土了三彩瓷枕一个，长18.5厘米，宽10.5厘米，两头略大，中间稍细，接近长方形。此外，墓中再也没有其他的随葬品。

是搞错了吗？

事实上是搞错了。一是此墓为男女合葬墓，它不应是道士之墓，否则就是对道家的亵渎。二是7枚铜钱均系宋代钱币，证明死者大约葬于北宋天圣（1023~1032年）年间或其后，这与记载中吕洞宾的出生年月竟隔了200多年，无论从炼丹或气功等方面解释，他都不可能活200多岁。三是从骨架排列的完整情况判断，它不是二次迁葬墓，可以确定它绝非唐代墓葬。也就是说，它不可能是吕洞宾的墓。

可是在发掘吕洞宾墓的同时，还发掘了附近元代全真教知名领袖天师宋德方（披云真人）和永乐宫主持潘德冲（冲和真人）的两座墓，从墓志、墓葬形制、骨骼葬式、棺材雕刻及死者衣冠服饰等各方面来看，又都是真墓，确凿无误的。难道宋元以来，道教徒们世代来此朝拜的吕洞宾墓竟是一座假墓？

吕洞宾一生浪迹江湖，四海为家，死后归葬故里，合情合理。墓中有女尸附葬，是否可以用后来景仰吕洞宾的殉道者或其他特殊情况附其故茔来解释呢？也许吕洞宾尸骨在宋代迁葬时骨架并没有散乱，因而看不出二次葬的迹象，这也是可能的吧！

对于这些疑问，人们至今难以作出回答。

奇特的岩葬

岩葬在我们中国南方分布的地域十分广阔，延续的时间也很长。

岩葬完全不同于那种用水处理尸体的水葬、用火处理尸体的火葬、用风处理尸体的风葬、用鸟食处理尸体的天葬、用人食处理尸体的人腹葬，也完全不同于中国汉族人传统的土葬。土葬是用土处理尸体，其最主要的特点是最终将尸体用土埋入地下，土是放置尸体的场所，土是死者的归宿。岩葬的共同之处是用山岩来处理尸体，最主要的特点是最终将尸体葬在悬崖峭壁之上或葬入洞穴岩腹之中，山岩是放置尸体的场所，山岩是死者的归宿。

所谓的"崖葬"，顾名思义是一种将尸体安葬在悬崖峭壁上的葬俗，所以也有人将这种崖葬称为"悬棺葬"。这种葬俗有一个突出的特点，这就是将安葬的场所基本上都选择在岩石山体的悬崖峭壁上，而这些悬崖峭壁又基本上都是面临江河。那么在这些悬崖峭壁上，我们的南国先民们又是如何来安葬他们死去的亲人的？据统计，大体上有以下几种情况：

崖洞葬。这种安葬的方法是将死者安放在悬崖峭壁上的天然崖洞的洞口一带。在悬崖峭壁的下面，当我们翘首仰望时，一般是可以看见盛尸的木棺。对于这种放棺的洞穴，有时候要稍微加以修整，这主要是将洞的底部垒筑填平，或者加设木杠，主要的目的是为了能更好地放置木棺。

崖缘葬。崖缘就是指悬崖峭壁的边缘。这种安葬的方法是将死者安放在悬崖峭壁上的天然崖缝中，或者安放在由天然岩石层理自然形成的狭长平台形状的崖阴和崖墩上。当我们在悬崖峭壁的下面翘首仰望时，这些木棺基本上都可以看得见。当然，它们是可望而不可即的。这些崖缝和崖墩有的也要稍微加以填塞、架木和修整，主要的目的也是为了能更好地放置木棺。

悬棺葬。这种安葬的方法是在悬崖峭壁上凿孔，钉入木桩，再在木桩上放置木棺，一般是在23个木桩上放置一具木棺。因此，人们也将这种葬法称为"崖桩葬"。我们站在悬崖峭壁的下面可以望见木棺的底部，这是真正的"悬棺而葬"。这种葬法可能也是从崖缘葬发展而来。最初，人们只是寻找那种理想的崖缝而直接放棺。后来，人们又在崖缝间填塞架木，用以放置木棺。最后，人们干脆就直接在崖壁上凿孔打桩，用来放置木棺了。

而崖墓葬呢？就是将人死后葬在崖墓中。而一般所说的崖墓，就是在山崖的壁面以90度角向山腹内开凿成墓室的一种特殊形式的墓穴。这种墓穴的规模有大有小，相差悬殊，墓穴的形式也有各种差异，但总的来说它们都是仿照人们生前的居室、宅院而开凿的。崖墓有的是开凿在十米或数十米高的悬崖峭壁上，也有的是开凿在缓缓的山坡上。崖墓基本上都是选择在以砂岩构成的山体上开凿。

树葬探秘

树葬，亦称风葬、天葬、挂葬、木葬、悬空葬等，是一种置棺木于树上的葬式，曾流行于我国许多地区。

虽然树葬习俗曾在我国许多地区司空见惯，但对于它的起源，学术界至今还没有形成一致的说法。

一说树葬发源于初民的人类起源观念：东北地区流传有以神树为中心的创世神话。如一说：天地之初，世界是一片汪洋，大地飘浮在水上，地中心长着一棵参天大树，从树顶上往下抛石头，要过50年才能着地。还有种说法是天神创造大地以后，地上的人越来越多，由于人多难以住下，天神把天上的一棵树接到地上，让人们爬到树上沿着树枝发展。论者以为：这类神话反映出在初民的意识中，世界的本原是一棵大树，人类是从树上发祥的，葬死者于树杈上或树洞中，可使亡魂沿着祖先迁徙发展的路线，返归祖地。

一说树葬发源于古人的灵魂归宿观念：他们向往幻想中的大界，而高高的树顶是与天界最接近的地方，因此树葬是护送灵魂前往天界的捷径。有一则《月亮里的姑娘》的传说，大意是：很久以前，有个小媳妇，备受婆婆折磨。某天她向月亮求救："月亮呀月亮，救我上天去吧！"月亮里忽然长出一棵大树，长长的枝条垂落下来，一直伸到她跟前。她赶忙拽着一绺树枝，就此飘上了天。论者以为，这个传说曲折地解释了树在树葬中的作用——接引灵魂进入天界。

一说树葬发源于祖先崇拜：《隋书·地理志》在叙及树葬习俗时，就引录了一则传说，"传云盘瓠初死，置之于树"。又有人指出：在实施过树葬习俗的地方，大多流行有古老的树神信仰，故此俗也可能与图腾制度有关。

一说树葬的起源与实行树葬的民族生存环境有关。有人指出：树葬习俗不仅中国有之，国外亦有之，如生活在西南太平洋美拉尼西亚各岛的土著居民就实行树葬。外国学者的见解以为"是与美拉尼西亚人的祖先森林部落的游猎生活相适应的。有一种观念认为死人的精灵游荡在森林之中，就在活人的近旁。这可能也与这种葬俗有关"（托卡列夫等《澳大利亚和大洋洲各族人民》，三联书店，1980）。

一说树葬的起源与初民"巢居"的社会存在有关：树葬虽然与森林地区的生存活动有

一定的联系,把它同游猎经济加以联系也不无道理,但这种看法却无法解释为什么在有些地区初民一定要将死去的亲人置于树上安葬,而不是将其埋葬于森林中之地下,或放置于森林中之地上? 因之有人以为:树葬应当是初民"巢居"情形在葬俗中的反映。"巢居"就是在树上筑巢而居。我国古文献上有许多关于"巢居"的记载。《庄子·盗跖》曰:"且吾闻之,古者禽兽多而人少,于是民皆巢居以避之,昼拾橡栗,暮栖木上。"《礼记·礼运》谓:"昔者先王未有宫室,冬则居营窟,夏则居橧巢。"有关"巢居"的史实和痕迹,还可以从西南地区的民族调查资料中获得。从这些记载和传说来看,大致可以认定这种居住方式的基本特点就是在大树树杈上架以树条,上铺树枝、树叶、茅草等,营建成类似鸟巢状的栖息场所。除"鸟巢式"的巢居形式外,可能还存在过"树架式"的巢居。故树葬从一定意义上说来,当与"巢居"相适应(夏之乾《从树葬看树居》,《民族研究》1983 年第 4 期)。换言之,树葬的意义就是笃信灵魂不灭的古人按照他们居住的形式,为死者营造了一个冥间的住宅。还有人认为:一不同地区的树葬习俗,应该各有一个漫长的历史发展过程;因受各种物质与精神因素的影响,其外在形式和内在含义也不会自产生以来便一脉相承,保持不变。所以,树葬究竟是怎样起源的,很可能是永远解不开的谜题。

二次葬

二次葬,亦称复葬或迁葬,是一种流行于中国南方地区的传统葬俗,特指对死者尸骸作二重处置:人死,先采用埋土、风化、架树、水浸、置洞等方式处理肉身。待皮肉腐烂,再发冢开棺,拣取骨架洗净晾干,放入特制的陶瓮等容器内,择日选地置放或深埋,即重新安葬。近年来,火葬普遍推行,人们仍习惯于在死者尸体焚化后,保留部分骨灰并择日选地,采用筑坟树碑、放进壁穴或抛入大海等处置方式,称墓葬、树葬、壁葬、海葬等,其实均可视为二次葬范畴,所以有人称对骨灰的上述处置方式为"新型的二次葬",并认为其表现了现代形势下葬俗变化的"新趋势"(何彬《江浙汉族丧葬文化》,中央民族大学出版社,1995)。

据文献记载与民俗调查资料分析,流行二次葬习俗的原因甚多:有的是因死者客死他乡,遂就地瘗之,待适当时机迁回故里重新安葬,所谓"叶落归根";有的是人亡即葬之后,其子孙中有发迹者,遂再行厚葬,所谓"光宗耀祖";有的是夫妻一方先亡,后需移骨合葬,所谓"生则同衾,死则同穴";有的是受风水迷信的影响,以为择块"宝地"重葬祖先,可保佑子孙发达。更多的是受"入土为安"观念的支配,如因河流改道、潮水浸蚀、工程兴筑等缘故造成"入土不安",便要捡骨迁葬。此外,在普遍实行火葬的今天,人们仍要将骨灰盒埋入土中,也是受着"入土为安"观念的影响(仲富兰《"入土为安"和葬俗形式演变》,《国风》第一卷第 4 期)。在部分地区和一些少数民族社会生活中,实行二次葬的动机据说是自古皆然、因袭传统，并无什么特别的缘故。例如旧时某地的传统丧葬习俗是：死者置棺入土三年后，请巫觋念经，子女将先人遗骨洗净揩干，装入一种高 2 尺许、腹径约 1.5 尺的特制瓦瓮，称为"金坛"，再把金坛存放在干燥的山岩里；有些地方曾有火葬风俗，但骨未焚化即灭火，然后将骨头洗净，装入"金坛"安葬。

那么，什么是二次葬的原初意义呢？

有人认为这是初民的一种原始信仰，他们坚信灵魂不死，并能超越血肉永远存在。所以人死后，须待其血肉腐朽脱落，遗体成为干净的骸骨，才能作正式的最后埋葬，使其灵魂进入鬼魂世间（参见夏鼐《考古学论文集》，科学出版社，1961）。如对仰韶文化遗址及广州曲江石峡遗址的二次墓葬发掘表明，初民在进行二次葬时，似伴有某种仪式：给死者的头骨涂上红色，或撒上红色粉末，这很可能是借此以赋予亡灵以新生命力的表示。

有人认为这是初民的"二次死亡观"，是一种生命的过渡仪式。如列维·布留尔认为：二次葬仪式的目的在于彻底断绝死者与社会集体生活的互渗与联系。这个终结仪式（二次葬）使死完成，成为完全意义上的死。也就是说，当这一终结仪式结束丧期时，死者与他生前所属社会集体的关系就彻底断绝了，从而成为完全的死。这就是二次葬俗的原始意义（参见《原始思维》，丁由译，商务印书馆，1981）。

有人认为：中国的二次葬习俗发展形成于本土文化的基础上，不能用西方学者的观点解释其原初意义。中国初民二次葬习俗的意义，并非为了彻底断绝死者与他生前所属社会集体的关系，而恰恰是为了加强这种关系并使之永久化。例如，仰韶文化横阵墓地 24 座墓葬中的 15 座分别套在三个大集体埋葬坑内，每个大坑又分套若干个小坑，人骨作二层或三层叠压排列。对此，一种见解认为：横阵墓地为氏族墓地，三个集体葬坑是该氏族先后实行的三次集体葬仪的结果，各大坑中所套小坑分属各母系家族，小坑内死者分层安葬反映死者之间辈分的差别。一种见解认为：三个大集体葬坑分属不同的母系家族，各小葬坑则属于对偶家庭。论者以为，尽管这些认识各不相同，但都反映出二次葬是在氏族或家族合葬原则下产生的习俗。显然，这种丧葬习俗是与人死后同一氏族的灵魂应当生存在一起的观念是一致的（参见吴存浩《我国原始时代葬俗演变分类试论》，《民俗研究》1991 年第 1 期）。为此，实行二次葬时的以一族一家存放"金坛"的原则，应是这种观念的反映。

此外，有人认为二次葬习俗是初民亡灵崇拜的一种表现方式，最初是为夭亡者和凶死者举行二次葬，目的在于安慰他们的灵魂，使之不危害活着的人。其后，这种葬俗扩大到了所有的死者。

对二次葬习俗原始意义的求索，不仅有助于对"原始人的智力过程"作出切近事实的评估，而且有助于现代社会的殡葬观念和殡葬形式的变革。所以，这个谜团的彻底解开，将对学术和社会实际生活产生双重的意义。

船棺悬葬之谜

船棺悬葬是我国古代一种非常奇特的葬俗,它分布在我国浙江、江西、福建、广东、广西、贵州、云南等地。其葬法是在悬崖上插入木桩,把棺木放在木桩上,有的将棺木放在天然或人工凿成的岩洞中。葬地都在面临江河的绝壁悬崖上。

船棺形体像一只小船。一般长 2~3 米,宽半米多,分为头、尾和舱三部分。头尾翘起,舱为棺枢,安放尸体。据考古学者测定,此葬俗最早可追溯到春秋时期。武夷山西北侧的江西贵溪是船棺的发源地。

那么,究竟古人为什么要用船做棺枢?又为什么存放在崖壁上呢?有研究者认为,船棺是死者生前生活方式的再现。我国古代的东南地区,曾住着一个叫百越的民族,这里江河遍地,百越人以打鱼作为主要生活来源,船是他们的主要交通工具。所以,人死后死者的灵魂需要生存,当然也离不开船,于是船便成为了死者的棺枢。

还有的研究者认为,船棺是为让死者的灵魂返回故乡。百越民族虽然邦族不大,但可能经过大的迁移,对故乡非常留恋。他们认为人死后灵魂应当返回故乡,灵魂只有回到了故乡,死者才能真正安宁。灵魂要返回故乡,就必然离不开船,船可以帮助死者找到灵魂的归宿。

船棺放进崖壁的山洞,有学者说是出于对先辈的崇拜和尊敬。百越族是一个对祖先和英雄崇拜的民族,悬棺葬的死者一般都在部落中有着很高的地位与声誉。将死者安葬在绝壁之间,不仅可以防止人兽的侵扰和破坏,而且希望死者的灵魂保佑、降福于他们。

有读者不禁要问,古代百越人在当时的技术条件下,是采用什么方式将重达数百斤的棺木安放在崖壁上的呢?研究者们通过仔细考证和勘察,认为有下面几种可能。

垂降式。在山顶就地打造船棺,将死者放于其中,然后从崖顶架设辘轳,把船棺吊悬垂下,放到葬位。古代文献中也有"于临江高山半肋,凿龛以葬之。自山上悬索下枢"的记载。

栈升式。在崖壁上架设栈道或云梯,借助它们在悬崖上凿洞架木,然后把船棺放到葬位。古代百越民族有着出色的建筑技术,所以采用这种方法是很有可能的。

提升式。在崖底或其他地方,采用绞车或用人力,借助于滑轮装置向上提升船棺,再由人在崖壁上配合,将船棺安放到位。

古代百越人不断四处迁移,有的还到了中国台湾及东南亚一带,船棺悬葬风俗也被带到了当地并被保留下来。

船棺悬葬作为一种文化遗存,对民族学、考古学有着很大的研究价值。但由于文献史料记载不多,加上出土的随葬品不丰富,葬品也无文字可考,所以对船棺悬葬的研究一直比较艰难,以上所列的几种关于船棺悬葬的说法是否站得住脚,还有待进一步研究。

中国的火葬制度起源于何时

火葬是目前盛行的殡葬制度,为政府所大力提倡。然而,中国的火葬究竟起源于何时? 它是否是由国外传来的? 目前,学界存在3种不同说法。

1. 随佛教传入说

这是一种传统说法,认为火葬起源和盛行于古印度,后随佛教而传入中国。唐代玄奘在《大唐西域记》中,说他在印度取经时见到的印度葬礼,包括火葬、水葬和野葬。佛教自东汉传入中国,打这以后中国也就逐渐出现火葬了。

有人进一步认为:佛家是注重火葬的,《高僧传》中详载了很多中外僧徒焚化火葬,有的未死自焚,有的已死再令人焚化火葬。自佛教传入后,人们对于火葬的反对情绪逐渐减弱,特别是佛教徒,在思想观念上已不再把火葬视为“大谬”了。这样,伴随佛教的传播,使火葬逐渐流行起来了。

这一说法,还从文献记载和考古发掘中得到证实,火葬墓多集中在云南、四川、新疆、甘肃、宁夏等地,这是因为它们和印度接近,受佛教影响最深的缘故。

2. 发端于春秋战国说

有的学者则认为:火葬不是“舶来品”。早在佛教传入以前,中国已有火葬的风俗。在《荀子·大略篇》中,记有氐羌的火葬习俗:“氐羌之虏也,不忧其系累也,而忧其不焚也。”《吕氏春秋·义赏篇》也有类似的记载。所谓“死不焚”,就是死后不能火葬。众所周知,墨子也是提倡火葬的。《墨子·节葬篇》说:“秦之西有仪渠之国者,其亲戚死,聚柴薪而焚之,熏上谓之登遐。”此外,《列子·汤问》的记载大致与《墨子》相当。“仪渠之国”是羌族地区,可证明古时候的西北流行火葬之制。

3. 原始民族习俗说

据考古发现,原始社会的村落遗址中存有火葬遗迹。有人据此论定,早在史前期的原始时代,先民就有火葬的习俗。如1945年,发掘甘肃临洮寺洼山史前期遗址之时,在原始村落墓地中发现的灰色大陶罐中盛有人火化后的骨灰。可见,早在原始社会,中国就已经有了火葬。当然,还有学者提出:这是史前时期原始民族处置尸体的一种方法,和后来进入文明时代的火葬制是不尽相同的。